Le Livre d'

OS X Lion

FIRST
> Interactive

Valéry Marchive

Le Livre d'OS X Lion

© Éditions First-Gründ, Paris, 2011
60, rue Mazarine
75006 Paris – France
Tél. 01 45 49 60 00
Fax 01 45 49 60 01
E-mail : firstinfo@efirst.com
Web : www.editionsfirst.fr

ISBN : 978-2-7540-3170-7
Dépôt légal : octobre 2011
Imprimé en Italie par La Tipografica Varese,Via Cherso 2, 21100 Varese

Mise en page : MADmac

Vue d'ensemble

PARTIE VI. PERSONNALISER MAC OS X LION

PARTIE VII. UTILISER DES PÉRIPHÉRIQUES

PARTIE VIII. RÉSEAUX ET PARTAGE

PARTIE IX. UN PEU DE MAINTENANCE

Table des matières

Présentation

Chapitre Spécial débutants. Démarrer en douceur avec Mac OS X Lion

PARTIE I. BIEN COMMENCER AVEC MAC OS X LION

Chapitre 1. Accéder aux ressources du Mac avec le Finder

Chapitre 2. Le menu Pomme, toujours accessible

Chapitre 3. Gérer ses applications

Chapitre 4. Aller plus loin avec ses applications

Chapitre 5. Obtenir de l'aide

PARTIE II. UTILISER LE MAC ET SES APPLICATIONS

Chapitre 6. Des applications intelligentes

Chapitre 7. Se connecter à Internet

Chapitre 8. Arpenter le Web

Chapitre 9. Envoyer et recevoir du courrier électronique

Chapitre 11. Dialoguer en ligne avec FaceTime

Chapitre 12. Gérer son carnet d'adresses

Chapitre 13. Gérer son emploi du temps

Chapitre 14. Visualiser des images et des fichiers PDF

Chapitre 15. Lire un disque vidéo

Chapitre 16. Utiliser QuickTime Player

Chapitre 17. Profiter de la musique avec iTunes

Chapitre 18. En route pour le Photomaton !

Chapitre 19. Profiter des autres applications intégrées à Mac OS X Lion

PARTIE III. EXPLOITER LES RICHESSES DE LA SUITE ILIFE

Chapitre 20. Gérer ses photos numériques avec iPhoto

Chapitre 21. Profiter pleinement de ses vidéos avec iMovie

Chapitre 22. Graver des DVD vidéo avec iDVD

Chapitre 23. S'afficher sur le Web avec iWeb

Chapitre 24. Passer à la création musicale avec GarageBand

PARTIE IV. TOUT POUR LA BUREAUTIQUE AVEC LA SUITE IWORK

Chapitre 25. Des documents élégants avec Pages

Chapitre 26. Numbers, pour les amateurs de chiffres

Chapitre 27. Des présentations qui font mouche, avec Keynote

PARTIE V. PROFITER PLEINEMENT DE MAC OS X LION

Chapitre 28. Mission Control, un affichage plus efficace

Chapitre 29. Des outils à portée de clic avec Dashboard

Chapitre 30. Spotlight, la recherche dans tous ses états

Chapitre 31. Protéger les données avec Time Machine

Chapitre 32. Gagner du temps avec Automator

Chapitre 33. Créer des fichiers PDF

PARTIE VI. PERSONNALISER MAC OS X LION

Chapitre 34. Configurer l'interface utilisateur

Chapitre 35. Configurer le Finder et la Corbeille

Chapitre 36. Gérer ses comptes de messagerie, d'agenda et de tchatte

Chapitre 37. Optimiser la consommation électrique du Mac

Chapitre 38. Sécuriser son Mac

Chapitre 39. Configurer Lion pour plusieurs utilisateurs

Chapitre 40. Gérer ses polices

Chapitre 41. Profiter des applications de Windows

PARTIE VII. UTILISER DES PÉRIPHÉRIQUES

Chapitre 42. Utiliser un iPod, un iPad ou un iPhone

Chapitre 43. Utiliser une Apple TV

Chapitre 44. AirPlay, pour faire bouger ses contenus multimédia

Chapitre 45. iCloud, pour synchroniser sans fil Mac et appareils iOS

Chapitre 46. Imprimer des documents

Chapitre 47. Importer des photos d'un appareil photo numérique ou d'un scanner

Chapitre 48. Utiliser un téléphone mobile comme modem

Chapitre 49. Utiliser un modem comme télécopieur

PARTIE VIII. RÉSEAUX ET PARTAGE

Chapitre 50. Paramétrer une connexion réseau

Chapitre 51. Intégrer son Mac à un réseau

Chapitre 52. Partager des données en réseau

Chapitre 53. Partager ses périphériques

Chapitre 54. Configurer des bornes AirPort

Chapitre 55. Diagnostiquer ses connexions réseau

PARTIE IX. UN PEU DE MAINTENANCE

Chapitre 56. Quitter une application bloquée

Chapitre 57. Le Moniteur d'activité

Chapitre 58. Assurer la maintenance régulière du Mac

Chapitre 59. Les informations avancées de configuration

Chapitre 60. Sauvegarder les données essentielles

Chapitre 61. Gérer les disques durs et les partitions

Chapitre 62. La gestion des mots de passe

ANNEXES

Annexe A. Raccourcis clavier

Annexe B. À voir, à lire, sur Internet

Annexe C. Le Terminal, c'est quoi ?

Annexe D. Réinstaller ou réparer Mac OS X

Annexe E. Configuration audio avancée

Présentation

Lion est la huitième version (10.7) de Mac OS X, le système d'exploitation qui équipe les ordinateurs personnels d'Apple depuis mars 2001. Mac OS X se distingue principalement de Windows XP et Windows Vista par sa parenté avec la famille de systèmes d'exploitation professionnels Unix : Mac OS X est animé par un cœur nommé Mach kernel dérivé de l'Unix BSD de l'Université de Berkeley. La première version publique de Mac OS X était d'ailleurs destinée aux entreprises, en 1999.

Mac OS X a été conçu pour rompre avec la précédente génération de Mac OS, à savoir les versions 8 et 9, héritières du Système 7 d'Apple. Mais ce n'est qu'avec Leopard et la migration vers des processeurs Intel pour les Macintosh que la rupture a vraiment eu lieu. Pour la première fois, avec Mac OS 10.5, il n'a plus du tout été possible de faire fonctionner les logiciels conçus pour Mac OS 9. Avec Lion, Apple a poussé la logique encore plus loin : il n'est plus possible de faire fonctionner les applications conçues pour les processeurs PowerPC. Cette nouvelle version du système d'exploitation des Mac capitalise sur l'important travail en profondeur d'optimisation et même de réécriture dont a bénéficié Snow Leopard, son prédécesseur. Ces efforts, selon Apple, se traduisent par de meilleures performances de Mac OS X sur les Mac à base de processeurs Intel. Concrètement, le Finder et toutes les applications optimisées devraient se montrer plus réactifs au quotidien. Mac OS X lui-même doit, de base, n'occuper que 6 Go d'espace disque. Lion tire par ailleurs pleinement profit des toutes dernières technologies de processeurs et de cartes graphiques avec le support du 64-bits – qui doit permettre de travailler plus vite avec des quantités de données toujours plus importantes – et d'OpenCL, pour accélérer, *via* la carte graphique, certains traitements, mais aussi avec l'intégration d'un nouvel orchestrateur des tâches, dit Grand Central Dispatch, lequel doit permettre de mieux exploiter les processeurs multicœurs actuels.

Au-delà de ces aspects techniques, Lion a profité d'une lourde réflexion ergonomique, héritant de certains apports liés au développement d'iOS, son jumeau qui anime les iPhone, iPod Touch, iPad et même l'Apple TV. Certains de ces apports sont flagrants. On pense notamment à Launch Pad, une interface d'accès à la liste des applications installées sur le Mac qui s'utilise et se personnalise comme l'écran d'accueil d'un iPhone ou d'un iPad. On pense également aux applications en plein écran ou encore, sinon surtout, à la multiplication des gestes permettant d'interagir avec le Mac et ses logiciels, des gestes directement hérités des travaux d'étude d'Apple sur les interactions homme-machine *via* un écran tactile et qui prennent tout leur sens sur un ordinateur portable, avec son trackpad, ce pavé tactile qui remplace la souris.

Pour le reste, Mac OS X Lion reste Mac OS X. Un système d'exploitation dont l'héritage professionnel n'est pas étranger à la réputation de stabilité et de sécurité. Pour autant, Lion est conçu pour les usages grand public et notamment multimédia.

Sans exhaustivité, on peut ainsi relever quelques éléments marquants de Lion qui seront détaillés dans ce livre :

- iTunes qui permet de gérer sa discothèque et sa vidéothèque, et d'utiliser son iPod, son iPhone ou son Apple TV ;
- le nouveau QuickTime X qui assure la lecture de vidéos jusqu'à la haute définition, y compris *via* Internet, ainsi que leur édition et leur publication en ligne, sur le Web ;
- iChat, pour faire de la vidéoconférence en famille, des quatre coins du monde, en définition 640 × 480 pixels. Et FaceTime qui permet de communiquer, en vidéo, avec des iPhone, iPad et iPod Touch ;
- iCloud, pour assurer la synchronisation et la sauvegarde de ses données-clés avec ses appareils nomades Apple ;
- AirDrop, qui permet de faire passer rapidement un fichier à un autre Mac sur un réseau Wi-Fi ;
- Versions et la sauvegarde automatique des documents dans les applications, tout en conservant l'historique des modifications apportées ;
- la définition d'utilisateurs multiples et le contrôle parental permettant de partager un Mac avec toute la famille.

Avec Mac OS X 10.7, les fonctions essentielles sont maintenues et développées avec les éléments suivants, que vous découvrirez et apprendrez à maîtriser dans ce livre :

- le logiciel de messagerie Mail qui est plus intégré que jamais à iCal, un outil de gestion de l'agenda ;
- la nouvelle version de Safari, le navigateur Web d'Apple ;
- le système de recherches Spotlight ;
- le dispositif de sauvegarde automatisé Time Machine ;
- un pare-feu robuste.

À qui est destiné ce livre ?

Ce livre a pour but de vous permettre de profiter pleinement de votre Mac à travers les fonctionnalités offertes par Mac OS X Lion. De fait, cet ouvrage s'adresse aussi bien aux débutants qui n'ont jamais utilisé un ordinateur, qu'aux habitués de Mac OS X.

Ainsi, le chapitre d'introduction « Démarrer en douceur avec Mac OS X Lion » concerne tout particulièrement ceux qui n'ont jamais utilisé de Mac, voire d'ordinateur personnel. Mais il concerne aussi ceux qui veulent découvrir les subtilités de Lion, celles qui sont susceptibles de changer le regard des plus fidèles de la marque à la pomme sur leur Mac.

À compter de la deuxième partie, ce livre détaille l'utilisation des fonctions de Mac OS X Lion, des fenêtres et menus du Finder aux applications livrées avec le système par Apple. Les utilisateurs de Panther, de Tiger et tout particulièrement de Leopard, les trois précédentes versions de Mac OS X, ne seront pas déroutés mais apprendront à exploiter au mieux toutes les nouveautés de Lion. Au passage, ils pourraient même avoir quelques surprises. Lion est conçu dans la continuité de ses prédécesseurs, mais les nouvelles fonctions sont nombreuses, y compris par rapport à Snow Leopard. Même un utilisateur averti de Mac OS X pourrait se surprendre à redécouvrir des fonctions bien pratiques qu'il avait oubliées ! Et d'autres, nouvelles.

Dans sa troisième partie, ce livre s'attarde également sur les fonctions de la suite multimédia iLife, livrée gratuitement avec tous les nouveaux Mac mais si souvent sous-exploitée, notamment par ceux qui découvrent le Mac pour la première fois, après avoir longtemps utilisé des PC sous Windows. La quatrième partie est consacrée à iWork, une autre suite logicielle d'Apple bien trop négligée : une suite bureautique qui n'a cessé de se bonifier au fil du temps et qui rendra bien des services à tous ceux qui ont des besoins bureautiques simples et peuvent se sentir dépassés par des outils trop complexes. Mais attention : iWork n'a rien de simpliste.

Contenu de ce livre

Le chapitre d'introduction s'adresse aux débutants et reprend des notions informatiques de base telles que les composants matériels de l'ordinateur personnel, ou encore l'utilisation de la souris et du trackpad sous Mac OS X et l'organisation de l'environnement graphique, aussi proche que différent de celui de Windows.

Partie I – Bien commencer avec Mac OS X Lion

Cette partie comporte cinq chapitres dédiés à la prise en main de Mac OS X avec la découverte de ces éléments principaux :

- le Finder, qui permet de naviguer dans les dossiers et les fichiers ;
- le menu Pomme ;
- le Dock, ou barre de lancement rapide et de notification ;
- la gestion des applications ;
- le menu d'application ;
- le système d'aide intégré au système.

Partie II – Utiliser le Mac et ses applications

Ceux qui veulent commencer à profiter de leur Mac sous Lion trouveront dans cette deuxième partie de quoi démarrer rapidement : connexion à Internet, parcours du Web avec Safari, configuration et utilisation de Mail (le logiciel de messagerie électronique de Mac OS X), discussion en ligne avec iChat et FacTime, organisation personnelle avec le Carnet d'adresses et iCal, gestion d'iPhone avec iTunes, lecture vidéo avec QuickTime Player, *etc.*

Partie III – Exploiter les richesses de la suite iLife

La suite iLife est un ensemble d'applications dédiées au multimédia, livrées gratuitement avec les nouveaux Mac. Dans cette suite, on trouve notamment iPhoto, pour la gestion de sa photothèque et la retouche de ses photos numériques, mais aussi iMovie pour le montage et la diffusion de ses vidéos personnelles, iDVD pour leur gravure, iWeb pour la création de sites Web personnels ou encore GarageBand pour les musiciens en herbe mais aussi confirmés.

Partie IV – Tout pour la bureautique avec la suite iWork

La suite iWork est l'ensemble d'outils bureautiques d'Apple : Pages pour le traitement de texte et la mise en page ; Numbers pour la gestion de tableurs ; et Keynote pour la visualisation et l'élaboration de présentations et de diaporamas. Simples d'accès, ces outils logiciels n'ont rien de basique : s'il se concentrent sur l'essentiel, ils n'en sont pas moins très complets. Surtout, ils sont compatibles avec les fichiers issus de la suite Office de Microsoft, dans sa version Mac ou PC.

Partie V – Profiter pleinement de Mac OS X Lion

Cette cinquième partie s'attache plus particulièrement à décrire quelques-unes des fonctions-clés de Lion :

- le système de gestion de l'affichage Mission Control ;
- Dashboard et ses widgets ;
- le moteur de recherche du système Spotlight et les dossiers intelligents ;
- l'outil de sauvegarde en continu Time Machine ;
- la création de PDF à partir de toutes les applications.

Partie VI – Personnaliser Mac OS X Lion

Mac OS X ne serait pas complet s'il n'était pas possible de l'adapter à ses goûts et à ses usages. C'est donc l'objet de cette partie avec, en premier lieu, la personnalisation de l'environnement graphique. Sont également abordées la configuration du Finder et de la Corbeille, la gestion de l'alimentation électrique, et la sécurisation des données. Les parents apprécieront le chapitre 39, consacré à la configuration du Mac avec plusieurs utilisateurs et le contrôle parental. Les utilisateurs venus du monde Windows se délecteront du chapitre 41, dédié à l'utilisation d'applications Windows dans un monde Mac.

Partie VII – Utiliser des périphériques

Rares sont les Mac qui fonctionnent de manière isolée. Aussi, cette partie est dédiée à l'utilisation de divers périphériques avec, notamment, un iPhone, un iPad, un iPod, l'Apple TV, une imprimante, un appareil photo numérique ou encore un téléphone mobile. Le chapitre 48, qui détaille l'utilisation d'un téléphone comme modem pour connecter un Mac à Internet, sera particulièrement utile aux utilisateurs de MacBook et MacBook Pro, dépourvus de modem interne. Au chapitre 44, vous saurez tout sur AirPlay, la solution d'Apple pour simplifier le transit de contenus multimédia d'un appareil à l'autre. Et au chapitre 45, vous découvrirez le service iCloud d'Apple, qui risque de s'imposer comme incontournable pour une utilisation complète d'un Mac avec un iPhone, un iPod Touch ou encore un iPad, pour synchroniser, sans fil, tout ce petit monde.

Partie VIII – Réseaux et partage

Cette partie s'adresse plus particulièrement à ceux qui utilisent un Mac portable à la fois chez eux et au bureau, ou encore disposent de plusieurs Mac connectés en réseau à leur domicile : il y est question de mise en réseau, de partage de fichiers, de serveur Web et même de partage de périphériques.

Partie IX – Un peu de maintenance

Pour robuste qu'il soit, Mac OS X Lion n'est pas à l'abri du « plantage » de l'un de ses logiciels. Cette partie contient donc tout ce qu'il faut savoir pour se sortir facilement d'un mauvais pas et assurer l'entretien minimum requis pour garantir le bon fonctionnement continu de son Mac, ainsi que la sécurité de ses données. L'installation de disques durs supplémentaires y est également abordée, de même que la gestion des mots de passe.

Annexes

Nous avons choisi de regrouper ici les principaux raccourcis clavier de Mac OS X, sous la forme d'un mémo concis. Vous trouverez également les adresses de sites Internet, de forums et de groupes de discussions où se retrouvent et s'entraident les passionnés du Mac. Le terminal Mac OS X Lion vous est présenté : c'est lui qui permet d'accéder aux entrailles unixiennes de Mac OS X. Mais vous verrez également dans ces annexes comment installer Mac OS X à distance, ou encore comment réinstaller ou dépanner un Mac sous Lion.

Conventions

Ce livre est agrémenté de paragraphes spécifiques fournissant des informations complémentaires :

Note Informations complémentaires en relation avec le sujet traité.

Bon à savoir Précision importante en rapport avec le thème traité.

Conseil Recommandations sur l'utilisation d'une étape.

Astuce Solution pour aller plus loin sur le sujet traité.

Définition Explicitation et clarification relatives à un terme technique.

Attention Mises en garde à lire attentivement pour éviter les fausses manœuvres.

Bonne lecture !

Chapitre spécial débutants

Démarrer en douceur avec Mac OS X Lion

Au menu de ce chapitre

- Notions de matériel
- Choisissez le Mac qui vous convient
- Système d'exploitation
- Installer Mac OS X Lion
- Utiliser la souris
- Apprivoiser le trackpad multitouch
- Premiers contacts avec l'environnement graphique
- Découvrir les éléments des fenêtres
- Manipuler les fenêtres
- Exploiter les inspecteurs
- Accéder rapidement à ses fichiers multimédia
- Utiliser les boîtes de dialogue
- Presse-papiers et historique
- Les raccourcis clavier

Ce chapitre d'introduction est destiné aux personnes qui n'ont jamais utilisé d'ordinateur fabriqué par Apple, voire d'ordinateur tout court.

À l'issue de la mise en route de votre Mac, vous serez présenté à Mac OS X. Ce chapitre décrit l'essentiel des éléments de l'environnement graphique de Mac OS X. Il vous apprendra à manier la souris, manipuler les fenêtres, utiliser les menus ou encore lancer des commandes au clavier.

Mais avant cela, jetez un œil sous le capot de votre Mac, afin d'en découvrir les composants et de mieux en comprendre le fonctionnement. Toutes les informations de ce chapitre vous seront utiles pour utiliser au mieux votre Mac, profiter pleinement des informations de l'aide en ligne offerte par Lion et, le cas échéant, établir un dialogue constructif avec un technicien d'assistance téléphonique.

Notions de matériel

Mac OS X équipe les ordinateurs personnels de la gamme Macintosh d'Apple depuis 2001. Généralement appelés « Mac », les ordinateurs de la firme à la pomme reprennent les caractéristiques principales partagées par tous les ordinateurs personnels.

Les Mac sont ainsi composés d'une unité centrale à laquelle sont connectés un ou plusieurs écrans, un clavier et une souris, des haut-parleurs. D'autres appareils – ou périphériques – peuvent être connectés à l'unité centrale : appareils photo numériques, imprimante, scanner, *etc.*

La plupart des Mac vendus dans le commerce sèment cependant le trouble : les portables des gammes MacBook et MacBook Pro ainsi que les iMac constituent des ordinateurs tout-en-un : un même boîtier regroupe l'unité centrale, l'écran et les haut-parleurs. Sur les portables, s'ajoutent à cette liste le clavier et le dispositif de pointage remplaçant la souris : le trackpad.

Unité centrale

L'unité centrale contient la carte mère de votre Mac. Celle-ci constitue le cœur de votre ordinateur personnel et héberge le microprocesseur ainsi que la mémoire vive. Sur certains Mac, la carte mère intègre aussi les composants électroniques chargés de l'affichage à l'écran. Sur d'autres, ces composants se trouvent sur la carte graphique, elle-même connectée à la carte mère. L'unité centrale abrite par ailleurs le disque dur et leur lecteur/graveur de disques optiques, eux-mêmes connectés à la carte mère. Cette dernière laisse enfin apparaître à l'arrière et en façade du Mac les connecteurs des interfaces permettant de connecter les périphériques comme la souris, le clavier, l'écran ou encore un appareil photo numérique ou un iPod.

L'unité centrale des Mac Pro intègre un bloc d'alimentation électrique, à l'instar des iMac. Sur le Mac Mini, les MacBook et les MacBook Pro, le bloc d'alimentation est externe.

Le Mac Mini représente l'une des unités centrales d'ordinateur personnel les plus intégrées et les plus petites à ce jour, avec un encombrement proche de celui d'une pile de quelques CD (figure 1).

Figure 1 Mac Mini (photo : Apple Inc.).

Microprocesseur

Le microprocesseur (ou CPU, *Central Processing Unit*) est le cœur de votre Mac. C'est lui qui exécute les instructions des applications : effectuer des calculs, charger des fichiers en mémoire, accéder à des périphériques, *etc.*

La cadence à laquelle sont exécutées les instructions est fixée par une horloge dont la fréquence est exprimée en gigahertz (GHz). Un microprocesseur cadencé à 2 GHz exécute deux milliards d'instructions par seconde. La seule fréquence de fonctionnement du microprocesseur ne suffit pas à juger de ses performances : la conception de ses circuits internes intervient aussi. Certains microprocesseurs récents sont ainsi plus puissants que leurs ancêtres à fréquence égale.

Les ordinateurs Apple commercialisés actuellement sont tous animés par des microprocesseurs Intel, à l'instar des PC. Les Macintosh plus anciens sont équipés de microprocesseurs de type PowerPC. Mac OS X Lion ne prend en charge que les microprocesseurs Intel.

Note Seuls les Mac récents, équipés de microprocesseurs Intel, ont la spécificité de pouvoir démarrer aussi bien sous Mac OS X que sous Windows XP ou Vista (lire la partie VI).

Les processeurs Core 2 Duo et Core i d'Intel équipent les iMac, MacBook et MacBook Pro (figure 2).

Figure 2 Microprocesseur Core 2 Duo d'Intel (photo : Intel Corporation).

Mémoire vive

La mémoire vive accueille les applications lancées à partir du disque dur du Mac, ainsi que les fichiers (documents, images, musique, vidéos, *etc.*) ouverts par les applications. Le microprocesseur bénéficie ainsi d'un accès rapide aux instructions qu'il doit exécuter et aux données sur lesquelles elles portent.

Note Le confort d'utilisation global d'un Mac dépend fortement de la quantité de mémoire vive installée. Si Apple indique que Lion peut se contenter de 2 Go de mémoire vive, la plupart des Mac sont proposés par Apple à partir de 2 Go de mémoire vive, à l'exception du Mac Mini. Mais porter à 4 Go, voire à 8 Go la mémoire installée n'est pas un luxe très coûteux ou déraisonnable.

Les systèmes d'exploitation modernes comme Mac OS X n'alertent pas leur utilisateur lorsqu'ils manquent de mémoire vive après que celle-ci a été remplie d'applications et de fichiers ouverts. Dans cette situation, Mac OS X a recours à la mémoire dite virtuelle : il s'agit d'un fichier invisible à l'utilisateur sur le disque dur Mac. Dans ce fichier, Mac OS X stocke temporairement les applications et les fichiers ouverts dont il n'a pas immédiatement besoin pour répondre aux ordres de son utilisateur. Le passage d'une application à l'autre est ralenti par un recours important à la mémoire virtuelle : les accès au disque dur sont beaucoup moins rapides que ceux à la mémoire vive.

Le Mac Pro utilise une mémoire vive spécifique, à hautes performances, dite Full-Buffered (FB) [figure 3].

Figure 3 Barrette de mémoire vive FB-DIMM (photo : Kingston Technology Company).

Disque dur

À l'instar des autres ordinateurs personnels, les Mac sont tous équipés d'un disque dur. Celui-ci sert au stockage des applications et des fichiers. Ceux-ci ne sont chargés en mémoire vive qu'à leur lancement, pour les premières, ou à leur ouverture pour les seconds. Le disque dur est également utilisé par Mac OS X pour gérer de la mémoire virtuelle (lire le paragraphe précédent). Le disque dur contient également Mac OS X qui occupe au moins 5 Go d'espace.

Sur les Mac Pro, il est possible d'ajouter des disques durs internes supplémentaires, jusqu'à quatre en tout. Avec les autres Mac, il est nécessaire de recourir à des disques durs externes. La gestion des disques durs et la connexion de nouveaux disques durs externes font l'objet du chapitre 50.

Note La capacité du disque dur interne des Mac est limitée. Lorsqu'il ne reste plus qu'un gigaoctet de libre, Mac OS X alerte son utilisateur, l'encourageant à faire de la place. Il faut alors supprimer, compresser ou déplacer sur d'autres supports de stockage ses fichiers les moins utilisés.

La figure 4 présente, sans son capot hermétique, un disque dur. Ce dernier compte en réalité plusieurs disques métalliques ou plateaux. Le bras mobile comporte deux têtes de lecture/écriture par plateau.

Figure 4 Disque dur (photo : Western Digital Corp.).

Les MacBook Air et Pro sont désormais proposés par Apple avec, en option, un disque dit SSD (*Solid State Drive*) – ou en standard pour les premiers – qui, lui, ne comporte ni plateau ni bras mobile mais de la mémoire Flash, comparable à celle utilisée, par exemple, dans les clés USB ou les cartes mémoire des appareils photo numériques. Ces disques présentent plusieurs avantages : ils sont beaucoup plus rapides que les disques durs classiques, consomment moins d'énergie et sont insensibles aux chocs. Leur prix, encore très élevé par rapport aux disques durs classiques, les réserve aux utilisateurs les plus exigeants.

Note L'option SSD des MacBook Pro vous paraît trop onéreuse ? Vous n'avez pas tort. Après votre achat, vous pourrez toujours acquérir un disque dur SSD interne auprès d'un revendeur à bas coût. Mieux : vous pourrez même, à l'aide d'un kit vendu sur Internet, installer le disque dur d'origine à la place du lecteur interne de disques optiques : vous combinerez ainsi astucieusement et à moindre coût rapidité et capacité de stockage.

Circuits d'affichage

Comme leur nom l'indique, les circuits d'affichage sont les composants électroniques chargés de produire les images sur l'écran de l'ordinateur. Sur les Mac Mini, MacBook Air et MacBook Pro 13 pouces, ces circuits sont intégrés à la carte mère : il s'agit de la puce Intel HD Graphics 3000. Elle est suffisante pour la plupart des utilisations : bureautique, surf sur Internet, lecture de vidéos y compris en haute définition, *etc.* Mais aussi pour de nombreux jeux vidéo en 3D. À condition bien sûr d'accepter de jouer en faisant l'impasse sur les options avancées de rendu visuel. Pour profiter pleinement de ces options, un Mac doté de circuits graphiques séparés est préférable.

C'est le cas des iMac 21 et 27 pouces milieu et haut de gamme, des MacBook Pro 15 et 17 pouces, et des Mac Pro. Leurs circuits d'affichage sont hébergés sur une carte électronique distincte de la carte mère : la carte graphique. Avec ces Mac, il est possible de profiter pleinement des jeux modernes du monde PC, des derniers jeux sortis sur Mac.

Note Les circuits d'affichage intégrés s'octroient une partie de la mémoire vive du Mac, 64 Mo en général. Les cartes graphiques dédiées embarquent leur propre mémoire vidéo, plus rapide, à raison de 128, 256, 384 voire 512 Mo.

Interfaces et périphériques

Les interfaces permettent au microprocesseur du Mac de communiquer avec des équipements qui ne sont pas directement intégrés à la carte mère. Une interface appelée PCI Express est ainsi utilisée pour les cartes graphiques ou les cartes d'extension telles que les cartes WiFi Airport.

À l'extérieur du Mac, ces interfaces trahissent leur présence par des ports de connexion de périphériques. Les ports USB sont utilisés pour la connexion d'appareils photo numériques, de disques durs externes, de baladeurs iPod, de clés à mémoire flash, d'imprimantes, de scanners, *etc.* Les ports FireWire sont quant à eux utilisés pour la connexion de disques externes avec de meilleures performances que les ports USB, mais aussi pour la connexion de Caméscopes en vue de réaliser des montages vidéo.

Le nouveau port Thunderbolt est quant à lui récent. Cet unique port supporte un débit pouvant atteindre les 10 Gb/s. Fort de ce débit record, un port Thunderbolt peut être utilisé pour connecter des écrans haute définition – un pour les MacBook Air mais deux pour les MacBook Pro – en plus de disques durs externes – ou plutôt de systèmes de stockages externes à plusieurs disques durs mais très hautes performances. Par exemple, le système haut de gamme Pegasus R6 de Promise affiche ainsi un débit en écriture de près de 750 Mo/s contre plus de 860 Mo/s en lecture. De quoi procéder très sereinement à du montage vidéo haute définition !

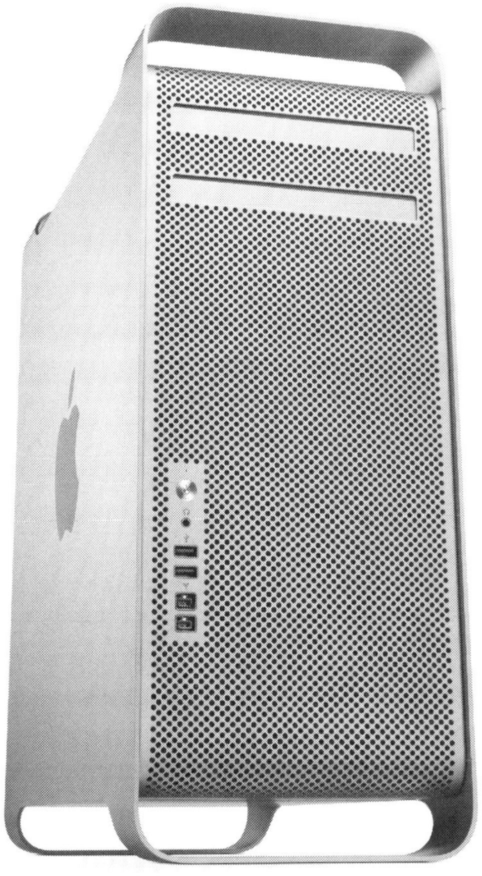

Figure 5 Un Mac Pro, avec, en façade : deux ports USB 2.0, deux ports FireWire 800 et une prise casque (photo : Apple Inc.).

Note Les interfaces USB et FireWire (sur connecteur 6 broches) sont capables d'alimenter en électricité certains périphériques comme les disques durs externes pour ordinateurs portables ou les tuners de réception TNT.

Microcode

Le microcode est un programme informatique résidant dans un composant de la carte mère de l'ordinateur. À la mise sous tension du Mac, le microcode s'assure notamment du bon fonctionnement des composants de la carte mère comme la mémoire, des interfaces et des éléments qui y sont connectés tels que la carte graphique ou encore la carte réseau. Le microcode se charge en outre de la détection du disque dur hébergeant Mac OS X pour lancer son chargement et déclencher le démarrage effectif du Mac.

Note Un Mac récent, à base de processeur Intel, compte en fait deux microcodes : le firmware EFI, qui se charge du démarrage de l'ordinateur, et le firmware SMC, qui assure la surveillance en continu de la santé des composants du Mac. Apple propose périodiquement des mises à jour pour ces deux microcodes.

Bien choisir son Mac

Apple propose une gamme resserrée de machines : deux familles de portables et trois familles d'ordinateurs de bureau. Et tout cela reste suffisamment varié pour que choisir ne soit pas forcément trivial. Si vous n'avez pas encore acheté votre Mac, ou si vous prévoyez de le remplacer ou encore de le compléter, voire de conseiller un proche dans son achat, peut-être trouverez-vous à vous inspirer des réflexions qui suivent.

MacBook Pro

Cette gamme est l'une des grandes réussites d'Apple : avec ces machines, le constructeur a su combiner performances, encombrement, robustesse et style. De fait, l'aspect extérieur de ces machines ne laisse pas indifférent. Et le châssis en aluminium découpé dans la masse leur confère une grande rigidité, de même qu'une bonne résistance aux chocs. Petit aparté personnel : un jour, mon MacBook Pro 15 pouces a fait un vol plané d'un bon mètre avant de heurter le bitume de la route sur un angle : rien n'a cassé, pas même l'écran ou la dalle de verre qui le recouvre ; seul un coin a été déformé mais l'appareil fonctionnait parfaitement.

Les processeurs Core i d'Intel qui animent les MacBook Pro sont parfaits pour du montage et de la compression vidéo, de la retouche photo et, plus généralement, tous les traitements un peu exigeants. Pour autant, la conception générale de ces ordinateurs permet une bonne dissipation de la chaleur et donc une utilisation intensive sans danger.

Et malgré un poids oscillant entre 2 et 3 kg selon les modèles, et une épaisseur ne dépassant pas les 2,5 cm capot fermé, les MacBook Pro se permettent d'afficher une autonomie de l'ordre de 7 h. Ils se destinent clairement aux utilisateurs nomades à la recherche de performances élevées.

Figure 6 MacBook Pro (photo : Apple Inc.).

MacBook Air

La rumeur veut que les MacBook Air 11 et 13 pouces soient actuellement les meilleures ventes d'Apple. Ce serait en tout cas justifié. Ces ultraportables de 1,7 cm d'épaisseur au maximum et de 1,3 kg au plus multiplient les qualités. Leurs caractéristiques parlent d'elles-mêmes : ils sont vraiment peu encombrants. Au point de passer un peu trop inaperçus dans un sac à dos ! Leurs écrans affichent des résolutions confortables – en 1440 × 900 pixels pour le modèle 13 pouces – pour travailler à de nombreuses tâches, y compris de la retouche vidéo. Le processeur est un peu lent pour de la compression et le jeu vidéo. Mais pour la plupart des autres activités numériques, il s'avère suffisamment puissant. Surtout, le disque SSD intégré en standard apporte un confort d'utilisation remarquable au quotidien. Au point qu'il devient vite difficile d'imaginer un retour en arrière après essai.

Petit bémol : la mémoire vive ne peut pas être ajoutée manuellement ; elle est soudée sur la carte mère. Il faut donc impérativement prendre soin de commander la quantité voulue dès le départ. Et les 4 Go ne sont pas de trop.

Figure 7 MacBook Air (photo : Apple Inc.).

Mac Mini

Du point de vue de l'électronique embarquée, le Mac Mini s'apparente, dans sa version de base, au MacBook Pro 13 pouces. Mais c'est un ordinateur de bureau et il n'embarque ni clavier, ni souris, ni trackpad, ni écran. C'est même toute la logique de l'appareil : un ordinateur d'entrée de gamme (quoiqu'un peu cher selon certains) auquel il faut ajouter tous les périphériques. C'est un bon moyen d'aborder la galaxie Apple lorsque l'on y débarque pour la première fois et que l'on souhaite au moins conserver son écran, sinon sa souris et son clavier.

Pour le reste, le Mac Mini est une machine très confortable et très suffisante pour la plupart des besoins, exception des jeux vidéo. En usage bureautique, le Mac Mini présente en outre l'avantage remarquable de pouvoir recevoir deux moniteurs : un connecté à son port Thunderbolt, l'autre à son port HDMI. De quoi élargir son espace de travail de manière significative.

Figure 8 Mac Mini (photo : Apple Inc.).

iMac

Finis les clichés venus des railleurs du monde du PC sur le manque d'évolutivité ou de puissance des ordinateurs tout-en-un : l'iMac n'a plus à faire la démonstration de sa puissance, même dans sa version de base avec écran 21,5 pouces. Ce n'est pas un ordinateur conçu dans la demi-mesure ; c'est une machine polyvalente et puissante. Compte tenu de sa conception, le plus étonnant est probablement la qualité du rendu de ses haut-parleurs, tout simplement remarquable. Certes, ils n'ont pas la puissance d'une chaîne hi-fi mais leur rendu répond à de nombreuses exigences.

Surtout, l'iMac, c'est un écran superbe. Tous ceux qui ont essayé le modèle 27 pouces le disent : c'est grand et c'est beau. Les angles de vision sont tout simplement excellents ; la définition est remarquable et les rendu des couleurs est étonnamment juste. Bref, on l'aura compris : les iMac sont des machines aux qualités multiples et capables de répondre à la plupart des besoins.

Figure 9 iMac (photo : Apple Inc.).

Mac Pro

Qu'on ne s'y trompe pas : le Mac Pro n'est pas exactement un ordinateur personnel pour monsieur et madame Tout-le-monde. C'est plutôt ce que l'on appelle une station de travail. À savoir, une machine qui déborde de puissance de calcul et de capacités d'extension pour s'adapter aux besoins des professionnels les plus exigeants : spécialistes de la création 3D, architectes, monteurs vidéo, *etc.* Le Mac Pro supporte ainsi jusqu'à 8 To de stockage interne, jusqu'à 64 Go de mémoire vive, jusqu'à 6 moniteurs vidéo externes… Et il peut être configuré pour embarquer jusqu'à 12 cœurs processeurs avec des puces Xeon « Westmere » d'Intel. L'étalage de ces chiffres rend les choses évidentes : le Mac Pro est un monstre de puissance destiné à des usages bien spécifiques et assurément très professionnels.

Figure 10 Mac Pro (photo : Apple Inc.).

Système d'exploitation

Le système d'exploitation est le pendant indissociable de votre Mac. Sans lui, vous aurez beau allumer votre ordinateur, son écran restera désespérément gris, orné d'une icône représentant une ancestrale disquette marquée d'un point d'interrogation. Mac OS X est le système d'exploitation naturel de votre Mac.

Mac OS X assure le contrôle des périphériques, lance les applications et leur fournit les composants logiciels dont elles ont besoin pour profiter des ressources matérielles de votre Mac. D'où son nom, d'ailleurs, de système d'exploitation.

De la manière la plus visible, Mac OS X fournit un environnement graphique à partir duquel vous pouvez parcourir le contenu des disques durs connectés à votre Mac et contrôler les applications. Par exemple, c'est Mac OS X qui gère les déplacements du pointeur de la souris et indique aux applications que vous avez cliqué sur un élément graphique particulier, un bouton, un menu ou une icône par exemple. À charge pour l'application de réagir en conséquence selon ce que son développeur a prévu.

Figure 11 L'environnement graphique de Mac OS X Lion (photo : Apple Inc.).

À l'instar des autres systèmes d'exploitation, Mac OS X Lion est livré avec de nombreuses applications. Celles-ci doivent vous permettre de réaliser des opérations considérées comme naturelles dès la mise en route de votre Mac, sans que vous ayez à installer d'applications supplémentaires. Safari permet ainsi de naviguer sur le Web, iChat de dialoguer avec des amis par Internet, Mail d'échanger des courriels, et Aperçu de visualiser images et documents PDF, par exemple.

Configuration minimale

Mac OS X 10.7 est conçu pour fonctionner sur tous les Mac dotés d'un microprocesseur Intel Core 2 Duo au minimum. Les Mac répondant à ces critères doivent en outre être équipés de 2 Go de mémoire vive au moins, et d'un disque dur disposant d'un espace libre minimum de 6 Go. Enfin, leurs microcodes doivent avoir été mis à jour avec les dernières versions disponibles sur le site Internet d'Apple. Mais 10 Go de libres seront encore plus confortables : Lion ne se contente pas de s'installer sur le disque dur, il crée aussi une partition cachée d'environ 1 Go dite de restauration ; elle sert à dépanner votre Mac en cas de souci avec le système d'exploitation.

Figure 12 Lion refuse de s'installer sur une machine disposant de moins de 2 Go de mémoire vive.

Surtout, Mac OS X Lion a besoin, pour s'installer, de Lion : Apple ne livre pas de DVD d'installation de Lion et vous devez acheter et télécharger Lion depuis l'App Store, avant de l'installer.

Attention Vérifiez bien que tous vos logiciels sont à jour avant d'installer Lion : celui-ci ne permet plus l'exécution de logiciels conçus pour les processeurs PowerPC. Et il est possible que vous en utilisiez encore. Pour vérifier cela, lancez Informations Système dans le dossier **Applications → Utilitaires**. Dans la colonne de gauche, à la rubrique **Logiciel**, cliquez sur **PowerPC**, pendant que votre Mac est encore sous Lion. Les logiciels figurant dans cette liste ne fonctionneront pas sous Lion. De même que les logiciels présents dans la liste Classic, si vous en avez encore.

Installer Mac OS X Lion

L'installation de Mac OS X Lion est un processus simple et assez rapide. Encore plus qu'avec les précédentes versions de Mac OS X ! Si la procédure d'installation varie selon votre situation, elle ne prend en général qu'une trentaine de minutes.

Mise à jour de Mac OS X

Si votre Mac est déjà équipé de Mac OS X Lion, procédez à l'installation de Lion de la manière suivante. Vous allez voir, c'est simple et (relativement) rapide :

1. Lancez l'App Store sur votre Mac et achetez-y Mac OS X Lion puis patientez durant le téléchargement.

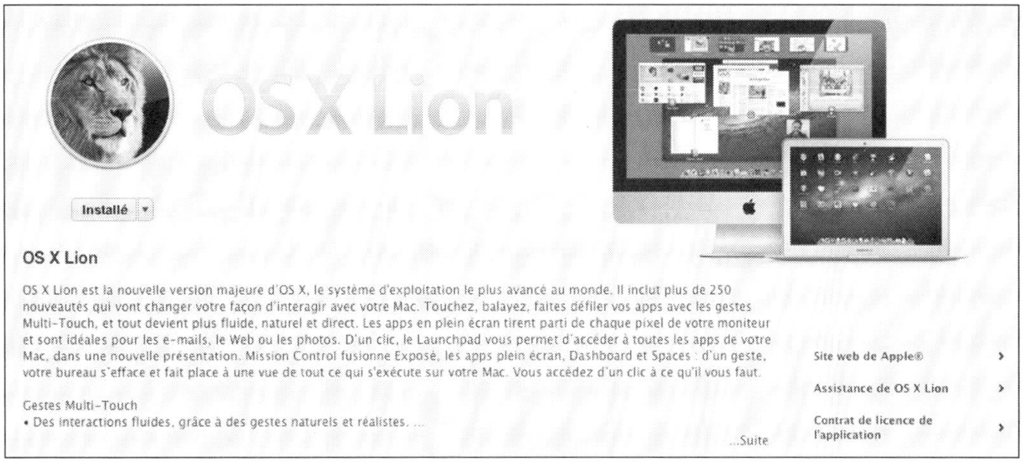

Figure 13 La page de Lion dans l'App Store.

2. Une fois le téléchargement terminé, ouvrez le dossier **Applications** puis double-cliquez sur l'icône **Installation Mac OS X Lion**.
3. Cliquez sur le bouton **Continuer**.
4. À l'affichage du contrat de licence, cliquez sur **OK**, deux fois successivement.

Figure 14 Le contrat de licence de Lion.

Bon à savoir Depuis Lion, Mac OS X a abandonné les options **Archiver et installer** et **Effacer et installer** que l'on trouvait avec les versions précédentes de Mac OS X : en cas de mise à jour, le nouveau Mac OS X 10.7 n'accepte plus que de procéder à une mise à jour, avec conservation des paramètres utilisateurs, des documents et des applications. Cette évolution aurait été dictée par souci d'éviter certaines manipulations malencontreuses.

5. Dans la fenêtre, sélectionnez le disque dur de démarrage de votre Mac. Souvent, il porte le nom **Macintosh HD**.

Figure 15 Choisissez le disque dur sur lequel installer Lion.

6. Cliquez sur **Installer**.

7. L'installation commence aussitôt, ou du moins sa première phase : celle de copie de fichiers sur le disque dur et de création d'une partition cachée dédiée à la restauration en cas de problème de fonctionnement de l'installation de Lion. Cette première phase est relativement rapide et ne dure que quelques minutes. Ensuite, votre Mac redémarre pour passer à l'installation effective de Lion.

Figure 16 La première phase de l'installation.

Figure 17 L'installation effective de Lion.

8. Après le redémarrage, l'installation effective de Lion commence. Elle sera plus longue : comptez en moyenne une demi-heure ; la durée réelle du processus dépendant de la rapidité du disque de démarrage de votre Mac.

Votre Mac redémarre automatiquement sous Lion à l'issue de l'installation.

Installer sur un nouveau disque dur

Vous pouvez avoir envie d'installer Mac OS X Lion sur un nouveau disque dur. Cela vous permet de découvrir la nouvelle version de Mac OS X progressivement, sans rompre avec vos habitudes, ou encore de profiter de l'occasion pour augmenter la capacité du disque dur interne de votre Mac.

Pour installer ainsi Lion sur un nouveau disque dur, utilisez la procédure suivante. Vous avez deux possibilités :

- Remplacer le disque dur interne de votre Mac par le nouveau. Dans ce cas, vous devrez placer votre ancien disque dur dans un boîtier externe et le connecter à votre Mac pour démarrer celui-ci à partir de votre ancien disque dur. Cela fait, vous lancerez l'installation comme vu précédemment mais en sélectionnant votre nouveau disque dur interne comme destination de l'installation.
- Installer votre nouveau disque dur dans un boîtier pour disque dur externe et installer Mac OS X Lion sur ce disque. Dans ce cas, procédez de la même manière que si vous installiez le logiciel sur votre disque dur interne. Mais, au lieu de sélectionner celui-ci à l'étape 7 du pas-à-pas précédent, sélectionnez votre nouveau disque dur. En revanche, prévoyez de formater votre nouveau disque dur, avant de lancer l'installation : à défaut, votre nouveau disque dur n'apparaîtra pas dans la liste des disques disponibles pour l'installation.

Pour formater un nouveau disque dur, voici la procédure à suivre :

1. Ouvrez l'Utilitaire de disque dans le dossier **Applications ➜ Utilitaires**.
2. Branchez votre nouveau disque dur : il apparaît automatiquement dans la colonne de gauche de l'Utilitaire de disque. Sélectionnez votre nouveau disque dur puis activez l'onglet **Effacer**.
3. Déroulez la liste **Format** et sélectionnez **Mac OS étendu (journalisé)**. Indiquez un nom pour votre disque dur dans le champ *ad hoc*.
4. Cliquez sur le bouton **Effacer**.

Le processus ne dure que quelques minutes. À son issue, vous pouvez installer Lion sur votre disque dur. Notez que, quelle que soit l'option d'installation choisie, un boîtier pour disque dur externe vous sera utile : il vous permettra de reconnecter votre ancien disque dur à votre Mac, soit pour l'utiliser comme espace de stockage supplémentaire, soit pour récupérer vos données si elles n'ont pas été sauvegardées avec Time Machine.

Bon à savoir Mac OS X Lion ne peut être installé que sur des disques durs qui renvoient des informations relatives à leur état de santé matérielle au système d'exploitation. On parle d'informations SMART. De nos jours, la majorité des disques durs vendus dans le commerce renvoie les informations SMART au système d'exploitation.

Préparer une clé USB d'installation

Le mode d'installation de Lion retenu par Apple est assurément contraignant : il impose de lancer le processus à partir d'un disque de démarrage sous Lion. Dans la plupart des cas, et notamment dans le cadre d'une mise à jour, ce n'est pas un souci. Mais dans de nombreuses situations, c'est une contrainte trop importante : changement de disque dur, maintenance suite à une panne majeure de disque de démarrage, *etc.* Bref, pouvoir lancer l'installation à partir d'un support de stockage externe, capable de démarrer le Mac visé, serait bien pratique… En fait, il est parfaitement possible de réaliser une clé USB ou une carte SD d'installation de Mac OS X Lion. Guillaume Gete, spécialiste du Mac en entreprise, a même réalisé un petit utilitaire très simple d'utilisation qui permet d'automatiser le processus de création d'un support à mémoire Flash, particulièrement rapide. Il s'appelle Lion DiskMaker et il est disponible gratuitement à l'adresse `http://blog.gete.net/lion-diskmaker/`. Pour l'utiliser, il vous faudra tout de même pouvoir accéder à un Mac sous Lion pour créer une première fois votre clé USB ou votre carte SD d'installation.

1. Téléchargez puis lancez Lion DiskMaker.

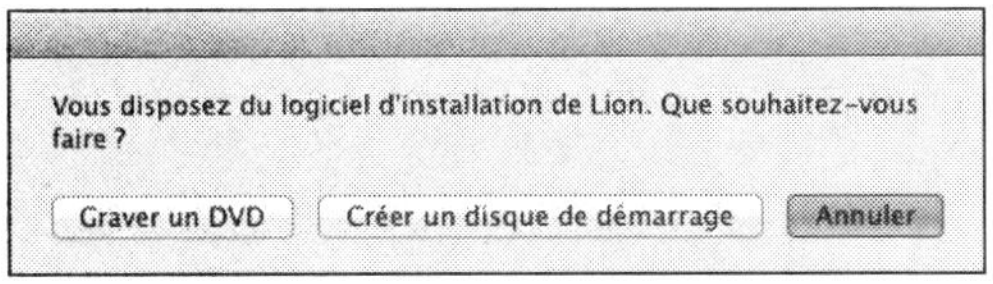

Figure 18 Lancement de Lion DiskMaker.

2. Cliquez sur le bouton **Créer un disque de démarrage**.
3. Branchez sur votre Mac une clé USB ou insérez une carte SD d'au moins 4 Go. Son contenu sera totalement effacé pour faire place à l'installateur de Lion.

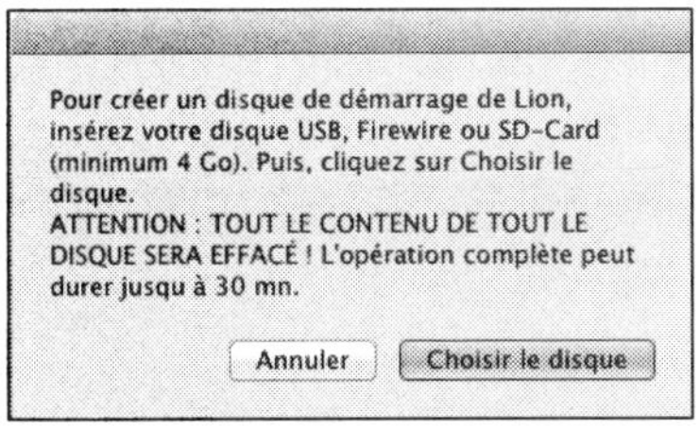

Figure 19 Choix du disque de destination.

4. Dans la fenêtre qui s'ouvre, sélectionnez le disque de destination puis patientez… Une fenêtre du Finder va s'ouvrir avec un fichier intitulé « Copie en cours, veuillez patienter. » L'opération dure plusieurs minutes mais, une fois qu'elle sera terminée, vous disposerez d'un disque de démarrage et d'installation de Lion.

Installer Lion sur un Mac sans Lion

Lion ne peut mettre à jour qu'une installation de Mac OS X Lion. Mais cela n'implique pas qu'il soit impossible de l'installer sur un Mac sans Lion : il suffit pour cela de chercher à l'installer sur un disque dur vierge. L'assistant de migration (voir plus loin) vous aidera ensuite à récupérer vos données et votre environnement de travail complet. Mais avant tout, il vous faut prévoir une copie de ces données…

1. La première étape consiste donc à copier toutes vos données. Vous pouvez le faire sur un disque dur externe, avec SuperDuper (`http://www.shirt-pocket.com/SuperDuper/SuperDuperDescription.html`) ou Carbon Copy Cloner (`http://www.bombich.com/index.html`), deux logiciels de sauvegarde gratuits. Tous deux sont capables de littéralement dupliquer le contenu du disque dur de votre Mac sur un disque externe ; une copie parfaite sur laquelle vous pouvez même démarrer votre Mac. Vous pouvez également faire confiance à une sauvegarde Time Machine, sur un disque externe ou un disque dur réseau. Assurez-vous cependant de fermer toutes vos applications et de lancer une dernière sauvegarde manuellement avant de passer à la suite : sinon, votre sauvegarde Time Machine risque de ne pas être à jour…
2. Créez un disque d'installation de Mac OS X Lion comme vu précédemment : une clé USB ou une carte mémoire SD.
3. Démarrez votre Mac avec ce disque d'installation.
4. Déroulez le menu Utilitaires et sélectionnez Utilitaire de disque dur. Sélectionnez le disque interne de votre Mac dans la colonne de gauche puis cliquez sur **Effacer**. Prenez une seconde, respirez, réfléchissez : vous êtes bien sûr d'avoir sauvegardé toutes vos données ? L'effacement ne prend que quelques minutes.
5. Une fois le disque dur interne de votre Mac effacé, quittez l'Utilitaire de disque dur. Vous voilà revenu à l'installateur de Mac OS X Lion.
6. Procédez à l'installation de Mac OS X Lion sans plus attendre et patientez jusqu'à son terme. Voilà : votre Mac est sous Lion avec un disque dur interne vide.

Figure 20 Choix de la langue principale.

7. Et justement, après quelques étapes au cours desquelles votre Mac vous demande de lui indiquer votre langue, il vous propose de transférer des données depuis un autre Mac, un autre disque dur ou une sauvegarde Time Machine. Sélectionnez l'option qui correspond à votre situation puis cliquez sur **Continuer**. Le processus de restauration des données et des comptes utilisateurs peut commencer. Soyez patient : cela va prendre plusieurs dizaines de minutes.

Notez que vous n'êtes pas obligé de procéder au transfert de données tout de suite. Vous pouvez créer un compte d'administrateur au nom sans rapport avec votre propre compte d'utilisateur de Mac OS X pour commencer à utiliser sans attendre votre Mac. Vous pourrez procéder ensuite à la récupération de vos données, avec l'Assistant de migration – le processus est décrit dans les pages qui suivent. Une fois le transfert effectué, il ne vous restera plus qu'à supprimer le compte d'administrateur créé artificiellement pour l'occasion.

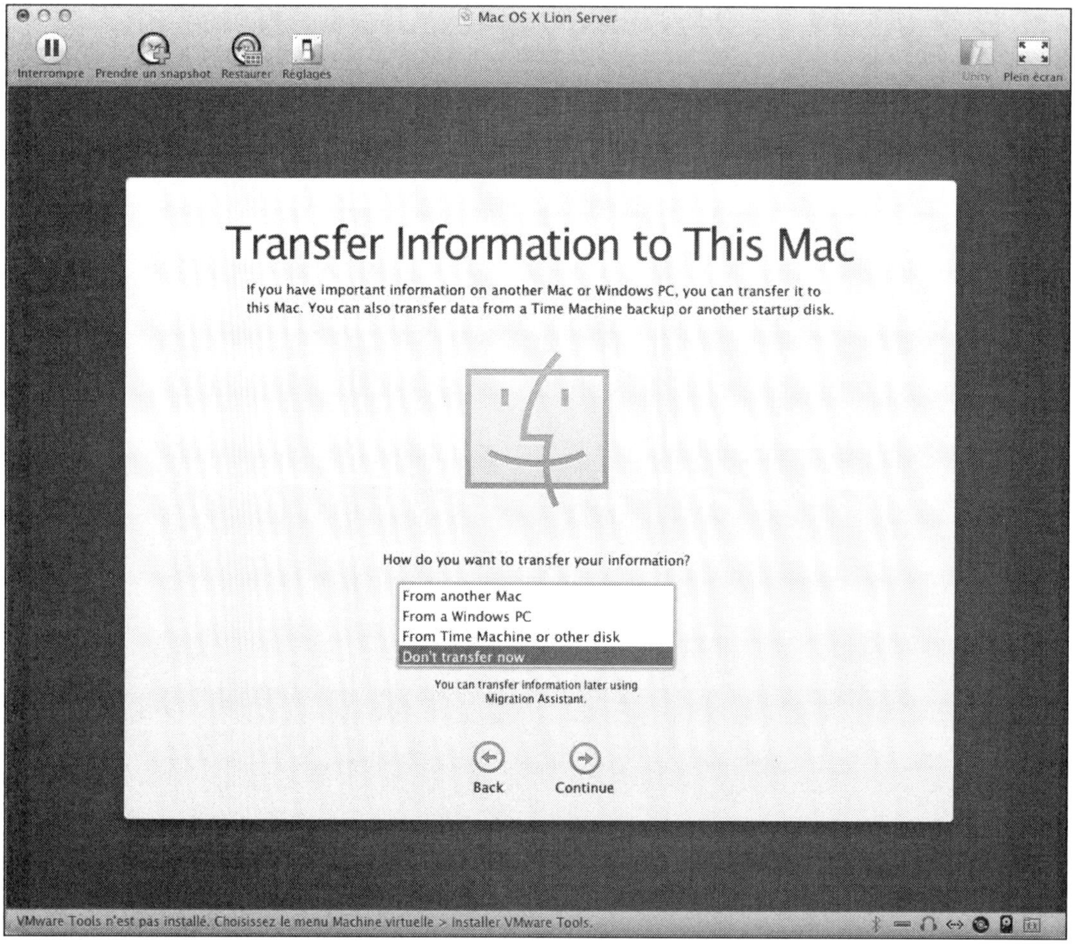

Figure 21 Choix de la source de transfert des données.

Mise en route

Lors du premier démarrage sous Mac OS X Lion, vous êtes accueilli par… un modeste panneau de bienvenue. Suivez les instructions à l'écran pour vous enregistrer, créer votre compte d'utilisateur et régler horloge et connexion réseau. Cela fait, vous découvrez l'environnement graphique de Mac OS X Lion. Si vous avez installé Mac OS X Lion dans le cadre d'une mise à jour de votre Mac, vous retrouverez immédiatement votre environnement de travail à l'issue de l'installation. Seule nouveauté : une fenêtre vous avertissant du nouveau comportement du défilement vertical dans Lion, dit défilement « naturel », directement inspiré d'iOS, le logiciel des iPhone, iPad et iPod Touch.

Récupérer ses données

Si vous avez installé Mac OS X Lion sur un nouveau disque dur, ou si vous découvrez Lion à l'occasion de l'achat d'un nouveau Mac, vous aurez besoin de récupérer vos données. Pour cela, lancez la procédure suivante :

1. Ouvrez l'Assistant de migration dans le dossier **Applications ➜ Utilitaires**.
2. Cliquez sur **Continuer**.
3. Tapez le mot de passe associé à votre compte d'utilisateur dans le champ **Mot de passe**.
4. Cliquez sur **OK**.

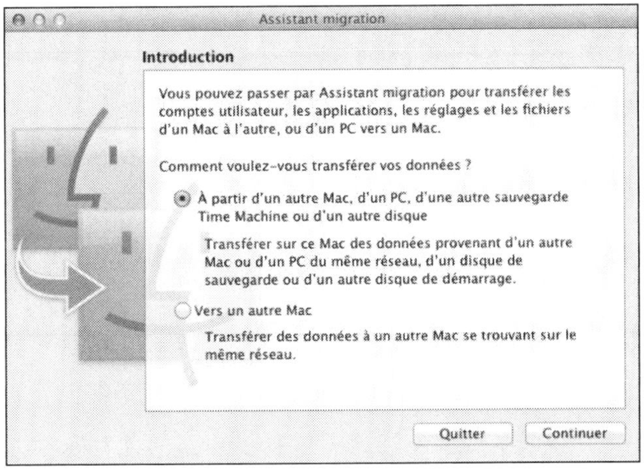

Figure 22 Assistant de migration.

5a. Si vous cherchez à récupérer vos données depuis votre ancien Mac, connectez vos deux Mac l'un à l'autre avec un câble FireWire ou bien assurez-vous qu'ils sont connectés au même réseau Wi-Fi ou Ethernet.

- Si vous voulez profiter de FireWire, cette connexion filaire est rapide (jusqu'à 800 Mbps). Démarrez votre ancien Mac en maintenant la touche T enfoncée. Cliquez sur Continuer.
- Si vous comptez utiliser le réseau, démarrez l'Assistant de migration sur votre ancien Mac : un code numérique vous permettra d'établir la communication entre les deux machines puis de lancer le transfert.

5b. Si vous cherchez à récupérer vos données depuis votre ancien disque dur ou depuis une sauvegarde Time Machine, sélectionnez l'ancien disque de démarrage de votre Mac dans la liste, puis cliquez sur **Continuer**.

6. L'Assistant de migration lance alors l'analyse du disque dur, du Mac ou de la sauvegarde Time Machine que vous lui avez indiqué. L'analyse peut durer plusieurs minutes.
7. Dans la liste, cochez la case à gauche des comptes d'utilisateurs dont vous voulez récupérer les données.

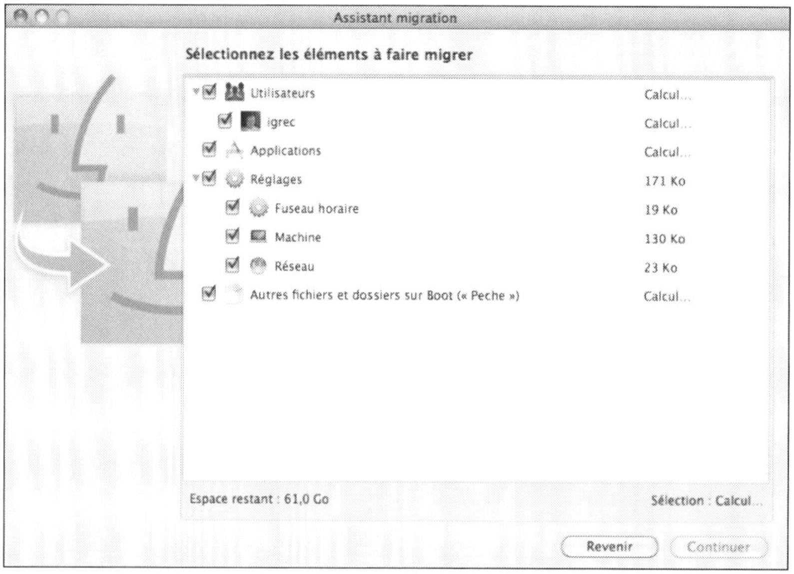

Figure 23 Sélection des comptes d'utilisateurs dans l'Assistant de migration.

8. Cliquez sur **Continuer**.
9. Suivez les instructions à l'écran jusqu'à la fin du processus.
10. Redémarrez votre Mac : les comptes d'utilisateurs et leurs données sont à présent disponibles.

Utiliser la souris

L'utilisation de la souris est très simple. Longtemps, les Mac ont été livrés avec une souris à un seul bouton. L'accès à certaines fonctions en était rendu complexe. Désormais, les iMac et Mac Pro sont livrés avec la souris Magic Mouse d'Apple. Contrairement à des apparences trompeuses, cette souris propose plusieurs boutons et une molette virtuelle : sa surface tactile permet de multiplier les gestes de commande.

Les MacBook et MacBook Pro sont quant à eux équipés d'un trackpad, sorte de petit rectangle tactile situé à l'avant du clavier et associé à un double bouton – invisible car caché sous le rectangle tactile en verre.

Voici les principales utilisations de la souris et du trackpad sous Mac OS X :

- Pointer : cette opération consiste à déplacer le pointeur, généralement en forme de flèche noire ourlée de blanc, sur un élément de l'écran (une icône, par exemple) en déplaçant la souris sur son bureau ou son doigt sur le trackpad.
- Cliquer : consiste à exercer une brève pression sur la partie avant gauche de la souris (ou bouton gauche) ou sur le trackpad. Cette opération a pour effet de sélectionner l'élément pointé ou de dérouler une liste ou un menu.
- Double-cliquer : consiste à cliquer deux fois successivement et très rapidement sur un même élément. Cette action provoque notamment le lancement des applications, l'ouverture des fichiers ou encore la sélection de mots pointés dans un logiciel de traitement de texte.
- Clic droit : consiste à cliquer à l'aide du bouton droit de la souris. Cette action déclenche l'apparition de menus dits contextuels qui présentent une série d'actions disponibles spécifiquement pour l'élément sélectionné. Avec le trackpad, le clic droit s'obtient en maintenant la touche **Ctrl** enfoncée alors que l'on clique.
- Glisser-déposer : consiste à pointer un élément puis à cliquer sur le bouton gauche de la souris sans le relâcher pour le déplacer et enfin le déposer ailleurs à l'écran, dans une fenêtre par exemple. On peut ainsi forcer une application à ouvrir un document en glissant-déposant ce dernier sur l'icône de la première.
- Faire défiler : consiste à faire rouler horizontalement ou verticalement la roue ou la molette de la souris. Le contenu de la fenêtre pointée défile alors dans le sens de rotation de la molette. En l'absence de molette sur la Magic Mouse d'Apple, il suffit de glisser le doigt de haut en bas (et inversement) à la surface de la souris. Sur le trackpad, c'est le mouvement vertical (ou horizontal…) de deux doigts accolés sur la surface tactile qui permet d'obtenir le défilement.

Figure 24 Souris Magic Mouse (Bluetooth) d'Apple (photo: Apple Inc.).

Note Il est possible de modifier la configuration des boutons de la souris, notamment pour inverser les boutons gauche et droit lorsque l'on est gaucher. Pour cela, reportez-vous au chapitre 35.

Bon à savoir Si l'utilisation de la souris peut paraître naturelle avec un ordinateur personnel de bureau – et, à plus forte raison, un Mac, historiquement premier ordinateur personnel proposé avec une souris –, Lion se prête très bien à l'utilisation d'un trackpad. Apple en propose d'ailleurs un, sans fil, pour ses Mac Mini, iMac et Mac Pro. Essayez-le : vous ne le regretterez pas !

Apprivoiser le trackpad Multitouch

Les MacBook Pro et MacBook Air partagent un trackpad dit Multitouch : il est capable de comprendre les commandes réalisées avec plusieurs doigts et d'en ordonner l'exécution par Mac OS X ou ses applications compatibles. Les habitués des iPhone et iPod Touch ne seront pas dépaysés.

- Faire défiler : maintenez deux doigts collés l'un à l'autre sur le trackpad et déplacez-les pour faire défiler verticalement et horizontalement le contenu d'une fenêtre.
- Pivoter : posez les bouts de deux doigts légèrement écartés sur le trackpad et faites-les pivoter dans le sens des aiguilles d'une montre ou dans le sens contraire pour faire tourner le contenu d'une fenêtre. Essayez cette opération avec le logiciel Aperçu, sur vos photos (chapitre 15). Ça marche aussi avec iPhoto (chapitre 21) !
- Zoomer : pour agrandir ou réduire une photo, dans Aperçu par exemple, posez sur le trackpad les bouts de deux doigts et écartez ou resserrez-les. Cette commande peut s'appliquer à l'ensemble de l'affichage en maintenant la touche **Ctrl** enfoncée pendant la manipulation.
- Parcourir rapidement plusieurs éléments : en posant trois doigts sur le trackpad, serrés les uns contre les autres, et en les déplaçant horizontalement, vous pouvez naviguer rapidement au sein de plusieurs documents ouverts dans Aperçu, notamment, mais aussi iPhoto.

Note Certaines options avancées des trackpads Multitouch des MacBook et MacBook Pro, inactives par défaut, seront détaillées au chapitre 35.

Figure 25 Les options du trackpad Multitouch.

Premiers contacts avec l'environnement graphique

Après le démarrage, le Finder de Mac OS X apparaît (figure 26). Sous vos yeux, vous trouvez :

- En haut, la barre des menus, semi-transparente.
- En bas, une barre semi-transparente remplie d'icônes d'applications et de la Corbeille : c'est le Dock.
- Le reste de l'écran est occupé par le Bureau sur lequel vous voyez l'icône du disque dur de démarrage de votre Mac, généralement appelé **Macintosh HD**. Si plusieurs disques durs sont connectés à votre Mac, leurs icônes apparaissent aussi sur le Bureau.

Figure 26 Le Bureau de Mac OS X Lion.

Le Bureau, les icônes

Le Bureau est un espace que Mac OS X affiche en permanence en arrière-plan des fenêtres ouvertes. Par défaut, Mac OS X se contente d'y présenter les icônes des disques durs, des CD et DVD et des périphériques amovibles tels que l'iPod qui sont connectés au Mac. Mais rien ne vous empêche d'y placer vous-même des fichiers, qu'il s'agisse de documents ou d'applications. Reste que cela n'est pas recommandé : des dossiers dédiés existent pour cet usage (chapitre 1) et le Bureau peut vite apparaître très encombré.

Pour utiliser une icône sur le Bureau, il vous suffit de double-cliquer dessus : si elle correspond à un espace de stockage, comme un disque dur, le Finder ouvre aussitôt une fenêtre pour vous permettre d'en parcourir le contenu (chapitre 1). S'il s'agit d'un document ou d'une application, le double clic va provoquer l'ouverture de l'élément pointé.

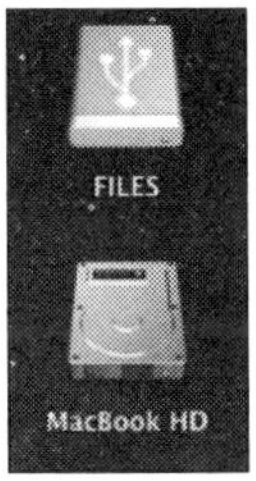

Figure 27 Icônes de disques durs internes et externes.

La barre des menus

Toujours visible en haut de l'écran, le menu se divise en deux parties. Dans la partie gauche (figure 28), on trouve toujours, de gauche à droite, le menu Pomme, le menu de l'application active, puis viennent les menus Fichier et Édition. Le contenu de ces menus varie selon l'application active et les fonctions qu'elle propose. Des menus supplémentaires s'ajoutent d'ailleurs en fonction des applications. Mais la liste des menus se termine toujours par le menu Aide.

Figure 28 La partie gauche de la barre des menus, vue avec le Finder actif.

La partie droite de la barre des menus (figure 29) ne change pas d'une application à l'autre. Systématiquement, on y trouve, à l'extrémité droite, le menu Spotlight, pour les recherches sur le disque dur. Les éléments suivants, vers la gauche, sont généralement l'horloge, la batterie pour les portables, le clavier, le volume sonore, Airport pour les connexions Wi-Fi, et Bluetooth. La partie droite de la barre des menus est personnalisable à partir des Préférences Système (partie VI).

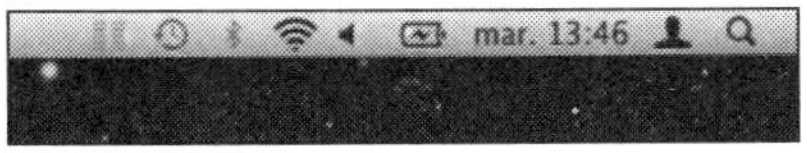

Figure 29 La partie droite de la barre des menus.

Note Certains éléments de la partie droite de la barre des menus peuvent disparaître lorsqu'une autre application que le Finder est active : cela permet à l'ensemble des menus de la partie gauche de la barre des menus d'être affiché par Mac OS X.

Le menu Pomme

À l'extrémité gauche de la barre des menus figure une pomme. Cliquez dessus pour dérouler le menu correspondant.

Baptisé « menu Pomme », ce menu est toujours accessible. Il permet notamment de demander l'extinction, le redémarrage ou la mise en veille de son Mac.

Il donne aussi accès aux derniers éléments utilisés, applications et documents, notamment.

Avec le menu Pomme, on accède également à de précieuses informations techniques sur son Mac, aux mises à jour de logiciels et aux préférences système (voir chapitre 2 et parties V et VIII).

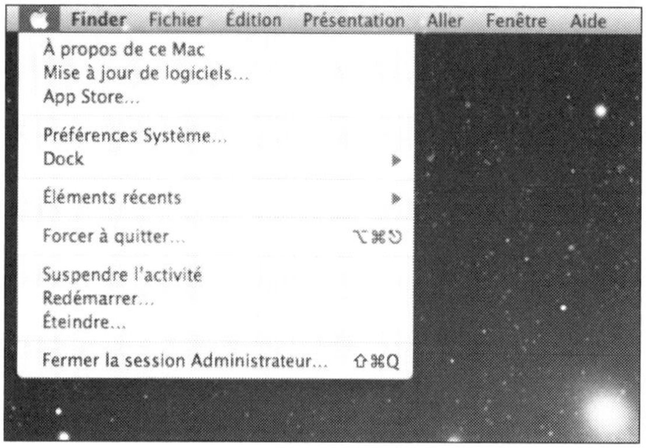

Figure 30 Le menu Pomme de Mac OS X Lion.

Le Dock

Le Dock (figure 31) est cette barre semi-transparente affichée en bas de l'écran de Mac OS X Lion. Le Dock constitue à la fois une barre de lancement rapide et une barre de notification. Un point lumineux sous une icône indique que l'application correspondante est active.

D'un simple clic sur l'une des icônes, vous pouvez lancer l'application correspondante ou bien la ramener au premier plan. Il est également possible de forcer une application du Dock à ouvrir un document en glissant-déposant l'icône de celui-ci sur celle de l'application voulue dans le Dock.

Certaines applications, comme Mail, le logiciel de messagerie électronique d'Apple, profitent de leurs icônes dans le Dock pour afficher des informations à l'intention de l'utilisateur du Mac. Dans le cas de Mail, un badge rouge indique le nombre de courriels non lus dans la boîte de réception.

À l'extrémité droite du Dock se trouve la Corbeille : c'est là que l'on glisse-dépose les fichiers à supprimer. À côté de la Corbeille se trouvent les piles (chapitre 3).

Figure 31 Le Dock de Mac OS X Lion.

Découvrir les éléments des fenêtres

Toutes les fenêtres affichées sous Mac OS X sont constituées des mêmes éléments. De haut en bas, on recense la barre de titre, la barre d'outils, les barres de défilement et la barre d'état. Chacune de ces barres a un rôle et des fonctions bien précis. Les connaître vous aidera à mieux maîtriser Mac OS X.

Figure 32 Une fenêtre du Finder dans Mac OS X Lion.

La barre de titre

Placée tout en haut de chaque fenêtre, la barre de titre comporte trois boutons à gauche, un nom au centre, et un bouton à droite (figure 33).

Au centre, le nom est généralement celui du fichier ouvert auquel correspond la fenêtre. Dans le Finder, c'est le nom du dossier visité qui est affiché.

- Le bouton rouge permet de fermer la fenêtre.

- Le bouton jaune permet de la réduire dans le Dock. Le même effet est obtenu d'un double clic sur le titre de la fenêtre. Un simple clic sur l'icône de la fenêtre en question dans le Dock permet de la faire réapparaître avec sa taille initiale.
- Le bouton vert permet d'adapter la taille de la fenêtre à celle du document qu'elle affiche et, alternativement, de ramener la fenêtre à sa taille d'origine.

Figure 33 Barre de titre de Mac OS X Lion.

La barre d'outils

Affichée sous la barre de titre, la barre d'outils (figure 34) affiche des boutons. Ceux-ci offrent un accès rapide aux principales fonctions du logiciel auxquelles se rapporte la fenêtre. Dans Mail, la barre d'outils permet notamment de créer rapidement une note, une tâche, un courriel, ou encore de relever ses messages électroniques.

Figure 34 Barre d'outils de Mac OS X Lion.

La barre d'outils est toujours personnalisable (figure 35) : il est possible d'en supprimer des boutons ou d'en ajouter (dans la limite de ceux prévus par les développeurs de l'application) ou encore de modifier leur agencement.

Pour modifier la barre d'outils :

1. Faites un clic droit sur la barre d'outils.
2. Sélectionnez Personnaliser la barre d'outils.
3. Glissez-déposez les éléments que vous voulez ajouter ou déplacer.
4. Glissez-déposez hors de la fenêtre et de la barre d'outils les boutons à supprimer.

Figure 35 Personnalisation de la barre d'outils du Finder.

La barre d'état

Située en bas des fenêtres, la barre d'état est utilisée par les applications pour fournir des informations. Safari utilise par exemple la barre d'état pour indiquer l'état du chargement d'une page Web ; le Finder y a recours pour communiquer l'espace disponible dans le dossier visité.

Figure 36 Barre d'état d'une fenêtre du Finder.

Dans certaines applications, la barre d'état n'est pas affichée par défaut. Pour l'obtenir :

1. Déroulez le menu **Présentation**.
2. Sélectionnez **Afficher la barre d'outils**.

Pour cacher la barre d'outils :

1. Déroulez le menu **Présentation**.
2. Sélectionnez **Masquer la barre d'outils**.

Les barres de défilement

Lorsqu'une fenêtre n'est pas suffisamment grande pour afficher l'intégralité des éléments qu'elle est censée présenter, Mac OS X affiche des barres de défilement, verticalement et/ou horizontalement selon les cas.

Plusieurs possibilités s'offrent à vous pour faire défiler le contenu de la fenêtre et afficher les éléments cachés. Avec une barre de défilement vertical :

- Cliquez et déplacez la barre de défilement vers le haut ou vers le bas.
- Faites glisser votre doigt sur le dos de la Magic Mouse vers le haut ou vers le bas.
- Posez deux doigts sur le trackpad et faites-les glisser verticalement.

Avec une barre de défilement horizontal :

- Cliquez et déplacez la barre de défilement vers la gauche ou vers la droite ;
- Faites glisser votre doigt sur le dos de la Magic Mouse vers la gauche ou vers la droite ;
- Posez deux doigts sur le trackpad et faites-les glisser horizontalement.

Astuce Par défaut, les barres de défilement apparaissent automatiquement lorsque vous essayez de faire défiler le contenu d'une fenêtre. Sinon, elles sont invisibles. Mais vous pouvez changer de comportement et forcer l'affichage permanent des barres de défilement *via* **Menu Pomme ➜ Préférences Système ➜ Général**.

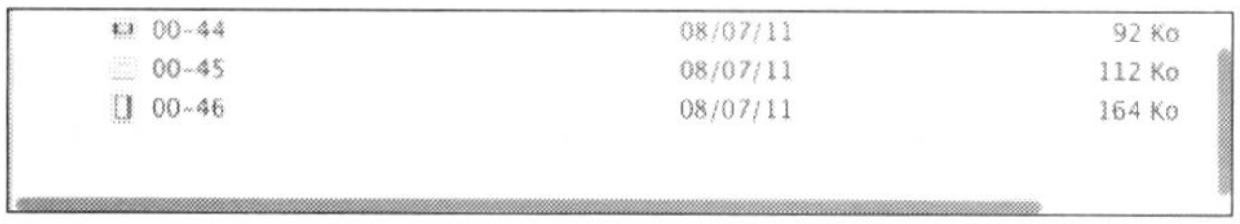

Figure 37 Des barres de défilement dans une fenêtre du Finder.

Manipuler les fenêtres

Les fenêtres des applications de Mac OS X Lion peuvent être modifiées à loisir. Cela permet notamment de gérer efficacement l'espace d'affichage de l'écran mais aussi, tout simplement, de refermer des fichiers.

Agrandir, cacher ou fermer une fenêtre

À gauche de la barre de titre d'une fenêtre, cliquez sur :

- Le bouton rouge pour fermer la fenêtre.
- Le bouton jaune pour la réduire dans le Dock. Un simple clic sur l'icône de la fenêtre en question dans le Dock (figure 38) permet de la faire réapparaître avec sa taille initiale.
- Le bouton vert pour adapter la taille de la fenêtre à celle du document qu'elle affiche et, alternativement, de ramener la fenêtre à sa taille d'origine.

Remarquez la puce rappelant l'icône de l'application dont la fenêtre est réduite dans le Dock.

Figure 38 Fenêtre réduite dans le Dock.

Note Sous Mac OS X Lion, il est possible de fermer toutes les fenêtres d'une application sans pour autant quitter celle-ci et libérer la mémoire vive correspondante. Pour quitter rapidement une application, faites un clic droit sur son icône dans le Dock et sélectionnez **Quitter**.

Astuce Vous voulez réduire rapidement une fenêtre dans le Dock ? Vous pouvez gagner un peu de temps en activant une option permettant la réduction des fenêtres dans le Dock par un simple double clic sur le titre d'une fenêtre. Cette option se trouve dans **Menu Pomme → Préférences Système → Général**.

Déplacer une fenêtre

Pour gérer votre espace d'affichage selon vos besoins, Mac OS X Lion vous permet de déplacer les fenêtres à l'écran. Pour cela, cliquez et déplacez :

- la barre de titre ;
- la barre d'outils, en prenant soin de ne pas cliquer sur l'un des boutons ;
- la barre d'état si elle est présente.

Ajuster la taille d'une fenêtre

Il est également possible d'ajuster précisément la taille d'une fenêtre à ses besoins. Pour cela, cliquez et déplacez un coin ou un côté de la fenêtre jusqu'à obtenir la taille désirée.

Exploiter les inspecteurs

Certaines applications Mac OS X affichent des fenêtres d'un type particulier : les inspecteurs. Ceux-ci ne sont pas redimensionnables et peuvent prendre plusieurs formes :

- Une palette d'outils dite flottante car son fond noir est partiellement transparent. iPhoto (chapitre 21) fait un usage intensif de ce type de fenêtres. Généralement, leur apparition est provoquée par le clic sur un bouton dédié, comme le bouton Edition de la fenêtre d'iPhoto. Pour les refermer, il suffit de cliquer sur le bouton barré d'une croix, à l'extrémité gauche de leur barre de titre.

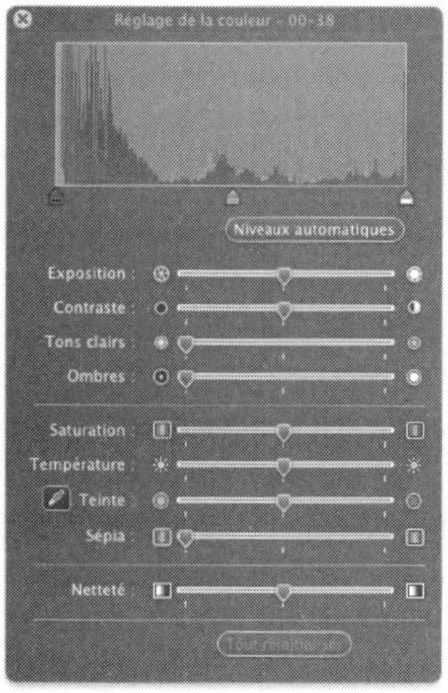

Figure 39 Palette transparente.

- Une palette d'outils au fond parfaitement opaque. Sa barre de titre est suivie d'une barre d'onglets : c'est la série horizontale d'icônes visible sur la figure 40. Chaque onglet donne accès à des options différentes pour l'objet sélectionné dans l'application ouverte. Comme la palette transparente, cette palette est masquée dès que l'application correspondante n'est plus active. Les tableurs et les éditeurs de texte font un usage intensif de ce type de fenêtre.

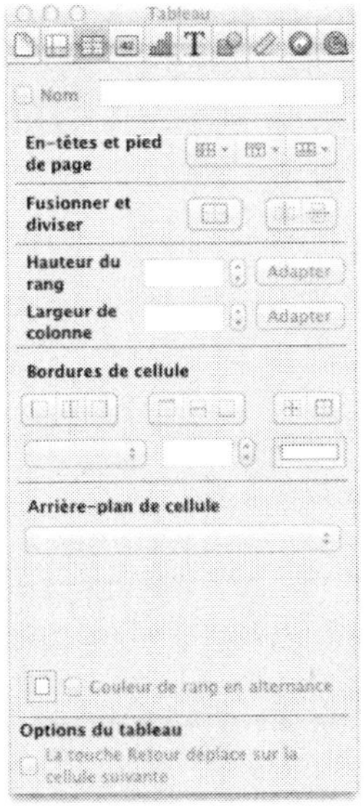

Figure 40 Un inspecteur du logiciel iWork.

Astuce Si votre écran est suffisamment vaste pour vous le permettre, notez que vous pouvez ouvrir plusieurs onglets d'un même inspecteur, à partir d'un unique inspecteur : maintenez simplement enfoncée la touche **alt** au moment de cliquer sur l'un des onglets de l'inspecteur ouvert.

Accéder rapidement à ses fichiers multimédia

L'usage de certaines applications Mac OS X est particulièrement propice à l'exploitation des contenus multimédia de votre Mac, comme vos photos, stockées dans iPhoto, par exemple. C'est le cas de Mail, le logiciel de messagerie électronique de Lion. Lors de la composition d'un courriel, vous pouvez être amené à vouloir insérer l'une de vos dernières photos. Les développeurs du logiciel – mais pas que de celui-là ! – y ont pensé : au moment de créer un nouveau courriel, cliquez sur le bouton Navigateur de photos, dans la barre d'outils, pour faire apparaître le navigateur de contenus multimédia de Mac OS X Lion. Cette fenêtre a des airs d'inspecteur. Dans sa partie supérieure, vous pouvez naviguer dans les bibliothèques de vos logiciels de gestion de fichiers multimédia : Aperture, iPhoto, iMovie, *etc.* Sélectionnez un élément et il est prévisualisé dans la partie inférieure.

Un champ de recherche est également disponible pour accélérer le processus.

Figure 41 Le navigateur multimédia de Mac OS X Lion.

Astuce Les vignettes de photos vous paraissent trop petites ? Vous pouvez ajuster leur taille de la même manière que vous agrandissez-réduisez une photo à l'aide du trackpad ou de la souris.

Utiliser les boîtes de dialogue

Mac OS X et ses applications utilisent les boîtes de dialogue pour vous interpeller ou vous permettre de procéder à des réglages et de sélectionner des options. Les boîtes de dialogue sont des fenêtres qui sont également utilisées pour sélectionner des fichiers ou des dossiers dans le cadre de l'ouverture et de l'enregistrement de documents.

Figure 42 Boîte de dialogue pour l'enregistrement d'un fichier.

Cases d'options

Les cases d'options vont au minimum par deux et sont mutuellement exclusives : il n'est pas possible d'activer simultanément toutes les cases d'option ; lorsque l'on valide l'une, les autres sont automatiquement invalidées.

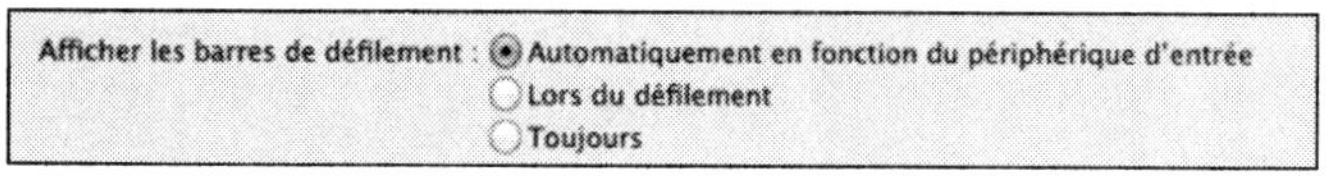

Figure 43 Cases d'options.

Cases à cocher

Les cases à cocher sont indépendantes les unes des autres : toutes peuvent être cochées simultanément. Pour cocher une case, il suffit de cliquer sur la case ou le texte correspondant.

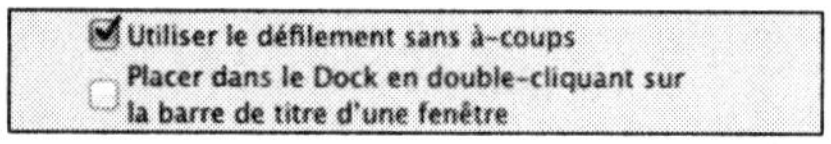

Figure 44 Cases à cocher.

Curseurs

Les curseurs permettent d'ajuster librement la valeur du paramètre correspondant à l'intitulé du curseur. Pour cela, il faut glisser-déplacer le curseur jusqu'à la valeur voulue.

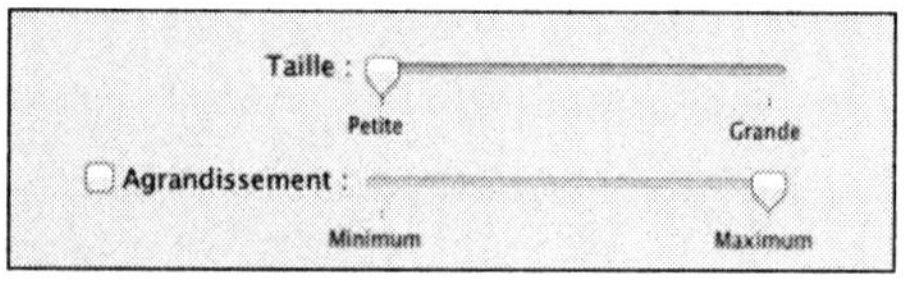

Figure 45 Curseur.

Zones de texte

Les zones de texte permettent de saisir des textes, des nombres, *etc.* Il est nécessaire de cliquer dans une zone de texte avant de commencer la saisie. Ainsi rendue active, la zone de texte est ourlée de bleu.

Figure 46 Zone de texte active.

Zones d'image

Les zones d'image sont conçues pour permettre, par exemple, d'illustrer son compte d'utilisateur à l'aide d'une photo numérique. Leur utilisation est simple : pour insérer une image dans une zone *ad hoc*, il suffit de glisser-déposer le fichier correspondant depuis le Finder sur la zone d'image.

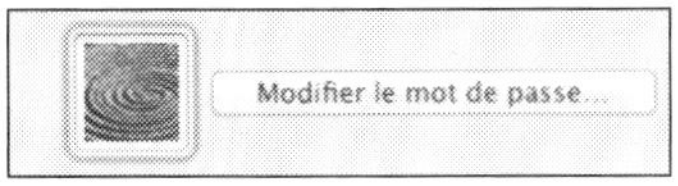

Figure 47 Zone d'image.

Les listes

Les listes présentent une série d'options parmi lesquelles l'utilisateur doit faire son choix. Lorsque la zone d'affichage de la liste est insuffisante pour présenter l'ensemble des options disponibles, une barre de défilement apparaît pour autoriser le parcours complet de la liste.

Sous Mac OS X, certaines listes peuvent être modifiées par l'utilisateur : un bouton + et un bouton – sont alors disposés en bas de la zone d'affichage de la liste.

Figure 48 Liste modifiable.

Note Certaines listes autorisent la sélection de plusieurs valeurs en même temps. Une fois la première valeur sélectionnée, il faut cliquer sur la seconde en maintenant la touche **cmd** enfoncée pour ajouter une nouvelle valeur à la sélection. Les valeurs sélectionnées dans la liste ne sont pas forcément situées les unes à côté des autres dans la liste.

Les listes déroulantes

Les listes déroulantes n'affichent qu'une valeur parmi une série de valeurs cachées. Pour dévoiler les autres valeurs disponibles, il suffit de cliquer sur la liste afin de la dérouler, puis de cliquer sur la valeur souhaitée.

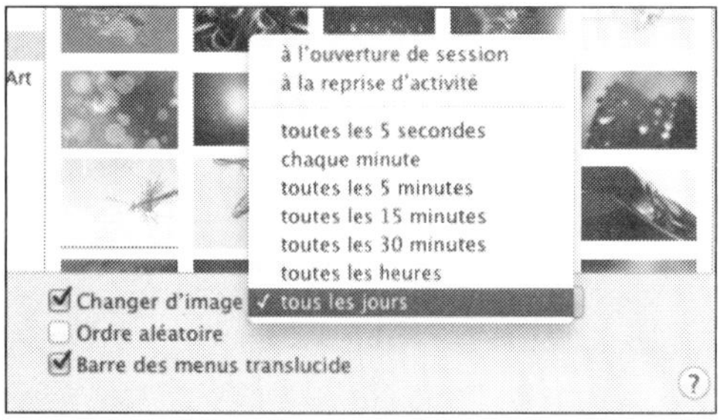

Figure 49 Liste déroulante.

Les onglets

Lorsqu'une même fenêtre regroupe un grand nombre d'options, celles-ci peuvent être regroupées par thèmes dans des onglets.

Sous Mac OS X, il existe deux niveaux d'onglets, affichés dans la barre d'outils (figure 50) ou dans la fenêtre (figure 51).

L'accès aux options regroupées sous un onglet se fait par simple clic sur l'onglet correspondant.

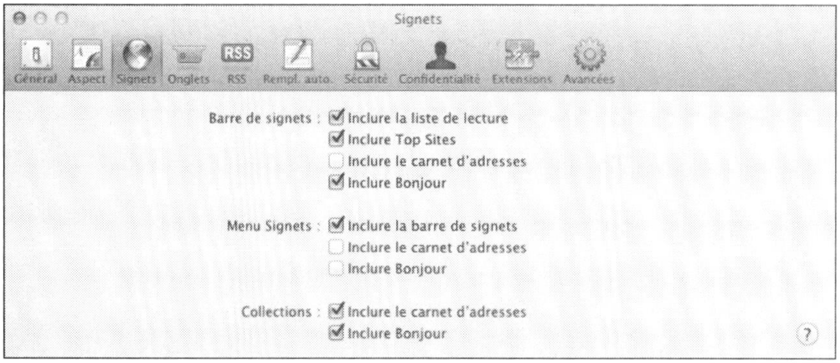

Figure 50 Onglets dans la barre d'outils.

Figure 51 Onglets dans la fenêtre.

Dialogues d'ouverture et d'enregistrement

Les fenêtres de dialogue d'ouverture et d'enregistrement de fichiers ont un comportement un peu spécifique.

L'espace principal des dialogues d'ouverture de fichiers reprend la présentation des fenêtres de navigation du Finder (chapitre 1) et s'utilise de la même façon pour parcourir les espaces de stockage du Mac jusqu'à sélectionner le fichier voulu. La sélection faite, il suffit de cliquer sur **Ouvrir** pour déclencher le chargement du fichier par l'application.

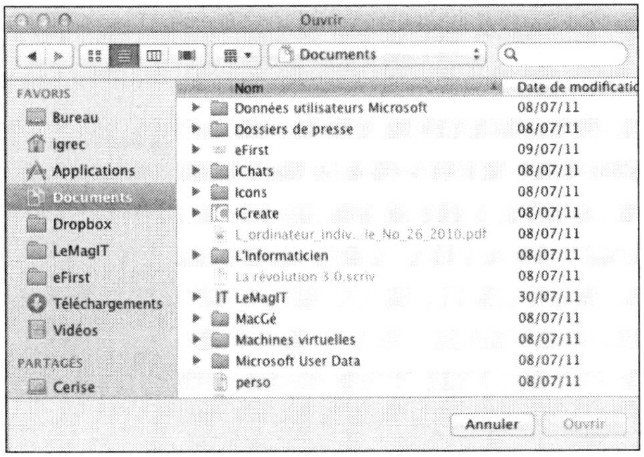

Figure 52 Dialogue d'ouverture de fichier.

Les dialogues d'enregistrement n'affichent, par défaut, qu'une zone de texte et une liste déroulante. La zone de texte permet d'indiquer le nom sous lequel le fichier doit être enregistré. La liste déroulante **Emplacement** permet de sélectionner le dossier d'enregistrement. Pour sélectionner plus finement l'emplacement d'enregistrement de son fichier, il faut cliquer sur le bouton situé à l'extrémité droite de la zone de texte du dialogue (figure 53). Le dialogue se développe aussitôt. Là, le parcours du disque dur se fait de la même manière que dans le Finder.

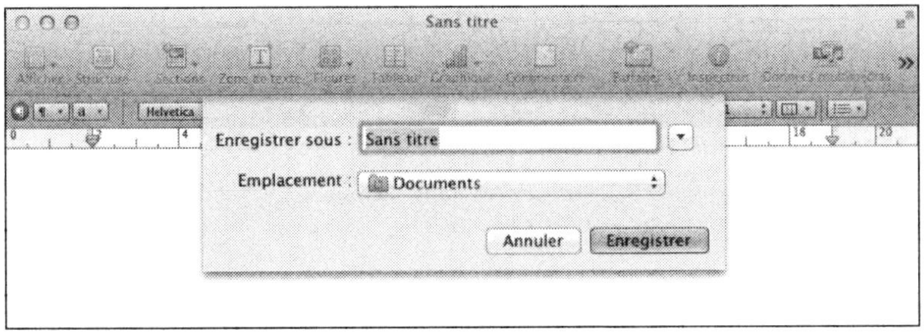

Figure 53 Dialogue d'enregistrement réduit.

Note Pour accéder plus vite à un emplacement précis du disque dur, il est possible de glisser-déposer un dossier directement depuis le Finder sur le dialogue d'ouverture ou d'enregistrement : ce dernier affiche aussitôt le contenu du dossier glissé.

Presse-papiers et historique

Le menu **Édition** partagé par toutes les applications sous Mac OS X Lion cache deux dispositifs très utiles : le Presse-papiers et l'historique.

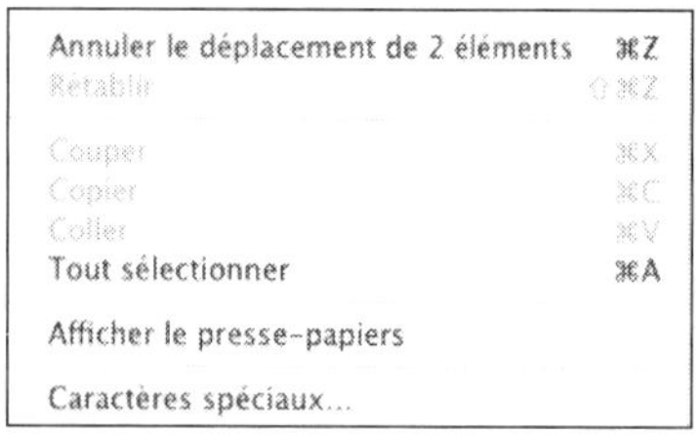

Figure 54 Le menu Édition.

Le Presse-papiers

Le Presse-papiers est un espace de stockage temporaire géré par le système d'exploitation. Il permet quelques opérations essentielles :

- Copier : consiste à placer dans le Presse-papiers une copie de l'élément sélectionné. L'élément d'origine n'est pas altéré par l'opération.
- Coller : consiste à « sortir » du Presse-papiers l'élément qui y a été précédemment copié pour le placer, par exemple, dans un document ou dans un nouveau dossier du disque dur.
- Couper : consiste à placer dans le Presse-papiers l'élément sélectionné dans la perspective de le coller ultérieurement. L'élément d'origine est détruit.

La commande **Afficher le Presse-papiers** du menu **Édition** permet de visualiser, dans une fenêtre, le contenu du Presse-papiers au moment où l'on active la commande.

Note Le Presse-papiers peut contenir de tout : textes, images, sons, et même fichiers. Mais il ne peut contenir qu'un seul élément à la fois : lorsque l'on copie quelque chose dans le Presse-papiers, ce qui s'y trouvait avant disparaît.

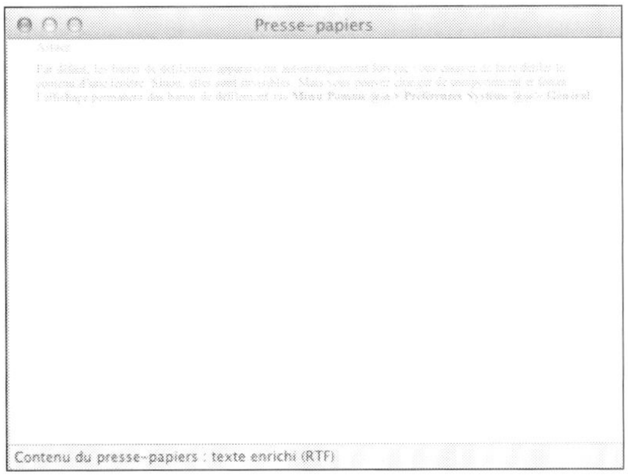

Figure 55 Fenêtre d'affichage du contenu du Presse-papiers.

L'historique

L'historique permet d'annuler une opération effectuée par erreur ou de rétablir l'opération précédemment annulée. Mac OS X fournit aux applications un historique basique : il ne mémorise qu'une seule opération.

Certaines applications, comme l'outil de retouche photo Adobe Photoshop, gèrent leur propre système d'historique, beaucoup plus poussé.

Note L'historique de Mac OS X permet même d'annuler le déplacement de fichiers, jusque dans la Corbeille. Mais il ne permet pas d'annuler l'effacement des fichiers et dossiers placés dans la Corbeille.

Les raccourcis clavier

De nombreuses fonctions de Mac OS X Lion et de ses applications sont accessibles à la fois *via* des menus, des boutons dans la barre d'outils et des raccourcis clavier.

Ces raccourcis consistent simplement en une combinaison de touches du clavier : le raccourci **cmd+O** permet d'ordonner l'ouverture d'un fichier ; il s'obtient en appuyant sur la touche **O** du clavier tandis que l'on maintient la touche **cmd** enfoncée.

La plupart des raccourcis disponibles pour une application sont signalés directement dans les menus, à droite de l'intitulé de chaque élément de menu (figure 56).

Figure 56 Menu avec raccourcis clavier.

Note Certains raccourcis clavier complexes nécessitent l'utilisation combinée de trois voire quatre touches.

Note De nombreux raccourcis clavier sont personnalisables : il est possible de les modifier à partir des Préférences Système (chapitre 35).

Astuce Amusez-vous à dérouler les menus de vos applications préférées en maintenant la touche **alt** enfoncée : de nouveaux raccourcis clavier sont accessibles, correspondant à autant de fonctions supplémentaires !

PARTIE I

BIEN COMMENCER AVEC MAC OS X LION

Chapitre 1

Accéder aux ressources du Mac avec le Finder

Au menu de ce chapitre

- Maîtriser les fenêtres du Finder
- Parcourir le disque dur
- La Corbeille
- Les informations de fichiers et dossiers

Le Finder est l'application de base et probablement la plus utilisée de Mac OS X. Le Finder permet en effet de parcourir le contenu du disque dur mais aussi de l'organiser en créant des dossiers, pour ranger ses fichiers de manière ordonnée.

C'est encore le Finder qui permet de rechercher des fichiers précis, à partir d'un nom par exemple, sans avoir à parcourir l'intégralité du disque dur, ou encore de graver rapidement des CD et DVD à partir de fichiers et dossiers du disque dur.

Essentiel donc, le Finder n'en est pas moins simple d'usage. Reste que pour en profiter pleinement, il est important de maîtriser son interface graphique et son fonctionnement. C'est l'objet de ce chapitre.

Maîtriser les fenêtres du Finder

Les fenêtres du Finder se composent d'un espace principal dédié à l'affichage du contenu du dossier visité et entouré de plusieurs éléments importants parmi lesquels on relève notamment :

- la barre latérale, à gauche, qui permet d'accéder rapidement à plusieurs dossiers prédéfinis ;
- la barre d'état qui fournit des informations sommaires sur le contenu du dossier et l'état du disque dur dans lequel se trouve le dossier ;
- la barre de chemin d'accès qui affiche le chemin parcouru dans le disque dur pour atteindre le dossier visité ;
- la barre de titre qui indique le nom du dossier visité, ainsi que son icône ;
- la barre d'outils qui offre un accès rapide à différentes fonctions du Finder.

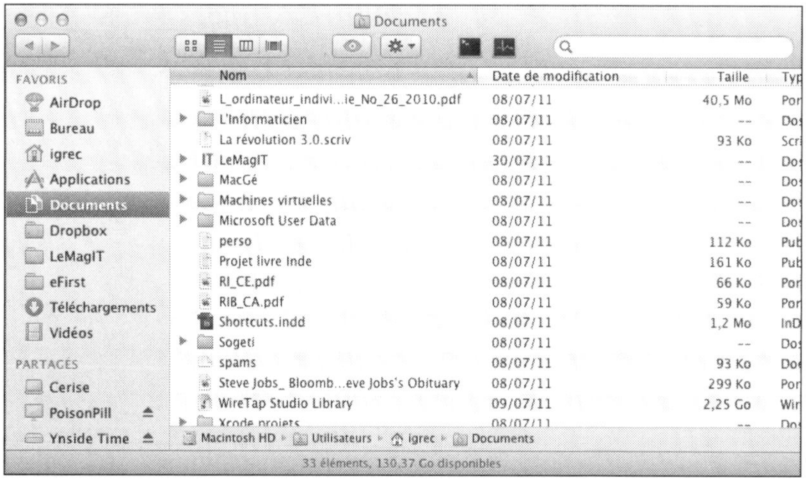

Figure 1-1 Une fenêtre du Finder de Mac OS X Lion.

Pour ouvrir une fenêtre du Finder, vous avez plusieurs possibilités :

- Double-cliquez sur l'icône d'un support de stockage sur le bureau.
- Cliquez sur l'icône du Finder dans le Dock.
- Déroulez le menu **Fichier** et sélectionnez **Nouvelle fenêtre Finder**, alors que le Finder est actif.
- Faites un clic droit sur l'icône du Finder dans le Dock et sélectionnez **Nouvelle fenêtre Finder** (figure 1-2).

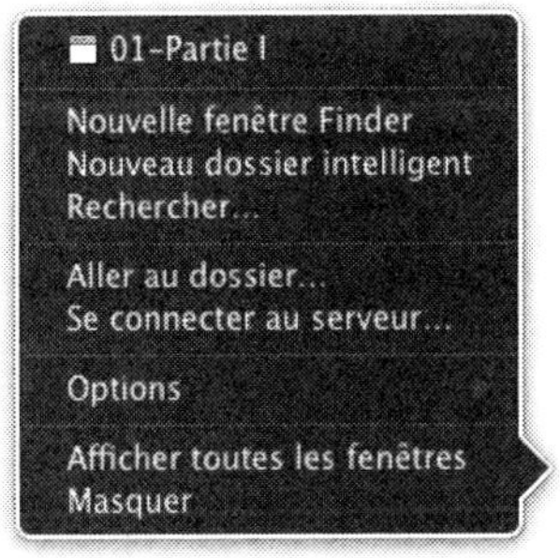

Figure 1-2 Le menu contextuel de l'icône du Finder.

La barre latérale

La barre latérale, placée sur la gauche des fenêtres du Finder, permet d'accéder rapidement aux différents espaces de stockage connectés au Mac. Les raccourcis de la barre latérale sont divisés en quatre rubriques :

- **Favoris** regroupe des dossiers prédéfinis par Mac OS X Lion et dédiés spécifiquement au stockage de certains types de fichiers.
- **Partagés** regroupe les Mac et autres équipements (PC, NAS, etc.) partageant des fichiers sur le réseau auquel est connecté le Mac.
- **Appareils** regroupe tous les disques durs, clés USB, baladeurs numériques, mémoires amovibles, CD et DVD, connectés au Mac.

Figure 1-3 La barre latérale d'une fenêtre du Finder de Mac OS X Lion.

Astuce Remarquez les icônes d'éjection à gauche de certains éléments de la barre latérale, sur la capture d'écran : elles vous permettent de déconnecter logiciellement votre Mac d'un serveur réseau, d'une clé USB ou d'un disque dur externe. C'est une étape à réaliser avant de procéder à un débranchement physique. Et pour un disque optique, cette commande lance naturellement l'éjection.

Le contenu de la rubrique **Favoris** peut être modifié par l'utilisateur. De la sorte, vous pouvez ajouter, par exemple, un raccourci vers un dossier ou un fichier que vous utilisez beaucoup pendant une période donnée. Cette période passée, vous supprimez ce raccourci librement.

- **Pour ajouter un raccourci à la barre latérale**, glissez-déposez le fichier ou dossier voulu dans la rubrique **Favoris** de la barre latérale (figure 1-4).
- **Pour supprimer un raccourci de la barre latérale**, faites un clic droit dessus et sélectionnez **Supprimer de la barre latérale**.

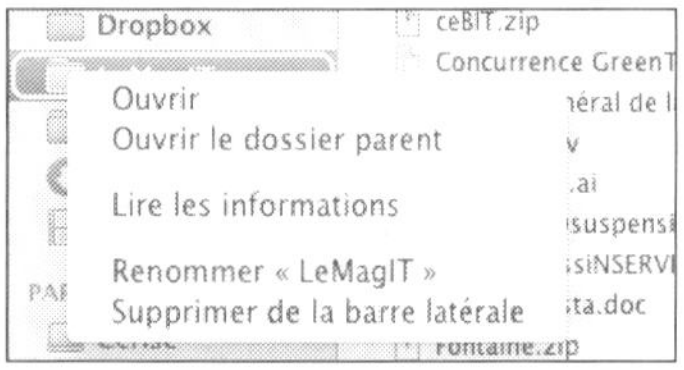

Figure 1-4 Ajout d'un élément dans la rubrique Favoris.

Astuce À tout moment, vous pouvez cacher une (ou plusieurs) rubrique de la barre latérale du Finder : glissez le pointeur de la souris au-dessus de l'une d'elles et que voyez-vous apparaître ? Un bouton **Masquer** à sa droite. Cliquez dessus pour cacher le contenu de la rubrique correspondante. Pour le faire réapparaître, renouvelez l'opération. Mais le bouton s'intitule désormais **Afficher**.

La barre d'état

Située en bas des fenêtres du Finder, la barre d'état indique le nombre d'éléments – fichiers et dossiers – contenus dans le dossier visité, ainsi que l'espace restant disponible sur le disque où se trouve le dossier visité.

Les informations de la barre d'état sont automatiquement actualisées lorsque l'on change de dossier.

Lorsque l'on sélectionne des éléments de la fenêtre ouverte, la barre d'état indique le nombre d'éléments sélectionnés.

Figure 1-5 Barre d'état d'une fenêtre du Finder de Mac OS X Lion.

L'affichage de la barre d'état n'est pas automatique : pour l'obtenir, déroulez le menu **Présentation ➜ Afficher la barre d'état**.

La barre de chemin d'accès

La barre de chemin d'accès permet de visualiser le chemin parcouru dans l'arborescence du disque dur jusqu'au dossier visité ou à l'élément sélectionné, dans le dossier visité.

Son affichage n'est pas systématique. Pour afficher la barre de chemin d'accès, déroulez le menu **Présentation** et sélectionnez **Afficher la barre du chemin d'accès**. Pour cacher cette barre, déroulez le menu **Présentation**, et sélectionnez **Masquer la barre du chemin d'accès**.

Figure 1-6 Barre de chemin d'accès.

La barre de chemin d'accès n'a pas qu'un rôle informatif, c'est un véritable outil de navigation :

- Pour accéder à l'un des dossiers du chemin d'accès au dossier visité ou à l'élément sélectionné, faites un clic droit sur le dossier visé dans la barre de chemin d'accès et sélectionnez **Ouvrir**.
- Pour accéder au dossier supérieur de celui visité, faites un clic droit dans la barre de chemin d'accès et sélectionnez **Ouvrir le dossier parent**.

Une nouvelle fenêtre du Finder s'ouvre, affichant le contenu du dossier demandé.

La barre de titre

La barre de titre affiche l'icône et le nom du dossier dont le contenu est affiché par la fenêtre du Finder. Mais elle peut faire plus que cela.

Maintenez la touche **cmd** enfoncée et cliquez sur le titre d'une fenêtre du Finder : un menu apparaît ; il affiche le chemin parcouru pour atteindre le dossier visité (figure 1-7). Sélectionnez l'endroit où vous voulez revenir ou cliquez en dehors du menu pour le faire disparaître.

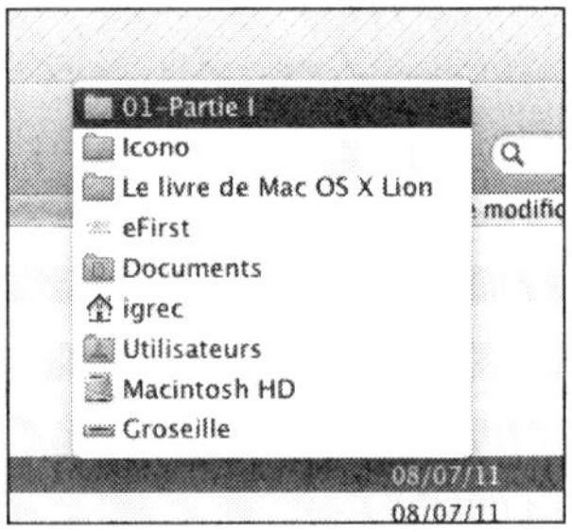

Figure 1-7 Le menu de la barre de titre.

La barre d'outils

La barre d'outils des fenêtres du Finder permet d'accéder rapidement à certaines fonctions essentielles au parcours du contenu des supports de stockage connectés à son Mac :

- À gauche, les boutons **Précédent** et **Suivant** permettent de revenir au dossier visité précédemment ou de visiter à nouveau le dossier dont on parcourait le contenu avant de revenir au dossier précédent.
- Le bloc **Présentation** et ses quatre boutons permettent de passer d'un affichage à l'autre pour le contenu du dossier visité.
- Le bouton **Coup d'œil** permet d'activer la fonction d'aperçu rapide sur le dossier visité ou l'élément sélectionné.
- Le bouton **Action** permet d'utiliser les actions de dossier préconfigurées (chapitre 36).
- La zone de saisie à l'extrémité droite, **Recherche**, permet de faire appel à Spotlight pour lancer une recherche sur le contenu du dossier visité.

À l'instar des barres d'outils des autres applications de Mac OS X, celles des fenêtres du Finder sont personnalisables :

1. Faites un clic droit sur la barre d'outils d'une fenêtre du Finder.
2. Sélectionnez **Personnaliser**.
3. Glissez-déposez les éléments présentés qui vous intéressent sur la barre d'outils, à l'emplacement qui vous convient (figure 1-8).

En outre, vous pouvez choisir d'afficher les icônes, les icônes accompagnées d'une légende, la légende seule, ou des icônes de petite taille :

1. Déroulez la liste **Afficher** et sélectionnez le mode d'affichage voulu.
2. Pour afficher des icônes plus petites, cochez la case **Afficher des icônes de petite taille**.

Lorsque vous avez fini, cliquez sur **Terminé**.

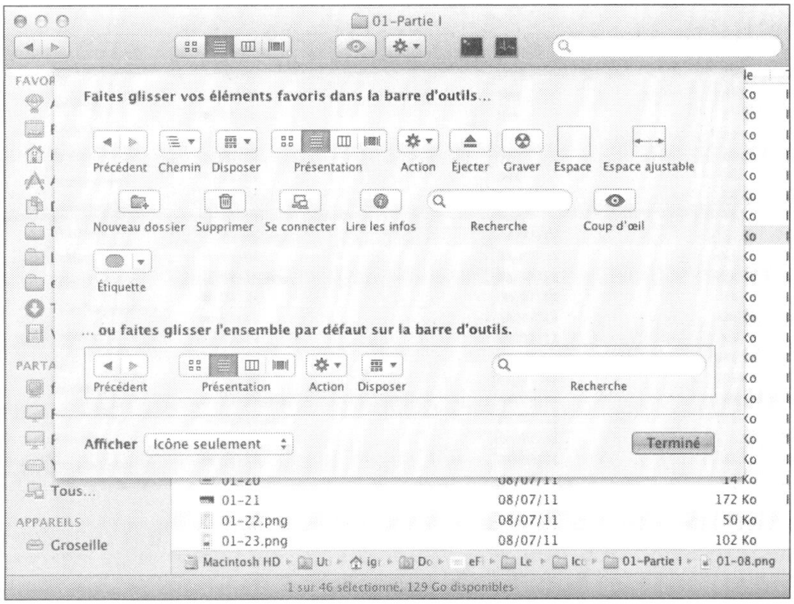

Figure 1-8 Les options de personnalisation de la barre d'outils.

Astuce Pour gagner du temps, vous pouvez placer des raccourcis d'applications directement dans la barre d'outils. Pour cela, glissez-déposez l'icône de l'application voulue à l'emplacement souhaité dans la barre d'outils.

Les différentes présentations des fenêtres

Le contenu des dossiers visités dans les fenêtres du Finder peut être affiché de quatre manières différentes : par icônes, en liste, en liste multicolonne et en mode Coverflow. Ce dernier mode, assez spectaculaire, rappelle l'affichage des pochettes des albums dans iTunes (figure 1-9a). Il est particulièrement pratique pour parcourir le contenu d'un dossier contenant des photos, des vidéos, voire des fichiers de bureautique.

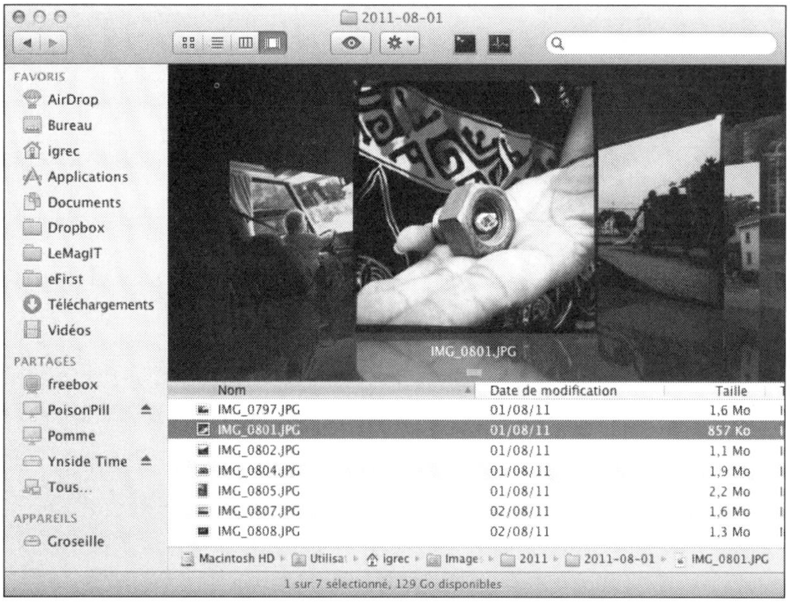

Figure 1-9a L'affichage Coverflow du Finder.

Pour passer d'un mode de présentation à l'autre :

- Cliquez sur le bouton de la barre d'outils correspondant au mode d'affichage souhaité.
- Déroulez le menu **Présentation** puis sélectionnez le mode d'affichage voulu.

Note L'affichage multicolonne est très pratique pour le parcours du disque dur : la colonne du milieu affiche le contenu du dossier sélectionné dans la colonne de gauche, tandis que la colonne de droite affiche un aperçu du fichier éventuellement sélectionné dans la colonne du milieu.

Astuce En présentation Coverflow, déplacez le pointeur de la souris sur l'icône de l'élément en exergue. Là, si le fichier sélectionné comporte plusieurs pages, cliquez sur les flèches gauche et droite pour parcourir rapidement le document.

Pour passer d'un mode de présentation à l'autre :

- Cliquez sur le bouton de la barre d'outils correspondant au mode d'affichage souhaité.

Le Finder de Lion permet également de disposer d'une présentation des fichiers et dossiers par icônes associée à un tri de celles-ci par dates de création, de modification, de dernière ouverture, d'application correspondante, *etc.* Pour en profiter, c'est simple :

1. Déroulez le menu **Présentation** et sélectionnez **Par icônes**.
2. Déroulez ensuite le menu **Présentation → Rangement** et, par exemple, sélectionnez **Par date de création**. Savourez : la liste des icônes est segmentée par périodes chronologiques. Et cela fonctionne aussi dans l'affichage par liste. Mais c'est moins spectaculaire.

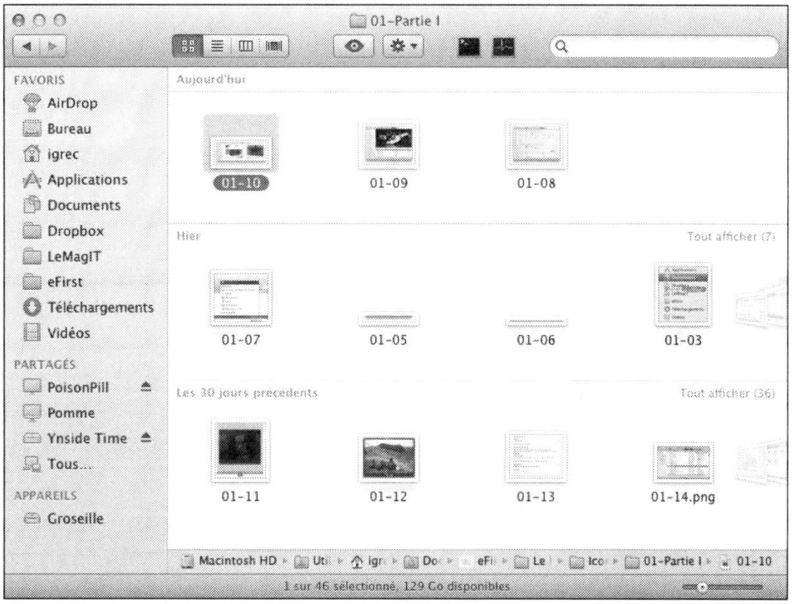

Figure 1-9b Le classement des icônes du Finder par dates de création.

Ajuster la taille des icônes

Depuis Mac OS X Snow Leopard, le Finder est devenu véritablement un outil d'accès rapide à ses fichiers, et notamment multimédia. Les icônes des fichiers représentent en effet un aperçu du contenu du fichier : c'est vrai pour les photos, les documents bureautiques, les e-mails, les fichiers PDF, les musiques et même les vidéos que le Finder sait directement prévisualiser… dans l'icône du fichier ! Mieux : avec des fichiers contenant plusieurs pages, il est possible de parcourir ces pages à l'aide de flèches affichées en surimpression de l'icône du fichier sélectionné. Mais, pour profiter de cet aperçu intégré aux icônes, encore faut-il qu'elles soient assez grandes…

Pour agrandir les icônes des fichiers du Finder :

- Déplacez vers la droite la glissière de la barre d'état d'une fenêtre du Finder, jusqu'à obtenir la taille souhaitée (figure 1-10).

Figure 1-10 Des icônes de photos JPG fortement agrandies dans une fenêtre du Finder.

Astuce Le Finder de Mac OS X Lion permet de visualiser le contenu d'une vidéo sans même l'ouvrir dans l'aperçu rapide ni dans QuickTime Player : il suffit de sélectionner la vidéo une fois les icônes suffisamment agrandies, puis de cliquer sur la petite flèche de lecture qui apparaît sur l'icône (figure 1-11).

Figure 1-11 Il est possible de regarder une vidéo directement dans le Finder de Lion.

Utiliser l'aperçu rapide

L'aperçu rapide, ou « Coup d'œil », permet, en un clic, de visualiser le contenu d'un élément sélectionné dans le Finder, sans ouvrir la moindre application. La fenêtre d'affichage comporte un ascenseur lorsque la dimension de la fenêtre ne permet pas de visualiser l'intégralité du document ou lorsque celui-ci comporte plusieurs pages.

- Cliquez sur le bouton **Coup d'œil** de la barre d'outils d'une fenêtre du Finder pour ouvrir l'aperçu rapide, ou bien appuyez simplement sur la barre d'espace du clavier.
- Cliquez sur les deux flèches en bas de la fenêtre « Coup d'œil » pour afficher le document sélectionné en plein écran.
- Lorsque vous prévisualisez ainsi une photo, vous pouvez cliquer sur l'icône d'iPhoto en bas de la fenêtre « Coup d'œil » pour l'ajouter à votre photothèque.
- Cliquez sur le bouton marqué d'une croix en haut à gauche pour fermer l'aperçu, ou appuyez de nouveau sur la barre d'espace du clavier.

Figure 1-12 Le système d'aperçu rapide « Coup d'œil ».

Note Lorsqu'un dossier est sélectionné, le Coup d'œil affiche son icône et indique : sa taille, le nombre d'éléments qu'il contient, et leur dernière date de modification.

Astuce Maintenez la touche **alt** enfoncée avant de cliquer sur l'icône **Coup d'œil** pour lancer directement un diaporama.

Utiliser les actions de dossier

Le bouton **Action** permet d'accéder rapidement à quelques fonctions du Finder liées au parcours du contenu des dossiers : création de nouveau dossier, création d'un dossier de gravure (voir plus loin), ouverture de documents, et options d'apparence (chapitre 36). Son contenu dépend de l'élément sélectionné.

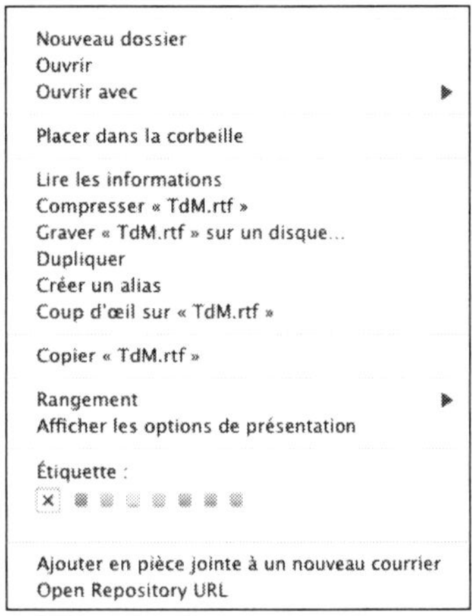

Figure 1-13 Exemple de menu du bouton Action des fenêtres du Finder.

Note Toutes ces fonctions sont aussi accessibles par les menus du Finder ainsi que par le menu contextuel du Finder (clic droit dans une fenêtre).

Astuce L'utilisation du menu contextuel permet d'accéder à plus de fonctions associées à la manipulation des éléments du disque dur : un sous-menu « Plus » permet de profiter d'actions développées avec Automator (chapitres 33 et 36).

La zone de recherche

Comme son nom l'indique, la zone de recherche des fenêtres du Finder permet de lancer rapidement une recherche sur les éléments du disque dur pour retrouver un fichier ou un dossier, à partir de son nom ou d'un mot qu'il contient, par exemple.

L'utilisation de la zone de recherche est simple :

1. Cliquez sur la zone de recherche.
2. Tapez au clavier le ou les mots-clés de votre recherche.

L'effet ne se fait pas attendre : tous les éléments trouvés susceptibles de répondre aux critères de votre recherche sont affichés dans la fenêtre du Finder (figure 1-14).

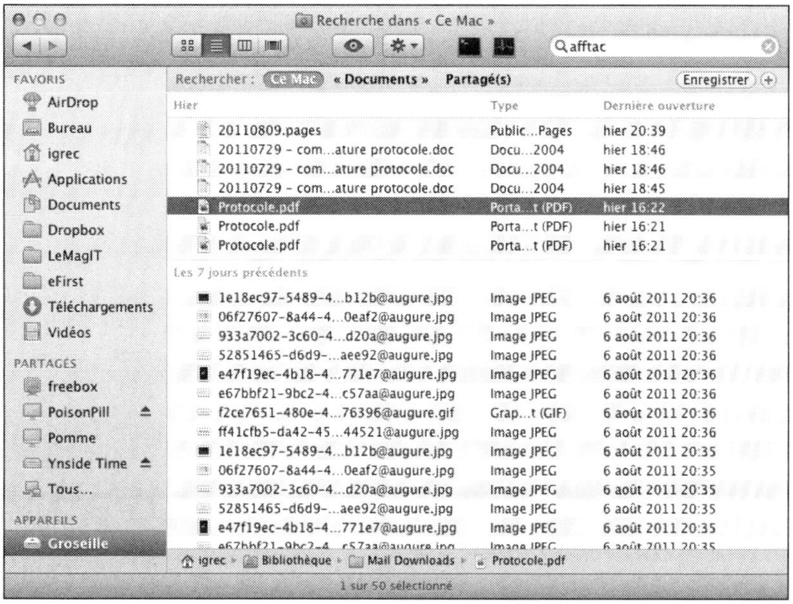

Figure 1-14 Résultats d'une recherche depuis le Finder.

Astuce La présentation des résultats peut se faire par icônes, par liste ou par Coverflow. Pour changer la présentation, cliquez sur le bouton correspondant à la présentation voulue dans la barre d'outils de la fenêtre du Finder.

Par défaut, la recherche porte sur l'ensemble des espaces de stockage connectés au Mac. Pour la restreindre au disque parcouru, avant de lancer la recherche, cliquez sur le nom du disque dans la barre **Rechercher :**.

Astuce En présentation par icônes, utilisez le curseur en bas à droite de la fenêtre pour ajuster la taille des vignettes de prévisualisation des éléments trouvés.

Si la recherche isole un nombre trop élevé d'éléments, vous pouvez l'affiner, de deux manières différentes :

- Tapez de nouveaux mots-clés dans la zone de recherche.
- Cliquez sur le bouton + en haut à droite pour utiliser de nouveaux critères de recherche.
    1. Déroulez la liste **Type** et sélectionnez l'attribut de recherche que vous voulez utiliser.
    2. Validez les options correspondant à l'attribut sélectionné : le résultat de la recherche évolue en conséquence automatiquement.

Note Il n'y a pas de limite à la combinaison de critères de recherche : vous pouvez en ajouter autant que vous voulez. Pour en supprimer un, cliquez simplement sur le bouton – correspondant.

Astuce Dans la liste **Type**, sélectionnez **Autres** pour afficher l'intégralité des attributs utilisables par la fonction de recherche du Finder. Attention, elle est impressionnante (figure 1-15) !

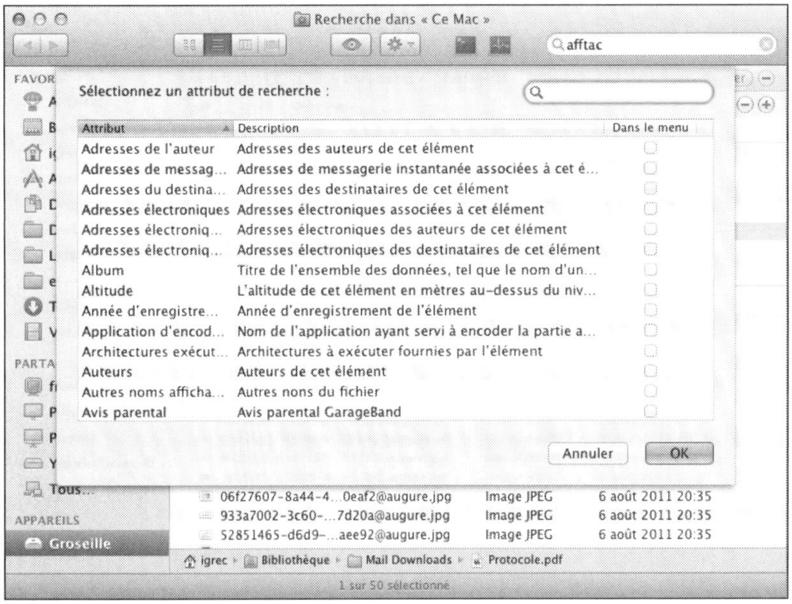

Figure 1-15 Liste des attributs disponibles pour les recherches dans le Finder.

À droite de la barre **Rechercher**, cliquez sur le bouton **Enregistrer** pour sauvegarder votre recherche et son résultat :

1. Donnez un nom explicite à votre recherche dans le champ **Enregistrer sous**.
2. Cochez la case **Ajouter à la barre latérale** si vous souhaitez que votre recherche soit accessible depuis la rubrique **Favoris** de la barre latérale des fenêtres du Finder.
3. Cliquez sur le bouton **Enregistrer**.

Votre recherche et son résultat sont dès lors accessibles à tout moment, d'un simple double clic sur l'icône correspondante dans le dossier **Bibliothèque → Recherches enregistrées** du dossier de départ de votre compte d'utilisateur, ou depuis la barre latérale.

Note Les recherches ainsi enregistrées s'appellent « Dossier intelligent » (chapitre 31) et utilisent le moteur de recherche Spotlight intégré à Mac OS X depuis la version 10.4.

Parcourir le disque dur

Les fichiers et dossiers du disque dur de démarrage sous Mac OS X Lion sont organisés de manière très structurée. En effet, tout le contenu du disque dur est réparti, à partir de son premier niveau, sa racine, dans quatre dossiers : Applications, Bibliothèque, Système, Utilisateurs. Ce dernier contient un dossier personnel par utilisateur déclaré sur le Mac ainsi qu'un dossier partagé. C'est dans ces dossiers que l'on enregistre ses documents, images, vidéos, *etc.*

Un cinquième dossier, intitulé Developer, peut éventuellement venir s'ajouter aux quatre premiers, dans le cas où les outils de développement de Mac OS X ont été installés.

Il est recommandé de respecter scrupuleusement l'organisation des dossiers et d'éviter de « polluer », par exemple, la racine du disque dur avec des fichiers personnels : c'est plus simple lorsque l'on veut sauvegarder ou transférer ses données et, surtout, c'est le gage de l'absence d'atteinte à l'intégrité de Mac OS X et des fichiers dont il a besoin pour fonctionner normalement.

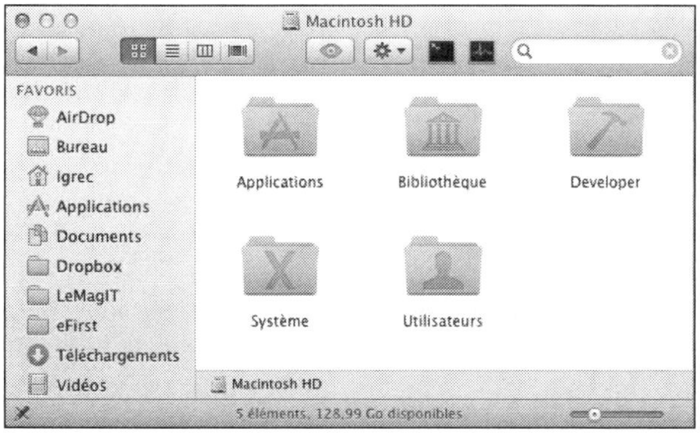

Figure 1-16 Les quatre dossiers de base du disque dur de démarrage sous Mac OS X Lion, enrichis du dossier Developer.

Les dossiers système

Les dossiers Système et Bibliothèque situés à la racine du disque dur de démarrage du Mac revêtent une importance toute particulière : appelés communément « dossiers système », il contiennent les principaux composants logiciels de Mac OS X. C'est par exemple au sein du dossier Système que se trouvent le Finder, le Dock, ou encore les composants chargés de la gestion des périphériques USB et des connexions réseau.

Le dossier Bibliothèque de la racine du disque dur de démarrage contient pour sa part des éléments tels que les panneaux de configuration des préférences ou encore les codecs, ces composants permettant à QuickTime Player de lire différents formats de fichiers vidéo et audio.

Attention Mieux vaut ne jamais intervenir directement sur ces dossiers et leur contenu, sous peine de mettre en danger le bon fonctionnement – voire le démarrage – de son Mac.

Le dossier Applications

C'est là que l'on range les applications installées sur son Mac. Ainsi centralisées dans ce dossier facilement identifiable, les applications sont accessibles par tous les utilisateurs du Mac, sauf restriction définie dans le cadre du contrôle parental (chapitre 39).

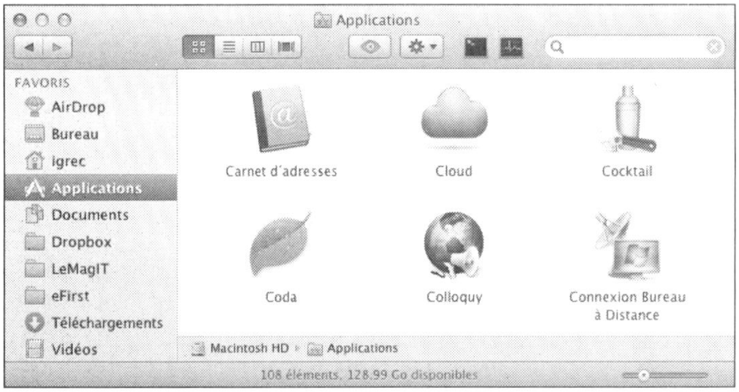

Figure 1-17 Quelques applications du dossier Applications.

Note Sous Mac OS X, la plupart des applications s'installent par simple glisser-déposer dans le dossier Applications. Certaines applications utilisent néanmoins un logiciel d'installation. Ces applications restent pourtant accessibles depuis le dossier Applications. Le logiciel d'installation leur permet d'ajouter des composants spécifiques aux dossiers système.

Les dossiers personnels

Mac OS X est conçu pour pouvoir être utilisé par plusieurs personnes différentes à partir d'un seul ordinateur. Du coup, chaque utilisateur de Mac OS X dispose d'un compte d'utilisateur personnel. Cette répartition permet à chacun d'utiliser librement les diverses applications du Mac sans jamais interférer avec les autres utilisateurs ni pouvoir accéder à leurs documents ou à leur correspondance électronique.

Concrètement, ce compte se traduit sur le disque dur par un dossier personnel dont le contenu est organisé en neuf dossiers (figure 1-18a) :

- **Applications** : ce dossier contient les applications qui sont exclusivement accessibles à l'utilisateur concerné. Aucun autre utilisateur du Mac ne peut s'en servir.
- **Bureau** : ce dossier contient tous les fichiers et dossiers que l'utilisateur place sur le Bureau de Mac OS X.
- **Documents** : c'est probablement le dossier le plus sollicité. L'utilisateur y stocke ses fichiers, ses documents de travail, *etc.*

Note Le dossier **Utilisateurs** de la racine du disque dur contient en outre un dossier intitulé **Partagé**. C'est un espace commun à tous les utilisateurs du Mac : chacun peut y ajouter, supprimer, et modifier fichiers et dossiers.

- **Téléchargements** : introduit par Lion, ce dossier accueille automatiquement tous les fichiers téléchargés par Safari, sauf ordre contraire de l'utilisateur.
- **Images, Musique, Vidéos** : ces trois dossiers sont dédiés à l'enregistrement des fichiers multimédia. iTunes, par exemple, enregistre automatiquement la musique dans le dossier éponyme.
- **Sites** : ce dossier permet de stocker les pages Web du minisite personnel que chaque utilisateur de Mac OS X peut créer grâce au serveur Web intégré au système d'exploitation.
- **Public** : ce dossier est un espace d'échange. Les éléments placés dans ce dossier peuvent être consultés par tous les utilisateurs du Mac – mais seul le propriétaire du compte auquel est lié ce dossier peut supprimer ou modifier des éléments. Le dossier **Public** est aussi une boîte de dépôt : n'importe quel utilisateur du Mac peut y ajouter des fichiers et dossiers pour les mettre à disposition du propriétaire du dossier **Public**.

Figure 1-18a Les dossiers personnels de chaque utilisateur.

Astuce Les fichiers glissés dans le boîte de dépôt de votre dossier public sont encore la propriété de leur créateur : vous ne pouvez pas les renommer ou les modifier. Pour cela, plutôt que de les déplacer, faites-en une copie : cette copie vous appartiendra et vous aurez tous les droits dessus.

À ces dossiers s'en ajoute un dernier, caché : **Bibliothèque**. Celui-ci est notamment utilisé par les applications pour enregistrer les paramètres de leur utilisation définis par l'utilisateur. Mail y stocke par exemple les comptes de messagerie électronique et les courriels avec leurs pièces jointes.

Astuce Comment afficher le contenu du dossier Bibliothèque ? *Via* l'utilitaire Terminal, qui se trouve dans le dossier **Applications → Utilitaires**. Lancez-le puis tapez *`open Library`*. Une fenêtre du Finder s'ouvre alors pour afficher le contenu du dossier Bibliothèque. Et pour faire apparaître le dossier Bibliothèque dans votre dossier personnel, tapez *`chflags nohidden Library`* dans le Terminal puis validez par **Entrée**.

Tous ses fichiers, en un clin d'œil

Le Finder de Lion introduit une nouvelle façon de parcourir le contenu de son disque dur et, surtout, ses fichiers : il propose de les rassembler tous dans une unique fenêtre assortie d'un mode de tri qui se veut – on l'imagine – pertinent. Cet emplacement virtuel du disque dur s'intitule **Tous mes fichiers**. Vous trouverez un raccourci pour accéder dans la rubrique **Favoris** de la barre latérale. Mais ce n'est pas tout : vous pouvez aussi y accéder *via* le menu **Aller → Tous mes fichiers**, du Finder.

Dans cette fenêtre, vous trouverez tous vos plus récents fichiers, classés à la fois par types et par dates. Il vous faudra peut-être un peu d'habitude pour vous approprier pleinement cette présentation.

Créer des dossiers

On l'aura compris, les dossiers permettent d'organiser les fichiers de manière structurée. Rien n'interdit donc de créer soi-même des dossiers sur le disque dur de son Mac pour organiser ses données ; c'est même plutôt recommandé.

1. Pour créer un dossier, déroulez le menu **Fichier → Nouveau dossier**.

Figure 1-18b Le dossier virtuel Tous mes fichiers.

Utiliser les alias

Les alias sont des raccourcis : ils permettent d'accéder rapidement à un fichier, un dossier ou une application, sans avoir à parcourir l'intégralité du disque dur. En cela, ils constituent un moyen intéressant de conserver un fichier important sous la main sans remettre en cause son classement dans le disque dur. Pour créer un alias :

1. Sélectionnez l'élément visé.
2. Déroulez le menu **Fichier ➜ Créer un alias**.
3. Déplacez l'alias où bon vous semble.

Vous pouvez supprimer l'alias à tout moment sans risquer de supprimer le fichier auquel il se réfère.

Astuce Pour retrouver rapidement l'élément auquel se réfère un alias, sélectionnez l'alias et déroulez le menu **Fichier → Afficher l'original**.

La Corbeille

Située dans la partie droite du Dock (chapitre 3), la Corbeille (figure 1-19) fait partie des éléments centraux du Finder : c'est à elle que l'on confie le soin d'éliminer les fichiers et dossiers que l'on juge mûrs pour la suppression.

La Corbeille peut aussi servir à éjecter un CD ou un DVD, de même qu'un espace de stockage amovible – disque dur externe, clé USB, carte mémoire, *etc.* – ou en réseau, que l'on ne souhaite plus utiliser.

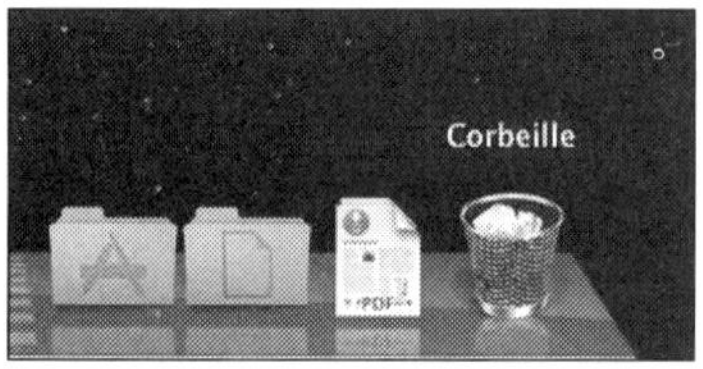

Figure 1-19 La Corbeille, toujours placée à l'extrémité droite du Dock.

Placer des éléments dans la Corbeille

Vous disposez de quatre options pour placer dans la Corbeille les fichiers et dossiers que vous souhaitez supprimer. Après avoir sélectionné les éléments visés :

1. Glissez-déposez-les sur l'icône de la Corbeille dans le Dock.
2. Tapez **cmd+Effacement arrière**.
3. Tapez **Effacement avant** ou **Suppr**.
4. Déroulez le menu **Fichier** et sélectionnez **Placer dans la Corbeille**.

L'effet est immédiat. Pour indiquer qu'elle contient des éléments, la Corbeille enrichit son icône d'une boule de papier.

Astuce Lorsque l'on place par erreur un ou des éléments dans la Corbeille, il est possible d'annuler l'opération en déroulant le menu **Édition → Annuler** du Finder. Vous pouvez aussi renvoyer à sa place d'origine un élément de la Corbeille en faisant un clic droit dessus puis en sélectionnant **Remettre**.

Astuce Pour effacer directement un élément du Finder, sans le laisser dans la Corbeille, sélectionnez-le puis tapez **cmd+Majuscule+Effacement arrière**. Confirmez en cliquant sur **OK**.

Parcourir le contenu de la Corbeille

Tant que la Corbeille n'est pas vidée, son contenu est accessible en permanence. Pour consulter le contenu de la Corbeille, faites un double clic sur son icône dans le Dock.

Les éléments contenus dans la Corbeille ne peuvent cependant pas être ouverts tant qu'ils s'y trouvent. Si vous souhaitez examiner de plus près le contenu d'un fichier ou d'un dossier dans la Corbeille, glissez-déposez-le hors de la Corbeille, sur le Bureau, par exemple.

Vider la Corbeille

Les éléments placés dans la Corbeille ne sont supprimés qu'après la demande explicite de leur suppression. Pour cela, faites un clic droit sur l'icône de la Corbeille dans le Dock et sélectionnez **Vider la Corbeille** (figure 1-20). Confirmez en cliquant sur **OK**.

Attention Comme vous l'indique le Finder avant de procéder à l'effacement du contenu de la Corbeille, l'opération est irréversible.

Certaines applications spécialisées permettent de récupérer tout ou partie des fichiers effacés. Pour prévenir cette éventualité, déroulez le menu **Finder → Vider la Corbeille en mode sécurisé**. Confirmez en cliquant sur **OK**.

Figure 1-20 Le menu contextuel de la Corbeille.

Astuce Vous pouvez aussi accéder à l'effacement sécurisé du contenu de la Corbeille *via* son menu contextuel : maintenez simplement enfoncée la touche **cmd**.

Éjecter un disque

En marge de ses fonctions d'effacement, la Corbeille peut être utilisée pour éjecter des CD ou DVD ainsi que des supports de stockage amovibles tels des disques durs externes, des cartes mémoire ou des clés USB.

Pour éjecter un disque, contentez-vous de glisser-déposer son icône sur celle de la Corbeille. Une fois l'éjection terminée, vous pouvez débrancher le périphérique correspondant ou récupérer le CD ou le DVD éjecté.

Figure 1-21 La Corbeille, prête à éjecter un disque externe.

Astuce Certains disques peuvent refuser ponctuellement de s'éjecter. La raison en est simple : une application ouverte, voire certaines tâches cachées de Mac OS X peuvent être encore en train d'accéder au disque ou d'en utiliser des fichiers. Avec Mac OS X Lion, Apple assure avoir travaillé à éviter ce genre de désagrément. Notamment, Mac OS X doit vous indiquer quelles applications sont encore en train d'utiliser le disque visé. Pensez à fermer les fichiers concernés avant de tenter une nouvelle éjection ou forcer l'éjection.

Les informations de fichiers et dossiers

Le Finder permet d'accéder à d'importantes informations concernant fichiers et dossiers, sans même qu'il soit nécessaire de les ouvrir (figure 1-22). Pour accéder à ces informations, sélectionnez un fichier ou un dossier et déroulez le menu **Fichier → Lire les informations** :

- À la rubrique **Général**, le Finder mentionne le type de l'élément sélectionné, sa taille, son emplacement, la date de sa création, la date à laquelle ont été effectuées les dernières modifications affectant le fichier, et l'étiquette (chapitre 31).
  - La case Modèle permet de définir le fichier sélectionné comme modèle pour la création de nouveaux documents.
  - La case Verrouillé permet de protéger l'élément sélectionné contre les modifications et l'effacement.
- À la rubrique **Nom et extension**, le Finder affiche le nom et l'extension du fichier. La case **Masquer l'extension** permet d'interdire l'affichage de l'extension du fichier dans les fenêtres du Finder.

Bon à savoir Lorsque l'extension d'un fichier est cachée, il n'est pas possible de la modifier dans les fenêtres du Finder ; il faut passer par la fenêtre des informations.

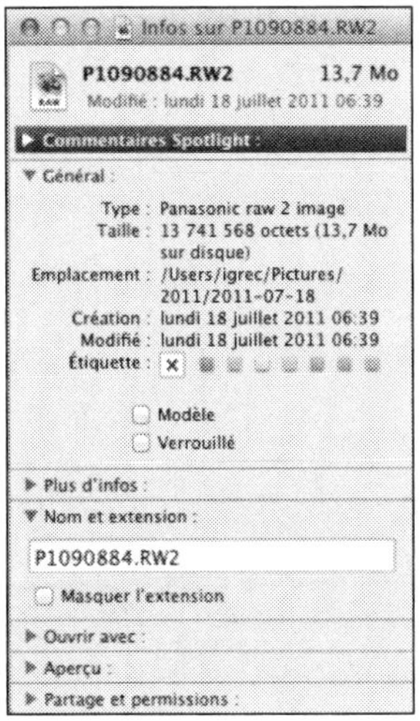

Figure 1-22 Les informations de base sur un fichier.

Astuce Ouvrez ou refermez d'un coup toutes les rubriques des informations de fichiers et dossiers en maintenant la touche **alt** enfoncée au moment de cliquer sur l'un des triangles de développement/réduction des rubriques.

Astuce Plutôt que de dérouler le menu **Fichier → Lire les informations** pour accéder aux informations de fichiers et de dossiers, sélectionnez l'élément voulu dans le Finder puis tapez **cmd+alt+I** : vous obtenez les mêmes informations mais dans un inspecteur plutôt que dans une fenêtre ; le contenu de l'inspecteur est mis à jour dynamiquement si vous modifiez le fichier ou le dossier sélectionné ; l'inspecteur vous permet aussi de lire des informations de synthèse sur plusieurs éléments du Finder sélectionnés simultanément.

Commentaires Spotlight

La rubrique **Commentaires Spotlight** est dédiée à la saisie d'informations qui serviront à alimenter Spotlight (chapitre 31), le moteur de recherche intégré à Mac OS X Lion. Plus l'on prend la peine de saisir des informations dans cette rubrique, plus les résultats des recherches effectuées avec Spotlight seront précis et pertinents.

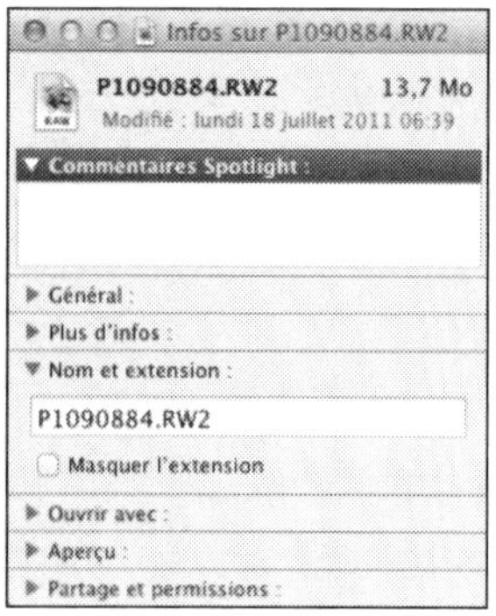

Figure 1-23 Les commentaires Spotlight.

Bien sûr, les commentaires Spotlight ne revêtent que peu d'intérêt pour les documents bureautiques ou simplement textuels. Mais avec des fichiers audio, vidéo ou graphiques, les commentaires Spotlight peuvent apporter au moteur de recherche des informations sur le contenu des fichiers, informations qu'il n'a pas la capacité d'extraire lui-même.

Ouverture

Sous cette rubrique, le Finder enregistre l'application qui doit être utilisée pour ouvrir le fichier sélectionné lorsque l'on double-clique dessus. Et cela n'a rien d'anodin ! De nombreuses applications ont tendance à « s'approprier » les fichiers dès qu'elles ont permis de réaliser une modification dessus. Il va ainsi du célèbre Photoshop, d'Adobe : les photos se posent en application par défaut, quand bien même l'on souhaite continuer d'ouvrir ses photos avec Aperçu (chapitre 12). Les informations de fichier du Finder permettent de corriger cela *a posteriori* :

1. Déroulez la liste **Ouvrir avec** et sélectionnez l'application voulue.
2. Cliquez sur le bouton **Tout modifier** pour imposer le changement d'application par défaut à tous les fichiers du même type que celui sélectionné.

Les modifications sont prises en compte immédiatement.

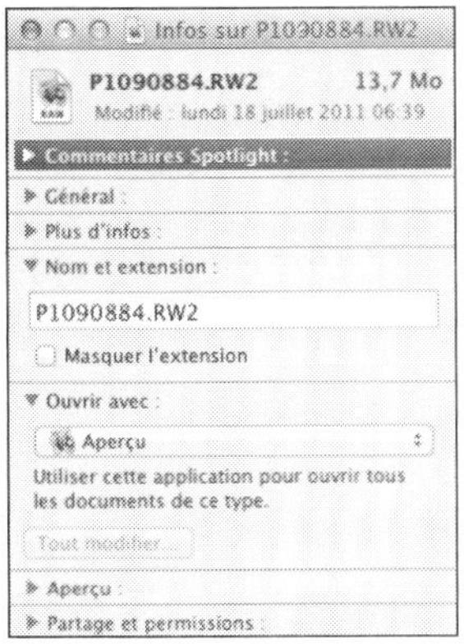

Figure 1-24 L'application par défaut.

Aperçu

Cette rubrique est dédiée à la présentation d'un aperçu du contenu du fichier sélectionné. L'aperçu est disponible pour la plupart des fichiers : il est généré automatiquement par le Finder, de la même manière que les aperçus de la présentation en flux de couverture des dossiers du Finder. En prime, il est possible de jouer les fichiers audio et les fichiers vidéo.

Figure 1-25 L'aperçu de la fenêtre des informations.

Propriétaire et autorisations

Enfin, la rubrique **Partage et permissions** recense les droits des utilisateurs du Mac sur le fichier ou le dossier sélectionné (chapitre 52) et permet de les modifier. Au préalable, cliquez sur le cadenas pour déprotéger des informations. Cela fait :

- Cliquez sur le bouton + en bas de la liste pour ajouter un utilisateur.
- Sélectionnez un utilisateur à supprimer et cliquez sur le bouton – en bas de la liste pour le supprimer.
- Déroulez la liste de la colonne **Privilège** et sélectionnez les droits que vous voulez accorder à l'utilisateur correspondant, sur le fichier ou le dossier sélectionné.

Les modifications sont appliquées dès la fermeture de la fenêtre des informations.

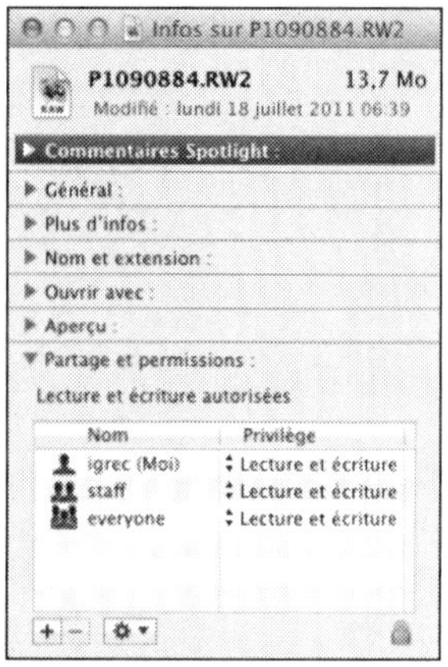

Figure 1-26 Propriétaire et autorisations.

Astuce Si le Finder vous interdit de modifier un fichier, ou de le renommer, c'est que vous n'avez pas les droits appropriés pour cela. Vérifiez que votre nom apparaît dans la liste des utilisateurs dans la rubrique **Partage et permissions** de la fenêtre d'informations. Si c'est le cas, sélectionnez votre nom dans cette liste puis cliquez sur l'icône ornée d'une roue crantée et sélectionnez **Faire de (Moi) le propriétaire**.

Chapitre 2

Le menu Pomme, toujours accessible

Au menu de ce chapitre

- Connaître son Mac
- Tenir son Mac à jour
- Les éléments de personnalisation
- Un accès rapide aux documents et applications récemment utilisés
- Fermer une application bloquée
- Éteindre, redémarrer et mettre en veille son Mac
- Passer la main à un autre utilisateur

- Le menu Pomme (figure 2-1) – baptisé de la sorte en raison de son icône caractéristique – fait partie des éléments principaux de Mac OS X. C'est à partir de lui que l'on recherche les mises à jour proposées par Apple, que l'on accède aux panneaux de configuration de Mac OS X et de ses composants d'extension, ou encore que l'on demande l'extinction ou la mise en veille de son Mac.
- Le menu Pomme propose aussi quelques fonctions bien pratiques comme un accès rapide aux derniers documents ouverts ou encore un dispositif permettant de fermer prématurément une application bloquée.
- Le menu Pomme est continuellement accessible, quelles que soient les applications ouvertes et sans qu'il soit nécessaire de revenir au Finder.
- Le menu Pomme ne manque donc pas de rendre service au quotidien. Il est l'objet de ce chapitre.

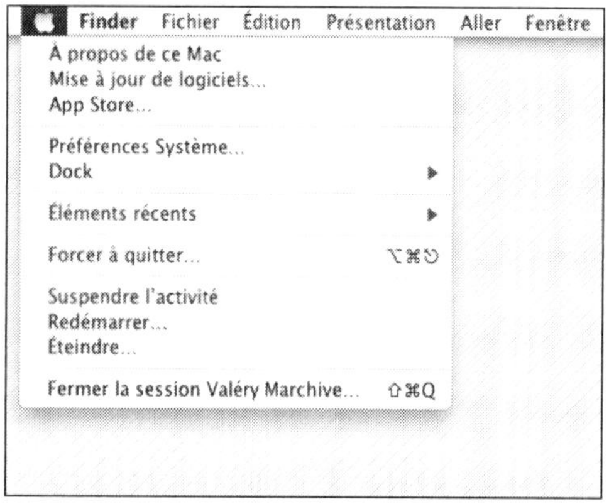

Figure 2-1 Le menu Pomme.

Connaître son Mac

Si vous rencontrez un problème avec votre Mac et que vous soyez amené à appeler à l'aide le service après-vente Apple Care ou d'autres utilisateurs, sur des forums sur Internet, des détails de configuration matérielle de votre Mac risquent de vous être demandés.

Pour obtenir ces informations :

1. Déroulez le menu **Pomme**.
2. Sélectionnez **À propos de ce Mac**.
3. Cliquez sur le bouton **Plus d'infos**.

Dans cette fenêtre, c'est toute la configuration matérielle et même logicielle de votre Mac qui est détaillée. Quatre onglets vous permettent de consulter les éléments principaux : configuration de l'unité centrale, des moniteurs, du stockage, et de la mémoire vive.

Figure 2-2 Les informations sur ce Mac.

Les onglets **Assistance** et **Service** vous permettent directement de contrôler l'état de la garantie associée à votre Mac et de retrouver le centre d'aide en ligne d'Apple, le service de support, ou encore le manuel d'utilisation.

Mais vous pouvez en apprendre beaucoup plus ! Pour cela, revenez à l'onglet **Aperçu** et cliquez sur **Rapport système**. Cliquez sur la rubrique **Matériel** dans la colonne de gauche. Là, vous trouverez trois informations de valeur :

- le numéro de version du microcode de démarrage, à la ligne **Version de la ROM de démarrage** ;
- la version du microcode SMC, à la ligne **Version SMC** ;
- le numéro de série de votre Mac, à la ligne **Numéro de série**.

Le cas échéant, suivez les instructions des personnes qui vous viennent en aide lorsqu'elles vous demandent des informations complémentaires.

Astuce Pour accéder plus rapidement aux informations détaillées de la configuration matérielle de votre Mac, déroulez le menu **Pomme** en maintenant la touche **alt** enfoncée puis sélectionnez **Informations Système**.

Tenir son Mac à jour

Apple propose régulièrement des mises à jour pour les logiciels installés sur votre Mac, de ses microcodes à iTunes en passant par Mac OS X. Pour vérifier si des mises à jour sont disponibles et les installer :

1. Déroulez le menu **Pomme**.
2. Sélectionnez **Mise à jour de logiciels**. La recherche commence aussitôt ; elle peut prendre plusieurs minutes.
3. Dans la liste, décochez les cases correspondant aux mises à jour que vous ne souhaitez pas installer tout de suite.
4. Cliquez sur le bouton **Installer** pour lancer le téléchargement et procéder à l'installation.
5. Suivez les instructions à l'écran.
6. Lorsque les installations sont terminées, déroulez le menu **Mise à jour de logiciels** et sélectionnez **Quitter**.

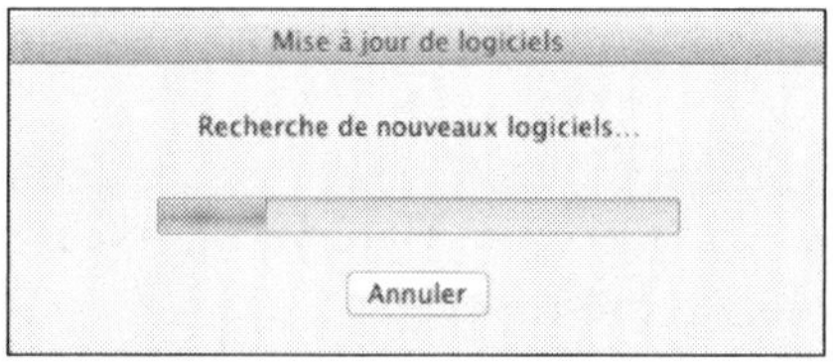

Figure 2-3 Recherche des mises à jour Apple.

Astuce On ne peut pas toujours procéder à l'installation d'une mise à jour aussitôt qu'elle est publiée par Apple : le téléchargement peut être trop long ou le fait de devoir redémarrer, trop handicapant, sur le moment. Ce n'est pas grave : vous pouvez faire appel au menu Pomme à tout moment pour retrouver les mises à jour pas encore installées et rattraper ainsi le retard.

Note Périodiquement, votre Mac recherche automatiquement les mises à jour proposées par Apple. S'il en trouve, il vous en informe et vous demande si vous souhaitez procéder à leur téléchargement et à leur installation.

Les éléments de personnalisation

L'élément **Préférences Système** du menu **Pomme** a de quoi intriguer : comme son nom l'indique, il donne accès aux panneaux de préférences de Mac OS X Lion. Leur usage sera détaillé dans les parties V et VI de ce livre.

Un accès rapide aux documents et applications récemment utilisés

Le menu **Pomme** permet d'accéder rapidement aux dix derniers documents ouverts ainsi qu'aux dix dernières applications lancées et aux dix derniers serveurs auxquels votre Mac a été connecté.

Pour profiter de cette fonction :

1. Déroulez le menu **Pomme**.
2. Sélectionnez **Éléments récents**.
3. Dans la liste, sélectionnez l'élément récemment utilisé que vous souhaitez utiliser de nouveau.

Astuce Le menu **Éléments récents** peut être vidé de son contenu si vous ne voulez pas qu'un regard indiscret se penche sur vos activités numériques récentes. Pour cela, en bas de la liste des éléments dernièrement utilisés, sélectionnez **Effacer le menu**.

Fermer une application bloquée

Il peut arriver qu'une application ne réponde plus, ni à la souris, ni au clavier. On dit alors qu'elle est bloquée. La seule solution consiste à la forcer à quitter avant, le cas échéant, à la relancer.

Pour cela :

1. Déroulez le menu **Pomme**.
2. Sélectionnez **Forcer à quitter**.
3. Dans la liste (figure 2-4), sélectionnez l'application bloquée – son nom est généralement suivi du texte « ne répond pas », en rouge et entre parenthèses.
4. Cliquez sur le bouton **Forcer à quitter** (**Relancer**, dans le cas du Finder).

5. Fermez la fenêtre.

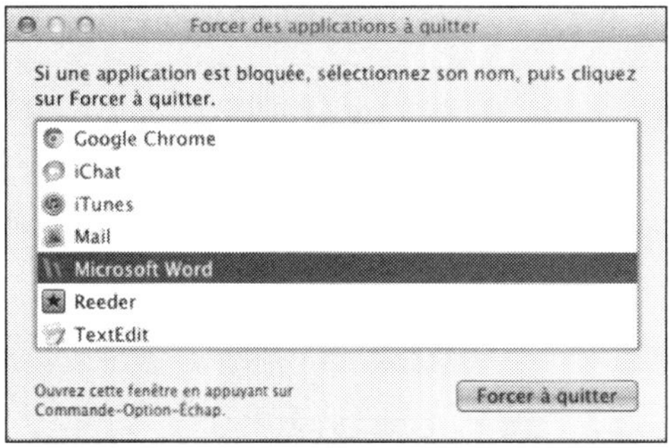

Figure 2-4 Fonction de fermeture prématurée d'applications bloquées.

Note Les applications bloquées n'affectent pas le fonctionnement global de Mac OS X et des autres applications. Après avoir forcé une application à quitter, il n'est donc pas nécessaire de redémarrer le Mac pour continuer à l'utiliser.

Attention Si une application se bloque alors que vous n'avez pas enregistré les modifications apportées à un document ouvert dans cette application et que vous forcez cette dernière à quitter, les modifications sont généralement perdues. Avant de forcer une application à quitter, assurez-vous donc bien qu'elle n'est pas simplement engagée dans une opération longue qui l'empêche temporairement de répondre.

Éteindre, redémarrer et mettre en veille son Mac

Un Mac ne s'éteint pas en débranchant sa prise électrique : certains composants électroniques de l'ordinateur mais aussi des fichiers du disque dur pourraient être endommagés.

1. Pour éteindre votre Mac, déroulez le menu **Pomme ➜ Éteindre**.
2. Confirmez en cliquant sur le bouton **Éteindre** (figure 2-5).

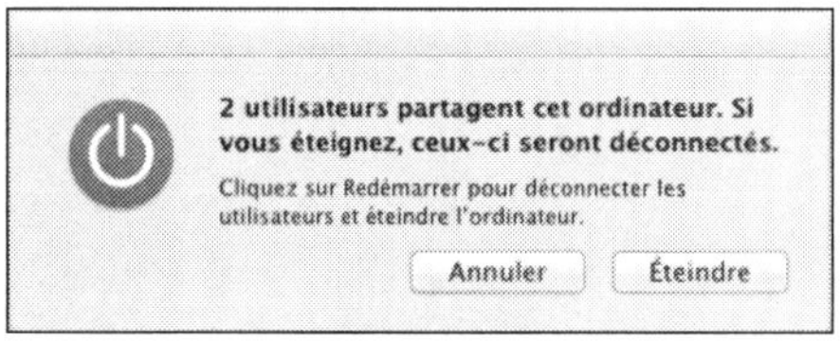

Figure 2-5 Demande de confirmation de l'extinction.

La mise en veille est une alternative à l'extinction du Mac lorsque l'on prévoit de ne pas l'utiliser pour quelques heures, voire quelques jours : les disques durs sont arrêtés, de même que l'affichage, et ne subsiste qu'une faible consommation électrique résiduelle destinée à préserver le contenu de la mémoire vive. La remise en route d'un Mac mis en veille est quasiment instantanée.

1. Pour mettre en veille votre Mac, déroulez le menu **Pomme → Suspendre l'activité**.

Le témoin blanc de mise sous tension du Mac se met alors à clignoter comme une lente pulsation.

Astuce La mise en veille des MacBook et MacBook Pro se fait sans opération particulière : il suffit de fermer l'ordinateur.

Attention En cas de panne d'électricité, un Mac mis en veille s'éteint : toutes les modifications apportées à des documents ouverts et pas encore sauvegardées sont perdues. Mais les MacBook et MacBook Pro passent, lorsque leur batterie est presque vide, dans un mode d'hibernation : le contenu de la mémoire vive est sauvegardé sur le disque dur ; l'ordinateur est éteint. Une fois rebranché sur une source d'alimentation électrique, le portable peut être rallumé pour reprendre son usage là où l'on l'avait laissé.

Dans certains cas, comme pour utiliser Windows avec Boot Camp, vous pouvez avoir besoin de redémarrer votre Mac :

1. Déroulez le menu **Pomme → Redémarrer**.
2. Confirmez en cliquant sur le bouton **Redémarrer**.

Passer la main à un autre utilisateur

Mac OS X est conçu pour permettre à différentes personnes d'utiliser le même Mac tout en préservant la confidentialité des documents de chacun (chapitre 34). La commande **Fermer la session** du menu **Pomme** permet donc de fermer la session d'un utilisateur afin de permettre à un autre utilisateur d'en ouvrir une et d'accéder à ses données personnelles.

Astuce Si votre compte d'utilisateur est protégé par un mot de passe, n'hésitez pas à fermer votre session Mac OS X lorsque vous vous éloignez de votre Mac : au bureau, par exemple, cela empêchera un collègue indiscret de fouiller dans vos données.

Chapitre 3

Gérer ses applications

Au menu de ce chapitre

Le Dock est assurément l'un des éléments centraux principaux de l'environnement graphique de Mac OS X. La fonction première du Dock est de permettre à l'utilisateur d'accéder rapidement aux applications qu'il utilise le plus souvent. En cela, le Dock peut être assimilé à une barre de lancement rapide.

Le Dock sert en outre de barre de notification : les applications lancées, mais dont aucune fenêtre n'est visible à l'écran, utilisent leur icône dans le Dock pour indiquer qu'elles sont ouvertes et informer sur leur activité. Mail, par exemple, utilise un badge rouge pour indiquer le nombre de courriels non lus présents dans la boîte de réception.

Dans sa partie droite, séparée par des pointillés, le Dock affiche en outre la Corbeille, les fenêtres réduites et, depuis Leopard, les piles. Ces piles permettent d'accéder rapidement au contenu de dossiers auxquels elles correspondent.

Maîtriser le Dock permet de gagner un temps considérable dans l'utilisation de son Mac. C'est l'objet de ce chapitre.

Figure 3-1a Le Dock de Mac OS X Lion.

Mais Lion introduit un autre outil pour lancer les applications : il s'agit de LaunchPad. Il s'agit d'un outil qui rappelle très largement l'écran d'accueil des iPhone, iPod Touch et iPad. Comme lui, il rassemble toutes les applications installées sur la machine. Et il permet de les organiser avec des dossiers. Il permet en outre de supprimer d'un clic une application sans la glisser dans la Corbeille et, donc, sans passer par le dossier Applications du disque dur. Bref, de quoi retrouver, sur Mac, la simplicité et le confort d'utilisation des terminaux mobiles et tactiles d'Apple. On aimera, ou pas.

Figure 3-1b LaunchPad.

Premiers contacts

Présenté comme une plaque de verre affichée en perspective, le Dock est peuplé de nombreuses icônes. Pour lancer une application à partir du Dock :

1. Cliquez sur l'icône de l'application.

Les icônes des applications dans le Dock présentent quelques caractéristiques communes :

- Un point bleuté lumineux sous une icône indique que l'application est ouverte en mémoire.
- Chaque application lancée voit son icône apparaître dans le Dock, y compris si elle n'y a pas été ajoutée par l'utilisateur comme raccourci de lancement rapide.
- Certaines icônes, comme celle de Mail, utilisent des badges de couleur pour fournir des informations à leur utilisateur, dès lors qu'elles sont chargées en mémoire.
- Les applications ouvertes proposent un menu contextuel (figure 3-2) accessible d'un clic droit sur leur icône dans le Dock. Les fonctions accessibles depuis ce menu sont spécifiques à chaque application. Mais certaines sont proposées systématiquement :
  - **Quitter**, pour fermer l'application ;
  - **Masquer**, pour cacher l'application et ses fenêtres ;
  - **Afficher toutes les fenêtres**, pour forcer l'affichage de toutes les fenêtres ouvertes de l'application ;
  - une liste des fenêtres de l'application, accessible dans la partie supérieure du menu contextuel.

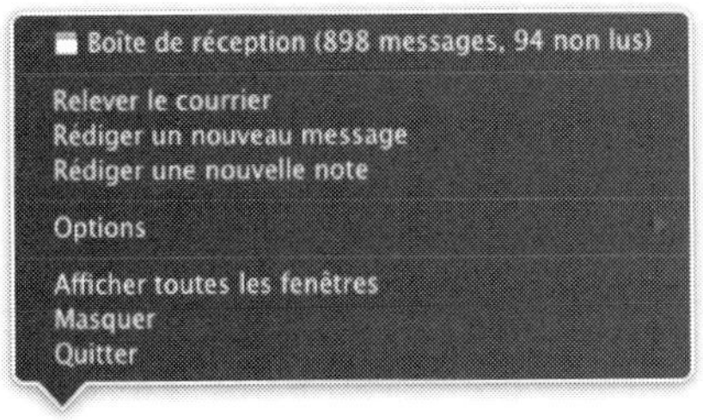

Figure 3-2 Menu contextuel de Mail dans le Dock.

Astuce Pour ouvrir rapidement un document avec une application, glissez-déposez l'icône du fichier correspondant sur celle de l'application dans le Dock.

Personnaliser le contenu du Dock

Très malléable, le Dock autorise la création de nouveaux raccourcis de lancement rapide, la suppression et le déplacement de raccourcis.

Ajouter une application

Pour ajouter un raccourci vers une application, dans le Dock, vous avez plusieurs possibilités :

- Sélectionnez l'application voulue dans le Dock et déroulez le menu **Fenêtre → Placer dans le Dock**.
- Glissez-déposez l'icône de l'application voulue depuis le Finder sur le Dock, à l'emplacement désiré.
- Si l'application est déjà lancée, faites un clic droit sur son icône dans le Dock et sélectionnez **Options → Garder dans le Dock** (figure 3-3).

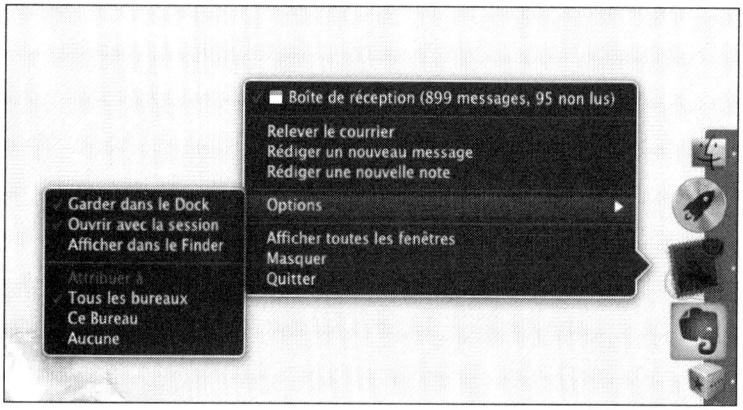

Figure 3-3 Ajouter au Dock une application ouverte.

Astuce Observez attentivement la figure 3-3 : remarquez-vous l'option **Ouvrir avec la session** ? Activez-la pour vous assurer que l'application concernée sera automatiquement lancée chaque fois que vous ouvrirez une session Mac OS X. Ou que vous démarrerez votre Mac. Les autres options, sous la rubrique **Attribuer à**, sont liées à la fonction Mission Control de Mac OS X Lion. Retrouvez tous les détails s'y rapportant au chapitre 29.

Supprimer une application

Pour supprimer le raccourci du Dock vers une application, vous pouvez :

- glisser-déposer l'icône de l'application voulue hors du Dock ;
- faire un clic droit sur son icône dans le Dock et sélectionner **Options → Supprimer du Dock**.

Déplacer une application

Pour déplacer un raccourci vers une application, dans le Dock, glissez-déplacez l'icône de l'application voulue à l'endroit souhaité dans le Dock.

Astuce De la même manière que l'on ajoute, déplace ou supprime des raccourcis vers des applications dans le Dock, il est possible d'ajouter, de déplacer ou de supprimer des raccourcis vers des fichiers dans la partie droite du Dock, à côté de la Corbeille.

Personnaliser l'apparence du Dock

Mac OS X autorise la personnalisation du comportement visuel du Dock et des applications dont il héberge des raccourcis. Il est même possible de le masquer !

Pour accéder aux réglages du Dock :

1. Déroulez le menu **Pomme → Dock → Préférences du Dock**.
2. Pour ajuster la taille du Dock, déplacez le curseur **Taille.**
3. Si vous souhaitez que les icônes du Dock soient agrandies au passage du pointeur de la souris :
   a. Cochez la case **Agrandissement**.
   b. Déplacez le curseur **Agrandissement** jusqu'à la taille désirée.
4. Choisissez la position du Dock à l'écran en validant l'option **Position**.
5. Déroulez la liste **Type de réduction** et sélectionnez l'effet visuel que vous souhaitez lorsque vous réduisez une fenêtre dans le Dock.
6. Cochez la case **Réduction des fenêtres dans l'icône de l'application** si vous ne souhaitez pas que les fenêtres d'applications réduites apparaissent dans le Dock, à la gauche de la Corbeille.
7. Cochez la case **Animation à l'ouverture des applications** si vous souhaitez voir « rebondir » les icônes des applications dans le Dock à leur lancement.

8. Cochez la case **Masquage/affichage automatique** si vous souhaitez que le Dock n'apparaisse que lorsque vous approchez le pointeur de la souris du bord de l'écran où vous avez placé le Dock.
9. Décochez la case **Afficher les indicateurs lumineux des applications ouvertes** si vous ne souhaitez plus qu'un petit point bleuté vienne souligner, dans le Dock, les applications actives.

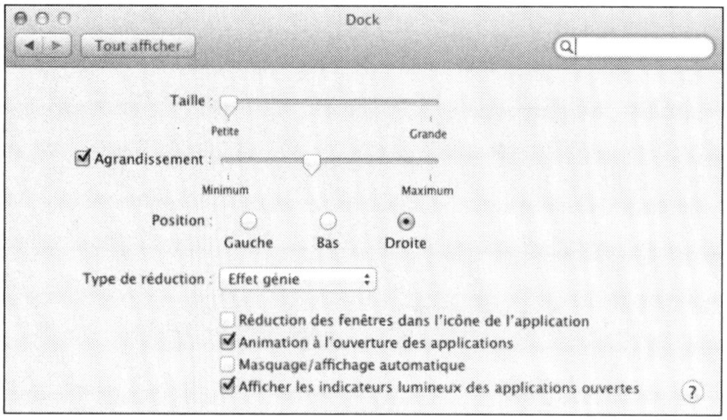

Figure 3-4 Les réglages du Dock.

Maîtriser les piles

Les piles sont des objets particuliers du Dock : lorsque l'on clique sur l'icône d'une pile, c'est tout ou partie du contenu du dossier correspondant qui s'affiche (figure 3-5). La pile elle-même n'a d'ailleurs pas une icône de dossier mais affiche l'icône du dernier élément ajouté à la pile.

Enfin, le contenu des piles est mis à jour automatiquement, que l'on ajoute ou supprime un élément du dossier correspondant.

Les piles peuvent aussi bien accueillir des documents que des applications.

Note De base, le Dock de Mac OS X Lion intègre une pile dédiée aux fichiers téléchargés avec Safari et aux pièces jointes enregistrées depuis Mail. Cette pile correspond au dossier personnel **Téléchargements**.

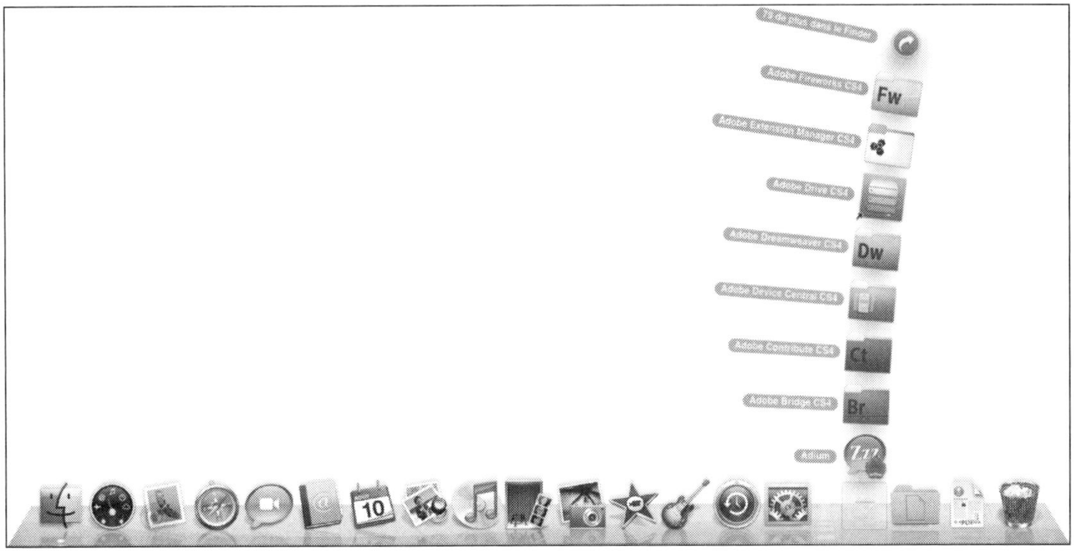

Figure 3-5 Les premiers éléments d'une pile, affichés en éventail.

Créer une pile

La création d'une pile est très simple :

1. Glissez-déposez le dossier à partir duquel vous voulez créer une pile sur la partie droite du Dock.

La pile est créée. Elle est immédiatement utilisable.

Astuce Il est possible d'ajouter au Dock une pile ne contenant que les dernières applications utilisées : cela permet d'accélérer leur réutilisation. Pour cela, lancez le Terminal (annexe H). Tapez la ligne suivante puis validez en appuyant sur la touche **Entrée** :

```
defaults write com.apple.dock persistent-others -array-add '{ "tile-data" =
{ "list-type" = 1; }; "tile-type" = "recents-tile"; }'
```

Tapez ensuite `killal Dock` puis validez par **Entrée**. Le Dock disparaît un instant puis se relance avec la nouvelle pile dédiée aux applications récemment utilisées. Vous pouvez quitter le Terminal.

Ajouter des éléments à une pile

Pour ajouter un nouvel élément dans une pile, vous pouvez :

- glisser-déposer les éléments à ajouter sur l'icône de la pile dans le Dock ;
- glisser-déposer les éléments à ajouter dans le dossier correspondant à la pile.

Quelle que soit l'option choisie, les éléments ajoutés à la pile sont déplacés de leur emplacement d'origine dans le dossier correspondant à la pile.

Supprimer des éléments d'une pile

Pour supprimer l'un des éléments d'une pile, vous pouvez :

- glisser-déposer l'élément visé depuis la pile vers le Finder ;
- glisser-déposer l'élément visé depuis le dossier correspondant à la pile vers la destination voulue.

Quelle que soit l'option retenue, les éléments retirés de la pile sont déplacés vers leur destination et supprimés du dossier correspondant à la pile.

Consulter le contenu d'une pile

Pour accéder au contenu d'une pile :

1. Cliquez sur son icône dans la partie droite du Dock.

Le contenu de la pile apparaît aussitôt. Si la pile contient moins de dix éléments, son contenu est automatiquement affiché en « éventail » (figure 3-5). Au-delà, le Dock utilise automatiquement l'affichage en « grille ».

Pour ouvrir un élément contenu dans une pile :

1. Cliquez sur l'icône de l'élément voulu dans l'affichage de la pile.
2. Si vous souhaitez accéder au dossier correspondant à la pile :
   a. Cliquez sur la pile.
   b. Cliquez sur le bouton **Afficher dans le Finder**. Dans le cas d'un affichage en grille, faites défiler le contenu de la pile vers le bas jusqu'à faire apparaître ce bouton.
   c. Faites un clic droit sur la pile.
   d. Sélectionnez **Afficher dans le Finder**.

Note Les icônes des fichiers contenus dans une pile présentent un aperçu du fichier correspondant. Dans le cas de gros fichiers, la production de cet aperçu peut ne pas être instantanée.

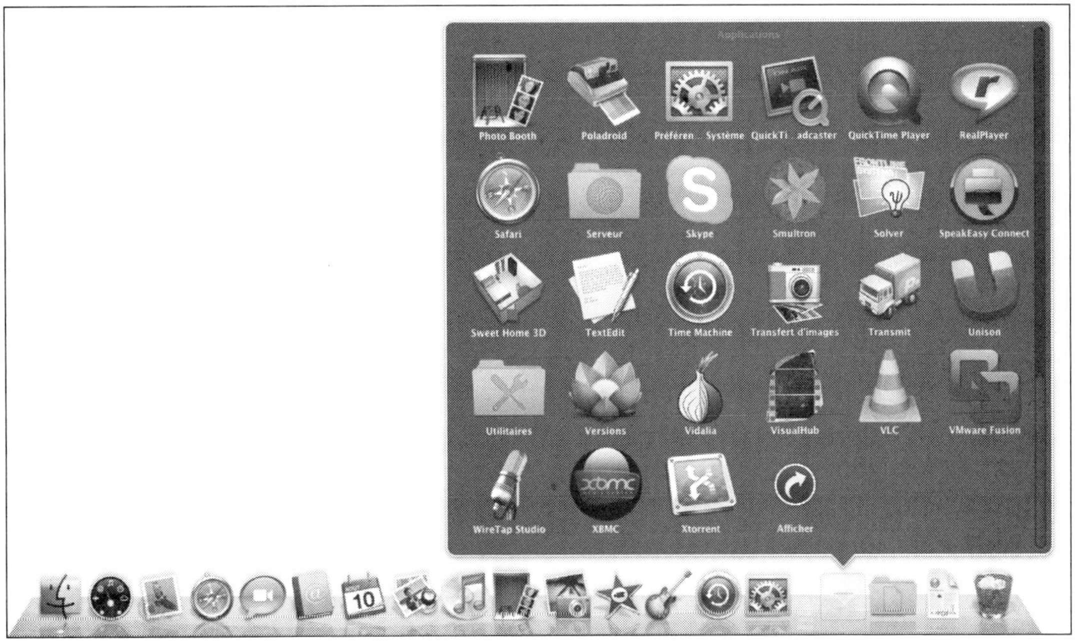

Figure 3-6 Affichage en « grille » du contenu d'une pile.

Modifier l'affichage d'une pile

Par défaut, la pile affiche son contenu en commençant par les éléments ajoutés en dernier, jusqu'aux éléments ajoutés en premier. Pour modifier l'ordre d'affichage du contenu d'une pile :

1. Faites un clic droit sur la pile correspondante.
2. Sélectionnez l'option de tri souhaitée dans la rubrique **Trier par**.

La modification est appliquée immédiatement.

Il est en outre possible de forcer le mode d'affichage du contenu de la pile – ventilateur, grille, ou liste – ou encore de laisser ce choix au Dock. Pour régler le mode d'affichage de la pile :

1. Faites un clic droit sur la pile correspondante.
2. Sélectionnez l'option voulue dans la rubrique **Afficher le contenu comme** (figure 3-7).

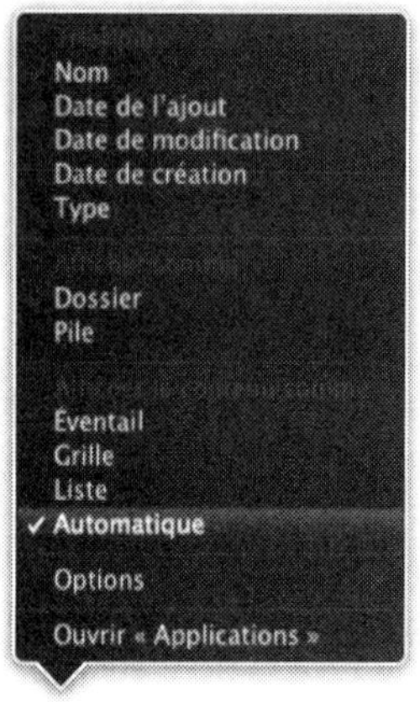

Figure 3-7 Choix du mode d'affichage du contenu d'une pile.

Note L'affichage en mode éventail n'est pas disponible lorsque le Dock est placé sur l'un des côtés de l'écran.

Enfin, vous pouvez choisir le mode d'affichage de la pile dans le Dock :

1. Faites un clic droit sur la pile correspondante.
2. À la rubrique **Afficher comme**, sélectionnez **Dossier** – l'icône de la pile dans le Dock sera celle du dossier auquel correspond la pile – ou **Pile** – l'icône de la pile dans le Dock changera en fonction de son contenu et des options de tri retenues précédemment.

Astuce Vous pouvez pleinement naviguer dans le contenu de piles affichées comme dossiers dans le Dock, sans passer par le Finder, y compris en parcourant leurs sous-dossiers.

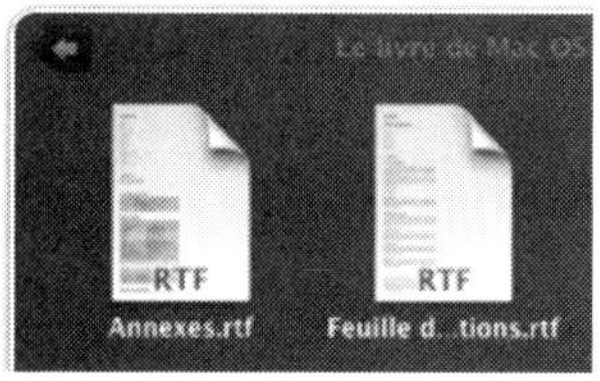

Figure 3-8 Revenir au dossier parent dans une pile du Dock.

Supprimer une pile

Pour supprimer une pile du Dock :

1. Glissez-déposez la pile voulue en dehors du Dock.

La suppression est immédiate.

Note Le dossier correspondant à la pile n'est ni effacé ni placé dans la Corbeille lorsque la pile est supprimée du Dock.

Astuce Il est possible d'ajouter au Dock des espaces de séparation entre applications gardées dans le Dock et applications simplement actives, d'une part, mais aussi entre piles et fenêtres réduites, d'autre part. Pour cela, lancez le Terminal (Annexe H). Tapez la ligne suivante puis validez en appuyant sur la touche **Entrée** pour créer un espace entre applications de différents types :

```
defaults write com.apple.dock persistent-apps -array-add '{ "tile-data" =
{}; "tile-type" = "spacer-tile"; }'
```

Tapez ensuite `killal Dock` puis validez par **Entrée**. Le Dock disparaît un instant puis se relance avec le nouvel espace. Renouvelez l'opération avec la ligne suivante pour créer un second espace de séparation :

```
defaults write com.apple.dock persistent-others -array-add '{ "tile-data" =
{}; "tile-type" = "spacer-tile"; }'
```

Lorsque vous avez fini, vous pouvez quitter le Terminal.

Premiers contacts avec LaunchPad

LaunchPad figure parmi les 250 nouveautés de Lion. Il s'agit d'un outil plus qu'inspiré de l'écran d'accueil des iPhone, iPod Touch et iPad : il rassemble toutes les applications installées sur la machine, permet de les organiser avec des dossiers, mais aussi de supprimer d'un clic une application sans la glisser dans la Corbeille et, donc, sans passer par le dossier Applications du disque dur. Simple, rapide et efficace. Et surtout familier pour qui vient au Mac par la case iPhone.

Vous n'avez rien à faire de particulier pour que vos applications apparaissent dans LaunchPad : toute application téléchargée *via* l'App Store y est automatiquement ajoutée, de même que toute application installée directement sur votre Mac par un autre biais, peu importe qu'il s'agisse d'une clé USB ou d'un CD/DVD.

Figure 3-9 L'icône de LaunchPad dans le Dock.

Pour lancer LaunchPad, cliquez sur son icône dans le Dock. L'effet est immédiat : le reste de l'écran se floute pour laisser place aux icônes des applications installées.

Pour lancer l'une d'elles, cliquez simplement sur son icône. Et pour revenir à votre utilisation précédente de votre Mac, cliquez sur un espace vide entre deux icônes…

Figure 3-10 La liste des applications dans LaunchPad.

Si de nombreuses applications sont installées sur votre Mac, elles risquent d'être réparties sur plusieurs écrans de LaunchPad. Remarquez les petits points, en bas de l'écran : ils vous indiquent combien d'écrans sont utilisés pour afficher l'ensemble de vos applications.

Pour passer de l'un à l'autre de ces écrans, faites défiler l'affichage horizontalement, avec deux doigts joints sur votre trackpad, par exemple.

Personnaliser LaunchPad

Le premier constat que vous ferez probablement en lançant LaunchPad – surtout si vous êtes déjà un utilisateur Mac depuis quelques années… –, c'est que ses écrans empruntent beaucoup à une chambre d'enfant en mal de rangement. D'où cette question simple : comment apprendre à LaunchPad à ranger sa chambre ? Ses écrans, pardon. La mauvaise nouvelle, c'est qu'Apple n'a pas prévu grand-chose pour cela. De base, deux options s'offrent à vous :

- Supprimer des applications de LaunchPad. Mais ce n'est pas possible pour toutes. En fait, ce n'est possible que pour les applications téléchargées sur l'App Store. Pour les autres, la suppression de LaunchPad n'est tout simplement pas possible. Pire : supprimer de LaunchPad une application issue de l'App Store se traduit par… son effacement du disque dur. Mauvaise idée.

Astuce Vous avez supprimé par erreur une application téléchargée sur l'App Store ? Pas d'inquiétude : vous pouvez la retélécharger à tout moment. Déroulez pour cela le menu **Pomme → App Store** puis cliquez sur **Achats** : la liste de toutes les applications acquises sur l'App Store, à titre gracieux comme onéreux, est là : cliquez sur **Installer** pour retélécharger une application supprimée par erreur.

- Ranger vos applications dans des dossiers. Comme sur un iPhone ou un iPad, vous pouvez rassembler des applications dans des dossiers dans LaunchPad.

Voilà pour les options de base. D'autres s'offrent à vous. Le logiciel gratuit LaunchPad Control de ChaosSpace (`http://chaosspace.de/`) – un panneau de préférences – vous permet à tout moment de décider des applications qui devront apparaître dans LaunchPad, parmi toutes celles qui se trouvent sur votre disque dur. Un moyen simple et efficace de supprimer des applications de LaunchPad sans pour autant prendre le risque de les effacer :

1. Téléchargez LaunchPad Control puis décrompressez le fichier ZIP correspondant et double-cliquez sur le fichier issu du processus.
2. Sélectionnez l'option d'installation voulue – pour vous uniquement ou pour tous les utilisateurs de votre Mac – et cliquez sur le bouton **Installer**. LaunchPad Control apparaît aussitôt à l'issue de son installation.
3. Que voyez-vous là ? La liste des dossiers et des icônes affichées par LaunchPad. Libre à vous de décocher les cases correspondant aux applications que vous ne voulez pas voir dans LaunchPad, celles par exemple que vous ne lancez jamais directement mais plutôt en double-cliquant sur un document associé.

Figure 3-11 La liste des applications que vous pouvez ou non afficher dans LaunchPad.

Et pour peu qu'un jour vous souhaitiez faire réapparaître une application dans LaunchPad, vous pouvez repasser par LaunchPad Control. Ou bien simplement glisser-déposer l'icône de l'application voulue sur celle de LaunchPad, dans le Dock. Rien d'irréversible, donc.

Astuce Vous voulez retrouver LaunchPad à son état naturel, comme au premier jour de l'installation de Lion ? Le Terminal va vous aider : lancez-le et tapez `rm Library/Application\ Support/Dock/*db` puis validez par **Entrée** : toutes les bases de données associées au stockage des paramètres de LaunchPad sont effacées. À son lancement suivant, il devra les reconstruire… en refaisant l'inventaire de l'ensemble des applications installées sur votre Mac.

Maintenant, se pose la question du rangement de plusieurs applications dans un même dossier, dans LaunchPad.

1. Lancez LaunchPad puis cliquez longuement sur une icône : comme sur un iPhone, toutes les icônes de l'écran se mettent à trembler.
2. Profitez de ce trouble qui les agite pour en glisser une sur une seconde : un dossier est automatiquement créé, comme par magie.
3. Profitez-en pour renommer ce dossier comme il vous convient. Voire pour y ajouter, toujours par glisser-déposer, de nouvelles applications.

Pour le reste, les dossiers fonctionnent comme sur iOS : un clic pour ouvrir, un clic à l'extérieur pour refermer, un clic sur une application pour la lancer…

Figure 3-12 La création d'un dossier avec LaunchPad.

Astuce Pour déplacer et rassembler des applications dans LaunchPad, vous pouvez aussi utiliser la touche **alt** du clavier. Mais vous devrez la maintenir enfoncée tout le temps que dureront vos manipulations pour ne la relâcher qu'une fois terminée la réorganisation de LaunchPad.

Gérer ses applications avec l'App Store

Inauguré à l'automne 2010, l'App Store est la boutique en ligne l'Apple pour les applications Mac OS X. C'est une sorte de supermarché à la manière de l'App Store d'iTunes qui est dédié, lui, aux applications pour terminaux iOS, à savoir iPad, iPod Touch et iPhone. Il se présente sous la forme d'une application dédiée qui permet d'acquérir – gratuitement ou moyennant finances – une application pour son Mac, accessible depuis le menu **Pomme → App Store**, notamment. C'est par là que vous êtes probablement passé pour acheter Lion.

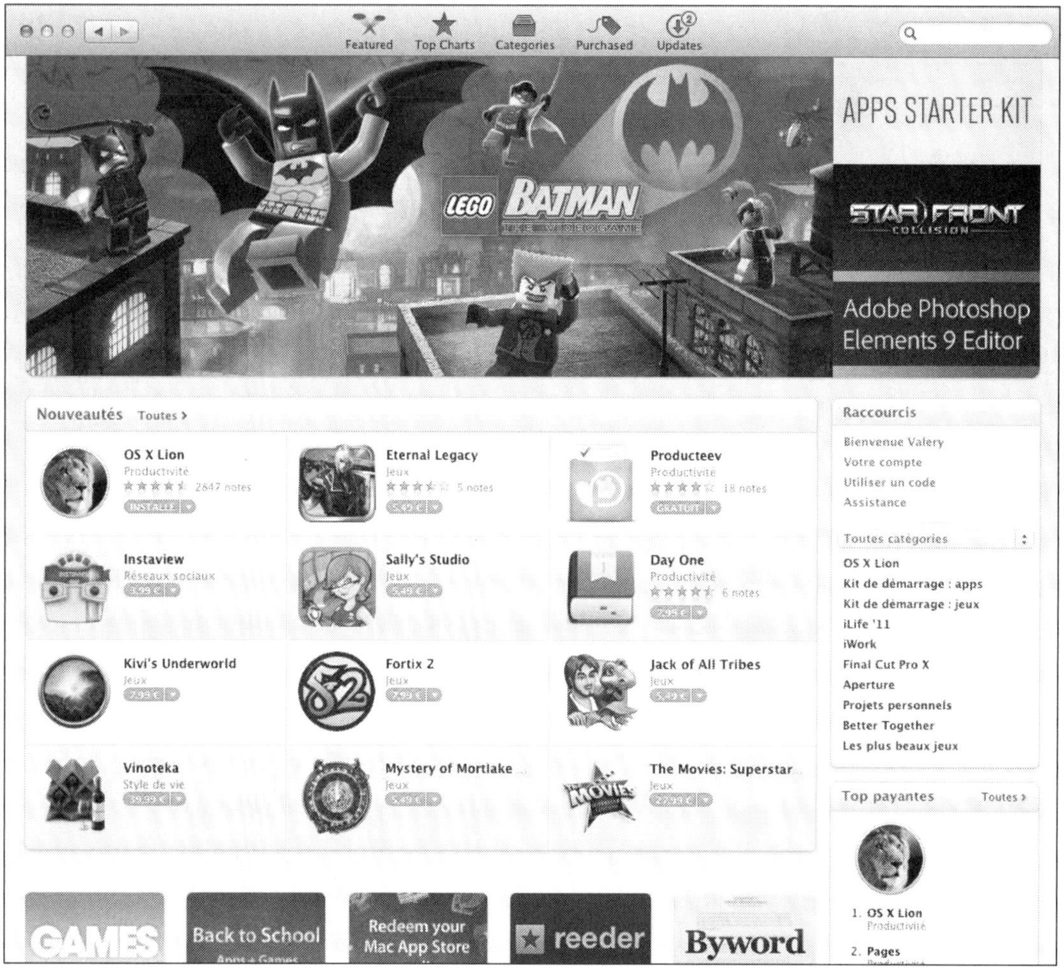

Figure 3-13 La page d'accueil de l'App Store.

L'ensemble est simple d'accès et vous avez sûrement déjà commencé à le parcourir. Mais deux points de cet App Store sont particulièrement intéressants :

- Vous pouvez y retrouver toutes vos acquisitions passées, depuis l'onglet **Achats**. De là, vous pouvez même retélécharger à loisir des applications préalablement effacées de votre disque dur. Une bonne nouvelle.

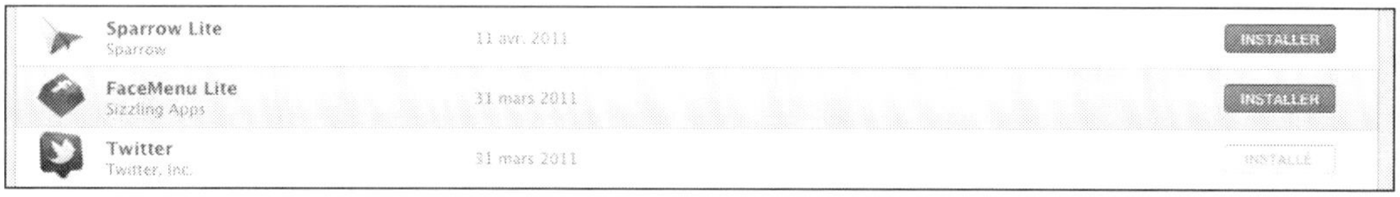

Figure 3-14 La liste des applications acquises.

- Vous pouvez y vérifier les mises à jour de vos applications. Mais pas toutes : uniquement celles issues de l'App Store. C'est toutefois pratique : une application n'est pas un produit fini ; elle peut contenir des erreurs de programmation – des bogues, ou *bugs* en anglais – et des failles de sécurité. Que l'éditeur se charge de corriger régulièrement. Les applications pour lesquelles des mises à jour sont disponibles sont rangées sous l'onglet **Mises à jour**. En un clic, sur le bouton **Mettre à jour**, vous pouvez profiter des dernières avancées du logiciel concerné. Ne vous en privez pas : il en va parfois de la sécurité de vos données…

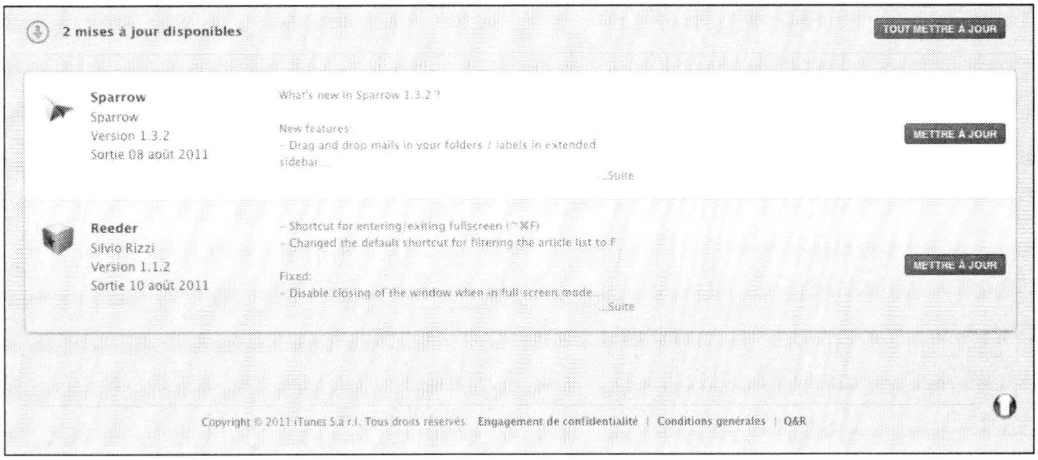

Figure 3-15 Mises à jour disponibles.

Les mises à jour sont automatiquement appliquées, sans modifier votre rangement de LaunchPad. En revanche, tout retéléchargement d'une application implique sa réapparition dans LaunchPad.

Chapitre

4

Aller plus loin avec ses applications

Au menu de ce chapitre

- Accéder aux réglages des applications
- Vérifier les mises à jour
- Masquer, quitter, changer d'application
- Utiliser les services aux applications
- Changer rapidement d'application
- Passer du Finder aux applications…
- … et le contraire
- Passer d'une application à l'autre

Le menu d'application (figure 4-1) est toujours affiché immédiatement à droite du menu **Pomme** et porte le nom de l'application active, c'est-à-dire celle que l'on est en train d'utiliser. Il permet d'accéder à des fonctions spécifiques à l'application ainsi que des services fournis par d'autres applications installées sur le Mac.

Voici les fonctions de base proposées par ce menu.

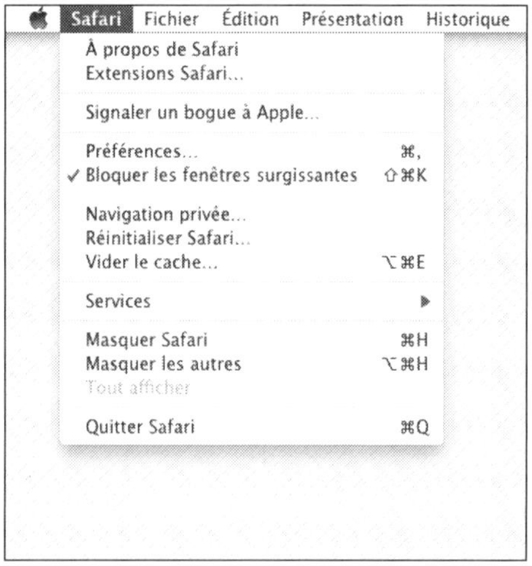

Figure 4-1 Menu de l'application Safari.

Surtout, un système d'exploitation n'est rien sans application. Mac OS X ne déroge pas à cette règle. C'est probablement pour cela que Lion a été conçu pour simplifier très largement l'utilisation des entreprises et, surtout, favoriser le passage d'une application à l'autre et les échanges, de données comme de fonctions, entre applications.

Accéder aux réglages des applications

C'est l'une des principales fonctions du menu d'application : il permet d'accéder aux réglages spécifiques de l'application. Pour en profiter :

1. Déroulez le menu de l'application, cliquez **Préférences**.

La liste des paramètres disponibles dépend de l'application utilisée.

Vérifier les mises à jour

Les logiciels développés par d'autres éditeurs qu'Apple ne profitent pas du système centralisé de mises à jour de Mac OS X Lion (chapitre 2). Et ceux qui ne sont pas distribués *via* l'App Store ne profitent pas de son système de gestion des mises à jour. Du coup, le menu application de ces logiciels permet d'en connaître la version et de vérifier la disponibilité de mises à jour éventuelles.

- Pour connaître la version d'une application, déroulez son menu et sélectionnez **À propos**.
- Pour vérifier la disponibilité d'une mise à jour, déroulez le menu d'application et sélectionnez **Vérifier les mises à jour…**.

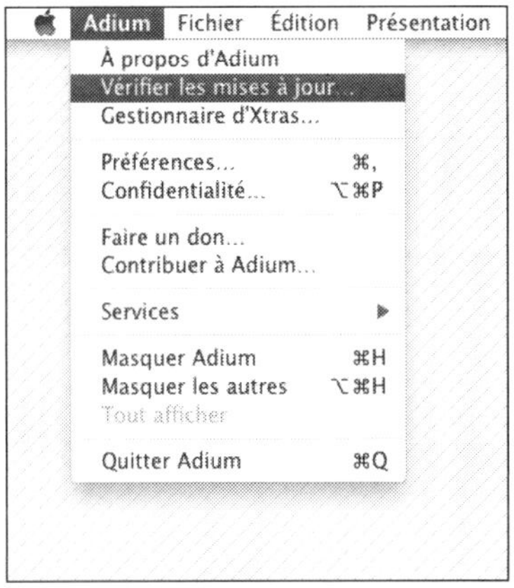

Figure 4-2 Recherche de mise à jour depuis le menu application d'Adium.

Masquer, quitter, changer d'application

Au moment d'activer une autre application, on peut apprécier de pouvoir cacher rapidement les fenêtres ouvertes par la première, sans pour autant devoir les réduire une par une dans le Dock, ni fermer de fichier ou encore quitter l'application.

- Pour masquer ainsi une application, déroulez son menu application et sélectionnez **Masquer**.
- Si vous souhaitez masquer les fenêtres des autres applications ouvertes, déroulez le menu application de l'application active et sélectionnez **Masquer les autres**.
- Pour réafficher les fenêtres d'une application, cliquez sur son icône dans le Dock.
- Pour réafficher les fenêtres de toutes les applications ouvertes, déroulez le menu application de l'application active et sélectionnez **Tout afficher**.
- Enfin, pour quitter une application, déroulez le menu application correspondant et sélectionnez **Quitter**.

Note Sous Mac OS X, il ne suffit pas de fermer toutes les fenêtres d'une application pour la quitter et libérer la mémoire vive correspondante : il faut explicitement quitter l'application.

Astuce Vous pouvez masquer rapidement une application sans d'abord la ramener, avec ses fenêtres, au premier plan : faites un clic droit sur son icône dans le Dock et sélectionnez **Masquer**.

Utiliser les services aux applications

Les services sont des fonctions que certaines applications mettent à la disposition des autres applications.

De nombreuses applications fournies par Apple avec MacOS X Lion proposent des services, à commencer par le Finder et même Spotlight ! Aperçu propose par exemple un service de Diaporama. De nombreuses applications de tierce partie offrent également des services. Il en va ainsi de NetNewsWire (lecteur RSS), ou encore de RealPlayer (lecteur multimédia).

La liste des services disponibles sur un Mac dépend donc directement des applications installées par son utilisateur.

Les services sont disponibles même lorsque l'application qui les propose n'est pas lancée. Il est important de relever que le sous-menu Services, à partir duquel sont proposés les services, fonctionne de manière éminemment contextuelle : dans un contexte donné, il ne propose que les services qui s'appliquent à ce contexte. Par exemple, avec un lecteur RSS comme NetNewsWire, le service Créer une nouvelle note, qui renvoie à l'aide-mémoire (chapitre 20), n'est accessible que si l'on a préalablement sélectionné du texte dans l'affichage : la note sera créée à partir de cette sélection.

1. Pour accéder aux services, déroulez le menu de l'application dans laquelle vous voulez utiliser un service.
2. Sélectionnez **Services**.
3. Sélectionnez le service que vous voulez utiliser.

L'effet est immédiat.

Astuce Des services peuvent être ajoutés de manière autonome, sans dépendre d'une application particulière. Pour trouver de tels services, lancez une recherche sur le mot « service » sur les sites Mac Update (`www.macupdate.com`) ou Version Tracker (`www.versiontracker.com`).

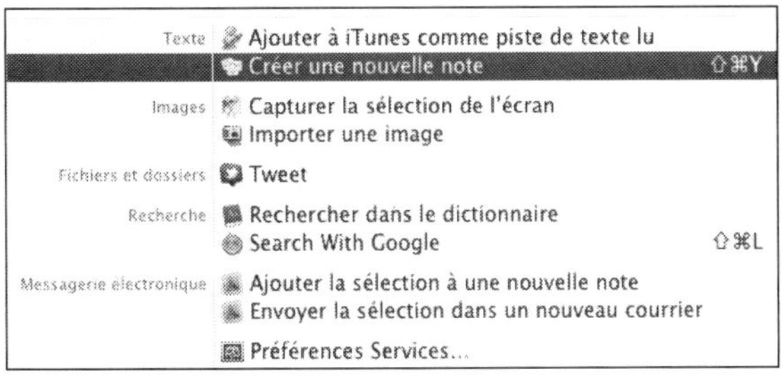

Figure 4-3 Exemple de liste de services.

Bon à savoir Il est possible d'afficher la liste complète des services disponibles... Pour y accéder, déroulez le menu **Pomme ➜ Préférences Système** et cliquez sur **Clavier**. Activez alors l'onglet **Raccourcis clavier** puis, dans la colonne de gauche, sélectionnez **Services** : tout est là !

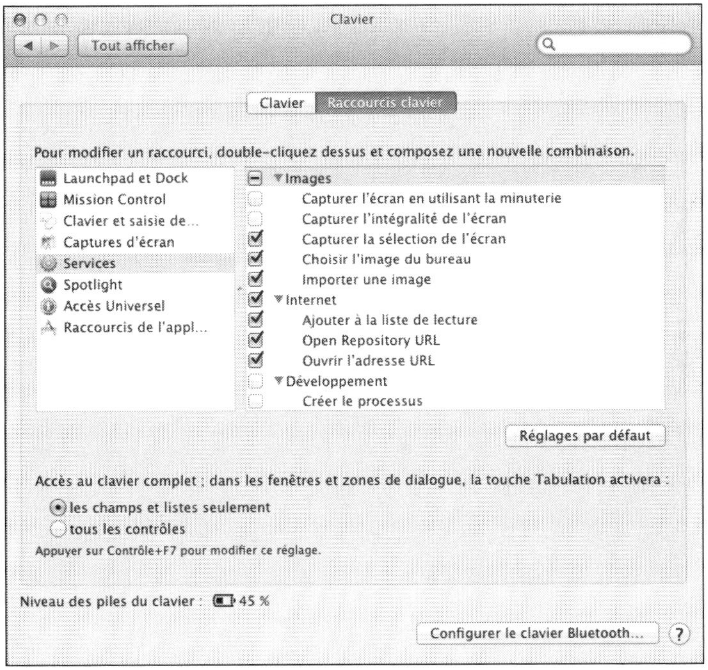

Figure 4-4 La liste complète des services installés sur un Mac.

Changer rapidement d'application

Comme tout système d'exploitation moderne digne de ce qualificatif, Mac OS X permet d'utiliser plusieurs applications simultanément. Du coup, il est fréquent de devoir passer rapidement d'une application à l'autre : on parle de ramener une application au premier plan. Pour cela, plusieurs possibilités ont été prévues par les développeurs de Lion :

- Cliquez sur l'icône de l'application voulue dans le Dock.
- Cliquez sur la fenêtre de l'application voulue, réduite dans le Dock.
- Tapez **cmd+Tabulation** : les icônes des applications actives apparaissent à l'écran, dans un bandeau en surimpression.
- Sélectionnez l'application voulue à l'aide de la souris, de la molette de la souris ou bien des touches fléchées du clavier. On bien maintenez la touche **cmd** enfoncée et tapez sur la touche **Tabulation** autant de fois que nécessaire pour sélectionner l'application à laquelle vous voulez accéder.

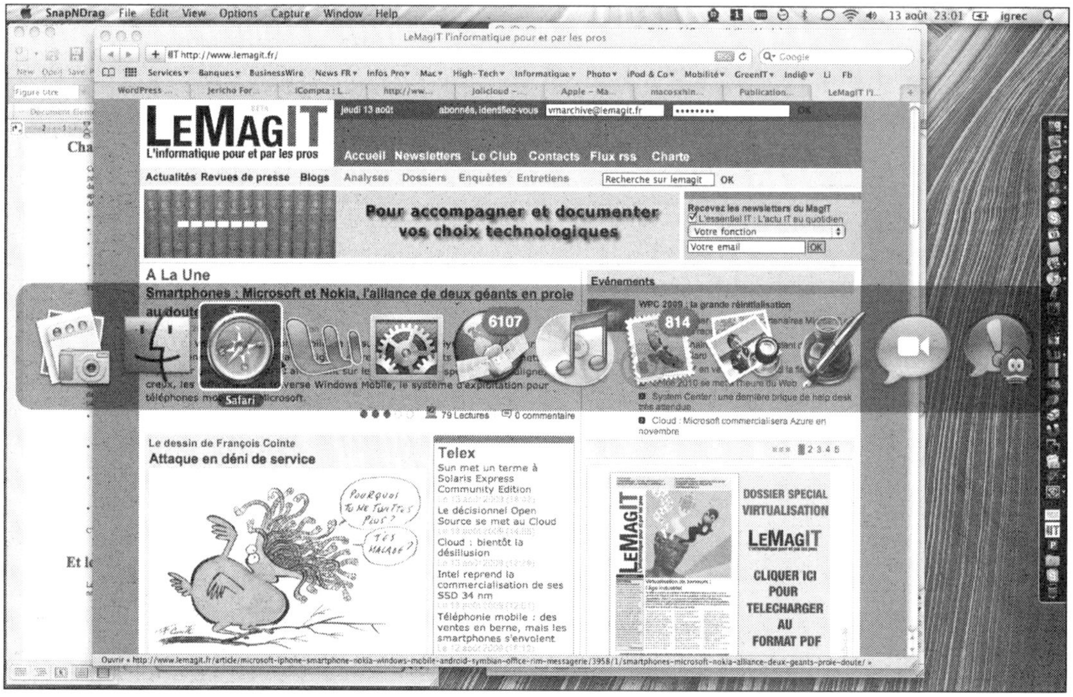

Figure 4-5 La barre de changement rapide d'application.

Note N'oubliez pas : lorsqu'une application est ramenée au premier plan, l'affichage est automatiquement basculé sur l'espace virtuel dans lequel l'application est ouverte !

Passer du Finder aux applications...

Mac OS X est conçu pour accélérer et simplifier de nombreuses actions récurrentes dans l'utilisation d'un ordinateur, à commencer par l'ouverture de fichiers et le parcours du disque dur :

- Pour accéder plus vite à un dossier ouvert dans le Finder, *via* un dialogue d'ouverture de fichier, glissez-déposez directement l'icône de la barre de titre de la fenêtre du Finder sur le dialogue d'ouverture.
- Pour accéder plus vite à un dossier ouvert dans le Finder, *via* un dialogue d'ouverture de fichier, glissez-déposez directement l'icône du dossier concerné de la fenêtre du Finder sur le dialogue d'ouverture.
- Pour ouvrir plus vite un fichier avec une application précise, glissez-déposez l'icône du fichier sur l'icône de l'application voulue, dans le Dock aussi bien que dans une icône du Finder.
- Pour insérer rapidement un fichier dans un document, glissez-déposez l'icône du fichier voulu depuis le Finder sur la fenêtre du document.

C'est tout simple, très intuitif, et bien pratique.

... et le contraire

Les mécanismes de communication entre le Finder et les applications vus plus haut ne sont pas à sens unique :

- Pour déplacer un fichier ouvert dans une application de son emplacement original sur le disque vers un autre emplacement, ouvert dans une fenêtre du Finder, glissez-déposez l'icône de la barre de titre de la fenêtre du document sur la fenêtre du Finder choisie.
- Pour extraire rapidement une partie d'un document sous la forme d'un fichier, sélectionnez la partie voulue et glissez-déposez la sélection à l'emplacement voulu dans le Finder.

Passer d'une application à l'autre

Les mécanismes bidirectionnels de communication entre le Finder et les applications sont, en général, applicables entre applications, notamment en ce qui concerne le passage d'un document, ou de données sélectionnées, d'une application à l'autre.

Ne l'oubliez pas, au quotidien !

Chapitre 5

Obtenir de l'aide

Au menu de ce chapitre

- Le menu d'aide
- Naviguer dans les pages d'aide
- Rechercher des sujets précis
- D'un fichier d'aide à l'autre, rapidement

Un doute, une question, une interrogation, une incertitude ? L'aide électronique est là pour vous. Mac OS X Lion permet aux applications de proposer un menu d'aide. Il donne accès à une documentation plus ou moins complète selon les éditeurs. Les principales fonctions de Mac OS X sont elles-mêmes détaillées.

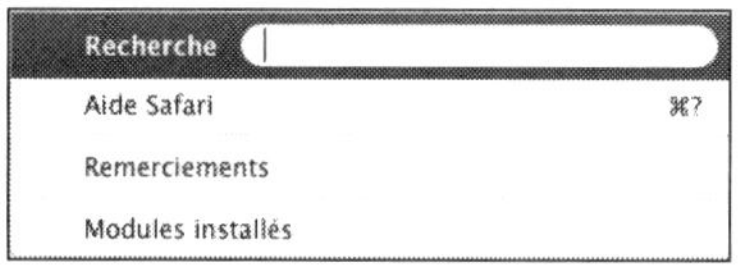

Figure 5-1 Le menu d'aide de Safari.

Le menu d'aide

Le menu d'aide est systématiquement composé d'au moins deux éléments :

- un champ de recherche qui permet de chercher la documentation de l'application sur un sujet précis ;
- un accès à l'index de l'aide de l'application, intitulé **Aide** et situé sous le champ de recherche.

Naviguer dans les pages d'aide

La simple navigation dans les pages d'aide peut être l'occasion de découvrir des fonctionnalités d'une application que l'on ignore.

1. Pour accéder à l'index des pages d'aide d'une application (figure 5-2), déroulez son menu **Aide** et sélectionnez **Aide**.

Les pages d'aide apparaissent dans un mininavigateur Web. De fait, il est possible de cliquer sur les textes colorés en bleu à la souris, comme des liens dans une page Web.

- Pour suivre un lien dans l'aide, double-cliquez dessus.
- Pour naviguer parmi les pages déjà consultées, cliquez sur les flèches gauche et droite dans la barre d'outils.
- Pour revenir à l'accueil de l'aide, cliquez sur **Aide** suivi du nom de l'application, dans le bandeau sous la barre d'outils (figure 5-3).

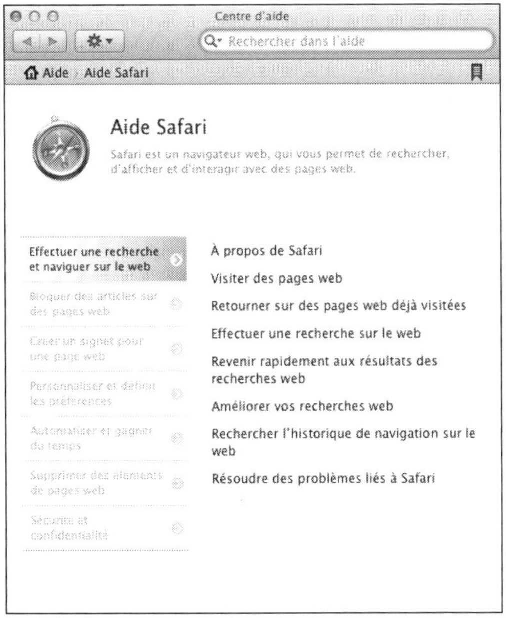

Figure 5-2 Accueil de l'aide de Safari.

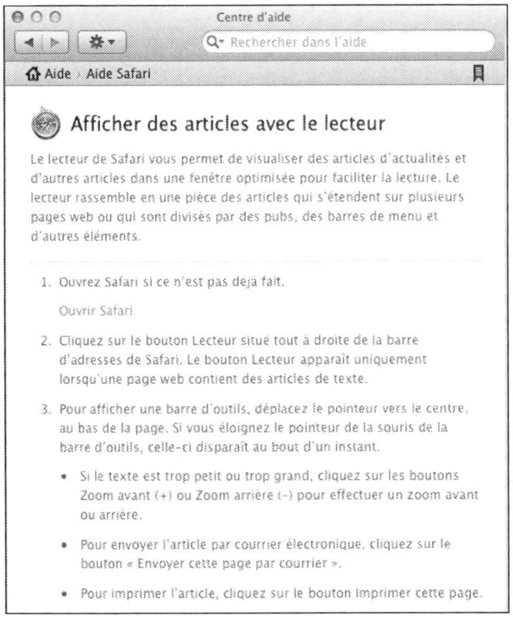

Figure 5-3 Page de l'aide de Safari.

En outre, il est possible d'ajuster la taille d'affichage des caractères dans l'aide. Pour cela :

1. Cliquez sur le bouton illustré d'une roue dentée dans la barre d'outils.
2. Sélectionnez **Réduire la taille du texte** pour un affichage plus fin ou **Agrandir la taille du texte** pour une meilleure lisibilité.

Rechercher un sujet précis

Au lieu de parcourir l'intégralité de l'aide d'une application, vous pouvez aller directement à l'essentiel en lançant une recherche sur le sujet qui vous préoccupe :

1. Déroulez le menu **Aide**.
2. Tapez le sujet de votre quête dans le champ **Rechercher**.

Les résultats s'affichent automatiquement dans le menu d'aide, sous le champ de recherche (figure 5-4). Ils sont répartis en deux rubriques :

- **Menus** liste les éléments de menu dans lesquels apparaissent les mots-clés utilisés pour la recherche. Pointez l'élément de la liste que vous souhaitez localiser afin que Mac OS X vous l'indique expressément.
- **Rubrique d'aide** affiche la liste des pages d'aide faisant référence aux mots-clés utilisés pour la recherche. Cliquez sur un élément de la liste pour afficher la page correspondante.

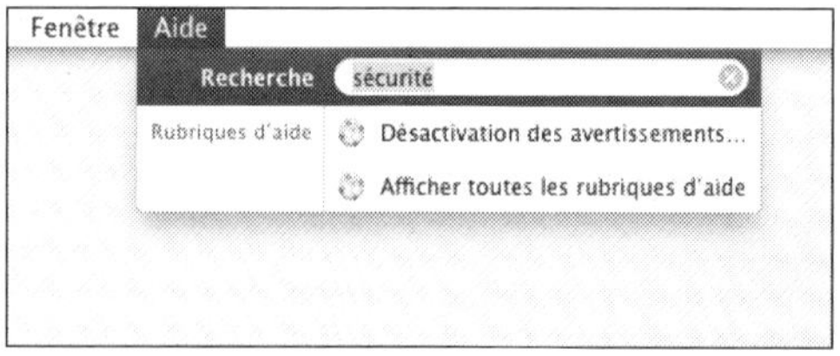

Figure 5-4 Recherche dans l'aide de Safari à partir du menu d'aide.

Astuce Il est possible de lancer une recherche du même type à partir du champ **Rechercher** de la barre d'outils de la fenêtre de visualisation de l'aide.

D'un fichier d'aide à l'autre, rapidement

Il est possible de passer rapidement du fichier d'aide d'une application à celui d'une autre, sans avoir à quitter l'aide ou à activer l'application dont on veut consulter l'aide. Pour cela :

1. Cliquez sur le bouton orné d'une maison dans la barre d'outils.
2. Faites défiler la page jusqu'en bas et cliquez sur **Aide applicable à toutes les apps**.
3. Sélectionnez l'application voulue (figure 5-5).

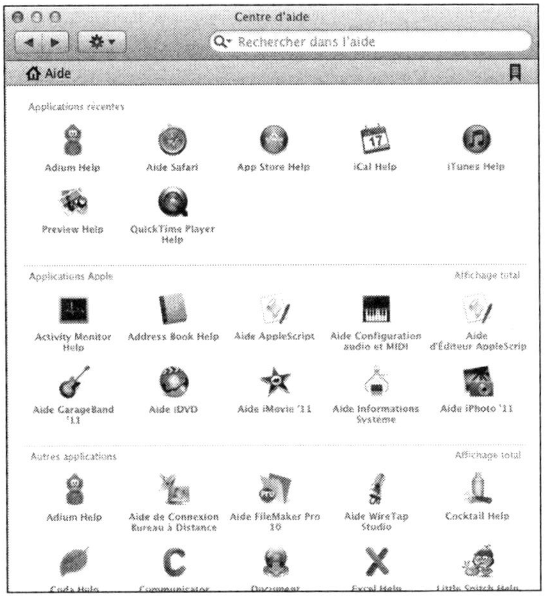

Figure 5-5 Le menu de choix des fichiers d'aide.

PARTIE II

UTILISER LE MAC ET SES APPLICATIONS

Chapitre 6

Des applications intelligentes

Au menu de ce chapitre

- Le mode Plein écran
- La sauvegarde automatique
- Un document, plusieurs versions
- La fermeture automatique
- La reprise automatique

L'iPhone, l'iPad et l'iPod Touch ont beaucoup appris à Apple. Et de nombreuses innovations conçues pour ces terminaux mobiles à écran tactile viennent enrichir Mac OS X Lion. On retrouve bien sûr LaunchPad ou la multitude de gestes de commande à réaliser sur le trackpad. Mais il y a beaucoup plus que cela.

Il y a tout d'abord l'affichage plein écran des applications : comme son nom l'indique, il permet d'afficher en plein écran la fenêtre principale d'une application. Pour se concentrer sur celle-ci plutôt que sur une autre. Les autres applications restent pour autant accessibles : il suffit de revenir au bureau pour les retrouver ; un simple glissement latéral d'écran virtuel fait passer de l'un à l'autre. À l'usage, c'est redoutablement efficace et agréable.

Mais il y a plus encore, une intelligence nouvelle dissimulée au cœur même des applications : la sauvegarde automatique, l'arrêt automatique, la reprise à l'état dans lequel se trouvait l'application lors de sa fermeture ou encore la gestion de plusieurs versions d'un même document.

Le mode Plein écran

Avec Lion, Apple permet aux développeurs de concevoir des applications dont la fenêtre principale pourra, si vous le souhaitez, occuper tout l'écran. Ou plutôt un écran virtuel : c'est un peu comme avoir plusieurs moniteurs connectés à votre Mac et en attribuer un à chacune de vos applications favorites. En utilisant chaque moniteur successivement, s'entend : puisque, en réalité, vous n'avez qu'un moniteur, vous passez d'une application et d'un écran *virtuel* à l'autre, par un raccourci clavier ou geste sur le trackpad.

Les fenêtres qui peuvent être affichées en plein écran se distinguent par un bouton illustré de deux flèches en diagonale, dans leur coin supérieur droit, comme vous pouvez le voir à la figure 6-1.

Figure 6-1 Le bouton de passage en plein écran.

Un clic sur ce bouton suffit pour provoquer un effet immédiat : la fenêtre est agrandie jusqu'à occuper tout l'écran tandis qu'elle semble glissée vers la droite. Ou plutôt que le reste de l'affichage principal semble glisser vers la gauche.

La barre des menus disparaît au passage. Ou presque : pour la retrouver, glissez simplement le pointeur de la souris vers le haut de l'écran. C'est ainsi, d'ailleurs, que vous accédez à l'icône qui vous permettra de quitter le mode Plein écran : elle se trouve à l'extrémité droite de la barre des menus.

Figure 6-2 La barre des menus en mode Plein écran.

Mais faut-il jongler constamment avec ces deux icônes pour profiter du plein écran, le quitter, y revenir ? Non, bien heureusement. Vous pouvez passer d'un écran virtuel à l'autre en faisant glisser trois doigts horizontalement, sur le trackpad. Et si vous n'en avez pas, vous pouvez utiliser les flèches gauche et droite du clavier, tout en maintenant enfoncée la touche **ctrl** du clavier. Un peu comme pour passer d'un écran virtuel à l'autre avec Mission Control (chapitre 29).

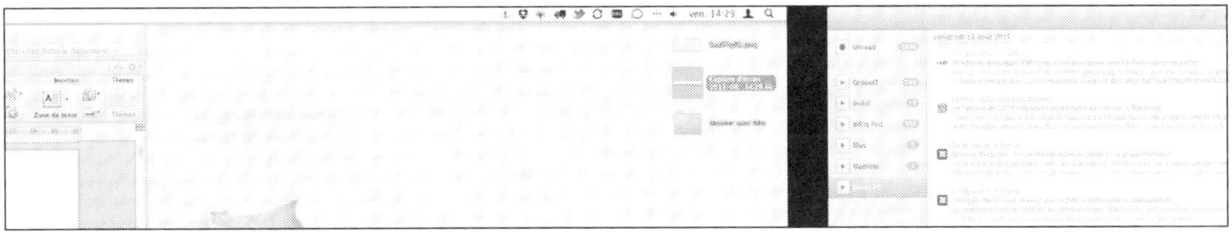

Figure 6-3 « Glissement » d'un écran virtuel à l'autre.

Des fichiers qui s'enregistrent tout seuls

Longtemps, le premier conseil donné à un utilisateur d'ordinateur personnel pouvait se résumer à trois mots : « sauvegarder, sauvegarder, sauvegarder. » Avec Lion, ce pourrait bientôt devenir de l'histoire ancienne…

Lion intègre en effet une fonction de sauvegarde automatique des documents ouverts dans les applications, au rythme d'une fois toutes les 5 minutes ou bien à chaque fois que vous faites une pause dans l'utilisation de l'application concernée. Si le développeur de l'application le décide, la sauvegarde automatique peut également avoir lieu lors de la fermeture d'une fenêtre, lors du passage de l'application à l'arrière-plan (et lorsqu'une autre devient donc active), ou lorsque les fenêtres de l'application sont cachées. Mais il y a mieux.

Le menu associé à cette fonction de sauvegarde automatique vous permet de verrouiller un document pour le protéger de modifications ultérieures, de le dupliquer pour commencer à travailler sur une nouvelle copie, ou encore de revenir à la version précédente du document.

Toutes ces commandes sont accessibles directement par un menu caché dans la barre de titre de la fenêtre du document : cliquez sur le nom du document ouvert et vous pourrez le dérouler.

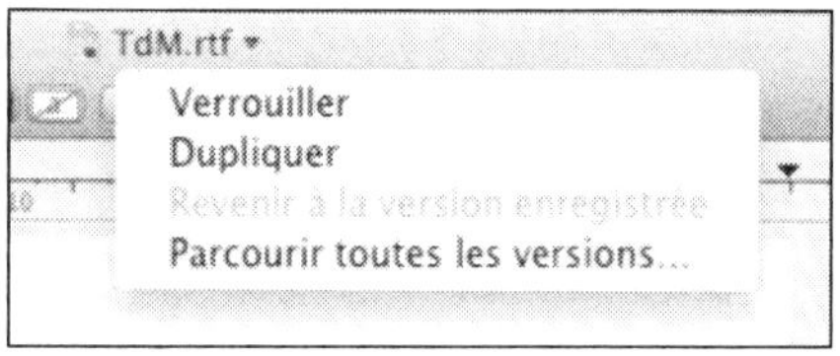

Figure 6-4 Le menu de gestion de la sauvegarde automatique.

Astuce Avez-vous remarqué l'élément **Parcourir toutes les versions** du menu présenté à la figure 6-4 ? Il vous permet de profiter d'une autre nouveauté de Mac OS X Lion : Versions, une fonction qui permet de garder la trace de plusieurs versions d'un même fichier. En fait, la sauvegarde automatique n'est que la partie la plus évidente de Versions. Vous en apprendrez plus au sujet de celle-ci dans les pages qui suivent.

C'est tout ? Oui ou presque. De fait, vous constaterez rapidement que ce menu spécial ne vous est pas accessible dans toutes les applications – à commencer celles de la suite bureautique Microsoft Office 2010. C'est tout simplement que l'application en question n'a pas été développée ou mise à jour pour tirer profit de cette nouveauté de Lion. Et là, il faudra encore compter sur vos réflexes et sur le bon vieux **cmd+s** pour procéder à des sauvegardes manuelles et régulières.

Un document, plusieurs versions

La sauvegarde automatique n'est que la face apparente d'une fonction bien plus ambitieuse de Lion : Versions. En fait, Lion ne se contente pas de sauvegarder automatiquement la dernière version du document sur lequel vous êtes en train de travailler, à votre insu. Il va plus loin et en conserve plusieurs versions : chaque fois que vous ouvrez un document, ou une fois par heure, il capture une version du document ouvert. Vous pouvez même le lui demander de manière explicite en déroulant le menu **Fichier → Enregistrer une version**. Ou en tapant **cmd+s**.

Les versions horaires d'un document sont conservées durant 24 heures. Des versions sur base quotidienne sont conservées durant un mois. Au-delà, ce sont des versions sur base hebdomadaire qui sont disponibles. Et lorsque vous supprimez un document, toutes ses versions sont également supprimées.

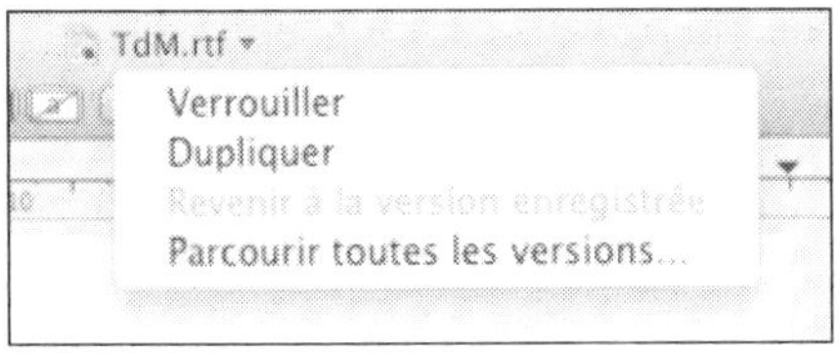

Figure 6-5 Le menu de gestion des versions et de la sauvegarde automatique.

Vous pouvez consulter les versions enregistrées d'un document *via* le menu caché derrière son nom, dans la barre de titre de la fenêtre correspondante, avec l'élément **Parcourir toutes les versions**.

De là, vous accédez à un affichage qui rappelle fortement celui de Time Machine (chapitre 32) : à gauche se trouve le document actuel et, à droite, une version antérieure du document. Vous pouvez parcourir l'historique des versions antérieures en jouant sur l'échelle de temps à l'extrémité droite de l'écran.

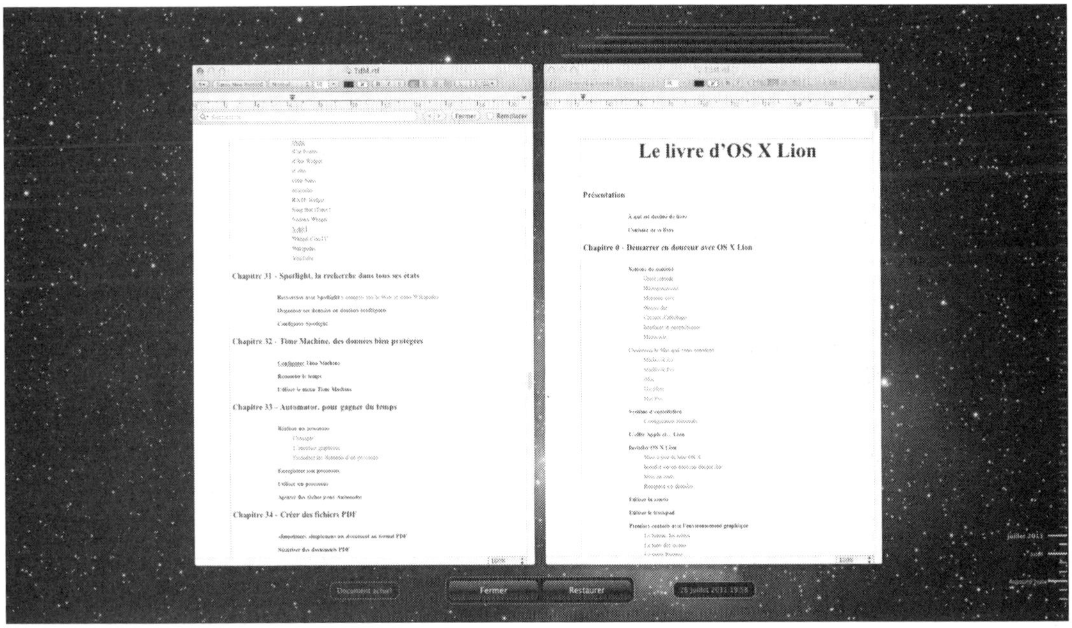

Figure 6-6 Retour dans le passé avec Versions.

À tout moment, vous pouvez choisir de restaurer une version antérieure, en cliquant sur le bouton **Restaurer**. Ce qui induit la destruction complète de la version actuelle au profit de la version antérieure sélectionnée. Mais vous pouvez également sélectionner une partie de la version antérieure du document, la copier dans le presse-papiers puis la coller dans le document actuel...

Enfin, cliquez sur le bouton **Fermer** pour revenir au document actuel, dans votre environnement de travail.

Notez que Versions ne se contente pas d'emprunter à Time Machine quelques aspects graphiques : il en utilise aussi le moteur logiciel de sauvegarde. Ce n'est donc pas un hasard si vous découvrez des options relatives à Versions dans le panneau de préférences de Time Machine (chapitre 32)... Mais, comme pour la sauvegarde automatique, Versions reste limité aux applications qui ont été conçues ou mises à jour pour en tirer profit.

La fermeture automatique

Avec un iPhone ou un iPad, il n'est pas possible de fermer une application, de la quitter comme l'on a pris l'habitude de dire sur un Mac ou un PC. Une action classiquement réalisée par un fugace **cmd+Q** ou en déroulant le menu de l'application et en sélectionnant **Quitter**. Eh bien voilà un nouvel emprunt de Mac OS X Lion à iOS, le système d'exploitation des iPad et iPhone : la fermeture automatique.

De fait, Lion intègre deux dispositifs assurant la fermeture automatique d'une application. Le premier, appelé *Sudden Termination*, est sollicité par le développeur de l'application concernée : il permet à l'application d'indiquer au système d'exploitation qu'elle peut être fermée sans souci particulier. Cela permet notamment d'accélérer les processus d'extinction/redémarrage du Mac en cas de besoin.

Le second dispositif est plus expéditif, c'est l'*Automatic Termination*. Le développeur qui décide d'en doter son application accorde un permis de tuer à Mac OS X Lion : celui-ci pourra fermer l'application après une longue période d'inactivité et une fois que tous les documents ouverts auront été sauvegardés automatiquement. Tout cela pour libérer des ressources au profit d'autres applications. Cela permet notamment de limiter le recours du système d'exploitation à de la mémoire virtuelle (voir chapitre Spécial débutants) et donc d'améliorer le confort d'utilisation global.

Ces deux dispositifs vont de pair avec un autre : la reprise automatique, décrite dans la section qui suit.

La reprise automatique

Imaginez des applications qui, systématiquement, reviennent à l'état où vous les aviez laissées lorsque vous les lancez et alors même que vous les aviez fermées sans fermer aucune de leurs fenêtres ouvertes ? Cela ne vous rappelle pas le comportement des applications pour iPhone et iPad ? Si, un peu. Et c'est bien normal. C'est un emprunt de Lion à iOS.

Prenons un exemple concret : vous quittez votre traitement de texte préféré avec cinq documents ouverts. Après un bon week-end, vous vous remettez au travail, rallumez votre Mac et relancez votre traitement de texte : il va rouvrir les cinq documents et remettre les fenêtres correspondantes à leur place exacte. C'est la fonction de reprise.

Les développeurs n'ont pas besoin de l'intégrer à leurs applications : c'est Lion qui se charge tout seul de gérer la sauvegarde des états des applications à la fermeture, puis de les restaurer.

La première manifestation concrète de cette fonction de reprise survient lorsque vous voulez arrêter votre Mac : Lion vous propose, *via* une case à cocher, de rouvrir toutes les fenêtres à la réouverture de session (figure 6-7).

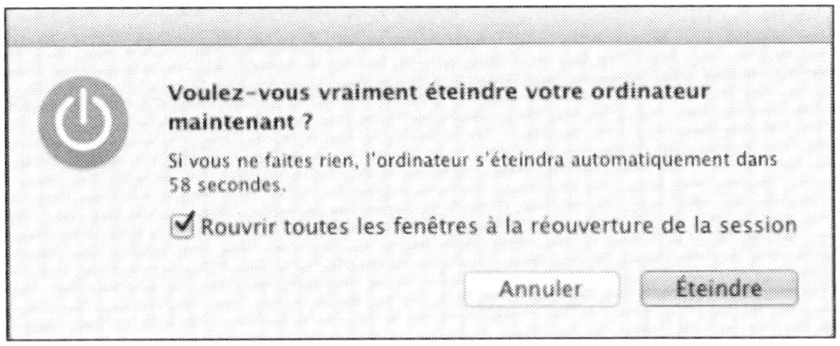

Figure 6-7 La sauvegarde de l'état des applications lors de l'extinction du Mac.

Mais, par défaut, cela se manifestera systématiquement, quelle que soit l'application, pour peu que vous l'ayez quittée sans avoir fermé les fichiers ouverts. Ce qui risque de s'avérer gênant dans certaines circonstances : le lancement de QuickTime Player pour montrer une vidéo à un collègue alors que vous avez oublié de refermer la fenêtre d'une vidéo compromettante lors de la dernière utilisation de l'application ; le lancement de votre traitement de texte devant un supérieur alors que, précédemment, vous étiez en pleine rédaction d'une lettre de motivation pour un autre emploi… Bref, les sources d'inconfort potentiel ne manquent pas.

Mais vous pouvez forcer une application à oublier son état actuel lors de sa fermeture : pour cela, il vous suffit de maintenir la touche **alt** enfoncée au moment de lancer la commande d'arrêt de l'application (figure 6-8).

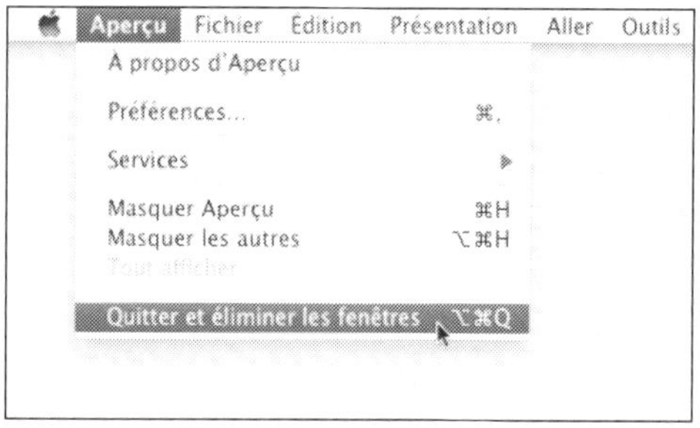

Figure 6-8 Quitter une application sans en enregistrer l'état.

Vous pouvez également désactiver totalement l'option d'enregistrement de l'état des applications à leur arrêt : ouvrez le panneau **Général** des **Préférences Système** et décochez la case **Restaurer les fenêtres à la fermeture et la réouverture d'apps**.

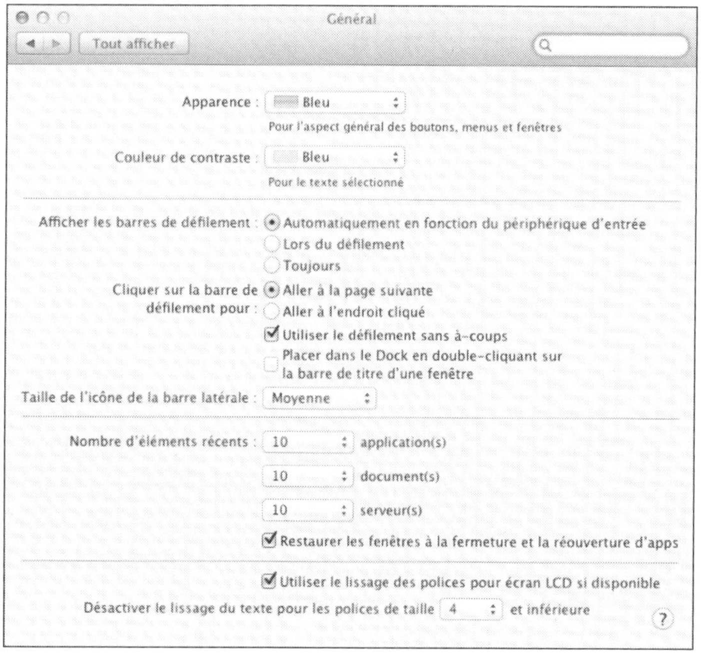

Figure 6-9 Désactiver la sauvegarde et la restauration de l'état des applications.

Notez que vous pourrez toujours, et à tout moment, demander l'enregistrement et la restauration, lors du prochain lancement, de l'état d'une application lors de sa fermeture : il vous suffira de maintenir enfoncée la touche **alt** en donnant l'ordre de fermeture de l'application.

Chapitre 7

Se connecter à Internet

Au menu de ce chapitre

- Se faire aider par l'assistant de connexion
- Se connecter à un point d'accès Wi-Fi
- Se connecter à un hotspot public
- Se connecter à un modem-routeur

La connexion à Internet est devenue une composante incontournable de l'écosystème d'un ordinateur personnel. Mac OS X Lion est conçu dans cette perspective. Apple a fourni d'importants efforts pour rendre la première configuration de la connexion à Internet aussi simple que possible.

Se faire aider par l'assistant de connexion

L'assistant de connexion est un dispositif logiciel conçu pour faciliter la première configuration de la connexion à Internet. Il vous sera notamment utile pour configurer votre Mac afin d'utiliser un modem ADSL ou câble connecté *via* un câble Ethernet (RJ45). Pour faire appel à l'assistant :

1. Déroulez le menu **Pomme ➜ Préférences Système**.
2. Cliquez sur **Réseau**.
3. Cliquez sur le bouton **Assistant**.
4. Cliquez sur le bouton **Assistant**.
5. Cliquez sur le bouton **Continuer** (figure 7-1) puis suivez les instructions à l'écran.

Une fois la configuration terminée, vous devez pouvoir accéder librement à Internet.

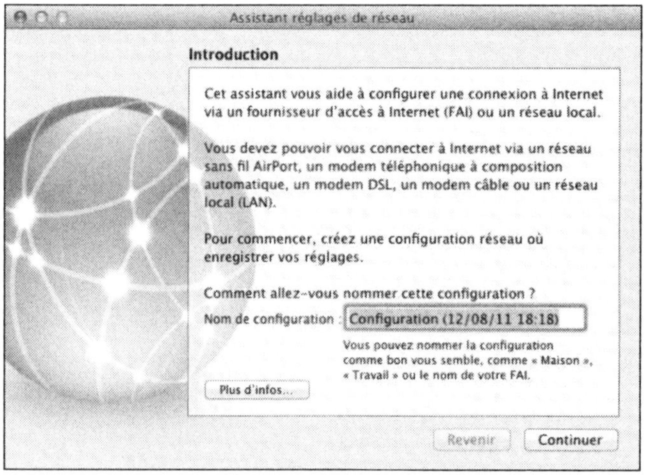

Figure 7-1 Écran d'accueil de l'assistant de configuration réseau.

Se connecter à un point d'accès Wi-Fi

Mac OS X gère les connexions Wi-Fi avec brio depuis de longues années. Mais Apple a enfin décidé de rentrer dans le rang : après s'être refusé durant des années à employer le terme de Wi-Fi pour désigner les réseaux sans fil, et avoir préféré parler de « Airport », il s'est enfin rangé à la norme.

Pour vous connecter à Internet *via* un réseau Wi-Fi :

1. Déroulez le menu correspondant, reconnaissable à son icône en forme d'éventail.
2. Sélectionnez **Activer le Wi-Fi**.

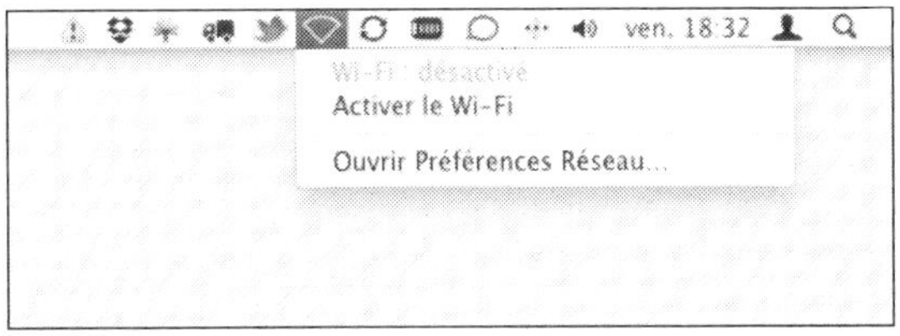

Figure 7-2 Activer Wi-Fi.

3. Déroulez de nouveau le menu **Wi-Fi**.
4. Sélectionnez le réseau Wi-Fi que vous voulez utiliser, dans la liste **Réseaux sûrs** (figure 7-3).
5. Dans le champ **Mot de passe**, indiquez la clé de sécurité pour la connexion au réseau Wi-Fi sélectionné.
6. Cliquez sur **OK**.

La connexion est immédiate.

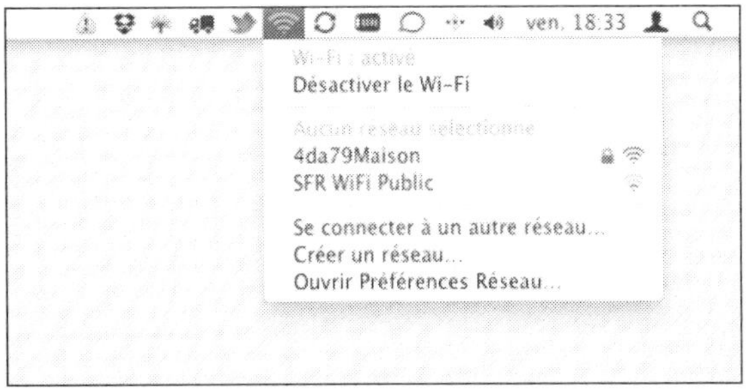

Figure 7-3 Le menu Wi-Fi.

Astuce Dans Lion, le menu Airport vous indique le niveau du signal des différents réseaux Wi-Fi à portée, ainsi que leur caractère sécurisé ou non – le verrou témoigne d'une protection WEP ou d'une WPA/WPA2. Mais il peut faire un peu plus : déroulez-le en maintenant la touche **alt** enfoncée ; le menu Wi-Fi détaille alors les caractéristiques de la connexion Wi-Fi active.

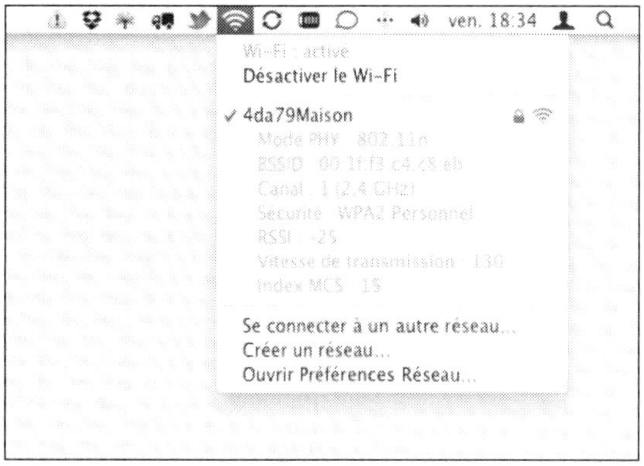

Figure 7-4 Le menu Wi-Fi déroulé en maintenant la touche **alt** enfoncée.

Se connecter à un hotspot public

Les *hotspots* Wi-Fi, ou points d'accès à Internet publics, sont désormais monnaie courante : hôtels, restaurants, gares, aéroports… Il est devenu difficile de trouver un lieu ouvert au public qui en soit dépourvu.

Apple a prévu une fonction dédiée à la connexion à Internet par leur biais : dès que vous sélectionnez un hotspot public dans le menu Wi-Fi, Lion vous présente une fenêtre dédiée à l'authentification sur ce hotspot et à l'exploitation de sa connexion Internet :

1. Déroulez le menu Wi-Fi.
2. Sélectionnez le hotspot voulu dans la liste.
3. Au bout de quelques instants, une fenêtre s'ouvre pour vous inviter à vous authentifier auprès du point d'accès à Internet public sélectionné.
4. Suivez les indications du formulaire pour vous authentifier : dès le processus terminé, la fenêtre se ferme et vous pouvez surfer sur Internet.

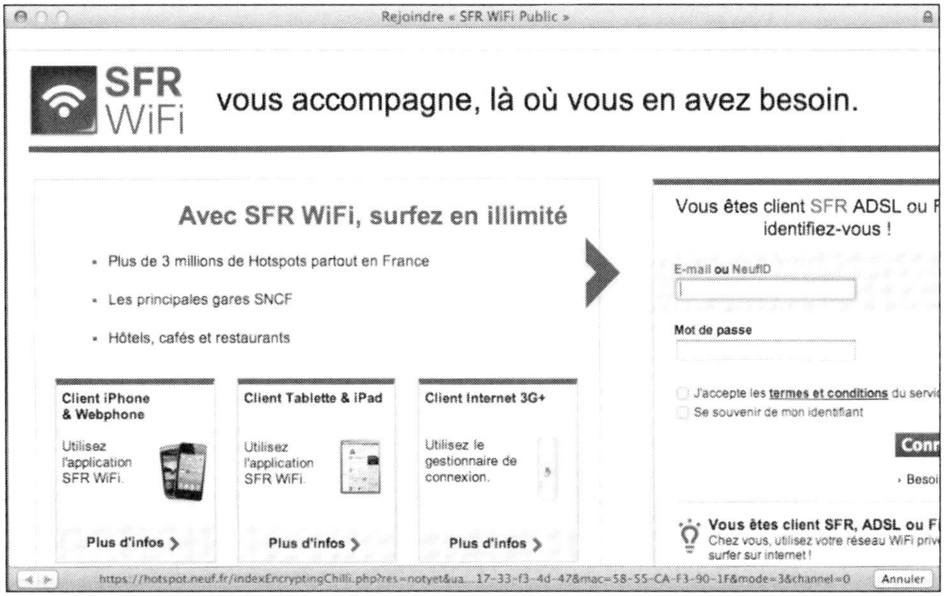

Figure 7-5 S'authentifier auprès d'un hotspot public.

Se connecter à un modem-routeur Ethernet

C'est la situation la plus simple : presque tout se fait tout seul !

1. Connectez votre Mac à votre modem-routeur *via* un câble Ethernet (RJ45).

Ça y est, ça marche : la connexion à Internet est établie.

Chapitre 8

Arpenter le Web

Au menu de ce chapitre

- Premiers contacts avec Safari
- Adapter l'affichage des pages Web à sa vue
- Améliorer le confort de lecture
- Naviguer dans l'historique
- Personnaliser Top Sites
- Suivre l'actualité avec les flux RSS
- Rechercher dans une page Web
- Manipuler les onglets
- Gérer ses téléchargements
- Créer et gérer des signets
- Surfer en toute sécurité sur Internet
- Ajouter de nouvelles fonctions à Safari
- Régler les paramètres de Safari
- Personnaliser les fenêtres de Safari
- Naviguer sans laisser de traces
- Enregistrer des pages Web

Safari est le navigateur Web fourni par Apple avec Mac OS X. Il utilise un moteur de rendu des pages Internet très rapide et très respectueux des standards du Web définis dans le cadre des travaux du consortium W3C. Au-delà de Mac OS X, Safari est également disponible pour Windows. Mais son moteur de rendu de pages Web a été en outre retenu par des tiers, à commencer par Google, avec son navigateur Chrome pour ordinateurs personnels et avec celui des smartphones Android.

Dans sa cinquième version, livrée avec Lion, Safari intègre la plupart des fonctions nécessaires au qualificatif de navigateur Web moderne : affichage des pages dans des onglets, lecture de flux RSS, puissante gestion d'historique et des signets, dispositif de blocage des fenêtres surgissantes non sollicitées, remplissage automatique des formulaires, fonction de recherche puissante, *etc.*

Après avoir lu ce chapitre, vous maîtriserez l'utilisation de Safari.

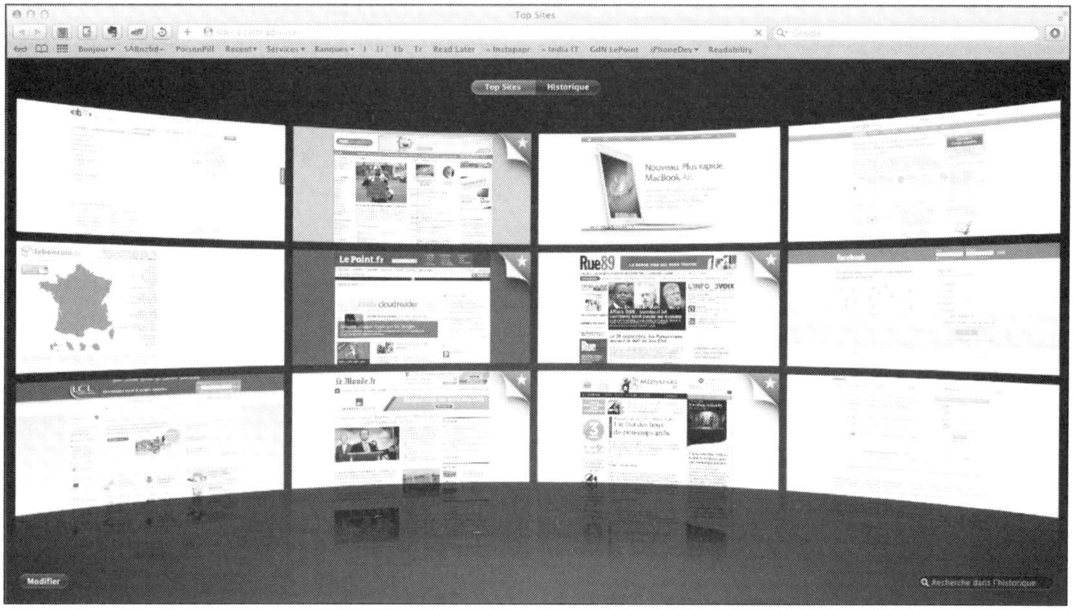

Figure 8-1 Safari, le navigateur Web de Mac OS X.

Premiers contacts avec Safari

Safari est reconnaissable à son icône représentant une boussole. Elle est présente dans le Dock. Dès son lancement, Safari ouvre une page d'accueil du site Web d'Apple.

La fenêtre de Safari comprend une barre d'outils. En son sein se trouvent les principales commandes de navigation, le champ d'adresse et le champ de recherche. Juste au-dessous, c'est la barre de signets qui est présentée, au-dessus de la page Web visitée.

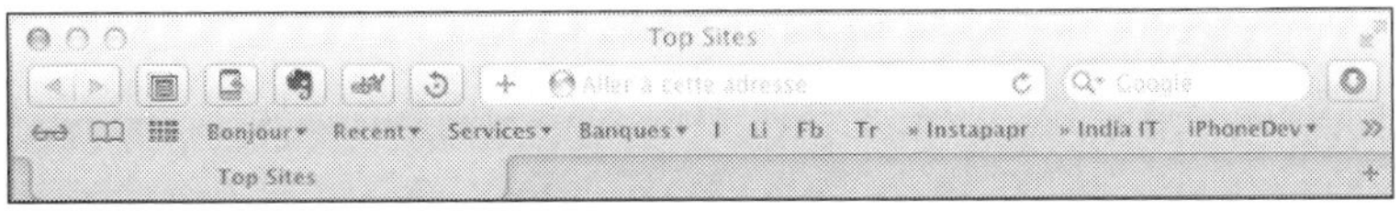

Figure 8-2 Les barres d'outils et de signets de Safari.

Astuce Pour empêcher l'affichage de fenêtres publicitaires non sollicitées, dites « pop-up », déroulez le menu **Safari** et sélectionnez **Bloquer les fenêtres surgissantes**.

Les commandes de navigation

La barre d'outils de Safari présente, par défaut, deux boutons et deux champs de saisie :

- Utilisez les deux premiers boutons, les flèches gauche et droite, pour naviguer entre des pages Web déjà visitées.
- Juste à droite de ce bouton se trouve le champ d'adresse : c'est là que vous devez taper l'adresse des sites Web (ou URL) que vous voulez visiter.
- À l'extrémité droite de la barre d'outils de Safari, vous trouvez enfin le champ de recherche pour le Web, qui vous permet de lancer directement une recherche avec Google.

Astuce Sur le Web, il est fréquent que l'on doive remplir des formulaires, ne serait-ce que pour commenter un billet, sur un blog. Pour rendre l'opération plus confortable, Safari permet d'agrandir les zones de saisie de texte libre à partir de leur coin inférieur droit.

Il n'y a pas que les boutons de la barre d'outils de Safari pour vous permettre de naviguer entre des pages déjà visitées : pensez aussi à utiliser le trackpad ! Par exemple, glissez deux doigts vers la droite pour revenir à la page précédente, ou deux doigts vers la gauche pour revenir à la page *suivante*.

Saisir l'adresse d'un site Web

Pour accéder à un site Web autrement qu'en cliquant sur un lien y conduisant depuis une page Web, ou à partir d'un signet lui étant déjà consacré :

1. Tapez l'adresse du site Web dans le champ *ad hoc* de la barre d'outils de Safari ; lorsqu'il est vide, il indique **Aller à cette adresse**. Au cours de la saisie, Safari est susceptible de vous suggérer des adresses de sites Web que vous avez déjà visités, notamment.
2. Validez par la touche **Entrée**.

Le chargement du site Web commence aussitôt.

La fin du champ d'adresse n'est pas statique : lorsque vous avez fini de taper une adresse, elle évolue pour vous indiquer que le chargement est en cours et une croix vous permet d'interrompre le processus ; lorsqu'une page sécurisée est visitée (protection SSL), le nom déclaré par le site Web pour la création du certificat de sécurisation est affiché en vert ; enfin, lorsque le chargement est terminé, la flèche tournant sur elle-même vous permet de demander le rechargement de la page, pour en actualiser l'affichage, par exemple (figure 8-3).

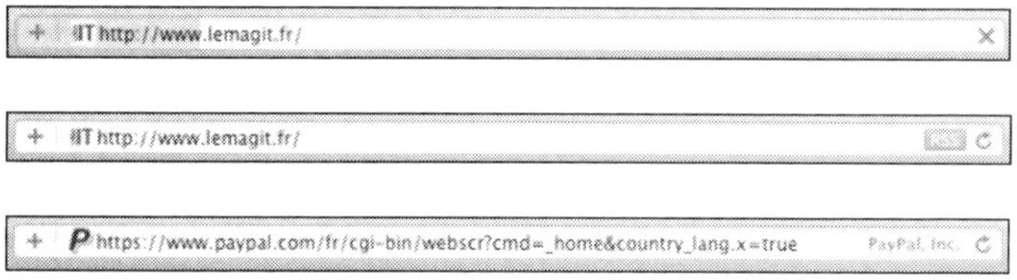

Figure 8-3 Différents états de la zone de saisie d'adresses de Safari.

Définition L'adresse d'un site ou d'une page Web est aussi appelée URL (*Uniform Resource Locator*).

Astuce Si vous oubliez de taper `http://` au début de l'adresse d'un site Web, Safari se chargera de l'ajouter. De même, si vous oubliez de taper `www.` et `.com`, par exemple, en préfixe et suffixe de l'adresse d'un site Web, Safari les ajoutera également automatiquement.

Notez enfin la présence d'un bouton + au tout début du champ d'adresse : il vous permet d'enregistrer l'adresse de la page affichée dans la fenêtre de Safari sous la forme d'un signet. Vous pourrez alors la retrouver plus rapidement par la suite. L'utilisation des signets est développée plus loin dans ce chapitre.

Lancer une recherche sur Internet

Le champ de recherche de la barre d'outils de Safari permet d'interroger directement Google. Pour lancer une telle recherche sur le Web :

1. Tapez le sujet de votre recherche dans le champ de recherche de la barre d'outils de Safari. Comme pour l'adresse d'une page Web, Safari est susceptible de vous faire des suggestions en cours de saisie des mots-clés recherchés.
2. Validez par **Entrée**.

Les résultats apparaissent aussitôt dans la fenêtre de Safari.

Le champ de recherche de la barre d'outils de Safari intègre quelques fonctions supplémentaires :

- Après avoir consulté des sites Web trouvés par Google, cliquez sur l'icône orange du champ de recherche pour revenir aux résultats de Google.
- Cliquez sur la loupe du champ de recherche pour accéder à la liste des dix dernières recherches (figure 8-4).

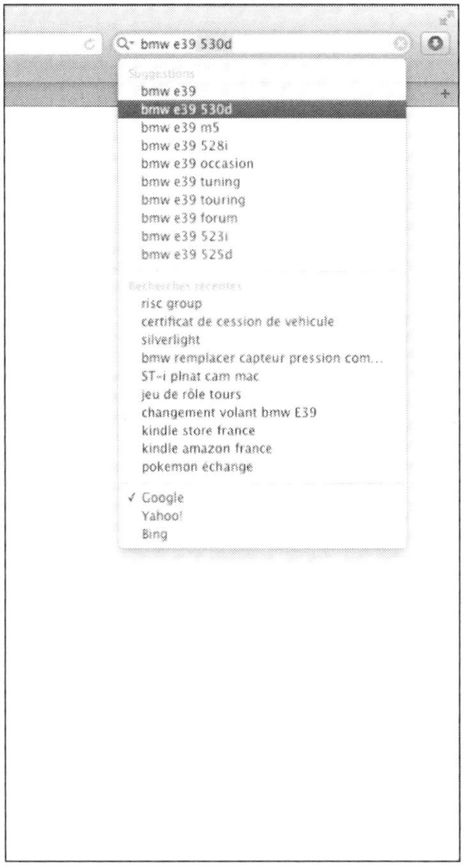

Figure 8-4 La liste des dix dernières recherches.

Astuce Le champ de recherche des fenêtres de Safari n'est pas limité à Google : vous pouvez également choisir d'utiliser Bing, le moteur de recherche de Microsoft, ou Yahoo!, pour vos recherches sur Internet : regardez à la fin du menu associé au champ de recherche (figure 8-4), c'est là que vous pouvez choisir à tout moment votre moteur de recherche en ligne.

Créer un signet

Lorsque vous surfez sur le Web, vous pouvez désirer « enregistrer » l'adresse d'un site Internet afin de pouvoir venir le consulter à nouveau facilement et rapidement par la suite. Pour cela :

1. Cliquez sur le bouton + de l'extrémité gauche du champ d'adresse.
2. Si vous le souhaitez, renommez le signet dans le champ de saisie.
3. Déroulez la liste et choisissez l'emplacement d'enregistrement du signet.

Votre signet et enregistré : vous pouvez y accéder en déroulant le menu **Signets**.

Note Par défaut, les signets sont nommés d'après le titre de la page Web visitée, titre qui apparaît dans la barre de titre de la fenêtre de Safari.

Figure 8-5 Création d'un signet avec Safari.

Ouvrir un lien dans un onglet

Traditionnellement, suivre un lien dans une page Web implique soit l'ouverture d'une nouvelle fenêtre, soit la perte de la page que l'on était en train de consulter. Tout cela est désormais de l'histoire ancienne : avec les onglets, il est possible d'ouvrir plusieurs pages Web dans une même fenêtre.

- Pour suivre un lien dans un nouvel onglet, maintenez la touche **cmd** enfoncée et cliquez sur le lien.
- Pour ouvrir un nouvel onglet avant de charger une nouvelle page Web, à partir d'une URL ou d'un signet, déroulez le menu **Fichier → Nouvel onglet**.

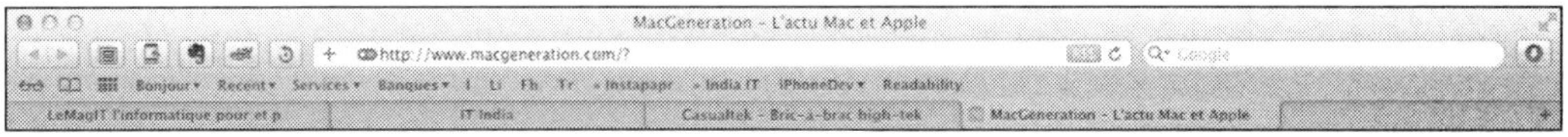

Figure 8-6 Des onglets dans Safari.

Astuce Pour créer plus vite un nouvel onglet, vous pouvez également cliquer sur le bouton + à l'extrémité droite de la barre des onglets.

Adapter l'affichage des pages Web à sa vue

Pour beaucoup, les caractères utilisés pour les textes dans les pages Web peuvent sembler trop petits. Déroulez le menu **Présentation** pour ajuster la taille des textes et même, mieux encore, agrandir la page complète comme par effet de loupe :

- Sélectionnez l'élément **Zoom avant** pour agrandir l'affichage de la page complète.
- Sélectionnez **Zoom arrière** pour réduire l'affichage de la page Web visitée.
- Sélectionnez **Taille réelle** pour rétablir la taille prévue par les auteurs du site Web consulté.

Astuce Si vous utilisez souvent ces fonctions, pensez à personnaliser la barre d'outils de Safari : vous pouvez y ajouter deux boutons dédiés à l'agrandissement et à la réduction. Et avec un trackpad, vous pouvez directement commander le zoom en rapprochant ou en écartant deux doigts. Le zoom est alors semi-automatique, un peu comme sur un iPad : il se centre sur la zone survolée par le pointeur au moment du zoom. Pratique pour se concentrer sur un article au milieu d'une page Web.

- Mais vous pouvez également décider de n'intervenir que sur la taille du texte. Pour cela, déroulez le menu **Présentation** :
  - Sélectionnez l'élément **Réduire/agrandir le texte seulement**.
  - Dès lors, les commandes d'agrandissement/réduction se cantonnent, dans leur effet, aux textes de la page visitée.

Astuce Si une page Web vous semble illisible, bien que vous ayez agrandi au maximum la taille de ses polices de caractères, pensez au zoom de Mac OS X : maintenez enfoncée la touche **ctrl** du clavier tout en faisant rouler la molette de la souris – ou en glissant deux doigts sur le trackpad –, vers l'avant pour agrandir et vers l'arrière pour ramener l'affichage à son niveau normal.

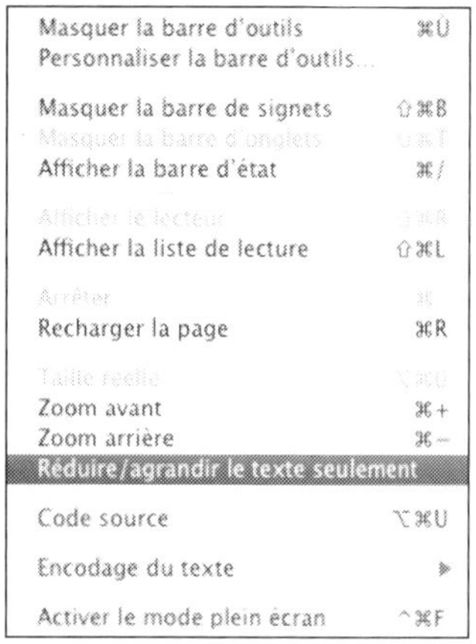

Figure 8-7 Agrandir la taille du texte.

Améliorer le confort de lecture

Les pages ne sont pas forcément adaptées à la lecture d'articles, notamment s'ils sont particulièrement longs ou réclament une réelle concentration : les sources de distraction, entre publicités et accroches visuelles diverses, sont nombreuses. C'est là qu'une nouvelle fonction de Safari prend tout son sens : le mode lecteur. Celui-ci permet, en un clic de souris, d'isoler le contenu important d'une page Web pour mieux la lire. Et il est possible, dès lors, d'ajuster la taille des caractères, d'imprimer ou d'envoyer par e-mail l'article voulu. Une technologie spécifique est là à l'œuvre pour détecter et isoler automatique un article d'une page Web. Et c'est très efficace.

1. Pour profiter du lecteur au sein d'une page Web, cliquez simplement sur le bouton **Lecteur** à l'extrémité droite du champ d'adresse. L'effet est immédiat.

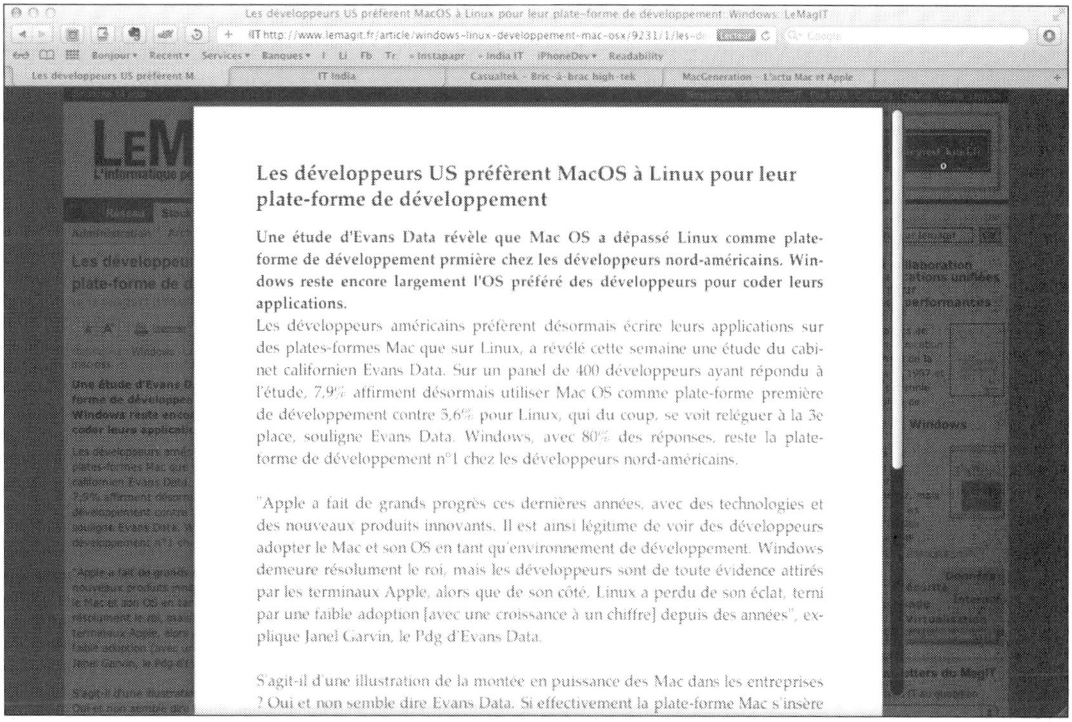

Figure 8-8 Le mode Lecteur en pleine action.

- Faites glisser le pointeur de la souris sur le bas de la page pour accéder aux commandes offertes par le lecteur :
  - Utilisez les loupes – et + pour ajuster la taille des caractères.
  - Cliquez sur l'imprimante pour imprimer le texte de l'article que vous êtes en train de lire.
  - Cliquez sur l'enveloppe pour envoyer, par e-mail, l'article concerné.

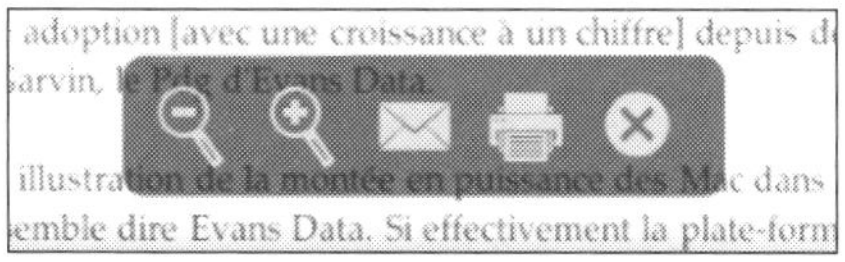

Figure 8-9 Les commandes du mode Lecteur.

Lorsque vous avez fini, cliquez de nouveau sur le bouton **Lecteur** du champ d'adresse pour revenir à la page Web complète.

Astuce Safari n'est pas la seule solution pour profiter d'articles extraits de manière épurée de leur contexte. Instapaper.com et Readability.com proposent des solutions alternatives. Le premier service Web est gratuit et vous permet même d'enregistrer une liste des articles que vous voulez lire. Vous pourrez les lire ultérieurement dans un navigateur Web ou sur votre iPhone et votre iPad, *via* l'application Instapaper. Readability s'intègre quant à lui à des applications telles que Reeder (pour iOS et Mac OS X) et propose une interface Web adaptée aux terminaux mobiles, iOS comme Android. Les deux services permettent en outre d'envoyer directement des articles épurés à la liseuse électronique d'Amazon, le Kindle. Et Instapaper supporte l'exportation des articles au format ePub pour une lecture sur la plupart des liseuses électroniques.

Figure 8-10 La lecture d'un article avec Readability.

Organiser ses lectures

Safari va un peu plus loin que la simple épuration de pages Web avec l'intégration d'une liste de lecture : il s'agit d'une liste de signets spécifique vous permettant de marquer les articles que vous souhaitez lire ultérieurement. Cette liste est automatiquement synchronisée avec vos appareils iOS : iPhone, iPad ou iPod Touch, afin de vous permettre de lire lorsque vous vous déplacez (mais que vous êtes tout de même connecté à Internet).

1. Pour afficher la liste de lecture, cliquez sur l'icône représentant une paire de lunettes, à gauche de la barre de signets.

2. Pour ajouter la page en cours à la liste de lecture, cliquez sur le bouton **Ajouter une page** ou cliquez sur l'adresse de la page en maintenant enfoncée la touche **Majuscule**.

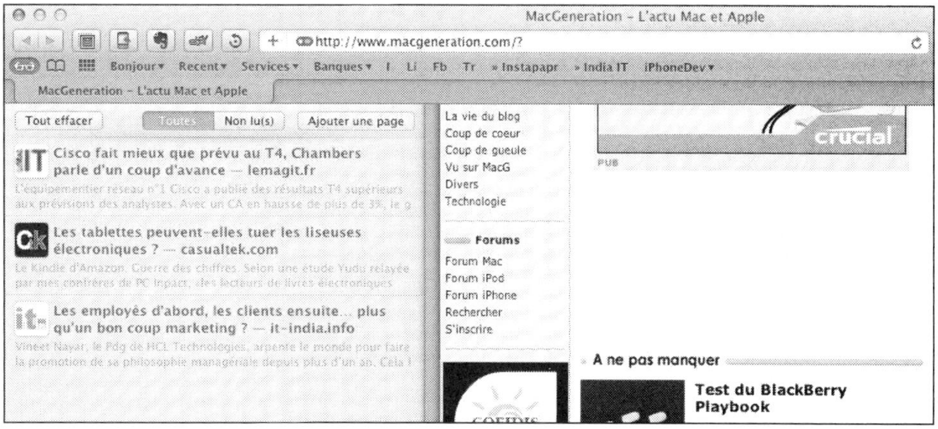

Figure 8-11 La liste de lecture de Safari.

Les éléments de la liste de lecture sont enregistrés et vous pouvez les consulter à tout moment – tant que vous êtes connecté à Internet : il vous suffit de cliquer sur l'un des éléments de la liste. À tout moment, vous pouvez décider de profiter du mode Lecteur (voir plus haut) en cliquant sur le bouton *ad hoc*. Surtout, une fois que vous avez activé le mode Lecteur, il reste actif pour les autres éléments de votre liste de lecture !

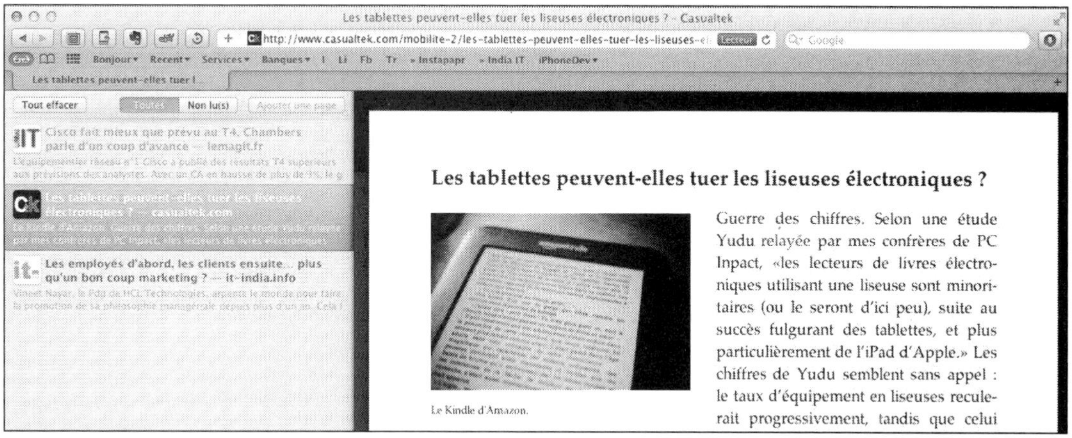

Figure 8-12 Mode Lecteur et liste de lecture combinés.

À tout moment, vous pouvez supprimer un élément de la liste de lecture en cliquant sur le bouton illustré d'une croix qui apparaît à droite de son titre lors du survol de celui-ci, avec le pointeur de la souris.

Et, bien sûr, vous pouvez naviguer entre éléments non lus et liste de lecture complète *via* les boutons *ad hoc* en haut de la liste.

Naviguer dans l'historique

Safari intègre une puissante fonction d'historique. Celle-ci permet notamment de revenir rapidement à une page consultée précédemment, jusqu'à plusieurs jours en arrière. Mais ce n'est pas tout : l'historique de Safari permet également de rouvrir la dernière fenêtre fermée ainsi que les fenêtres qui étaient ouvertes la dernière fois que Safari a été quitté. Les onglets éventuels de ces fenêtres sont intégralement rétablis.

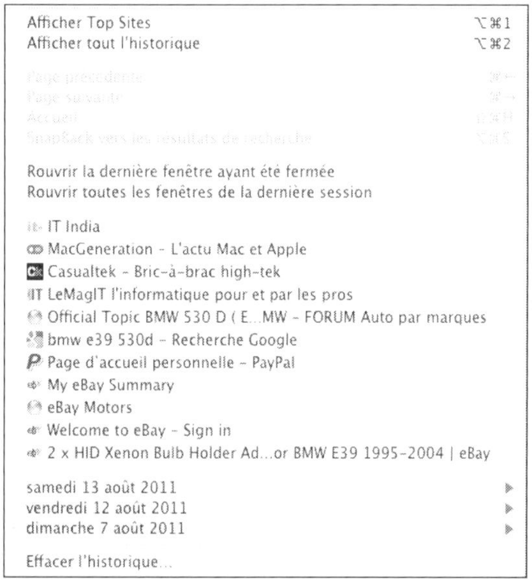

Figure 8-13 Le menu Historique de Safari.

Pour profiter de l'historique de Safari, déroulez le menu **Historique** :

- Sélectionnez **Rouvrir la dernière fenêtre ayant été fermée** pour rétablir une fenêtre fermée accidentellement, ainsi que tous ses onglets.
- Sélectionnez **Rouvrir toutes les fenêtres de la dernière session** pour rétablir les fenêtres qui étaient ouvertes lorsque vous avez quitté Safari précédemment, ainsi que tous leurs onglets.
- Sélectionnez l'une des pages Web de la liste pour la rouvrir.
- Sélectionnez **Visites récentes** ou l'un des jours présentés dans le menu pour accéder à l'historique correspondant.

- Sélectionnez **Afficher tout l'historique** pour accéder à la liste complète de l'historique dans la fenêtre de Safari.

Astuce Lorsque que vous faites une recherche sur le Web, vous pouvez être amené à parcourir un nombre important de pages Web. Pour revenir rapidement aux résultats de la recherche, le point de départ de votre navigation en ligne, déroulez le menu **Historique → SnapBack vers les résultats de recherche**.

Lorsque vous demandez l'affichage de tout l'historique, vous accédez à une liste des pages Web visitées. Cette liste a plusieurs particularités :

- Elle intègre un affichage de type Coverflow, dont la taille est ajustable en déplaçant, à la souris, la barre de séparation entre les aperçus des pages Web visitées et la liste des adresses. Vous pouvez naviguer dans l'historique aussi bien *via* la liste des adresses qu'en passant d'une vignette de prévisualisation à l'autre. Un double clic sur l'une des vignettes permet de revenir à la page Web concernée.
- La zone de présentation des pages visitées en mode Coverflow intègre, en haut à gauche, un champ de recherche : utilisez-le pour retrouver plus rapidement une page Web déjà visitée, sans avoir à parcourir l'intégralité de votre historique de navigation en ligne.

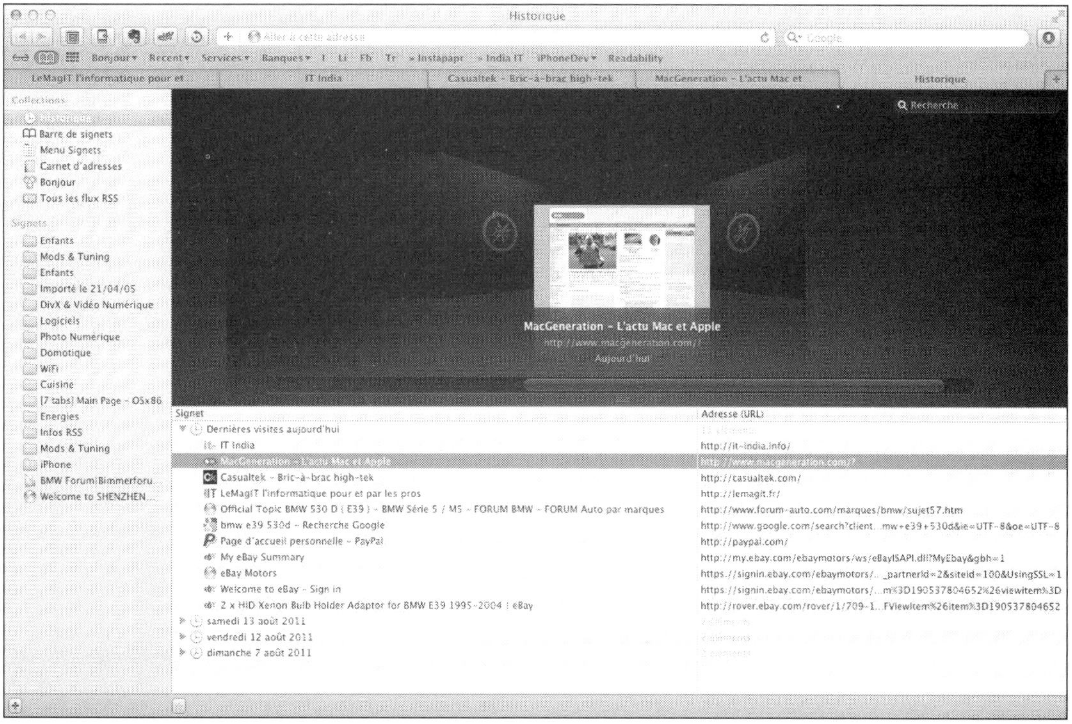

Figure 8-14 Affichage complet de l'historique dans Safari.

Personnaliser Top Sites

Pour vous permettre d'accéder encore plus vite aux sites Web que vous consultez le plus régulièrement, Safari intègre une page nommée Top Sites. Vous y accédez notamment en cliquant sur le bouton illustré d'une matrice de petits carrés situé à l'extrémité gauche de la barre de signets. La page Top Sites présente une série de vignettes – jusqu'à 24 – affichant chacune un aperçu – actualisé – du signet Web correspondant (figure 8-15). Il vous suffit de cliquer sur l'une des vignettes pour accéder immédiatement à la page correspondante.

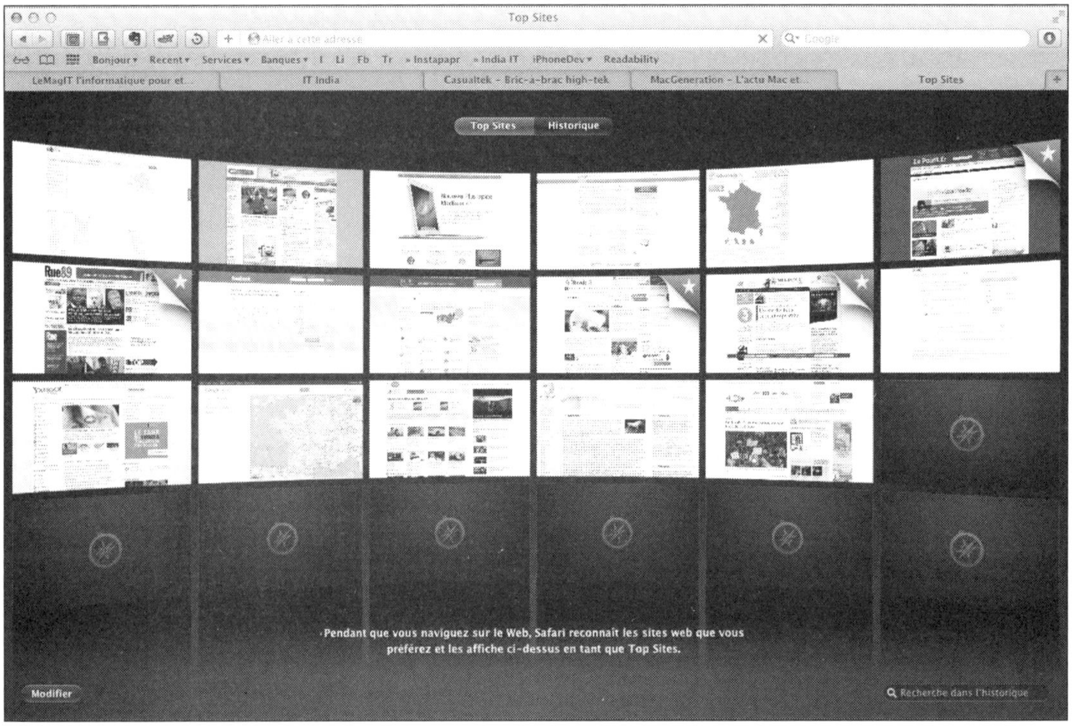

Figure 8-15 La page Top Sites de Safari.

Par défaut, la page Top Sites est remplie automatiquement par Safari au fil de vos explorations du Web : elle se constitue donc suivant vos habitudes de consultation. Mais vous pouvez également en personnaliser le contenu, afin de supprimer des sites que vous aviez l'habitude de consulter mais que vous avez délaissés, ou bien pour en ajouter de nouveaux, que vous venez de découvrir. Pour personnaliser la page Top Sites :

1. Cliquez sur le bouton **Modifier**, en bas à gauche de la page Top Sites.
2. Adaptez le nombre de vignettes et leur taille à celle de votre fenêtre en cliquant sur le bouton **Petite**, **Moyenne** ou **Grande**.

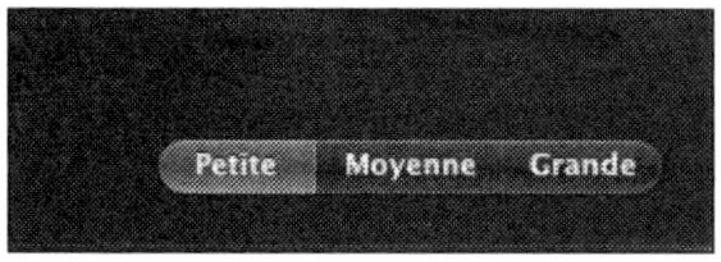

Figure 8-16 Choix de la taille des vignettes de la page Top Sites.

3. Si vous voulez exclure l'un des sites ajoutés par Safari à la page Top Sites, cliquez sur le bouton illustré d'une croix, en haut à gauche de la vignette correspondante.
4. Pour figer l'emplacement d'une vignette dans la page Top Sites, et interdire Safari de le faire changer à l'avenir, suivant l'évolution de vos habitudes de navigation, cliquez sur la punaise, en haut à gauche de la vignette correspondante. Si la punaise est sur fond bleu, l'emplacement de la vignette est sauvegardé ; sinon, le fond de la punaise est noir (figure 8-17).

Figure 8-17 La punaise de verrouillage de l'emplacement d'une vignette.

5. Modifiez l'agencement de la page Top Sites par simple glisser-déposer, en déplaçant les vignettes.
6. Ajoutez une nouvelle page Web à la page Top Sites en glissant-déposant son URL à l'emplacement voulu, dans la page Top Sites.
7. Lorsque vous avez fini de personnaliser la page Top Sites, cliquez sur le bouton **Terminé**, en bas à gauche de la page.

Suivre l'actualité avec les flux RSS

Safari intègre un lecteur de flux RSS : ces flux sont utilisés par les sites Web pour diffuser des résumés de leurs dernières publications. Les sites Web d'information, les forums ou encore les blogs publient généralement des flux RSS.

La lecture de flux RSS permet de suivre facilement l'évolution du contenu de ses sites Web favoris sans avoir à accéder systématiquement à leur page Web. Safari permet en outre de consulter plusieurs flux RSS dans une fenêtre unique et même de filtrer les flux selon des critères personnels.

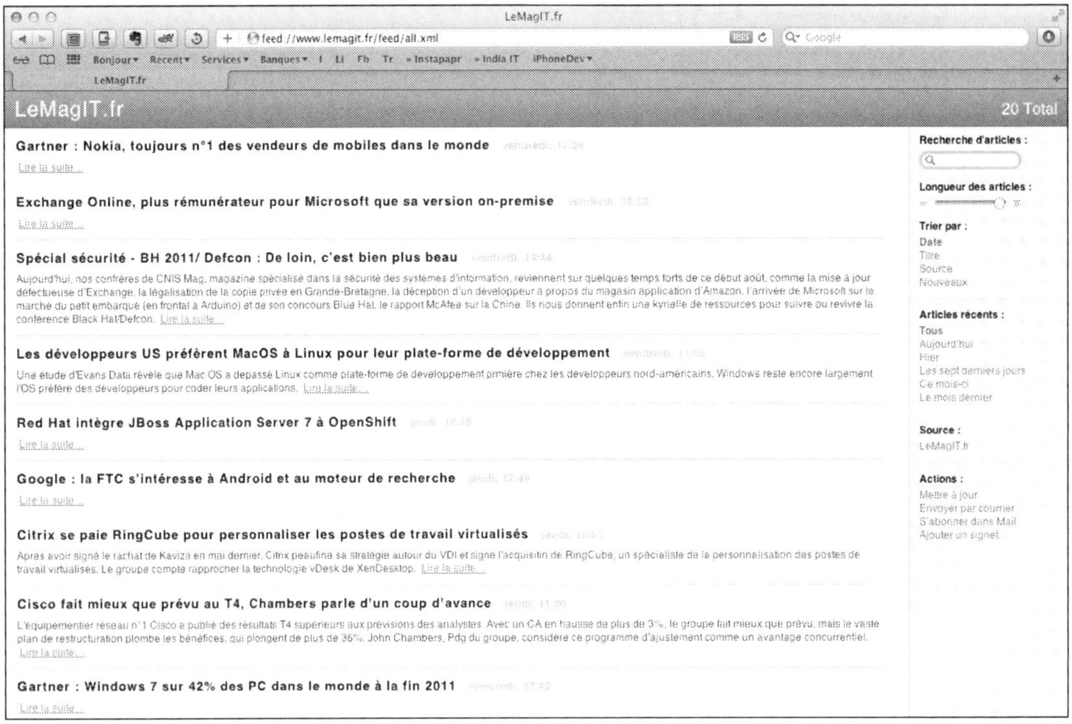

Figure 8-18 Affichage d'un flux RSS dans Safari.

Consulter un flux RSS

Lorsque Safari détecte que le site consulté propose un flux RSS, il le signale par une icône spécifique à l'extrémité droite du champ d'adresse (figure 8-19).

- Pour consulter le flux RSS d'un site, cliquez sur l'icône **RSS** du champ d'adresse.
- Pour revenir à la page Web, cliquez à nouveau sur l'icône **RSS**.

Figure 8-19 Indication de la présence d'un flux RSS.

Note Si un site Web diffuse plusieurs flux RSS, Safari vous présente la liste des flux disponibles après un clic sur l'icône **RSS**. À vous de sélectionner celui que vous souhaitez consulter.

Filtrer des flux RSS

Le bandeau droit de l'affichage des flux RSS dans Safari propose un champ de recherche :

- Tapez dans ce champ un ou plusieurs mots-clés pour isoler les éléments publiés contenant ces mots.
- Pour filtrer les publications RSS selon leur taille, utilisez la glissière *ad hoc*.
- Pour filtrer les publications selon leur actualité, utilisez les options **Articles récents**.

Rechercher dans une page Web

Safari permet de rechercher facilement un mot précis dans une page Web. Pour profiter de cette fonction :

1. Déroulez le menu **Édition ➜ Rechercher ➜ Rechercher**.

   Un bandeau gris clair apparaît sous la barre de signets.

2. Tapez le mot recherché dans le champ de recherche de ce bandeau.

   Si le mot n'est pas trouvé, le texte « Introuvable » apparaît à gauche du champ de recherche. Sinon, la page est grisée tandis que les différentes occurrences du mot recherché sont surlignées en jaune.

3. Cliquez sur l'une des occurrences pour faire disparaître le voile gris de la page.
4. Utilisez les flèches gauche et droite du bandeau de recherche pour passer d'une occurrence à l'autre.

Astuce Observez bien le champ de recherche : en cliquant sur la loupe, vous pouvez choisir entre une recherche des mots contenant le mot-clé tapé ou commençant par celui-ci. Dans Snow Leopard, Safari ne supportait que le premier mode de recherche.

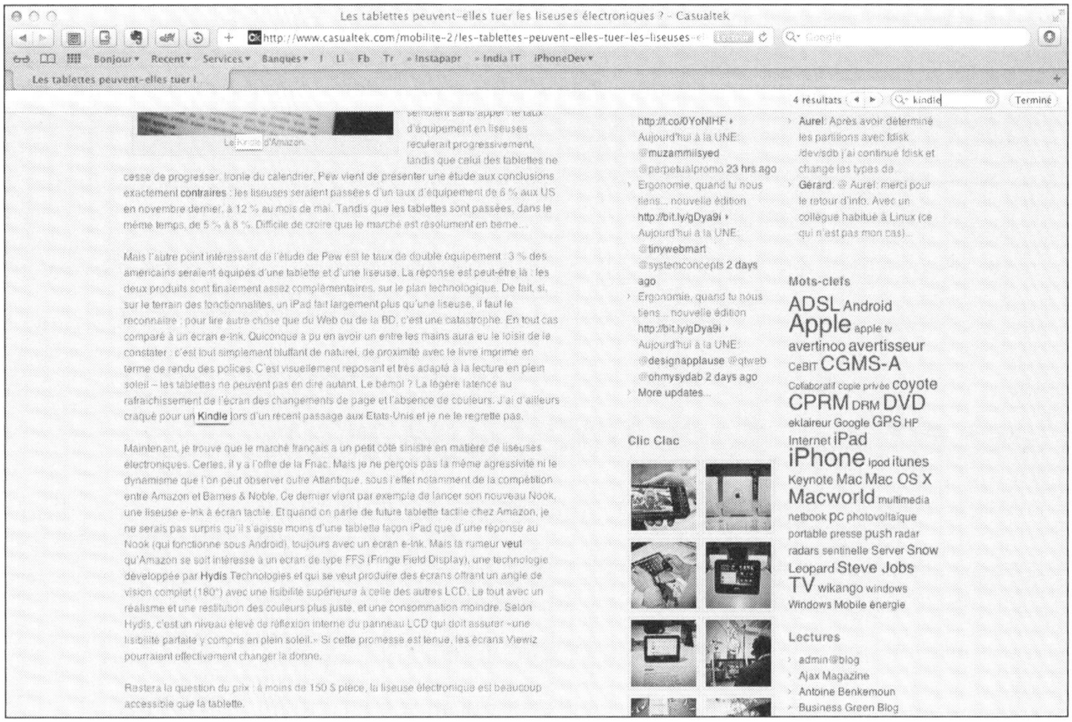

Figure 8-20 Recherche dans une page Web avec Safari.

Manipuler les onglets

Convaincu par l'utilisation des onglets ? Voici comment en tirer pleinement parti :

- Glissez-déposez un onglet hors de la fenêtre de Safari pour l'ouvrir dans une nouvelle fenêtre de Safari.
- Cliquez sur la croix d'un onglet pour le fermer.
- Réorganisez les onglets au sein de la barre d'onglets en glissant-déposant chaque onglet là où vous voulez le placer.
- Si le nombre d'onglets ouverts est trop important pour tenir sur toute la largeur de la fenêtre, cliquez sur l'icône >> affichée à droite de la barre d'onglets pour accéder aux onglets cachés.

Astuce Déroulez le menu **Signets → Ajouter un signet pour ces onglets** afin de créer automatiquement un dossier de signets comprenant un signet pour chacun des onglets ouverts dans la fenêtre Safari active. Par la suite, vous pourrez rouvrir tous les éléments de ce dossier sous la forme d'onglets d'une même fenêtre en sélectionnant la commande **Ouvrir dans des onglets** à la fin de la liste des signets du dossier.

Surfer en toute sécurité sur Internet

Le Web est un endroit merveilleux, plein de ressources très précieuses. Y compris pour les personnes malveillantes. Lorsque vous accédez à un site Web sécurisé et légitime, comme celui de votre banque, par exemple, Safari vous l'indique : à l'extrémité droite de la barre d'adresse apparaît, en vert (figure 8-21), le nom de l'organisme qui a accepté de garantir la signature – et donc l'authenticité – du certificat utilisé pour le chiffrement selon le protocole SSL des échanges – généralement, il s'agit de l'authentification, la page Web dans laquelle vous indiquez nom d'utilisateur et mot de passe.

Figure 8-21 Safari indique le nom de l'organisme certifié pour le chiffrement des communications sur une page Web.

Mais il n'est pas rare que des cybercriminels adressent aux internautes des courriels en usurpant l'identité d'un organisme ayant pignon sur Web. On parle de hameçonnage. La pratique vise à collecter des données personnelles pour en faire un usage illégitime. Ces courriels sont généralement parés des attributs graphiques des courriels officiels de sites Web très sérieux. Ils contiennent souvent un lien vers une page Web frauduleuse. Safari sait reconnaître la plupart de ces pages Web : lorsque vous arrivez sur l'une d'elles, il affiche un message d'avertissement qu'il est plus que recommandé de suivre (figure 8-22).

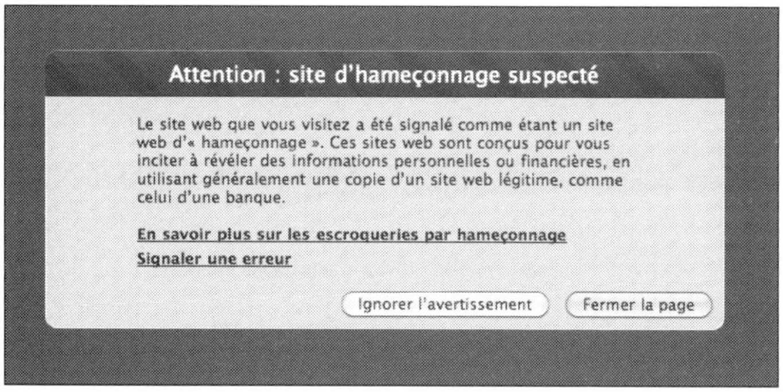

Figure 8-22 Avertissement prodigué par Safari à l'arrivée sur une page Web frauduleuse.

Gérer ses téléchargements

Safari ne vous permet pas uniquement de consulter des pages Web : il vous permet également de télécharger des fichiers, qu'il s'agisse d'images, de musiques, de livres électroniques ou encore d'applications, entre autres.

Lorsque démarre un téléchargement, Safari affiche une icône dédiée à l'extrémité droite de sa barre d'outils : cliquez dessus pour consulter la liste des téléchargements en cours et des téléchargements passés.

Figure 8-23 Le gestionnaire de téléchargements de Safari.

L'icône elle-même vous permet de suivre la progression de vos téléchargements en cours. Et à tout moment, vous pouvez effacer la liste des téléchargements passés en cliquant sur le bouton **Effacer**.

Gérer les signets

À mesure que le temps passe, les signets s'accumulent, le plus souvent dans un joyeux fatras totalement désorganisé. Il devient alors difficile de s'y retrouver. Pour éviter ça, classez régulièrement vos signets dans des dossiers. En outre, vous pouvez les répartir entre le menu Signets et la barre de signets. Certains signets, rarement sollicités, peuvent être conservés en marge de ces deux espaces d'accès rapide.

1. Pour organiser vos signets, déroulez le menu **Signet ➜ Afficher tous les signets** ou cliquez sur l'icône en forme de livre ouvert, à l'extrémité droite de la barre de signets.

Astuce Vous pouvez à tout moment exporter vos signets à l'intention d'un autre navigateur Web, ou les importer, *via* le menu **Fichier** de Safari et ses commandes **Importer des signets** et **Exporter des signets**.

La barre de droite présente des collections prédéfinies par Apple : l'historique, la barre de signets, le menu Signets, Bonjour – pour les sites Web internes à un réseau informatique local –, les flux RSS, ainsi que vos dossiers de signets. Comme pour l'historique, les signets sont affichés avec la présentation Coverflow.

- Les signets correspondant au dossier ou à la collection sélectionnée apparaissent dans le cadre principal de la fenêtre, sous la zone de prévisualisation Coverflow.
- Pour ajouter un dossier, cliquez sur le bouton + en bas de la barre de droite.
- Pour renommer un dossier, cliquez sur son nom puis tapez son nouveau nom.
- Pour ajouter un signet à un dossier, glissez-déposez le signet depuis le cadre principal sur le dossier voulu.
- Pour déplacer un dossier, glissez-déposez-le à l'emplacement voulu, y compris dans un autre dossier ou dans une collection.
- Pour supprimer un dossier ou un signet, sélectionnez-le et appuyez sur la touche **Effacement arrière**.

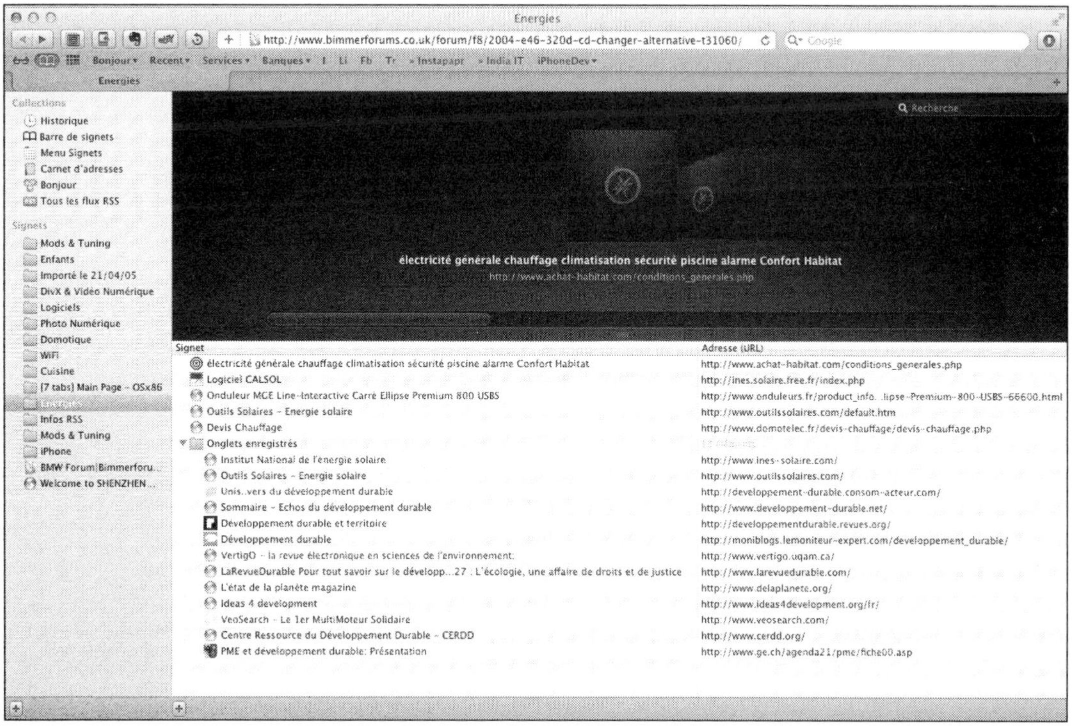

Figure 8-24 Gestion des signets dans Safari.

Astuce Créez un dossier et rangez-y les signets correspondant aux flux RSS de plusieurs sites. Pour afficher ce dossier, sélectionnez l'option **Présenter tous les articles RSS** : le contenu des différents flux est affiché, consolidé, dans une seule fenêtre.

Ajouter de nouvelles fonctions à Safari

Safari offre de nombreuses fonctions. De quoi répondre à la plupart des besoins. Mais pourquoi ne pas ajouter des fonctions spécifiques, comme une gestion intégrée des objets suivis sur eBay, par exemple ? Ce n'est qu'un exemple de ce que permettent les extensions de Safari. Il s'agit de modules logiciels développés par des éditeurs de sites Web ou simplement des passionnés pour enrichir le navigateur Web d'Apple de nouvelles fonctions. Chacun pouvant ainsi l'adapter à ses habitudes. Certaines extensions se limitent à un bouton ou deux, permettant ainsi l'intégration avec un service Web, par exemple. D'autres ajoutent une barre d'outils, comme l'extension Twitter. D'autres encore modifient l'apparence de services Web, comme Pure Reader, une extension spécifique au service de suivi de flux RSS de Google, Google Reader. D'autres permettent d'activer/de désactiver Flash et ses animations à la volée ou encore de forcer l'utilisation du standard HTML5 pour les lecteurs de contenus audio et vidéo intégrés aux pages Web, ou modifient l'apparence de la barre d'état de Safari, *etc.* Les possibilités sont inouïes.

1. Pour accéder à la galerie de présentation des extensions disponibles pour Safari, déroulez le menu **Safari ➜ Extensions Safari**. Le mini-site correspondant est malheureusement en anglais exclusivement, au moment où sont écrites ces lignes. Mais les extensions proposées ici fonctionnent très bien avec Safari en français et certaines se passent même largement de traduction.

Figure 8-25 La galerie des extensions de Safari.

2. Naviguez dans la liste des extensions proposées et, dès que l'une d'entre elles retient votre attention, cliquez sur le bouton **Install Now** pour déclencher son téléchargement et son installation automatique.
3. Une fois le téléchargement terminé, double-cliquez sur le fichier à l'extension *.safariextz* obtenu. Si vous êtes sûr du téléchargement, cliquez sur **Installer**.

Figure 8-26 Installation d'une extension.

L'extension se charge et s'active alors automatiquement et vous pouvez commencer à profiter de ses fonctions sans avoir à relancer Safari. Mais comment faire pour gérer ces extensions, les désactiver le cas échéant ou encore vous assurer de bien disposer des dernières versions ? Cela se passe dans les préférences de Safari :

1. Déroulez le menu **Safari ➜ Préférences**.

2. Cliquez sur l'onglet **Extensions** : elles sont toutes là, dans la colonne latérale. Vous pouvez cliquer sur l'une d'elles et accéder aux réglages associés. Ou bien tout simplement la désactiver en décochant la case **Activer** correspondante. Vous pouvez également désactiver temporairement toutes les extensions *via* l'interrupteur *ad hoc*, en haut de la fenêtre.

Figure 8-27 Gestion des extensions.

3. Vous pouvez également désinstaller une extension en cliquant sur le bouton **Désinstaller** correspondant. Comme pour l'installation, l'effet est immédiat et aucun redémarrage de l'application n'est nécessaire.

4. Pour gérer les mises à jour des extensions, faites défiler la liste de celles-ci vers le bas est sélectionnez **Mises à jour**. Là, vous pouvez gérer manuellement les mises à jour de chacune des extensions ou décider de vous simplifier la tâche en la confiant tout simplement à Safari. Pour cela, activez l'option **Installer automatiquement**. Comme cela, vous n'aurez plus à vous en soucier !

Lorsque vous avez fini de gérer les extensions de Safari, refermez simplement la fenêtre des préférences.

Figure 8-28 Activer la mise à jour automatique des extensions.

Régler les paramètres de Safari

De nombreux réglages sont disponibles pour Safari. Ici, nous aborderons les principaux, ceux qui rendront plus confortable votre usage quotidien du navigateur Web de Mac OS X Lion.

1. Pour accéder aux paramètres de Safari, déroulez le menu **Safari → Préférences**.

Réglages généraux

Profitez des réglages proposés dans cet onglet pour définir le comportement de Safari au démarrage :

1. Déroulez la liste **Les nouvelles fenêtres s'ouvrent avec** et sélectionnez l'option que vous préférez pour l'ouverture de nouvelles fenêtres. Pour profiter pleinement de la fonction Top Sites, sélectionnez cette option ici !
2. **Dans le champ Page d'accueil**, tapez l'URL de la page Web que vous souhaitez consulter au lancement de Safari : faites attention à bien sélectionner l'option correspondante dans la liste **Les nouvelles fenêtres s'ouvrent avec**.

3. Déroulez la liste **Effacer la liste des téléchargements** et sélectionnez l'option **Après un téléchargement réussi** pour ne pas avoir à vider manuellement la liste des téléchargements de fichiers.

4. Cochez l'option **dans un nouvel onglet de la fenêtre active** pour éviter d'ouvrir une nouvelle fenêtre de Safari chaque fois que vous suivez un lien depuis une autre application.

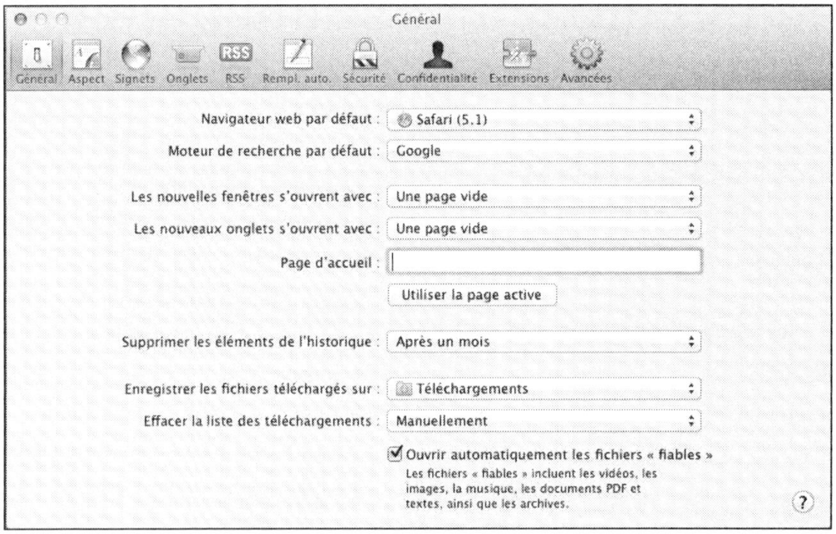

Figure 8-29 Les réglages généraux de Safari.

Bon à savoir Par défaut, Safari ouvre automatiquement les fichiers qu'il considère arbitrairement comme fiables : vidéos, musiques, photos, documents PDF, *etc*. Mais ceux-ci peuvent être un vecteur de logiciels malveillants. On en veut pour preuve le *jailbreak* qui consiste à faire sauter les protections d'iOS et s'est appuyé à plusieurs reprises sur des fichiers corrompus ouverts par la version mobile de Safari : des fichiers images et PDF. Aussi, vous préférerez peut-être désactiver l'ouverture automatique des fichiers *fiables* en décochant l'option correspondante (figure 8-29).

Gestion des onglets

Activez l'onglet **Onglets** :

- Cochez la case **cmd-clic ouvre un lien dans un nouvel onglet** afin de simplifier l'utilisation des onglets pour surfer sur le Web.
- Cochez la case **Rendre actif le nouvel onglet ou la nouvelle fenêtre lorsqu'ils s'ouvrent** si vous souhaitez, notamment, que tout nouvel onglet soit amené au premier plan dès sa création.

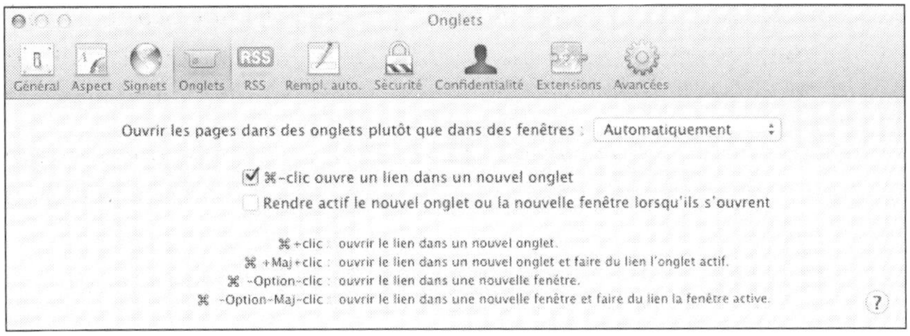

Figure 8-30 Configuration du comportement de Safari vis-à-vis des onglets.

Gestion des flux RSS

Safari est capable de rechercher automatiquement les mises à jour des flux RSS à intervalles réguliers :

- À la rubrique **Mettre à jour automatiquement les articles dans**, cochez les cases correspondant aux espaces dans lesquels vous voulez que Safari procède au rafraîchissement régulier des flux RSS.
- Déroulez la liste **Rechercher les mises à jour** et sélectionnez l'intervalle d'actualisation des flux RSS.
- Cochez la case **Mettre en surbrillance les articles non lus** pour que Safari mette en évidence les derniers articles relevés.
- Déroulez la liste **Supprimer les articles** et sélectionnez le délai passé lequel Safari pourra supprimer les anciens articles RSS.

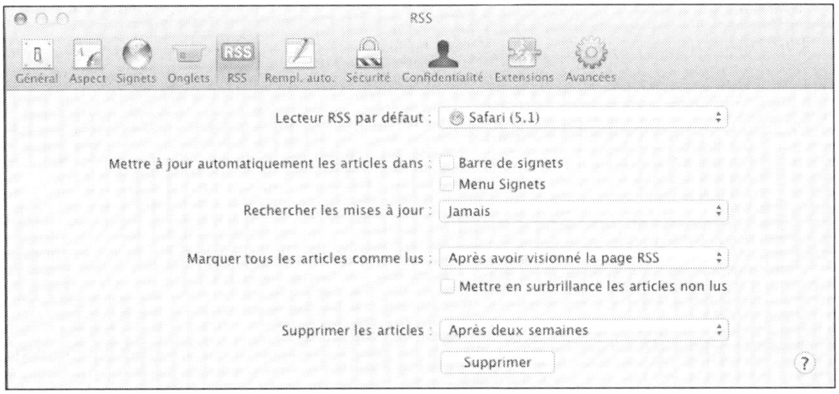

Figure 8-31 Configuration de la gestion des flux RSS.

Gestion des formulaires

L'onglet **Rempl. auto** permet de configurer le comportement de Safari vis-à-vis des formulaires :

- Validez l'option **Utiliser les informations de mon carnet d'adresses** pour que Safari utilise automatiquement ces données pour remplir des formulaires. Cliquez si nécessaire sur le bouton **Modifier** pour intervenir sur les informations de votre fiche dans le Carnet d'adresses (chapitre 12) afin de vous assurer que Safari disposera toujours de données correctes.
- Validez l'option **Noms et mots de passe d'utilisateurs** pour permettre à Safari de mémoriser et d'utiliser automatiquement vos identifiants et mots de passe de sites Web.
- Validez l'option **Autres formulaires** pour autoriser Safari à essayer de remplir automatiquement tous les formulaires du Web, plus ou moins habilement selon les cas.

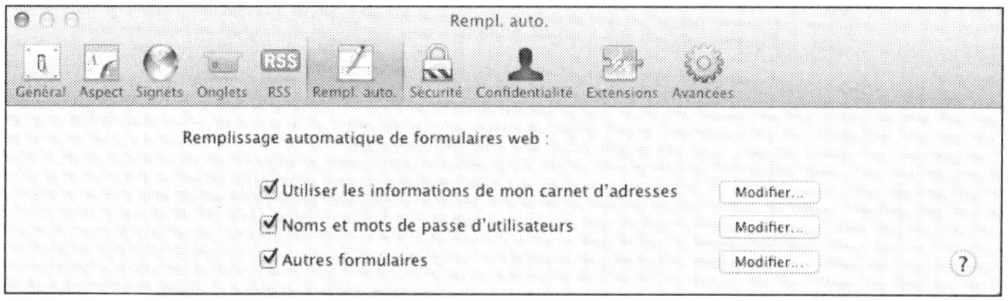

Figure 8-32 Options de remplissage automatique des formulaires.

Sécurité

Comme tous les navigateurs modernes censés faire face aux menaces de développeurs Web mal intentionnés, Safari permet de bloquer certains contenus interactifs. Inutile de s'en cacher : le confort de navigation en est souvent très réduit. En outre, la meilleure des protections reste la vigilance. Sous l'onglet **Sécurité** :

- Cochez toutes les cases à la rubrique **Contenu Web** pour profiter pleinement des ressources du Web sans être ennuyé par des fenêtres publicitaires surgissantes non sollicitées.
- Veillez à laisser cochée la case **Avertir de l'accès à un site Web frauduleux**.

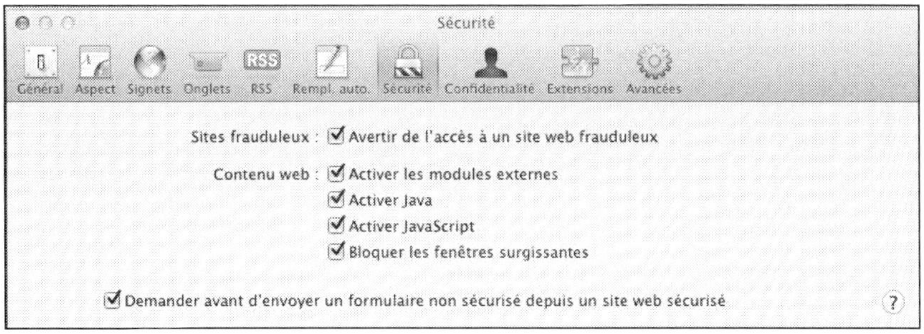

Figure 8-33 Options de sécurité de Safari.

Astuce Safari cache quelques fonctions considérées comme avancées. Vous pouvez les activer *via* l'onglet **Avancées** des préférences, en cochant la case **Afficher le menu Développement dans la barre des menus**. Celui-ci vous permettra d'ouvrir des pages Web en faisant passer Safari pour un autre navigateur Web, comme celui d'un iPhone, par exemple. Il vous permettra aussi d'activer le support du standard WebGL, pour la 3D, et encore d'envoyer le message http « Do Not Track » permettant de demander aux publicitaires de ne pas chercher à suivre votre activité sur un site Web.

Personnaliser les fenêtres de Safari

À l'instar des autres fenêtres de Mac OS X, celles de Safari sont aisément personnalisables. À commencer par la barre d'outils :

1. Faites un clic droit sur la barre d'outils de Safari.
2. Sélectionnez l'option **Personnaliser**.
3. Réagencez la barre d'outils de Safari selon vos habitudes, en glissant-déposant les boutons là où vous le souhaitez (figure 8-34).

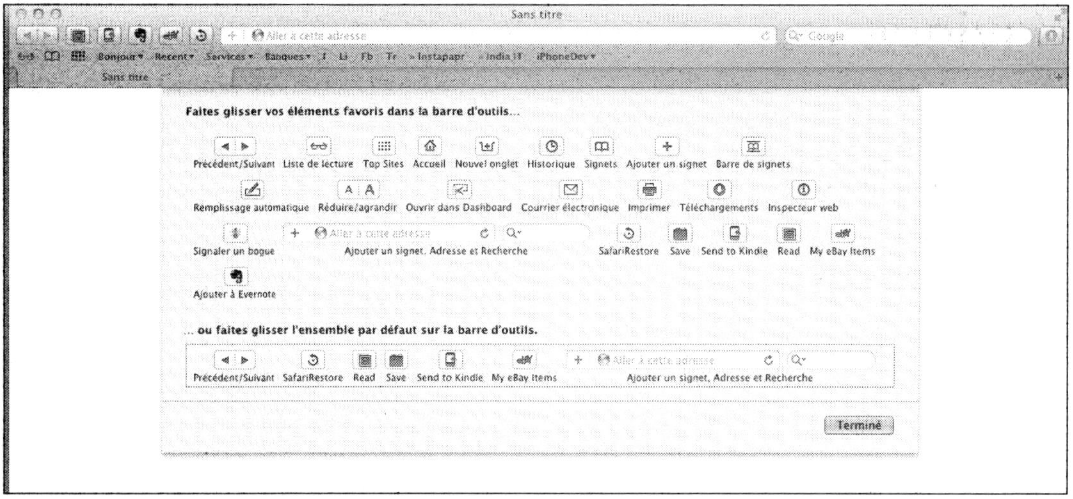

Figure 8-34 Boutons disponibles pour la barre d'outils de Safari.

Chaque fenêtre de Safari peut en outre être personnalisée pour afficher, ou cacher certaines barres :

1. Déroulez le menu **Présentation** (figure 8-35).
2. Masquez ou affichez la barre, au choix, la barre de signets, la barre d'état, la barre d'onglets ou la barre d'outils, en sélectionnant l'option correspondante.

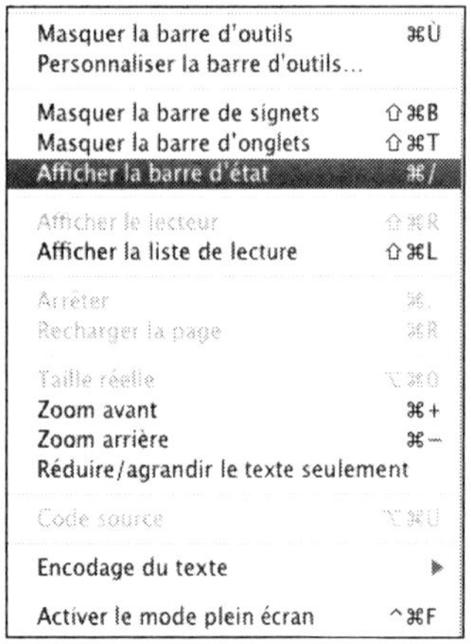

Figure 8-35 Gestion de l'affichage des barres des fenêtres de Safari.

Naviguer sans laisser de traces

Par souci de discrétion, vous pouvez souhaiter surfer sans que Safari ne conserve la moindre trace de vos activités sur le Web. C'est notamment utile lorsque vous empruntez pour quelques minutes le Mac d'un proche pour consulter vos comptes bancaires.

1. Pour surfer sans laisser de traces, déroulez le menu **Safari** et sélectionnez **Navigation privée**.
2. Lorsque vous avez fini, fermez les fenêtres que vous avez utilisées.
3. Déroulez à nouveau le menu **Safari** et sélectionnez **Navigation privée**.

Votre séance de surf n'a pas laissé de traces, ni dans l'historique, ni ailleurs.

Enregistrer et partager des pages Web

Il est des pages Web que l'on veut conserver, pour archive, ou tout simplement pour les faire partager, ultérieurement, à des proches ou des collègues. Pour cela :

1. Déroulez le menu **Fichier → Enregistrer sous**.
2. Déroulez la liste **Format** et sélectionnez **Archive Web**.
3. Indiquez le nom sous lequel vous souhaitez enregistrer la page Web dans le champ **Exporter comme**.
4. Déroulez la liste **Où** et sélectionnez l'emplacement d'enregistrement.
5. Cliquez sur **Enregistrer**.

Astuce Une autre solution consiste à imprimer les pages Web sous la forme de fichiers PDF (chapitre 34).

Figure 8-36 Dialogue d'enregistrement de page Web.

Vous pouvez aussi simplement inviter un proche à consulter une page Web qui a retenu votre attention :

1. Déroulez le menu **Fichier** (figure 8-37).
2. Sélectionnez **Envoyer le contenu de cette page par courrier électronique** ou **Envoyer un lien vers cette page par courrier électronique**, selon l'option que vous préférez.
3. Procédez à l'envoi du courriel avec Mail (chapitre 9).

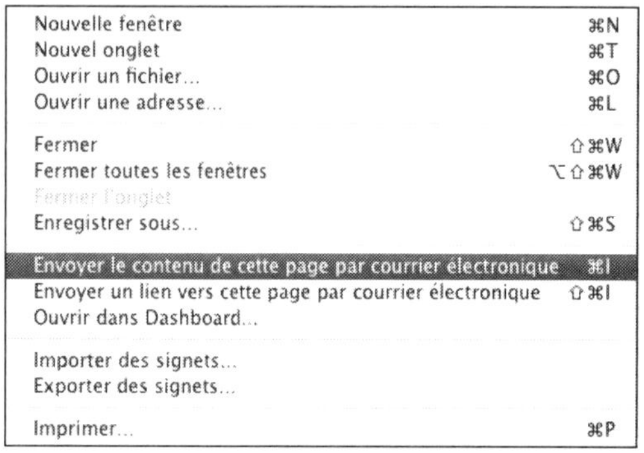

Figure 8-37 Transmettre une page Web par courriel.

Chapitre 9

Envoyer et recevoir du courrier électronique

Au menu de ce chapitre

- Configurer un compte de messagerie
- S'approprier l'interface de Mail
- Personnaliser la barre d'outils
- Ranger ses courriels
- Trier ses courriels avec les boîtes aux lettres intelligentes
- Retrouver un message en un clin d'œil
- Composer un message
- Suivre l'actualité avec les flux RSS
- Prendre des notes
- Créer et gérer ses listes de tâches
- Personnaliser les réglages de Mail
- Récupérer les messages d'un autre logiciel de messagerie
- Ne pas laisser déborder sa boîte aux lettres
- Archiver ses anciens messages

Mail est le logiciel de messagerie électronique fourni avec Mac OS X Lion. À l'instar de ses concurrents tel Thunderbird, de la fondation Mozilla, Mail permet d'envoyer et de recevoir des courriels – sur des comptes POP et IMAP –, de mettre automatiquement en quarantaine les pourriels, *etc.* Mail se distingue par sa capacité à exploiter Spotlight, le moteur de recherche de Mac OS X, pour faciliter et automatiser le classement des messages. En outre, Mail prend en charge la consultation des flux RSS, la gestion des tâches et des mémos, et propose même des modèles élégants de courriers électroniques mis en page et adaptés à différentes occasions.

Configurer un compte de messagerie

C'est la première opération : à son lancement, juste après l'installation de Lion, Mail invite son utilisateur à configurer un compte de messagerie. Voici la marche à suivre :

1. Indiquez votre nom complet, votre adresse e-mail ainsi que le mot de passe d'accès à votre messagerie électronique, dans les champs correspondants.
2. Cliquez sur **Continuer**.
3. Déroulez la liste **Type de compte** et sélectionnez **POP**, **IMAP** ou **Exchange** selon les indications fournies par votre prestataire de messagerie.

Bon à savoir Si vous utilisez le service MobileMe d'Apple, le serveur de messagerie entrant correspondant est de type IMAP.

4. Dans l'ordre, fournissez un intitulé descriptif pour ce nouveau compte de messagerie, indiquez le nom du serveur à interroger pour s'y connecter, vérifiez votre nom d'utilisateur et votre mot de passe (figure 9-1).
5. Cliquez sur **Continuer**, deux fois de suite.

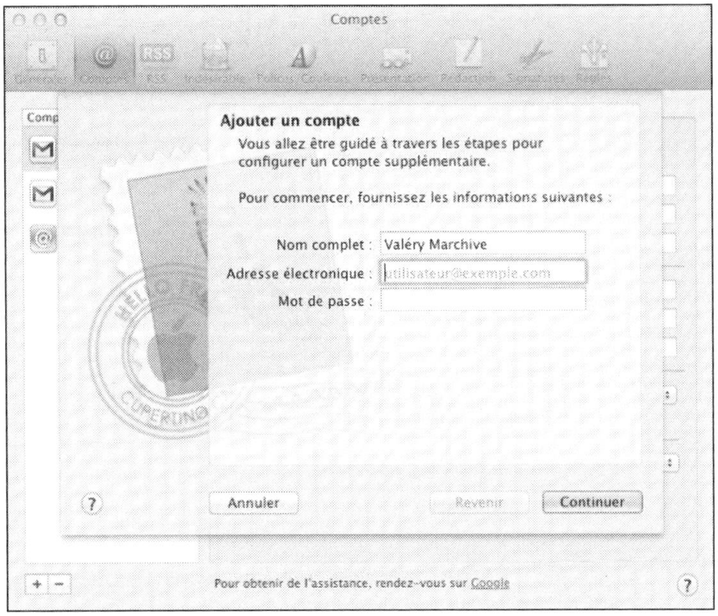

Figure 9-1 Déclarer un compte de messagerie dans Mail.

6. Dans l'ordre, donnez un intitulé descriptif au serveur de messagerie sortant, son adresse, puis, si nécessaire, votre nom d'utilisateur et votre mot de passe pour ce serveur.
7. Cliquez sur **Continuer**, deux fois de suite.
8. Pour finir, cliquez sur **Créer**.

Votre compte de messagerie est prêt à l'emploi. Mail se charge aussitôt de se connecter au serveur de messagerie entrant pour relever votre courrier électronique.

Note Par la suite, il est possible de configurer Mail pour utiliser des comptes de messagerie supplémentaires. Pour cela, déroulez le menu **Mail ➜ Préférences**. Activez l'onglet **Comptes** et cliquez sur le bouton **+**. Suivez les instructions à l'écran. Mais vous pouvez également gérer vos comptes de messagerie dans les Préférences Système (chapitre 36).

Astuce Vous pouvez configurer plusieurs comptes de messagerie mais n'utiliser qu'un seul serveur de messagerie sortant. Pour cela, déroulez la liste **Serveur sortant** et sélectionnez le serveur déjà configuré, à l'étape **6**.

S'approprier l'interface de Mail

La fenêtre principale de Mail (figure 9-2) est probablement celle que l'on consulte le plus : c'est elle qui présente la liste des messages électroniques relevés. Elle se divise en quatre parties remarquables : la barre d'outils, tout en haut ; la liste des messages ; la zone de visualisation, sous la liste des messages ; et la colonne de gauche, aux fonctions multiples mais dont la plus importante est d'afficher la liste des boîtes aux lettres. Elle a été entièrement repensée avec la version 5 de Mail, livrée avec Lion.

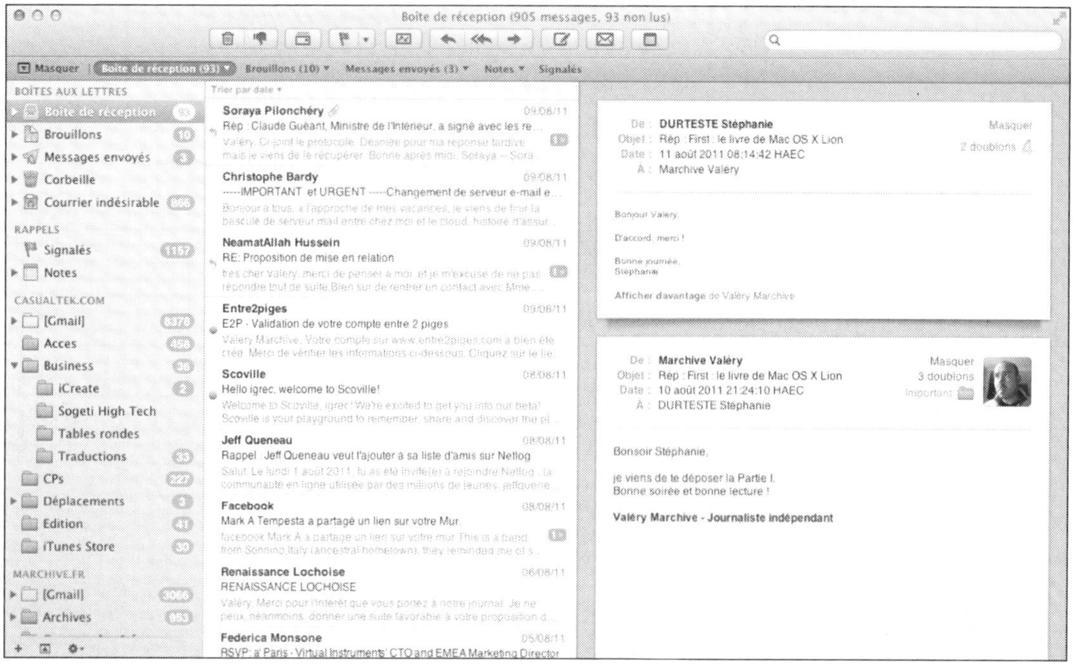

Figure 9-2 La fenêtre principale de Mail.

Astuce Mail continue d'être actif en tâche de fond lorsque vous fermez sa fenêtre principale. Pour rouvrir celle-ci, vous pouvez cliquer sur l'icône de Mail dans le Dock ou, si Mail est au premier plan, en déroulant le menu **Fenêtre → Fenêtre de message**.

La barre d'outils

Par défaut, la barre d'outils de la fenêtre principale de Mail contient, de gauche à droite :

- Le bouton **Relever** qui permet de vérifier manuellement l'arrivée de nouveaux courriels.

- Le bouton **Nouveau message**, pour composer un nouveau courriel.
- Le bouton **Note** qui permet de créer de nouvelles notes à partir des messages sélectionnés.
- Les boutons **Supprimer**, pour déplacer des messages dans la Corbeille de Mail, et **Indésirable**, qui sert à désigner les pourriels qui sont passés au travers des filtres de Mail.

Bon à savoir La Corbeille de Mail est distincte de celle de Finder : lorsque l'on vide celle du Finder, les messages placés dans la Corbeille de Mail ne sont pas effacés. De même, vider la Corbeille de Mail est sans effet sur celle du Finder.

Note Il est très important de désigner comme pourriels les messages publicitaires non sollicités – « spam » – qui ont échappé aux filtres de Mail : ces filtres « apprennent » de ces désignations pour améliorer leur efficacité dans le temps.

- Les boutons **Répondre**, **Rép. à tous** et **Réexpédier**.
- Le bouton **Masquer les messages associés** qui permet d'afficher ou de cacher alternativement les messages associés à une même conversation.
- Le bouton **Signaler** qui permet de marquer les messages selon leur niveau d'importance. Une sorte d'aide-mémoire…
- Le champ **Rechercher** pour lancer une recherche dans ses messages électroniques.

Figure 9-3 La barre d'outils de Mail, par défaut.

La liste des messages

Les messages des différentes boîtes aux lettres sont présentés sous la forme d'une liste dans la fenêtre principale de Mail. Par défaut, chaque message est présenté avec les informations suivantes :

- Un indicateur de lecture, qui indique si le message a déjà été consulté, ou non – il vient s'ajouter au fait que les messages non lus apparaissent en gras dans la liste.
- Le nom de l'expéditeur, en gras, ou, si celui-ci n'a pas été précisé lors de l'envoi, l'adresse électronique de l'expéditeur.
- L'intitulé du message.

- La date de réception du message (à droite). La date de réception est complétée par l'heure de réception pour les messages de moins de 24 heures.
- Et une ou plusieurs lignes d'aperçu du contenu du message.

Astuce La nouvelle présentation de la liste des messages n'est pas à votre goût ? Vous pouvez retrouver l'ancienne *via* les Préférences de Mail : sous l'onglet **Présentation**, activez l'option **Utiliser la présentation classique**.

Pour ajouter ou supprimer des informations dans la liste des messages :

1. Déroulez le menu **Présentation → Attributs des messages** et sélectionnez les informations supplémentaires que vous voulez afficher (figure 9-4).

Figure 9-4 Liste des informations affichables dans la fenêtre principale de Mail.

Astuce Cliquez sur **Trier par date** en haut de la liste des messages pour changer le mode de tri des messages : un menu déroulant vous propose les différentes options disponibles.

La zone de consultation

Dès qu'un message est sélectionné dans la liste, son contenu est affiché dans la zone de consultation située à droite de la liste des messages. La taille de cette zone peut être ajustée à tout moment :

1. Glissez-déplacez la barre de séparation entre la liste des messages et la zone de visualisation.

Note Si vous déplacez la barre de séparation tout à droite de la fenêtre de Mail, la zone de consultation disparaît. Vous pouvez la faire réapparaître à tout moment en glissant-déplaçant la barre de séparation.

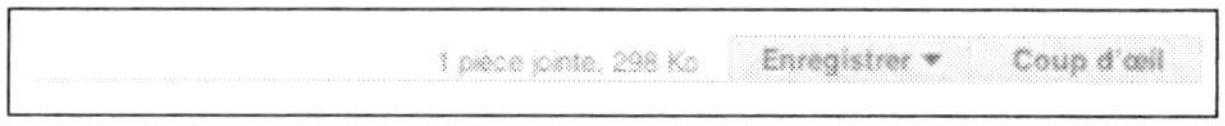

Figure 9-5 Les boutons de gestion des pièces jointes.

La zone de consultation des messages recèle de nombreuses astuces. En particulier, elle est conçue pour vous aider à suivre le fil d'une discussion : sous le dernier message de votre correspondant est affiché le message que vous lui aviez envoyé.

Figure 9-6 Suivre une conversation avec Mail.

Astuce Que la zone de consultation soit affichée ou non, vous pouvez double-cliquer sur un message dans la liste pour afficher son contenu dans une nouvelle fenêtre dédiée.

Pour obtenir ce résultat, Mail rapproche intelligemment les messages envoyés et les messages reçus en fonction de leur intitulé. Il effectue d'ailleurs un léger filtrage, cachant, par défaut, le message expédié repris dans le message reçu. Pour afficher le message d'origine, il suffit de cliquer sur le lien **Afficher davantage**.

Bon à savoir Lorsque l'on consulte un message, Mail présente, en en-tête, le sujet et l'expéditeur du message, notamment. Un bouton **Enregistrer** permet d'enregistrer rapidement les pièces jointes d'un message. Un autre bouton, **Coup d'œil**, permet de visualiser les photos jointes à un courriel comme la fonction d'aperçu rapide du Finder (chapitre 1). Si vous cliquez sur ce bouton en maintenant enfoncée la touche **alt**, vous lancez un diaporama en plein écran.

L'historique est alors « déplié » pour apparaître dans la zone de prévisualisation.

Figure 9-7 Affichage des messages antérieurs.

Et pour accélérer le traitement des messages, Mail n'oblige pas à utiliser sa barre d'outils. Pour chaque message, entre l'en-tête et le corps du message, il propose une petite palette d'outils regroupant les fonctions principales : supprimer, répondre, répondre à tous les destinataires, transférer. Cette palette apparaît dès lors que l'on passe le pointeur de la souris entre l'en-tête et le corps du message (figure 9-8).

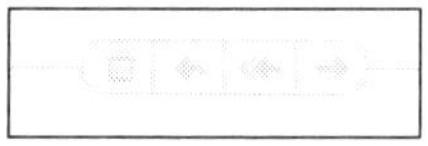

Figure 9-8 Les commandes rapides de traitement des messages.

La barre latérale

La barre latérale de la fenêtre principale de Mail est organisée en cinq rubriques (figure 9-9) :

- **Boîtes aux lettres** : Mail liste là la Boîte de réception, les messages envoyés, la Corbeille, le courrier indésirable ainsi que les dossiers des serveurs de messagerie IMAP.
- **Rappels** : sous cette rubrique sont regroupées les notes et les tâches.
- **Boîtes aux lettres intelligentes** : cette rubrique rassemble les boîtes aux lettres intelligentes que vous avez créées pour gérer votre courrier électronique.
- **Sur mon Mac** : c'est sous cette rubrique que sont rangées les listes de tâches ainsi que les boîtes aux lettres que vous pouvez être amené à créer comme autant de dossiers de rangement pour vos courriels.
- **RSS** : Mail regroupe là tous les flux RSS que vous suivez avec lui.

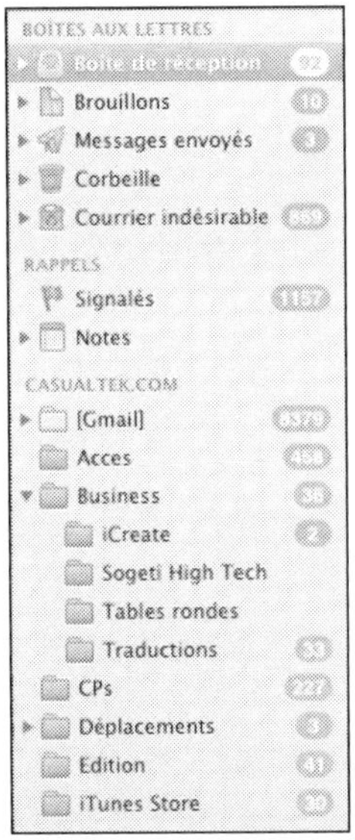

Figure 9-9 La barre latérale de la fenêtre principale de Mail.

Note Le triangle situé à gauche d'un intitulé indique que l'élément correspondant peut être alternativement développé et réduit.

Note Les chiffres, à droite d'un intitulé, indiquent le nombre d'éléments non lus dans l'espace correspondant.

Astuce L'ordre des différentes rubriques de la barre latérale ne vous convient pas ? Modifiez-le par simple glisser-déposer !

Mais l'affichage de la barre latérale n'est pas un impératif : cliquez sur l'élément **Masquer** dans le barre des favoris, sous la barre d'outils, pour cacher la barre latérale. Lorsque la barre latérale est cachée, ce même bouton s'intitule **Afficher**.

La barre des favoris

Voilà une autre nouveauté de Mail, dans Lion : la barre des favoris. Située sous la barre d'outils, elle offre des raccourcis vers les boîtes de messagerie les plus fréquemment utilisées. Par défaut, elle ne contient que cinq éléments, précédés par le bouton **Masquer/Afficher** servant à faire disparaître ou apparaître la barre latérale :

- **Boîtes de réception** : comme son nom l'indique, cet élément renvoie à l'affichage combiné des éléments contenu dans les boîtes de réception des différents comptes de messagerie.

- **Brouillons** : de la même manière, cet élément permet d'afficher la liste des messages déjà composés mais pas expédiés, les brouillons.
- **Messages envoyés** : là, c'est la liste des messages envoyés qui est présentée.
- **Notes** : toutes les notes, enregistrées sur les serveurs de messagerie ou en local sur le disque dur du Mac, sont affichées.
- **Signalés** : cette liste contient tous les messages qui ont été marqués d'un drapeau par le bouton *ad hoc* et qui revêtent donc une importance particulière.

Figure 9-10 La barre des favoris de Mail.

Mais cette barre est personnalisable : vous pouvez y glisser n'importe quelle boîte aux lettres de la barre latérale – et même une boîte aux lettres intelligente (voir plus loin) – pour accéder plus rapidement à son contenu et, surtout, sans avoir à afficher la barre latérale. Ce qui vous permet d'accorder plus d'espace à l'essentiel : à vos messages.

Personnaliser la barre d'outils

Comme les autres fenêtres de Mac OS X, celles de Mail sont aisément personnalisables. À commencer par la barre d'outils :

1. Faites un clic droit sur la barre d'outils de Safari.
2. Sélectionnez l'option **Personnaliser la barre d'outils**.
3. Réagencez la barre d'outils de Safari selon vos habitudes, en glissant-déposant les boutons là où vous le souhaitez (figure 9-11).

Astuce En personnalisant la barre d'outils de la fenêtre principale de Mail, vous pouvez lui ajouter le bouton **Afficher/Masquer les messages associés** : celui-ci permet d'organiser les messages par fils de discussion. Pensez-y si vous entretenez régulièrement de longs échanges épistolaires avec vos proches.

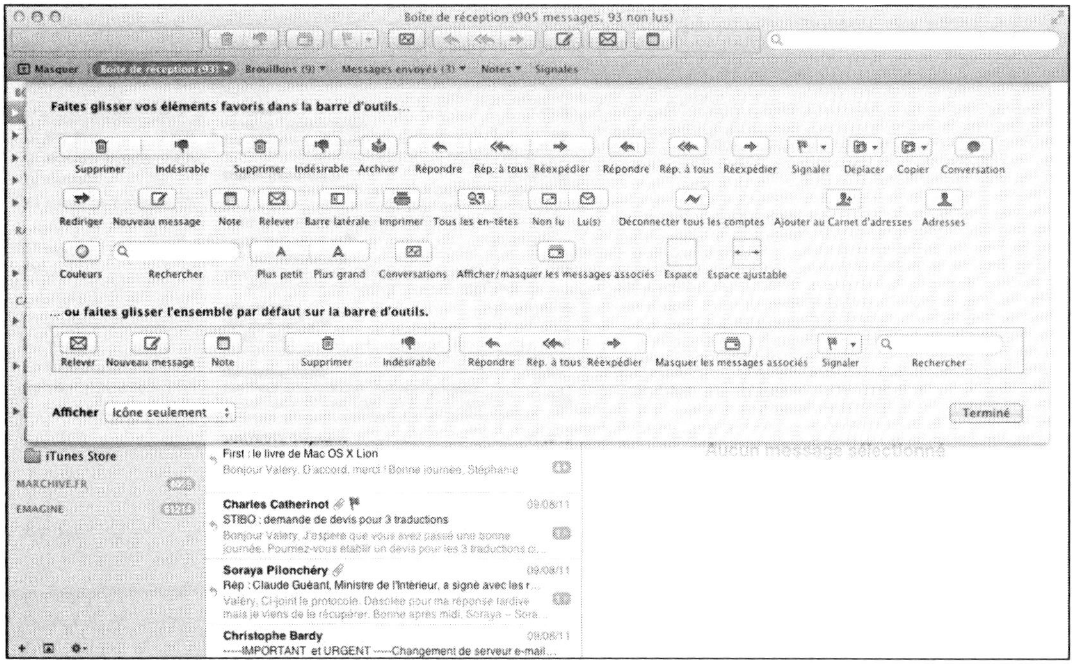

Figure 9-11 Personnaliser la barre d'outils de la fenêtre principale de Mail.

Les autres fenêtres de Mail, comme celle de composition de courriel, disposent également de barres d'outils personnalisables (figure 9-12). Procédez de la même manière qu'avec la fenêtre principale de Mail pour adapter ces barres d'outils à vos besoins.

Figure 9-12 Personnaliser la barre d'outils de la fenêtre de composition de courriel.

Ranger ses courriels

Pour ranger leurs courriels, la plupart des internautes font appel à des dossiers. Mail fait quant à lui référence à des boîtes aux lettres. Pour créer une nouvelle boîte aux lettres :

1. Cliquez sur le bouton + en bas de la barre latérale de la fenêtre de Mail.
2. Sélectionnez **Nouvelle boîte aux lettres**.
3. Déroulez la liste **Emplacement** et sélectionnez **Sur mon Mac**.
4. Indiquez un intitulé explicite pour votre nouvelle boîte aux lettres dans le champ **Nom**.
5. Cliquez sur **OK**.

Votre nouvelle boîte aux lettres est immédiatement ajoutée à la rubrique **Sur mon Mac** dans la barre latérale de la fenêtre principale de Mail.

- Pour déplacer des messages dans cette nouvelle boîte aux lettres, sélectionnez-les dans la liste des messages et glissez-déposez-les sur la nouvelle boîte aux lettres, dans la barre latérale.
- Pour consulter le contenu d'une boîte aux lettres, sélectionnez-la dans la barre latérale.

Figure 9-13 Création d'une nouvelle boîte aux lettres.

Astuce Les services de messagerie IMAP tels que ceux d'iCloud ou de Gmail ne s'appuient pas sur un stockage des messages local, sur le disque dur du Mac, mais sur un stockage déporté, sur Internet, sur les serveurs de messagerie. N'hésitez donc pas à créer des *dossiers* ou des *boîtes aux lettres* directement sur ces serveurs, *via* le menu **Emplacement** lors de la création d'une nouvelle boîte aux lettres.

Trier ses courriels avec les boîtes aux lettres intelligentes

Les boîtes aux lettres intelligentes de Mail fonctionnent selon le même principe que les dossiers intelligents du Finder (chapitre 30) : ils font apparaître au sein d'une même boîte aux lettres virtuelle les messages électroniques répondant aux critères d'une recherche réalisée par Spotlight (chapitre 1). Les messages présentés dans les boîtes aux lettres intelligentes ne sont pas réellement rangés : ils ne sont pas déplacés d'un espace de rangement à un autre.

À l'usage, les boîtes aux lettres intelligentes de Mail se montrent très efficaces : elles permettent d'accéder rapidement à des courriels précis, sans perdre son temps à les ranger lors de leur réception.

Note Les boîtes aux lettres intelligentes ne sont pas utilisables que sur son Mac : les abonnés au service iCloud peuvent les utiliser avec l'interface Web mise en place par Apple pour l'accès distant à ce service.

La création d'un dossier intelligent est une opération simple :

1. Cliquez sur le bouton + en bas de la barre latérale de la fenêtre de Mail.
2. Sélectionnez **Nouvelle boîte aux lettres intelligente**.

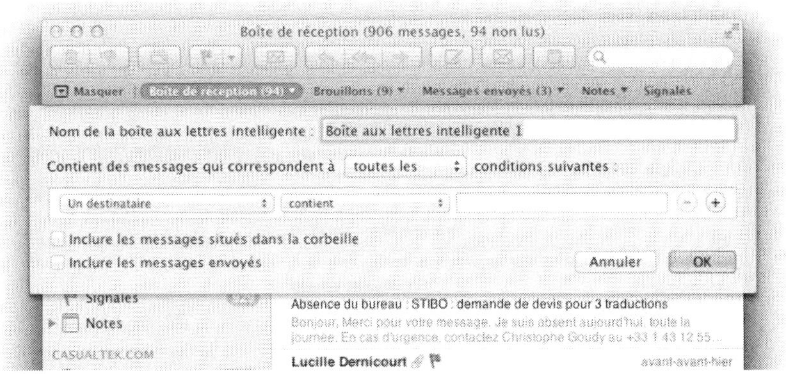

Figure 9-14 Création d'une nouvelle boîte aux lettres intelligente.

3. Indiquez un nom pour votre nouvelle boîte aux lettres intelligente dans le champ *ad hoc*.
4. Déroulez la liste **toutes les** et sélectionnez **au moins une** si vous souhaitez que la satisfaction d'au moins l'un des critères définis plus bas suffise à l'inclusion d'un

message dans la boîte aux lettres intelligente, ou **toutes les** si tous les critères doivent être satisfaits.

5. Déroulez la liste **Un destinataire** et sélectionnez l'un des critères de recherche à partir duquel filtrer les courriels.
6. Définissez les conditions disponibles pour le critère sélectionné.
7. Cliquez sur le bouton + pour ajouter des critères supplémentaires et affiner ainsi le contenu de la boîte aux lettres intelligente.
8. Cochez la case **Inclure les messages situés dans la Corbeille** si vous souhaitez que des messages placés dans la Corbeille puissent figurer dans la boîte aux lettres intelligente.
9. Cochez la case **Inclure les messages envoyés** si vous souhaitez que des messages placés que vous avez envoyés puissent figurer dans la boîte aux lettres intelligente.
10. Cliquez sur **OK**.

Votre nouvelle boîte aux lettres intelligente est accessible depuis la rubrique dédiée dans la barre latérale de la fenêtre principale de Mail.

Retrouver un message en un clin d'œil

Le champ de recherche de la barre d'outils de Mail permet de retrouver rapidement un courriel précis parmi tous ceux que l'on a reçus et envoyés :

1. Tapez les mots-clés de votre recherche dans le champ de recherche de la barre d'outils de Mail.

Les messages répondant à ce critère de recherche s'affichent aussitôt. Par défaut, ils sont triés du plus pertinent au moins pertinent par rapport aux mots-clés que vous avez indiqués. En outre, seuls les messages de la boîte aux lettres sélectionnée au moment de lancer la recherche sont affichés.

- Pour étendre la recherche à toutes les boîtes aux lettres de Mail, cliquez sur **Tous** dans la barre d'outils de recherche, apparue sous la barre d'outils (figure 9-15).
- Utilisez les options **Message entier**, **De**, **A** et **Objet** pour modifier l'étendue de la recherche des courriels.

Enfin, cliquez sur le bouton **Enregistrer** pour sauvegarder cette recherche sous la forme d'une boîte aux lettres intelligente.

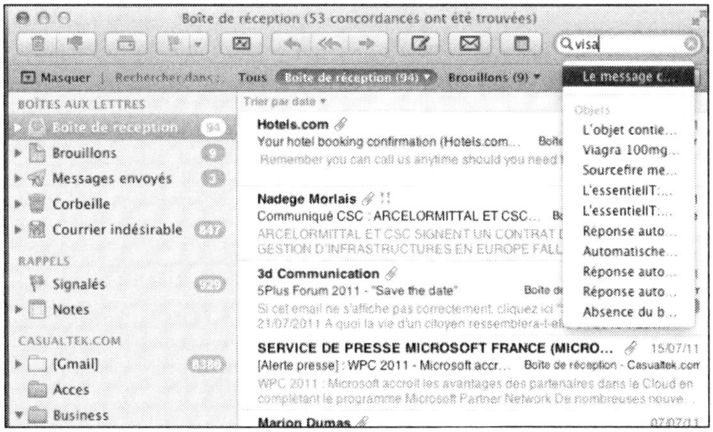

Figure 9-15 La barre d'outils de recherche.

Composer un message

Pour composer un nouveau courriel, déroulez le menu **Fichier ➜ Nouveau message** (figure 9-16) :

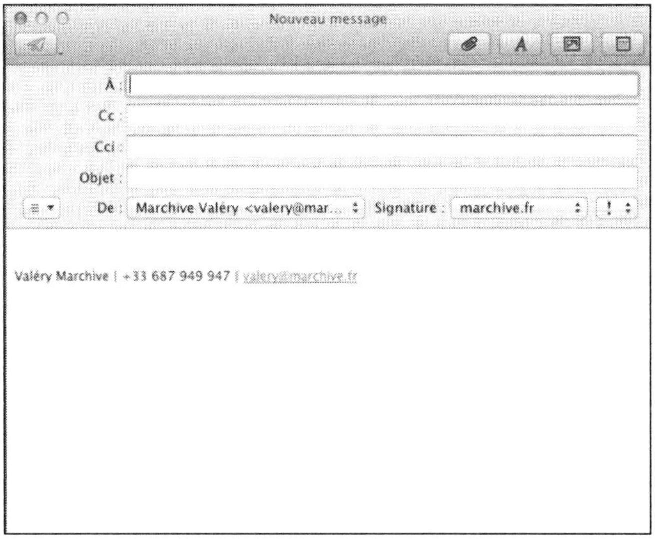

Figure 9-16 Fenêtre de composition d'un nouveau message.

1. Dans le champ **À**, indiquez les adresses électroniques des destinataires. Mail vous aide dans cette opération : à mesure que vous tapez nom, prénom ou partie de l'adresse électronique d'un correspondant, Mail suggère la suite.

2. Dans le champ **Cc**, indiquez les adresses électroniques des personnes auxquelles vous voulez adresser une copie de votre message.

Astuce Ajoutez le bouton **Adresses** à la barre d'outils et cliquez dessus pour sélectionner vos correspondants dans le Carnet d'adresses (voir chapitre 12).

3. Dans le champ **Objet**, indiquez le titre de votre message.
4. Si vous utilisez plusieurs comptes de messagerie, déroulez la liste **De** et sélectionnez l'adresse e-mail avec laquelle vous souhaitez expédier votre message : c'est à cette adresse que vos correspondants vous répondront.
5. Le cas échéant, déroulez la liste suivante pour sélectionner la signature voulue.
6. Utilisez le cadre principal de la fenêtre pour taper votre message.
7. Lorsque vous avez fini, cliquez sur le bouton **Envoyer** pour expédier votre missive, ou fermez la fenêtre et sélectionnez **Enregistrer** pour l'enregistrer dans la boîte aux lettres Brouillons. Vous pourrez reprendre votre message plus tard avant de l'envoyer.

Astuce Avant d'envoyer votre message, utilisez le bouton **A** de la barre d'outils pour modifier l'apparence de votre texte.

Placer un message en haute priorité

Pour signaler à vos destinataires que votre message revêt une importance particulière, vous pouvez lui attribuer une priorité élevée.

1. Pour cela, déroulez le menu **Message → Signaler → Priorité élevée**. Expédiez ensuite votre message.

Adresser en copie cachée

Dans certains cas, vous pouvez souhaiter permettre à un tiers de suivre une correspondance sans que quelqu'un d'autre que ce tiers et vous-même n'en soit avisé – un responsable hiérarchique lors d'une négociation avec un partenaire, par exemple. C'est le principe de la copie cachée.

1. Pour adresser une copie cachée d'un courriel, cliquez sur le bouton à gauche du champ **De** et sélectionnez **Champ Cci** (figure 9-17).
2. Indiquez l'adresse des destinataires cachés dans le champ **Cci**.
3. Expédiez votre message.

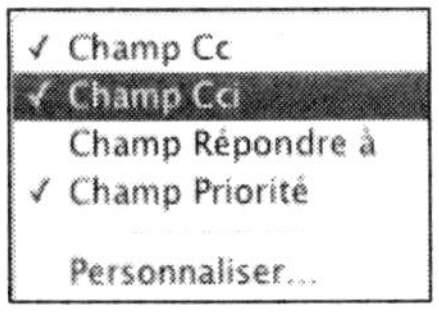

Figure 9-17 Ajouter le champ Cci à la liste des champs disponibles.

Ajouter des pièces jointes

Pour joindre un fichier à votre message électronique, vous avez plusieurs options :

- Cliquez sur le bouton illustré d'un trombone de la barre d'outils de la fenêtre de composition, puis sélectionnez le fichier et validez par **OK**.
- Glissez-déposez le fichier voulu depuis le Finder sur le cadre principal de la fenêtre de composition de message.

La pièce jointe est ajoutée ; cliquez sur le bouton **Envoyer** pour expédier votre courriel.

Astuce Pour adresser un fichier à un correspondant, glissez-déposez l'icône de ce fichier depuis le Finder sur l'icône de Mail dans le Dock : Mail crée automatiquement un nouveau message avec le fichier en pièce jointe.

Attention La messagerie électronique n'est pas le moyen approprié pour échanger des fichiers volumineux. Au-delà de 2 Mo, préférez le transfert de fichiers *via* des services spécialisés du Web ou un serveur FTP.

Insérer des photos

Lors de la composition d'un message électronique, vous pouvez ajouter des photos de la même manière que vous ajoutez des fichiers en pièces jointes. Néanmoins, Mail propose un outil bien pratique pour ce type de fichiers : le navigateur de photos.

1. Pour en profiter, cliquez sur le bouton du **Navigateur de photos**, l'avant-dernier à droite dans la barre d'outils par défaut.
2. Sélectionnez les photos à envoyer par courriel.
3. Glissez-déposez-les sur le cadre principal de la fenêtre de composition de message (figure 9-18).
4. Déroulez la liste **Taille d'image**, dans la barre en bas à droite de la fenêtre de composition, et sélectionnez la taille à laquelle vous souhaitez que les photos soient redimensionnées pour l'envoi. Dans la barre, le champ **Taille du message** vous indique la taille de votre message électronique.

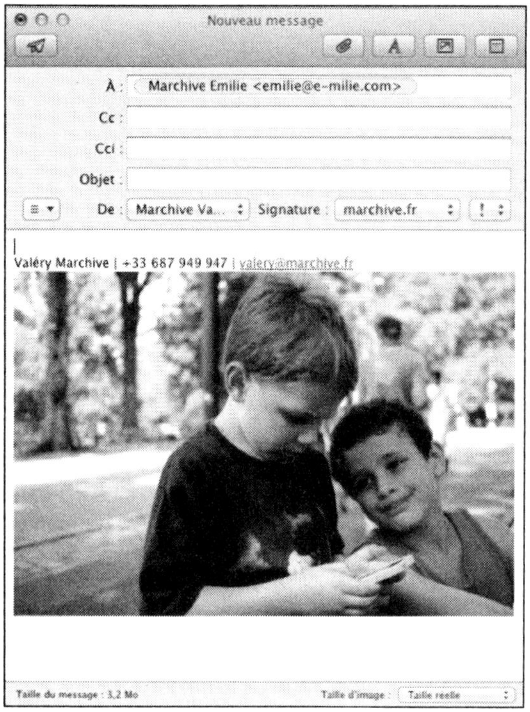

Figure 9-18 Ajouter une photo dans un courriel.

Astuce Si vous utilisez iPhoto, l'outil de gestion de photos de la suite iLife, vous pouvez glisser-déposer directement des photos depuis la fenêtre d'iPhoto dans une fenêtre de composition de message de Mail. iPhoto intègre en outre sa propre fonction de composition de messages électroniques avec photo.

Utiliser les modèles

Mail intègre des modèles prédéfinis de courriers électroniques construits comme les pages Web, avec le langage HTML. Ces modèles permettent, notamment, l'intégration de textes et de photos personnels.

1. Pour utiliser les modèles, cliquez sur le bouton **Afficher les modèles**, à l'extrémité droite de la barre d'outils par défaut de la fenêtre.
2. La sous-fenêtre des modèles apparaît au-dessus du cadre de texte. Les modèles sont répartis en six catégories (figure 9-19).
3. Sélectionnez un modèle dans la liste : le cadre de texte de la fenêtre de composition est aussitôt modifié selon le modèle.

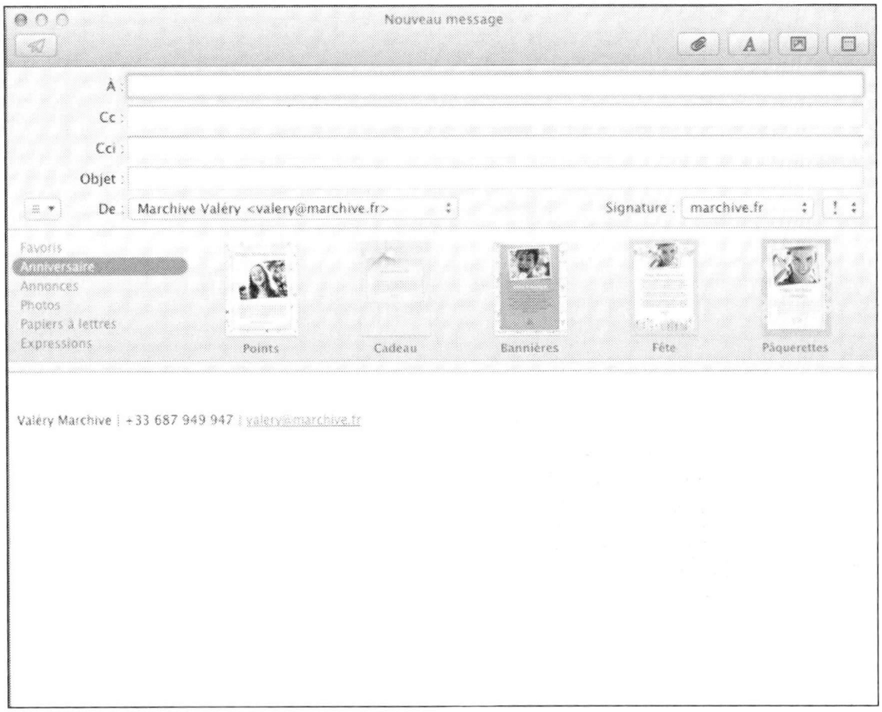

Figure 9-19 La sous-fenêtre des modèles dans Mail.

4. Glissez-déposez vos photos dans les cadres prévus à cet effet dans le modèle sélectionné.
5. Tapez votre texte dans l'espace prévu à cette fin.
6. Cliquez sur **Envoyer** lorsque vous avez fini.

Astuce Mail vous permet d'ajuster la disposition de vos photos lorsque vous utilisez des modèles. Pour recadrer une photo, double-cliquez simplement dessus puis utilisez la glissière pour agrandir/réduire (figure 9-20), et la souris pour déplacer la photo dans le cadre. Cliquez à l'extérieur du cadre lorsque vous avez fini.

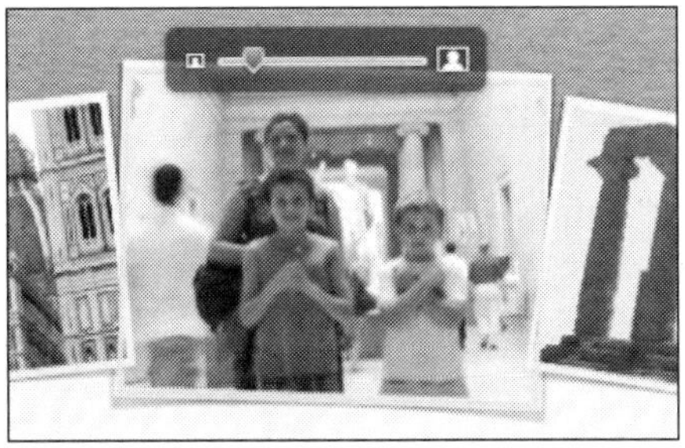

Figure 9-20 Ajuster la disposition des photos dans un modèle de Mail.

Suivre l'actualité avec les flux RSS

De manière intimement liée à Safari, Mail permet de suivre l'actualité avec les flux RSS (chapitre 8). Dans Mail, les flux RSS sont regroupés sous la rubrique **RSS** de la barre latérale.

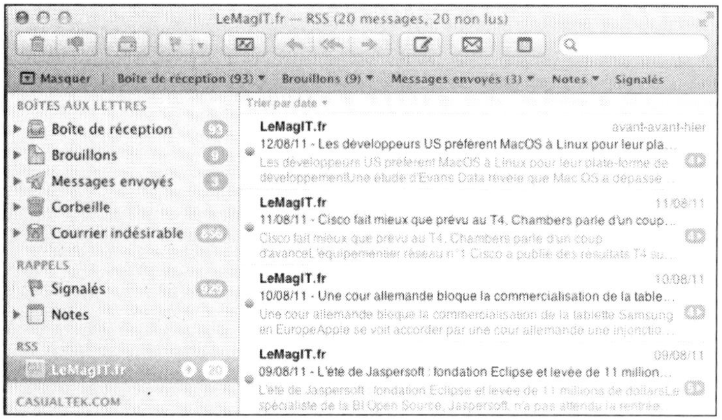

Figure 9-21 Lecture d'un flux RSS dans Mail.

1. Pour suivre un nouveau flux RSS dans Mail, cliquez sur le bouton + en bas de la barre latérale de la fenêtre principale de Mail.
2. Sélectionnez **Ajouter des flux RSS**.
3. La liste des flux gérés dans Safari apparaît alors.
4. La liste est organisée en collections. Sélectionnez l'une d'elles dans la colonne de gauche pour afficher la liste des flux correspondants.
5. Dans la liste, sélectionnez un flux que vous voulez suivre dans Mail.
6. Cochez la case **Afficher dans la boîte de réception** si vous souhaitez que les informations du flux apparaissent directement dans la Boîte de réception.
7. Cliquez sur **Ajouter**.

Dès lors, sélectionnez simplement le flux dans la barre latérale de la fenêtre principale de Mail pour accéder aux informations correspondantes.

Astuce Pour suivre un flux dans Mail mais pas dans Safari, cliquez sur le bouton **Autre** dans la fenêtre affichant la liste des flux RSS, puis indiquez l'adresse du flux dans le champ **URL du flux**.

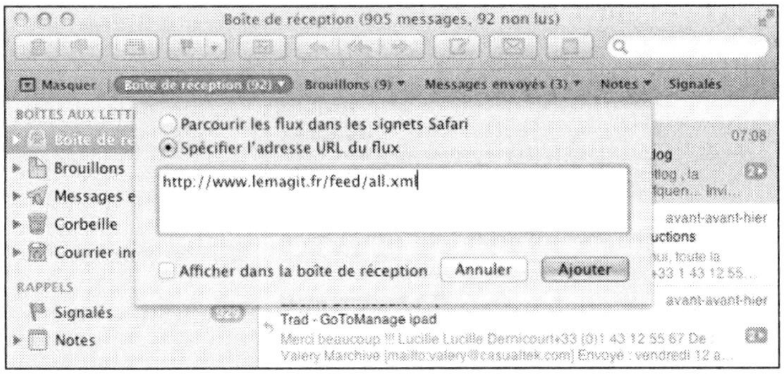

Figure 9-22 Ajout manuel d'un flux RSS.

Bon à savoir À tout moment, vous pouvez décider d'ajouter les informations d'un flux RSS à la Boîte de réception. Pour cela, sélectionnez le flux RSS voulu dans la barre latérale de la fenêtre principale de Mail puis cliquez sur la flèche vers le haut située à droite du nom du flux.

Prendre des notes

Désormais doté de fonctions d'organisation personnelle, Mail peut également faire office de bloc-notes.

1. Pour créer une nouvelle note, déroulez le menu **Fichier ➜ Nouvelle Note**.
2. Tapez le texte de votre note dans le cadre jaune (figure 9-23).

Note Comme pour les courriels, vous pouvez modifier la police et sa couleur ainsi qu'ajouter des pièces jointes.

3. Lorsque vous avez fini, cliquez sur **Terminer** : votre note est enregistrée dans la rubrique **Rappels ➜ Notes** de la barre latérale de la fenêtre principale de Mail.

Pour envoyer une note par courriel :

1. Double-cliquez sur la note.
2. Cliquez sur le bouton **Envoyer** de la barre d'outils de la fenêtre de la note.
3. Une fenêtre de composition de message apparaît aussitôt, reprenant le contenu de la note.
4. Procédez comme pour l'envoi d'un courriel classique.

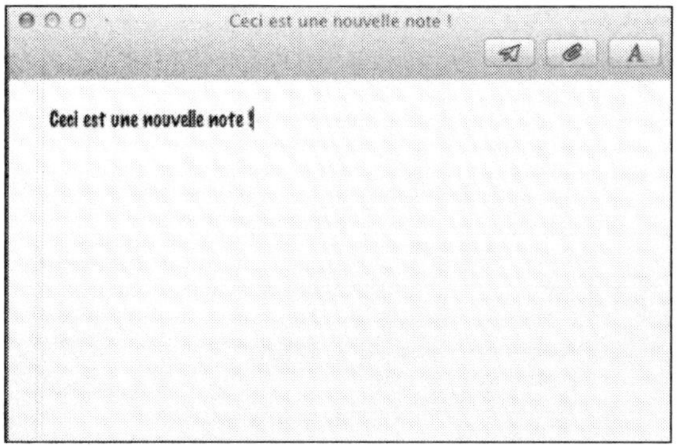

Figure 9-23 Rédaction d'une note dans Mail.

Bon à savoir Les notes sont nommées automatiquement d'après leur première ligne de texte.

Personnaliser les réglages de Mail

De nombreux réglages sont disponibles pour Mail. Ici, nous aborderons les principaux, ceux qui rendront plus confortable votre usage quotidien du logiciel de messagerie électronique de Mac OS X Lion.

1. Pour accéder aux paramètres de Mail, déroulez le menu **Mail → Préférences**.

Réglages généraux

Profitez des réglages proposés dans cet onglet pour définir le comportement général de Mail :

- Déroulez la liste **Relever le courrier** et la fréquence voulue pour la relève automatique du courrier électronique.
- Déroulez la liste **Son à la réception d'un courrier** et sélectionnez le son joué par Mail à la réception d'un nouveau message.
- Cochez la case **Émettre un son pour les autres actions de courrier électronique** si vous souhaitez que Mail joue un son pour les principales actions de messageries telles que l'envoi et la suppression de courriels.
- Déroulez la liste **Indiquer le nombre de messages non lus dans Dock** et sélectionnez la boîte aux lettres que Mail devra utiliser pour déterminer le nombre de nouveaux messages à indiquer avec son icône dans le Dock.

- Déroulez la liste **Ajout des invitations iCal** et sélectionnez **Automatiquement** pour que Mail puisse ajouter automatiquement dans iCal les invitations à des réunions reçues par courriel.

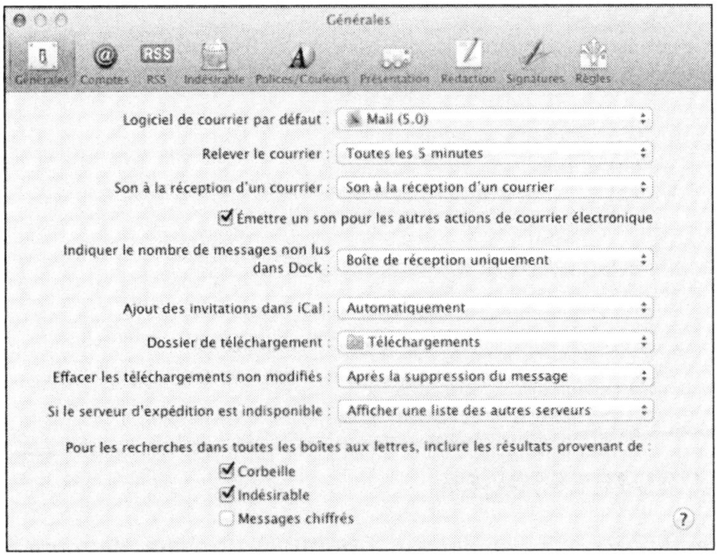

Figure 9-24 Les réglages généraux de Mail.

Gestion des flux RSS

Mail est capable de rechercher automatiquement les mises à jour des flux RSS à intervalles réguliers. Les réglages proposés ici, sous l'onglet **RSS**, sont les mêmes que ceux proposés dans les préférences de Safari (chapitre 8).

Gestion des pourriels

L'onglet **Indésirable** permet de configurer le comportement de Mail vis-à-vis des pourriels (spam) :

- Validez l'option **Filtrer le courrier indésirable** pour que Mail puisse filtrer les pourriels.
- Validez l'option **Placer dans Courrier indésirable** pour que les pourriels détectés par Safari soient automatiquement transférés dans la boîte aux lettres dédiée, à la rubrique **À l'arrivée d'un courrier indésirable**.
- Cochez la case **Se fier aux en-têtes de messages indésirables** pour permettre à Mail d'effectivement traiter comme indésirables les messages signalés comme tels par votre fournisseur de service de messagerie électronique (ou d'accès à Internet), sans autre forme d'analyse.

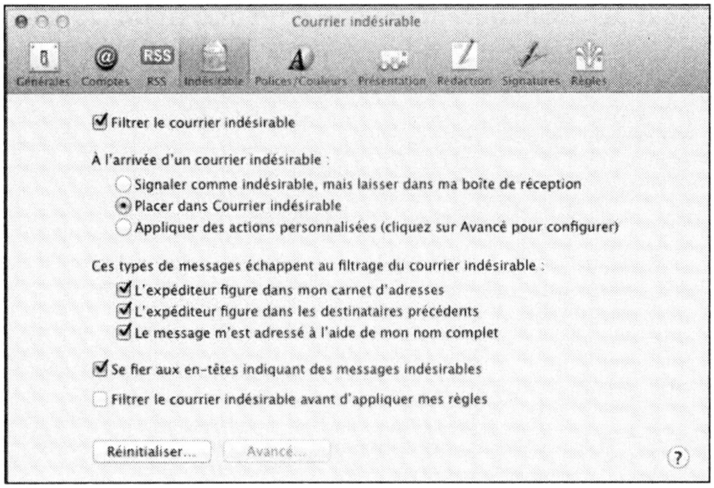

Figure 9-25 Options de traitement des pourriels.

Présentation des messages

Activez l'onglet **Présentation** pour accéder aux options d'affichage des courriels :

- Cochez l'option **Afficher l'état des contacts connectés** pour que Mail vous indique si l'expéditeur du message que vous consultez est disponible *via* iChat (chapitre 10).
- Cochez la case **Afficher les messages non lus en caractères gras** si vous voulez que les messages non lus soient présentés avec un texte en caractères gras dans la liste.
- Décochez la case **Afficher les images distantes dans des messages HTML** si vous ne souhaitez pas que Mail télécharge automatiquement les images associées à des messages HTML. Cette option peut être particulièrement utile lorsque l'on relève son courrier électronique en déplacement, avec une connexion GPRS/EDGE ou UMTS.

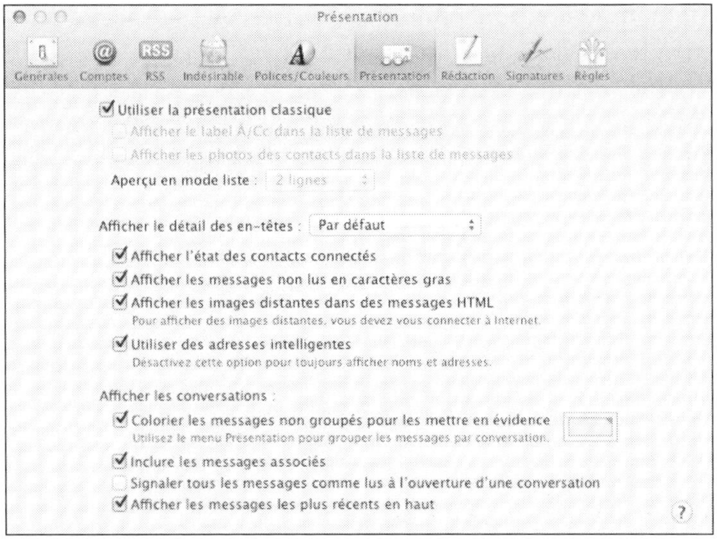

Figure 9-26 Options de présentation des messages.

C'est aussi ici que vous pouvez personnaliser la présentation de la liste des messages :

- Cochez l'option **Utiliser la présentation classique** pour retrouver l'affichage de la liste des messages de la version précédente de Mail, celle qui était livrée avec Mac OS X Snow Leopard (et avant lui, encore).
- Sinon, déroulez la liste **Aperçu en mode liste** et sélectionnez le nombre de lignes de message que vous souhaitez afficher directement dans la liste des messages reçus, afin notamment d'accélérer la consultation et le traitement de vos messages sans avoir à les ouvrir.
- Cochez la case **Afficher le label À/Cc dans la liste des messages** pour obtenir directement dans la liste des informations sur les autres destinataires des messages reçus.
- Cochez la case **Afficher les photos des contacts dans la liste des messages** pour donner plus de personnalité à vos messages électroniques en affichant directement les photos de vos correspondants, celles qui sont enregistrées dans le Carnet d'adresses (chapitre 12).

Rédaction des messages

Activez l'onglet **Rédaction** pour accéder aux options de composition des courriels :

- Déroulez la liste **Format de message** et sélectionnez **Format texte** si vous ne souhaitez pas pouvoir enrichir vos messages notamment de polices et de couleurs personnalisées.

- Cochez la case **Automatiquement m'ajouter en Cc :** si vous souhaitez recevoir automatiquement une copie des messages que vous envoyez. Si votre connexion à Internet n'est pas très fiable, cette astuce vous permettra de vous assurer de la bonne expédition de vos messages : vous en recevrez une copie. Mais cela ne vous garantira pas que les destinataires ont effectivement reçu votre message !
- Cochez la case **Conserver le format du message d'origine** pour disposer des mêmes capacités de formatage que celles dont a profité l'expéditeur, lorsque vous répondez à un message.

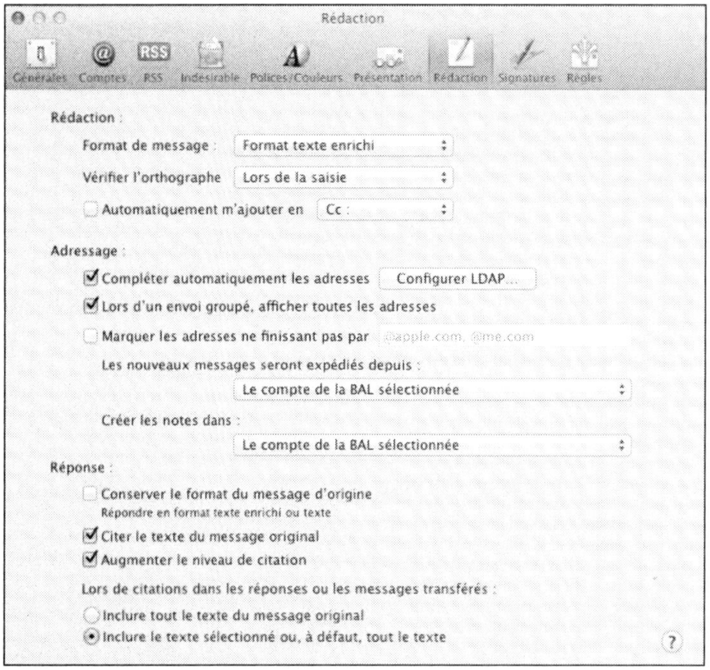

Figure 9-27 Options de rédaction des messages.

Signatures

Mail peut ajouter automatiquement une signature à la fin des messages que vous composez. Pour définir une telle signature, activez l'onglet **Signatures** :

1. Dans la colonne de gauche, sélectionnez le compte pour lequel vous voulez créer une signature.
2. Cliquez sur le bouton + en bas de la colonne médiane.
3. Donnez un intitulé à la signature dans le champ surligné.
4. Composez votre signature dans le cadre de droite.

Votre signature est immédiatement utilisable.

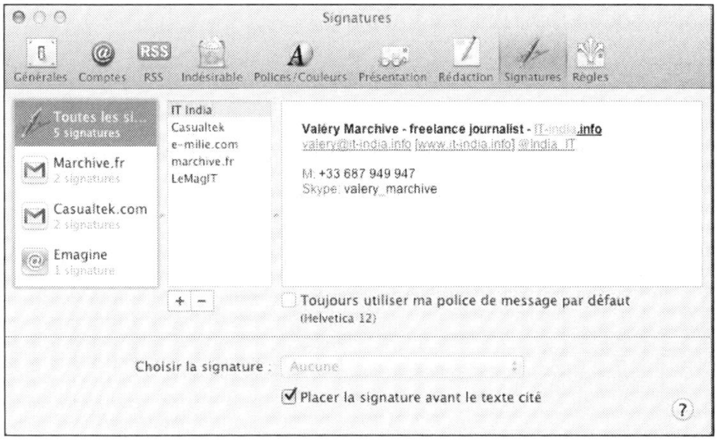

Figure 9-28 Gestion des signatures.

Bon à savoir Chaque signature est associée à un compte de messagerie. Mais il est possible de définir autant de signatures que l'on veut par compte de messagerie.

Astuce Tapez **cmd+T** pendant la composition de votre signature pour accéder aux options typographiques : police, taille de caractères, couleurs, *etc*.

Règles de traitement des messages

L'onglet **Règles** du panneau de préférences de Mail permet de définir des filtres que Mail appliquera systématiquement aux messages reçus. Ces filtres permettent, par exemple, de surligner d'une certaine couleur les messages expédiés par un correspondant prédéfini ou encore de les ranger automatiquement dans une boîte aux lettres créée tout spécialement dans cette optique.

1. Pour créer une règle, cliquez sur le bouton **Ajouter une règle**.
2. Fournissez un intitulé pour cette nouvelle règle dans le champ **Description**.
3. Déroulez la liste **Si** :
   - Sélectionnez **l'une des** si au moins une des conditions suivantes doit être satisfaite pour entraîner l'enchaînement des actions prévues.
   - Sélectionnez **toutes** si toutes les conditions suivantes doivent être satisfaites.
4. Définissez les conditions de filtrage comme vous définiriez les conditions de recherche d'une boîte aux lettres intelligente.

5. Sous la ligne **Effectuer les opérations suivantes**, définissez les actions à réaliser sur les messages satisfaisant les conditions définies.

6. Cliquez sur **OK**.

Votre nouvelle règle sera automatiquement appliquée à tous les nouveaux messages reçus.

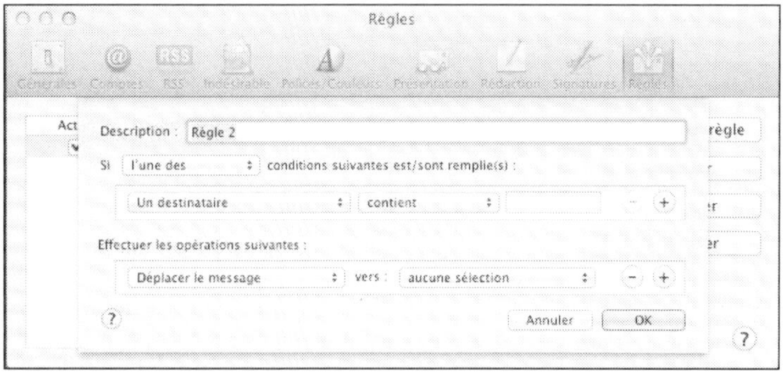

Figure 9-29 Création d'une nouvelle règle.

Astuce Si vous partez en déplacement, tout en laissant votre Mac allumé et connecté à Internet, créez une règle forçant Mail à répondre automatiquement à vos correspondants que vous êtes en déplacement et injoignable par courriel !

Récupérer les messages d'un autre logiciel de messagerie

Mail est capable de récupérer les messages électroniques gérés par un autre logiciel de messagerie. Parmi les logiciels pris en charge, on relève notamment le très populaire Thunderbird de la fondation Mozilla.

1. Pour lancer l'importation de messages électroniques d'un autre logiciel de messagerie, déroulez le menu **Fichier → Importer des boîtes aux lettres**.

2. Dans la liste (figure 9-30), sélectionnez le logiciel de messagerie concerné.

3. Cliquez sur **Continuer**.

4. Suivez les instructions à l'écran.

Figure 9-30 Choix du logiciel de messagerie en vue de l'importation des courriels.

Astuce Les utilisateurs venant du monde Windows regretteront que Mail ne sache pas importer les messages de Microsoft Outlook et de Microsoft Outlook Express. Pour contourner cette limitation, commencez par installer Thunderbird sur un PC afin de lui faire importer les messages électroniques gérés dans Microsoft Outlook ou Microsoft Outlook Express. Cela fait, installez Thunderbird sur votre Mac et transférez les messages de Thunderbird pour Windows à Thunderbird pour Mac. Supprimez Thunderbird de votre Mac puis importez les messages gérés par Thunderbird avec la fonction d'importation de Mail.

Ne pas laisser déborder sa boîte aux lettres

Les services de messagerie électronique ne proposent qu'un espace de stockage limité, de l'ordre de 1 Go en général. Une fois la limite atteinte, les messages reçus sont retournés à leur expéditeur avec un message indiquant le dépassement de la limite.

1. Tapez **cmd+I** pour afficher les informations de compte de messagerie.
2. Déroulez la liste **Compte** et sélectionnez le compte pour lequel vous voulez vérifier l'utilisation de l'espace de stockage.
3. Activez l'onglet **Limite par quota** : plusieurs indicateurs vous renseignent sur l'utilisation de l'espace de stockage disponible.

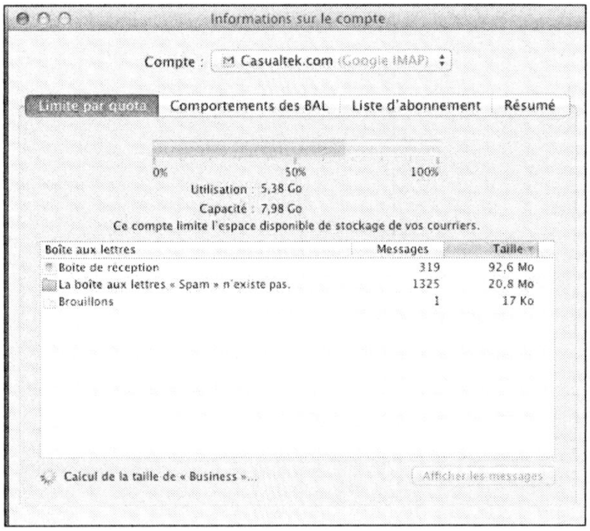

Figure 9-31 Gestion des quotas de messagerie avec Mail.

Archiver ses anciens messages

Avec le temps, vos boîtes aux lettres de Mail seront probablement amenées à contenir une grande quantité de courriels mis de côté, bien souvent pour le seul plaisir de les conserver sans que jamais vous ne preniez la peine de les rouvrir après leurs premières consultations... Apple a doté Mail d'une fonction spéciale conçue pour ce genre de situations : l'archivage de boîtes aux lettres.

Pour l'utiliser, sélectionnez la boîte aux lettres voulue :

1. Faites un clic droit dessus puis sélectionnez **Exporter la boîte aux lettres**.
2. Sélectionnez l'emplacement d'enregistrement de l'archive.
3. Si la boîte aux lettres concernée contient des sous-dossiers, cochez la case **Exporter tous les sous-dossiers**.
4. Cliquez sur le bouton **Choisir**.

La boîte aux lettres en question est sauvegardée sous la forme d'un dossier à l'extension *.mbox*, à l'emplacement de votre disque dur désigné durant le processus. Vous ne pouvez pas en consulter directement le contenu : pour accéder à celui-ci, il vous faut procéder à une importation, comme lorsque vous voulez importer des messages depuis un autre logiciel de messagerie électronique.

Notez que la boîte aux lettres archivée n'est pas supprimée de Mail : le processus d'archivage n'est pas destructif ; si vous voulez supprimer de Mail une boîte aux lettres archivée, vous devez le faire manuellement.

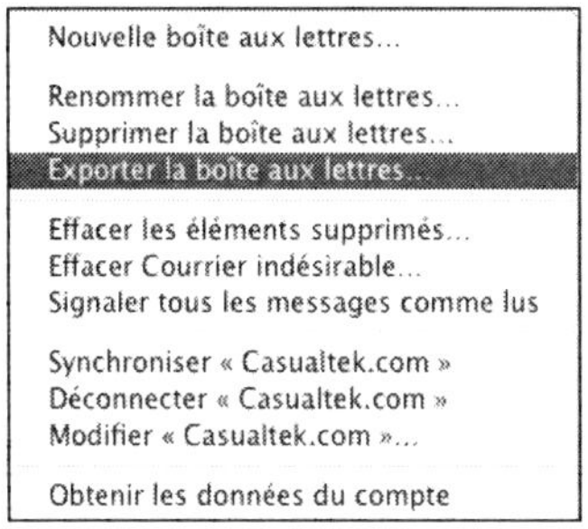

Figure 9-32 Archivage d'une boîtes aux lettres de Mail.

Chapitre 10

Dialoguer en ligne avec iChat

Au menu de ce chapitre

- Ajouter un compte de messagerie instantanée
- Gérer sa connexion
- Gérer ses contacts
- Engager une conversation
- Échanger des documents
- Prendre le contrôle du Mac d'un ami

iChat est le logiciel de messagerie instantanée de Mac OS X. Il est compatible avec les services AOL IM, ICQ, Yahoo! Messenger et Google Talk. Non content de permettre d'échanger des minimessages électroniques, iChat autorise l'audioconférence et la vidéoconférence mais aussi l'échange de fichiers, et même la prise de contrôle à distance.

En vidéoconférence, iChat permet même la modification de l'arrière-plan et l'application d'effets visuels que l'on retrouve dans Photo Booth (chapitre 18).

Ajouter un compte de messagerie instantanée

iChat se lance d'un clic sur son icône dans le Dock (figure 10-1). Il propose aussitôt de configurer un compte de messagerie instantanée.

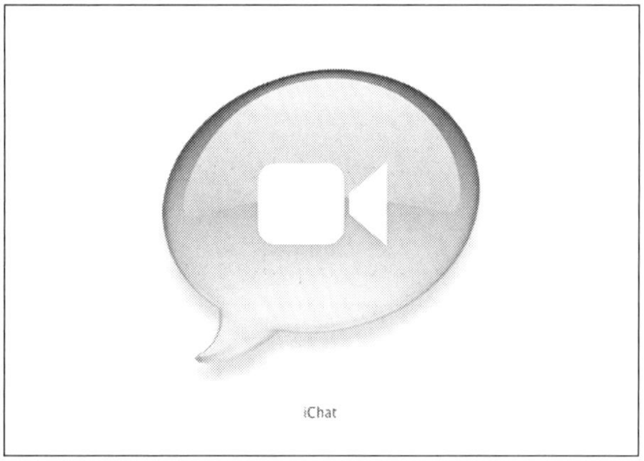

Figure 10-1 L'icône d'iChat.

1. Cliquez sur le bouton **Continuer**.
2. Déroulez la liste **Type de compte** et sélectionnez le type de compte correspondant au service de messagerie instantanée que vous voulez utiliser.

Bon à savoir Pour un compte ICQ, sélectionnez le type de compte AIM. Et pour la messagerie instantanée de Facebook, sélectionnez le type de compte Jabber.

3. Indiquez vos pseudonyme et mot de passe dans les champs correspondants.

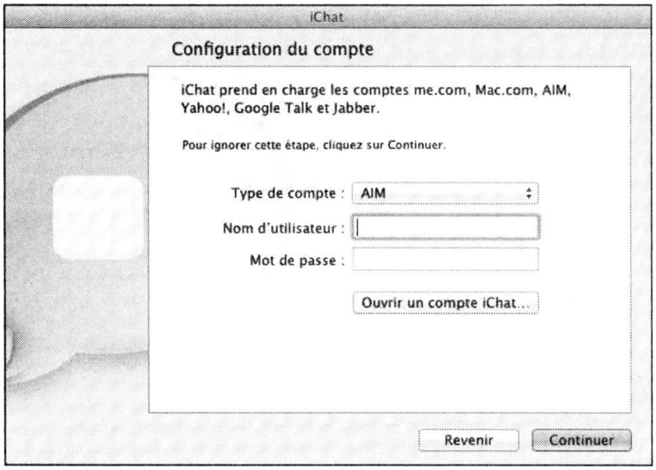

Figure 10-2 Création d'un premier compte de messagerie instantanée.

4. Cliquez sur le bouton **Continuer**.
5. Cliquez sur le bouton **Terminé**.

iChat cherche automatiquement à se connecter à Internet. Dès la connexion activée, la liste de vos correspondants habituels apparaît.

Pour ajouter des comptes de messagerie instantanée supplémentaires, déroulez le menu **iChat → Préférences** et activez l'onglet **Comptes**.

Figure 10-3 Gérer ses comptes de messagerie instantanée avec iChat.

Bon à savoir iChat gère désormais tous vos comptes de manière totalement unifiée : lorsque vous changez votre statut de connexion, cela vaut pour chacun de vos comptes. Et tous vos contacts, quel que soit le compte de messagerie correspondant, sont affichés dans une seule et même fenêtre : la liste des contacts. Enfin, iChat accepte désormais les composants logiciels d'extension : il y a fort à parier que des développeurs saisiront l'opportunité pour l'ouvrir, demain, à des services comme celui de Microsoft, Live Messenger. Dans l'attente, vous pouvez toujours utiliser le logiciel *ad hoc* de Microsoft ou bien l'excellent et très complet Adium.

Gérer sa connexion

Une fois un compte de messagerie instantanée configuré, iChat se connecte automatiquement à Internet dès son lancement. Pour autant, vous pouvez souhaiter ne pas être dérangé et inviter vos contacts à vous joindre ultérieurement.

1. Pour gérer votre connexion au service iChat, cliquez sur **Disponible** sous votre pseudonyme, en haut de la liste des contacts, pour dérouler le menu d'état.

2. Sélectionnez l'état que vous souhaitez afficher.

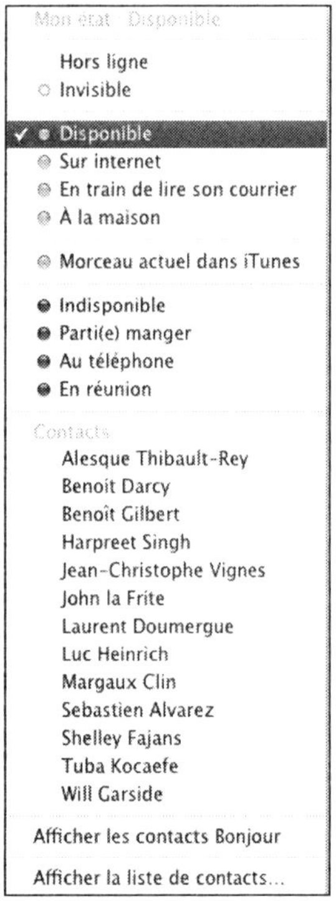

Figure 10-4 Le menu d'état d'iChat.

Astuce Dans le menu d'état, sélectionnez **Morceau actuel dans iTunes** pour indiquer à vos contacts ce que vous êtes en train d'écouter.

Vous pouvez également gérer votre statut de connexion directement depuis la liste de vos contacts (voir ci-après) : regardez sous votre nom, en haut de la liste de vos contacts, une petite liste locale vous permet de modifier votre état.

Gérer ses contacts

La liste des contacts (figure 10-5) est l'un des éléments centraux d'iChat : elle permet de suivre qui est connecté, disponible ou non ; de vérifier les services pris en charge par un contact (vidéo, audio, partage d'écran…) ; d'engager une conversation, *etc.*

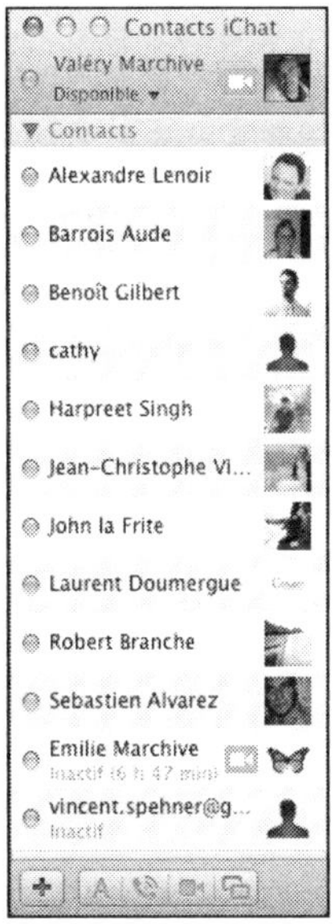

Figure 10-5 La liste de contacts.

1. Pour ajouter un contact, cliquez sur le bouton + en bas de la liste.
2. Sélectionnez **Ajouter un contact**.
3. Dans le champ **Nom du compte**, indiquez le pseudonyme de votre contact.

Astuce Cliquez sur le bouton à droite du champ **Nom de famille** pour accéder au Carnet d'adresses (chapitre 12) et ajouter rapidement un contact à iChat à partir de sa fiche.

4. Cliquez sur **Ajouter**.

Votre contact est aussitôt ajouté à la liste.

À mesure que la liste de vos contacts croît, vous risquez de ressentir le besoin de l'organiser par groupes, afin d'en améliorer la lisibilité.

1. Pour créer un nouveau groupe de contacts, cliquez sur le bouton + en bas de la liste.
2. Sélectionnez **Ajouter un groupe**.
3. Tapez l'intitulé du groupe dans le champ **Tapez le nom du groupe**.
4. Cliquez sur le bouton **Ajouter**.

Vous pouvez intégrer directement un nouveau contact à un groupe en déroulant la liste **Ajouter au groupe** lors de la création du contact.

Pour ajouter un contact à un groupe après sa création, glissez-déposez le contact dans le groupe auquel vous souhaitez l'affecter.

Bon à savoir Les contacts qui ne sont pas connectés à iChat apparaissent tous dans le groupe **Déconnecté** de la liste des contacts. Ils ne retrouvent leur groupe d'affectation qu'une fois connectés à iChat.

Les groupes peuvent être développés ou fermés : pour cela, cliquez alternativement sur le triangle à gauche du nom du groupe dans la liste des contacts.

À tout moment, vous renommez un groupe en faisant un clic droit sur son nom puis en sélectionnant **Renommer le groupe**.

Attention Les messages indésirables peuvent aussi être reçus *via* iChat. Le logiciel est ainsi pourvu d'une fonction de blocage de contacts. Pour empêcher un chatteur indésirable de vous déranger, faites un clic droit sur son nom dans la liste des contacts et sélectionnez **Bloquer la personne**.

Être alerté de la connexion d'un contact

iChat peut vous prévenir lorsqu'un de vos contacts se connecte. Pour être ainsi alerté :

1. Faites un clic droit sur le contact voulu dans la liste et sélectionnez **Afficher les informations**.
2. Activez l'onglet **Alertes** (figure 10-6).
3. Déroulez la liste **Événement** et sélectionnez **Contact disponible**.
4. Cochez la case **Émettre un son**.
5. Déroulez la liste correspondante et sélectionnez **Contact connecté**.

6. Cochez la case **Faire rebondir l'icône d'iChat dans le Dock** pour qu'iChat vous prévienne également de manière visuelle de la connexion de votre contact.

7. Refermez la fenêtre.

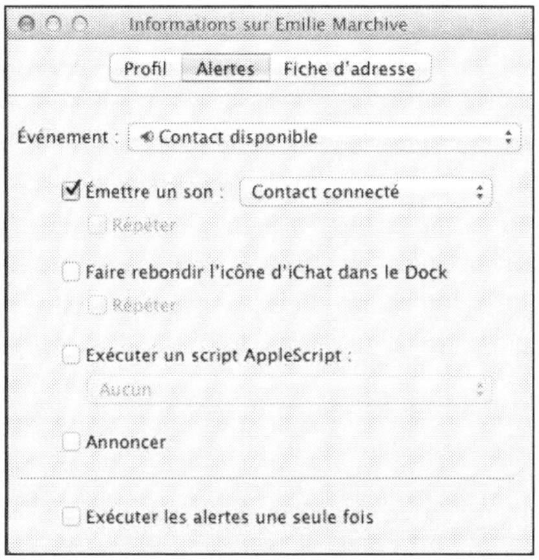

Figure 10-6 Alerte de connexion.

Engager une conversation

Engager une conversation avec l'un de vos contacts est évidemment très simple :

1. Double-cliquez sur le contact voulu dans la liste.

2. Tapez votre texte dans le champ prévu à cet effet en bas de la fenêtre qui apparaît. De son côté, votre correspondant est alerté de votre invitation et un message l'invite à l'accepter ou la décliner, voire à vous bloquer.

Votre échange se poursuit tant que vous conservez la fenêtre de conversation ouverte (figure 10-7).

Figure 10-7 Fenêtre de conversation.

Bon à savoir Faites un clic droit sur la fenêtre de conversation pour accéder à ses options de présentation.

Astuce Vous pouvez engager une conversation avec tous les membres d'un groupe simultanément. Pour cela, faites un clic droit sur le nom du groupe et sélectionnez **Envoyer un message instantané aux membres**.

Et si la liste de vos contacts est trop longue pour que vous puissiez rechercher manuellement l'un d'entre eux, tapez **cmd+F** et lancez la recherche : dès que vous commencez à taper, iChat filtre la liste de vos contacts sur la base de votre saisie au clavier.

Astuce Vous pouvez suivre plusieurs conversations dans une même fenêtre iChat, en parallèle : chaque conversation apparaît dans un onglet dédié. Et, bien sûr, vous pouvez réarranger les onglets par glisser-déposer à loisir.

L'audioconférence

Si votre Mac est équipé d'un micro, à l'instar des MacBook, MacBook Air, MacBook Pro et iMac, vous pouvez dialoguer vocalement avec vos correspondants iChat.

1. Pour lancer une audioconférence, sélectionnez le contact voulu dans la liste.
2. Cliquez sur le bouton illustré d'un téléphone en bas de la liste des contacts.

Bon à savoir Pour lancer une conversation vocale, vous pouvez aussi double-cliquer directement sur le nom de votre correspondant, dans la liste des contacts : déroulez alors la liste **Type** puis sélectionnez **Conversation audio** et cliquez sur **Dialoguer**.

3. Votre contact reçoit aussitôt une invitation, à charge pour lui de l'accepter.
4. La connexion est établie automatiquement et le dialogue peut commencer.

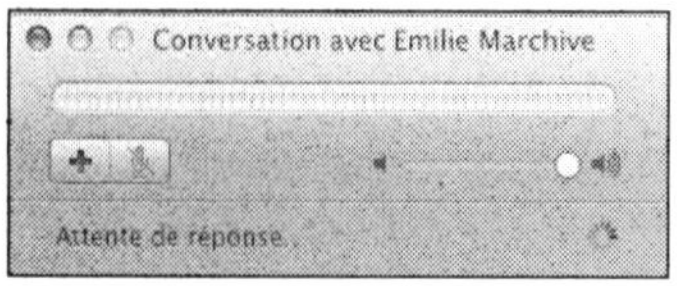

Figure 10-8 Fenêtre d'audioconférence.

En cours de conversation, vous pouvez inviter des contacts supplémentaires à se joindre à vous :

1. Cliquez sur le bouton + en bas de la fenêtre de conversation audio.
2. Sélectionnez le contact dans la liste.

3. Votre contact reçoit à son tour une invitation. Dès qu'elle est acceptée, la connexion est établie.

Astuce Si votre Mac n'est pas équipé d'un micro – et même s'il l'est ! –, vous pouvez utiliser une oreillette Bluetooth pour converser, la même que celle que vous utilisez avec votre téléphone mobile.

À tout moment, vous pouvez également cliquer sur le bouton illustré par un micro barré et couper ainsi le son du micro connecté ou intégré à votre Mac : cela peut par exemple vous permettre de répondre à un appel téléphonique ou à l'interpellation de l'un de vos proches sans pour autant mettre un terme à la conversion en cours *via* Internet.

La vidéoconférence

De la même manière que vous pouvez conduire une discussion audio, iChat permet d'organiser des vidéoconférences si votre Mac est équipé d'une webcam, intégrée comme les iSight des iMac et des portables Apple, ou externe avec une connexion USB ou Firewire.

Bon à savoir Pas besoin de chercher une webcam spécifique pour Mac : la plupart des webcams USB du monde PC sont compatibles ; il faut juste qu'elles respectent la norme UVC (USB Video Class) – ce qui est généralement indiqué par un logo Windows Vista ou Windows 7 sur la boîte. Toutefois, toutes ne se valent pas et il vous faut préférer celles qui peuvent se passer d'un pilote spécifique pour certains réglages tels que la luminosité, ou qui sont fournies avec un tel pilote, pour Mac. Le site Web Mac Compatible Webcam List recense des modèles présentant une compatibilité optimale : `http://www.mac-compatible-webcam.com/`.

1. Pour inviter un contact à engager une vidéoconférence, sélectionnez-le dans la liste et cliquez sur le bouton illustré d'une caméra en bas de la liste des contacts.
2. Votre contact reçoit aussitôt une invitation, à charge pour lui de l'accepter.
3. La connexion est établie automatiquement et le dialogue peut commencer.

L'image que vous retournez à votre correspondant est présentée en vignette en bas à droite de la fenêtre de conversation. Cette vignette peut être redimensionnée à la souris en glissant-déplaçant son coin supérieur gauche.

Figure 10-9 Attente de connexion en vidéoconférence.

En cours de conversation, vous pouvez inviter des contacts supplémentaires à se joindre à vous, jusqu'à trois intervenants de plus pour un total de cinq participants :

1. Glissez-déposez le contact voulu depuis la liste de vos contacts sur la fenêtre de vidéoconférence.
2. Votre contact reçoit aussitôt une invitation. Dès qu'elle est acceptée, la connexion est établie.

Une fois engagée, la vidéoconférence peut être poursuivie en plein écran.

1. Pour cela, cliquez sur le bouton illustré de deux flèches en bas de la fenêtre de vidéoconférence.

Bon à savoir Il est préférable que celui qui initie la vidéoconférence dispose d'une bande passante confortable. Apple a fait des efforts pour réduire les besoins en bande passante montante mais, notamment avec le passage à une résolution de 640 × 480 pixels, initiée avec Snow Leopard, les besoins restent importants.

En cours de vidéoconférence, vous pouvez appliquer des effets visuels à votre image, les mêmes que ceux proposés par Photobooth (chapitre 18). L'un de ces effets permet de changer le fond de l'image et, par exemple, de la remplacer par une photo ou même une vidéo.

1. Pour appliquer un effet, cliquez sur le bouton **Effets** en bas de la fenêtre de vidéoconférence.
2. Cliquez sur l'effet que vous voulez appliquer dans la matrice de présentation (figure 10-10).
3. Suivez les indications à l'écran pour régler les paramètres de l'effet, le cas échéant.

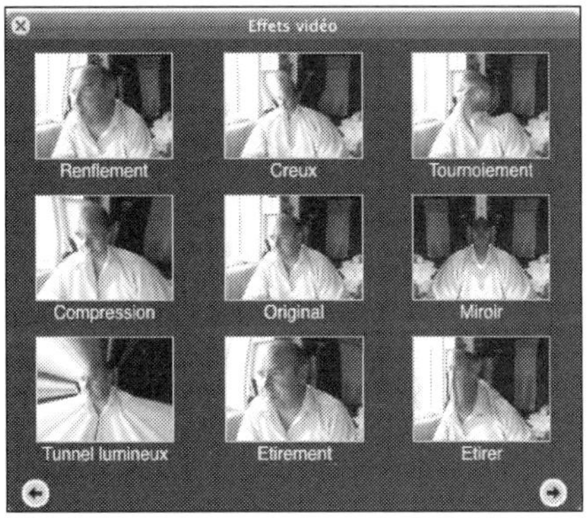

Figure 10-10 La palette des effets visuels.

Astuce Si vos vidéoconférences sont saccadées, c'est probablement que vous utilisez une connexion à Internet proposant un débit montant trop faible. Vous pouvez demander à iChat de s'y adapter : déroulez le menu **iChat → Préférences** puis cliquez sur l'onglet **Audio / Vidéo** et déroulez le menu **Limite de bande passante**. Là, choisissez une limite de l'ordre de la moitié, au plus, de la bande passante montante dont vous disposez effectivement.

Échanger des documents

En cours de conversation, vous pouvez décider de transmettre à l'un de vos contacts des documents : fichiers bureautiques, images, musique, vidéos, *etc.*

1. Pour permettre à votre contact de télécharger le document, glissez-déposez le fichier correspondant depuis le Finder sur son nom dans la liste des contacts.
2. Cliquez sur **Envoyer** (figure 10-11).

Figure 10-11 Confirmation d'envoi de fichier.

3. Votre correspondant est invité à accepter le transfert.
4. Une fois le transfert accepté, le téléchargement commence. Sa durée dépend de la rapidité de vos deux connexions à Internet.

En cours de conversation texte

Au cours d'une conversation écrite avec un contact, vous pouvez partager des documents avec lui, tels que des photos ou des fichiers PDF. Les documents ainsi partagés ne peuvent pas être téléchargés par le correspondant mais sont affichés dans la fenêtre de conversation d'iChat.

1. Pour partager ainsi un document avec un contact, glissez-déposez le fichier correspondant depuis le Finder sur la fenêtre de conversation.
2. Validez en appuyant sur la touche **Entrée** du clavier.

En cours de vidéoconférence

En cours de vidéoconférence, le mécanisme de partage de documents est différent :

1. Pour faire profiter votre correspondant de photos, de vidéos ou d'un fichier bureautique, glissez-déposez le fichier correspondant depuis le Finder sur la fenêtre de vidéoconférence, dans la zone **Partager avec iChat Theater**.
2. Dans le cas d'un document comportant plusieurs pages, utilisez les flèches apparaissant sous le document, dans la fenêtre iChat, pour parcourir les différentes pages.

   L'effet est immédiat : la fenêtre s'adapte aux dimensions du document et ne laisse plus apparaître l'image du correspondant que sous la forme d'une vignette (figure 10-12).
3. Pour interrompre le partage, cliquez sur le bouton orné d'une croix en haut à droite du document, dans la fenêtre d'iChat.

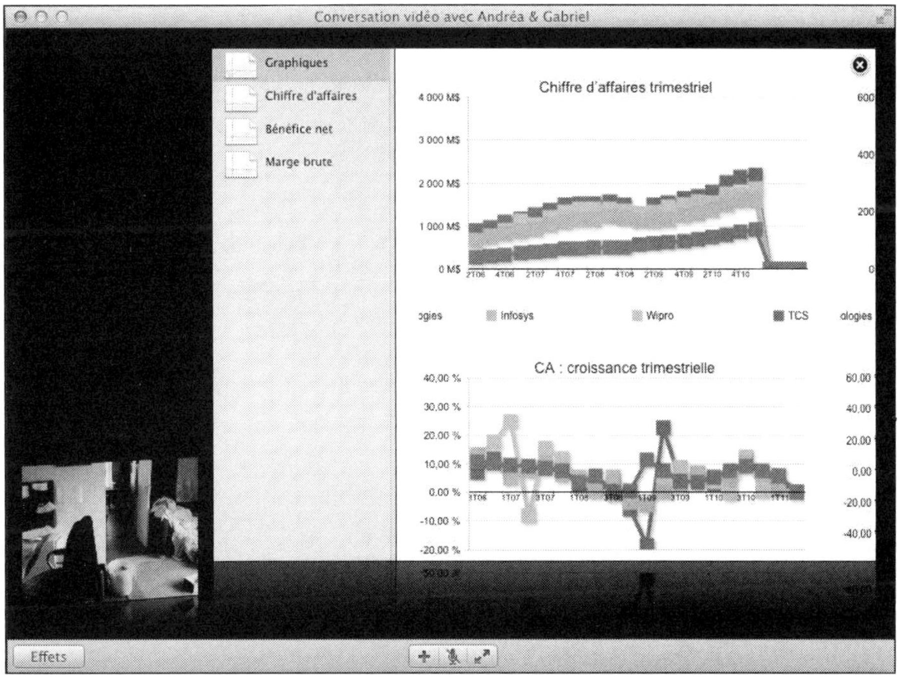

Figure 10-12 Partage d'un document Numbers en vidéoconférence.

Prendre le contrôle du Mac d'un ami

Une dernière fonction d'iChat promet de rendre bien des services : le partage d'écran (chapitre 52) permet en effet d'autoriser un ami à prendre le contrôle de son Mac à distance, et vice-versa ; de quoi simplifier bon nombre de petits dépannages.

1. Pour activer cette fonction, sélectionnez le contact voulu dans la liste.
2. Cliquez sur le bouton **Partage d'écran**, en bas à droite de la liste des contacts.
3. Sélectionnez **Partager mon écran** pour donner le contrôle de votre Mac à votre contact.
4. Sélectionnez **Demander à partager l'écran de...** pour prendre le contrôle du Mac de votre contact.
5. Votre contact reçoit aussitôt une invitation, à charge pour lui de l'accepter.
6. La connexion est établie automatiquement et la prise de contrôle peut commencer. L'ensemble est doublé d'une liaison audio.

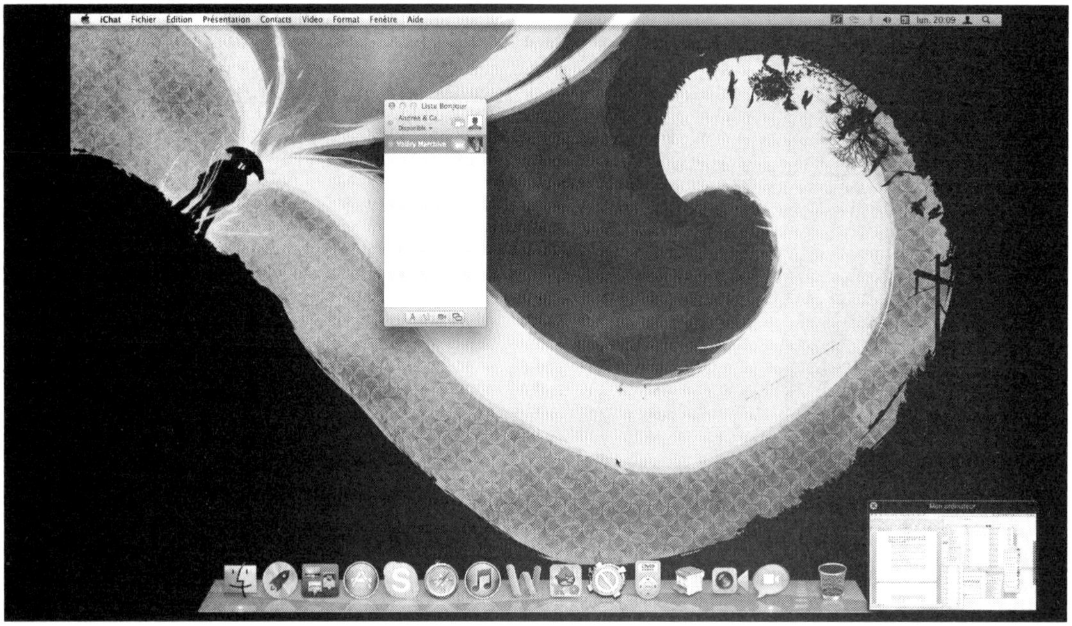

Figure 10-13 Prise de contrôle à distance.

De son côté, celui dont l'ordinateur est contrôlé à distance peut ne pas se rendre compte de la situation s'il ne surveille pas les mouvements de sa souris ou s'il ne réalise pas que l'on tape dans son écran sans qu'il touche le clavier… Mais l'icône d'iCat, dans la barre des menus, se change périodiquement en icône de partage d'écran rouge pour rappeler la prise de contrôle à distance.

De son côté, le contrôleur accède, en plein écran, à l'affichage du Mac qu'il contrôle ; une petite fenêtre semi-transparente lui permet de voir son propre affichage et d'y revenir à tout moment, sans renoncer à la prise de contrôle à distance. De fait, s'il revient à son affichage, une petite fenêtre du même type lui représente l'affichage contrôlé. Il lui suffit de cliquer dessus pour y revenir en un clin d'œil. Fermer cette fenêtre met un terme à la session.

Chapitre

11

Dialoguer en ligne avec FaceTime

Au menu de ce chapitre

- Ajouter un identifiant Apple
- Gérer ses adresses d'appel
- Passer et recevoir un appel
- Gérer ses appels

FaceTime, c'est d'abord un service de vidéoconférence pour iPhone, iPad et iPod Touch. Mais pas que. Apple fournit, avec Lion, un logiciel dédié à l'utilisation de FaceTime. Il permet donc de dialoguer en direct et en vidéo avec des utilisateurs de terminaux mobiles iOS mais aussi d'autres Mac, sous Lion ou Snow Leopard – mais ces derniers devront acheter le logiciel FaceTime sur l'App Store. Oui, vous avez bien compris : avec FaceTime, assis derrière votre Mac, vous pouvez discuter en vidéo avec des amis ou des collègues simplement équipés de leur iPhone, iPod Touch ou iPad ! Et bien sûr aussi avec des personnes elles-mêmes assises derrière leur Mac.

Ironiquement, FaceTime n'est pas intégré à iChat. Et tant pis s'il s'appuie sur les mêmes technologies… Apple a probablement jugé préférable de maintenir une dissociation entre les deux afin de promouvoir son service de vidéoconférence et, avec lui, l'ensemble de son écosystème. De là à imaginer que FaceTime s'ouvre plus tard au service iMessage de messagerie instantanée textuelle d'iOS 5, il n'y a qu'un pas très aisé à franchir. Et peut-être qu'Apple ne cherche finalement qu'un nom marketing *qui claque* pour fusionner iChat et FaceTime… En attendant, il faut faire avec une application séparée mais toutefois très efficace.

À noter toutefois que FaceTime, contrairement à iChat, ne permet pas d'engager une vidéoconférence avec plusieurs personnes simultanément.

Bon à savoir Comme pour iChat, vous pouvez utiliser FaceTime avec la webcam intégrée à votre Mac ou une webcam USB compatible. Et la plupart le sont : il faut juste qu'elles respectent la norme UVC (USB Video Class) – ce qui est généralement indiqué par un logo Windows Vista ou Windows 7 sur la boîte. Mais, encore une fois, toutes ne se valent pas et il vous faut préférer celles qui peuvent se passer d'un pilote spécifique pour certains réglages tels que la luminosité, ou qui sont fournies avec un tel pilote, pour Mac. Le site Web Mac Compatible Webcam List recense des modèles présentant une compatibilité optimale : `http://www.mac-compatible-web-cam.com/`

Ajouter un identifiant Apple

FaceTime s'appuie sur votre identifiant Apple pour vous identifier, cette adresse e-mail qui constitue votre nom d'utilisateur sur l'App Store ou dans iTunes. Depuis FaceTime, vous pouvez créer un identifiant Apple ou utiliser un identifiant existant. C'est d'ailleurs la première chose que demande FaceTime à son lancement : une identification. Et l'on comprend bien que ce soit indispensable pour pouvoir vous joindre…

Figure 11-1 Premier lancement de FaceTime.

Bon à savoir Si vous utilisez par ailleurs un iPhone ou un iPad avec FaceTime, veillez à indiquer le même identifiant Apple sur ces différents appareils, y compris votre Mac : cela permettra à vos correspondants de toujours pouvoir vous joindre, à tout moment, sur n'importe lequel de vos terminaux compatibles FaceTime. Dès lors, votre identifiant Apple devient un peu plus qu'une simple adresse de courrier électronique : c'est une sorte de super numéro de téléphone quasiment universel.

Si vous n'avez pas encore d'identifiant Apple, c'est un bon moment pour en créer un. C'est simple, gratuit et ne prend que quelques instants :

1. Cliquez sur le bouton **Créer un compte**.
2. Remplissez le formulaire qui apparaît dans la partie droite de la fenêtre (figure 11-2) puis cliquez sur **Suivant**. Attention à bien utiliser une adresse e-mail valide : un e-mail de confirmation vous sera envoyé afin de vérifier votre adresse. De la même manière, préférez associer votre compte Apple à votre adresse de courrier électronique personnelle principale, celle que connaissent la plupart de vos proches.
3. Cliquez une nouvelle fois sur **Suivant** puis sur **Terminer**. Vous pouvez commencer à utiliser FaceTime.

Figure 11-2 Création d'un identifiant Apple.

Si vous disposez déjà d'un identifiant Apple, c'est encore plus rapide :

1. Indiquez l'adresse e-mail correspondante dans le premier champ du formulaire (figure 11-1).
2. Indiquez votre mot de passe dans le champ suivant puis cliquez sur **Se Connecter**.

C'est tout : vous êtes prêt à communiquer *via* FaceTime. Notez que votre identifiant Apple est enregistré par l'application : vous n'aurez pas à l'indiquer de nouveau lors de son prochain lancement.

Gérer ses adresses d'appel

Certes, vos amis peuvent vous appeler *via* FaceTime en utilisant l'adresse e-mail associée à votre identifiant Apple. Mais vous utilisez probablement d'autres adresses e-mail, de manière plus ou moins fréquente. Et peut-être avez-vous envie de pouvoir être joint sur ces adresses-là. FaceTime vous permet d'ajouter d'autres adresses sur lesquelles être joint. Chacune fera l'objet d'une vérification par e-mail. Pour ajouter une nouvelle adresse, procédez comme suit :

1. Déroulez le menu **FaceTime → Préférences**.

2. Là, ajoutez autant d'adresses e-mail complémentaires que vous le souhaitez puis cliquez sur le bouton **OK**.

Figure 11-3 Ajouter de nouvelles adresses d'appel.

Astuce Vous ne voulez pas utiliser FaceTime ? Désactivez l'interrupteur des préférences de l'application (figure 11-3) : vous ne recevrez plus d'appels FaceTime sur votre Mac.

Passer et recevoir un appel

Lorsque que quelqu'un essaie de vous appeler et que votre Mac est connecté à Internet, FaceTime se lance automatiquement (figure 11-4). Vous pouvez alors choisir entre répondre à l'appel ou le rejeter. L'espace principal de la fenêtre vous présente l'image qu'enverra votre webcam une fois la communication établie. Un bandeau semi-transparent, en haut de la fenêtre, vous indique le nom et, le cas échant, la photo de votre correspondant.

Figure 11-4 Réception d'un appel.

Bon à savoir Si votre iPhone, iPad ou iPod Touch est connecté à votre réseau Wi-Fi lorsque quelqu'un tente de vous appeler par FaceTime, celui-ci sonnera également ! Et vous pourrez choisir de prendre l'appel indifféremment sur n'importe lequel de ces appareils.

En cours de conversation, c'est l'image de votre correspondant qui occupe l'essentiel de l'espace de la fenêtre (figure 11-5). Lorsque vous déplacez le pointeur de la souris sur la fenêtre, une petite palette d'outils apparaît, avec trois boutons :

- le premier vous permet de couper temporairement votre micro ;
- le second de raccrocher ;
- et le troisième de passer l'affichage en plein écran.

Hasardez-vous également à passer le pointeur de la souris sur le petit cadre, en bas à droite de l'affichage, qui reprend l'image que vous transmettez à votre correspondant (figure 11-6) : d'un clic dessus, vous pouvez changer le format de l'image, passant ainsi du portrait au paysage et vice-versa.

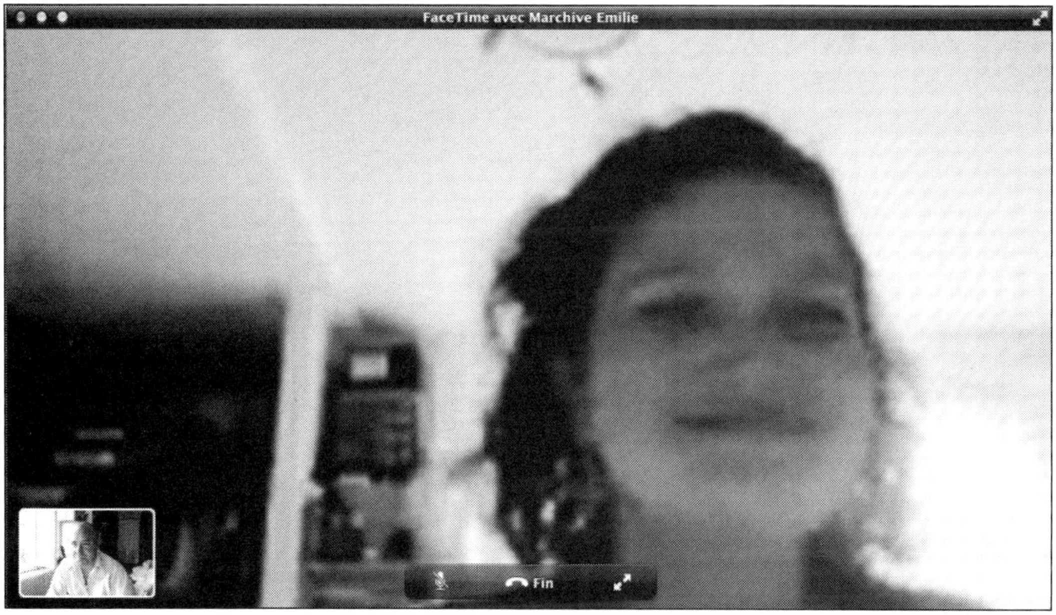

Figure 11-5 En cours de communication...

Figure 11-6 Changer le format de l'image.

Bon à savoir Inutile de garder ouverte l'application FaceTime. D'ailleurs, la fermeture de sa fenêtre entraîne automatiquement celle de l'application : un composant logiciel associé à FaceTime fonctionne en tâche de fond, en permanence. Il se chargera de relancer l'application lors d'un appel entrant.

Passer un appel est également très simple : lorsque aucune conversation n'est engagée, le fenêtre de FaceTime vous présente la liste de vos contacts dans sa colonne de droite (figure 11-7).

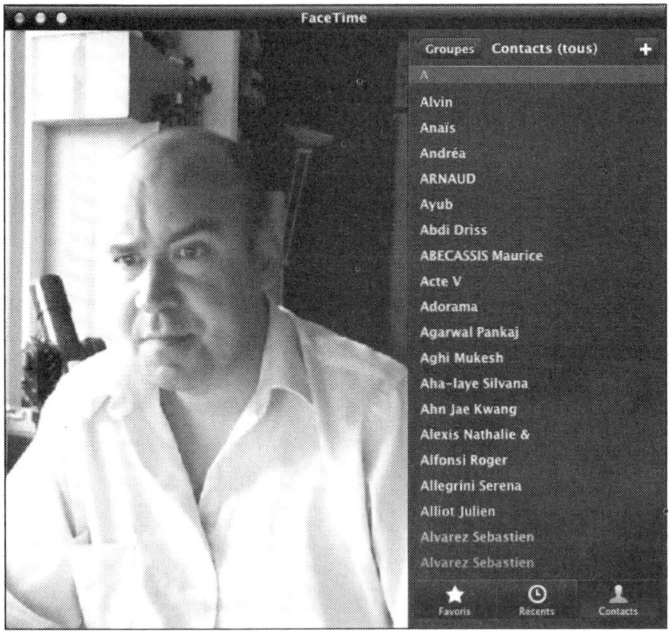

Figure 11-7 La liste des contacts.

Cette liste est directement tirée du Carnet d'adresses (chapitre 12) et vous retrouvez même vos groupes, pour peu que vous utilisiez cette fonction pour organiser vos contacts. Une liste de favoris vient compléter l'édifice pour accélérer la prise de contact avec vos correspondants habituels. Une fois que vous avez cliqué sur le nom de l'un de vos contacts, choisissez l'adresse d'appel – e-mail ou numéro de téléphone mobile – et FaceTime se charge du reste.

Astuce FaceTime est intégré à Mac OS X Lion, bien qu'il apparaisse sous la forme d'une application autonome : pas besoin d'ouvrir celle-ci pour appeler quelqu'un en vidéoconférence, il vous suffit de cliquer sur son numéro de téléphone mobile ou sur son adresse e-mail dans le Carnet d'adresses !

Gérer ses appels

Bien sûr, comme avec tout système de communication en temps réel, vous êtes susceptible de manquer des appels avec FaceTime : vous n'étiez pas devant votre Mac au moment où l'appel est arrivé ; vous étiez occupé à autre chose… FaceTime garde pour cela une trace des appels que vous avez reçus, manqués et passés :

1. Pour accéder à cette liste, cliquez sur le bouton **Récents** en bas de la colonne droite de la fenêtre de FaceTime.

Tout est là et vous pouvez en profiter pour rappeler vos correspondants.

Figure 11-8 La liste des appels récents.

Chapitre 12

Gérer son carnet d'adresses

Au menu de ce chapitre

- Enregistrer et modifier un contact
- Organiser ses contacts
- S'abonner à un carnet d'adresses partagé
- Informer ses contacts d'un changement d'adresse
- Configurer le Carnet d'adresses

Le Carnet d'adresses de Mac OS X permet, comme son nom l'indique, de gérer les coordonnées physiques et électroniques de ses contacts : adresses postales, numéros de téléphone, adresses mail, *etc.*

Le Carnet d'adresses met ses ressources à la disposition de toutes les applications Mac OS X qui souhaitent y faire appel : Mail les utilise pour la composition des messages électroniques ; iChat peut les exploiter pour l'ajout de correspondants à la liste de contacts ; iCal sait accéder au Carnet d'adresses pour la planification de réunions ; FaceTime y a recours pour la gestion des appels vidéo ; iTunes peut le synchroniser avec un iPhone ou un iPod Touch, *etc.*

Dans ce chapitre, vous apprendrez à profiter pleinement du Carnet d'adresses de Mac OS X.

Figure 12-1 L'icône du Carnet d'adresses.

Enregistrer et modifier un contact

Par défaut, le Carnet d'adresses présente une fenêtre divisée en deux parties (figure 12-2) :

- À gauche, la liste des contacts.
- Le cadre principal, à droite, présente les informations relatives au contact sélectionné dans la colonne précédente.

Figure 12-2 La fenêtre principale du Carnet d'adresses.

L'enregistrement d'un nouveau contact est d'une grande simplicité :

1. Cliquez sur le bouton + en bas de la liste des contacts.
2. Remplissez les champs surlignés l'un après l'autre, dans la partie droite.
3. Cochez la case **Société** si la fiche correspond à une entreprise plutôt qu'à une personne.

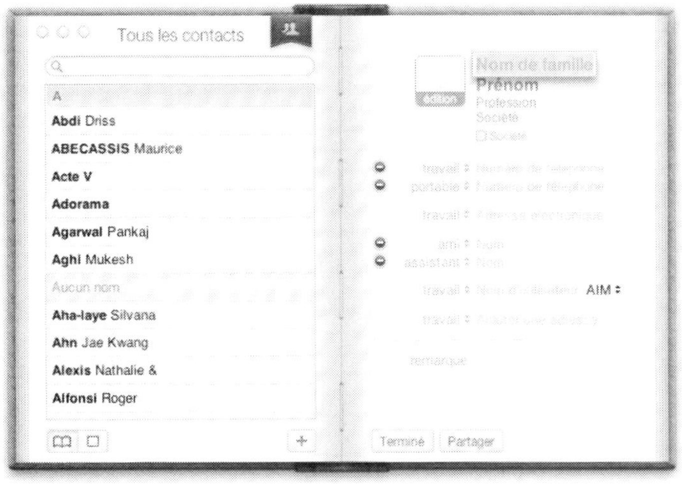

Figure 12-3 Enregistrement d'un nouveau contact.

4. Le cas échant, glissez-déposez le fichier correspondant à la photo de la personne ou au logo de l'entreprise depuis le Finder dans le cadre en haut à gauche de la fiche. Si la photo ne contient qu'un seul visage – une photo individuelle par opposition à une photo de groupe, notamment –, le Carnet d'adresses se charge

automatiquement de centrer la photo sur le visage. Mieux encore : si vous avez des photos de la personne voulue dans iPhoto (chapitre 20), et qu'elles aient été identifiées par la fonction Faces, vous pouvez choisir rapidement parmi elles ! Il vous suffit de double-cliquer sur le bouton **édition** du cadre photo de la fiche puis sur le bouton Faces de la fenêtre, en bas à gauche.

Figure 12-4 Changement de la photo d'un contact.

5. Cliquez sur le bouton **Terminé** lorsque vous avez fini.

Certains champs, comme les adresses électroniques, les numéros de téléphone, les amis et assistants, ou encore les adresses postales peuvent être multipliés à loisir en cliquant sur le bouton + entouré de vert correspondant. Le bouton – entouré de rouge permet de supprimer un champ surnuméraire.

Astuce Lorsque vous consultez la fiche d'un contact, cliquez sur l'étiquette de son adresse postale – domicile, travail... – et sélectionnez **Situer sur une carte** pour localiser l'adresse avec le service Google Maps.

On l'a vu, les autres applications de Mac OS X peuvent communiquer avec le Carnet d'adresses. Mail est tout particulièrement bien placé pour cela.

1. Pour ajouter un contact au Carnet d'adresses à partir de Mail, cliquez sur son nom dans l'en-tête de message.

2. Sélectionnez **Ajouter au Carnet d'adresses**.

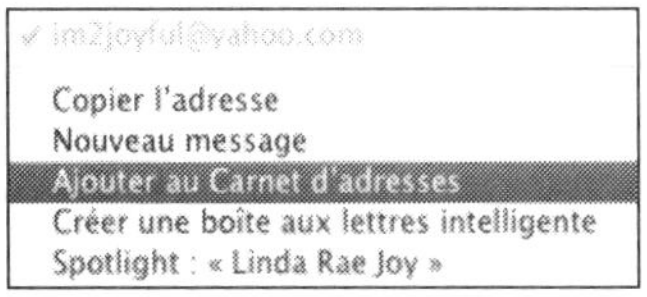

Figure 12-5 Ajouter un contact à partir de son adresse e-mail.

Si vous n'avez pas de message immédiatement disponible pour retrouver un contact :

1. Déroulez le menu **Fenêtre ➜ Destinataires précédents**.
2. Dans la liste, sélectionnez le contact à ajouter au Carnet d'adresses.
3. Cliquez sur le bouton **Ajouter au Carnet d'adresses**.

Enfin, vous pouvez double-cliquer sur la carte de visite virtuelle (vCard) ajoutée en pièce jointe à un courriel : elle sera automatiquement ouverte par le Carnet d'adresses et ajoutée aux autres contacts.

Astuce La fenêtre du Carnet d'adresses intègre un champ de recherche : pensez à l'utiliser pour retrouver rapidement un contact, y compris à partir d'un numéro de téléphone à la manière d'un annuaire inversé.

À tout moment, il est possible de modifier la fiche d'un contact, avec autant d'options que pour sa création initiale. Pour cela, cliquez simplement sur le bouton **Modifier** en bas de la fenêtre du Carnet d'adresses après avoir sélectionné la fiche voulue.

Organiser ses contactss

Les listes de contacts ont tendance à croître significativement avec le temps, jusqu'à devenir difficilement consultables. Pour permettre de retrouver plus facilement ses contacts, Apple a doté le Carnet d'adresses d'une fonction d'organisation par groupes.

1. Pour créer un nouveau groupe de contacts, cliquez sur le ruban rouge en haut de la partie droite de la fenêtre du Carnet d'adresses.
2. Vous voici face à la liste des groupes, sur la partie gauche de la fenêtre, et la liste des contacts, sur sa partie droite. Cliquez sur le bouton + en bas de la partie gauche de la fenêtre.

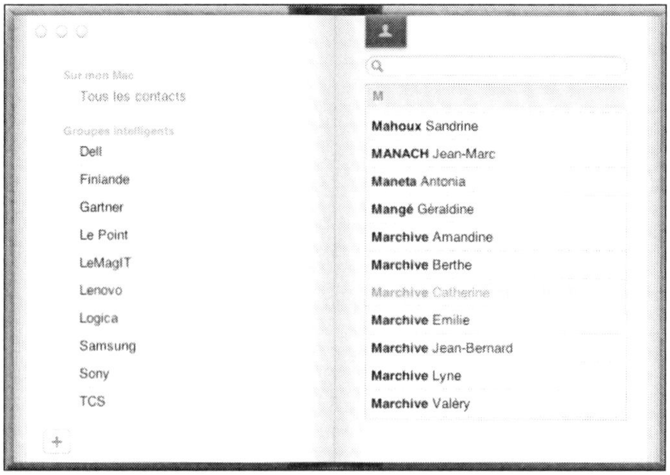

Figure 12-6 Affichage des groupes.

3. Donnez un nom au groupe nouvellement créé en tapant dans le champ surligné.
4. Cliquez sur **Tous les contacts** dans la colonne **Groupe**.
5. Glissez-déposez les contacts depuis la partie droite de la fenêtre sur le nouveau groupe pour les y ajouter.

   L'ajout est immédiat.

Note Les contacts classés dans des groupes continuent d'apparaître dans le groupe **Tous les contacts**. La suppression d'un groupe – qui se fait impérativement *via* le menu **Édition** – n'entraîne pas la suppression des contacts qui y ont été rangés.

Astuce Pour aller encore plus vite, sélectionnez plusieurs contacts dans la colonne **Nom**, puis déroulez le menu **Fichier ➜ Nouveau groupe à partir de la sélection**.

Les groupes intelligents

Les groupes intelligents du Carnet d'adresses fonctionnent selon le même principe que les dossiers intelligents du Finder (chapitre 30) : ils font apparaître au sein d'un même groupe virtuel les contacts répondant aux critères d'une recherche réalisée par Spotlight (chapitre 1).

La création d'un groupe intelligent est une opération simple :

1. Déroulez le menu **Fichier ➜ Nouveau Groupe intelligent**.
2. Indiquez un nom pour votre nouveau groupe intelligent dans le champ *ad hoc.*

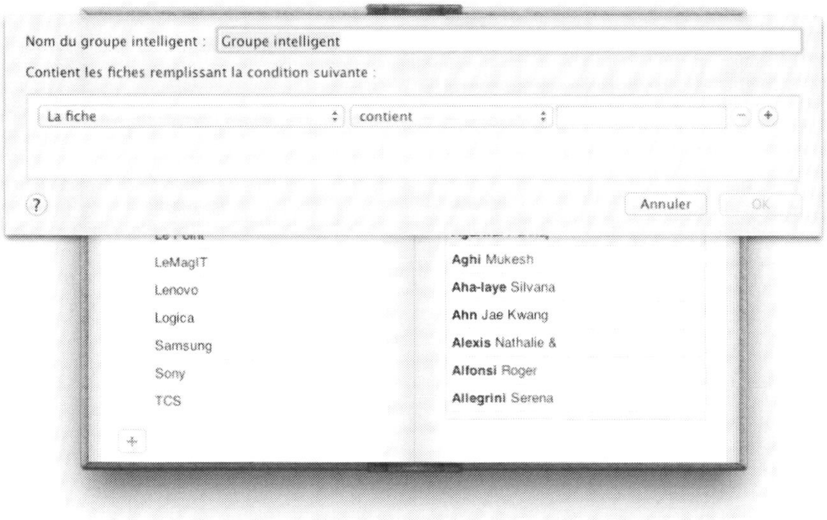

Figure 12-7 Création d'un nouveau groupe intelligent.

3. Déroulez liste **La fiche** et sélectionnez l'un des critères de recherche à partir duquel filtrer les contacts.
4. Définissez les conditions disponibles pour le critère sélectionné.
5. Cliquez sur le bouton + pour ajouter des critères supplémentaires et affiner ainsi le contenu du groupe intelligent.
6. Cliquez sur **OK**.

Votre nouveau groupe intelligent est mis à jour automatiquement en cas de modification de fiche ou de création de nouveau contact. Dans ce cas, il sera surligné pour être mis en évidence.

Astuce Vous pouvez également créer un groupe intelligent à partir des résultats d'une simple recherche parmi vos contacts.

S'abonner à un carnet d'adresses partagé

En entreprise, ou *via* .Mac, des annuaires peuvent être partagés à l'intention des autres utilisateurs.

Attention Les carnets d'adresses partagés avec MobileMe ne sont accessibles qu'aux abonnés MobileMe.

1. Pour profiter d'un tel carnet d'adresses, déroulez le menu **Fichier**.
2. Sélectionnez **S'abonner à un carnet d'adresses**.
3. Indiquez le nom de l'utilisateur MobileMe au carnet duquel vous voulez accéder.
4. Cliquez sur **OK**.

Note En entreprise, les annuaires des collaborateurs sont souvent partagés selon le protocole LDAP, reconnu automatiquement par le Carnet d'adresses. Les annuaires LDAP apparaissent dans le groupe **Annuaires**. À défaut, il est possible d'ajouter manuellement des services LDAP *via* les **Préférences** du Carnet d'adresses, sous l'onglet **LDAP**. Le Carnet d'adresses supporte aussi les annuaires partagés *via* le protocole CardDAV et les serveurs d'entreprise Microsoft Exchange Server 2003/2007/2010. Le tout via les **Préférences**, sous l'onglet **Comptes**.

Informer ses contacts d'un changement d'adresse

Voilà une fonction qui va simplifier la vie de tous ceux qui déménagent ou, plus simplement, changent de numéro de téléphone ou d'adresse e-mail : il s'agit de prévenir plusieurs contacts d'un changement dans sa fiche personnelle, d'un coup d'un seul.

1. Déroulez le menu **Fichier ➜ Aviser des changements de ma fiche**.
2. Cochez les cases à gauche des groupes à notifier.
3. Indiquez l'objet de votre message dans le champ *ad hoc*.
4. Modifiez le message prédéfini à votre convenance.
5. Cliquez sur **Envoyer**.

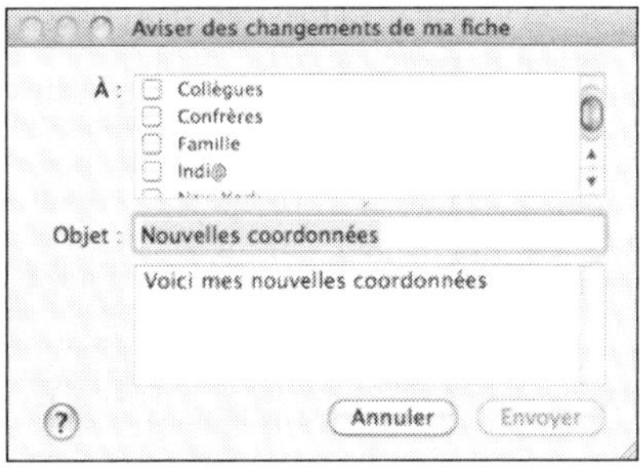

Figure 12-8 Notifier un changement de coordonnées.

Configurer le Carnet d'adresses

Le Carnet d'adresses permet à son utilisateur de personnaliser plusieurs éléments, à commencer par la manière dont les fiches sont classées et affichées dans la liste. Le Carnet d'adresses peut en outre synchroniser ses données avec des serveurs Microsoft Exchange d'entreprise ou encore CardDAV, avec Mac OS Lion Server, notamment.

Tout cela doit être configuré dans les préférences du Carnet d'adresses. Pour y accéder, déroulez le menu **Carnet d'adresses → Préférences**.

Modifier l'affichage des fiches

Pour modifier la manière dont les fiches des contacts sont présentées dans les listes du Carnet d'adresses, activez l'onglet **Général**.

- Selon la présentation que vous préférez, validez l'option **Avant le nom de famille** ou **Après le nom de famille** pour l'affichage du prénom.
- Déroulez la liste **Trier selon** et choisissez **Nom de famille** ou **Prénom** selon ce qui sera le plus simple pour vous.

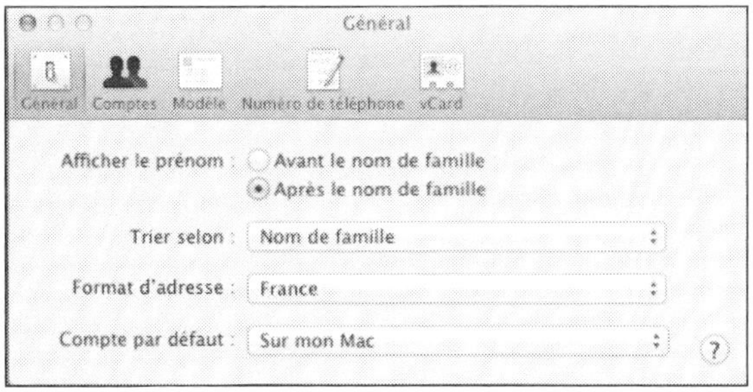

Figure 12-9 Règles de tri et d'affichage des fiches des contacts.

Si vous utilisez plusieurs comptes de gestion de contacts – Carnet d'adresses local, service iCloud, serveur CalDAV, *etc.* –, déroulez la liste **Compte par défaut** et sélectionnez celui qui sera utilisé en priorité par le Carnet d'adresses.

Viennent ensuite les options de mise en forme automatique des numéros de téléphone :

1. Activez l'onglet **Numéro de téléphone**.
2. Déroulez la liste **Format** et sélectionnez le format selon lequel vous souhaitez que le Carnet d'adresses mette en forme les numéros de téléphone que vous tapez.

Note Le Carnet d'adresses sait s'adapter automatiquement aux formats de numéros de téléphones étrangers pour peu que l'on prenne la peine de les enregistrer avec l'extension internationale du pays concerné.

Modifier la fiche par défaut

Lorsque vous enregistrez un nouveau contact, le Carnet d'adresses vous présente une fiche standard, dont les champs ont été prédéfinis par Apple. Ceux-là ne sont peut-être pas adaptés à vos usages.

1. Pour modifier la fiche par défaut, activez l'onglet **Modèle**.
2. Modifiez la fiche par défaut comme vous modifieriez la fiche d'un nouveau contact.
3. Refermez la fenêtre des préférences lorsque vous avez fini.

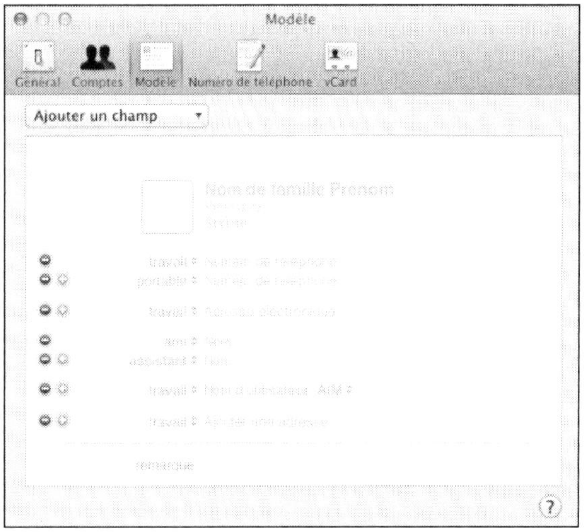

Figure 12-10 Personnalisation du modèle des fiches vierges.

Synchroniser avec des services d'organisation personnelle

Si vous souhaitez pouvoir accéder au contenu du Carnet d'adresses à distance, *via* le carnet d'adresses de Yahoo! ou le portail Web d'un serveur Microsoft Exchange, activez l'onglet **Comptes**.

- Pour activer la synchronisation avec un serveur Microsoft Exchange, cliquez sur le bouton + en bas de la liste des comptes, puis déroulez la liste **Type de compte** et sélectionnez **Exchange**.

1. Dans les champs *ad hoc*, indiquez votre nom complet, votre mot de passe et votre adresse électronique.
2. Cliquez sur **Créer**.

- Pour activer la synchronisation avec un carnet d'adresses CardDAV (Mac OS X Lion Server ou Zimbra, par exemple), cliquez sur bouton + en bas de la liste des comptes, puis déroulez la liste **Type de compte** et sélectionnez **CardDAV**.

1. Dans les champs *ad hoc*, indiquez vos nom d'utilisateur et mot de passe, puis l'adresse sur le serveur CardDAV.
2. Cliquez sur **Créer**.

À l'issue de la création de ces comptes externes, un nouveau groupe apparaît : celui du compte nouvellement créé. Vos capacités d'intervention sur les groupes et les fiches de contacts de ces carnets d'adresses externes peuvent être limitées par l'administrateur du serveur correspondant.

Chapitre 13

Gérer son emploi du temps

Au menu de ce chapitre

- Enregistrer un rendez-vous
- Planifier une réunion
- Enregistrer une tâche
- Chercher un rendez-vous ou une tâche
- Changer l'affichage de l'agenda
- Gérer ses calendriers
- Partager ses calendriers
- Accéder à un calendrier partagé
- Régler iCal selon ses besoins

iCal est l'organiseur électronique de Lion. Dans le Dock, il s'identifie facilement à son icône de… calendrier affichant toujours la date du jour.

iCal permet de suivre ses rendez-vous, ses tâches sur plusieurs agendas à la fois pour, par exemple, dissocier vie privée et vie professionnelle. Les tâches et les rendez-vous associés à chaque calendrier sont identifiés par des couleurs distinctes.

Mais iCal va plus loin. Véritable outil de travail collaboratif, iCal permet d'organiser des réunions, en liaison avec le Carnet d'adresses, de partager des calendriers en famille ou entre collègues, ou encore de s'abonner à des calendriers partagés.

Cette fonction de partage de calendrier est si efficace que le site Web iCalShare (`http://www.icalshare.com/`) recense les calendriers d'intérêt collectif. Ce site recense des calendriers partagés portant sur des sujets aussi variés que les vacances scolaires, les séries TV, ou encore les matchs de foot.

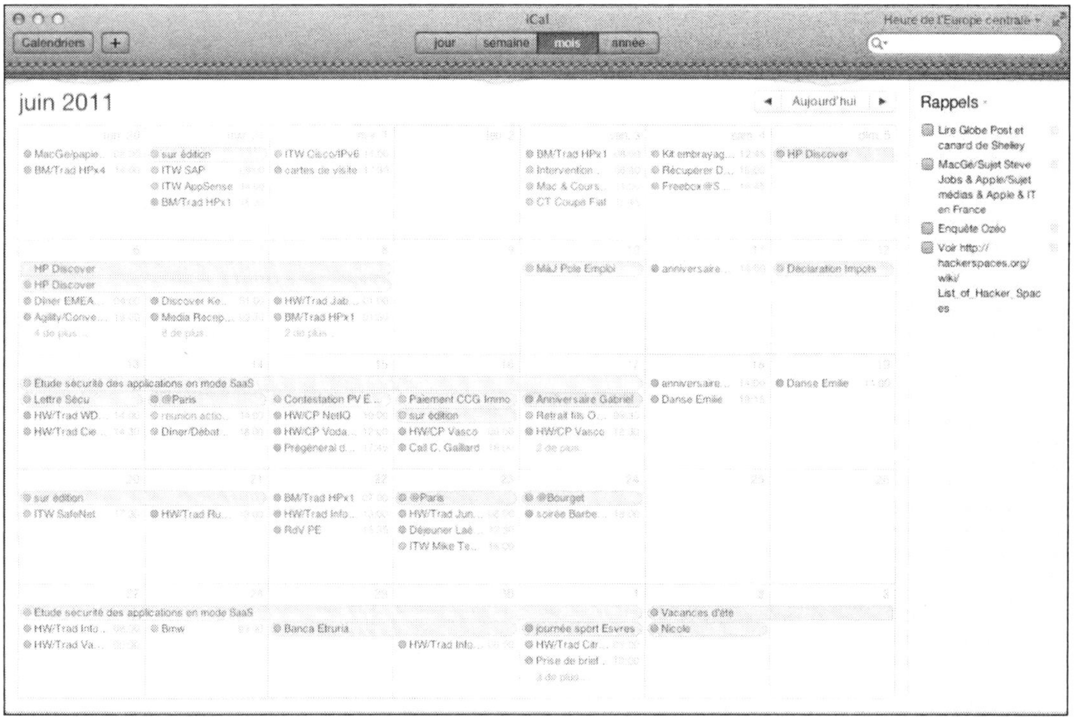

Figure 13-1 Fenêtre principale d'iCal, en affichage mensuel.

Enregistrer un rendez-vous

L'enregistrement d'un nouvel événement est l'une des opérations de base d'iCal. Du coup, Apple semble s'être attaché à la rendre particulièrement simple en proposant plusieurs options particulièrement efficaces :

- Cliquez sur le bouton + en haut à gauche, dans la barre d'outils d'iCal. Tapez alors les éléments d'information sur votre rendez-vous, en langage naturel – en utilisant par exemple une date et une heure précises, mais aussi « matin, midi, soir, dîner », *etc.* –, sur le modèle du texte grisé de la fenêtre qui apparaît. Validez ensuite par **Entrée**.

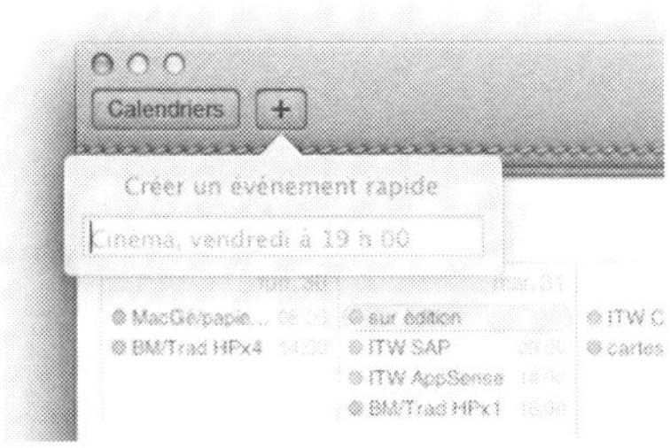

Figure 13-2 Création rapide d'un nouvel événement.

- Double-cliquez sur une date et une heure dans le cadre principal d'iCal. Un nouvel événement est créé à l'heure et la date choisis ; il ne vous reste plus qu'à en indiquer l'intitulé.
- Déroulez le menu **Fichier ➜ Nouvel événement**.

Bon à savoir L'intitulé d'un événement peut être modifié à tout moment : il suffit de double-cliquer dessus.

Astuce Vous pouvez créer un événement à partir de n'importe quelle information textuelle, depuis la plupart des applications de Mac OS X Lion : il vous suffit de sélectionner et de faire un clic droit sur une date écrite, puis de sélectionner **Créer un événement iCal**.

Affiner l'enregistrement d'un rendez-vous

Le simple intitulé des rendez-vous est suffisant généralement pour suivre son planning. Mais parfois, plus d'informations sont nécessaires.

Pour détailler l'enregistrement d'un rendez-vous, double-cliquez dessus dans la fenêtre d'iCal :

1. Cliquez sur le bouton **Modifier** (figure 13-3).
   - À la rubrique **Lieu**, cliquez sur **Aucun** et saisissez le lieu de l'événement.
   - Le cas échéant, cochez la case **Toute la journée**.
   - Dans le cas d'un événement récurrent, déroulez la liste **récurrence** et sélectionnez le rythme des occurrences.
   - Déroulez la liste **alerte** et sélectionnez l'une des options proposées pour qu'iCal vous prévienne avant l'occurrence de l'événement.
   - Si vous le souhaitez, utilisez les champs **URL** et **Remarque** pour compléter la description.
2. Lorsque vous avez fini, cliquez sur le bouton **Terminé**.

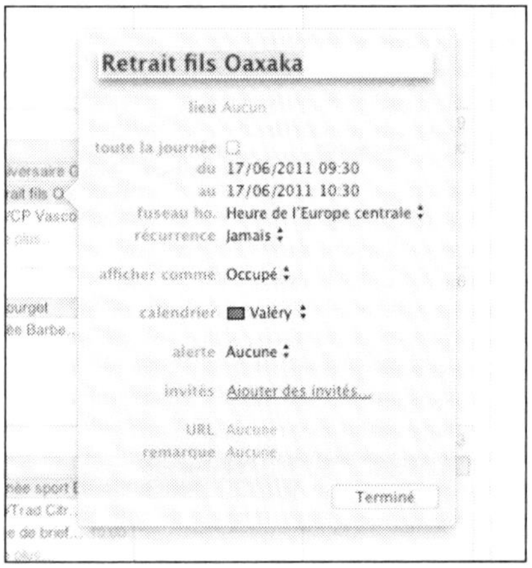

Figure 13-3 Édition des détails d'un événement.

Planifier une réunion

Lors de l'enregistrement d'un événement, iCal peut, à la demande de son utilisateur, convier des internautes à l'événement en leur adressant des courriers électroniques d'invitation. Cette fonction s'avère particulièrement utile dans la planification d'une réunion et même d'une simple fête entre amis ou en famille.

1. Pour lancer des invitations avec iCal, double-cliquez sur l'événement.
2. Cliquez sur le bouton **Modifier**.
3. Cliquez sur le lien **Ajouter des invités**. Tapez alors les noms des invités dans le champ de saisie.

Le Carnet d'adresses est automatiquement sollicité pour compléter les informations au fil de la frappe (figure 13-4).

4. Lorsque votre liste d'invités est complète, cliquez sur le bouton **Envoyer**.

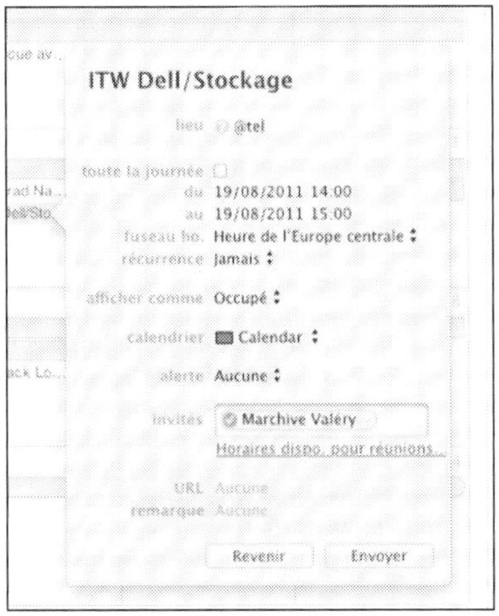

Figure 13-4 Invitation de contacts à un événement.

Enregistrer un rappel

Comme tout bon logiciel d'organisation personnelle digne de ce nom, iCal permet de gérer des listes de tâches à réaliser, à la façon d'un bloc-notes. Mais il parle de *rappels*.

- Pour afficher les listes des rappels, déroulez le menu **Présentation ➜ Afficher les rappels**.
- Ou bien cliquez sur le bouton illustré par une punaise, en bas à droite de la fenêtre d'iCal (figure 13-5).

Figure 13-5 Liste de rappels.

Pour créer un nouveau rappel :

1. Déroulez le menu **Fichier → Nouveau rappel,** ou bien double-cliquez sur un espace vide dans la liste de rappels.
2. Tapez l'intitulé de votre rappel dans le champ surligné.
3. Validez par **Entrée**.

Par défaut, les rappels ne sont pas associés à une date.

1. Pour associer une date butoir à un rappel, double-cliquez sur la tâche correspondante et cliquez sur le bouton **Modifier**.

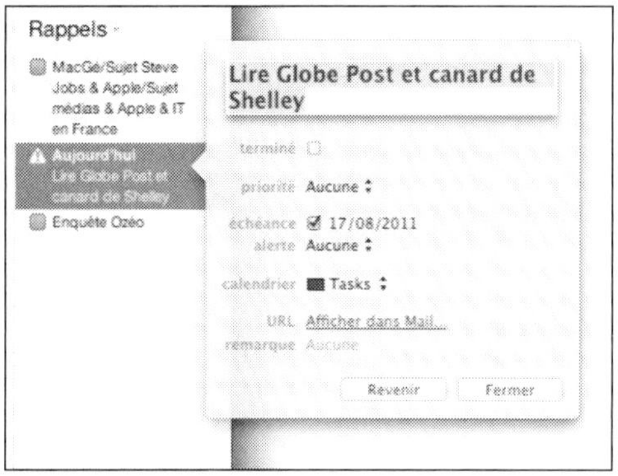

Figure 13-6 Détails d'un rappel.

2. Cochez la case **échéance** et sélectionnez une date.
3. Déroulez la liste **alerte** si vous souhaitez qu'iCal vous prévienne avant l'échéance du rappel ; sélectionnez le type d'alarme voulu.
4. Le cas échéant, complétez les détails du rappel avec les champs **URL** et **Remarque**.
5. Lorsque vous avez fini, cliquez sur **Fermer**.

Rappel échu

Lorsqu'une tâche a été accomplie, cochez la case à gauche du rappel concerné dans la liste des rappels.

Pour supprimer une tâche, sélectionnez-la dans la liste puis déroulez le menu **Édition → Supprimer**.

Chercher un rendez-vous ou une tâche

Comme de nombreuses applications pour Mac OS X Lion, iCal propose un champ de recherche dans sa barre d'outils. Les recherches effectuées à partir de ce champ portent sur l'intégralité des calendriers suivis dans iCal, y compris les calendriers partagés.

1. Cliquez sur la loupe du champ de recherche et sélectionnez le type de recherche que vous voulez effectuer (figure 13-7).

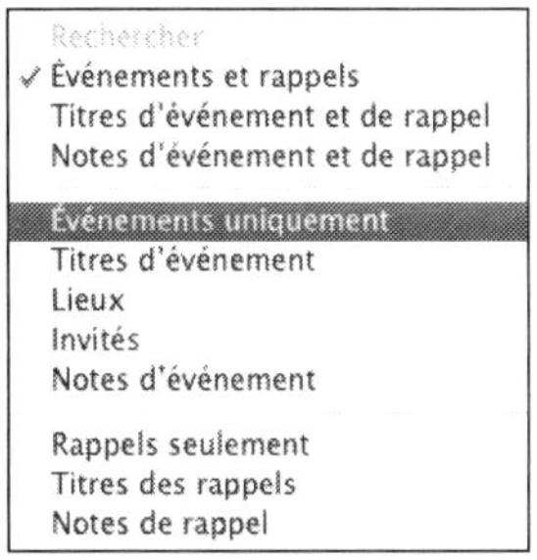

Figure 13-7 Liste des options de recherche dans iCal.

2. Tapez le sujet de votre recherche dans le champ de recherche et validez par **Entrée**.

Les résultats de votre recherche sont aussitôt affichés sous la forme d'une liste dans un cadre dédié en bas de la fenêtre d'iCal.

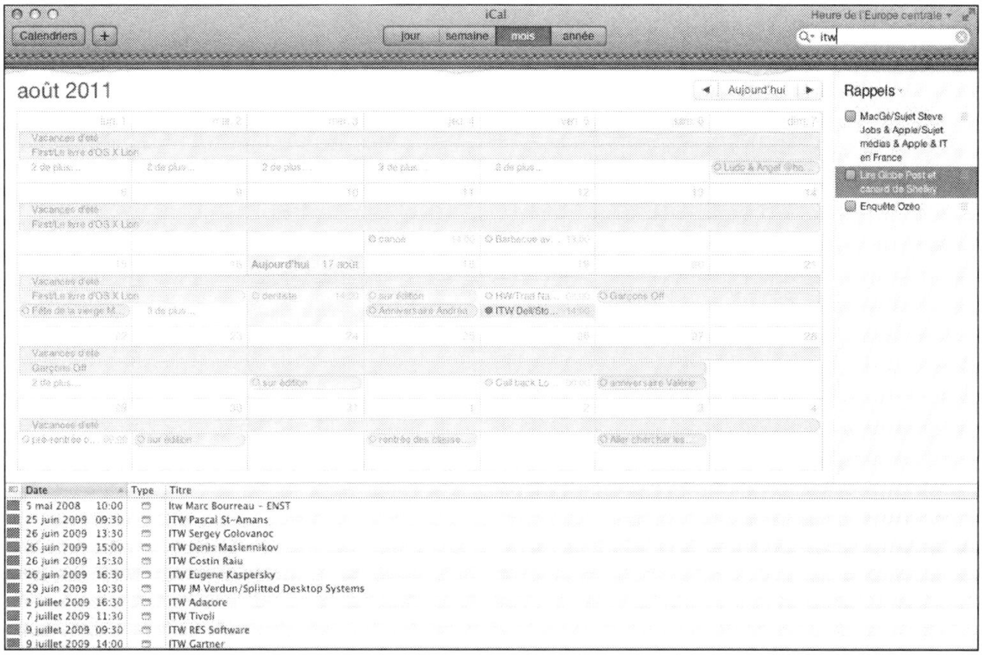

Figure 13-8 Résultats d'une recherche dans iCal.

Changer l'affichage de l'agenda

Par défaut, iCal présente les calendriers par semaines. Cet affichage peut être modifié à tout moment à l'aide des trois boutons **Jour**, **Semaine**, **Mois** et même **Année** de la barre d'outils d'iCal.

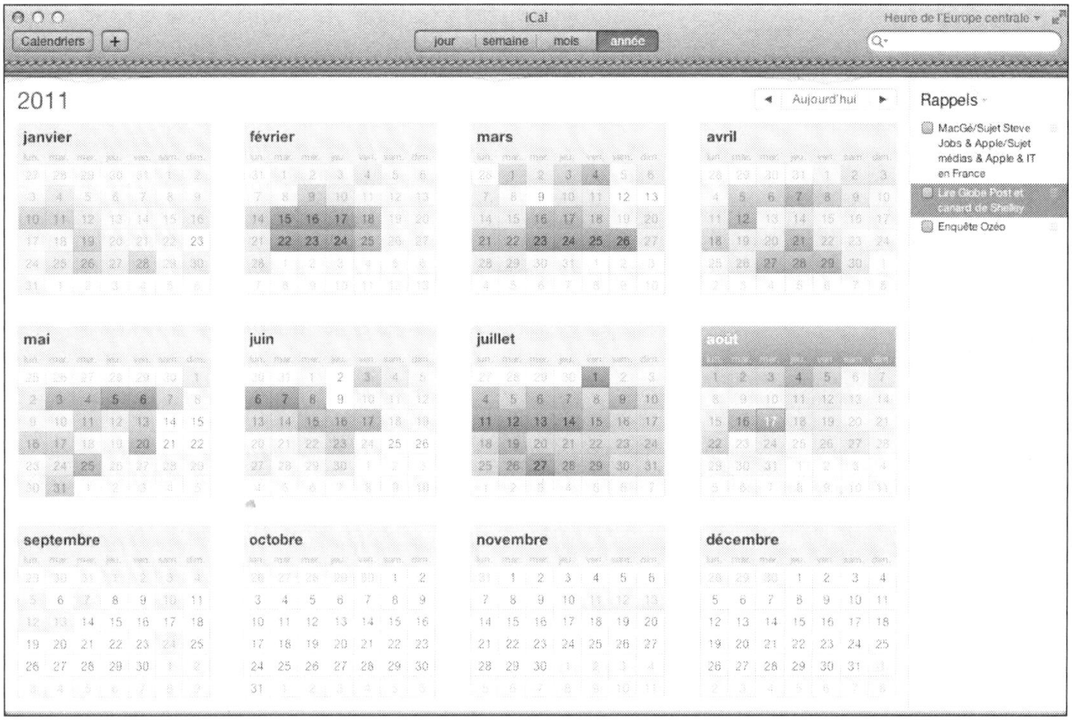

Figure 13-9 Présentation par années : les jours les plus foncés sont les plus remplis de rendez-vous.

Les flèches gauche et droite de la barre d'outils permettent, selon l'affichage, de passer d'un jour à l'autre, d'une semaine à l'autre, ou d'un mois à l'autre. Le bouton **Aujourd'hui** permet de revenir au jour courant.

Astuce Afficher plus de jours dans la présentation hebdomadaire ? C'est un peu dense mais c'est possible. Pour cela, lancez le Terminal et tapez `defaults write com.apple.iCal IncludeDebugMenu 1` puis validez par **Entrée**. Relancez iCal puis déroulez le menu **Debug → Top Sekret → Days in Week View** et sélectionnez le nombre de jours que vous voulez afficher dans la présentation hebdomadaire !

Pour accéder à plus d'options d'affichage d'iCal, déroulez le menu **Présentation** (figure 13-10).

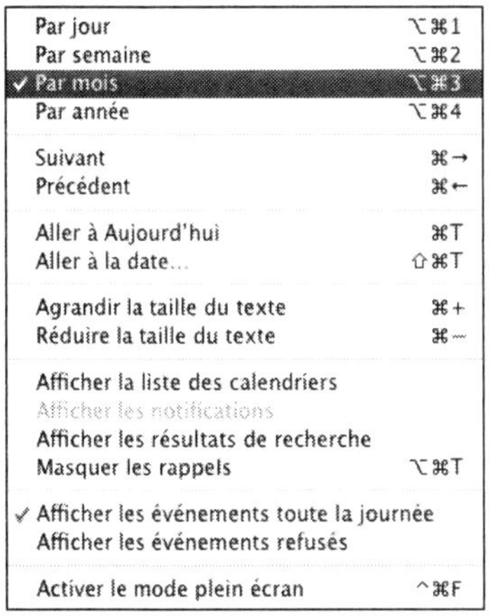

Figure 13-10 Les options de présentation d'iCal.

Gérer ses calendriers

iCal permet de gérer les rappels et les événements associés à plusieurs calendriers différents. Dans la fenêtre d'iCal, chaque élément appartenant à un calendrier est identifié par la couleur spécifiquement associée à ce calendrier. Leur différenciation se fait d'un coup d'œil.

1. Pour créer un nouveau calendrier, déroulez le menu **Fichier → Nouveau calendrier** ou cliquez sur le bouton + en bas à gauche de la fenêtre d'iCal.
2. Tapez le nom du calendrier dans le champ surligné à cet effet, dans la colonne latérale gauche de la fenêtre d'iCal.

iCal attribue une couleur par défaut à chaque nouveau calendrier.

1. Pour changer la couleur d'un calendrier, sélectionnez-le et tapez **cmd+I**.
2. Déroulez la liste à droite du champ **Nom** (figure 13-11).
3. Sélectionnez la couleur voulue.
4. Cliquez sur **OK**.

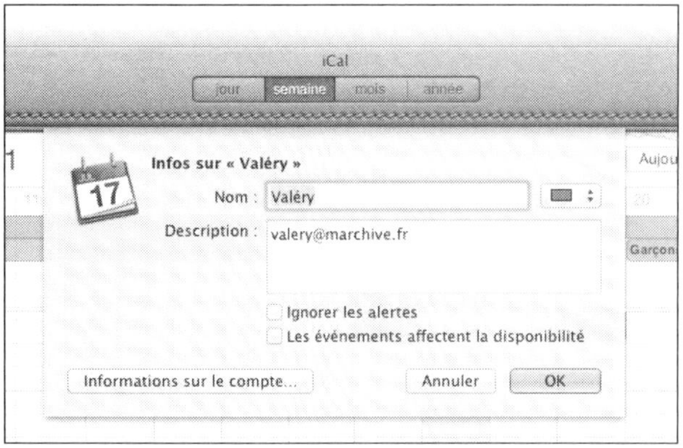

Figure 13-11 Personnalisation d'un calendrier.

Le nombre de calendriers peut vite augmenter : imaginons par exemple le cas d'un calendrier par enfant pour mieux suivre les activités périscolaires de chacun d'eux. iCal permet de regrouper ces calendriers au sein d'un groupe de calendriers : l'accès au planning des activités des enfants s'en voit simplifié.

1. Pour créer un groupe de calendriers, déroulez le menu **Fichier → Nouveau groupe de calendriers**.
2. Tapez le nom du groupe de calendriers dans le champ surligné à cette fin, dans la colonne latérale gauche de la fenêtre d'iCal.
3. Glissez-déposez les calendriers voulus sur le groupe de calendriers.

Affichage sélectif

Pour concentrer votre attention sur un calendrier ou un groupe de calendriers précis, iCal vous permet de cacher les autres :

1. Cliquez sur le bouton **Calendriers** pour afficher la liste des calendriers.
2. Pour cacher – et réciproquement afficher – un calendrier ou un groupe de calendriers, décochez ou cochez la case correspondante dans la liste des calendriers.

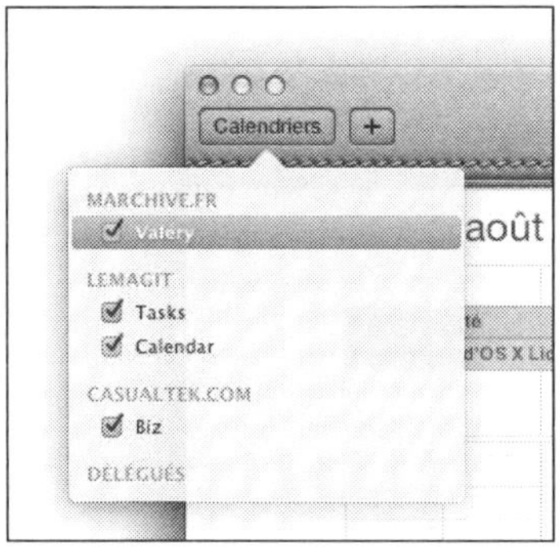

Figure 13-12 La liste des calendriers.

Suppression de calendrier

Si vous n'avez plus l'usage de l'un des calendriers que vous avez créés dans iCal, il vous est possible de le supprimer à tout moment :

1. Sélectionnez le calendrier concerné.
2. Déroulez le menu **Édition ➜ Supprimer**.

Partager ses calendriers

iCal permet de profiter, sur son Mac, de calendriers partagés par d'autres utilisateurs. De la même manière, iCal permet de partager ses propres calendriers. En entreprise, cela peut passer par un serveur Mac OS X Lion Server. Pour les utilisateurs isolés, un simple serveur Web suffit généralement.

1. Pour partager un calendrier, faites un clic droit dessus dans la colonne latérale gauche de la fenêtre d'iCal.
2. Sélectionnez **Publier**.
3. Indiquez un intitulé explicite dans le champ **Publier le calendrier sous**.
4. Déroulez la liste **Publier sur** et sélectionnez **Serveur privé** :
    1. Indiquez l'adresse de votre serveur Web dans le champ **URL de Base**.
    2. Indiquez vos login et mot de passe dans les champs *ad hoc.*
5. Cochez la case **Publier automatiquement les modifications** si vous souhaitez une mise à jour en temps réel de votre calendrier sur Internet.

6. Selon ce que vous souhaitez, cochez aussi les cases **Publier les alarmes**, **Publier les pièces jointes** et **Publier les tâches**.
7. Cliquez sur le bouton **Publier**.

Le transfert et la publication sur Internet commencent aussitôt.

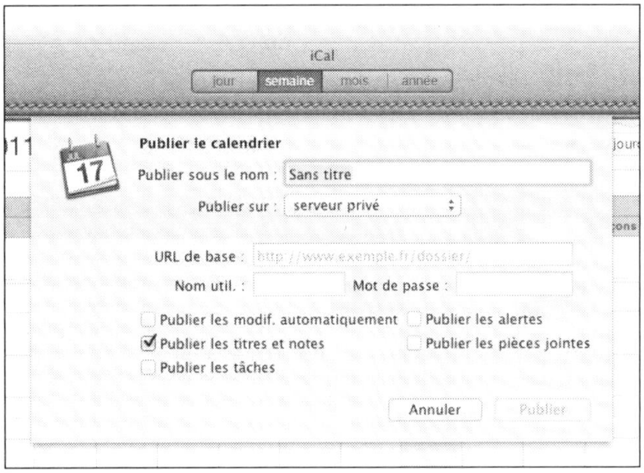

Figure 13-13 Publication d'un calendrier.

Accéder à un calendrier partagé

La plupart des calendriers partagés sont très aisément accessibles :

1. Pour profiter d'un calendrier partagé, déroulez le menu **Calendrier → s'abonner**.
2. Indiquez l'adresse Web du calendrier partagé dans le champ prévu à cet effet.
3. Cliquez sur **S'abonner**.

Le calendrier partagé est automatiquement ajouté à la liste de vos calendriers.

Note Lorsque vous cliquez sur le lien d'un calendrier partagé sur le Web, dans une page affichée par Safari, iCal s'y abonne automatiquement.

Régler iCal selon ses besoins

Flexible, iCal accepte que l'on personnalise son affichage des calendriers selon ses besoins :

1. Déroulez le menu **iCal ➜ Préférences**.
2. Activez l'onglet **Général**.
3. Déroulez la liste **Nombre de jours par semaine** et sélectionnez, au choix, **5** ou **7**, selon que vous souhaitez que l'affichage hebdomadaire présente le planning de 5 ou 7 jours.
4. Déroulez la liste **La semaine commence le** et sélectionnez le **lundi**.

Astuce Remarquez la liste **Défiler dans la présentation par semaine par** : elle vous permet de préciser si vous souhaitez, dans la présentation par semaines, que les flèches gauche et droite de la barre d'outils provoquent un défilement semaine par semaine ou jour par jour. La seconde option revient donc à afficher en permanence 7 jours de rendez-vous mais en les parcourant en semaine glissante.

5. Déroulez les listes **la journée commence à** et **la journée se termine à**, et sélectionnez les horaires correspondant à votre rythme.
6. Déroulez la liste **Afficher** et sélectionnez le nombre d'heures qu'iCal devra s'efforcer d'afficher par jour dans les présentations par semaines et par jours.
   - Le cas échéant, cochez la case **Afficher les heures des événements**.
   - Cochez la case **Afficher le calendrier des anniversaires** si vous souhaitez qu'iCal génère automatiquement un calendrier dédié aux anniversaires à partir des données du Carnet d'adresses.

Note iCal peut vous dispenser de définir manuellement des alarmes pour vos rendez-vous : cochez la case **Ajouter une alarme par défaut pour tous les nouveaux événements et invitations** et indiquez combien de minutes à l'avance vous souhaitez être alerté dans le champ correspondant.

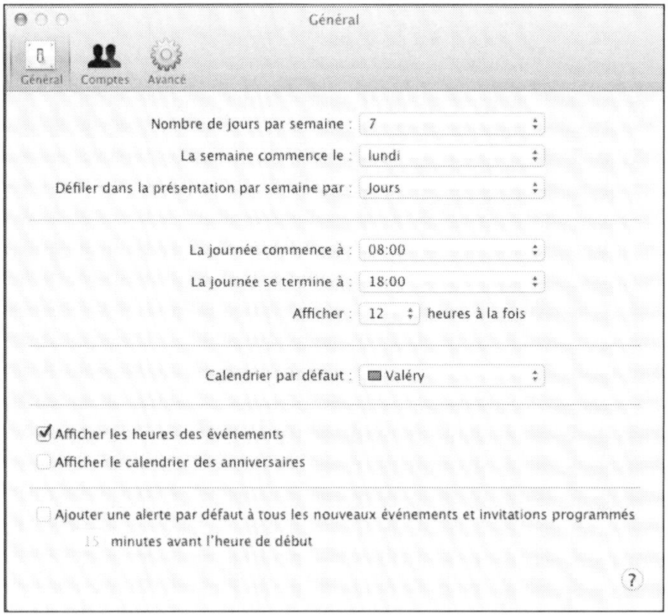

Figure 13-14 Paramètres généraux d'iCal.

Les calendriers externes

Il est des calendriers externes auxquels vous souhaiterez non seulement vous abonner pour les consulter, mais que vous voudrez aussi, sinon surtout, pouvoir modifier. Ce peut être le cas d'un agenda d'entreprise sur serveur Exchange, Mac OS X Server, Zimbra ou Gmail et Google Apps, notamment. Pour cela, il vous faut déclarer les comptes correspondant à ces calendriers professionnels.

1. Déroulez le menu **iCal ➜ Préférences**.
2. Activez l'onglet **Comptes**.
3. Cliquez sur le bouton + en bas de la liste des comptes pour ajouter un nouveau compte.
4. Déroulez la liste **Type de Compte** et sélectionnez le type de compte avec lequel vous voulez travailler : CalDAV, Exchange, Yahoo!, Google ou iCloud.
5. Remplissez les champs suivants en fonction des données d'accès dont vous disposez.
6. Cliquez sur **Créer** : vous pouvez accéder librement à votre calendrier externe, *via* iCal.

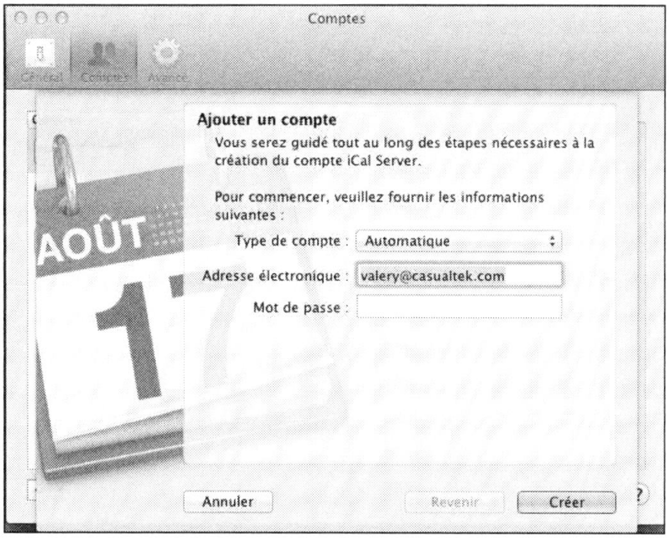

Figure 13-15 Création d'un compte de calendrier distant.

Astuce Une fois que vous avez enregistré votre calendrier externe, pensez à vérifier les paramètres associés : avec un compte CalDAV, par exemple, vous pouvez modifier la description qui sera affichée dans iCal pour identifier le calendrier correspondant. Mais, souvent, des options dites de délégation vous permettent d'aller encore plus loin et de vous abonner directement aux agendas de vos collègues.

Options avancées

L'onglet **Avancé** d'iCal recèle quelques options bienvenues mais qu'Apple, à défaut de chercher à en améliorer l'accessibilité ou de réussir à en établir un classement pertinent, a préféré regrouper là.

Les voyageurs apprécieront particulièrement celle-ci :

1. Cochez la case **Activer la gestion des fuseaux horaires** si vous souhaitez gérer votre agenda en tenant compte du décalage horaire.

Astuce Une fois cette option activée, un texte d'indication du fuseau horaire apparaît, en haut à droite de la fenêtre d'iCal. Cliquez dessus pour changer le fuseau horaire d'affichage des événements : de la sorte, lorsque vous créez un nouvel événement, vous êtes sûr de toujours le faire selon l'heure locale de l'endroit où vous vous trouvez. Cela vous sera particulièrement utile si vous synchronisez votre Mac avec votre iPhone ou votre iPod Touch pour gérer votre emploi du temps.

Chapitre

14

Visualiser des images et des fichiers PDF

Au menu de ce chapitre

- Visualiser un fichier
- Travailler sur plusieurs fichiers
- Recadrer une photo
- Retoucher une photo
- Enregistrer une copie
- Annoter des documents et des photos
- Remplir des formulaires
- Enrichir un document PDF
- Signer ses fichiers

Aperçu s'apparente à une visionneuse de fichiers graphiques : fourni avec Lion, ce logiciel permet d'afficher les fichiers dans un grand nombre de formats, du simple JPEG au PDF en passant par les formats RAW de certains appareils photo numériques ainsi que la plupart des documents bureautiques.

Mais ce n'est pas tout : en matière de photographie, Aperçu propose quelques fonctions de retouche et de recadrage ; pour les PDF, Aperçu autorise l'insertion d'annotations dans les documents de même que le remplissage de formulaires électroniques, jusqu'à l'incrustation d'une signature numérique capturée à la webcam. Visite guidée.

Figure 14-1 L'icône d'Aperçu dans le Dock.

Visualiser un fichier

L'affichage de fichiers graphiques et PDF est la fonction première d'Aperçu. Pour l'utiliser :

- Ouvrez le fichier voulu d'un double clic sur son icône.
- Ou glissez-déposez l'icône du ficher sur celle d'Aperçu.

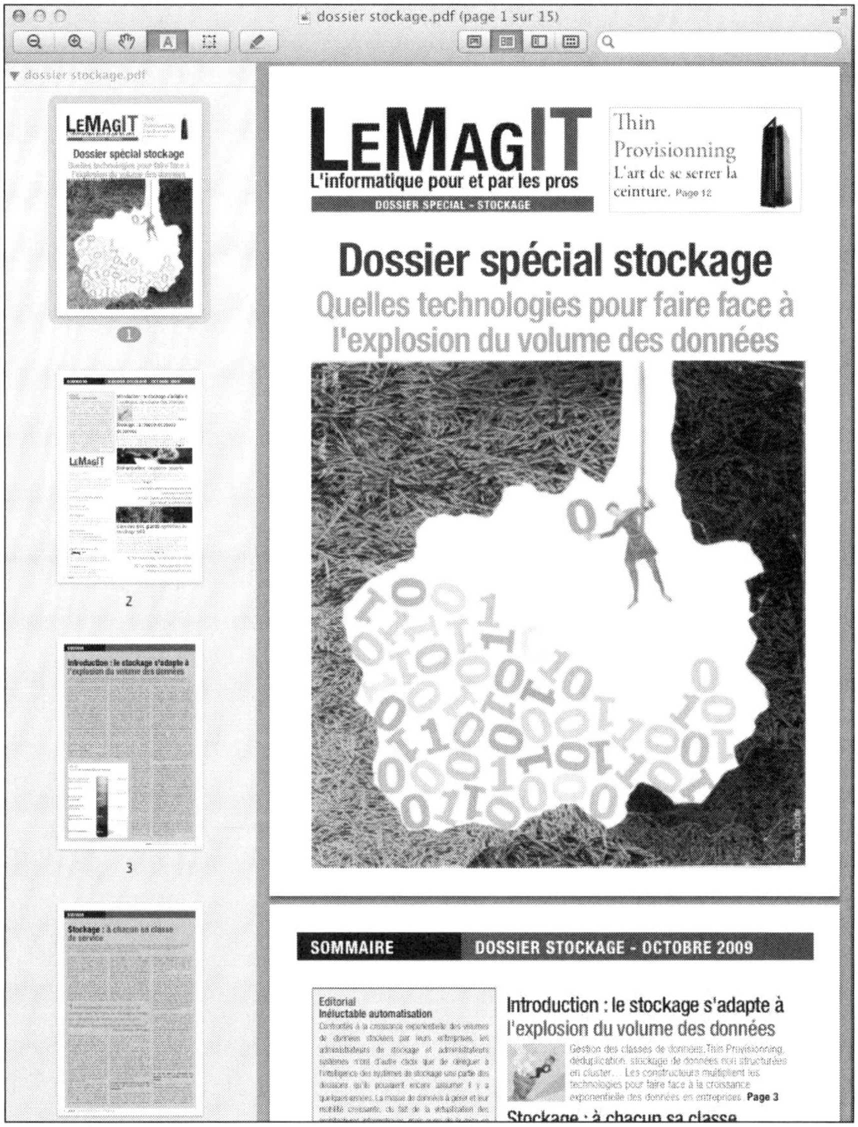

Figure 14-2 Un PDF ouvert dans Aperçu.

Aperçu se lance immédiatement et ouvre une fenêtre affichant le fichier. La barre d'outils d'Aperçu vous permet de profiter de votre fichier :

- Utilisez les boutons + et – de la barre d'outils pour agrandir ou réduire l'affichage.
- Si le fichier est trop agrandi pour la taille de la fenêtre, cliquez sur le bouton **Déplacer** et utilisez la souris pour déplacer la zone d'affichage.
- Déroulez le menu **Présentation** et sélectionnez **Taille réelle** pour ramener le fichier à sa taille native.

- Déroulez le menu **Présentation** et sélectionnez **Zoom pour adapter à la fenêtre** pour adapter le niveau d'agrandissement de l'affichage à la taille de la fenêtre.

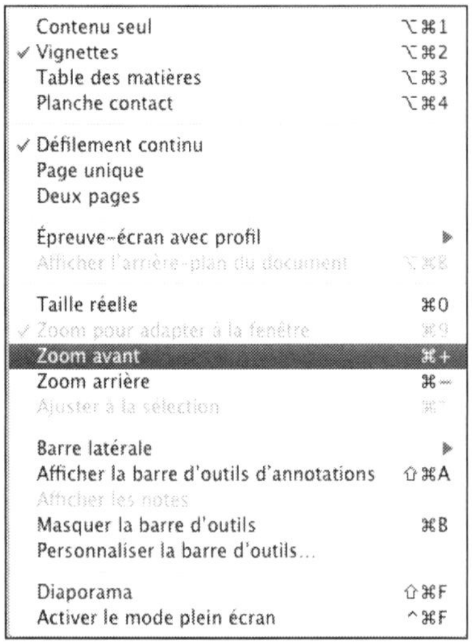

Figure 14-3 Le menu Présentation d'Aperçu.

Avec un fichier PDF, des éléments de présentation spécifiques sont disponibles, toujours dans le menu **Présentation** :

- **Page unique** : vous parcourez le fichier page par page. Chaque page est agrandie ou réduite pour occuper, au mieux, l'espace de la fenêtre. Si le fichier comporte plusieurs pages, utilisez les flèches **haut/bas** et **gauche/droite**, ou le défilement (vertical comme horizontal) de la souris, pour naviguer entre les pages.
- **Deux pages** : le principe est le même sinon que l'affichage est optimisé pour deux pages du document, dans une seule et même fenêtre.
- **Défilement continu** : le document est agrandi pour utiliser au mieux l'espace de la fenêtre mais plusieurs pages – ou moins d'une – peuvent apparaître dans la fenêtre.

Astuce La barre d'outils d'Aperçu peut être personnalisée. Pensez-y pour y ajouter les fonctions que vous utilisez le plus souvent !

Les options de la barre latérale

La barre latérale d'Aperçu est un véritable navigateur : elle présente les aperçus de chacune des pages du document PDF ouvert ou, dans le cas de plusieurs fichiers, de chacun des fichiers.

Vous pouvez intervenir sur l'affichage de la barre latérale à l'aide des quatre boutons situés dans la barre d'outils, à gauche du champ de recherche.

Figure 14-4 La barre d'outils standard d'Aperçu.

Certains fichiers – et notamment les documents PDF – peuvent contenir plusieurs pages :

- Cliquez sur le triangle à gauche du nom du fichier PDF, dans la barre latérale, pour refermer ou ouvrir l'aperçu des pages du document PDF concerné.

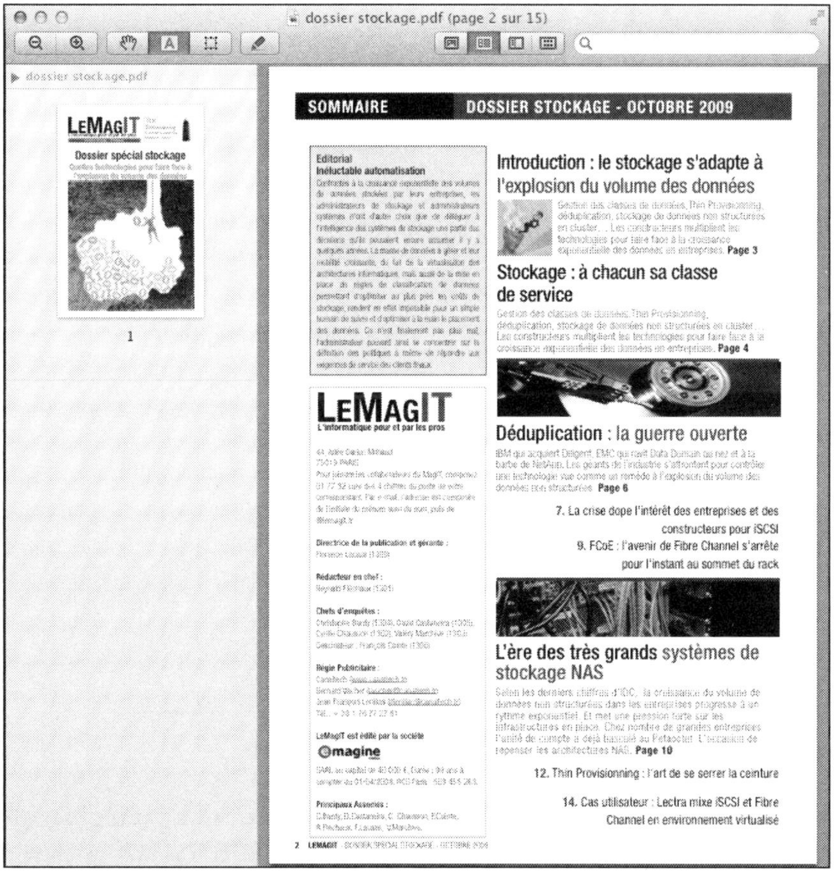

Figure 14-5 Fermeture et détail de l'aperçu des pages d'un document PDF.

Ce n'est pas tout. La barre latérale propose plusieurs modes d'affichage : il s'agit des quatre boutons du bloc, à gauche du champ de recherche.

- Le premier bouton permet de masquer la barre latérale.

- Le deuxième affiche les vignettes des pages ou des documents ouverts dans une même fenêtre sous la forme d'une liste verticale, dans la barre latérale.
- Le troisième permet d'accéder à l'éventuelle liste de pages ou de chapitres d'un fichier ouvert – ou des noms de plusieurs fichiers ouverts, le cas échéant –, sans vignette.
- Le quatrième permet d'afficher une planche-contact.

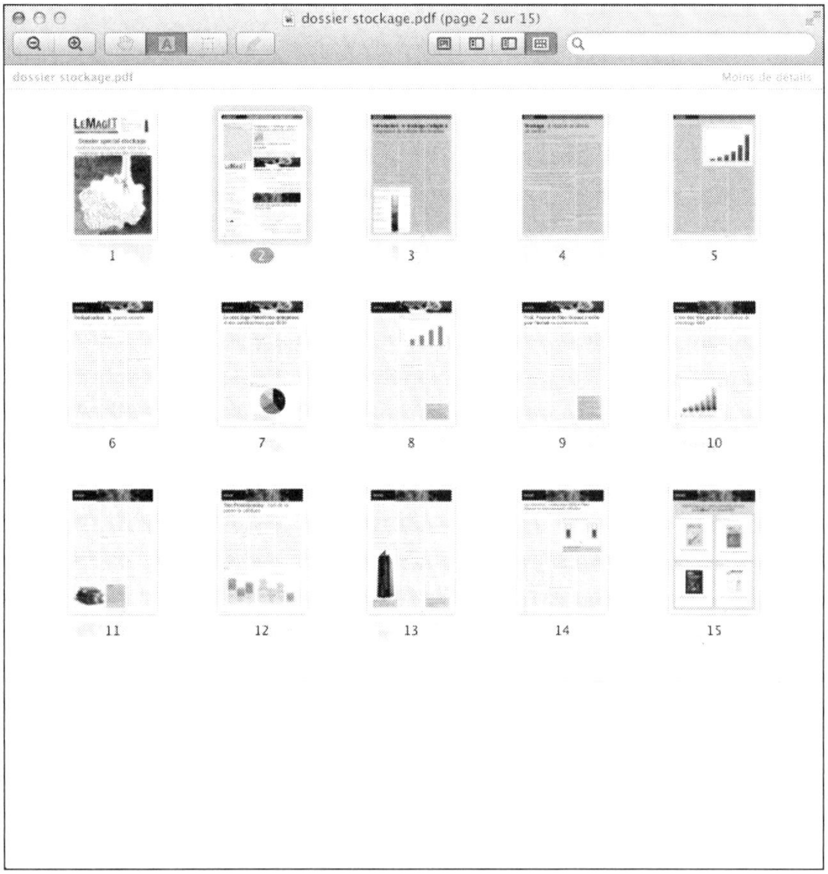

Figure 14-6 Affichage des vignettes en mode planche-contact.

Vous pouvez ajuster la largeur de la barre latérale à tout moment, en glissant-déposant sa ligne de séparation avec la partie principale de la fenêtre. La taille des vignettes est automatiquement ajustée.

Travailler sur plusieurs fichiers

Aperçu est capable d'ouvrir simultanément plusieurs fichiers – de même type (PDF, photos, *etc.*) comme de types différents – dans une ou plusieurs fenêtres :

- Ouvrez successivement vos fichiers avec Aperçu pour les afficher dans des fenêtres distinctes.
- Ouvrez en une fois plusieurs fichiers avec Aperçu pour les afficher dans une seule fenêtre.

Lorsque plusieurs fichiers sont ouverts dans une seule fenêtre, Aperçu présente la liste des fichiers sous forme de vignettes dans la barre latérale de sa fenêtre (figure 14-7).

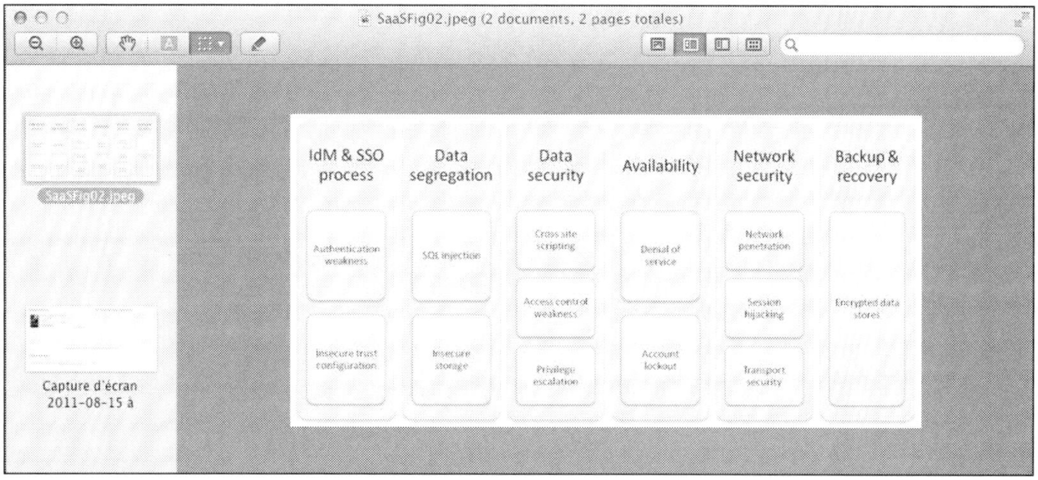

Figure 14-7 Plusieurs fichiers dans une seule fenêtre d'Aperçu.

Dans ce cas, utilisez les commandes de défilement classique de Lion (vertical et horizontal, à la souris, au clavier ou au trackpad) pour naviguer entre les photos sans passer par la barre latérale.

Mais la barre latérale d'Aperçu offre plusieurs fonctions bien pratiques :

- Glissez-déplacez les vignettes de la barre latérale pour changer l'ordre d'organisation des fichiers.
- Faites un clic droit sur la barre latérale et sélectionnez **Trier par** pour automatiser le tri des fichiers selon le critère de votre choix.
- Faites un clic droit sur une vignette et sélectionnez **Fermer** pour fermer spécifiquement le fichier concerné.
- Faites un clic droit sur une vignette et sélectionnez **Ouvrir dans une nouvelle fenêtre** pour ouvrir le fichier correspondant dans une fenêtre distincte.

Afficher un diaporama

Lorsque plusieurs fichiers sont ouverts dans une même fenêtre, il est possible de les afficher sous la forme d'un diaporama, en plein écran. Les photos sont présentées dans l'ordre dans lequel elles sont rangées dans la barre latérale d'Aperçu.

Pour cela, déroulez le menu **Présentation ➜ Diaporama**.

Le diaporama commence aussitôt.

Les commandes disponibles durant le diaporama sont affichées dans un bandeau en bas de l'écran avec, dans l'ordre :

- photo précédente ;
- mise en pause ;
- photo suivante ;
- et fin du diaporama.

Ce bandeau disparaît au bout de quelques secondes mais réapparaît en cas de déplacement de la souris.

Figure 14-8 Diaporama avec Aperçu.

Recadrer une photo

Le cadrage d'une photo étant rarement parfait, Aperçu est doté des outils de base nécessaires à un recadrage sommaire. Déroulez le menu **Outils** et sélectionnez la fonction de recadrage que vous voulez utiliser :

- **Rotation à gauche** pour tourner la photo dans le sens inverse des aiguilles d'une montre ;
- **Rotation à droite** pour tourner la photo dans le sens des aiguilles d'une montre ;
- **Inversion horizontale** pour retourner la photo selon un axe vertical ;
- **Inversion verticale** pour retourner la photo selon un axe horizontal.

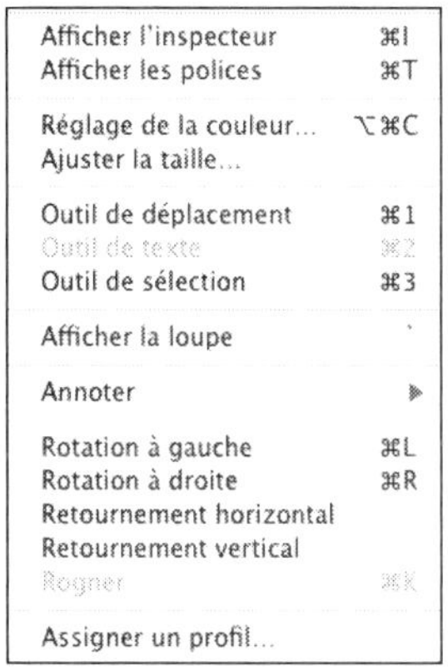

Figure 14-9 Le menu Outils d'Aperçu.

Astuce Vous avez un doute ? Besoin de voir de plus près un élément particulier d'une photo ? Bien sûr, vous pouvez agrandir... mais vous pouvez également faire appel à la loupe, accessible depuis le menu **Outils**.

Figure 14-10 La loupe d'Aperçu.

Enfin, il est possible de réduire une photo à une zone précise. Pour cela :

- Déroulez le menu **Outils → Outil de sélection**.
- Sélectionnez la zone voulue à la souris.
- Déroulez le menu **Outils → Rogner**. Ou appuyez sur la touche **esc** pour annuler.

Une fois que vous avez fini, déroulez le menu **Fichier → Enregistrer** pour sauvegarder les modifications.

Figure 14-11 Rognage d'une photo.

Retoucher une photo

Aperçu permet également d'ajuster différents réglages relatifs à la colorimétrie et à l'exposition d'une photo, et de rattraper ainsi, par exemple, un défaut de balance des blancs. Pour accéder à ces outils, déroulez le menu **Outils → Réglage de la couleur**. Une palette dédiée apparaît aussitôt en semi-transparence (figure 14-12) :

- Ajustez l'exposition, la luminosité, le contraste avec les glissières éponymes ou cliquez sur **Niveaux automatiques**.
- Ajustez la colorimétrie de votre photo avec les glissières **Saturation**, **Température**, **Teinte** et **Sépia**.
- Ajustez le point noir et le point blanc de votre photo avec les glissières éponymes.
- Ajustez enfin la netteté de votre photo avec la glissière *ad hoc*.

Pour revenir à la photo initiale, cliquez sur le bouton **Tout réinitialiser**.

Une fois que vous avez fini, déroulez le menu **Fichier → Enregistrer** pour sauvegarder les modifications.

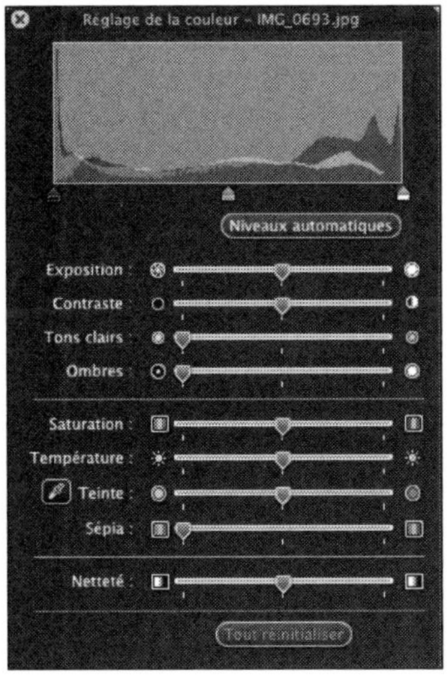

Figure 14-12 Les outils de correction d'exposition d'Aperçu.

Enregistrer une copie

Après avoir recadré et retouché une photo, peut-être préférerez-vous enregistrer le fruit de vos travaux dans un nouveau fichier tout en conservant intact l'original. Pour cela :

- Déroulez le menu **Fichier → Exporter**.
- Baptisez votre nouveau fichier dans le champ **Exporter**.
- Sélectionnez l'emplacement d'enregistrement à l'aide du cadre de navigation.
- Déroulez le menu **Format** et sélectionnez le format de compression de votre fichier.
- Le cas échéant, utilisez la glissière **Qualité** pour ajuster le niveau de compression.
- Cliquez sur le bouton **Enregistrer**.

Annoter des documents et des photos

Aperçu permet d'enrichir ses documents et ses photos d'annotations textuelles et graphiques, l'ensemble pouvant se révéler bien utile pour transmettre des commentaires.

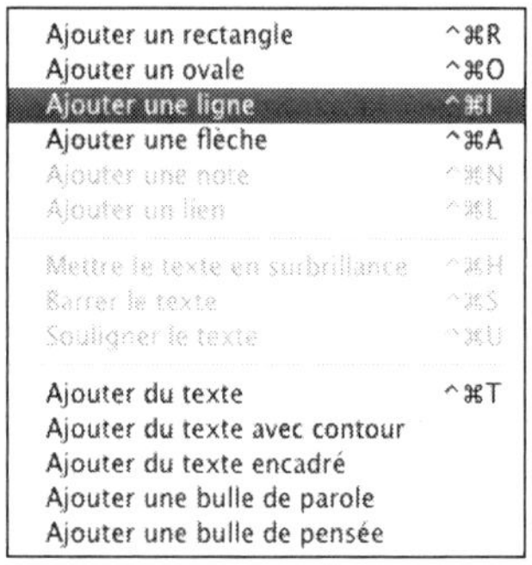

Figure 14-13 Les types d'annotations disponibles.

Pour annoter un document PDF, commencez par sélectionner le texte à annoter.

1. Déroulez le menu **Outils ➜ Annoter** (figure 14-13).
2. Sélectionnez le type d'annotation voulue : ovale, rectangle, ligne, flèche, note ou lien.

Vous pouvez ajuster à l'aide de la souris la taille et l'orientation du rectangle et de l'ovale.

Vous pouvez également cliquer sur le bouton **Annoter** et sélectionner alors le type d'annotation directement depuis la barre d'annotation. Dans tous les cas, vous pouvez ajuster à la souris la taille et l'orientation de l'annotation.

Figure 14-14 La barre d'annotation.

Lorsque du texte est sélectionné dans un document PDF, il est possible de le mettre en exergue :

1. Déroulez le menu **Outils ➜ Annoter** et sélectionnez au choix **Mettre en surbrillance**, **Barrer** ou **Souligner**.

Astuce Observez attentivement : lorsque vous cliquez sur le bouton **Annoter** de la barre d'outils d'Aperçu, une barre spécifique apparaît en bas de la fenêtre du logiciel. À partir de cette barre, vous avez accès à l'ensemble des fonctions d'annotation d'Aperçu.

Figure 14-15 Les fonctions d'annotation de texte d'Aperçu.

Avec Mac OS X Lion, Aperçu vous permet de modifier la couleur de surlignage, de soulignage ou de raturer, mais aussi de changer la graisse du texte, le type de police ou encore sa couleur pour les annotations. Et même d'insérer des liens vers des adresses Web. Et tout cela est également accessible *via* la barre d'outils d'annotation (figure 14-16).

Figure 14-16 La barre d'outils d'annotation de texte.

Bon à savoir Si vous échangez régulièrement des documents numériques avec des collègues et que vous soyez amené à les annoter, vous avez peut-être envie de leur permettre de savoir que cette annotation en particulier émane bien de vous... Déroulez le menu **Aperçu → Préférences** et activez l'onglet **PDF** : là, cochez la case **Ajouter un nom aux annotations** et vérifiez que le champ correspondant contient bien votre nom.

Afficher l'inspecteur

L'inspecteur d'Aperçu permet notamment de contrôler et de modifier très facilement les attributs d'une annotation, à commencer par la destination d'une annotation de type lien cliquable. Pour l'afficher, tapez simplement **cmd+I**. Puis activez le dernier onglet de l'inspecteur pour afficher les informations sur les annotations (figure 14-17).

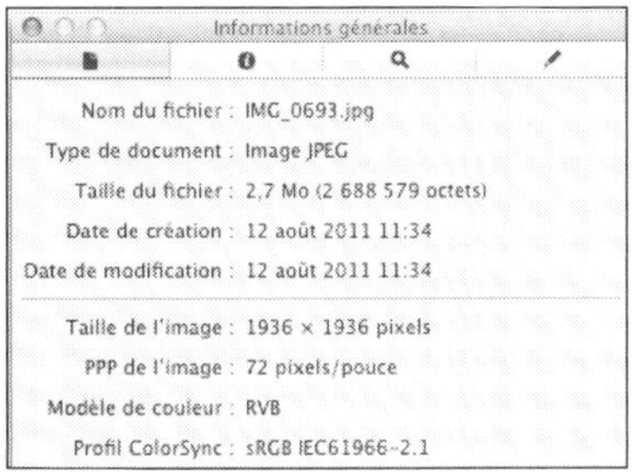

Figure 14-17 L'inspecteur d'Aperçu.

Remplir des formulaires

Certains documents disponibles sur Internet au format PDF, à l'instar des formulaires administratifs, peuvent être remplis à l'aide d'Aperçu : le résultat a le mérite de gagner en lisibilité.

Pour compléter un tel document avec Aperçu, commencez par demander son impression en déroulant le menu **Fichier → Imprimer**.

1. Cliquez sur le bouton **Aperçu**.
2. Cliquez sur le bouton **Texte** dans la barre d'outils.
3. Cliquez sur le champ du formulaire que vous voulez remplir et tapez votre texte.
4. Une fois le remplissage terminé, lancez l'impression.

Bon à savoir Certains formulaires réalisés avec des versions particulièrement récentes des outils Adobe ou intégrant des fonctions spécifiques – de validation des informations saisies, dans leur forme – refusent d'être ouverts par Aperçu. Pour ceux-là, il vous faudra impérativement installer Adobe Reader, la liseuse PDF d'Adobe.

Enrichir des documents PDF

C'est une fonction quelque peu avancée d'Aperçu : l'enrichissement de PDF. Très simplement, il s'agit d'ajouter de nouvelles pages à un document PDF ouvert dans Aperçu, par glisser-déposer dans la barre latérale de pages d'autres documents PDF mais aussi d'images. Ces dernières sont automatiquement intégrées dans une page au format du document PDF d'origine, A4 par exemple. Il ne reste plus qu'à enregistrer le document après modification.

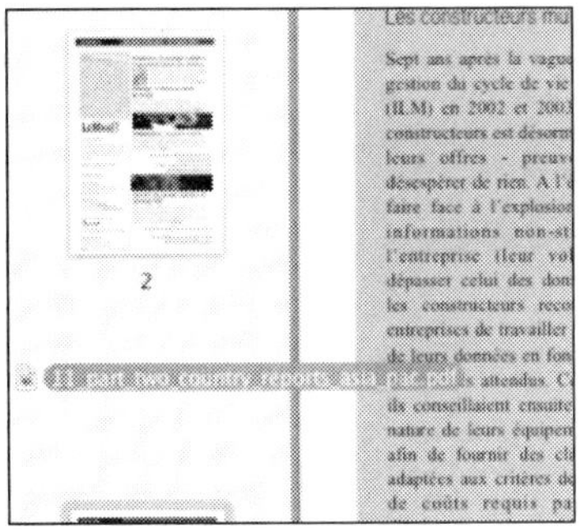

Figure 14-18 Ajout d'une page dans un document PDF.

De la même manière, vous pouvez supprimer certaines pages d'un document PDF ouvert dans Aperçu : sélectionnez les pages voulues et appuyez sur la touche d'effacement arrière du clavier. L'effet est immédiat.

Ces fonctions sont tellement complètes et puissantes que vous pouvez même fusionner deux documents PDF, page par page, comme vous le souhaitez :

1. Ouvrez simultanément les deux documents PDF voulus.
2. Activez l'affichage en planches-contacts.
3. Glissez depuis l'un des documents les pages que vous voulez ajouter au second, à l'emplacement où vous le souhaitez. L'effet est instantané !

Et cela fonctionne aussi avec un plus grand nombre de fichiers PDF, et quel que soit leur nombre de pages… Cela peut par exemple vous servir à réunir en un seul fichier plusieurs photos ou plusieurs textes qui vous aurez, au préalable, convertis en PDF (chapitre 33).

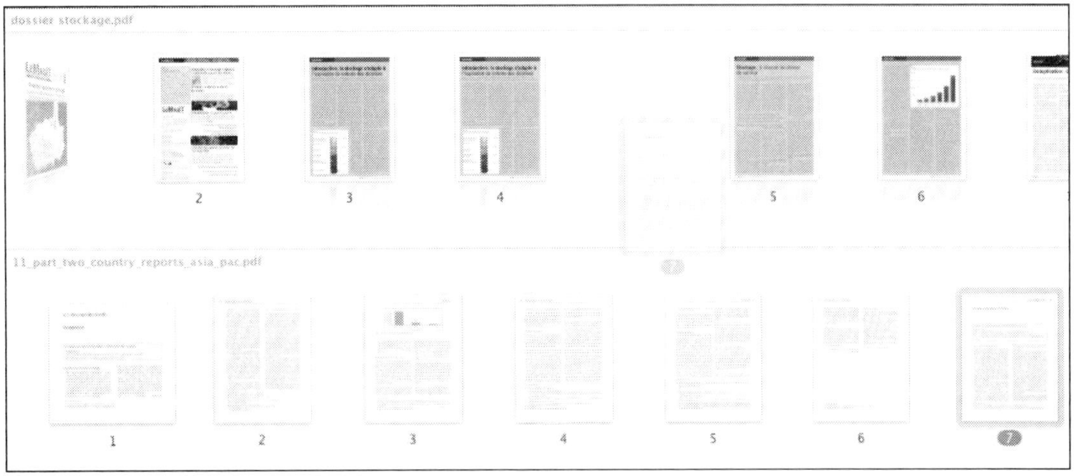

Figure 14-19 Ajout d'une page dans un document PDF… à partir d'un autre document PDF.

Signer ses fichiers

Imaginons un instant que, bien que vos vacances en famille aient commencé, vous soyez dans l'attente d'une proposition urgente pour l'achat d'un appartement. Pas question de laisser courir les délais postaux pour recevoir le document d'engagement de l'agence immobilière et lui retourner votre réponse… Faites-vous plutôt envoyer le document par PDF et lancez Aperçu pour le signer !

1. Faites apparaître la barre d'outils d'annotation d'Aperçu puis cliquez sur le bouton **Signature** (figure 14-20).

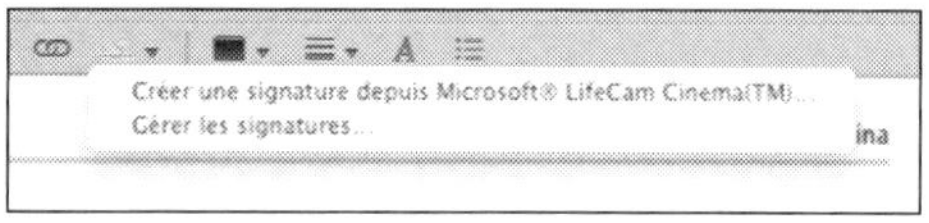

Figure 14-20 Ajout d'une signature dans un document PDF.

2. Sélectionnez **Créer une signature**.
3. Munissez-vous d'un bout de papier blanc et signez dessus avec un stylo à bille noir, puis placez-le devant la webcam.
4. Aperçu entame alors un processus de reconnaissance de formes. Et il est redoutablement efficace. Dès que vous êtes satisfait du résultat présenté à l'écran, cliquez sur le bouton **Accepter**. Avant cela, décochez la case **Enregistrer cette signature** si vous ne souhaitez pas qu'Aperçu la conserve pour une utilisation ultérieure.

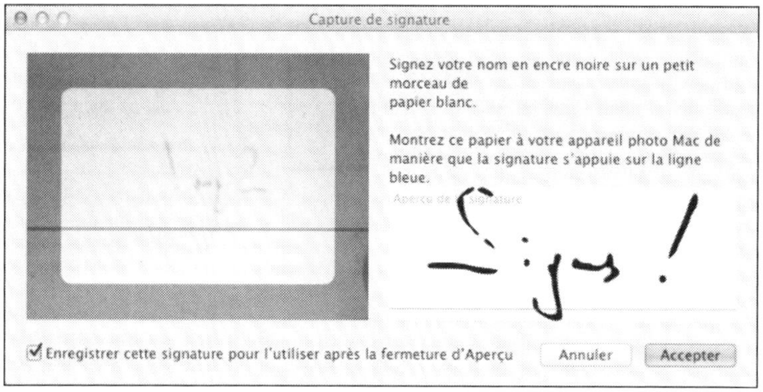

Figure 14-21 Reconnaissance optique de signature.

5. Cliquez de nouveau sur le bouton **Signature** et, cette fois-ci, sélectionnez votre signature nouvellement enregistrée.

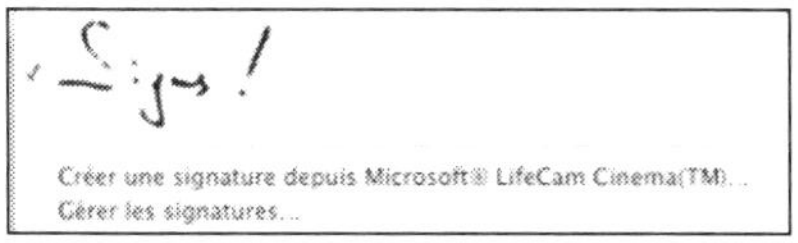

Figure 14-22 Choix d'une signature.

6. Ajustez la taille de votre signature et son placement dans la page, à la souris. Une fois que vous avez fini, vous n'avez plus qu'à refermer le document et à le renvoyer, signé, donc, à votre correspondant !

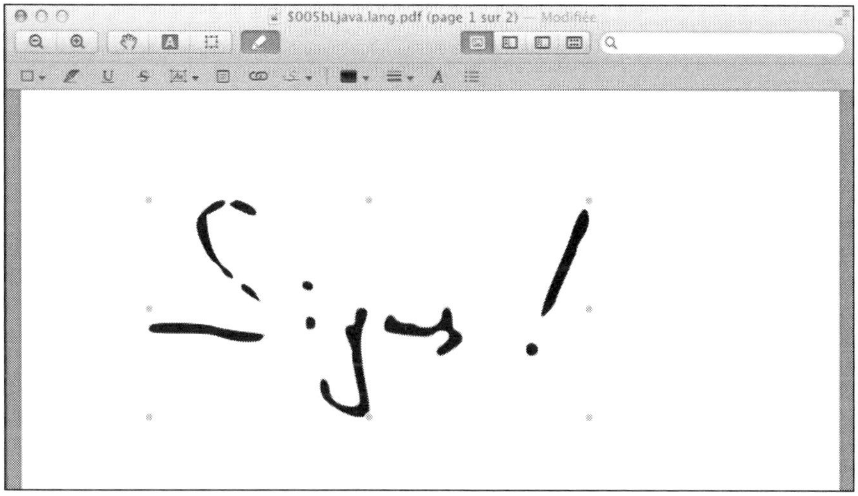

Figure 14-23 Ajustement de la taille de la signature.

Vous pouvez, par la suite, gérer vos signatures – eh oui, Aperçu peut en stocker plusieurs ! – *via* le menu **Aperçu ➜ Préférences ➜ Signature**. De là, vous pouvez en supprimer et en ajouter. Mais jamais à partir d'un fichier numérique : toujours à partir d'un original manuscrit (ou imprimé).

Bon à savoir Les signatures sont enregistrées par Aperçu sous la forme de fichiers graphiques vectoriels : il ne s'agit pas de pixels comme en photo numérique mais de formes enregistrées comme des formules mathématiques. Leur taille peut donc être ajustée à loisir. Raison de plus pour vous montrer prudent : évitez de confier à Aperçu un stock de signatures personnelles que des tiers pourraient utiliser à votre insu, et de laisser votre Mac sans protection ou accessible d'un simple mot de passe...

Chapitre
15

Lire un disque vidéo

Au menu de ce chapitre

- Les contrôles en cours de lecture
- L'affichage en plein écran
- Naviguer dans le DVD vidéo
- Régler le Lecteur DVD pour ses besoins

Le Lecteur DVD de Mac OS X Lion permet, bien évidemment, de lire tous les DVD vidéo du commerce, sans qu'il soit nécessaire d'installer ou d'acheter de logiciel supplémentaire. Il est est en outre compatible avec les Vidéo CD et Super Vidéo CD.

Las, contrairement à ce que peuvent laisser penser certains indices enfouis dans son code informatique, le Lecteur DVD de Mac OS X Lion ne lit toujours pas les nouveaux disques vidéo haute définition Blu-Ray et HD DVD. Des lecteurs pour ces derniers types de disques sont pourtant disponibles dans le commerce, en connexion FireWire et USB. Et tant pis si Apple n'en propose pas en standard sur ses machines.

Mac OS X Lion est configuré par défaut pour lancer automatiquement le Lecteur DVD lorsqu'un disque vidéo est inséré dans l'un des lecteurs optiques du Mac.

Les contrôles en cours de lecture

Le Lecteur DVD entame la lecture du disque vidéo inséré dès son lancement. Deux fenêtres apparaissent :

- La plus grande présente la vidéo du film et comporte une glissière permettant de naviguer rapidement dans ce dernier.
- La seconde s'apparente à une télécommande de lecteur DVD de salon dont elle reprend toutes les fonctions habituelles (figure 15-1).

Figure 15-1 La télécommande du Lecteur DVD.

Bon à savoir Les DVD sont protégés par des dispositifs techniques conçus pour contrôler la distribution commerciale des disques et empêcher, notamment, qu'un DVD acheté en Amérique du Nord ne soit lisible sur un lecteur européen. Les lecteurs de DVD intégrés aux Mac peuvent changer jusqu'à cinq fois de zone de lecture au cours de leur existence. Au cinquième changement, ils restent définitivement bloqués sur la dernière zone réglée. Lors du chargement d'un disque d'une zone autre que celle pour laquelle le lecteur a été configuré, le Lecteur DVD vous demandera si vous souhaitez changer de zone.

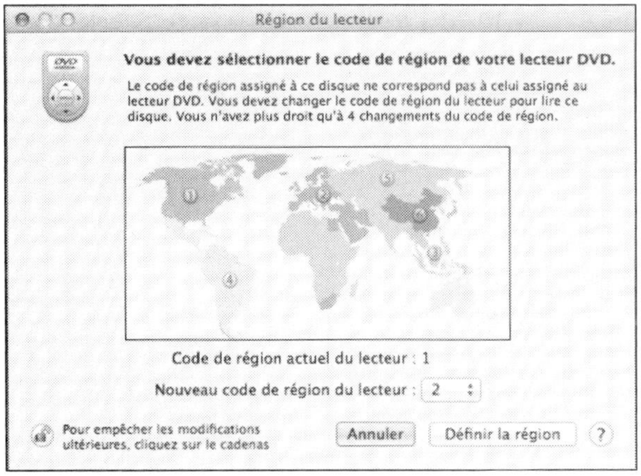

Figure 15-2 Changement de zone du Lecteur DVD.

Toutefois, le menu **Fenêtres** vous réserve quelques surprises : il vous permet d'accéder à trois palettes flottantes afin de régler et d'optimiser la restitution vidéo et sonore. La première (figure 15-3), intitulée **Couleur vidéo**, vous permet d'ajuster luminosité, contraste, couleur et teinte. Manuellement ou en profitant des préréglages.

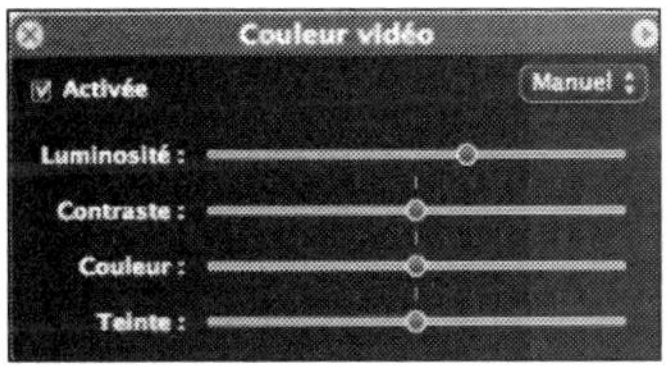

Figure 15-3 Les réglages de la restitution vidéo.

Une deuxième palette d'outils, **Zoom vidéo**, vous permet d'ajuster l'agrandissement de l'image en largeur comme en hauteur, en verrouillant ou non les proportions. Cela vous permettra notamment de vous débarrasser des bandes noires autour de l'image, quitte à sacrifier quelques parties utiles de celle-ci, sur le mode dit de *pan & scan*. Et pas besoin d'être en plein écran pour effectuer ces réglages : faites-les en regardant le résultat dans la fenêtre ; vous en profiterez ensuite lors d'un affichage plein écran.

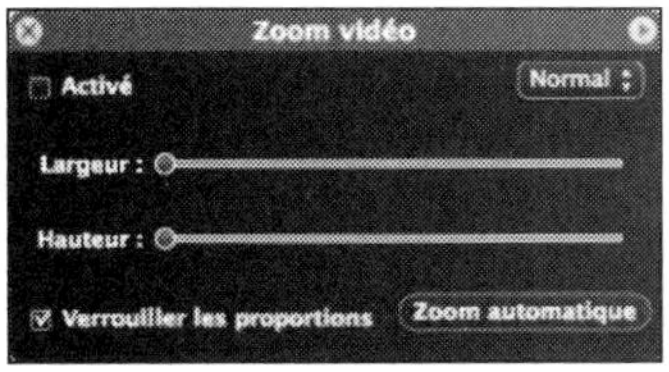

Figure 15-4 Ajustement de la taille de l'image.

Vient enfin l'**égaliseur audio** : comme son nom l'indique, il vous permet d'ajuster la restitution sonore en jouant finement sur dix bandes de fréquences – manuellement ou en utilisant des préréglages.

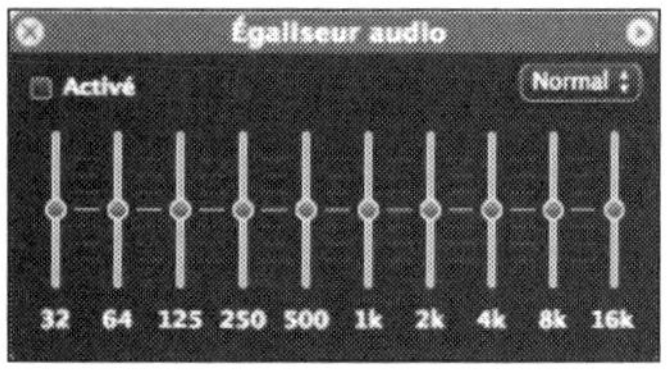

Figure 15-5 L'égaliseur audio.

Astuce L'image vous donne l'impression de « vibrer » à l'écran ? C'est peut-être parce que le désentrelacement n'est pas réglé de manière optimale : les images des DVD sont adaptées aux anciens écrans à tube cathodique et sont entrelacées ; les écrans plats modernes affichent non plus une ligne sur deux à chaque rafraîchissement, mais l'image entière, sans entrelacement. Pour être optimale sur un écran plat, l'image d'un DVD doit donc être désentrelacée. Ajustez le réglage correspondant dans le menu **Présentation → Désentrelacer**.

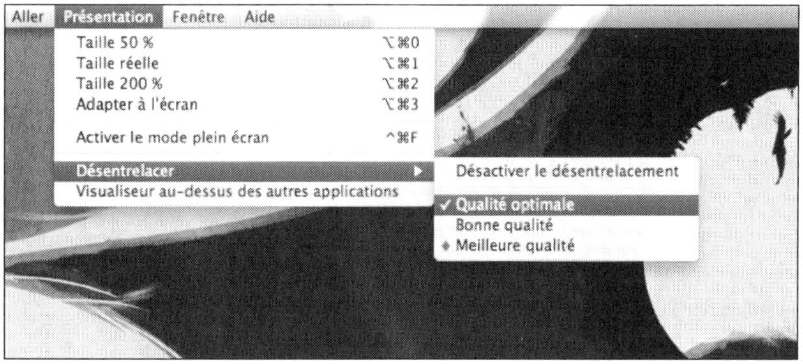

Figure 15-6 Réglage du désentrelacement.

L'affichage en plein écran

Pour profiter d'un film en plein écran, déroulez le menu **Présentation → Activer le mode Plein écran**.

La télécommande n'est alors plus affichée. Pour retrouver les commandes qu'elle propose, bougez simplement votre souris : un bandeau de contrôle apparaît en surimpression en bas de l'écran (figure 15-7) ; il reprend les fonctions de la télécommande.

Figure 15-7 Le bandeau de commande en plein écran.

Naviguer dans le DVD vidéo

Le Lecteur DVD de Mac OS X Lion prend en charge toutes les fonctions de navigation habituelles des DVD : passage d'un chapitre à l'autre, utilisation des menus, *etc.* Le tout s'utilise à la souris ou avec la télécommande.

Mais le Lecteur DVD de Mac OS X propose plusieurs options exclusives pour parcourir rapidement le contenu d'un disque vidéo :

1. Déroulez le menu **Fenêtre** et sélectionnez **Chapitres**. La liste des chapitres du disque vidéo apparaît aussitôt (figure 15-8).
2. Cliquez sur le bouton illustré d'une roue dentée et sélectionnez **Créer les vignettes manquantes** pour que le Lecteur DVD génère automatiquement les vignettes de chaque chapitre.
3. Cliquez sur l'une des vignettes pour accéder immédiatement au chapitre correspondant.

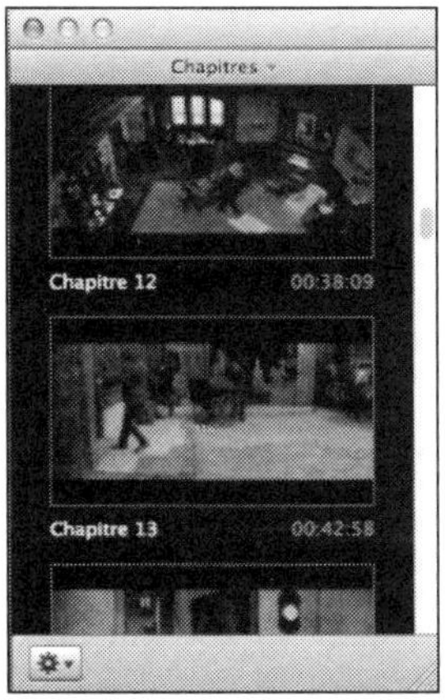

Figure 15-8 La liste des chapitres.

Le Lecteur DVD vous permet en outre de créer des signets auxquels vous pourrez revenir à tout moment en un clin d'œil :

1. Déroulez le menu **Contrôles ➜ Nouveau signet** pour créer un nouveau signet.

2. Cliquez sur **Chapitres** dans la fenêtre des chapitres et sélectionnez **Signets** pour afficher la liste des signets créés pour un disque vidéo.
3. Cliquez sur la vignette d'un signet pour accéder à l'endroit du film correspondant.

Ces mécanismes de navigation dans un disque vidéo sont également disponibles dans l'affichage plein écran :

1. Déplacez le pointeur de la souris en haut de l'écran. La barre de navigation visuelle apparaît aussitôt (figure 15-9).
2. Cliquez sur la vignette correspondant à l'endroit de la vidéo auquel vous voulez accéder.

Figure 15-9 La liste des chapitres en mode Plein écran.

Régler le Lecteur DVD pour ses besoins

Par défaut, le Lecteur DVD est configuré de manière très efficace par Apple. Pour autant, il reste pertinent de régler les préférences de langue et d'affichage des contenus haute définition selon vos besoins.

Configurer les langues

Pour personnaliser les réglages linguistiques du Lecteur DVD, procédez comme suit (figure 15-10) :

1. Déroulez le menu **Lecteur DVD ➜ Préférences**.
2. Activez l'onglet **Configuration du disque**.
3. Déroulez la liste **Audio** et sélectionnez votre langue préférée pour la bande-son des disques vidéo.
4. Déroulez la liste **Sous-titre** et sélectionnez votre langue préférée pour les sous-titres.
5. Déroulez la liste **Menu DVD** et sélectionnez votre langue préférée pour les menus des disques vidéo.
6. Cliquez sur **OK** lorsque vous avez fini.

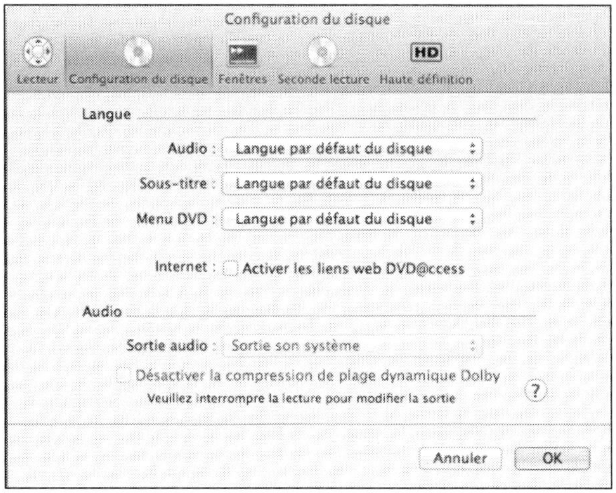

Figure 15-10 Les paramètres linguistiques du Lecteur DVD.

Configurer la lecture haute définition

Pour personnaliser les réglages de lecture haute définition du Lecteur DVD, procédez de la manière suivante :

1. Déroulez le menu **Lecteur DVD → Préférences**.
2. Activez l'onglet **Haute définition**.
3. À la rubrique **Pour HD**, cochez l'option adaptée à l'écran sur lequel vous regardez vos vidéos en haute définition.
4. Cliquez sur **OK** lorsque vous avez fini.

Chapitre 16

Utiliser QuickTime Player

Au menu de ce chapitre

- Les fichiers pris en charge
- Les contrôles en cours de lecture
- L'affichage plein écran
- Accéder aux informations sur la séquence
- Enregistrer son écran avec QuickTime Player
- Éditer une séquence vidéo avec QuickTime Player
- Convertir une séquence vidéo

QuickTime Player est le lecteur multimédia fourni avec Mac OS X Lion : il permet d'écouter des fichiers audio et de visualiser des vidéos dans de nombreux formats différents. S'il n'est pas universel, des composants d'extension permettent de l'ouvrir dans des formats supplémentaires.

QuickTime Player est utilisé pour lire aussi bien les fichiers multimédia enregistrés sur le disque dur du Mac et ceux diffusés en flux continu (*streaming*) sur Internet.

Selon qu'il est utilisé de manière autonome ou intégré dans une page Web, QuickTime Player offre des contrôles plus ou moins avancés en cours de lecture.

Enfin, QuickTime Player propose désormais gratuitement un grand nombre de fonctions dépassant la simple lecture de contenus multimédia : conversion de fichiers audio/vidéo, acquisition audio et vidéo, enregistrement d'écran, *etc.* Jusqu'à Mac OS X Leopard, l'accès à ces fonctions était payant.

Figure 16-1 L'icône de QuickTime Player dans Lion.

Les fichiers pris en charge

En audio, QuickTime Player prend en charge naturellement les fichiers compressés aux formats AAC, AMR, Apple Lossless, MP3 et WAV, notamment. En vidéo, les principaux formats pris en charge par QuickTime Player sont 3GPP, Cinepak, DV, DVCPRO, H.263, H.264 (MPEG-4), Motion-JPEG, MPEG-1 et Sorenson Video.

Les observateurs attentifs auront remarqué que cette liste est incomplète. Elle souffre notamment de l'absence notable de formats tels que le DivX, le WMV et le WMA... notamment :

- Perian propose un module de lecture pour QuickTime pour de nombreux formats tels que les vidéos DivX et Flash (gratuit, `http://www.perian.org/`).

- Flip4Mac propose un module de lecture gratuit pour les fichiers WMV et WMA (`http://www.flip4mac.com/wmv_download.htm`). Ce module ne lit malheureusement pas les vidéos et musiques achetées sur Internet et protégées par DRM.

Astuce Lorsque QuickTime Player est sollicité pour lire un fichier au format non pris en charge, un message d'alerte s'affiche. Ce message permet d'accéder à une page Web du site d'Apple présentant les liens vers des composants d'extension pour QuickTime.

Définition Les **DRM** sont des dispositifs logiciels de protection des fichiers multimédia contre les utilisations non autorisées par les ayants droit. Les DRM sont propriétaires : ceux des fichiers WMV et WMA sont conçus par Microsoft et limités aux PC sous Windows. Ceux des musiques et des vidéos achetées sur iTunes Store (chapitre 17) sont conçus par Apple et limités à iTunes, sur Mac et PC.

Les contrôles en cours de lecture

Lorsque vous double-cliquez sur l'icône d'un fichier multimédia du disque dur de votre Mac, QuickTime Player en lance automatiquement la lecture dans une fenêtre dédiée. Cette fenêtre se caractérise essentiellement par les contrôles de lecture qu'elle propose dans sa partie inférieure (figure 16-2). De haut en bas, vous trouverez :

Figure 16-2 Les contrôles de lecture dans la partie inférieure d'une fenêtre de QuickTime Player.

- La glissière de réglage du niveau sonore de lecture.

- Les boutons de contrôle avec, de gauche à droite, le retour rapide, la mise en pause/lecture et l'avance rapide. Mais il faut aussi compter avec trois commandes supplémentaires : l'affichage sous la forme de vignettes des éventuels chapitres de la vidéo (figure 16-3) ; la commande d'exportation (voir plus loin) ; et celle d'affichage en plein écran.

Figure 16-3 Affichage des vignettes des chapitres d'une vidéo.

- La barre de progression qui affiche, de gauche à droite, le temps écoulé depuis le début du fichier multimédia, une glissière permettant de déplacer le point de lecture dans le fichier multimédia, et un oscillographe pour le son.

Astuce En cours de lecture, cliquez sur le chronomètre à l'extrémité droite de la barre de progression de la fenêtre de QuickTime Player pour alterner entre l'affichage de la durée restante et celui de la durée totale de la vidéo.

Bon à savoir Certaines vidéos sont proposées en plusieurs langues, à l'instar des DVD vidéo. Déroulez le menu **Présentation → Langue** pour choisir la piste son qui vous convient. Pour des sous-titres, déroulez le menu **Présentation → Sous-titres**.

Sur le Web

Les contrôles disponibles dans le cadre d'une lecture sur le Web, dans une fenêtre de Safari, par exemple, sont beaucoup plus sommaires. De gauche à droite :

- Le bouton d'accès à la glissière de contrôle du volume de lecture ;
- Le bouton de mise en pause/lecture ;
- La barre de progression.

Astuce Quel que soit le contexte dans lequel il est utilisé, QuickTime Player autorise l'avance et le retour image par image dans les vidéos en pause avec la molette de défilement de la souris.

L'affichage plein écran

Il est toujours plus confortable de regarder un film en plein écran que dans une petite fenêtre.

1. Pour profiter de ce mode d'affichage, déroulez le menu **Présentation → Activer le mode Plein écran**.

   La vidéo est automatiquement agrandie et adaptée aux dimensions de l'écran principal de votre Mac.

Figure 16-4 Une vidéo « étirée » en mode Plein écran.

Lorsque vous déplacez la souris alors que vous regardez une vidéo en plein écran, un bandeau de commande s'affiche en surimpression. Il reprend presque exactement les commandes de la partie inférieure de la fenêtre de lecture de QuickTime Player (figure 16-4).

2. Pour quitter l'affichage en plein écran, cliquez sur le bouton à l'extrémité droite du bandeau de commande en surimpression.

Astuce Si deux écrans sont connectés à votre Mac, vous pouvez choisir celui qui sera utilisé pour l'affichage plein écran de la vidéo que vous êtes en train de lire : placez simplement la fenêtre de QuickTime Player sur l'écran que vous voulez utiliser puis activez la lecture en plein écran.

Astuce Des bandes noires trop larges de part et d'autre d'une vidéo ? Cliquez sur le bouton **Agrandir/Réduire**, juste à gauche de celui qui permet de quitter le mode Plein écran : la vidéo peut être étirée pour réduire les bandes noires. Mais, du coup, certaines parties de l'image risquent de ne plus être visibles.

Accéder aux informations sur la séquence

La lecture d'un fichier multimédia ne se déroule pas correctement ? L'image vous semble floue ou pixélisée ?

1. Déroulez le menu **Fenêtre ➜ Afficher l'inspecteur de séquence**.

La fenêtre qui apparaît en semi-transparence (figure 16-5) vous donnera un grand nombre d'informations précieuses, à commencer par les formats de compression audio et vidéo ainsi que la définition de l'image. Par exemple :

- Rapportée à la définition de votre écran, la définition de l'image vous permettra de comprendre pourquoi une vidéo peut paraître floue ou pixelisée.
- Le champ Format vous indique la nature des codecs audio et vidéo utilisés pour compresser la séquence : associé à une définition élevée (720p ou 1080p), le codec vidéo H.264 peut être difficile à supporter pour certains Mac Intel d'ancienne génération, notamment ceux équipés d'une puce vidéo Intel GMA950.
- Le champ Débit vous renseigne sur le niveau de compression : plus le débit indiqué est élevé, moins la vidéo est compressée, plus l'image est susceptible d'être de bonne qualité mais, aussi, plus elle sera lourde à traiter pour le processeur et la puce graphique de votre Mac.

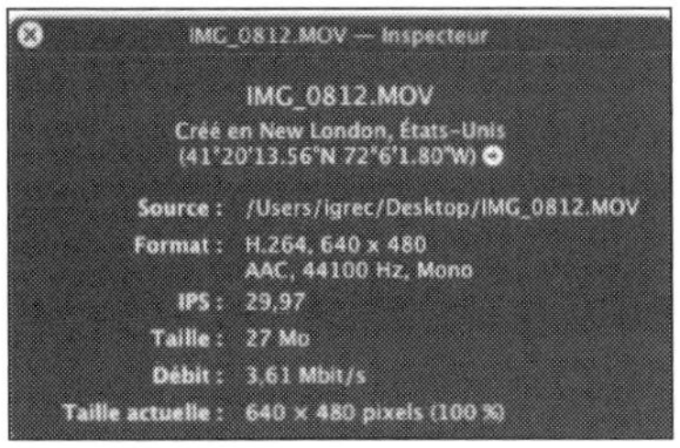

Figure 16-5 Fenêtre de l'inspecteur de séquence.

Astuce Envie d'en savoir plus sur la construction de votre vidéo, ses différents plans ? Déroulez le menu **Présentation → Afficher les plans**. Une barre de progression graphique apparaît alors en bas de la vidéo pour vous présenter les principaux plans qui la constituent.

Figure 16-6 Affichage des plans.

Enregistrer son écran avec QuickTime Player

Vous avez besoin d'expliquer à un proche comment réaliser une manipulation précise avec son Mac mais ce serait trop long à décrire, oralement ou par écrit ? Pourquoi ne pas lui préparer une petite vidéo explicative ?

Pour cela,

1. Lancez QuickTime Player.
2. Déroulez le menu **Fichier → Nouvel enregistrement de l'écran**.
3. Cliquez sur le triangle pointant vers le bas, en bas à droite de la fenêtre, pour accéder aux réglages de l'enregistrement : rubrique **Microphone** pour choisir le périphérique de capture audio, si vous souhaitez commenter votre enregistrement ; rubrique **Qualité** pour définir le niveau de compression de l'image ; rubrique **Enregistrer dans** pour sélectionner le dossier d'enregistrement de la vidéo sur votre disque dur (figure 16-7).

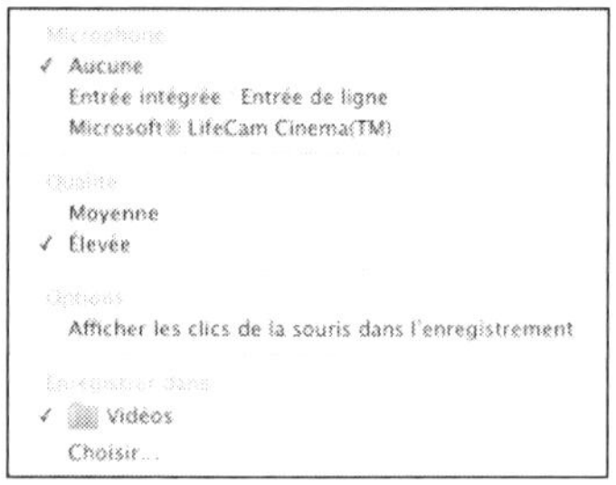

Figure 16-7 Les options d'enregistrement de l'écran.

4. Lorsque vous êtes prêt, cliquez sur le bouton rouge de la fenêtre d'enregistrement de l'écran puis sur le bouton **Lancer l'enregistrement**.
5. Procédez à votre démonstration.
6. Lorsque vous avez fini, tapez **ctrl+cmd+esc** ou cliquez sur le bouton Arrêt de la barre d'outils de QuickTime Player.

Une fois l'enregistrement terminé, la vidéo obtenue est affichée dans une fenêtre de lecture. À charge pour vous de l'éditer pour supprimer certains passages superflus ou de l'exporter directement pour la diffuser.

Astuce La création d'une nouvelle séquence audio ou vidéo avec QuickTime Player ne se limite pas à la capture de démonstrations à l'écran. Les autres options sont accessibles à partir du menu **Fichier**. À chaque fois, pensez à choisir le bon périphérique d'entrée audio ou vidéo pour la capture, avant de démarrer l'enregistrement : l'interface de contrôle est la même que pour la capture d'écran.

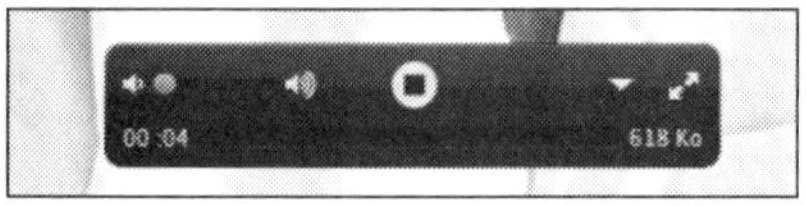

Figure 16-8 Commandes de capture vidéo.

Éditer une séquence avec QuickTime Player

QuickTime Player propose des fonctions d'édition de séquence vidéo basiques – c'est le moins que l'on puisse dire… – mais qui peuvent néanmoins s'avérer utiles : cela peut permettre de supprimer les publicités enregistrées en trop au début et à la fin d'une émission de télévision, par exemple, mais pas les publicités intermédiaires. Pour utiliser ces fonctions d'édition de QuickTime Player :

1. Tapez **cmd+T**. La bande de commande de QuickTime Player cède la place à la bande d'édition, ou d'élagage si l'on s'en réfère aux termes retenus par Apple.
2. Déplacez la partie gauche du cadre jaune de sélection jusqu'au début de la séquence que vous voulez conserver.
3. Déplacez la partie droite du cadre jaune de sélection jusqu'à la fin de la séquence que vous voulez conserver.

Figure 16-9 Édition vidéo avec QuickTime Player.

4. Pour vérifier que vous avez bien sélectionné tout ce que vous voulez conserver de la séquence d'origine, faites glisser votre souris dans le cadre jaune de sélection en maintenant le bouton (gauche) enfoncé : les images correspondantes défilent à l'écran.

Astuce Tapez **cmd+U** : au lieu de vignettes de prévisualisation, l'outil d'élagage de QuickTime Player affiche un oscillogramme de la bande-son.

5. Lorsque vous êtes prêt, cliquez sur **Élaguer**. La partie sélectionnée est conservée ; le reste est supprimé.
6. Déroulez le menu **Fichier → Exporter** pour enregistrer votre séquence retaillée. Le fichier d'origine n'est pas modifié.

Heureusement, QuickTime Player va un peu plus loin : il permet aussi de couper des éléments au sein d'une vidéo, en jouant sur la segmentation des plans.

1. Tapez **cmd+Y**. La bande de commande de QuickTime Player cède la place à la bande de scission par plans.
2. Sélectionnez un plan en cliquant dessus et supprimez-le. Ou bien double-cliquez dessus pour… l'élaguer !

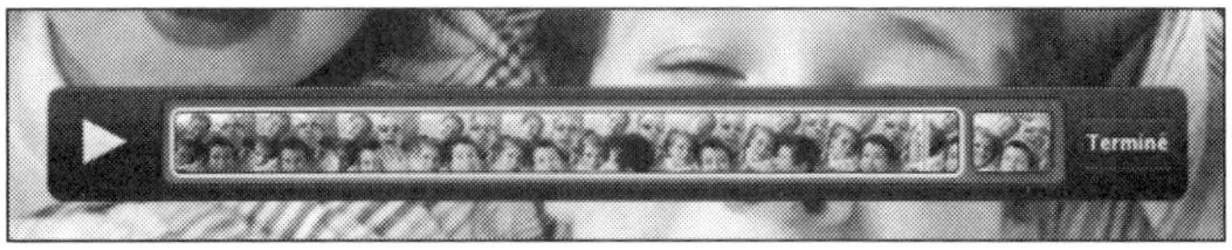

Figure 16-10 Édition des plans.

3. Lorsque vous êtes prêt, cliquez sur **Terminer**.

À la fin d'un plan existant, vous pouvez également en ajouter un autre, *via* le menu **Édition → Ajouter un plan à la fin**. Vous n'avez alors qu'à choisir le fichier correspondant. Et en cas de défaut d'alignement entre les plans, déroulez le menu **Édition → Alignement du plan** pour corriger le défaut.

Astuce Le plan que vous voulez utiliser à été tourné dans le « mauvais sens » ? Ce n'est pas un souci : vous pouvez faire « tourner » vos plans pour les remettre à l'endroit. Cela se passe dans le menu **Édition** : toutes les options de rotation sont là.

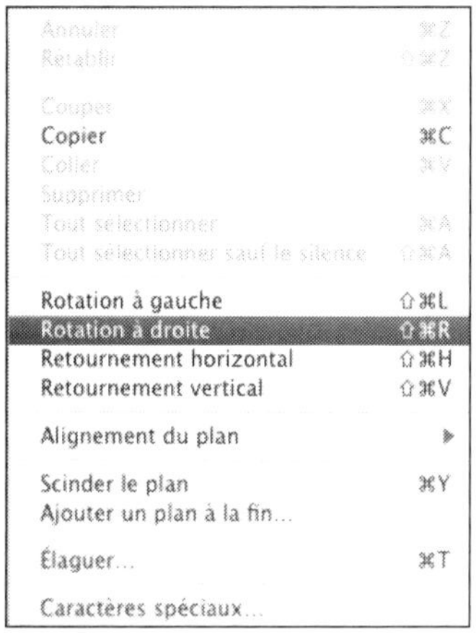

Figure 16-11 Rotation d'un plan.

Astuce Vous trouvez que les fonctions d'édition et de montage audio/vidéo de QuickTime Player sont limitées… par rapport à celles de QuickTime 7 ? Vous n'avez pas franchement tort. Par exemple, impossible avec QuickTime Player de travailler sur les pistes audio d'une séquence vidéo. La version de QuickTime 7 Pro la plus adaptée à Lion est la 7.6.6. Vous pouvez la télécharger sur les serveurs d'Apple : `http://support.apple.com/kb/dl923`.

Convertir une séquence vidéo

Une fois votre vidéo éditée, vous pouvez avoir envie de la partager avec vos proches. Ça tombe bien : QuickTime Player intègre désormais des fonctions d'exportation vers iTunes, MobileMe, Flickr, Facebook… et bien sûr YouTube et Vimeo. Mais, avant de faire appel à l'une de ces fonctions, assurez-vous de bien disposer des droits nécessaires sur les vidéos que vous souhaitez partager. Par exemple, vous n'avez pas le droit de partager sur Internet (MobileMe ou YouTube, notamment) des enregistrements d'émissions de télévision, à moins que les détenteurs des droits sur ces émissions ne vous en aient explicitement donné l'autorisation.

Pour envoyer une vidéo sur YouTube, vous devez disposer d'un compte d'utilisateur auprès de ce service de Google ; votre vidéo doit durer moins de 10 minutes. Si c'est le cas, déroulez le menu **Partager → YouTube** :

1. Indiquez votre nom d'utilisateur YouTube et le mot de passe associé dans les champs *ad hoc* puis cliquez sur **Se connecter**.
2. Renseignez le formulaire suivant conformément aux indications puis cliquez sur **Suivant** (figure 16-12). Cliquez ensuite sur **Partager**.

Figure 16-12 Préparation d'une vidéo pour YouTube.

L'opération d'exportation commence alors. Elle peut prendre plusieurs dizaines de minutes – selon la durée de votre vidéo et sa définition – car votre séquence est d'abord recompressée avant d'être transmise à YouTube.

De la même manière, QuickTime Player vous permet de convertir vos vidéos pour votre iPhone/iPod ou votre Apple TV : ça se passe dans le menu **Partager → iTunes** (figure 16-13).

Figure 16-13 Conversion vers iPod/iPhone.

Chapitre 17

Profiter de la musique avec iTunes

Au menu de ce chapitre

iTunes est un puissant logiciel de gestion de discothèque et vidéothèque qu'Apple fournit gratuitement avec Mac OS X. En cela, iTunes offre une interface simple et élégante de consultation de ses contenus multimédia. Il permet en outre de modifier les informations relatives à ces contenus, telles que les pochettes, les noms des artistes ou encore le classement des chansons.

iTunes est indispensable à l'utilisation des baladeurs multimédia iPod et de l'iPhone (chapitre 42) et du lecteur multimédia de salon Apple TV (chapitre 44). C'est aussi lui qui sert à accéder à l'iTunes Store, le disquaire en ligne d'Apple, ainsi qu'à l'App Store, la plate-forme de distribution d'applications pour iPod Touch, iPhone et iPad, ou encore à l'iBookstore, la librairie numérique d'Apple.

Figure 17-1 L'icône d'iTunes.

Ajouter de la musique et des vidéos à sa discothèque

C'est l'opération de base ! Il s'agit d'enregistrer dans sa bibliothèque iTunes les fichiers audio/vidéo de son Mac :

1. Déroulez le menu **Fichier → Ajouter à la bibliothèque**.
2. Sélectionnez les fichiers ou les dossiers à ajouter dans iTunes.
3. Cliquez sur **Ouvrir**.

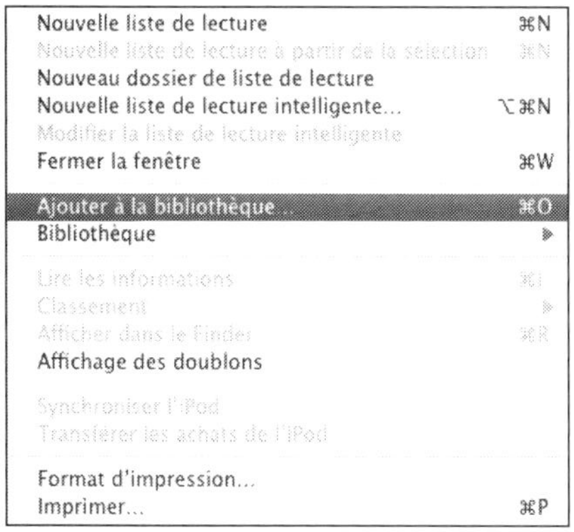

Figure 17-2 Ajout de fichiers dans iTunes.

L'ajout commence aussitôt. La durée de l'opération peut varier de quelques secondes à plusieurs dizaines de minutes en fonction du nombre de fichiers concernés.

Les fichiers ne sont disponibles pour l'écoute, la visualisation ou la copie sur un iPod ou une Apple TV qu'une fois l'ajout terminé.

Bon à savoir Par défaut, iTunes copie les fichiers ajoutés dans le dossier **/Musique/iTunes** de votre espace personnel sur le disque dur de votre Mac. Ce comportement peut être modifié à partir des préférences d'iTunes.

Importer des fichiers

L'importation est une opération différente du simple ajout : les fichiers multimédia importés sont convertis dans un nouveau format de compression défini dans les préférences d'iTunes. Les fichiers d'origine ne sont ni déplacés, ni supprimés.

L'importation se lance *via* le menu **Fichier → Importer**. Elle dure sensiblement plus longtemps que le simple ajout : la durée de l'importation varie en fonction du nombre de fichiers et de la rapidité du processeur du Mac.

Ripper un CD audio

Lorsque vous insérez un CD audio dans le lecteur de disques optiques de votre Mac, iTunes se lance aussitôt et entame la lecture du CD. Le logiciel se connecte alors à une base de données sur Internet, référençant la quasi-totalité des CD audio commercialisés dans le monde : iTunes récupère ainsi le nom de l'album, les artistes associés, le titre des chansons, *etc.*

Et de vous proposer alors d'importer le CD audio dans la bibliothèque. Cliquez sur **Oui** pour que le CD audio soit copié sur le disque dur de votre Mac et ajouté à la bibliothèque iTunes : vous pourrez en profiter à loisir sans avoir à l'insérer de nouveau dans le lecteur de disques optiques de votre Mac.

Figure 17-3 Importation d'un CD audio dans iTunes.

Tant que l'importation n'est pas terminée, il est impossible d'éjecter le CD. Une fois l'importation finie, cliquez sur le bouton d'éjection en bas à droite de la fenêtre d'iTunes pour éjecter le CD audio.

Note Si vous déclinez l'offre d'iTunes, vous pouvez à tout moment lancer manuellement l'importation du CD audio en le sélectionnant dans la rubrique **Appareils** de la barre latérale d'iTunes, puis en cliquant sur le bouton **Importer le CD** en bas de la fenêtre d'iTunes.

Profiter des contenus multimédia

Les fichiers audio sont rangés dans la rubrique **Musique** de la bibliothèque ; les fichiers vidéo sont placés dans la rubrique **Films**.

Figure 17-4 Les différentes rubriques de la bibliothèque iTunes.

iTunes contient d'autres rubriques, toutes accessibles à partir de sa barre latérale :

- **Séries TV**, pour les vidéos d'émissions de télévision achetées sur l'iTunes Store ou enregistrées à partir d'un tuner TV.
- **Podcasts**, pour les émissions de radio ou de télévision diffusées sous la forme d'épisodes téléchargeables sur Internet.
- **Radio**, pour les radios écoutables en flux continu sur Internet.

- **iTunes U**, qui rassemble les contenus universitaires diffusés sur iTunes et que vous avez récupérés sur votre Mac.
- **Livres**, pour les livres achetés sur l'iBookstore.
- **Apps**, pour les applications iPod Touch/iPhone éventuellement téléchargées depuis l'App Store.
- **Sonneries,** pour les sonneries iPhone.

Parcourir sa bibliothèque multimédia

Cliquez sur l'une des rubriques pour accéder à son contenu. Par défaut, les fichiers gérés sont présentés sous la forme de listes dont le tri peut s'organiser selon n'importe quelle colonne :

1. Cliquez sur le titre d'une colonne pour forcer le tri des fichiers selon la colonne correspondante.

Figure 17-5 Exemple de présentation de la discothèque d'iTunes.

D'autres colonnes, correspondant chacune à l'une des informations gérées pour les contenus multimédia, sont disponibles :

1. Faites un clic droit sur le titre d'une colonne pour afficher la liste des colonnes disponibles.
2. Sélectionnez ou désélectionnez l'un des éléments de la liste pour, alternativement, afficher ou cacher la colonne correspondante.

Rechercher un fichier

La barre d'outils d'iTunes propose un champ de recherche. Celui-ci permet de trouver rapidement un fichier au sein de la rubrique sélectionnée : tapez le texte correspondant à votre recherche dans le champ **Recherche** de la barre d'outils de la fenêtre d'iTunes.

Les résultats s'affichent en temps réel, s'affinant à mesure que vous tapez votre texte.

Figure 17-6 Le champ de recherche d'iTunes.

Astuce Cliquez sur la loupe du champ de recherche pour affiner celle-ci : vous pouvez choisir de chercher sur l'ensemble des informations disponibles ou le titre d'un morceau, le nom d'un artiste, *etc.*

Lire un fichier multimédia

Déclencher la lecture d'un fichier géré par iTunes est simple :

1. Double-cliquez sur le fichier voulu.

La lecture commence aussitôt. Les vidéos sont affichées dans une fenêtre séparée.

La barre d'outils d'iTunes comprend l'essentiel des contrôles disponibles pendant la lecture avec, de gauche à droite :

- **Retour** : cliquez sur ce bouton pour revenir au début du fichier ; maintenez votre clic sur ce bouton pour déclencher un retour rapide.
- **Pause** : cliquez sur ce bouton pour alterner entre lecteur et pause.
- **Avance** : cliquez sur ce bouton pour passer au fichier suivant ; maintenez votre clic sur ce bouton pour déclencher une avance rapide.
- **Volume** : déplacez la glissière pour ajuster le niveau sonore pendant la lecture.

L'écran de contrôle, au milieu de la barre d'outils, offre, en plus, une barre de progression qui indique l'avancement de la lecture du fichier avec son nom, la durée écoulée et le temps de lecture récent :

1. Cliquez sur un point précis de la barre de progression pour accéder à l'endroit correspondant du fichier.

Figure 17-7 La barre de contrôle d'iTunes.

Vous pouvez aussi cliquer sur le petit bouton illustré d'un triangle de lecture pour afficher le spectromètre graphique.

Figure 17-8 Le spectromètre graphique.

Cliquez sur le bouton à l'extrémité droite de l'écran de contrôle, sur le bouton illustré d'une flèche revenant vers la gauche, pour revenir à la chanson précédente.

Utiliser l'égaliseur

iTunes propose un égaliseur graphique qui permet d'ajuster finement les réglages de diffusion sonore. Il s'applique aussi bien à la musique qu'aux vidéos.

1. Pour afficher l'égaliseur sonore, déroulez le menu **Fenêtre → Égaliseur**.
2. Cochez la case **Activé**.
3. Déroulez la liste **Activé** et sélectionnez l'un des réglages prédéfinis ou ajustez manuellement l'égaliseur sur les dix bandes d'égalisation prévues.

Vous pouvez refermer la fenêtre : l'égaliseur reste actif.

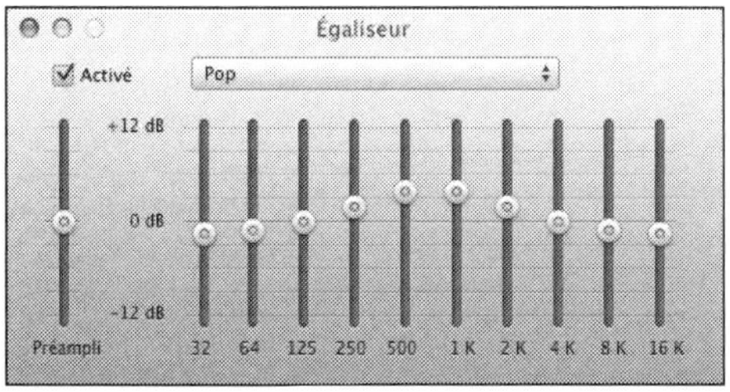

Figure 17-9 L'égaliseur dix bandes d'iTunes.

Les contrôles vidéo en surimpression

Lorsque vous déplacez la souris au-dessus de la fenêtre de visualisation d'une vidéo, un bandeau de commande s'affiche en surimpression. Il reprend les commandes de la barre d'outils d'iTunes (figure 17-10).

1. Cliquez sur le bouton situé à l'extrémité droite du bandeau en surimpression pour afficher, alternativement, la vidéo en plein écran ou dans une fenêtre.

Astuce Si deux écrans sont connectés à votre Mac, vous pouvez choisir celui qui sera utilisé pour l'affichage plein écran des vidéos en plaçant simplement la fenêtre de la vidéo sur l'écran que vous voulez utiliser.

Figure 17-10 Le bandeau de commande des vidéos dans iTunes.

2. Cliquez sur le bouton représentant une liste à puces pour accéder à la liste des chapitres de la vidéo et naviguer plus rapidement dans votre film.
3. Cliquez sur le bouton en forme de bulle, façon bande dessinée, pour choisir la piste audio.
4. Fermez la fenêtre pour interrompre la vidéo. Si vous la reprenez ultérieurement, elle recommencera là où vous l'avez arrêtée.

Modifier les informations d'un fichier

Dans iTunes, chaque fichier multimédia est associé à une multitude d'informations, à commencer par le titre d'une chanson, celui de l'album dont elle fait partie, celui de son auteur ou de son interprète, l'année de production, le genre musical, *etc.*

Ces informations sont autant de critères de classement et de recherche qui peuvent être utilisés pour retrouver rapidement une chanson ou produire des listes de lecture (voir plus loin). L'efficacité de ces mécanismes dépend donc directement de la précision et de l'exactitude des informations associées aux fichiers multimédia gérés dans iTunes.

Lors de l'importation d'un CD audio, iTunes récupère les informations sur les morceaux correspondants sur Internet, auprès de la base de données de Gracenote. Les fichiers achetés sur l'iTunes Store sont également associés à des données précises.

Il n'en va pas forcément de même des fichiers MP3, notamment, ajoutés ou importés dans la bibliothèque. Une intervention manuelle peut être nécessaire.

1. Pour accéder aux informations d'un fichier multimédia, sélectionnez-le dans iTunes.
2. Déroulez le menu **Fichier → Obtenir des informations**.
3. Activez l'onglet **Infos**.
4. Renseignez les champs disponibles (figure 17-11).
5. Cliquez sur **OK** lorsque vous avez fini.

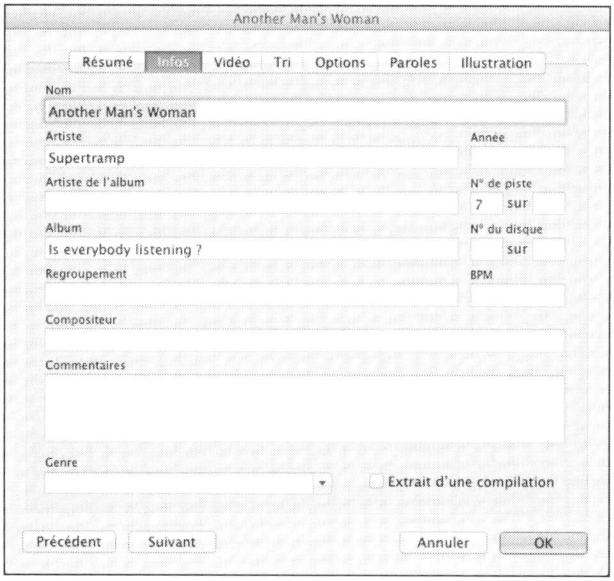

Figure 17-11 Les informations d'un fichier audio.

Il est possible d'intervenir de la sorte sur plusieurs fichiers à la fois : il faut alors sélectionner tous les fichiers concernés avant de passer à l'étape **2** de la procédure précédente.

Lorsque l'on modifie les informations de plusieurs fichiers, seules les données modifiées manuellement sont enregistrées. Ainsi, on peut simplement corriger le nom de l'album d'une série de chansons.

Récupérer la pochette d'un album

Souvent perçues comme un élément cosmétique inutile dans le cadre d'une gestion numérique de la musique, les pochettes permettent d'agrémenter la lecture audio sur un iPod mais aussi de faciliter le parcours de sa discothèque : iTunes sait utiliser l'affichage en mode Coverflow du Finder (chapitre 1) pour afficher la liste des albums. En fait, c'est même le Finder qui emprunte ce mode d'affichage à iTunes de Mac OS X Leopard.

1. Pour récupérer la pochette d'un album, sélectionnez les morceaux correspondants dans iTunes.
2. Déroulez le menu **Avancé ➜ Obtenir les illustrations d'album**.
3. Cliquez sur le bouton **Obtenir les illustrations d'album**.
4. Le téléchargement est immédiat et son effet quasi instantané.

Note La fonction de téléchargement des pochettes ne fonctionne que si l'on dispose d'un compte sur l'iTunes Store. Celui-ci peut être obtenu gratuitement, sans engagement d'achat.

Astuce Le téléchargement de pochettes peut s'opérer en une seule fois sur l'intégralité de la bibliothèque iTunes. Il suffit pour cela de sélectionner tous les morceaux avant de lancer l'opération. Attention : cela peut durer un petit moment !

Si iTunes ne parvient pas à trouver d'illustration pour votre album, rien ne vous empêche d'utiliser votre propre illustration : une pochette numérisée à l'aide d'un scanner, une photo de pochette avec une webcam et Photo Booth (chapitre 18), ou encore une photo numérique, par exemple.

1. Pour utiliser votre propre fichier d'illustration, au format JPEG, sélectionnez les morceaux concernés dans iTunes.
2. Déroulez le menu **Fichier ➜ Obtenir des informations**.
3. Activez l'onglet **Illustration**.
4. Glissez-déposez votre fichier d'illustration depuis le Finder sur le cadre *ad hoc*.
5. Cliquez sur **OK**.

Et voilà ! Vos fichiers sont désormais illustrés.

Organiser ses vidéos

iTunes prend en compte quelques informations supplémentaires pour autoriser le classement des vidéos. De fait, iTunes peut distinguer trois types de vidéos : les films, les émissions de télévision et les vidéos musicales.

Les vidéos musicales ont vocation à être rangées dans la rubrique **Musique** de la bibliothèque. Les émissions disposent de leur propre rubrique où elles peuvent être classées en fonction de leur nom, du nom de l'épisode, du numéro de la saison et du numéro de l'épisode.

Les films, quant à eux, ont vocation à rester dans la rubrique **Films** de la bibliothèque.

Par défaut, iTunes range toutes les vidéos ajoutées à la bibliothèque dans la rubrique **Films**. À charge pour vous de corriger les informations afin d'obtenir le bon classement.

Pour cela, sélectionnez une vidéo récemment ajoutée dans la rubrique **Films** de la bibliothèque :

1. Déroulez le menu **Fichier ➜ Obtenir des informations**.
2. Activez l'onglet **Options**.
3. Déroulez la liste **Type de contenu multimédia** et sélectionnez la valeur correcte en fonction de la vidéo.
4. Dans le cas d'une émission, remplissez les champs d'information prévus par Apple sous l'onglet **Vidéo**.
5. Cliquez sur **OK**.

Le classement de votre vidéo est immédiatement corrigé.

Les options d'affichage

Bien sûr, vous pouvez parcourir le contenu de votre bibliothèque iTunes en en faisant défiler l'austère liste. Mais ce serait vous priver d'options de présentation bien plus agréables, sinon plus efficaces.

La barre d'outils de la fenêtre principale d'iTunes recèle trois boutons, regroupés sous le titre **Présentation**, qui vous permettent d'accéder aux trois modes d'affichage disponibles avec, de gauche à droite :

- la liste qui, comme son nom l'indique, présente le contenu de la bibliothèque sous la forme d'une liste ;

- la liste groupée avec illustration qui affiche le contenu de la bibliothèque en en regroupant les éléments – par albums dans le cas de la musique – avec l'illustration correspondante à gauche ;
- le mode Coverflow qui divise la fenêtre principale d'iTunes en deux parties de taille ajustable avec, en bas, la liste et, en haut, les couvertures (figure 17-12).

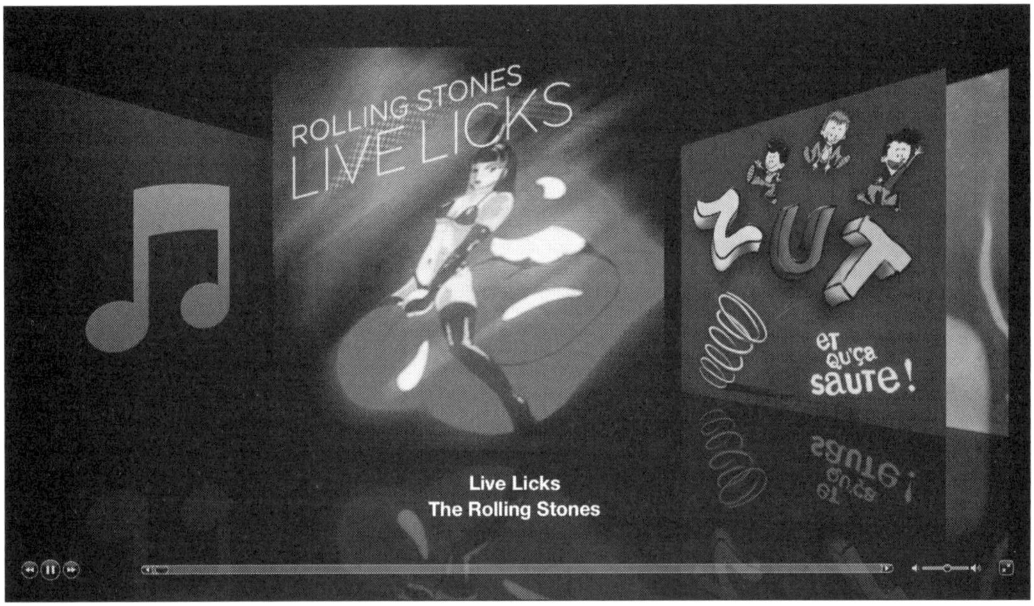

Figure 17-12 Affichage des albums en flux de couverture, en plein écran.

Astuce Pour afficher vos pochettes en Coverflow, en plein écran, cliquez sur le bouton d'agrandissement, en bas à droite de la zone d'affichage des couvertures, au-dessus de la liste des morceaux, dans la fenêtre principale d'iTunes. Las, là, vous ne pourrez choisir vos morceaux qu'album par album, pas un par un comme sur un iPod Touch ou un iPhone...

Note Les options de présentation d'iTunes sont disponibles pour toutes les rubriques de la bibliothèque, qu'il s'agisse de vidéos ou de podcasts et même de listes de lecture.

Suivre des podcasts

Les podcasts sont utilisés par des professionnels et des amateurs pour diffuser, sur Internet et le plus souvent gratuitement, des émissions de type radio ou vidéo, en téléchargement. Les podcasts peuvent être écoutés et visualisés sur le Mac, un iPod ou une Apple TV.

Pour trouver des podcasts, vous pouvez commencer par parcourir le répertoire de podcasts de l'iTunes Store (voir plus loin). L'iTunes Store propose un lien **S'abonner** qui permet d'accéder directement aux podcasts dans iTunes.

Sur Internet, les auteurs de podcasts maintiennent généralement une page Web de présentation avec un lien sur lequel cliquer pour s'abonner : Safari est programmé pour le détecter automatiquement et ouvrir iTunes en cas de clic.

Astuce Il est possible d'entrer manuellement le lien (URL) vers le flux RSS d'un podcast dans iTunes, *via* le menu **Avancé → S'abonner au podcast**.

Les podcasts auxquels vous êtes abonnés sont regroupés dans la rubrique **Podcasts** de la barre latérale d'iTunes.

Lorsque vous vous abonnez à un podcast, iTunes en télécharge automatiquement le dernier épisode.

1. Pour obtenir la liste des épisodes disponibles, cliquez sur la flèche à gauche du nom du podcast.
   - Cliquez sur le bouton **Obtenir** pour forcer iTunes à télécharger un épisode précis.
   - Cliquez sur le bouton **Tout obtenir** pour forcer iTunes à télécharger tous les épisodes disponibles pour un podcast précis.
   - Double-cliquez sur un épisode pour en lancer la lecture.

Figure 17-13 Liste des épisodes d'un podcast.

Lorsque vous consultez la liste des podcasts que vous suivez, deux boutons sont affichés en permanence en bas de la fenêtre d'iTunes :

- **Se désabonner**, pour arrêter le téléchargement régulier des épisodes du podcast sélectionné ;
- **Rafraîchir**, pour actualiser la liste des épisodes.

Bon à savoir Le fait de se désabonner d'un podcast n'en supprime pas les épisodes déjà téléchargés sur le disque dur. Pour cela, il faut supprimer le podcast d'iTunes *via* le menu **Édition → Supprimer** et valider l'option **Placer dans la corbeille** lorsque iTunes demande confirmation.

Créer des listes de lecture

Les listes de lecture consistent en des extraits de la bibliothèque. Elles peuvent être notamment utilisées pour préparer le remplissage d'un iPod (chapitre 42) ou tout simplement constituer des listes de musiques adaptées à une ambiance, un environnement : travail, détente, surf sur Internet, *etc.*

Les listes de lecture intelligentes permettent d'automatiser le processus de création de listes de lecture en s'appuyant sur des critères de recherche : morceaux de genre jazz, morceaux préférés, morceaux les plus écoutés, *etc.*

1. Pour créer une liste de lecture, cliquez sur le bouton + en bas de la fenêtre d'iTunes.
2. Tapez le nom de la nouvelle liste de lecture dans le champ surligné de la barre latérale d'iTunes.
3. Glissez-déposez les morceaux à ajouter à la liste depuis la bibliothèque sur l'icône de la nouvelle liste de lecture dans la barre latérale d'iTunes.

Les morceaux ne sont pas déplacés ni copiés ailleurs sur le disque dur : ils sont juste « virtuellement » ajoutés à la liste.

1. Pour consulter le contenu d'une liste, cliquez sur la liste correspondante dans la barre latérale d'iTunes.
2. Double-cliquez sur le premier morceau à lire.

La lecture commence aussitôt et se poursuit jusqu'à la fin de la liste de lecture.

Astuce Pour créer une liste de lecture encore plus vite, sélectionnez les éléments à intégrer à la liste puis déroulez le menu **Fichier → Nouvelle liste de lecture à partir de la sélection**.

Les listes de lecture intelligentes

Les listes de lecture intelligentes fonctionnent selon le même principe que les dossiers intelligents du Finder (chapitre 30) : ils font apparaître au sein d'une même liste de lecture virtuelle les morceaux répondant aux critères d'une recherche réalisée par Spotlight (chapitre 1).

La création d'une nouvelle liste de lecture intelligente est une opération simple :

1. Déroulez le menu **Fichier → Nouvelle liste de lecture intelligente**.

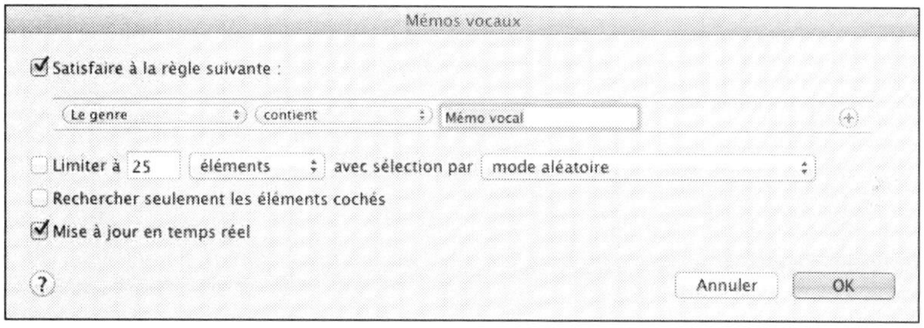

Figure 17-14 Création d'une liste de lecture intelligente.

2. Déroulez la liste **Artiste** et sélectionnez l'un des critères de recherche à partir duquel filtrer les contacts.
3. Définissez les conditions disponibles pour le critère sélectionné.
4. Cliquez sur le bouton + pour ajouter des critères supplémentaires et affiner ainsi le contenu du groupe intelligent.
5. Cochez la case **Limiter** si vous voulez fixer une limite à la quantité d'éléments placés dans la liste :
    1. Déroulez alors la liste **éléments** et sélectionnez la donnée de quantification voulue.
    2. Dans le champ **Limiter à**, indiquez la valeur de la limite.
6. Cliquez sur **OK**.

Votre nouvelle liste intelligente est mise à jour automatiquement en cas de modification de la bibliothèque.

Les listes de lecture Genius

Genius est une fonction de recommandation de morceaux musicaux intégrée à iTunes. Elle s'appuie à la fois sur la discothèque de votre Mac et sur l'iTunes Store. Notamment, Genius remonte régulièrement des informations sur vos habitudes d'écoute – anonymement – à Apple pour lui permettre d'affiner les recommandations de Genius en fonction des gouts des utilisateurs d'iTunes.

Genius, c'est d'abord un outil de production de listes de lectures semi-aléatoires à partir d'un morceau déjà sélectionné, sur la base de son style musical et sa tonalité d'ensemble. Si besoin, activez Genius au préalable en déroulant le menu **Store ➜ Activer Genius**. Ne vous inquiétez pas : le processus initial de collecte des données de la bibliothèque peut être... assez long.

1. Sélectionnez un morceau dans votre discothèque.
2. Faites un clic droit sur ce morceau et sélectionnez **Démarrez Genius**, ou cliquez sur l'icône de Genius en bas à droite de la fenêtre – elle ressemble à un groupe d'électrons en orbite autour du noyau de leur atome...

iTunes affiche alors une sélection de morceaux de votre discothèque qui, selon lui, seraient appropriés à une écoute enchaînée, à partir du morceau que vous avez sélectionné.

Figure 17-15 Exemple de sélection Genius.

- Cliquez sur le bouton **Actualiser** pour obtenir une autre proposition.
- Déroulez la liste **Limiter à** et sélectionnez le nombre de morceaux que vous souhaitez que Genius vous suggère.
- Cliquez sur **Enregistrer la liste** afin de sauvegarder les propositions d'iTunes pour le morceau sélectionné dans une liste de lecture dédiée.

Astuce Vous pouvez utiliser iTunes, quitter Genius, puis y revenir à tout moment, sans que les résultats de la suggestion ne soient perdus : il vous suffit de cliquer sur Genius dans la barre latérale, à la rubrique **Listes de lecture**. Néanmoins, si vous lancez Genius sur un autre morceau, les résultats précédents seront effacés, à moins de les avoir enregistrés dans une liste spécifique.

Ping, le réseau social d'iTunes

Ping, c'est un peu le Facebook de l'iTunes Store : un réseau social visant à faciliter la découverte de nouvelles musiques et de nouveaux artistes par le biais de ses amis et des amis de ses amis. On y trouve des artistes à suivre, on y partage ses goûts musicaux de manière plus ou moins automatique, on y crée des listes de listes de lecture… Le tout avec une passerelle vers Twitter !

Rien ne vous oblige à utiliser Ping : c'est un acte volontaire. Mais Apple a tout fait pour rendre son réseau social aussi transparent que possible : achetez un album et, si vous êtes sur Ping, cette information est sur Ping. Vos préférences musicales sont automatiquement affichées sur la base de ce que vous écoutez vraiment sur votre Mac et sur votre iPhone ou iPod. Et si l'une des personnes que vous suivez sur Ping écoute quelque chose qui vous intéresse, vous pouvez le découvrir avant de l'acheter, comme pour n'importe quel autre morceau proposé par l'iTunes Store.

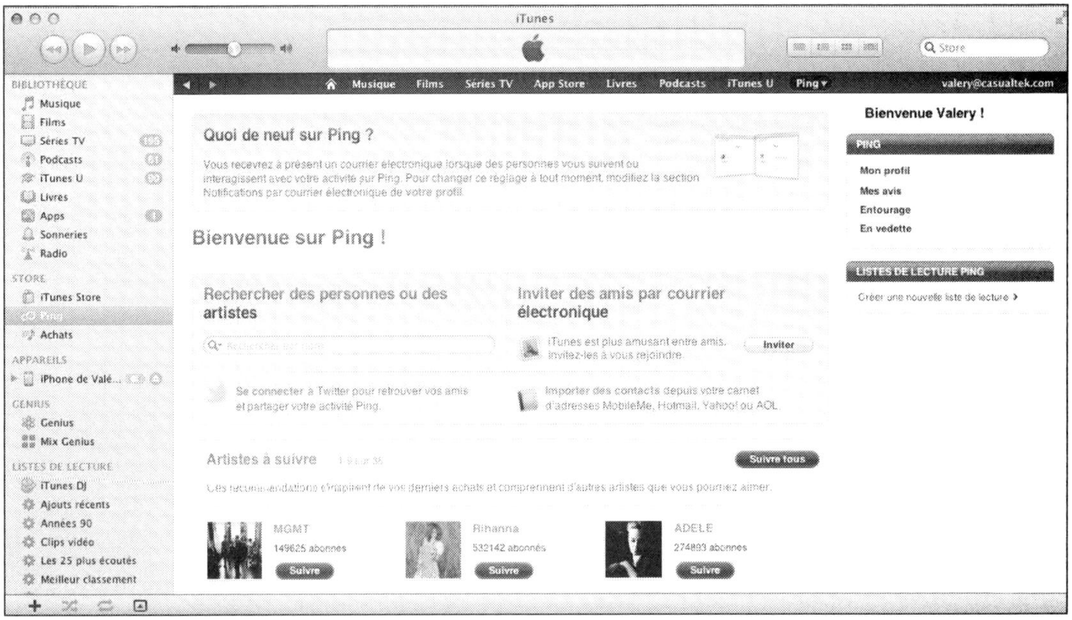

Figure 17-16 La page d'accueil de Ping.

Surtout, vous ne risquez pas grand-chose à essayer Ping : à tout moment, vous pouvez désactiver cette fonction associée à votre compte iTunes Store, simplement en le consultant et en cliquant sur le bouton **Désactiver** à la section **Ping**. Simple et sans engagement.

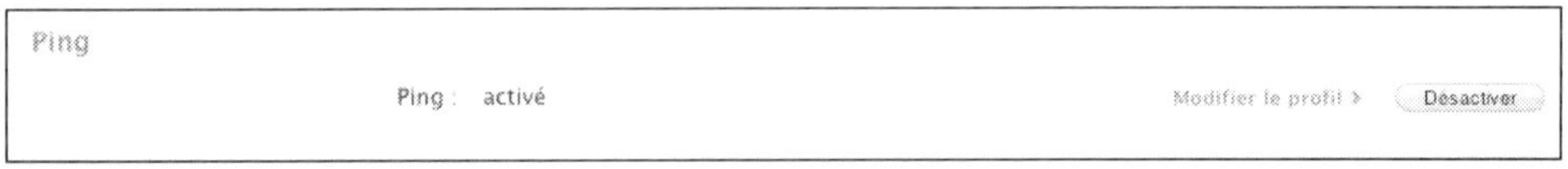

Figure 17-17 Quitter Ping.

Les options de lecture

La lecture de fichiers multimédia au sein de la bibliothèque ou d'une liste de lecture n'est pas forcément linéaire :

- Cliquez sur le bouton **Lecture aléatoire**, à droite du bouton + en bas de la fenêtre d'iTunes pour activer ou désactiver la lecture aléatoire.
- Cliquez sur le bouton **Répétition**, à droite du bouton **Lecture aléatoire**, pour activer la répétition sur le morceau ou la liste en cours de lecture, alternativement.

- Cliquez sur le bouton **Illustration**, à droite du bouton **Répétition**, pour afficher les illustrations de morceaux, en bas de la barre latérale de la fenêtre d'iTunes.

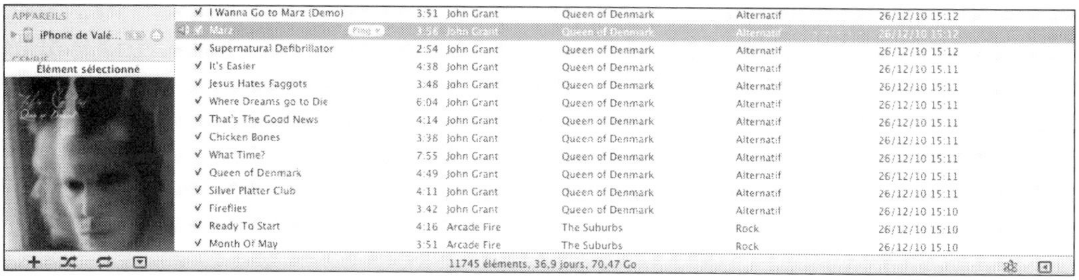

Figure 17-18 Affichage de l'illustration en bas de la barre latérale.

- Déroulez le menu **Présentation → Afficher les animations** pour masquer la liste des morceaux et afficher les animations coordonnées avec la musique.

  1. Déroulez la liste **Présentation→ Animations** et choisissez le type d'animation à utiliser.

  2. Pour revenir à la fenêtre normale d'iTunes, déroulez le menu **Présentation → Masquer les animations**.

Figure 17-19 Animation iTunes.

Astuce Pour afficher les animations en plein écran, déroulez le menu **Présentation → Plein écran**.

Graver un disque optique

iTunes permet de graver des CD audio, des CD et DVD de fichiers MP3, voire des CD ou DVD d'archivage complet de la bibliothèque, selon les paramètres définis dans les préférences du logiciel (voir plus loin).

La gravure n'est possible qu'à partir d'une liste de lecture.

1. Ainsi, pour graver un disque à partir d'iTunes, créez une liste de lecture.
2. Ajoutez les éléments à graver à la liste de lecture *ad hoc.*
3. Faites un clic droit sur le nom de la liste de lecture et sélectionnez **Graver la liste de lecture sur un disque**.

Suivez les instructions à l'écran.

Profiter des contenus d'un autre Mac

iTunes permet de partager en réseau le contenu de sa bibliothèque multimédia (chapitre 52). Les bibliothèques ainsi partagées apparaissent automatiquement dans la rubrique **Partagés** de la barre latérale de la fenêtre d'iTunes.

1. Pour accéder aux contenus partagés d'un autre Mac, cliquez simplement sur la bibliothèque correspondante dans la barre latérale de la fenêtre d'iTunes.

La durée du chargement dépend de la taille de la bibliothèque et de la rapidité du réseau. Mais cette fonction ne vous permet que de consulter des contenus partagés… pas de les copier sur votre Mac pour, ensuite, par exemple, les transférer sur votre iPhone ou votre iPad. Pour accéder à ce niveau de confort supplémentaire, il vous faut activer le partage à domicile. Une fonction intimement liée à AirPlay (chapitre 45). Elle vous permet également d'automatiser le transfert des morceaux, livres, vidéos et même applications iOS achetées d'une machine à l'autre au sein de votre partage domestique.

1. Pour activer le partage à domicile, déroulez le menu **Avancé ➜ Activer le partage à domicile**.
2. Indiquez votre identifiant Apple et le mot de passe correspondant dans les champs *ad hoc,* puis cliquez **Créer un partage à domicile**.

Figure 17-20 Activation du partage à domicile.

L'activation est quasiment immédiate. Mais il y a un bémol : c'est vous qui allez devoir enrôler chacun de vos Mac domestiques dans le partage à domicile, manuellement, en reproduisant les deux étapes ci-dessus et en indiquant votre identifiant Apple et votre mot de passe. Et cela ne vaut pas seulement pour les Mac : cela est également valable pour les iPhone, iPad, iPod Touch et Apple TV dont vous pourriez vouloir en faire profiter pour utiliser la fonction AirPlay. Mais n'oubliez pas la cerise sur le gâteau : le transfert automatique des fichiers achetés ! Pour l'activer, sélectionnez la bibliothèque d'un membre du réseau dans la barre latérale d'iTunes :

1. Cliquez sur le bouton **Réglages**, en bas à droite de la fenêtre.
2. Validez les options correspondant aux éléments que vous voulez pouvoir télécharger automatiquement depuis la bibliothèque sélectionnée, puis validez par **OK**.

Figure 17-21 Réglage du transfert automatique.

Attention : à ce stade, la synchronisation est unilatérale ; la copie n'est automatique que vers votre Mac. Pour automatiser la copie dans l'autre sens, vous devez procéder au même réglage sur l'autre Mac. Un peu laborieux à mettre en place, mais bien pratique tout de même à utiliser. Dernier bémol : cela ne fonctionne que pour les éléments nouveaux, pas pour les éventuelles mises à jour. Ce qui limite l'intérêt et le confort apportés par ce dispositif pour les applications iOS…

Accéder à l'iTunes Store

L'iTunes Store est le service de vente en ligne de contenus multimédia d'Apple. L'accès à l'iTunes Store se fait d'un simple clic sur le lien éponyme dans la barre latérale de la fenêtre d'iTunes.

À la première connexion, iTunes vous demandera de créer gratuitement un compte d'utilisateur pour l'iTunes Store : suivez les instructions à l'écran. Vous n'êtes pas tenu de fournir d'informations de paiement si vous ne prévoyez pas d'acheter sur l'iTunes Store. Et si vous changez d'avis, croyez bien qu'Apple vous permettra de fournir les informations de votre carte bancaire le moment venu.

Pour le reste, la navigation au sein de l'iTunes Store se passe comme dans un site Web. Avec une exception : c'est le champ de recherche de la barre d'outils d'iTunes qui sert à lancer une recherche au sein du catalogue de l'iTunes Store.

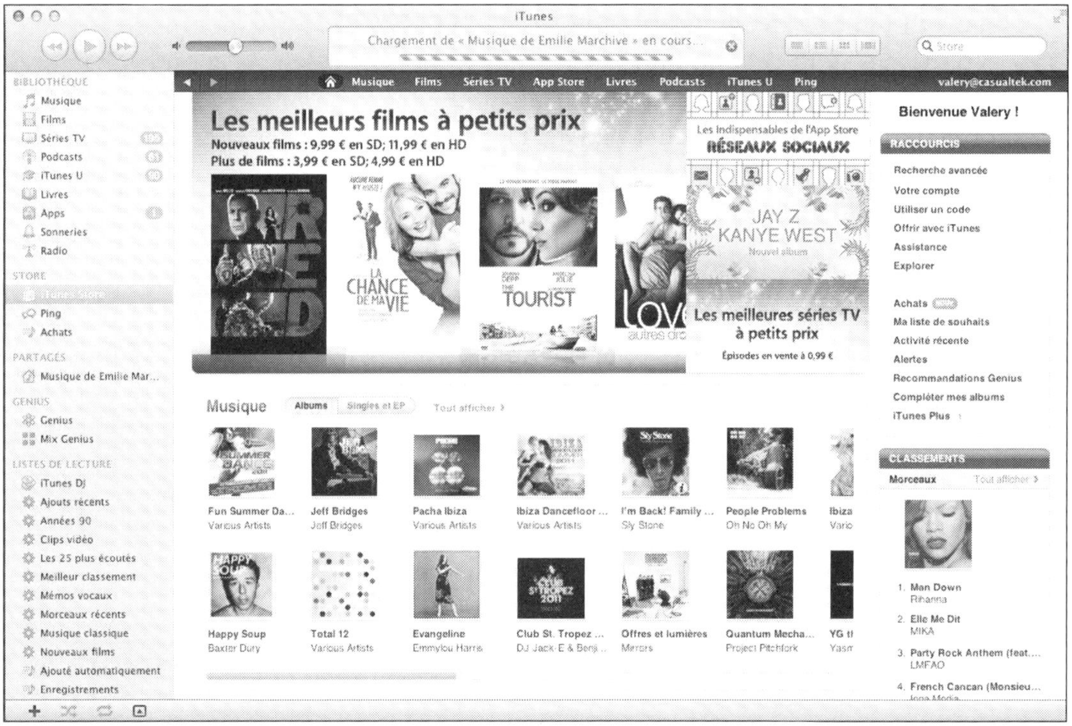

Figure 17-22 Page d'accueil de l'iTunes Store.

Bon à savoir Chaque semaine, Apple offre un nouveau tube à télécharger gratuitement à partir de la page d'accueil de l'iTunes Store.

Paramétrer iTunes

Qu'on se rassure : iTunes est parfaitement utilisable dès son installation, sans le moindre réglage particulier. Néanmoins, le logiciel recèle quelques options bienvenues pour l'adapter à certains modes d'écoute particuliers.

Lecture en fondu et égaliseur de volume

Vous voulez éviter le passage brutal d'un morceau à l'autre et, de surcroît, les différences de volume sonore ?

1. Déroulez le menu **iTunes ➜ Préférences**.
2. Activez l'onglet **Lecture**.
3. Cochez la case **Lecture en fondu** et ajustez la glissière correspondante pour forcer iTunes à enchaîner les morceaux en cours de lecture.
4. Cochez la case **Égaliseur de volume** pour éviter les mauvaises surprises provoquées par les différences de niveau sonore entre morceaux.
5. Ajustez la glissière **Correcteur de son**, voire désactivez l'option correspondante, si vous trouvez qu'iTunes dénature vos morceaux.
6. Cliquez sur **OK**.

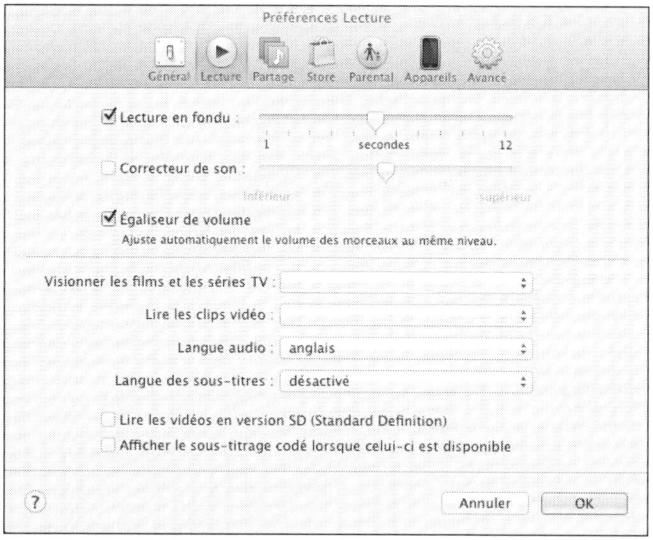

Figure 17-23 Les réglages de lecture d'iTunes.

Suivi des podcasts

Par défaut, iTunes recherche les nouveaux épisodes de podcasts une fois par jour, télécharge automatiquement le dernier épisode et conserve tous les épisodes sur le disque dur : l'espace disponible peut vite fondre comme neige au soleil.

1. Pour modifier ces réglages, sélectionnez **Podcasts** dans la bibliothèque iTunes, et cliquez sur le bouton **Réglages**.
2. Déroulez la liste **Rechercher de nouveaux épisodes** et sélectionnez la périodicité voulue.
3. Déroulez la liste **Réglages de :** et sélectionnez le podcast sur les réglages duquel vous souhaitez intervenir (ou **Par défaut**, pour les réglages génériques des podcasts).
4. Cochez la case **Réglages par défaut** si vous souhaitez appliquer les réglages génériques au podcast sélectionné.
5. Sinon, déroulez la liste **Lorsque de nouveaux épisodes sont disponibles** et sélectionnez le paramètre voulu. Puis déroulez la liste **Épisodes à conserver** et sélectionnez le réglage souhaité.
6. Cliquez sur **OK**.

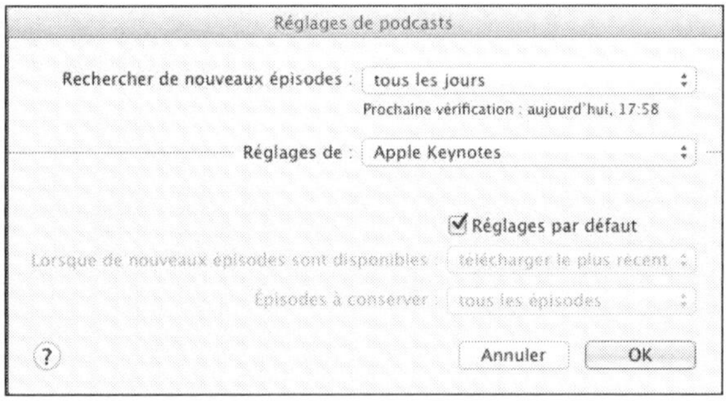

Figure 17-24 Les réglages des podcasts.

Activer le téléchargement automatique

Entre iPhone, iPad, Apple TV et Mac, on peut parfois s'y perdre. Et surtout manquer de temps pour assurer les synchronisations. C'est pour cela qu'iTunes intègre une fonction de téléchargement automatique des achats réalisés sur d'autres appareils que son Mac, notamment les applications et les livres :

1. Déroulez le menu **iTunes ➜ Préférences** et activez l'onglet **Store**.

2. Cochez les cases **Apps** et **Livres**. Les deux autres options du panneau de préférences sont déjà validées par défaut.
3. Cliquez sur **OK**.

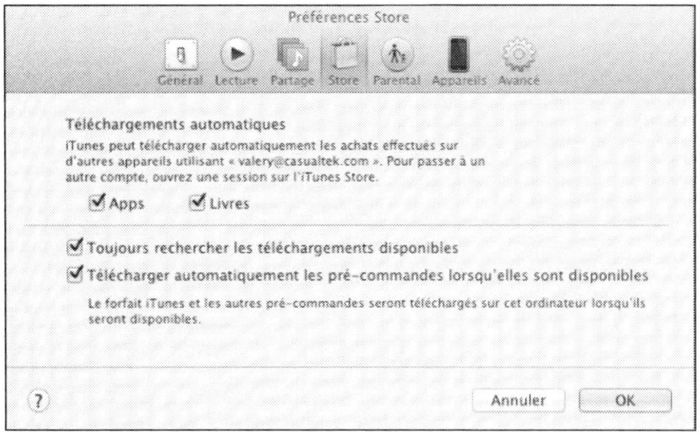

Figure 17-25 Activer le téléchargement automatique des achats.

Gestion du dossier iTunes

Par défaut, iTunes enregistre les fichiers ajoutés et importés dans la bibliothèque dans le dossier /**Musique**/**iTunes** de votre espace personnel.

1. Pour modifier ce comportement, déroulez le menu **iTunes → Préférences**.
2. Activez l'onglet **Avancé**.
   - Cliquez sur le bouton **Modifier** si vous voulez changer l'emplacement de la bibliothèque iTunes puis sélectionnez le nouvel emplacement.
   - Décochez la case **Laisser iTunes organiser le dossier iTunes Media** si vous ne souhaitez pas qu'iTunes se charge de structurer proprement les fichiers de la bibliothèque.
   - Cochez la case **Copier dans le dossier iTunes Media les fichiers ajoutés à la bibliothèque** pour qu'iTunes copie aussi les fichiers ajoutés alors que, par défaut, il ne copie que les fichiers importés.
3. Cliquez sur **OK**.

Figure 17-26 Les réglages de gestion des fichiers de la bibliothèque.

Configuration de l'importation

De base, iTunes attend systématiquement une confirmation avant d'importer un CD et convertit ses pistes au format AAC, lu par de nombreux baladeurs et téléphones mobiles, mais pas par tous.

1. Déroulez le menu **iTunes ➜ Préférences**.
2. Activez l'onglet **Général**.
   - Déroulez la liste **À l'insertion de CD** et sélectionnez **Importer le CD puis l'éjecter** pour accélérer le « rippage » de vos CD audio.
   - Cliquez sur le bouton **Réglages d'importation**.

   Déroulez la liste **Importer via** et sélectionnez **encodeur MP3** pour une compatibilité maximale de vos morceaux.
3. Cliquez sur **OK**, deux fois de suite.

Chapitre 18

En route pour le Photomaton !

Au menu de ce chapitre

- Prendre une photo
- Ajouter des effets
- Supprimer une photo
- Utiliser les photos

Livré avec Lion, Photo Booth est avant tout un logiciel ludique : sorte de Photomaton numérique, il permet d'exploiter la webcam iSight intégrée aux iMac, MacBook et MacBook Pro pour prendre photos et vidéos assorties d'effets visuels plus ou moins sérieux.

Les photos et vidéos produites avec Photo Booth peuvent être utilisées de nombreuses façons, à commencer pour l'illustration de son compte d'utilisateur Mac OS X ou de son avatar iChat.

À vous de jouer !

Prendre une photo

La prise de photos avec une webcam est la fonction de base de Photo Booth. Lancez le logiciel depuis le dossier **Applications** du disque dur de votre Mac puis procédez comme suit :

1. Vérifiez votre pose.
2. Cliquez sur le bouton rouge de déclencheur illustré d'un appareil photo.
3. Patientez trois secondes (figure 18-1).

Figure 18-1 Prise de vue avec Photo Booth.

4. C'est dans la boîte !

La nouvelle photo apparaît dans le cadre inférieur de la fenêtre.

Astuce Par défaut, Photo Booth profite du rétro-éclairage de votre moniteur pour simuler… un flash ! Vous pouvez désactiver cette fonction en déroulant le menu **Appareil → Utiliser l'écran comme Flash**.

Il est également possible de prendre une série rapide de quatre photos. Pour cela, cliquez sur le deuxième bouton à gauche de la barre de commande de Photo Booth, avant de cliquer sur le bouton déclencheur (figure 18-2).

Figure 18-2 La barre de commande Photo Booth.

Le troisième bouton à gauche de la barre de commande de Photo Booth permet de capturer des vidéos.

Astuce Envie d'une séance délire façon Photomaton avec des amis ? Pensez à passer Photo Booth en plein écran ! Séquence nostalgie garantie ! D'autant plus que le logiciel sait exploiter la définition améliorée des dernières webcams des Mac et même celle des webcams HD tierces. La qualité d'image est au rendez-vous.

Ajouter des effets

Photo Booth propose quelque 32 effets visuels différents à appliquer à vos prises de vue, qu'il s'agisse de photos ou de vidéos.

1. Pour appliquer un effet visuel à une prise de vue, cliquez sur le bouton **Effets** de la barre de commande de Photo Booth.

   Une prévisualisation de chaque effet est présentée sous forme de vignette. Les effets sont ainsi mis en valeur à travers quatre planches distinctes (figure 18-3).

2. Pour passer d'une planche à l'autre, utilisez les flèches à gauche et à droite du bouton **Effets** ou l'un des quatre carrés au milieu de la barre de commande.

3. Pour utiliser un effet, cliquez sur la vignette correspondante et, selon l'effet choisi, suivez les instructions à l'écran.

Figure 18-3 La première planche d'effets de Photo Booth.

Procédez ensuite normalement à la prise de vue.

Note La cinquième planche d'effets présente une série d'effets faisant appel à des fonds d'écran personnalisables. Pour modifier le fond d'écran de l'un de ces effets, glissez-déposez une photo ou une vidéo depuis le Finder sur la vignette correspondante. Notez surtout les quelques effets intelligents qui « suivent » votre visage pour l'entourer d'animations… expressives. Et cela fonctionne aussi avec plusieurs personnes dans le champ.

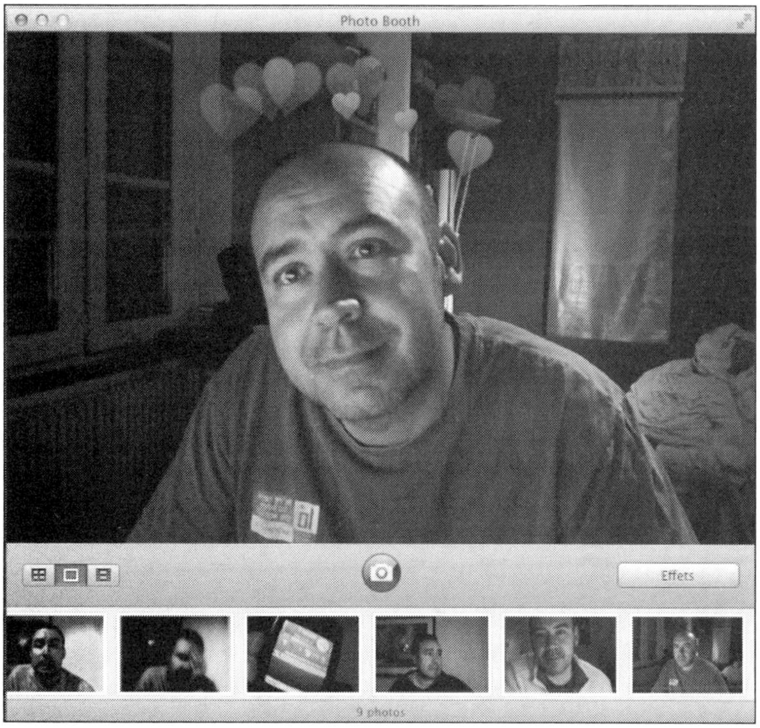

Figure 18-4 L'un des effets *intelligents* de Photo Booth.

Supprimer une photo

Un cliché raté ? Pas de souci : à tout moment, vous pouvez le supprimer de la série de photos affichées dans le cadre inférieur de la fenêtre de Photo Booth.

1. Pour supprimer une photo, cliquez simplement sur la petite croix en bas à gauche de la vignette correspondante.

Utiliser les photos

Vous souhaitez utiliser l'un des clichés pris avec Photo Booth ?

1. Utilisez les flèches à gauche et à droite du cadre inférieur de la fenêtre de Photo Booth pour parcourir les clichés.
2. Glissez-déposez la vignette du cliché retenu sur le Finder : le fichier correspondant est copié immédiatement.

Vous pouvez également double-cliquer sur la vignette d'un cliché qui a retenu votre attention (figure 18-5) :

- Cliquez sur le bouton **Courrier électronique** pour créer automatiquement un nouveau message avec le cliché correspondant, dans Mail.
- Cliquez sur le bouton **Ajouter à iPhoto** pour ajouter le cliché à la photothèque iPhoto.
- Cliquez sur le bouton **Photo de l'utilisateur** pour utiliser la photo comme illustration de votre compte d'utilisateur Mac OS X.
- Cliquez sur bouton **Photo du contact** pour utiliser le cliché sélectionné comme avatar avec iChat.

Pour revenir au mode prise de vue de Photo Booth, cliquez sur le bouton illustré d'un appareil photo au milieu de la barre de commande.

Figure 18-5 Consultation des séquences enregistrées.

Astuce Pour forcer une application tierce à utiliser l'un des clichés Photo Booth sans passer par le Finder, glissez-déposez le cliché voulu depuis la fenêtre de Photo Booth sur la fenêtre de l'application concernée.

Chapitre

20

Profiter des autres applications intégrées à Mac OS X Lion

Au menu de ce chapitre

- Aide-mémoire
- Calculatrice
- Chess
- Dictionnaire
- TextEdit

Nous avons consacré l'essentiel de la deuxième partie de ce livre aux principales applications fournies par Apple avec Mac OS X Lion. Mais nous ne voulions pas faire l'impasse sur quelques autres applications, moins importantes, mais pratiques ou tout simplement bienvenues. Vous devriez apprécier de les utiliser et rien que cela justifie qu'on leur accorde un peu de notre attention.

Aide-mémoire

Ça semble « tout bête », mais encore fallait-il y penser : les bureaux sont régulièrement encombrés de notes en tout genre, généralement griffonnées à la va-vite sur un bout de papier que l'on peine à retrouver passé quelques jours. L'application Aide-mémoire se pose en remède à cette maladie chronique de l'organisation personnelle : elle s'apparente à un véritable bloc-notes virtuel, rapide d'accès et toujours à portée de clic.

Les notes peuvent être rédigées dans des fenêtres de couleurs différentes, que l'on peut réduire à leur barre de titre pour gagner de la place. Le texte peut être mis en forme et coloré. Il est même possible d'insérer des graphismes dans ses notes !

Figure 19-1 L'icône de l'application Aide-mémoire.

Lancez l'application **Aide-mémoire** pour vous familiariser avec son fonctionnement :

- Cliquez sur la case à gauche de la barre de titre d'une note pour la fermer et entraîner sa destruction.
- Double-cliquez sur la barre de titre d'une note pour la réduire ou la développer.
- Déroulez le menu **Fichier → Nouvelle note** pour créer une nouvelle note.
- Déroulez le menu **Couleur** et sélectionnez la couleur que vous voulez pour votre note.

- Déroulez le menu **Police** pour accéder aux options de mise en forme du texte de votre note.
- Déroulez le menu **Note** et sélectionnez le type de fenêtre à appliquer à votre note, une fenêtre flottante ou partiellement transparente.

Les notes sont automatiquement enregistrées, sans intervention manuelle. Aide-mémoire ouvre les fenêtres de toutes les notes à chaque lancement.

Astuce Il est possible de créer rapidement une note à partir d'éléments sélectionnés dans une application. Pour cela, déroulez simplement le menu de l'application active, **Services → Créer une nouvelle note**. L'effet est immédiat.

Calculatrice

N'encombrez pas votre bureau d'un accessoire électronique de plus : oubliez votre calculatrice et adoptez la Calculette de Mac OS X.

La Calculette de Mac OS X Lion est capable de fonctionner selon plusieurs modes, accessibles *via* le menu **Présentation** : élémentaire, scientifique, programmeur et même, les spécialistes apprécieront, RPN !

Qui plus est, le menu **Convertir** donne accès aux fonctions de conversion d'unités, avec un nombre d'unités très important, dans tous les domaines suivants : surface, devises, énergie, longueur, puissance, vitesse, pression, température, temps, volume, poids.

Enfin, notez que le menu **Fichier** vous permet d'enregistrer ou d'imprimer la bande séquentielle des différentes opérations réalisées, à l'instar d'une calculatrice à rouleau de papier. Celle-là même que vous affichez en déroulant le menu **Fenêtre → Bande papier**. Bien vu !

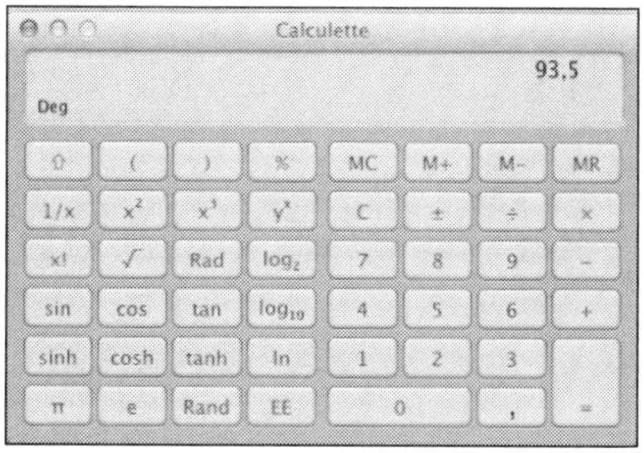

Figure 19-2 La Calculette, en mode scientifique.

Bon à savoir La Calculette se lance automatiquement avec la présentation utilisée lors de sa dernière exécution : il n'est pas nécessaire de la repasser, par exemple, en mode scientifique à chaque lancement.

Chess

Chess est un jeu... d'échecs sous licence GNU intégré depuis plusieurs années à Mac OS X par Apple. Sans avoir la prétention de rivaliser avec les logiciels les plus pointus du domaine, il promet déjà quelques bonnes parties de jeu.

L'utilisation de Chess est simple :

1. Cliquez sur la pièce à déplacer.
2. Cliquez sur la case où vous désirez positionner la pièce.

L'ordinateur prend alors son tour. Chess peut accepter les commandes vocales, mais en anglais uniquement.

Figure 19-3 Le jeu d'échecs livré avec Mac OS X.

Bon à savoir Le jeu d'échecs de Mac OS X accepte les commandes vocales : il faut maintenir la touche **esc** enfoncée pour énoncer sa commande. Mais attention : il ne comprend que l'anglais.

Dictionnaire

En butte à un terme inconnu ? Inutile de vous précipiter vers votre bibliothèque à la recherche du dictionnaire familial : lancez l'application Dictionnaire de Mac OS X.

1. Tapez le mot recherché dans le champ de recherche de la barre d'outils.
2. Cliquez sur l'un des résultats proposés pour accéder à la définition.

Le Dictionnaire de Mac OS X Lion s'appuie sur le dictionnaire américain *New Oxford American Dictionary* (seconde édition) et son thésaurus, ainsi que sur des définitions fournies par Apple. Du coup, les définitions sont majoritairement en anglais, à l'exception de celles fournies par l'encyclopédie en ligne Wikipédia, proposées en français.

- Cliquez sur l'un des dictionnaires proposés sous la barre d'outils pour accéder aux résultats correspondants.
- Utilisez les flèches de la barre d'outils pour naviguer entre les résultats.
- Utilisez les boutons de la barre d'outils pour agrandir ou réduire la taille de la police utilisée pour la présentation des résultats.

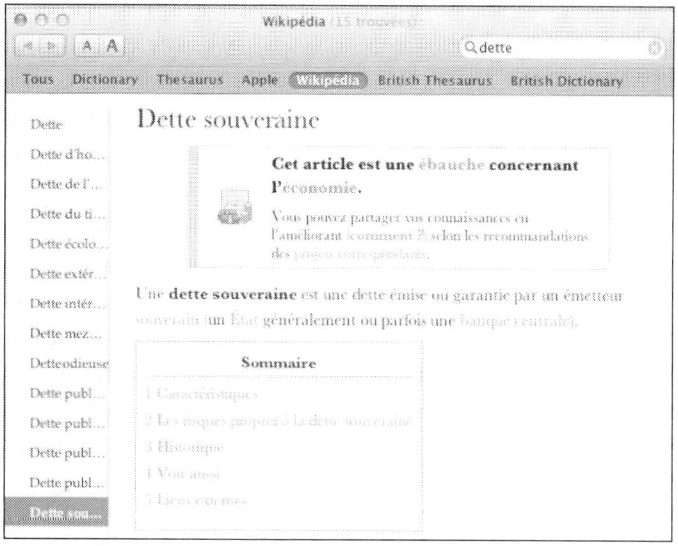

Figure 19-4 Le Dictionnaire de Mac OS X Lion.

Astuce Les résultats présentés dans la fenêtre vous semblent écrits dans une police trop grande ? Ouvrez le menu **Dictionnaire → Préférences**. Déroulez ensuite la liste **Taille de police par défaut** pour ajuster la taille de la police à utiliser de préférence. Au besoin, vous pourrez encore l'ajuster par la suite en utilisant les boutons **AA** de la barre d'outils.

TextEdit

Derrière une interface d'une modestie difficilement égalable, TextEdit cache des fonctions de traitement de texte susceptibles de satisfaire un grand nombre de besoins. Intégré à Mac OS X, TextEdit présente en effet une solution simple d'usage pour rédiger courriers et documents courants, y compris avec des fonctions de mise en page, de mise en forme ou encore l'intégration de photos voire d'éléments multimédia.

Pour ne rien gâcher, TextEdit permet d'ouvrir, de modifier et d'enregistrer des fichiers texte dans de nombreux formats : texte brut (.txt), Rich Text (.rtf), RTFD (.rtfd), HTML (.html), archive Web (.webarchive), Open Document (.odt), Microsoft Word 97 (.doc), Microsoft Word 2003 XML (.xml) et même le récent Microsoft Word 2007 (.docx).

L'utilisation de TextEdit est globalement simple : dès son lancement ou son retour au premier plan, le logiciel ouvre une fenêtre de nouveau document, à compter qu'aucun document n'est déjà ouvert.

La barre d'outils des fenêtres de TextEdit (figure 19-5) reprend les éléments de mise en forme classiques pour un logiciel de traitement de texte avec, de gauche à droite :

- la liste des polices ;
- la liste des casses ;
- la liste des tailles ;
- les options de couleurs de police et de surlignage ;
- les options d'alignement ;
- les options d'espacement ;
- les options de mise en forme des listes.

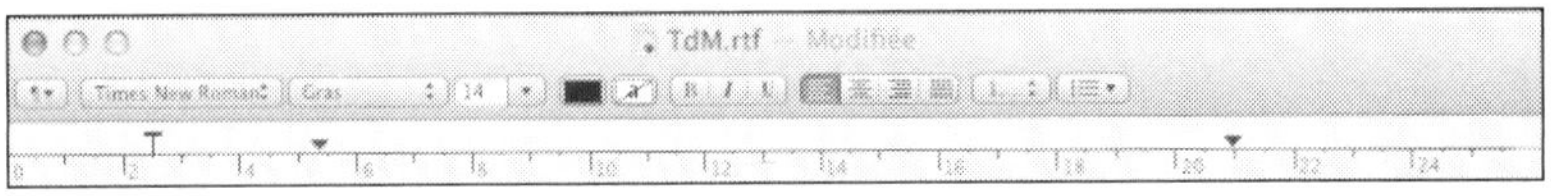

Figure 19-5 Rédaction d'un document avec TextEdit.

Bon à savoir Ne cherchez pas de commande d'insertion dans les menus de TextEdit pour l'intégration de contenus multimédia dans un document : l'éditeur de texte de Mac OS X Lion fonctionne entièrement par glisser-déposer et par copier-coller.

Le correcteur orthographique

TextEdit applique les mécanismes de correction d'orthographe de Mac OS X aux documents qui sont ouverts ou créés avec lui : dès qu'un terme est mal orthographié, il apparaît souligné en rouge. Mieux : les erreurs les plus courantes sont corrigées automatiquement en cours de frappe. Pour les autres, vous pouvez procéder manuellement à la correction ou faire appel à TextEdit pour vous suggérer une orthographe correcte :

1. Sélectionnez le terme litigieux.
2. Faites un clic droit sur ce terme (figure 19-6).
3. Sélectionnez le terme suggéré par TextEdit s'il correspond à ce que vous vouliez écrire.
4. Ou sélectionnez **Ignorer l'orthographe** pour forcer TextEdit à ignorer un terme technique inconnu de son dictionnaire interne, par exemple.
5. Ou encore **Mémoriser l'orthographe** pour le forcer à enregistrer le terme inconnu dans son dictionnaire interne.

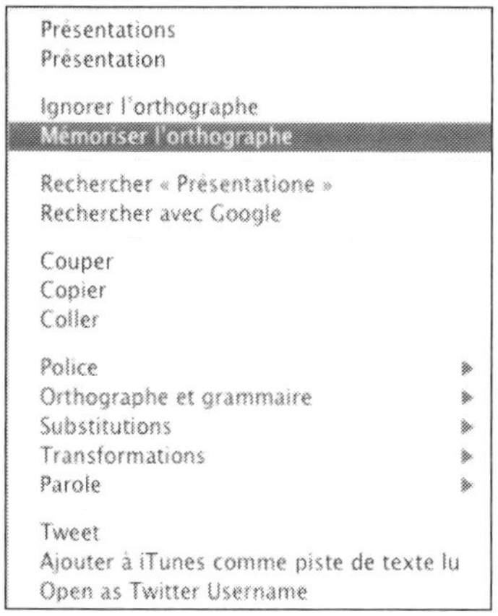

Figure 19-6 Utilisation du correcteur d'orthographe.

Bon à savoir Avez-vous remarqué ? La répétition de touches – pour des lettres de l'alphabet – ne fonctionne pas avec Lion ? En fait, dès que vous maintenez enfoncée une touche correspondant à une lettre de l'alphabet, Lion vous propose une série de variantes de cette lettre, à la manière d'iOS. Vous pouvez restaurer le comportement *normal* de Mac OS X en ouvrant le Terminal : tapez `defaults write -g ApplePressAndHoldEnabled -bool false` puis validez par **Entrée**.

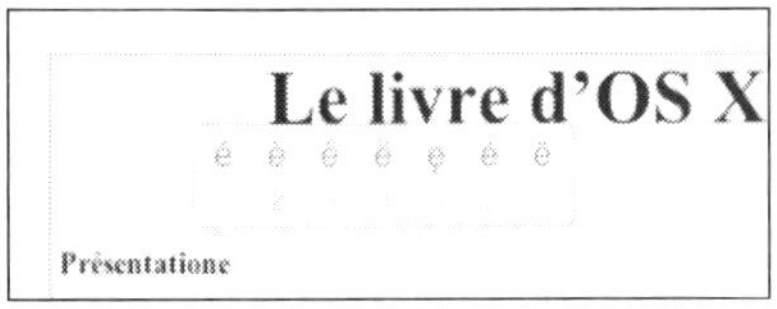

Figure 19-7 Un peu d'iOS dans Mac OS X Lion.

Mise en forme avancée

Outre les commandes affichées dans la barre d'outils, TextEdit propose de nombreuses options de mise en forme, pour ne pas dire toutes celles que l'on attend légitimement d'un logiciel de traitement de texte.

- Pour accéder à ces fonctions, déroulez le menu **Format → Police**.
- Pour afficher une palette flottante de sélection des polices, de leur taille et de leur graisse, sélectionnez **Afficher les polices**.

Les options de crénage, ligature, ligne de base et forme de caractères ne sont disponibles qu'à partir du menu (figure 19-8).

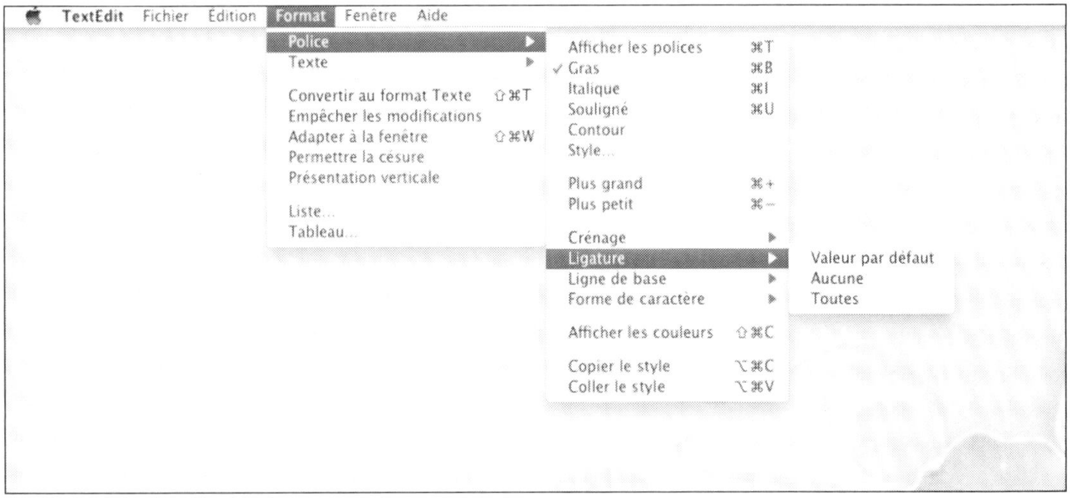

Figure 19-8 Les options avancées de mise en forme du texte.

Astuce Pour écrire un texte de droite à gauche, déroulez le menu **Format → Texte → Sens de l'écriture** et sélectionnez **De droite à gauche**.

Bon à savoir

TextEdit ne permet pas de définir des marges de moins de 2,5 cm de chaque côté. L'échelle affichée en haut de la fenêtre de TextEdit, pour la définition des taquets de tabulation, des retraits de paragraphe et des marges, n'affiche pas cette information. Il est bon de la garder présente à l'esprit.

PARTIE III

EXPLOITER LES RICHESSES DE LA SUITE ILIFE

Chapitre 20

Gérer ses photos numériques avec iPhoto

Au menu de ce chapitre

- Importer ses photos
- Organiser ses photos
- Retoucher ses photos
- Partager ses photos
- D'iPhoto à Internet

Comme un grand nombre de Français, vous avez craqué pour un appareil photo numérique ? Vous allez apprécier d'autant plus votre Mac ! Apple l'a en effet équipé d'un logiciel dédié à la photo numérique : iPhoto.

Avec ce logiciel, vous allez pouvoir enregistrer vos photos numériques sur le disque dur de votre Mac en moins de trois clics de souris ! iPhoto vous permettra ensuite de classer vos photos – par événement, par lieu, ou même encore par visage ! –, de les retoucher pour les embellir, et d'en obtenir des tirages papier, *via* votre propre imprimante ou en commandant des tirages auprès d'Apple.

Importer ses photos numériques

Le transfert de photos numériques depuis un appareil photo ou sa carte mémoire vers le logiciel iPhoto de votre Mac ne vous prendra que quelques clics :

1. Connectez votre appareil photo numérique ou le lecteur de carte mémoire à votre Mac, sur un port USB. Cela fonctionne aussi avec votre iPhone, votre iPod ou votre iPad.

Avec un appareil photo numérique, iPhoto se lance automatiquement. Sinon, lancez-le manuellement. Dans sa barre latérale, vous pouvez constater la présence d'une rubrique intitulée **Appareils** dans laquelle figure votre carte mémoire ou votre appareil photo numérique, selon que vous avez connecté l'un ou l'autre. iPhoto vous propose alors d'importer les photos, ce qui revient à les copier dans votre Bibliothèque.

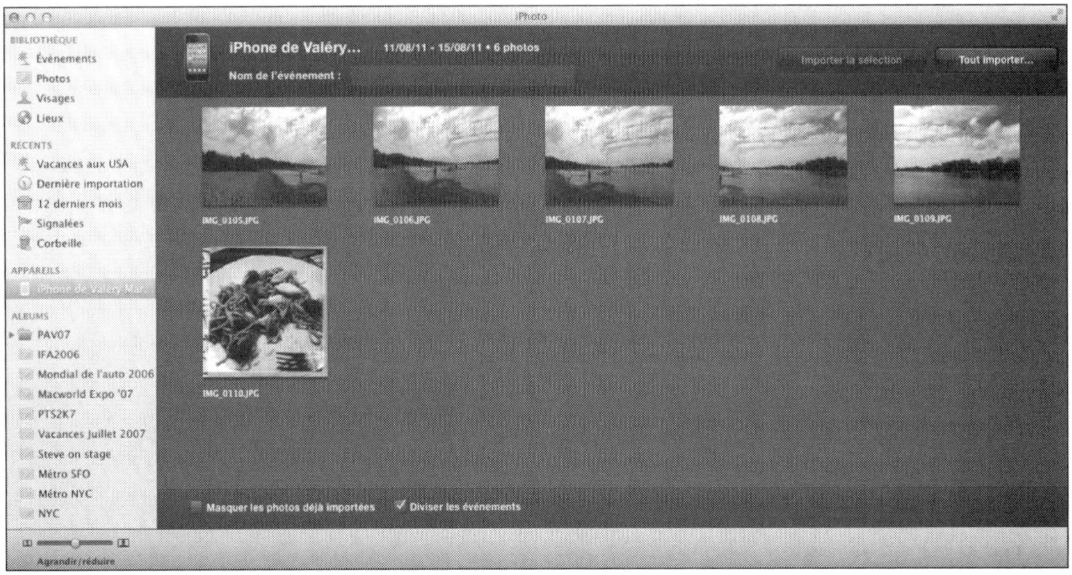

Figure 20-1 Importation de photos.

Astuce Si votre appareil photo numérique n'apparaît pas dans la barre latérale d'iPhoto, c'est qu'il utilise un système de communication spécifique : dans ses menus, réglez la connexion USB sur le mode **Impression**, en suivant les indications du constructeur.

1. Pour lancer la copie de vos photos sans autre forme de procès, cliquez sur le bouton **Tout importer**.
2. Une fois la copie terminée, cliquez sur **Supprimer les originaux** pour effacer la carte mémoire de votre appareil photo numérique.

Astuce Vous pouvez aussi importer des photos dans iPhoto depuis n'importe quel dossier du disque dur de votre Mac, *via* le menu **Fichier → Importer dans la Bibliothèque**. Ou par glisser-déposer sur l'élément **Photos** de la barre latérale d'iPhoto.

Vos photos numériques sont désormais accessibles dans iPhoto. Dans un premier temps, vous les trouverez dans la rubrique **Récents** de la barre latérale, sous l'étiquette **Dernière importation**. Mais elles sont aussi accessibles à la rubrique **Bibliothèque**, sous **Événements** et sous **Photos**.

Cliquez sur l'icône d'éjection à droite de votre appareil photo ou de sa carte mémoire, dans la barre latérale d'iPhoto, pour couper la connexion USB. Cela fait, vous pouvez débrancher le câble USB que vous avez branché à votre Mac.

Bon à savoir Ne vous inquiétez pas du risque d'importer des photos déjà présentes dans votre photothèque : iPhoto vous avertira s'il découvre des doublons lors de l'importation. Il vous proposera alors d'importer le doublon ou de vous contenter de l'élément déjà existant.

Organiser ses photos numériques

iPhoto organise les clichés par « événements », sans requérir votre intervention. Concrètement, le logiciel les regroupe par dates de prises de vue avec un réglage par défaut d'un événement par jour ou par séries de photos rapprochées à une même date. Ce réglage est susceptible de convenir à un grand nombre d'utilisateurs d'appareil photo numérique. Mais, ponctuellement, il peut manquer de pertinence. Qu'à cela ne tienne, il est facile de réorganiser ses photos selon la logique des événements :

1. Pour regrouper deux événements, glissez-déposez simplement un événement sur celui avec lequel vous souhaitez le fusionner.

Figure 20-2 Ajout de photos dans un événement.

Si iPhoto regroupe par erreur plusieurs photos au sein d'un même événement, vous pouvez simplement le corriger :

1. Double-cliquez sur l'événement concerné.
2. Cliquez sur la photo à partir de laquelle vous souhaitez créer un nouvel événement – toutes les photos suivantes y seront associées.
3. Déroulez le menu **Événement ➜ Scinder l'événement**.

L'effet est immédiat : un nouvel événement est créé, regroupant toutes les photos à partir de la photo sélectionnée.

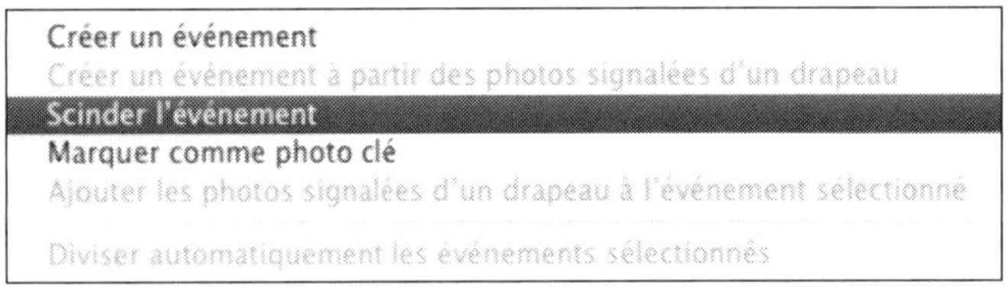

Figure 20-3 Création d'un nouvel événement.

Astuce Vous pouvez procéder à l'organisation de vos clichés à mesure que vous les importez dans iPhoto. Pour cela, effectuez des importations par sélections de photos et mentionnez à chaque fois le nom de l'événement correspondant et sa description dans les champs *ad hoc*.

iPhoto autorise la personnalisation des vignettes des événements. C'est-à-dire que vous pouvez choisir la photo qui devra illustrer l'événement correspondant. Pour cela :

1. Passez votre souris sur la vignette de l'événement et faites défiler les photos doucement jusqu'à trouver celle que vous voulez comme illustration. Vous pouvez aussi directement sélectionner une photo après avoir double-cliqué sur l'événement voulu.

2. Faites un clic droit et sélectionnez **Marquer comme photo clé**.

Figure 20-4 Choix de la vignette d'un événement.

Astuce Si la taille par défaut d'affichage des vignettes d'albums vous semble trop petite, ajustez-la en utilisant la glissière, en bas à gauche de la fenêtre d'iPhoto.

Classer ses photos par lieux

iPhoto vous permet de retrouver vos photos à partir du lieu où elles ont été prises. Le tout avec une présentation très graphique, sur une carte du monde. Mais, pour cela, encore faut-il que vous ayez indiqué à iPhoto où vous avez pris vos photos !

Pour ce faire :

1. Sélectionnez l'événement voulu et cliquez sur le bouton **i**, en bas à droite de la fenêtre d'iPhoto.
2. Cliquez dans le champ **Attribuer un lieu** et tapez le nom du lieu où s'est déroulé l'événement concerné.
3. Cliquez sur **Rechercher sur la carte**. Sélectionnez le lieu correct en cas de confusion de la part d'iPhoto puis cliquez sur **Attribuer à l'événement**.

Astuce Vous pouvez déclarer les lieux de prises de vue de plusieurs événements successivement, sans revenir à leur liste : utilisez les flèches en bas de la fenêtre pour passer d'un événement à l'autre. Notez que vous pouvez également localiser chaque photo individuellement, si vous le souhaitez.

4. Cliquez sur **OK** pour refermer la fenêtre.

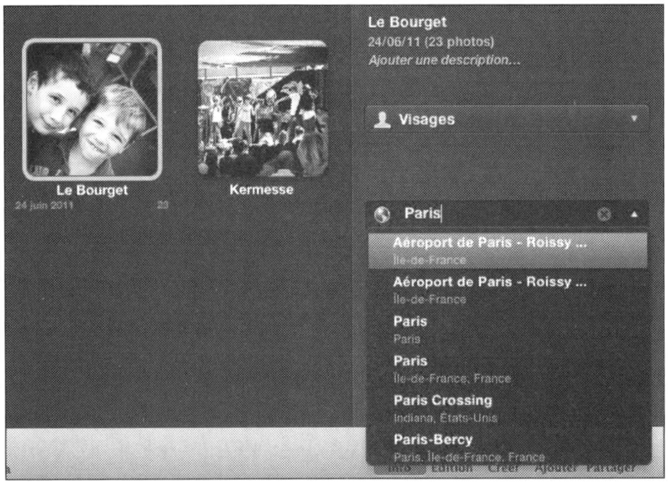

Figure 20-5 Déclaration du lieu de prise de vue.

Lorsque vous avez fini, vous pouvez consulter vos photos en fonction de leur lieu de prise de vue. Cela se passe dans **Lieux**, sous la rubrique **Bibliothèque**. Des marqueurs rouges sont épinglés à la carte du monde pour indiquer les lieux où vous avez pris des photos. Il vous suffit de double-cliquer sur une épingle pour consulter les photos associées.

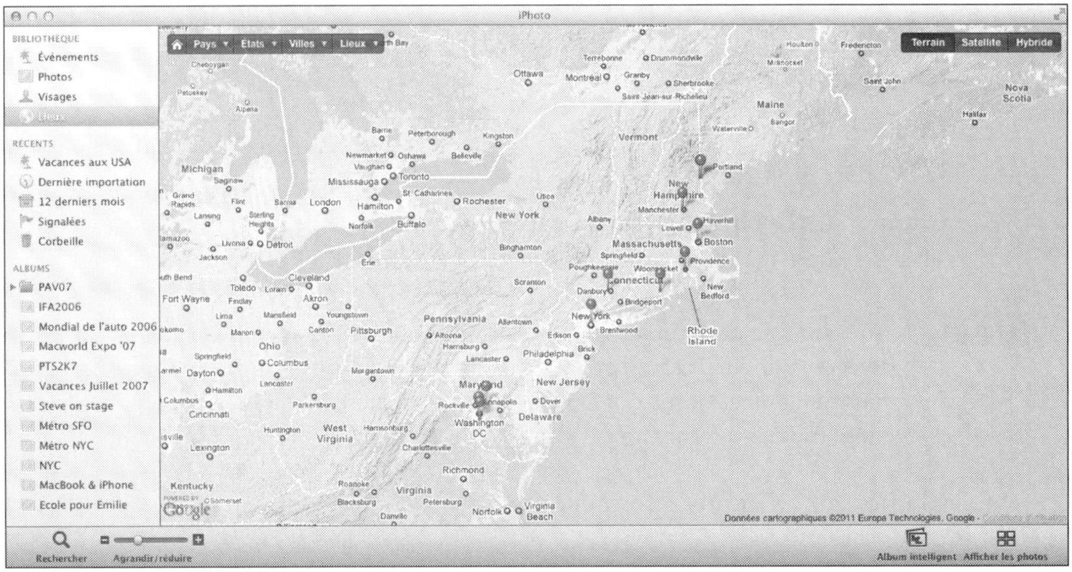

Figure 20-6 Affichage des lieux de prise de vue.

Astuce Agrandissez et réduisez la carte à volonté avec la molette de votre souris ou avec votre trackpad multitouch.

Si vous préférez retrouver des lieux dans une liste, utilisez les boutons en haut de la fenêtre principale, en surimpression de la carte du globe : de là, vous pouvez choisir les pays, les états, les villes et les lieux précis pour filtrer vos photos.

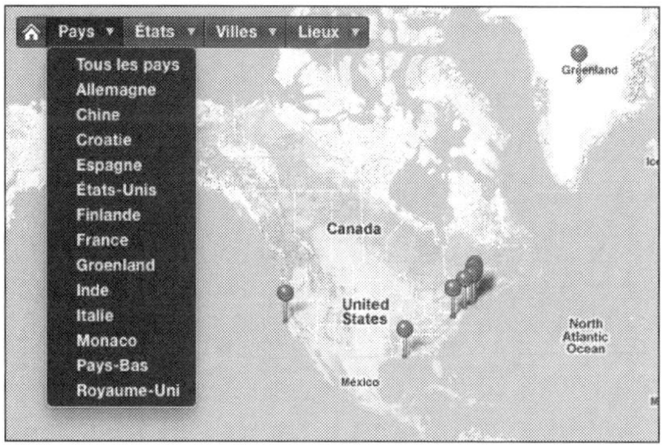

Figure 20-7 Affichage des lieux de prises de vue en liste.

Retrouver un visage

iPhoto est doté de fonctions de reconnaissance faciale. Encore imparfaites, elles s'avèrent déjà plutôt efficaces et, surtout, très pratiques pour qui tient à jour un trombinoscope familial.

Figure 20-8 Le trombinoscope, façon iPhoto.

Reste qu'iPhoto n'a, *a priori*, aucun moyen de connaître les noms des personnes apparaissant sur vos photos. Pour ça, il va falloir l'aider :

1. Sélectionnez l'une de vos photos contenant un ou plusieurs visages.
2. Dans la barre d'outils d'iPhoto, cliquez sur le bouton **Info**.
3. Double-cliquez sur le visage encadré de blanc et saisissez, dans le champ *ad hoc*, le nom de la personne correspondante. Notez qu'iPhoto formule des suggestions tirées du Carnet d'adresses, à mesure que vous tapez.
4. Si d'autres personnes à identifier figurent dans la photo, déroulez la liste **Visages**, dans la barre latérale, et cliquez sur **Ajouter un visage**. Ajustez alors le cadre blanc pour indiquer le visage voulu et indiquez le nom correspondant dans le champ *ad hoc*.
5. Validez par **Entrée**.

Renouvelez l'opération au moins une fois pour chaque personne dont vous voulez pouvoir retrouver facilement les photos dans votre Bibliothèque.

Figure 20-9 Nommer un visage.

Cliquez maintenant sur l'élément **Visages** de la rubrique **Bibliothèque** pour accéder au trombinoscope. Les visages déjà identifiés sont affichés. Mais il reste probablement encore beaucoup de photos anonymes. Pour vous aider à corriger cela, iPhoto se propose de vous aider, notamment pour compléter l'inventaire des photos correspondant à chaque personne déjà déclarée :

1. Cliquez sur l'un des visages de vos sujets.
2. Cliquez sur le bouton **Confirmer d'autres visages**.
3. Pour chaque photo, cliquez une fois pour confirmer que le portrait trouvé par iPhoto se rapporte bien à la personne concernée ou deux fois pour détromper iPhoto (qui, au passage, apprendra de son erreur).
4. Cliquez sur **OK** lorsque vous avez fini. Et n'hésitez pas à y revenir régulièrement : à mesure que vous lui indiquez ses erreurs, iPhoto est susceptible de vous suggérer la présence de chaque personne dans de nouvelles photos.

Figure 20-10 Confirmer ou infirmer les trouvailles d'iPhoto.

Astuce Cliquez sur le bouton **Info** en bas de la fenêtre d'iPhoto, lorsque vous avez sélectionné un visage, pour accéder aux détails spécifiques le concernant : nombre de photos, lieux des prises de vue... Vous pouvez alors indiquer un nom complet qui aidera le Carnet d'adresses à associer une photo à un contact enregistré. Et en jouant du pointeur de la souris sur la photo de la personne, dans la colonne de droite, vous pourrez définir l'image principale qui lui est associée.

Ranger ses photos dans des albums

Non content de regrouper automatiquement vos photos de manière chronologique par événements, iPhoto vous permet de créer des albums. Là, vous regroupez manuellement des photos, selon vos envies, au sein d'un même ensemble : un album. Cette démarche semble somme toute assez naturelle.

1. Pour créer un album, cliquez sur le bouton **Ajouter** en bas de la fenêtre d'iPhoto.
2. Sélectionnez **Album** puis cliquez sur **Nouvel Album**. Et donnez-lui un nom dans le champ *ad hoc*.
3. Dans la barre latérale, cliquez sur **Photos**, sous la rubrique **Bibliothèque**.
4. Ajoutez des photos à votre nouvel album par simple glisser-déposer.

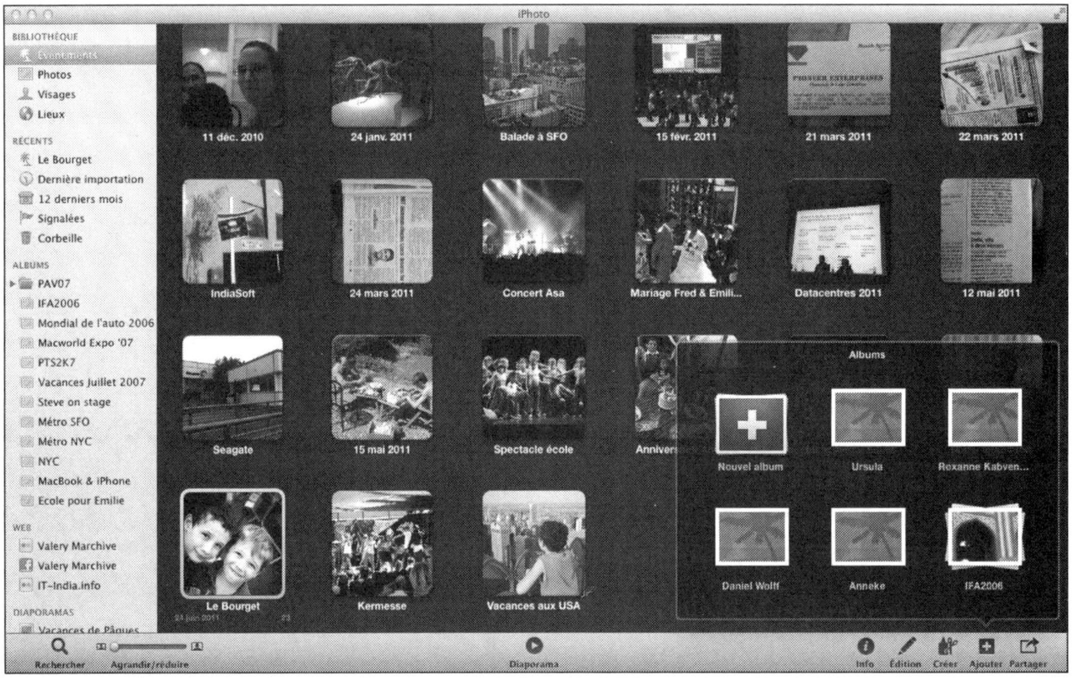

Figure 20-11 Création d'un album.

Astuce Créez des albums ! Ils vous permettront de sélectionner précisément et rapidement les photos à copier sur votre iPod lors de la synchronisation iTunes, à l'instar des listes de lecture pour la musique.

Astuce Pour aller plus vite, sélectionnez les photos à partir desquelles vous voulez constituer un album puis déroulez le menu **Fichier → Nouvel album à partir de la sélection**. Si vous lancez la création d'un nouvel album alors qu'un événement est sélectionné, les photos de cet événement seront automatiquement utilisées pour votre nouvel album.

Retoucher ses photos

Vous avez joué de malchance : l'une de vos photos est terne, voilée de bleu même, et pour ne rien gâcher, mal cadrée ! Pas de panique, avec l'aide d'iPhoto, vous pouvez la sauver :

1. Double-cliquez sur la photo ratée puis cliquez sur bouton **Édition**. Là, toute une palette d'outils de retouche s'offre à vous : cliquez sur **Améliorer** pour demander à iPhoto d'ajuster automatiquement, en un clic de souris, les couleurs de la photo.

Vous allez voir : c'est déjà beaucoup mieux !

Figure 20-12 Amélioration automatique.

Supprimer les yeux rouges

Si la photo que vous avez prise comporte un sujet aux yeux rougis par le flash, cliquez sur le bouton **Corriger les yeux rouges**. Le pointeur de la souris se transforme en croix :

1. Placez la croix sur un premier œil rouge.
2. Cliquez.
3. Recommencez avec chaque œil rouge de la photo.

4. Lorsque tous les yeux rouges ont été effacés, cliquez sur le bouton **Terminé**.

Figure 20-13 Suppression des yeux rouges.

Astuce Pour aller plus vite, cliquez directement sur le bouton **Correction automatique** de la barre de correction des yeux rouges : souvent, le résultat est impeccable.

Redresser une photo

Si vous trouvez que votre photo n'est pas très « droite », vous pouvez la redresser de manière très précise :

1. Cliquez sur le bouton **Redresser**.
2. Déplacez la glissière pour ajuster la rectitude de votre cliché.
3. Cliquez sur **Terminé** lorsque vous êtes satisfait du résultat.

Figure 20-14 Redressage d'une photo.

Recadrer une photo

Le cadrage de votre cliché n'est pas des plus heureux ? Cela peut arriver avec les photos prises sur le vif. iPhoto propose un outil pour corriger cela :

1. Cliquez sur le bouton **Rogner**.
2. Cochez la case **Contrainte** et déroulez la liste correspondante.
3. Sélectionnez le format selon lequel vous souhaitez recadrer votre photo.
4. Ajustez le nouveau cadrage à la souris, en déplaçant les bords, les coins et même le cadre blanc affiché en surimpression de la photo, lui-même.
5. Cliquez sur le bouton **Terminé** lorsque vous êtes satisfait.

Figure 20-15 Recadrage d'une photo.

Pour aller plus loin

iPhoto propose aussi des outils de retouche plus élaborés, et des effets visuels, accessibles *via* les boutons **Retoucher**, **Ajuster** et **Effets**. Ces outils s'adressent à des amateurs éclairés mais vous pouvez les essayer sans craindre pour vos photos : il est toujours possible de ne pas appliquer les modifications effectuées sur une photo.

Lorsque vous avez fini de retoucher vos photos, cliquez sur le bouton **OK** pour revenir à la Bibliothèque complète, ou double-cliquez sur la photo dont vous venez de terminer la retouche.

Astuce Les effets proposés par iPhoto peuvent être appliqués avec plusieurs degrés d'intensité différents. Lorsque vous cliquez une première fois sur un effet, un **1** apparaît en surimpression du bouton correspondant, entouré de deux flèches. Jouez avec ces flèches pour modifier l'intensité de l'effet.

Figure 20-16 Choix des effets à appliquer.

Partager ses photos

Enregistrer, retoucher et regarder ses photos sur l'écran de son Mac, c'est bien. Pouvoir partager avec ses proches, c'est mieux. Apple l'a bien compris et a intégré, en conséquence, de nombreuses fonctions d'impression à son logiciel iPhoto.

Astuce Si vous ne voulez pas imprimer vos photos mais qu'il soit important pour vous de les partager avec vos proches, vous pouvez faire appel à la fonction de partage sur Facebook ou Flickr intégrée à iPhoto. Ou encore synchroniser votre Bibliothèque iPhoto avec votre baladeur iPod ou votre téléphone mobile iPhone *via* iTunes ! L'iPod Touch et l'iPhone constituent d'excellentes visionneuses de photos. Et vous pouvez même partager votre photothèque avec votre Apple TV ! Mais dans la perspective d'une séance de visionnage de photos entre amis, c'est peut-être l'iPad que vous préférerez utiliser. Et n'oubliez pas les modèles de Mail (chapitre 9), pour vos cartes électroniques !

Imprimer ses photos soi-même

L'impression de photos depuis iPhoto ne vous prendra que quelques instants :

1. Sélectionnez les photos à imprimer dans la Bibliothèque, à l'aide de la souris.
2. Cliquez sur le bouton **Imprimer**.
3. Dans la colonne de gauche, sélectionnez le format d'impression que vous voulez utiliser (figure 20-17).
4. Cliquez sur le bouton **Imprimer**.

Ça y est : votre imprimante se met en route automatiquement et commence l'impression de vos photos !

Figure 20-17 Choix des options d'impression.

Commander des tirages

Si vous ne disposez pas d'une imprimante photo – ou si vous refusez d'en acheter une en raison du prix des consommables –, faites appel au service d'impression d'Apple : ce service permet de commander des tirages papier de photos numériques et de les recevoir, chez vous, par la Poste. Les tirages sont de bonne qualité. Les tarifs du service sont indiqués précisément avant que vous ne décidiez de passer votre commande. Le règlement s'effectue exclusivement par carte bancaire.

1. Sélectionnez les photos à imprimer.
2. Déroulez le menu **Fichier ➜ Commander des tirages**.
3. Suivez les instructions à l'écran pour créer un compte auprès d'Apple si besoin.
4. Pour chaque photo, indiquez le nombre de tirages dans la case correspondant à la taille voulue (de 5 × 8 cm à 20 × 30 cm).
5. Lorsque vous avez fini, cliquez sur le bouton **Acheter** pour accéder au récapitulatif de votre commande.
6. Si tout est correct, cliquez sur **Consulter** pour poursuivre le processus de commande et passer à l'expédition.

Votre commande est partie. Vous recevrez vos tirages sous quelques jours.

Figure 20-18 Le panneau de commande de tirages papier.

Commander livres, calendriers et cartes postales

Vous êtes particulièrement satisfait de certaines de vos photos ? N'hésitez pas à les afficher chez vous ou à les regrouper au sein d'albums imprimés sur mesure pour les offrir à vos proches.

Le bouton **Créer** en bas de la Bibliothèque d'iPhoto vous donne accès à des outils très simples de composition d'imprimés originaux utilisant vos photos. Les imprimés sont de belle qualité mais il faut compter une à deux semaines de délai de livraison, en général.

Figure 20-19 Choix de l'objet à créer.

La création d'un nouveau livre, calendrier ou cadre photo suit le même principe :

1. Cliquez sur le bouton correspondant à l'imprimé que vous voulez réaliser.
2. Sélectionnez le type d'imprimé voulu parmi les différents thèmes proposés. Notez que plusieurs tailles (**L/XL**) et couleurs de base vous sont également proposées pour chaque thème et style de livre. Les tarifs indicatifs sont mentionnés en bas à gauche, à côté d'un aperçu des pages intérieures.

Figure 20-20 Choix du style de livre à commander.

3. Cliquez sur le bouton **Créer** dès que vous avez fait votre choix. Si vous avez sélectionné plusieurs dizaines de photos, iPhoto vous proposera de choisir entre créer un livre vide – que vous composerez alors vous-même – ou le laisser créer un livre contenant le nombre de pages nécessaires à l'ensemble des photos.

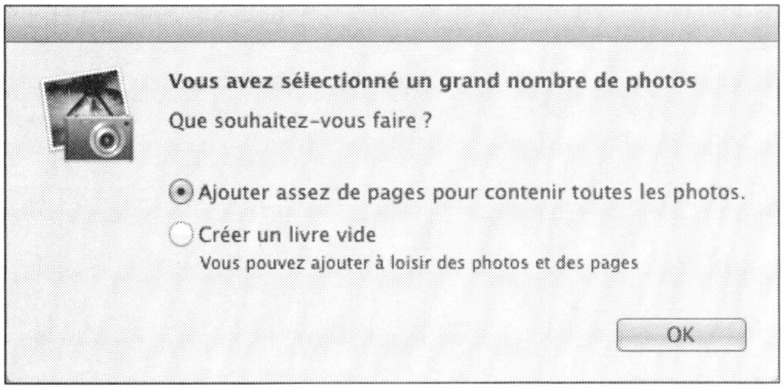

Figure 20-21 Création du livre.

4. Votre projet d'imprimé apparaît dans la rubrique **Projets** de la barre latérale d'iPhoto. Donnez-lui un nom et validez par **Entrée**. Si votre livre a été créé à partir de photos d'un événement, le nom de l'événement est automatique associé à votre projet de livre.

5. Cliquez sur **Photos** à la rubrique **Bibliothèque**.
6. Sélectionnez les photos que vous voulez utiliser pour votre imprimé et glissez-déposez-les sur l'icône de votre imprimé dans la barre latérale d'iPhoto.

Astuce La barre latérale d'iPhoto contient trop d'éléments ? Au point que vous deviez continuellement jouer avec le défilement vertical ? Cachez le contenu de certaines rubriques en cliquant sur le bouton **Masquer** à droite du nom des rubriques voulues.

7. Lorsque votre sélection est terminée, cliquez sur votre imprimé dans la rubrique **Projets** de la barre latérale d'iPhoto.
8. Les photos sélectionnées sont affichées sous forme de vignettes dans un cadre de la fenêtre d'iPhoto. Composez votre imprimé en glissant-déposant les photos une à une à l'emplacement où vous souhaitez les utiliser.
9. Lorsque votre imprimé est terminé, cliquez sur le bouton **Acheter le livre** et suivez les instructions à l'écran.

Notez que vous pouvez ajuster chaque photo individuellement dans son cadre, lors de la composition : cliquez sur une photo pour faire apparaître la glissière d'agrandissement et l'outil de déplacement, sous la forme d'une petite main. Vous pouvez même appliquer à la volée des effets à chacune des photos !

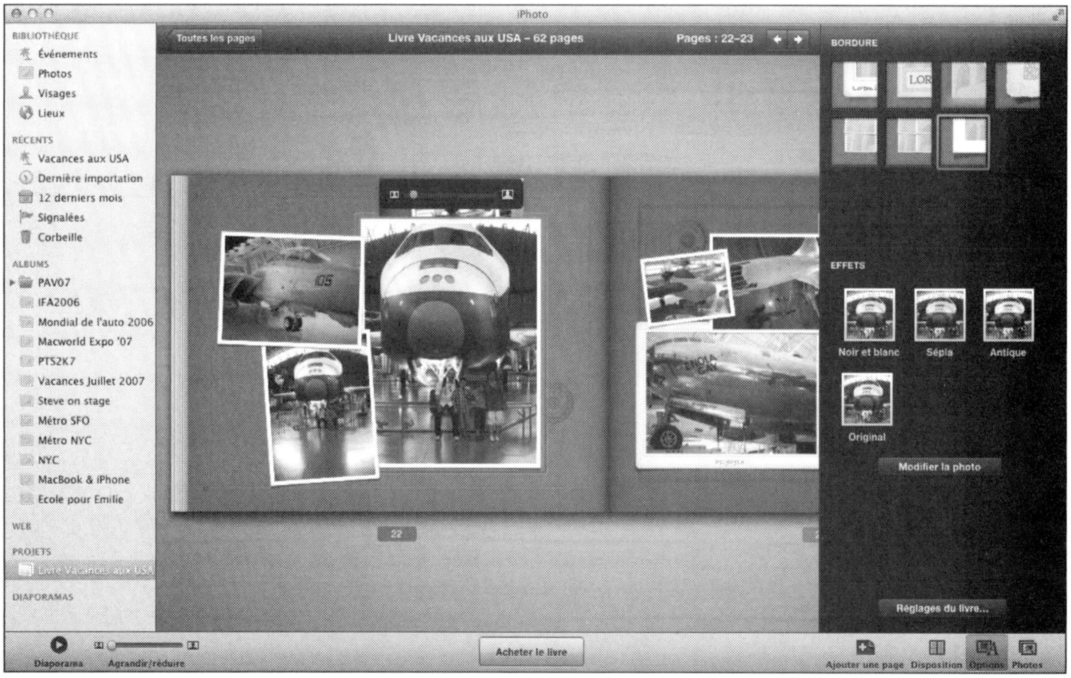

Figure 20-22 Ajuster la disposition d'une photo.

Avant de passer définitivement commande, vous obtiendrez un récapitulatif avec son coût total. Les imprimés Apple sont livrés dans des emballages leur assurant une bonne protection. Ils peuvent constituer un cadeau sympathique à l'occasion d'une fête ou d'un anniversaire.

Astuce Pour la commande de calendriers, vous pouvez demander l'importation d'événements enregistrés dans iCal, le gestionnaire d'agenda personnel de Mac OS X, et même de dates d'anniversaires définies dans le Carnet d'adresses, le gestionnaire de contacts de votre Mac.

Réaliser un diaporama

Pour faire profiter vos proches de vos photos, sans passer par l'impression, il y a la solution du diaporama. Celui que vous diffuserez directement sur votre Mac, façon soirée diapos, ou bien celui que vous diffuserez sous la forme d'une vidéo, sur Internet, sur clé USB, sur votre iPod, ou même sur DVD.

Réaliser un diaporama à diffuser sur son Mac, à partir d'un événement – ou d'une sélection de photos – est particulièrement simple :

1. Faites votre sélection de photos.
2. Cliquez sur le bouton **Créer → Diaporama** dans la barre d'outils d'iPhoto.
3. Cliquez alors sur le bouton **Thèmes** (figure 20-23) pour choisir le style graphique de votre diaporama. Validez en cliquant sur le bouton **Choisir**.

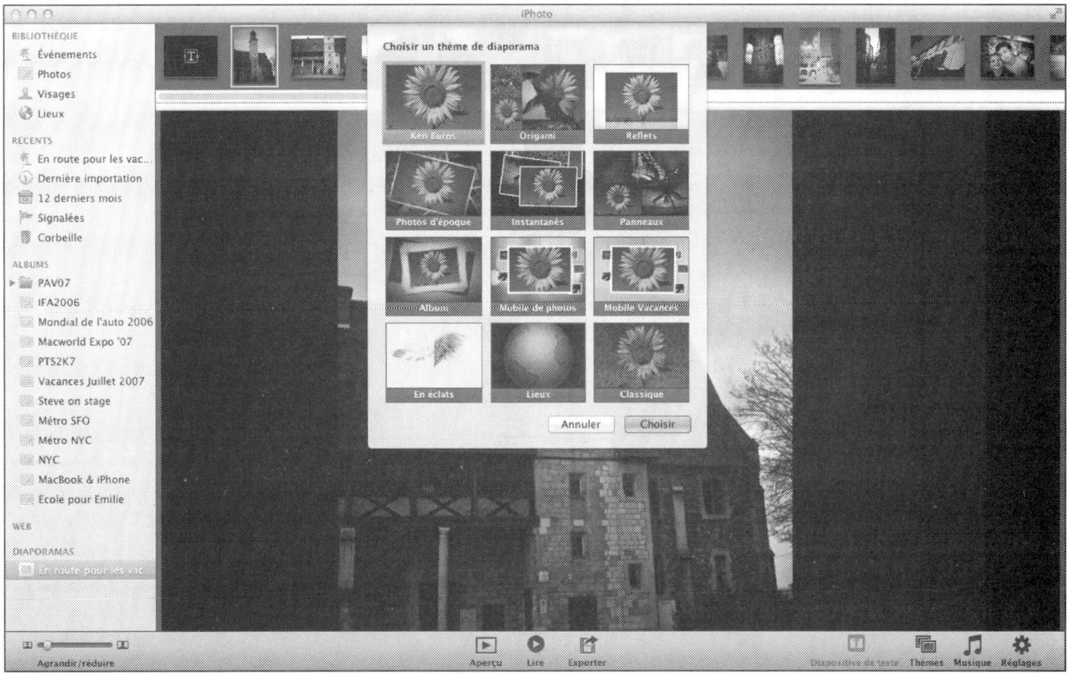

Figure 20-23 Choix d'un thème de diaporama.

4. Cliquez sur le bouton **Musique**. Là, choisissez l'accompagnement sonore de votre diaporama – à partir de votre discothèque iTunes. Validez en cliquant sur le bouton **Choisir**.

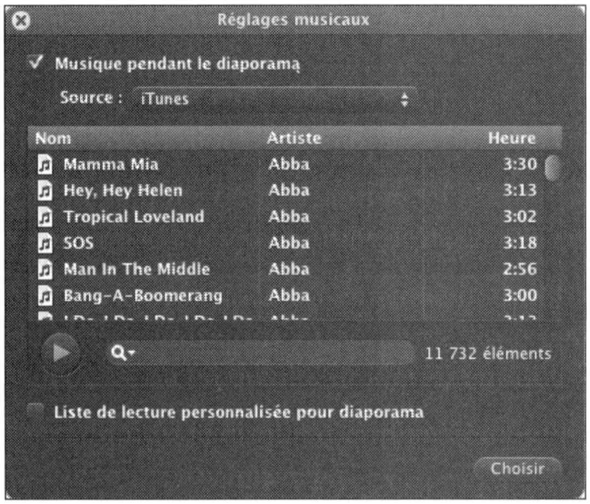

Figure 20-24 Choix de l'accompagnement musical.

5. Cliquez enfin sur le bouton **Réglages** pour, notamment, définir le rythme du diaporama avec la durée d'affichage de chaque photo.
6. Lorsque vous avez fini, cliquez simplement sur **Lire**.
7. En cours de lecture, un bandeau de commande apparaît en surimpression lorsque vous déplacez votre souris : il vous permet de mettre en pause le diaporama, de passer d'une photo à l'autre ou encore de corriger vos réglages.

Mais un diaporama comme celui-là est parfaitement éphémère : il est impossible de le partager avec des proches… éloignés, physiquement, de votre Mac. Pour ces cas-là, il y a l'exportation.

1. Cliquez sur le bouton **Exporter**.
2. Sélectionnez la taille de la vidéo à produire à partir du diaporama puis cliquez sur le bouton **Exporter**. Sélectionnez l'emplacement d'enregistrement puis laissez votre Mac travailler.

Figure 20-25 Les options d'exportation de diaporama.

D'iPhoto à Internet

Apple a, semble-t-il, bien compris que nos sociétés sont passées à l'heure d'Internet. Aussi, iPhoto intègre des fonctions de partage de photos en ligne pour des services Web très populaires : Facebook et Flickr.

Pour partager vos photos personnelles sur ces services, vous devez disposer de comptes d'utilisateurs appropriés.

1. Faites la sélection des photos que vous voulez publier sur Internet.
2. Cliquez, au choix, sur le bouton **Partager → Facebook** ou **Flickr**.
3. Si iPhoto n'a pas encore été configuré avec votre compte d'utilisateur Facebook ou Flickr, il va vous guider pas à pas pour ce faire (figure 20-26).

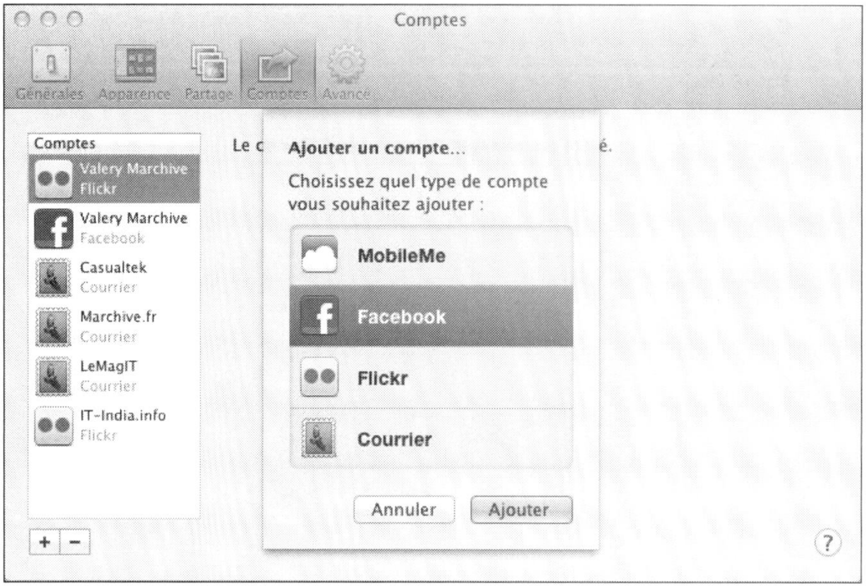

Figure 20-26 Configuration d'iPhoto avec Facebook.

4. Configurez les options de publicité de vos photos, en suivant les indications d'iPhoto, et suivant les possibilités offertes par le service en ligne retenu.
5. Cliquez sur le bouton **Publier**. Le téléchargement commence aussitôt.

Un peu de patience : vos photos seront rapidement accessibles à vos proches. Observez bien : les albums publiés en ligne sont regroupés sous une rubrique dédiée de la barre latérale d'iPhoto : Facebook ou Flickr selon les services Web utilisés.

Astuce Bien sûr, vous pouvez envoyer vos photos par courrier électronique. Soit directement depuis Mail (chapitre 9), soit en utilisant le bouton précisément illustré de l'icône de Mail, dans la barre d'outils d'iPhoto.

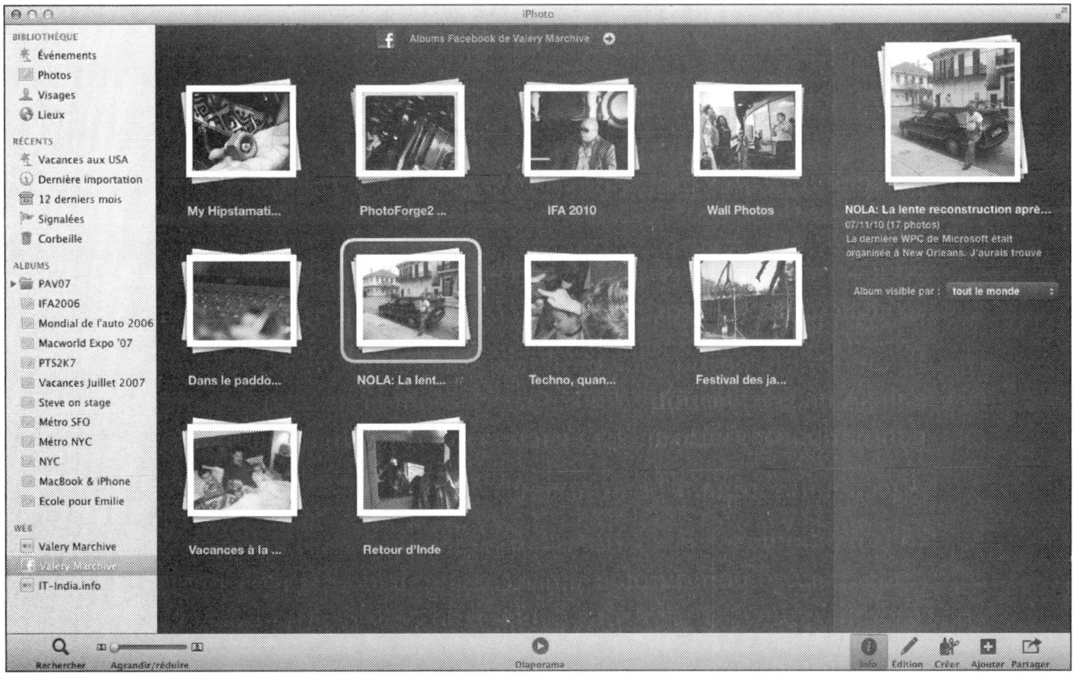

Figure 20-27 Gestion de ses albums Facebook.

Chapitre
21

Profiter pleinement de ses vidéos avec iMovie

Au menu de ce chapitre

- Importer ses vidéos
- Couper, assembler
- Corriger une séquence vidéo
- Ajouter des effets vidéo
- Incruster des titres
- Insérer des transitions
- Ajouter un doublage sonore
- Corriger un enregistrement audio
- Appliquer des effets sonores
- Diffuser ses créations

Une vidéo personnelle a toujours ses bons moments et ses passages… un peu moins bons. Ce n'est pas un secret : rien ne vaut un petit montage pour mettre en valeur ses vidéos et les rendre encore plus agréables à regarder. Le logiciel iMovie est conçu dans cette logique. Sa seule ambition – mais ce n'est pas rien ! – est de permettre de monter des vidéos personnelles rapidement et d'obtenir un résultat de qualité. Et pour ne rien gâcher, c'est tout simple.

Importer ses vidéos

La première étape, c'est bien sûr de rapatrier la vidéo filmée avec votre Caméscope. Pour cela, branchez ce dernier à votre Mac *via* un câble FireWire ou USB. Suivez le guide :

1. Lancez iMovie et suivez les instructions à l'écran.
2. Une fois arrivé à la fenêtre principale du logiciel, cliquez sur le bouton orné d'une caméra, à gauche de la barre médiane de fenêtre.
3. Utilisez les contrôles de déplacement dans la bande pour sélectionner le point de départ de la séquence à copier.
4. Cliquez sur le bouton **Capture** (pour un Caméscope analogique) ou **Tout importer** (pour un Caméscope numérique).
5. Si votre source vidéo est en haute définition, 720p ou plus, iMovie vous demandera de choisir entre une importation en pleine qualité – jusqu'à 40 Go par heure de vidéo… – ou en qualité modérément dégradée, en 960 × 540 pixels.
6. Sélectionnez le disque d'enregistrement dans le menu déroulant **Enregistrer dans** puis cliquez sur **Importer**.
7. Lorsque vous avez fini, cliquez sur **Terminé**. Le processus d'importation commence alors ; il sera suivi de celui de la création des aperçus de la vidéo. L'ensemble peut être très long car la durée du processus dépend notamment de la puissance de calcul de votre Mac.

Les séquences copiées apparaissent dans la liste **Bibliothèque**, en bas à gauche de la fenêtre principale d'iMovie. Remarquez l'élément **Vidéos iPhoto** de la **Bibliothèque** : il répertorie toutes les vidéos que vous avez prises avec votre appareil photo numérique et qui ont été transférées dans iPhoto !

Astuce Avec un Caméscope numérique, vous pouvez choisir les séquences à importer. Pour cela, désactivez l'option **Automatique** de la fenêtre d'importation et sélectionnez **Manuel**. Décochez alors la case sous les séquences que vous ne souhaitez pas importer et cliquez sur **Importer les éléments cochés**.

Figure 21-1 Importation dans iMovie depuis un Caméscope.

Couper, assembler

Le moment est venu de passer au montage proprement dit. Prenez une grande inspiration et brandissez votre souris : attention, ça va aller très vite.

1. Déroulez le menu **Fichier ➔ Nouveau Projet**.
2. Baptisez votre projet, dans le champ **Nom du projet**, et choisissez un thème visuel parmi ceux proposés dans le grand cadre de la fenêtre.
3. Déroulez la liste **Proportions** et sélectionnez le format d'image voulu.
4. Cliquez sur le bouton **Créer**. Vous voilà prêt à procéder au montage.

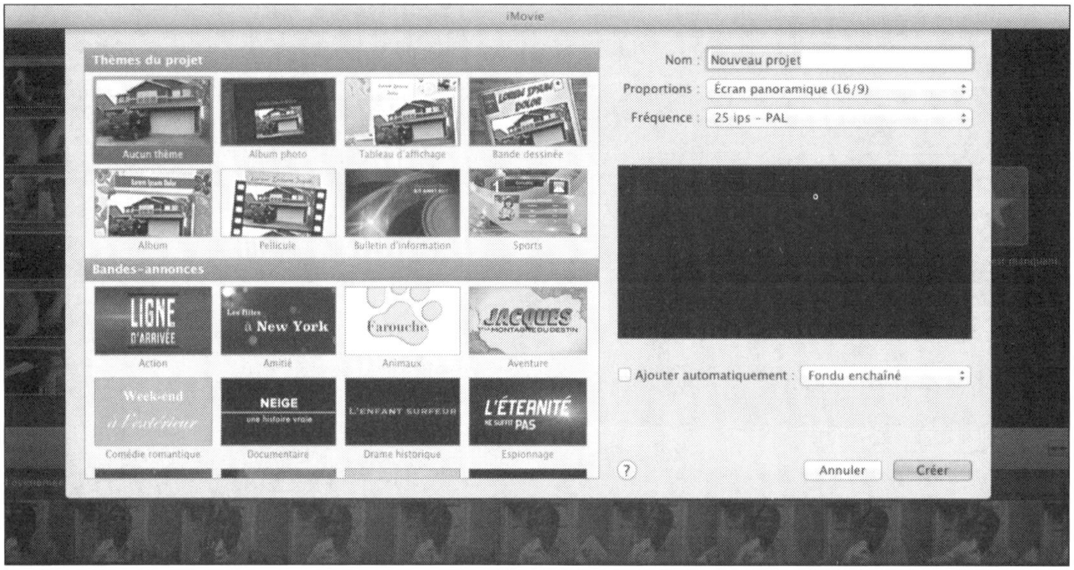

Figure 21-2 Création d'un nouveau projet iMovie.

Astuce Après coup, si vous avez un doute sur la pertinence de votre choix pour le thème de votre projet, vous pourrez revenir dessus : il vous suffira de faire un clic droit sur le cadre du projet et de sélectionner **Thèmes du projet** dans le menu local.

La fenêtre iMovie se sépare en plusieurs zones : le cadre projet, en haut à gauche ; la prévisualisation, en haut à droite ; et la Bibliothèque en bas (figure 21-3).

Figure 21-3 Fenêtre d'iMovie.

Commencez par sélectionner la séquence à utiliser pour le montage, dans la **Bibliothèque**. La séquence apparaît dans le cadre inférieur droit sous la forme d'une série de vignettes.

1. Glissez votre souris sur la série de vignettes : la vidéo s'affiche en même temps dans le cadre de prévisualisation, en haut à droite de la fenêtre d'iMovie.
2. Cliquez sur le début de la séquence à sélectionner pour le montage.
3. À l'aide de la souris, ajustez la taille de la séquence en déplaçant les extrémités gauche et droite du cadre de sélection jaune.

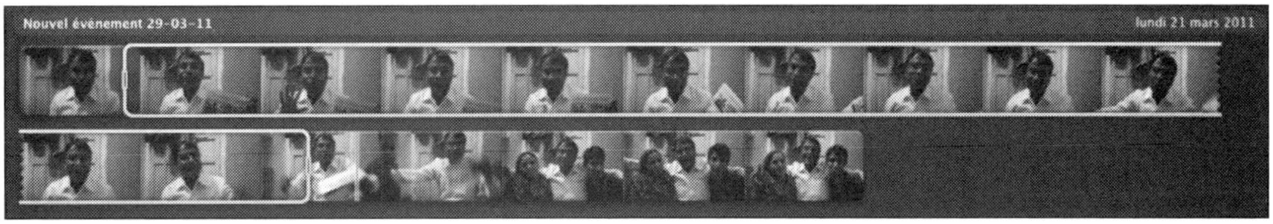

Figure 21-4 Sélection du séquence en vue du montage.

4. Ça y est, vous avez choisi la première séquence de votre montage ! Glissez-déposez la sélection jaune dans le cadre central de la partie supérieure de la fenêtre : la séquence est ajoutée à votre projet vidéo.

Renouvelez cette série d'opérations autant de fois que nécessaire pour ajouter à votre projet de montage vidéo toutes les séquences voulues.

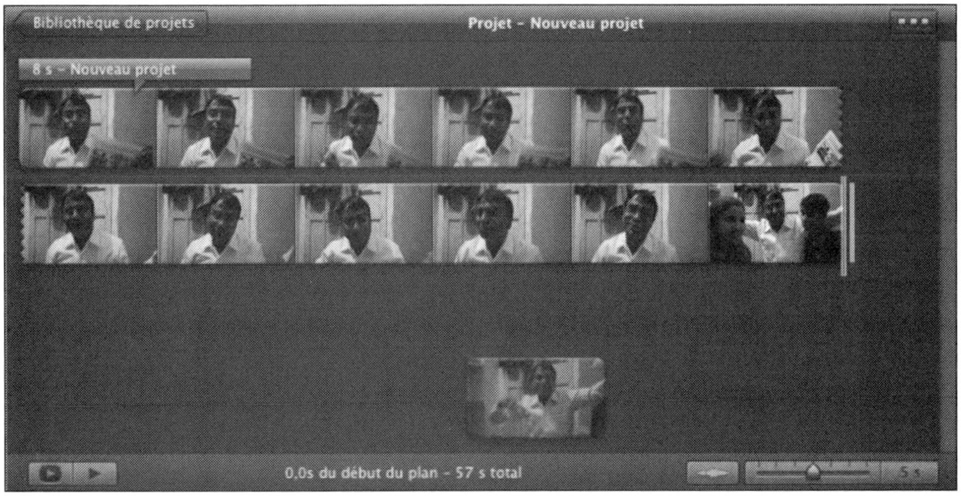

Figure 21-5 Ajout d'une séquence à un montage.

Astuce L'organisation globale de la fenêtre d'iMovie est fixe. Néanmoins, vous pouvez glisser-déplacer la barre médiane de la fenêtre : la taille des autres zones de la fenêtre est ajustée automatiquement.

Ajuster finement la sélection d'une séquence

Vous avez un doute ? Auriez-vous coupé trop large ? Vous pouvez modifié votre montage.

1. Sélectionnez la séquence que vous voulez affiner, dans le cadre **Projet**.
2. Cliquez sur le bouton illustré d'une roue dentée, à l'extrémité gauche de la séquence sélectionnée.
3. Sélectionnez **Éditeur de précision** (figure 21-6).

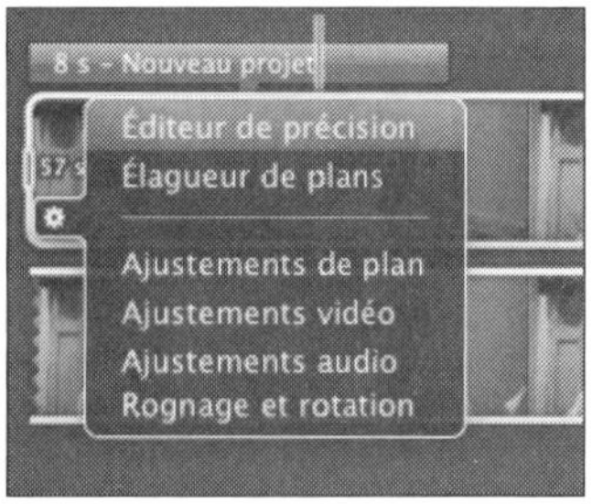

Figure 21-6 Accéder aux fonctions de montage avancées.

4. Sélectionnez le rond bleu, au milieu du cadre inférieur, et déplacez-le pour ajuster la transition entre les plans.

   Deux boutons, en haut de la barre d'outils de la zone de travail, vous permettent d'afficher des éléments graphiques d'informations supplémentaires susceptibles de vous aider dans votre montage (en bleu sur la figure 21-7) : le premier affiche les doublures voix ainsi que les sous-titres, notamment ; le second affiche l'oscillogramme de la piste son d'origine – une information très utile pour réaliser une coupe lorsqu'un intervenant cesse de parler.

5. Vous pouvez aussi déplacer, indépendamment l'une de l'autre, chacune des séquences, la première étant en haut, et la seconde en bas.
6. Pour enchaîner précisément deux séquences, cliquez sur la première à l'endroit où vous voulez que soit enchaînée la seconde.
7. Cliquez sur la seconde, à l'endroit où vous voulez que la première séquence lui cède la place.

8. Vous pouvez faire la même chose pour les pistes audio afin, notamment, de permettre à la bande-son d'une séquence de se substituer à celle de l'autre.
9. Lorsque vous avez fini, cliquez sur **Terminé**.

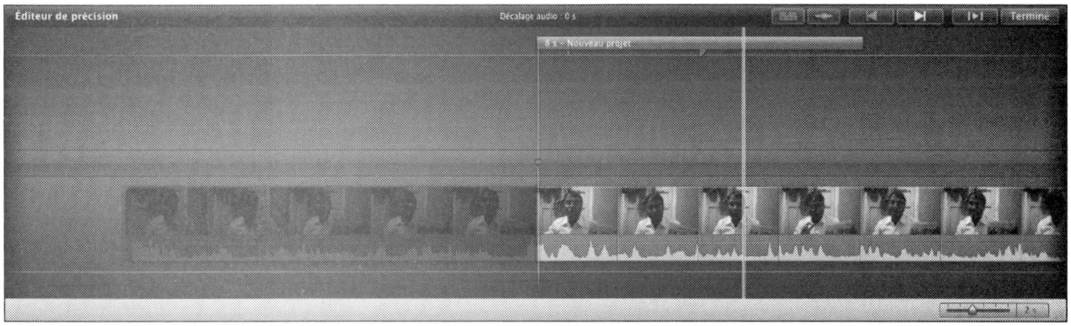

Figure 21-7 Afficher les informations complémentaires de montage.

Astuce L'aviez-vous relevé ? Pour chaque séquence, *via* le petit bouton illustré d'une roue crantée, vous pouvez ajuster le son de même que l'image, voire lui appliquer des effets visuels, comme lorsque vous améliorez des photos avec iPhoto, par exemple. Surtout, c'est avec l'inspecteur ainsi ouvert que vous pouvez activer le stabilisateur d'image logiciel.

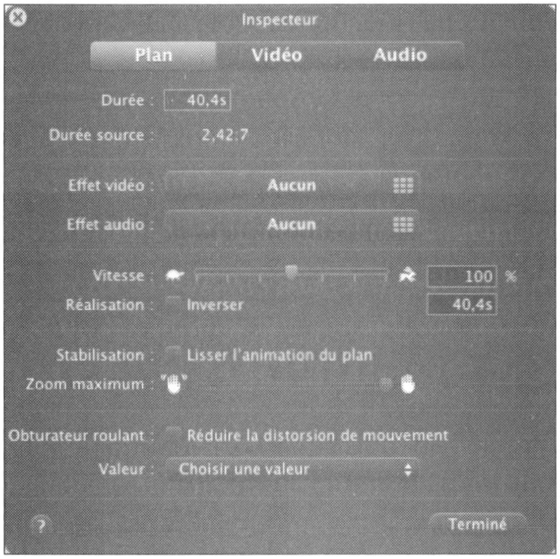

Figure 21-8 Accéder au stabilisateur d'image logiciel.

Corriger une séquence vidéo

Il n'est pas rare que le système de gestion automatique de l'exposition et de la balance des blancs d'un Caméscope donne des résultats imparfaits. Heureusement, iMovie vous permet de corriger cela, de manière automatique ou manuelle, séquence par séquence :

1. Cliquez sur le petit bouton illustré d'une roue crantée, à gauche d'une séquence lorsque vous la survolez à la souris dans la zone de montage.
2. Activez l'onglet **Vidéo**.
3. Cliquez sur le bouton **Auto** pour tester la correction automatique d'exposition et de balance des blancs.
4. Si nécessaire, affinez le résultat manuellement.
5. Cliquez sur **Terminé** lorsque vous avez fini.

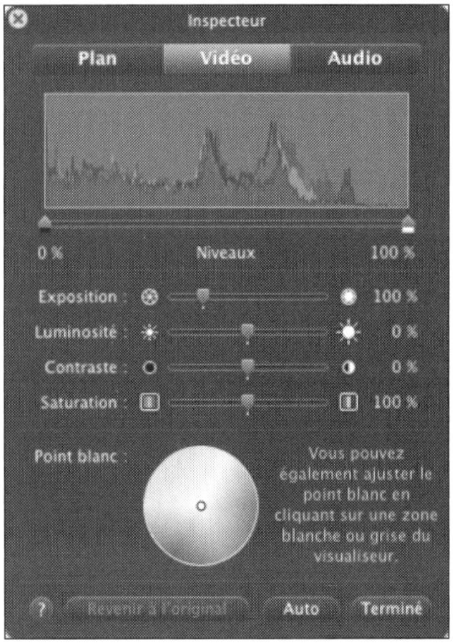

Figure 21-9 Correction d'une séquence vidéo.

De la sorte, vous pouvez même radicalement modifier l'atmosphère d'une séquence vidéo !Faites-vous plaisir et libérez votre créativité.

Ajouter des effets vidéo

Vous pouvez également « jouer » avec vos séquences, en les agrémentant d'effets vidéo. iMovie en propose vingt.

1. Cliquez sur le petit bouton illustré d'une roue crantée, à gauche d'une séquence lorsque vous la survolez à la souris dans la zone de montage.
2. Activez l'onglet **Plan** et cliquez sur le bouton **Effet vidéo**.
3. Choisissez l'effet vidéo à appliquer à la séquence, dans la palette de miniatures.

Figure 21-10 Choix d'un effet vidéo.

Outre ces effets prédéfinis, vous pouvez également jouer sur la vitesse de défilement de votre vidéo, pour l'accélérer ou, au contraire, produire un ralenti. Ajustez la glissière **Vitesse** à cette fin. Enfin, cochez la case **Inverser** pour… inverser le sens de défilement du plan et donner ainsi l'effet d'un rembobinage !

Incruster des titres

iMovie vous permet d'agrémenter votre montage de titres très simplement. Ce serait dommage de vous en priver !

1. Cliquez sur le bouton marqué d'un **T** dans la barre médiane de la fenêtre d'iMovie, à l'extrémité droite, pour afficher la liste des styles de titres disponibles.
2. Glissez-déposez le style de titre qui vous convient le mieux dans le cadre central de la partie supérieure de la fenêtre, à l'emplacement où vous souhaitez le voir apparaître.

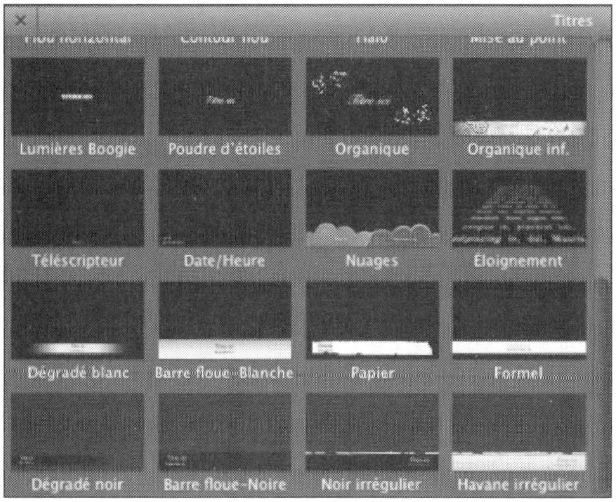

Figure 21-11 Choix du style graphique du titre.

3. Le titre apparaît aussitôt en surimpression de la vidéo, dans le cadre de prévisualisation. Certains titres vous imposeront de choisir, par exemple, un arrière-plan. Tapez ensuite votre texte dans les champs *ad hoc*.
4. Lorsque vous avez fini, cliquez sur **Terminé**.

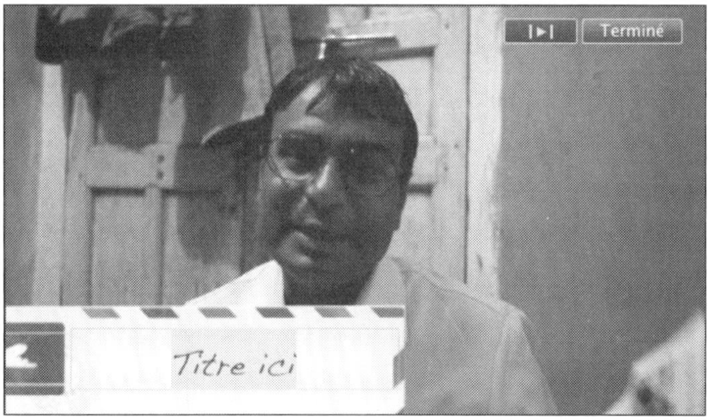

Figure 21-12 Et le résultat !

Astuce Vous pouvez bien sûr, et à tout moment, ajuster la durée d'affichage de votre titre, de même que le moment, dans votre vidéo, à partir duquel il doit apparaître : déplacez à la souris le début et la fin de la barre jaune correspondant à votre titre dans la zone de montage.

Figure 21-13 Ajustement de la durée d'affichage d'un titre.

Insérer des transitions

Lors de votre montage, vous serez sûrement amené à assembler, les unes derrière les autres, des séquences sans rapport visuel évident entre elles. Pour éviter que le phénomène ne semble trop brutal à la visualisation de la vidéo finale, pensez à insérer des transitions entre chaque séquence :

1. Cliquez sur l'avant-dernier bouton à droite de la barre médiane de la fenêtre d'iMovie pour afficher les transitions.
2. Glissez-déposez la transition qui vous convient entre deux séquences, dans le cadre central de la partie supérieure de la fenêtre d'iMovie : votre transition est ajoutée !

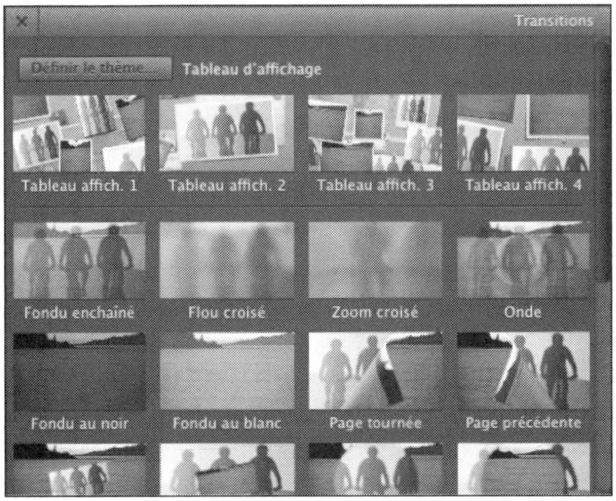

Figure 21-14 Choix de la transition à appliquer.

Astuce Avez-vous remarqué les points orange de la figure 21-15 ? Ils marquent les images fixes extraites de deux séquences successives pour la réalisation d'une transition élaborée de type **Tableau d'affichage** : ces transitions utilisent des plans fixes. Vous pouvez déplacer chacun des marqueurs jaunes pour sélectionner vous-même, manuellement, chacun des plans fixes utilisés pour la composition de la transition.

Figure 21-15 Personnalisation d'une transition complexe.

Mais peut-être avez-vous envie de composer votre vidéo de manière plus fine qu'iMovie ne le fait automatiquement ? Par exemple, vous pouvez imaginer que la bande-son de la première séquence continue d'être jouée durant la transition et que la bande audio de la séquence suivante ne prend le relais que bien plus tard… Ce genre d'ajustements est possible avec l'éditeur de précision :

1. Cliquez sur le bouton bleu illustré d'une roue dentée, sous la transition, dans la zone de montage.
2. Sélectionnez **Éditeur de précision**.
3. Là, vous pouvez faire glisser chacune des vidéos pour ajuster précisément le déroulement de la transition.
4. Vous pouvez également faire glisser la zone de transition audio de chaque séquence : elle est marquée par deux repères bleus dans l'oscillographe de chaque bande-son ; c'est en la déplaçant à la souris que vous ajustez le décalage des bandes audio.
5. Lorsque vous avez fini, cliquez sur le bouton **Terminé**.

Figure 21-16 Ajustement fin d'une transition.

Ajouter un doublage sonore

Réaliser une prise de son irréprochable avec un Caméscope relève de la gageure. Et puis, bien sûr, il y a des moments où l'on préfère ne pas entendre ce qui a pu être enregistré ! Pour tous ces cas-là, et bien d'autres encore, iMovie permet d'ajouter un doublage sonore :

1. Cliquez sur le bouton décoré d'une note de musique dans la barre médiane de la fenêtre d'iMovie, à droite : la liste des effets sonores et musiques disponibles apparaît, y compris l'ensemble de votre discothèque iTunes !
2. Sélectionnez le morceau que vous voulez utiliser et glissez-déposez-le dans le cadre au centre de la partie supérieure de la fenêtre d'iMovie ou précisément sur une séquence : dans le premier cas, l'élément sonore concernera l'ensemble du montage ; dans le second, il ne sera audible que pour la séquence visée.

Figure 21-17 Insertion d'un doublage sonore.

Astuce Vous pouvez aussi faire des commentaires dans vos vidéos ! Pour cela, cliquez sur le bouton illustré d'un micro, dans la barre médiane d'iMovie, afin de pouvoir enregistrer votre voix.

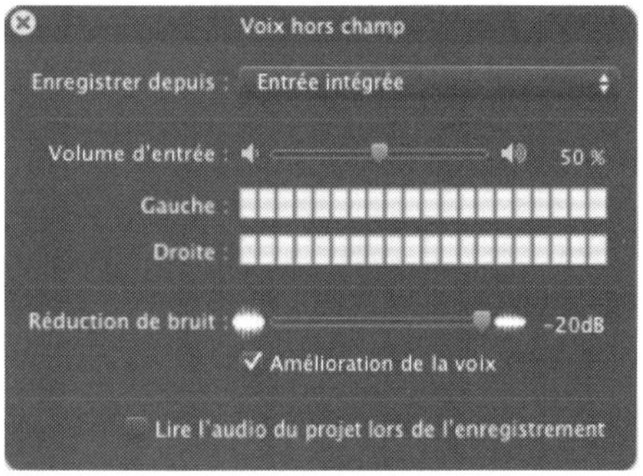

Figure 21-18 Enregistrement d'une voix off.

Et si vous ne voulez pas que l'on entende, en plus du doublage, la piste son d'origine de votre vidéo, cliquez sur la petite roue dentée au début de la piste verte de doublage audio. Là, sélectionnez **Ajustements audio**. Cochez la case **Réduire le volume des autres pistes à** et ajustez la glissière jusqu'à obtenir **0 %**. Cliquez alors sur **Terminé** : la bande-son d'origine de la séquence concernée n'est plus audible !

Astuce Si vous ne voulez pas utiliser votre bibliothèque iTunes pour doubler vos vidéos, vous pouvez aussi utiliser des créations musicales originales réalisées avec GarageBand (chapitre 24). Ou même des échantillons sonores fournis par Apple : ils sont rangés sous les rubriques **Effets sonores iMovie** et **Effets sonores iLife** de la liste des éléments audio.

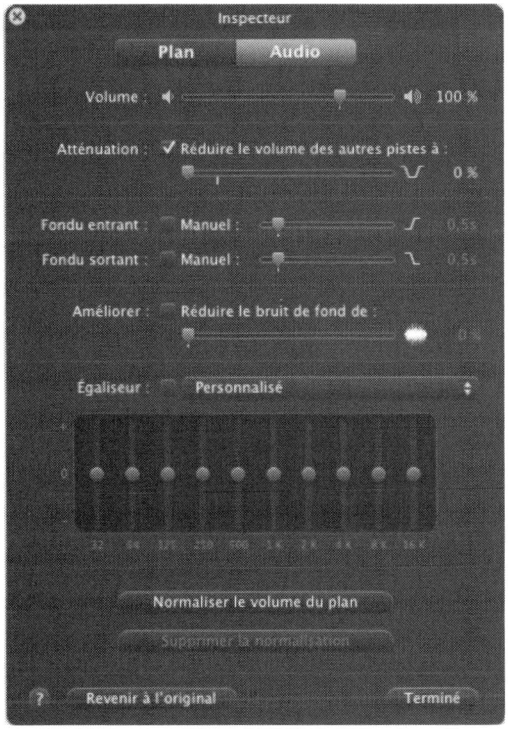

Figure 21-19 Ajustement du volume sonore de la bande-son d'origine d'une séquence doublée.

Corriger un enregistrement audio

Un enregistrement audio est rarement parfait, sur une vidéo personnelle. Beaucoup d'éléments extérieurs peuvent effectivement venir perturber la prise de son : bruits ambiants, vent, *etc.* iMovie propose quelques options pour corriger cela ou, du moins, rattraper quelques défauts mineurs :

1. Cliquez sur la roue dentée en début d'une séquence, dans le bouton bleu, et sélectionnez **Ajustements audio**. Là, vous pouvez ajuster le volume, les fondus entrant et sortant, mais bien plus encore.

2. Cochez la case **Réduire le bruit de fond** et ajustez la glissière correspondante pour atténuer les bruits ambiants capturés lors de la prise de son.

3. Si nécessaire, activez l'option **Égaliseur** et ajustez le niveau de restitution de chacune des bandes sonores : cela vous permettra, par exemple, de faire ressortir une voix au détriment des autres sons.

4. Enfin, si le volume sonore change de manière trop importante entre différents passages de la séquence, cliquez sur **Normaliser le volume du plan** : iMovie se chargera d'équilibrer le niveau sonore sur l'ensemble de la séquence.

5. Lorsque vous avez fini, cliquez sur **Terminé**.

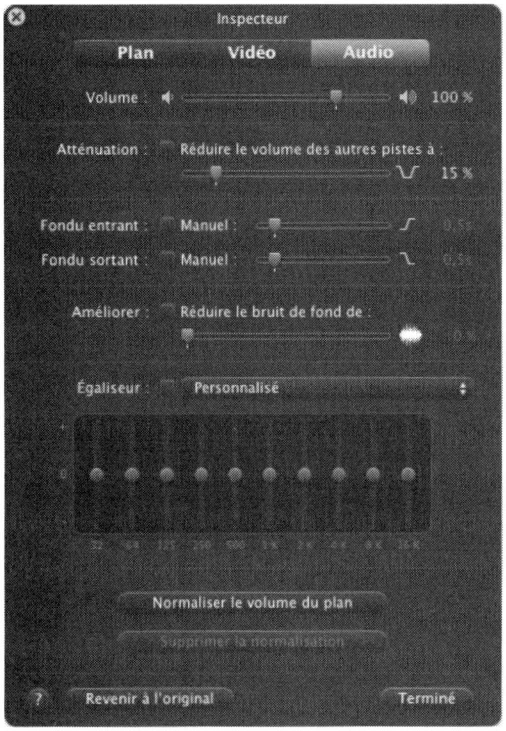

Figure 21-20 Ajustement de la bande-son d'une séquence.

Appliquer des effets sonores

Outre corriger une bande-son ou la doubler, vous pouvez « jouer » avec. À savoir, lui appliquer des effets sonores, du plus sérieux au plus rigolo :

1. Cliquez sur la roue dentée en début d'une séquence, dans le bouton bleu, et sélectionnez **Ajustements de plan**.

2. Cliquez sur le bouton **Effets audio**.

3. Dans la grille d'effets proposés, passez le pointeur de la souris sur celui que vous voulez utiliser : la bande-son de votre séquence commence alors à être diffusée avec application de l'effet sélectionné. Vous pouvez ainsi essayer plusieurs effets avant d'arrêter votre choix.

4. Une fois que votre choix est fait, cliquez sur la case correspondant à l'effet choisi.
5. Lorsque vous avez fini, cliquez sur **Terminé**.

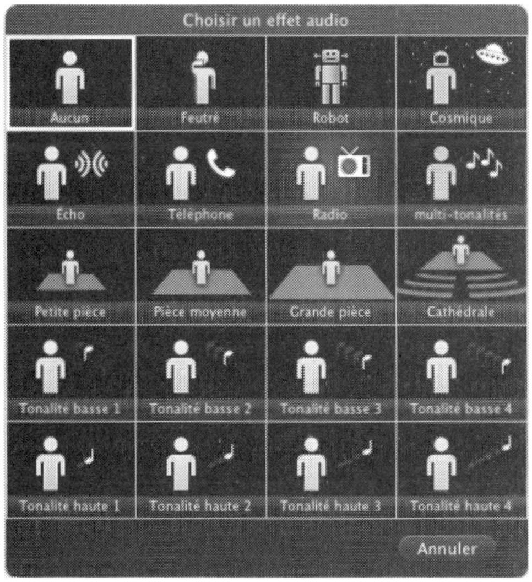

Figure 21-21 Choix d'un effet sonore.

Ajuster le cadrage d'une séquence

Votre séquence vidéo est mal cadrée ? Elle a été tournée « à l'envers » ? Vous pouvez corriger cela dans iMovie :

1. Cliquez sur la roue dentée en début d'une séquence, dans le bouton bleu, et sélectionnez **Rognage et rotation**.
2. Cliquez sur les deux flèches de la fenêtre de prévisualisation pour faire tourner votre vidéo dans le sens horaire ou dans le sens anti-horaire.
3. Ajustez le cadrage à l'aide de la souris en déplaçant les coins du rectangle vert de sélection.
4. Lorsque vous êtes prêt, cliquez sur **Terminé**.

Attention : le rognage peut réduire la qualité de votre vidéo finale. Par exemple, si vous rognez l'image d'une séquence en définition 720p et que vous cherchiez à produire une vidéo en 720p, la baisse de qualité sera visible. Mais si vous rognez légèrement une vidéo 1080p pour produire un film en 720p, il est possible qu'aucune baisse de qualité ne soit perceptible.

Figure 22-22 Rognage et rotation.

Diffuser ses créations

Lorsque votre montage est terminé, vous pouvez passer à la diffusion de votre création. Ce n'est pas plus compliqué que le travail de montage que vous venez d'effectuer :

1. Déroulez le menu **Partage** et sélectionnez **Exporter le film**.
2. Indiquez l'emplacement d'enregistrement et sélectionnez la taille d'exportation.
3. Cliquez sur le bouton **Exporter**.

La durée de l'opération dépend de la puissance de votre Mac et de la durée de votre film.

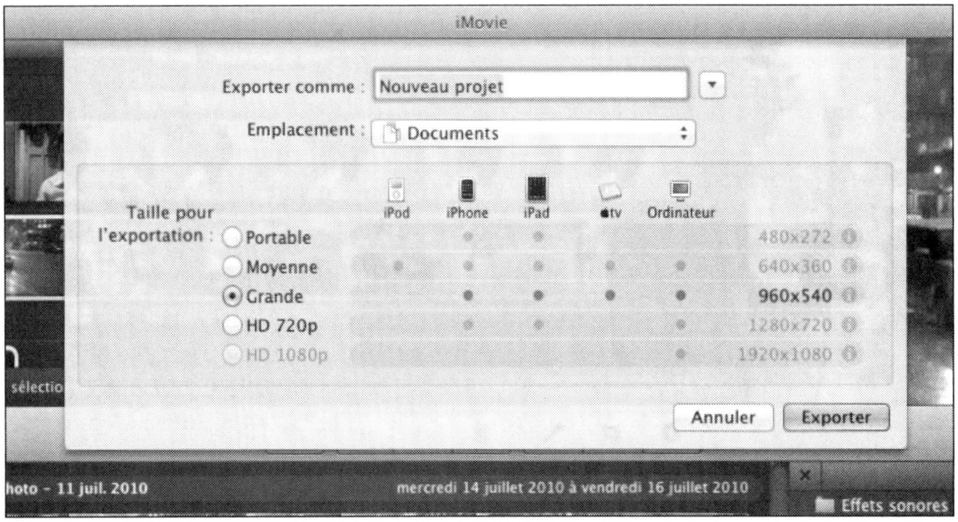

Figure 21-23 Choix du format d'exportation du montage.

Astuce

Il n'est pas nécessaire d'exporter votre film si vous souhaitez le graver sur DVD : dans le menu **Partage**, sélectionnez directement **iDVD**. Au passage, remarquez que iMovie peut exporter des vidéos directement vers YouTube, Vimeo, Facebook, ou encore iTunes, pour votre iPod ou votre iPhone.

Chapitre 22

Graver des DVD vidéo avec iDVD

Au menu de ce chapitre

- Création assistée
- Créer une arborescence de DVD personnalisée
- Construire le menu du DVD

Vous venez de terminer le montage de la vidéo de vos dernières vacances en famille ? Super ! Vous êtes prêt à le diffuser. Pour cela, rien de tel que de graver un beau DVD que vous enverrez à chacun de vos proches. Le logiciel iDVD va vous permettre de produire ce DVD en un tournemain. Ce logiciel est conçu pour cela. Il est capable d'agrémenter vos créations de thèmes sympathiques pour accueillir vos proche à l'insertion du DVD dans leur lecteur de salon.

Création assistée

1. Lancez iDVD.
2. Cliquez sur le bouton **Magic iDVD**.

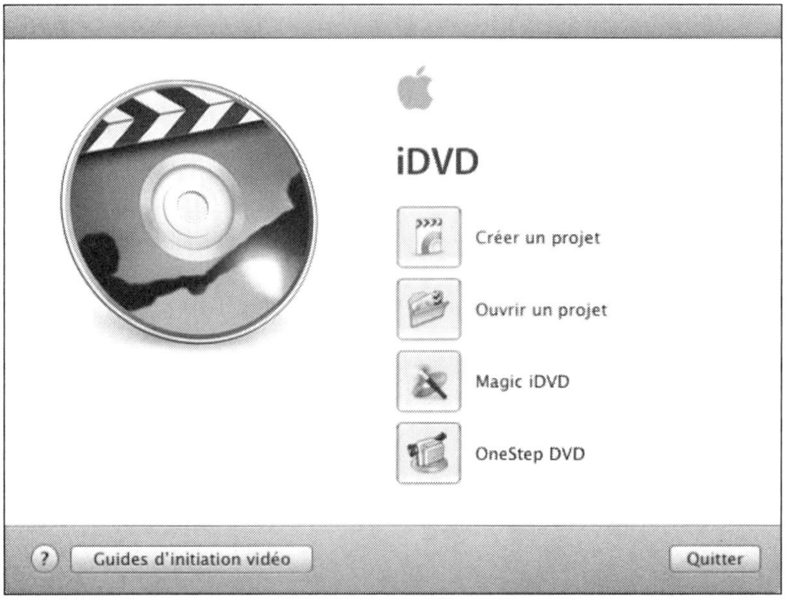

Figure 22-1 L'écran d'accueil de iDVD.

3. Sélectionnez un thème pour le menu d'accueil interactif de votre DVD, dans le cadre **Choisir un thème**.
4. Activez l'onglet **Films** dans la partie droite de la fenêtre.
5. Glissez-déposez les films que vous voulez graver, depuis la liste de la partie droite de la fenêtre sur le cadre **Déposer les films ici**.
6. Activez l'onglet **Photos** dans la partie droite de la fenêtre.
7. Glissez-déposez les photos que vous voulez graver, depuis la liste de la partie droite de la fenêtre sur le cadre **Déposer les photos ici**.

8. Indiquez le nom de votre DVD dans le champ **Titre du DVD**.
9. Lorsque vous êtes prêt, cliquez sur **Créer un projet**.

Figure 22-2 Sélection des contenus et du thème graphique.

iMovie se charge alors d'assembler les éléments que vous lui avez indiqués pour construire un projet de DVD vidéo qui s'affiche dans une nouvelle fenêtre.

Figure 22-3 Prévisualisation et choix définitif du thème.

1. Pour lancer la production de votre DVD, insérez un DVD vierge dans le lecteur/graveur optique de votre Mac.
2. Cliquez sur le bouton **Graver**, à droite du bouton de lecture : patientez, votre DVD est en cours de production.

La durée de la gravure dépend de la rapidité de votre Mac et de la durée des vidéos ajoutées au projet de DVD.

Créer une arborescence de DVD personnalisée

Le projet proposé par iDVD en satisfera plus d'un. Pour les autres, il constituera peut-être seulement une base de travail intéressante. Pour ces personnes, iDVD propose des fonctions de création de DVD vidéo personnalisées, simples mais efficaces.

1. Lancez iDVD.
2. Cliquez sur le bouton **Créer un projet**.
3. Choisissez le format d'image voulu, le nom du projet et son emplacement d'enregistrement, puis cliquez sur **Créer**.

Figure 22-4 Création d'un projet de DVD vidéo.

4. iDVD vous présente alors un aperçu de menu de DVD. Mais c'est bien au contenu du DVD que vous voulez d'abord vous attacher : cliquez sur bouton rond illustré par une arborescence de dossiers, dans la barre d'outils d'iDVD, à gauche du bouton de lecture en boucle, affiché en bleu.

5. iDVD affiche maintenant l'arborescence de votre futur DVD vidéo. Bien vide pour le moment (figure 22-5).

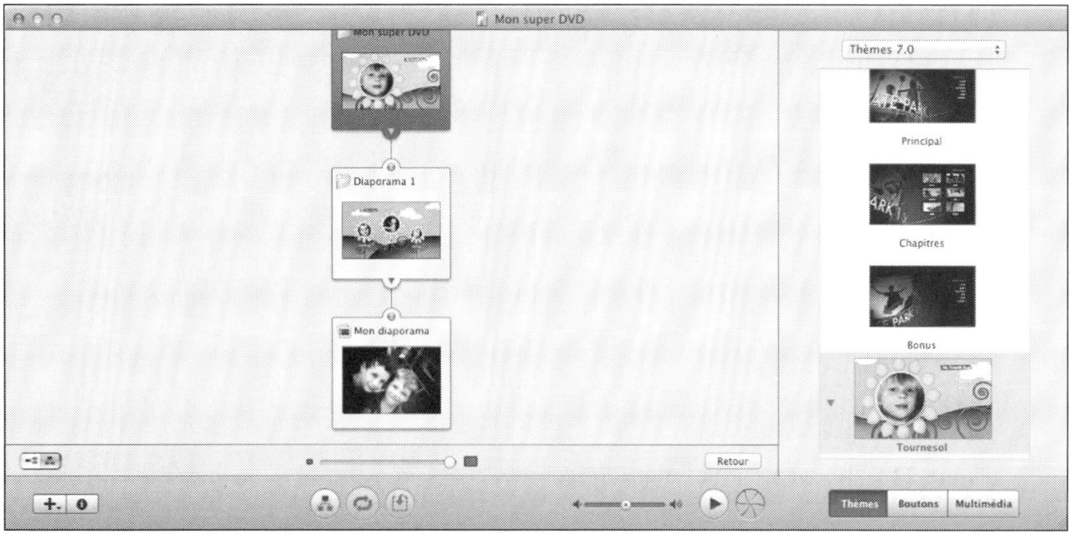

Figure 22-5 Premier projet d'arborescence.

6. Pour commencer à compléter votre DVD vidéo, cliquez sur le bouton **Multimédia**.

7. *Via* les onglets **Audio**, **Photos** et **Vidéos**, vous pouvez accéder successivement à tous les fichiers musicaux, toutes les photos numériques et toutes les vidéos enregistrées sur votre Mac. Pour les ajouter au contenu de votre projet de DVD, enchaînez les glisser-déposer vers le cadre principal de la fenêtre de iDVD : les séquences vidéo sont automatiquement ajoutées comme telles ; plusieurs photos donnent naissance à des diaporamas (moins évolués que ceux produits par iPhoto, tout de même).

8. Lorsque vous êtes prêt, cliquez sur le bouton **Retour** pour revenir au projet de menu de votre DVD.

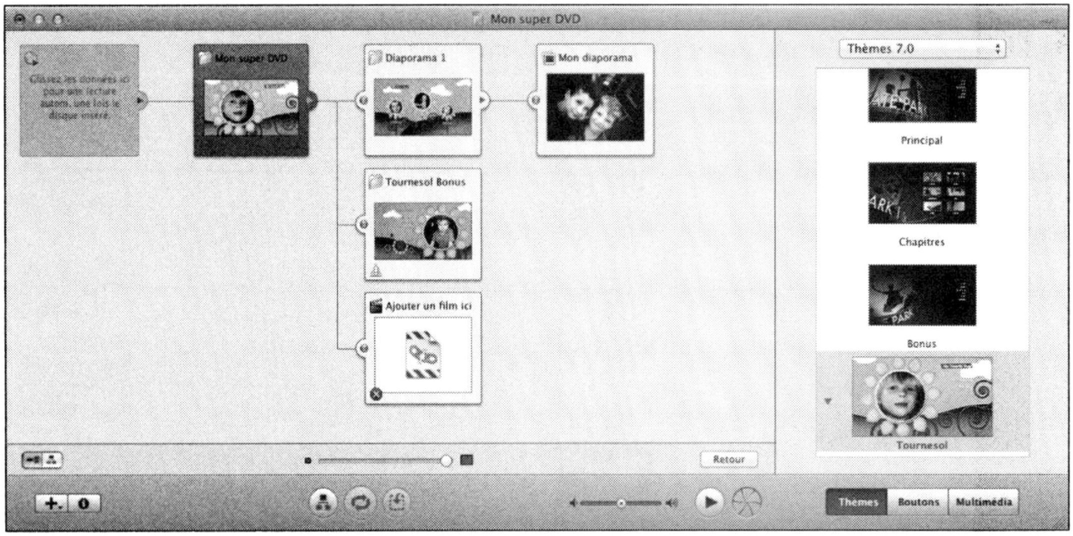

Figure 22-6 Nouveau projet d'arborescence.

Astuce Lorsque vous glissez-déposez une série de photos sur la vignette **Principal** de l'arborescence, iDVD prévoit un nouveau diaporama. Mais si vous glissez-déposez des photos sur l'icône d'un diaporama déjà créé, ces photos lui seront ajoutées. Double-cliquez sur l'icône d'un diaporama pour en vérifier le contenu et les réglages.

Figure 22-7 Préparation d'un diaporama dans iDVD.

Créer un menu personnalisé

Une fois définie l'arborescence de votre DVD, la création de ses menus n'est l'affaire que de quelques clics :

1. Cliquez sur le bouton **Thèmes** pour découvrir ce que vous propose iDVD en matière d'habillage graphique. Déroulez le menu **Thèmes 7.0** pour accéder à des thèmes supplémentaires – mais moins récents ; certains peuvent sembler quelque peu datés. N'hésitez pas à les essayer : il suffit de cliquer sur l'un d'entre eux.

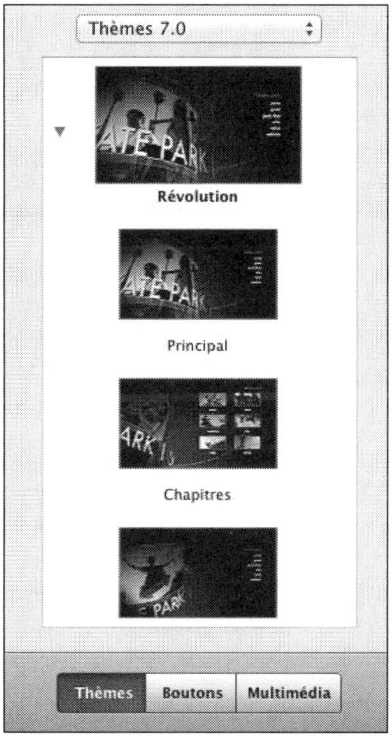

Figure 22-8 Choix d'un thème graphique.

2. Chaque thème propose des zones dans lesquelles vous pouvez utiliser vos photos ou vos vidéos pour personnaliser les menus de votre DVD. Cliquez sur le bouton **Zones de dépôt**, à droite du bouton de lecture en boucle, pour accéder au détail des zones de dépôt du thème que vous avez choisi (figure 22-9).

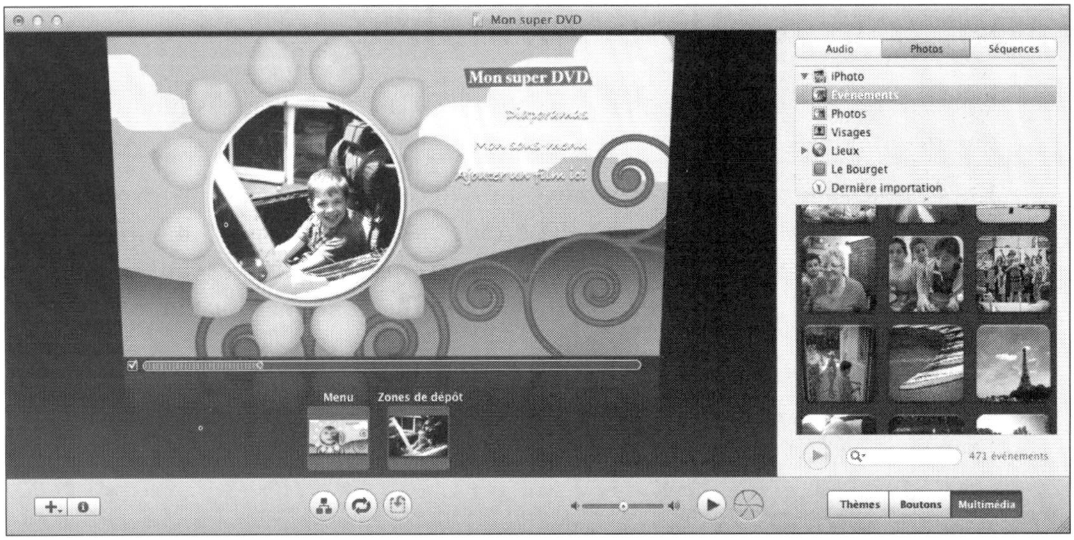

Figure 22-9 Les zones de dépôt.

3. Remplissez ces zones de dépôt par simple glisser-déposer depuis vos différentes bibliothèques multimédia, comme vous l'avez fait pour la construction de l'arborescence de votre disque. Notez que vous pouvez profiter de l'occasion pour remplacer l'éventuelle musique du thème proposé par Apple, par l'un de vos morceaux préférés.

4. Passé le remplissage des zones de dépôt, personnalisez les liens du menu vers les contenus de votre DVD vidéo. Rien de plus simple : cliquez sur un lien pour en changer le texte ainsi que la police.

5. Vous pouvez également supprimer purement et simplement les textes et les remplacer par des boutons, ou bien associer textes et boutons. Cliquez sur le bouton **Boutons** pour accéder aux différents types de boutons proposés par iDVD.

6. Une fois un lien du menu sélectionné, cliquez sur le bouton voulu pour lui dans la liste de droite : l'effet est immédiat.

Figure 22-10 Personnalisation des boutons et des liens.

Astuce Certains boutons ont la forme d'un cadre : s'y affichent les photos de vos diaporama ou encore... des aperçus des vidéos vers lesquelles ils pointent, pour un menu toujours plus animé et graphique !

Finaliser le DVD vidéo

Une fois que vous estimez être prêt, cliquez sur le bouton **Lecture**, à droite de la glissière de réglage du volume, dans la barre d'outils d'iDVD : vous pouvez tester votre DVD vidéo, comme si vous le consultiez sur votre téléviseur.

1. Cliquez sur le bouton **Exit** de la télécommande virtuelle pour revenir à l'interface de création.
2. Si l'ensemble vous convient, insérez un DVD vierge dans le lecteur SuperDrive de votre Mac puis cliquez sur le bouton de gravure de la barre d'outils d'iDVD.
3. La gravure commence aussitôt. La durée du processus dépend de la complexité des menus préparés, de la puissance de votre Mac et de la quantité de vidéos qu'il aura à compresser.

Chapitre 23

S'afficher sur le Web avec iWeb

Au menu de ce chapitre

- Première page Web
- Changer les illustrations
- Ajouter de nouvelles pages
- Utiliser l'inspecteur d'iWeb
- Publier son site Web sur Internet

S'afficher sur le Web, avec ses pages personnelles, pour tenir, par exemple, une sorte de journal familial à l'intention de ses proches, ou encore évoquer une passion personnelle, pourquoi pas ? C'est en tout cas ce que propose iWeb, de manière très simple.

Mais où publier son site Web ? iWeb est notamment ouvert aux serveurs FTP, largement utilisés par les fournisseurs d'accès à Internet pour l'envoi de pages Web personnelles vers leurs serveurs dédiés précisément aux sites Web personnels de leurs abonnés. C'est un service généralement gratuit.

Première page Web

Dès son lancement, iWeb vous invite, après une petite fenêtre de présentation du logiciel, à créer votre premier site Web. Autant suivre cette invitation :

1. Dans la liste proposée, sélectionnez un modèle : il servira de base à la maquette graphique de l'ensemble de votre site Web.

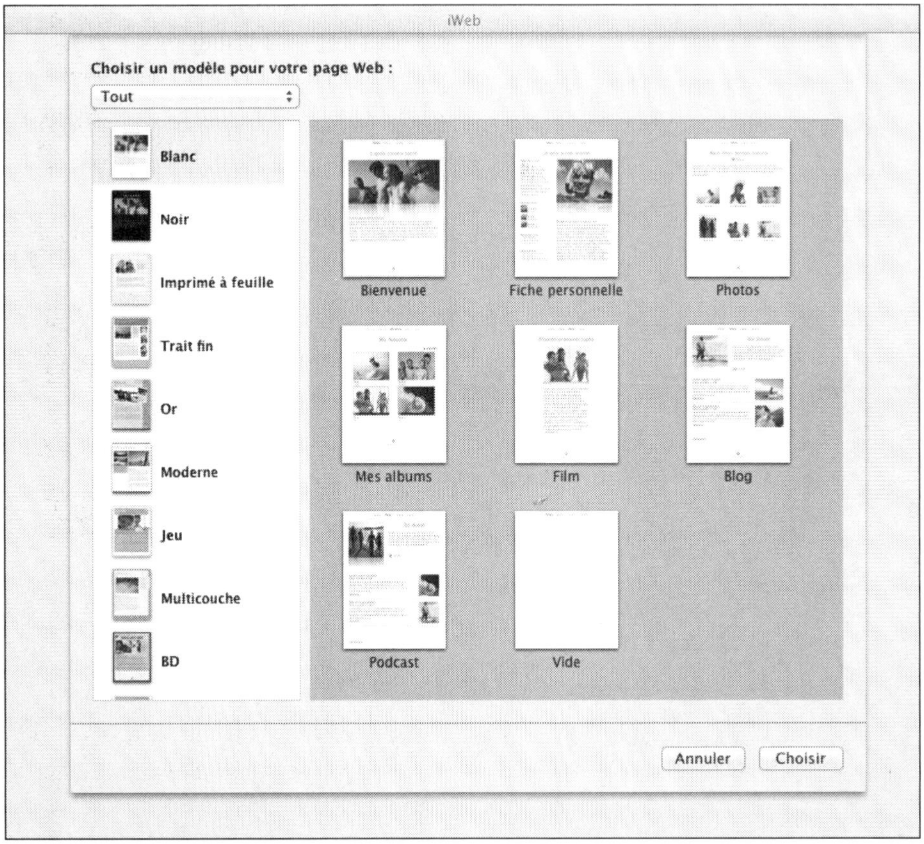

Figure 23-1 Choix d'un thème graphique.

Astuce Pas d'inquiétude : si, par la suite, le thème choisi pour votre site Web vous lasse, vous pourrez le changer, y compris page par page, à partir du bouton **Thèmes** de la barre d'outils d'iWeb.

Voilà la première page de votre site Web. Vous pouvez commencer à la personnaliser notamment en remplaçant les textes de démonstration proposés par Apple, par les vôtres. Pour cela, sélectionnez simplement l'un des éléments textuels existants, puis tapez votre texte à la place.

Figure 23-2 Première page Web.

Astuce Vous voulez adopter une police personnalisée pour certains textes ? Sélectionnez le texte voulu dans la page Web puis cliquez sur le bouton **Polices** : vous pouvez choisir police, taille, graisse, couleur, *etc.*

Changer les illustrations

Bien sûr, vous pouvez aussi changer les illustrations, et les remplacer par vos propres photos :

1. Dans la colonne de droite de la fenêtre d'iWeb, cliquez sur le bouton **Photos**. Vous avez accès à vos Bibliothèques iPhoto, Aperture – si vous utilisez ce logiciel professionnel d'Apple – mais aussi aux photos enregistrées directement sur le disque dur de votre Mac.
2. Glissez-déposez une photo depuis la colonne de droite sur l'emplacement de la page Web où vous voulez la placer : hop, c'est fait !
3. Cliquez sur la photo nouvellement ajoutée dans la page Web.
4. Utilisez la glissière pour ajuster le niveau d'agrandissement de la photo. À l'aide de la souris (figure 23-3).

Figure 23-3 Ajustement du placement d'une photo.

Astuce Pour chaque photo, pensez à utiliser la palette d'outils graphiques en cliquant sur le bouton **Ajuster** : vous y retrouvez les fonctions de retouche photo d'iPhoto.

5. Vous pouvez même modifier le positionnement de la photo dans son cadre : cliquez sur le bouton **Modifier le masque** et déplacez la photo à l'aide de la souris.

6. Lorsque vous avez fini, cliquez de nouveau sur **Modifier le masque**.

Vous pouvez appliquer ces opérations à chacune des illustrations de la page Web.

Astuce Les cadres prévus pour des illustrations ne sont pas limités à des photos : ils acceptent aussi les vidéos. Alors faites vous plaisir !

Ajouter de nouvelles pages

Bien sûr, un site Web personnel ne se limite pas à une seule et unique page... Vous pouvez en ajouter autant que vous le souhaitez :

1. Cliquez sur l'icône **Ajouter une page** dans la barre d'outils d'iWeb.
2. Sélectionnez le type de page que vous souhaitez ajouter à votre site puis cliquez sur **Choisir**.

Votre page Web supplémentaire est immédiatement ajoutée à votre site : elle apparaît dans la barre latérale gauche de la fenêtre d'iWeb. Mais elle apparaît également en haut de chacune des pages Web de votre site : c'est par ce bandeau que se fera la navigation, en ligne, entre chacune des pages constituant votre site Web.

Changez le titre de chaque page Web en cliquant sur son nom dans la barre latérale gauche d'iWeb : les modifications sont immédiatement répercutées sur le menu de votre site Web, dans chacune de ses pages.

Préparer une page de diaporama

Les pages Web de diaporama s'apparentent à des planches-contacts présentant les vignettes d'une série de photos. Comme pour les autres pages, les photos s'ajoutent par glisser-déposer depuis la liste des éléments multimédia. Mais il est possible de régler quelques paramètres :

1. Cliquez sur la grille de photos pour afficher la palette flottante de ses réglages.
2. Modifiez le nombre de colonnes selon vos goûts.
3. Ajustez l'espacement des photos avec la glissière prévue à cet effet.
4. Ajustez le nombre de photos par page et de lignes de légende dans les champs *ad hoc*.

Figure 23-4 Ajustement des réglages d'une page de photos.

Astuce Par défaut, iWeb utilise les noms des fichiers des photos en guise de légendes ou bien les légendes que vous avez définies dans iPhoto. Mais vous pouvez personnaliser les légendes de vos photos d'un simple double clic de souris.

Astuce Une simple page de diaporama, c'est suffisant pour quelques photos. Mais dès lors que vous voulez en partager un grand nombre, préférez une page d'album : vous pourrez y publier directement vos albums iPhoto ; les visiteurs de votre site Web pourront les consulter comme autant de diaporamas.

Les autres types de pages

iWeb propose, en tout, huit types de pages Web :

- **Bienvenue** : c'est une page d'accueil ; elle est conçue pour être celle sur laquelle arrivent les visiteurs de votre site Web lorsqu'ils le consultent pour la première fois. Vous pouvez y intégrer photos, vidéos et textes.
- **Fiche personnelle** : si votre site Web a vocation à vous faire connaître, utilisez cette page Web pour vous présenter, un peu à la manière d'un CV informel.
- **Photos** : on l'a vu, cette page permet de construire des diaporamas, de même que la page **Mes albums**.

- **Films** : cette page Web est dédiée à la présentation de vidéos que les visiteurs de votre Web pourront consulter en flux continu, à la manière de la plupart des vidéos diffusées sur le Web.
- **Blog** : vous connaissez le principe ? Il s'agit d'une sorte de journal personnel diffusé sur Internet. Avec iWeb, vous pouvez aussi entretenir le vôtre, *via* ce modèle de page. À charge pour vous de le mettre à jour régulièrement.
- **Podcast** : là, vous pourrez partager audio et vidéos. Les visiteurs de votre site Web pourront s'abonner au flux RSS de cette page, *via* iTunes, pour télécharger régulièrement, sur leur iPod ou leur iPhone, vos nouvelles créations, et en profiter à leur guise.
- **Vide** : il s'agit d'une page pour laquelle Apple ne propose aucun modèle ; c'est à vous de faire de cette page Web ce que vous voulez.

Astuce Dans vos pages iWeb, là où vous pouvez insérer photos et vidéos, vous pouvez également insérer du son, à partir de votre discothèque iTunes ou de vos créations GarageBand. Mais tout d'abord, vous devez vous assurer de disposer des droits nécessaires pour les morceaux concernés. En outre, sachez que les visiteurs de sites Web n'apprécient pas forcément d'être cueillis au détour d'une page Web par une bande sonore inattendue : beaucoup le perçoivent comme une intrusion malvenue.

Composer une page à partir de… rien !

Vous aspirez à plus de liberté ? iWeb vous permet de composer vos propres pages Web à partir de rien, une feuille vierge. Des outils sont à votre disposition pour ajouter textes, figures, éléments multimédia, liens, *etc.*

1. Pour ajouter une page Web vierge à votre projet de site Web, cliquez sur le bouton **Ajouter une page** dans la barre d'outils d'iWeb.
2. Sélectionnez le thème graphique de votre page vierge (blanc, pour une page au fond… blanc, par exemple), et cliquez sur **Vide** puis sur le bouton **Choisir**.

Maintenant, c'est à vous de faire preuve de créativité :

- **Texte** : avec cet outil, ajoutez une zone de texte. Vous pouvez la déplacer à la souris, ajuster ses dimensions, et bien sûr la remplir du texte que vous souhaitez en cliquant dans la zone de texte.
- **Figure** : cet outil vous permet d'insérer des figures géométriques dans votre page Web. Il peut s'agir de flèches, de ronds, de carrés, de bulles de bande dessinée, *etc.* Chaque figure peut être déplacée et redimensionnée à volonté. Vous pouvez même y insérer des éléments multimédia par glisser-déposer.

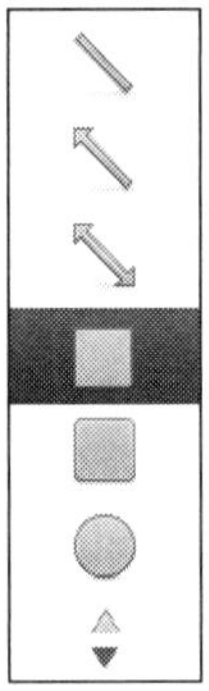

Figure 23-5 Ajout d'une figure géométrique.

- **Rotation** : cliquez sur ce bouton pour faire tourner sur lui-même l'élément sélectionné dans la page Web.

Figure 23-6 Composition d'une page Web.

Astuce Bien sûr, vous pouvez partir d'une page Web préconçue par Apple et la modifier en ajoutant à loisir de nouvelles zones de texte, des figures géométriques, *etc.*

Ajouter des widgets

Les widgets sont de petits modules prêts à insérer dans vos pages Web. Il sont accessibles depuis la barre latérale des éléments multimédia de la fenêtre d'iWeb, sous le bouton **Widgets**. Au programme, vous trouverez : galerie MobileMe, vidéos YouTube, cartes Google Maps, photos ou séquences iSight, flux RSS, publicités Google AdSense, *etc.* Ajoutez-les par simple glisser-dépose : une fenêtre vous invite systématiquement à copier-coller l'information nécessaire au fonctionnement du Widget, l'adresse d'une vidéo YouTube par exemple, pour le widget éponyme.

Utiliser l'inspecteur d'iWeb

iWeb offre de nombreux réglages pour chaque élément de vos compositions. Mais la plupart de ces réglages ne sont accessibles que via l'inspecteur du logiciel. Pour accéder, cliquez sur le bouton Inspecteur de la barre d'outils d'iWeb. Dès lors, vous avez accès à de nombreuses options :

Figure 23-7 L'inspecteur d'iWeb.

- **Page** : c'est le premier onglet de l'inspecteur. Il vous donne accès au titre de la page sélectionnée, mais vous permet aussi de préciser si cette page doit être intégrée ou non dans le menu de navigation du site et si elle-même doit inclure ce menu. Sous l'onglet **Disposition**, vous pouvez régler précisément le format de votre page : marges, couleur de fond, *etc.*
- **Photos** : avec cet onglet, vous pouvez indiquer, photo par photo, si une mise à disposition en téléchargement doit être prévue – et la taille de la photo téléchargeable. Vous pouvez aussi indiquer si les visiteurs peuvent s'abonner à un flux RSS des photos de la page et si des commentaires peuvent être déposés. L'onglet **Diaporama** vous ouvre des réglages tels que le mode de transition entre photos, l'affichage ou non d'un reflet sous chaque photo (à la mode Coverflow), *etc.*
- **RSS** : là, iWeb vous donne accès aux paramètres des flux RSS, pour les pages de type **Blog** d'une part, et pour les podcasts, d'autre part. Une glissière vous permet d'ajuster la taille des extraits diffusés en RSS ; vous pouvez aussi autoriser ou interdire les commentaires ainsi que la recherche dans les billets de blog.

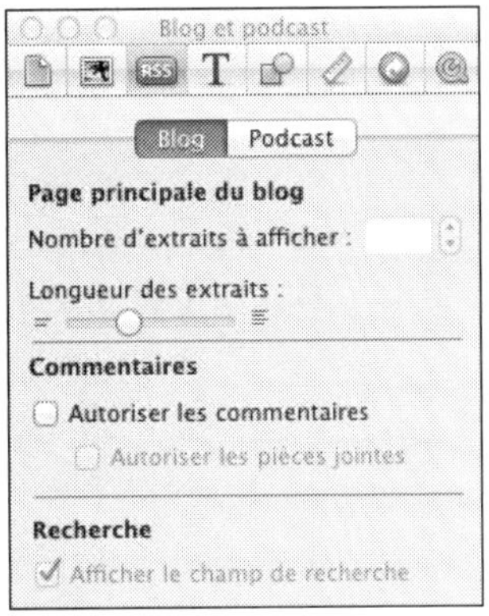

Figure 23-8 L'inspecteur d'iWeb pour les flux RSS.

- **Texte** : avec cet onglet, vous ajustez la mise en forme de vos textes – alignement, marges, espacement des caractères et des lignes, listes, *etc.*
- **Figures** : Vous souhaitez personnaliser les figures géométriques insérées dans vos pages ? C'est ici que ça passe. Là, vous pouvez personnaliser le remplissage, les bordures, les ombres projetées, ajouter un reflet, régler l'opacité, *etc.*

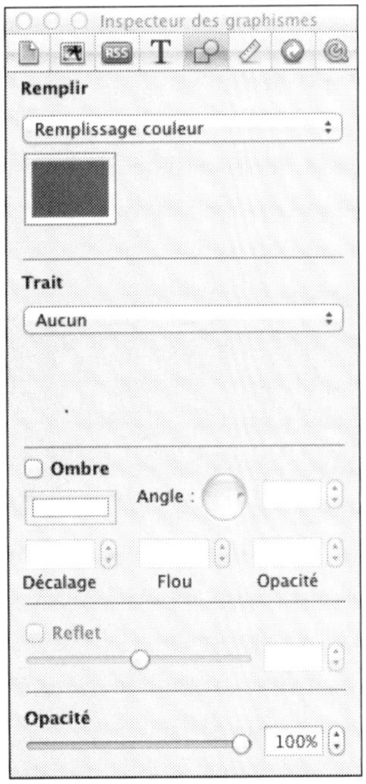

Figure 23-9 L'inspecteur d'iWeb pour les figures géométriques.

- **Mesures** : cet inspecteur vous permet de régler finement les dimensions des objets sélectionnés, leur position dans la page, ainsi que leurs proportions.
- **Liens** : vous voulez que l'on puisse cliquer sur un texte, une photo de votre site et… qu'il se passe quelque chose lorsqu'on le fait ? Tous les réglages associés aux liens hypertexte de vos pages Web sont regroupés là. Vous pouvez même définir les couleurs et les effets de décoration de texte au passage de la souris, après qu'un lien a été visité, *etc.*
- **QuickTime** : ici se trouvent les réglages relatifs aux séquences vidéo et audio insérées dans vos pages Web. Notamment, vous pourrez activer/désactiver le démarrage automatique de la lecture pour vos visiteurs. De préférence, laissez-le désactivé.

Publier son site Web sur Internet

Vos pages Web sont prêtes ? Il est temps de vous jeter à l'eau – ou dans le Web, plutôt – en lançant la publication :

1. Dans la barre latérale gauche d'iWeb, sélectionnez votre site pour accéder aux réglages concernant sa publication.
2. Déroulez la liste **Publier sur**. Sélectionnez **Serveur FTP**.
3. Dans le champ **Adresse électronique**, indiquez votre e-mail.
4. Remplissez les champs de la rubrique **Réglages du serveur FTP** conformément aux indications de votre fournisseur d'accès à Internet (FAI) ou de votre hébergeur Web.
5. Indiquez l'adresse de votre site Web – qui vous a été indiquée par votre FAI ou votre hébergeur – dans le champ **URL du site web**.
6. Si vous utilisez Facebook, cochez la case **Actualiser mon profil Facebook lorsque je publie ce site** et laissez-vous guider pour configurer correctement votre compte Facebook afin dc pouvoir avertir vos contacts de chaque mise à jour de votre site Web personnel.

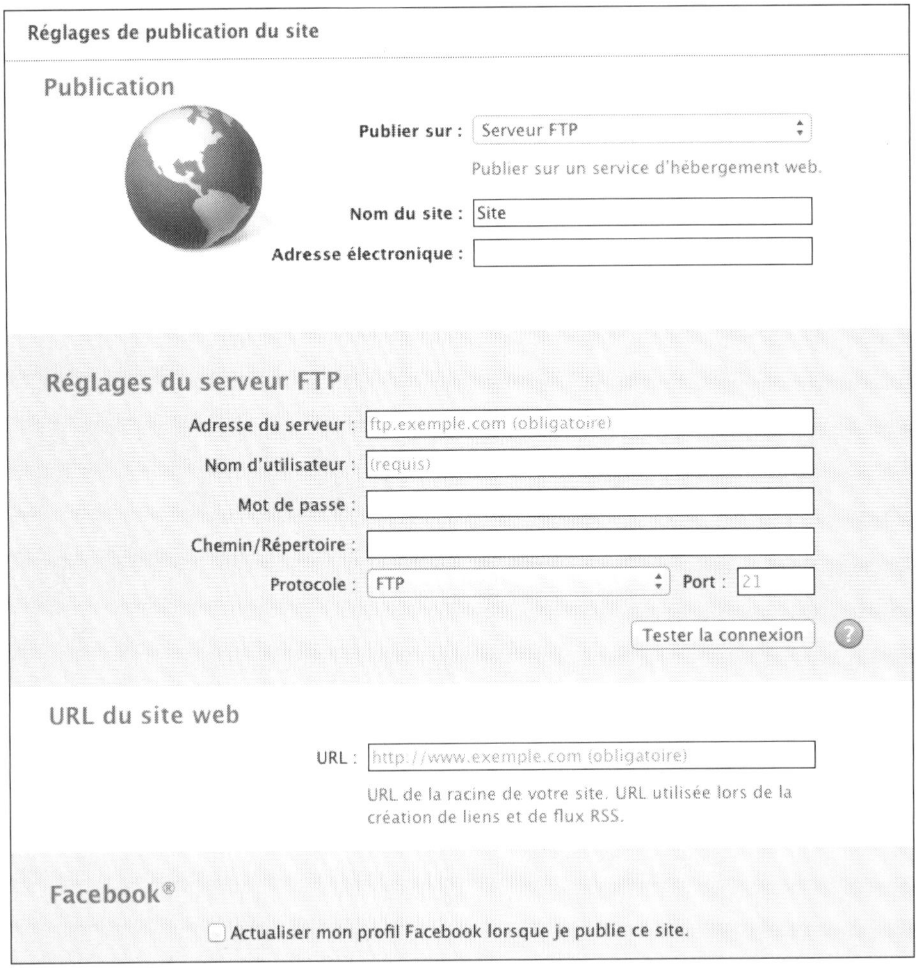

Figure 23-10 Réglages de publication de site Web.

7. Lorsque tout est prêt, cliquez sur le bouton **Publier le site** de la barre d'outils d'iWeb : ça y est, la machine est en route ! Une fois le téléchargement terminé, votre site Web sera accessible en ligne. L'opération peut prendre plusieurs minutes ; sa durée dépend notamment de la rapidité de votre connexion à Internet.

Pensez à cliquer de nouveau sur le bouton Publier le site de la barre d'outils d'iWeb chaque fois que vous modifiez ou ajoutez des pages Web ou des éléments multimédia à votre site, dans iWeb : cela assure la synchronisation entre les contenus stockés sur votre Mac et ceux effectivement mis à la disposition des visiteurs de votre site Web. À chaque fois, si vous avez configuré votre compte Facebook avec iWeb, vos contacts seront informés.

Chapitre
24

Passer à la création musicale avec GarageBand

Au menu de ce chapitre

- Créer en un clin d’œil
- Réaliser une sonnerie pour iPhone
- Préparer un jingle
- Produire un podcast
- Exporter sa création
- Apprendre à jouer d’un instrument

Vous vous sentez l'âme d'un musicien en herbe ? GarageBand est fait pour vous. Ce logiciel n'est rien moins qu'un éditeur multipiste ; l'outil parfait pour la composition musicale. Soyons clair : GarageBand ne délivre tout son potentiel qu'aux personnes déjà bien équipées en matériel de création audio ; il leur permet notamment de travailler en temps réel avec leurs propres instruments. En outre, l'ambition des pages suivantes n'est pas de faire de vous un virtuose de la création musicale. Néanmoins, la lecture de ce chapitre devrait vous permettre de réaliser assez facilement des podcasts, mais aussi des mélodies simples, pour l'accompagnement, par exemple, de vos diaporamas et de vos DVD. Et pourquoi pas même la prochaine sonnerie de votre iPhone.

Créer en un clin d'œil

Vous ne vous y connaissez qu'un petit peu en musique ? Ce n'est pas un problème. GarageBand est doté d'un outil qui doit vous permettre de réaliser votre première composition musicale… en mettant tout un orchestre à votre disposition pendant que vous vous contentez de vous concentrer sur un seul instrument.

1. Lancez GarageBand. Vous êtes accueilli par l'écran de création de nouveau projet (figure 24-1).

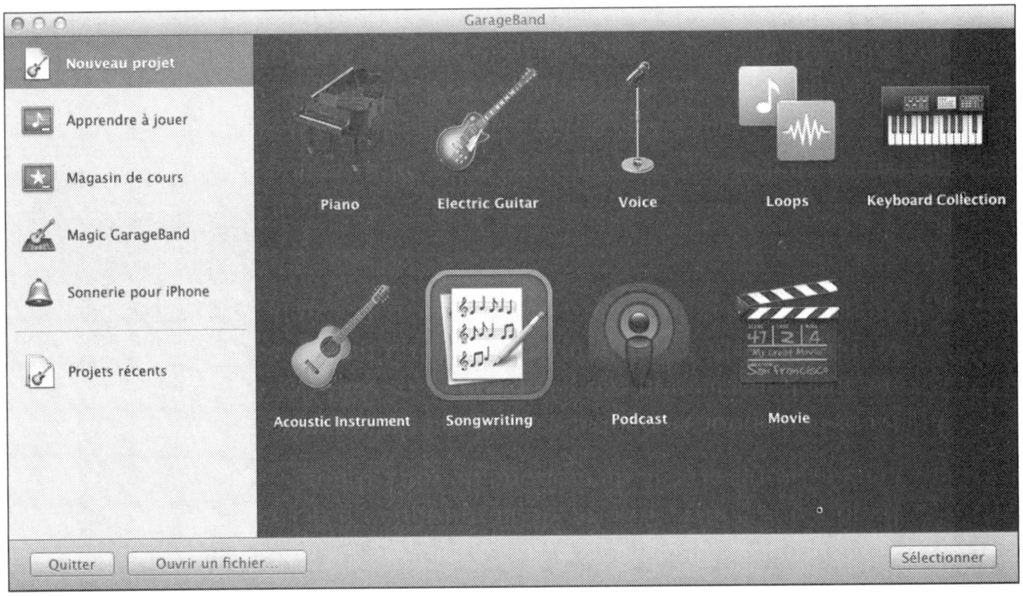

Figure 24-1 L'écran d'accueil de GarageBand.

2. Dans la barre latérale gauche, cliquez sur **Magic GarageBand**.

3. Dans le cadre principal, sélectionnez le style musical du morceau que vous souhaitez que GarageBand vous aide à créer : Blues, Rock, Jazz, Country, *etc.* Cliquez sur **Sélectionner**.

4. GarageBand met en exergue l'instrument dont vous allez jouer, au sein de l'orchestre virtuel. Dans la barre **My Instrument**, sélectionnez, dans notre exemple, le type de piano dont vous voulez jouer.

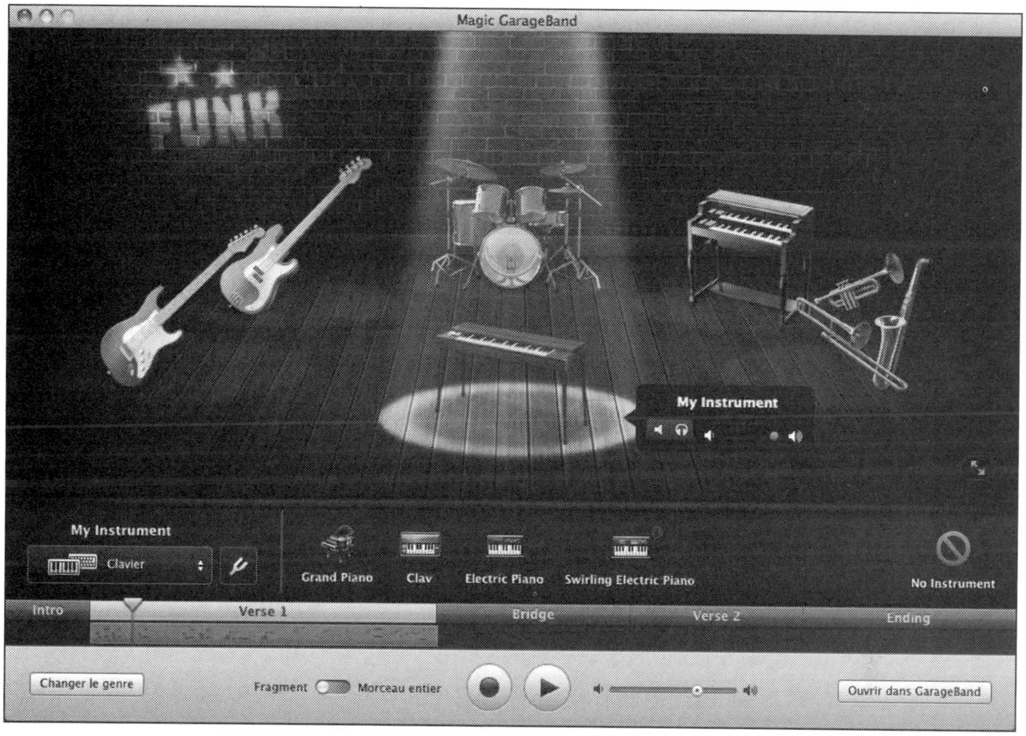

Figure 24-2 L'orchestre virtuel de Magic GarageBand.

5. Cliquez sur l'icône illustrée d'un diapason pour accéder au clavier virtuel de votre instrument : les touches du clavier correspondant à celles du piano virtuel son indiquées à l'écran.

6. Cliquez sur le bouton d'enregistrement et commencez à jouer en suivant le groupe.

7. Lorsque vous avez fini, cliquez sur le bouton de lecture pour écouter votre composition.

8. Pour affiner votre morceau, cliquez sur le bouton **Ouvrir dans GarageBand**. Vous accédez alors à la présentation multipiste du logiciel (figure 24-3).

Figure 24-3 L'écran de montage multipiste de GarageBand.

9. Double-cliquez sur l'enregistrement de ce que vous avez joué, en vert à l'écran. Là, vous observez précisément ce que vous avez joué, note par note, selon une représentation fondée sur les touches du clavier de l'instrument (figure 24-4).

Astuce Pour accéder à la partition que vous avez jouée, cliquez sur le bouton **Musique**.

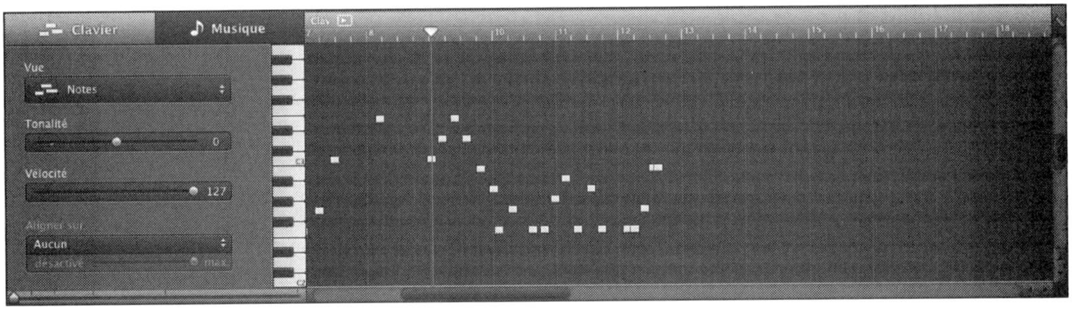

Figure 24-4 Le morceau qui vient d'être joué et enregistré.

10. À l'aide de la souris, vous pouvez déplacer des notes jouées, en supprimer et même réaliser une nouvelle prise. Pour cela, déroulez le menu **Fenêtre ➜ Saisie musicale**. Un clavier virtuel apparaît alors : il vous indique notamment quelles touches du clavier de votre Mac utiliser pour jouer (figure 24-5).

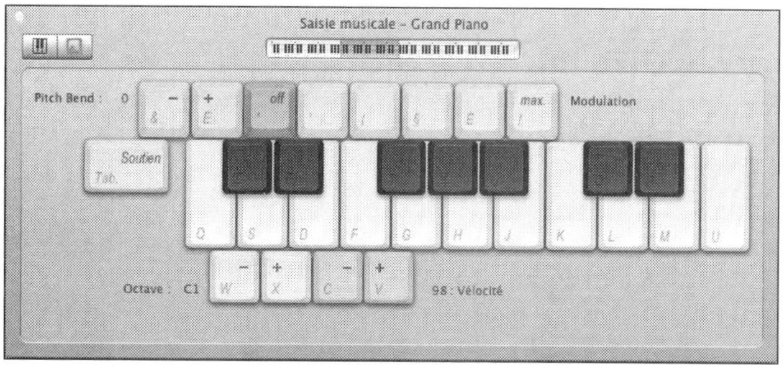

Figure 24-5 Le clavier virtuel de GarageBand.

11. Déplacez alors le curseur d'indication de progression du haut, à l'endroit du morceau où vous voulez procéder à une nouvelle prise. Cliquez sur le bouton d'enregistrement. Cliquez de nouveau sur ce bouton lorsque vous avez fini.

Astuce Vous pouvez écouter chaque instrument indépendamment des autres : pour cela, cliquez sur le bouton illustré d'un casque sous le nom de l'instrument que vous voulez écouter seul ; le son des autres instruments ne sera pas diffusé. Mais vous pouvez aussi utiliser ce procédé pour combiner l'écoute de plusieurs instruments.

Réaliser une sonnerie pour iPhone

GarageBand est livré avec un nombre important de boucles préenregistrées : il s'agit de mélodies très courtes, jouées par un seul instrument. Celles-ci peuvent être aisément combinées pour composer une sonnerie pour iPhone. Un bon moyen de vraiment personnaliser son smartphone.

1. Lancez GarageBand. À l'écran d'accueil, cliquez sur **Sonnerie pour iPhone** puis sélectionnez **Loops**. Cliquez sur **Sélectionner**. Cliquez sur le bouton **Créer**.

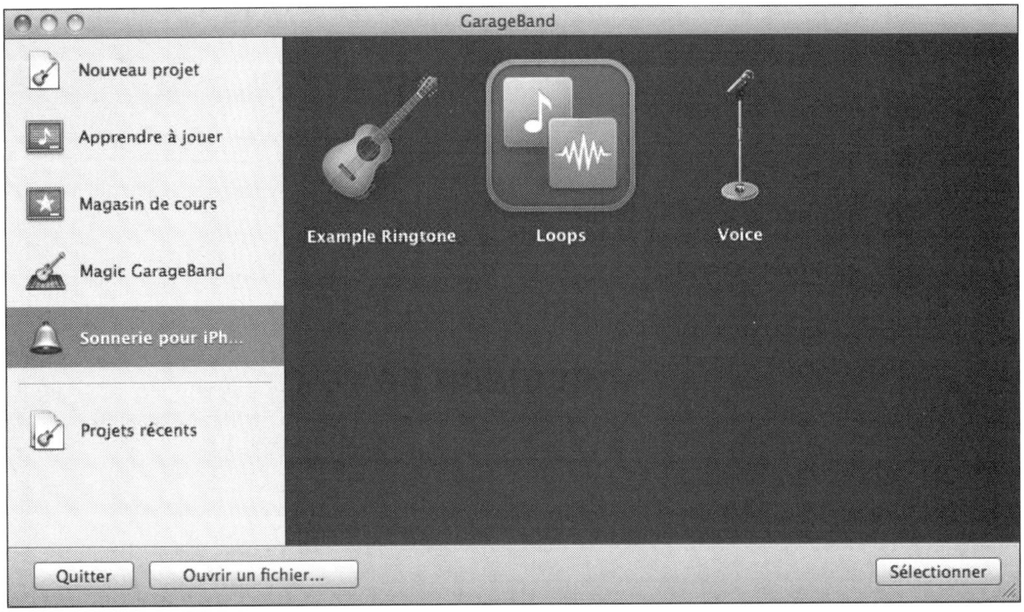

Figure 24-6 Création d'une sonnerie pour iPhone à partir de boucles préenregistrées.

2. La fenêtre principale de GarageBand s'ouvre alors, sur un exemple de composition pour sonnerie d'iPhone. Que vous allez pouvoir modifier à volonté, voire effacer au profit de la vôtre.

3. Dans le cadre principal, sélectionnez le style musical du morceau que vous souhaitez que GarageBand vous aide à créer : Blues, Rock, Jazz, Country, *etc.* Cliquez sur **Sélectionner**.

4. GarageBand met en exergue l'instrument dont vous allez jouer, au sein de l'orchestre virtuel. Dans la barre **My Instrument**, sélectionnez, dans notre exemple, le type de piano dont vous voulez jouer.

- **Colonne de gauche** : là, vous trouvez les instruments utilisés pour la composition. Pour supprimer la partition d'un instrument, appuyez simplement sur la touche d'effacement du clavier. Pour supprimer un instrument, appuyez sur la même touche, mais en maintenant la touche **cmd** enfoncée. Les commandes associées à chaque instrument vous permettent d'en régler la disposition dans l'image stéréo – gauche/droite – ainsi que le volume. Ce volume peut varier au fil de la partition : cliquez sur le bouton illustré d'un triangle, à droite de la barre d'outils de l'instrument, pour ajuster ce réglage. Pour chaque instrument, vous pouvez en outre enregistrer votre propre partition. Mais GarageBand ne propose d'instrument virtuel que pour les claviers (voir plus haut).

Figure 24-7 La fenêtre principale de GarageBand.

- **Partie centrale** : ici sont représentées les partitions de chacun des instruments utilisés pour la composition. Un double clic sur une partition vous permet d'en afficher une présentation agrandie depuis laquelle vous pourrez intervenir sur la tonalité, la syntonisation, ainsi que la synchronisation. Sélectionnez une partition puis enchaînez **cmd+C** et **cmd+V** pour la dupliquer.
- **Colonne de droite** : dans cette colonne, vous accédez à l'ensemble des boucles préenregistrées proposées par GarageBand. Elles sont classées par genres musicaux et par types d'instruments. Cliquez sur l'un d'eux pour afficher, dans la partie inférieure de la colonne, la liste des boucles correspondantes. Double-cliquez sur une boucle pour l'écouter. Si elle vous intéresse, vous pouvez la glisser-déposer dans la partie centrale de la fenêtre de GarangeBand pour l'associer à votre composition.

Produire un podcast

La production d'un podcast s'apparente, à de nombreux égards, à la création d'une composition musicale : vous voudrez probablement y insérer vos propres jingles, par exemple, que vous pouvez composer à partir de boucles préenregistrées. Mais ils se distinguent par l'intégration d'une ou de plusieurs pistes audio purement vocales, de photos, voire d'une vidéo.

1. À l'écran de création de nouveau projet, sélectionnez **Nouveau projet**, puis **Podcast**. Cliquez sur **Sélectionner** puis sur **Créer**.

2. La colonne de droite de GarageBand vous présente la liste de vos photos numériques : vous pouvez en glisser une sur la piste de podcast afin de déterminer une illustration pour ce dernier.

Figure 24-8 Création d'un podcast.

3. Le navigateur multimédia de la colonne de droite vous donne également accès à vos vidéos : vous pouvez en glisser une sur la piste de podcast afin de remplacer celle-ci par une vidéo et, ainsi, créer un podcast vidéo. Pensez à ajuster précisément le volume de la piste **Son du film** pour que l'on puisse entendre votre voix…

Bon à savoir GarageBand n'est pas un outil de montage vidéo : vous ne pouvez pas enchaîner plusieurs vidéos les unes à la suite des autres pour réaliser votre podcast ; cette opération de montage vidéo doit avoir été réalisée préalablement.

4. Sélectionnez maintenant l'instrument **Male Voice** ou **Female Voice** et cliquez sur le bouton d'enregistrement : enregistrez-vous à l'aide d'un microphone connecté à votre Mac. Celui qui est intégré à votre iMac ou MacBook peut suffire, mais un microphone de meilleure qualité sera sans doute préférable. Celui de votre iPhone peut constituer un premier point de départ : il est utilisable par les tout derniers MacBook Pro si vous le branchez sur leur prise casque.

5. Toujours en utilisant le navigateur multimédia de la colonne de droite de GarageBand, vous pouvez insérer de la musique ou des enregistrements audio, comme ceux capturés avec le dictaphone de votre iPhone.
6. La piste de podcast peut aussi contenir des données chargées de faciliter et d'agrémenter la navigation dans l'épisode : ce sont des chapitres, avec leur marqueur graphique (photo) et temporel, ainsi qu'une illustration générale de podcast et même, si vous le souhaitez, des URL de pages Web.

Figure 24-9 Les données spécifiques au podcast.

Exporter sa création

Une fois que vous avez fini de produire votre composition avec GarageBand, il est nécessaire de l'exporter afin que d'autres puissent en profiter. Cela se passe dans le menu Partage de GarageBand (figure 24-10). Le contenu de ce menu change en fonction de la nature de la composition. Mais les commandes principales conservent les mêmes finalités : envoyer la création vers iTunes, envoyer la composition sous forme de sonnerie pour iPhone, envoyer la composition à iWeb, ou encore exporter vers iDVD lorsqu'une vidéo est intégrée à la composition, exporter la composition sur un disque ou, enfin, la graver sur CD.

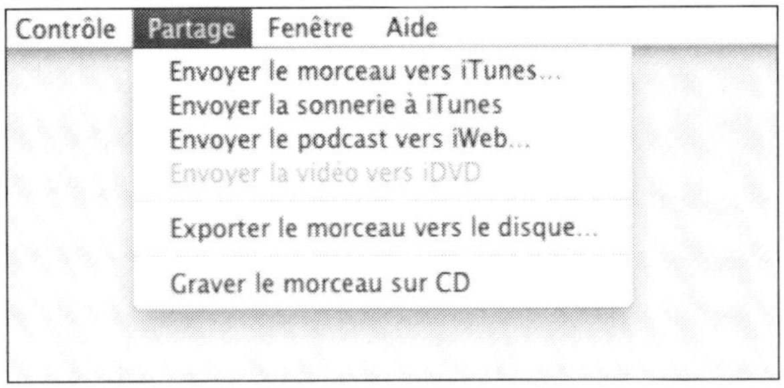

Figure 24-10 Le menu Partage de GarageBand, pour une vidéo.

1. Sélectionnez l'option d'exportation correspondant à votre composition et à vos objectifs de diffusion. Selon les cas, GarageBand vous proposera de fournir des informations complémentaires telles que le nom de l'auteur, celui du compositeur, le nom de l'album, le type de compression, *etc.*

Vous vous en doutez : la durée de l'exportation va dépendre à la fois de celle de votre composition, des contenus qui y ont été insérés et de la puissance de calcul de votre Mac : les compositions avec des vidéos, qui nécessitent une recompression, peuvent mettre beaucoup de temps à être exportées.

Apprendre à jouer d'un instrument

Ça vous a mis l'eau à la bouche et vous voulez apprendre à jouer de cette guitare ou de ce piano qui dort dans un coin ? Avec GarageBand, Apple propose des leçons de musique. Deux sont livrées gratuitement : une pour la guitare et l'autre pour le piano. Elles s'adressent aux débutants les moins expérimentés. En tout, il est néanmoins possible de télécharger huit cours de piano et autant de cours de guitare supplémentaires, gratuitement, toujours pour débutants. Mais Apple propose également quinze autres cours, à moins de 5 euros l'unité : ils sont assurés par Sting, John Fogerty, Sarah McLachlan ou encore Norah Jones. Tous sont accessibles depuis l'écran d'accueil de GarageBand et fonctionnent selon le même principe : double-cliquez sur l'une des leçons proposées pour y accéder.

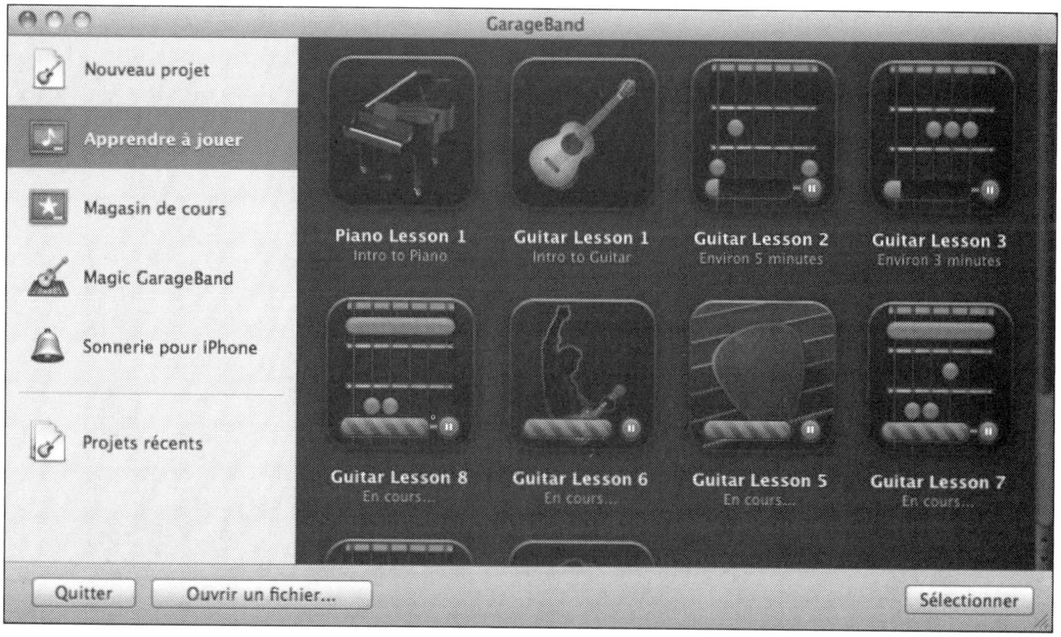

Figure 24-11 Le menu des leçons de musique de GarageBand.

- **Accorder son instrument** : cela ne s'applique bien sûr qu'à la guitare. Pour accéder à cette fonction, cliquez sur **Synton.** Cliquez alors, à l'écran, sur la corde que vous voulez accorder puis jouez-la à vide : le micro de votre Mac qui enregistre le son vous guide pour accorder votre corde.

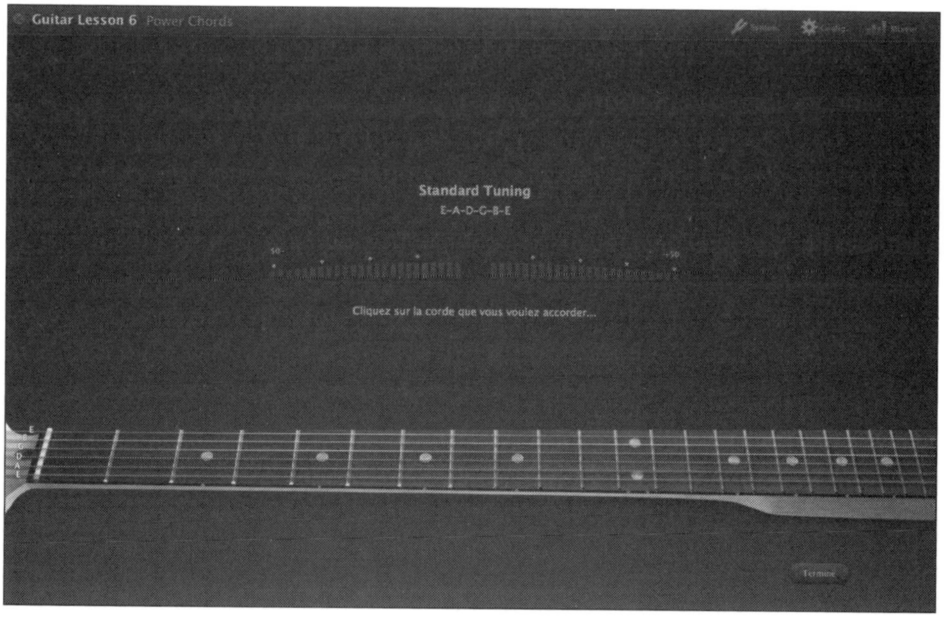

Figure 24-12 Accorder sa guitare avec GarageBand.

- **Réglages du logiciel** : vous accédez aux paramètres spécifiques à la leçon en cliquant sur le bouton **Config.** Là, vous pouvez choisir l'entrée audio correspondant à votre instrument, le système de notation, la langue de la voix du professeur, les sous-titres, *etc.* Cliquez sur **Terminer** lorsque vous avez fini.

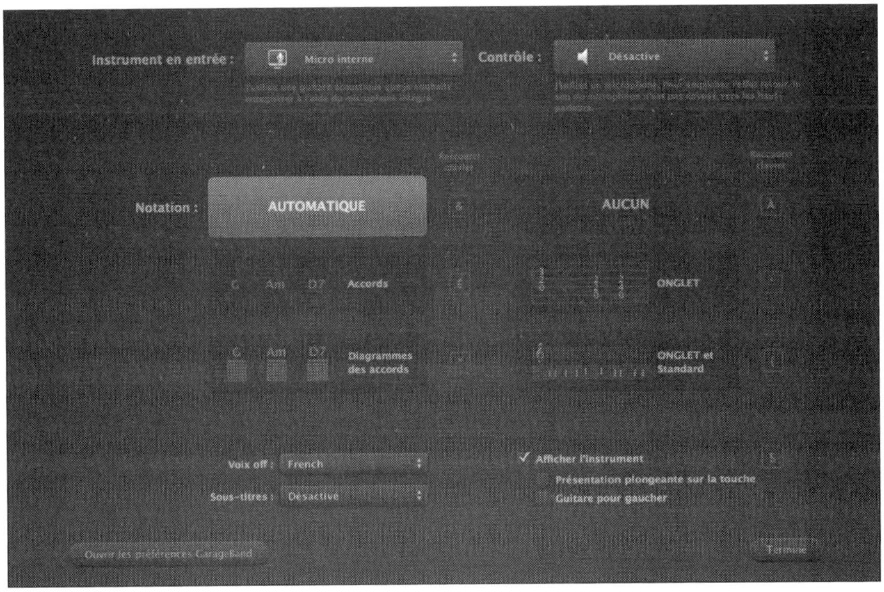

Figure 24-13 Les paramètres de la leçon.

- **Ajuster les niveaux sonores** : à tout moment, en cours de leçon, vous pouvez souhaiter donner plus d'importance aux explications du professeur, à son instrument ou, au contraire, au vôtre : cliquez sur le bouton **Miseur** en haut à droite de l'écran pour ajuster les niveaux sonores.

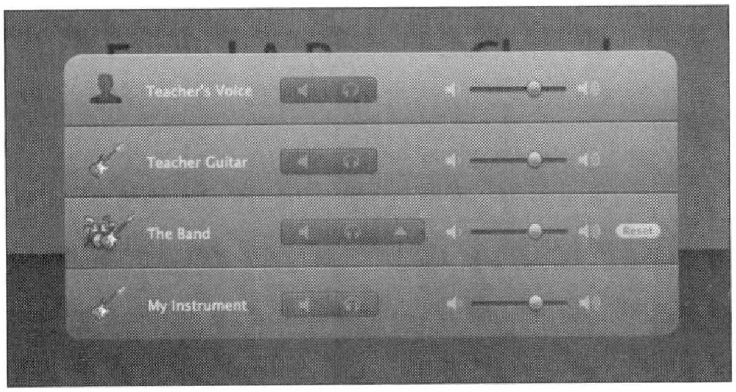

Figure 24-14 Le mixeur des leçons de musique.

- **Le cours magistral** : c'est la première partie de chaque leçon. Le professeur explique et enchaîne les démonstrations. Chaque leçon est segmentée par chapitres pour simplifier la navigation. Le rythme peut être ralenti ; il est possible de mettre en pause et même de s'enregistrer.

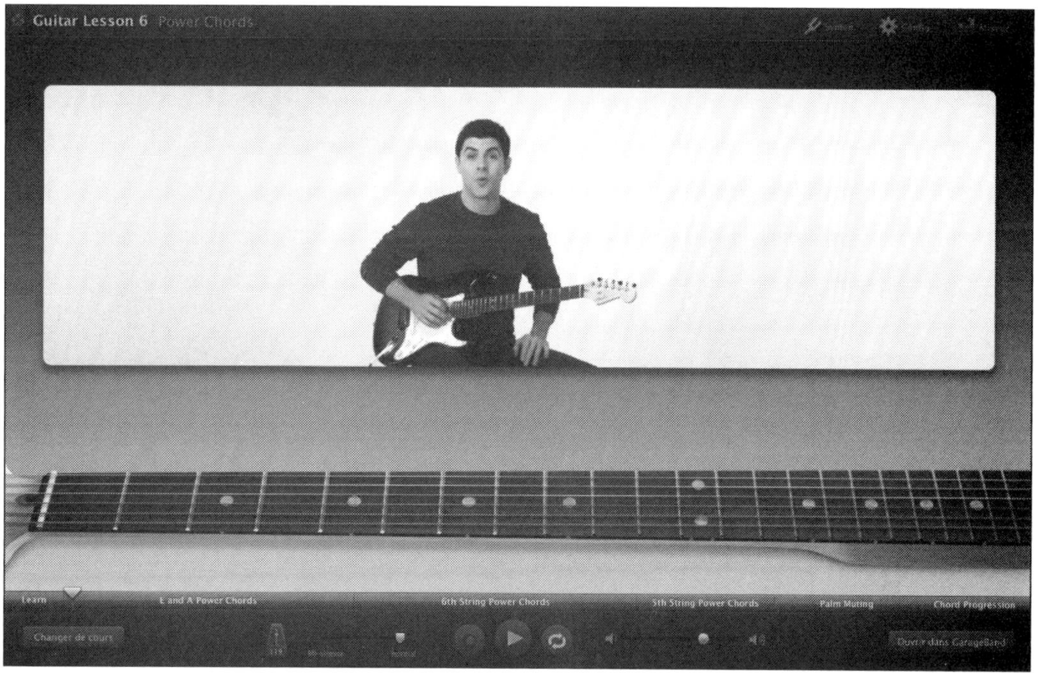

Figure 24-15 On écoute le prof !

- **La pratique** : le cours magistral est suivi de l'entraînement. Pour accéder à cette partie, passez la souris sur la vidéo du professeur et cliquez sur **Play**. La tablature et la vidéo de la guitare – ou la partition – vous guident pour réaliser vos exercices ; l'affichage de la vidéo peut être centré sur différentes parties de l'instrument (figure 24-16).

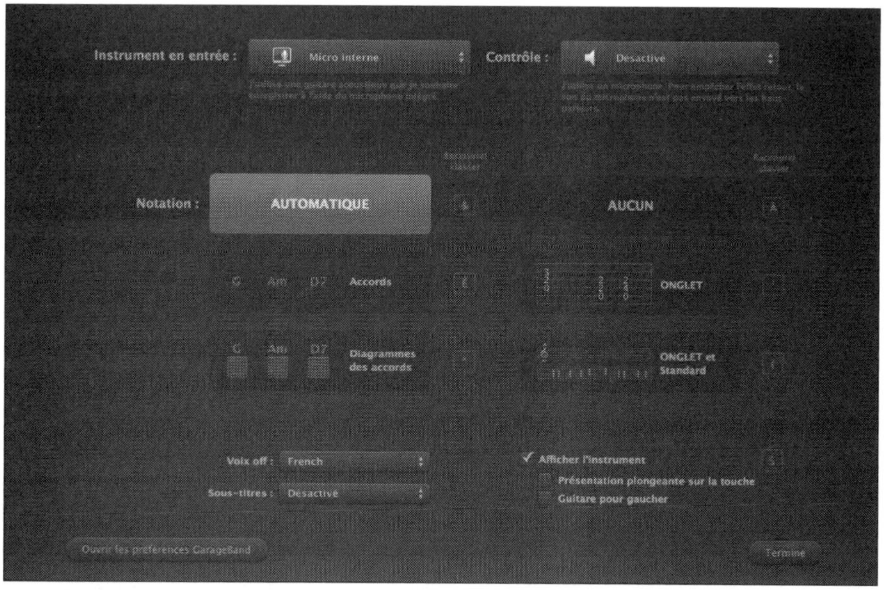

Figure 24-16 Chacun son tour !

PARTIE IV

TOUT POUR LA BUREAUTIQUE AVEC LA SUITE IWORK

Chapitre 25

Des documents élégants avec Pages

Au menu de ce chapitre

- Premiers contacts
- Définir la mise en page
- La barre d'outils de Pages
- Mettre ses textes en forme
- Insérer des éléments graphiques
- Gérer la disposition des éléments de sa composition
- Aller plus loin avec l'Inspecteur
- Diffuser ses documents

Pages est un traitement de texte signé Apple. Ce n'est pas forcément le plus complet du marché mais il suffit assurément à satisfaire la plupart des besoins, à moindre coût : il est vendu moins de 16 euros sur l'App Store.

Il a toutefois le mérite de proposer les fonctions principales que l'on peut attendre d'un traitement de texte. Y compris la compatibilité avec les documents Microsoft Office.

Mais Pages va plus loin et prend d'ailleurs des allures de véritable outil de mise en page et de création de documents textuels illustrés : CV, plaquette publicitaire, journal, *etc.* Il propose d'ailleurs de nombreux modèles adaptés.

Premiers contacts

À son lancement, et faute de document déjà ouvert, Pages vous invite à créer un nouveau document à partir de l'un des très nombreux modèles qu'il propose (figure 25-1).

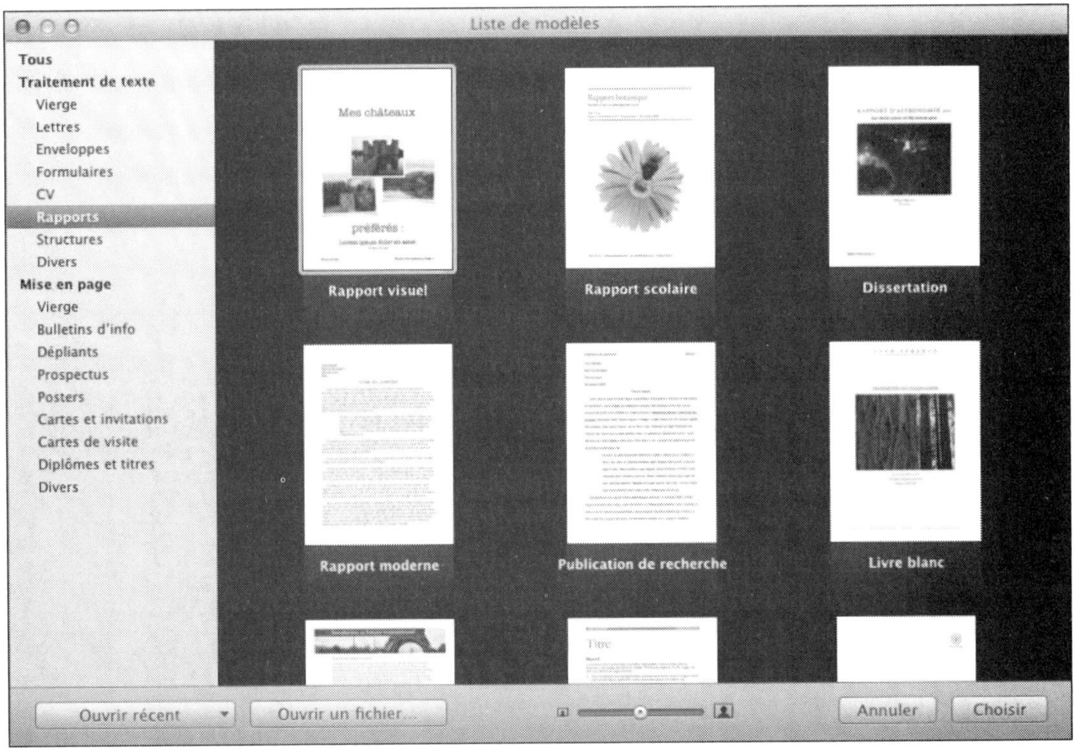

Figure 25-1 Choix d'un modèle.

La barre latérale de la fenêtre vous permet de naviguer parmi les différentes thèmes de projets et les deux grandes familles de modèles : **Traitement de texte** et **Mise en page**. Les modèles de la première famille sont relativement simples et recouvrent des projets tels que lettres, enveloppes, formulaires, CV, rapports. Ceux de la seconde famille sont plus élaborés : bulletins d'information, dépliants, cartes et invitations, *etc.*

Dès le début, vous êtes donc incité à indiquer le type de projet sur lequel vous allez travailler. Et à choisir un modèle qui vous convienne. Sachez toutefois qu'il n'y a là rien de véritablement irréversible et, surtout, que le choix d'un modèle ne vous condamne pas à le respecter strictement. Considérez-le plutôt comme une base de départ que vous enrichirez de votre créativité personnelle. Utiliser un modèle est donc un bon moyen de faire ses armes…

Et si, bien sûr, vous ne souhaitez pas travailler sur un nouveau document, vous pouvez ouvrir un document existant :

1. Cliquez sur le bouton **Ouvrir un fichier** et sélectionnez le fichier sur lequel vous voulez travailler.

Pour aller plus vite, s'il s'agit d'un document sur lequel vous avez récemment travaillé, cliquez sur le bouton **Ouvrir récent** : vous verrez là la liste des dix derniers fichiers Pages que vous avez ouverts. Sélectionnez-en un et reprenez votre travail là où vous l'aviez laissé.

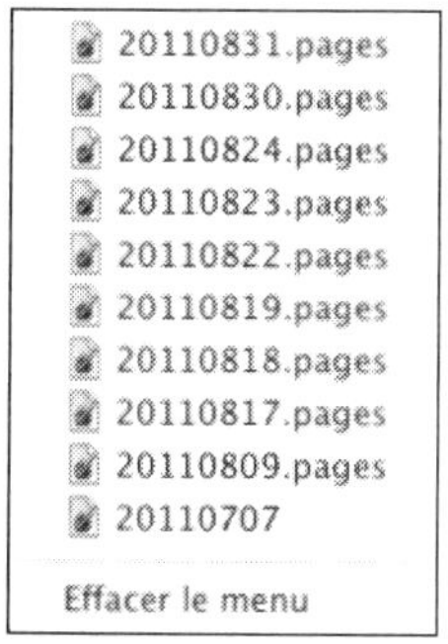

Figure 25-2 Ouvrir un fichier récent.

Définir la mise en page

Sur quel format de papier votre document doit-il être imprimé – éventuellement ? C'est peut-être la première chose à définir. Une fois votre document de travail ouvert, déroulez le menu **Fichier → Format d'impression**.

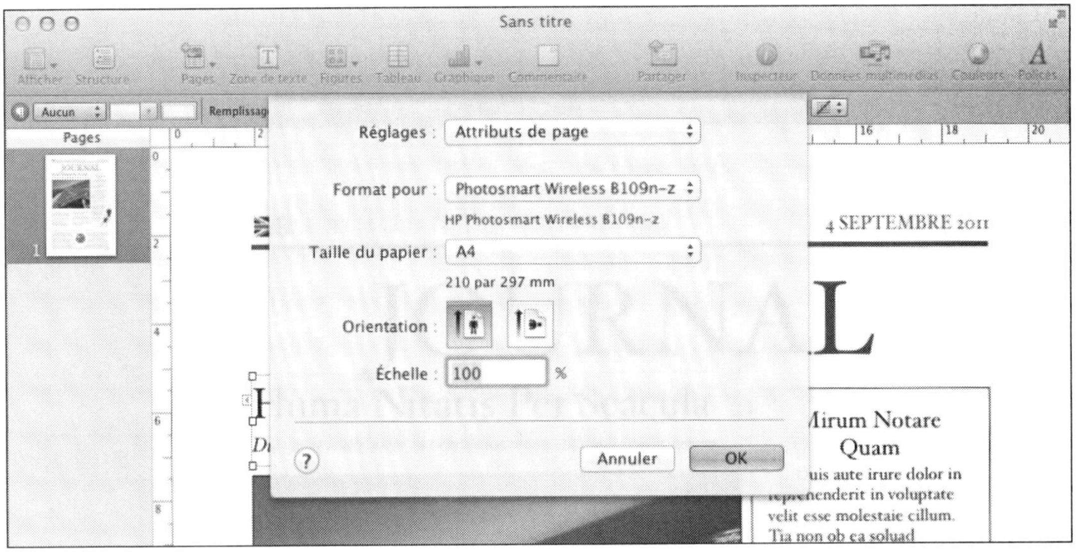

Figure 25-3 Définir le format d'impression.

1. Déroulez la liste **Taille du papier** et sélectionnez le format de papier que vous allez utiliser. Les marges seront adaptées en conséquence, et en fonction de votre imprimante. Laquelle apparaît dans la liste **Format pour**.
2. Cliquez sur le bouton **Orientation** correspondant à votre projet.
3. Dans le champ *ad hoc*, indiquez l'échelle d'impression de votre document.
4. Lorsque vous êtes prêt, cliquez sur **OK** pour valider vos réglages.

Astuce Vous êtes sûr du format de papier à employer mais pas de l'imprimante qui sera utilisée ? Ce peut être le cas si vous prévoyez de recourir, ultérieurement, aux services d'un imprimeur. Dans ce cas, déroulez la liste **Format pour** et sélectionnez **Toute imprimante**.

Cela vous paraît limité ? En fait, dans la plupart des cas, ce sera bien suffisamment pour répondre à vos besoins. Mais, vous avez raison : il faut pouvoir être plus précis, notamment dans la définition des marges. Et pour cela, il y a un outil, qui s'avérera indispensable à votre utilisation de Pages : l'Inspecteur. Nous détaillons ses fonctions plus loin.

La barre d'outils de Pages

La barre d'outils est un élément-clé de l'interface de Pages. Elle est divisée en deux parties. La première est fixe – mais personnalisable – tandis que la seconde s'adapte au type de contenu sélectionné dans le document de travail.

Figure 25-4 La barre d'outils de Pages.

Par défaut, la partie supérieure de la barre d'outils de Pages vous donne donc accès aux fonctions suivantes :

- **Afficher** : là, vous accédez aux options d'affichage de la fenêtre sélectionnée. Vous pouvez donc demander à afficher une barre latérale avec les vignettes des différentes pages de votre document, à afficher le tiroir des styles de texte, à afficher ou masquer la barre des formats – la barre dynamique qui se trouve sous la barre d'outils –, à afficher ou masquer les règles, les éléments de mise en page, les caractères invisibles, ou encore les commentaires. C'est un peu un rappel illustré du menu **Présentation**.

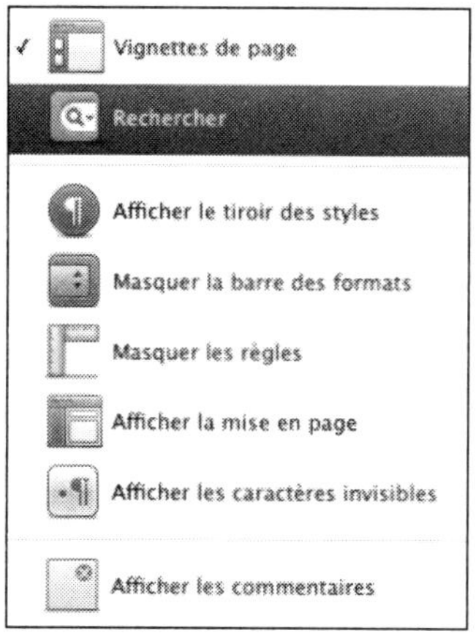

Figure 25-5 Les options d'affichage.

- **Structure** : ce bouton est spécifique au type de document **Structure**. Il permet d'accéder à des options liées à la… structure et donc aux indentations des différents éléments du document. Indispensable lors de la création d'un sommaire, par exemple.
- **Pages** : là, vous pouvez ajouter des pages à votre document, en suivant le modèle sélectionné lors de la création du document. Choisissez entre une nouvelle page de couverture, une page à trois colonnes avec dessin, une page de texte, une page entière, un en-tête, *etc.*

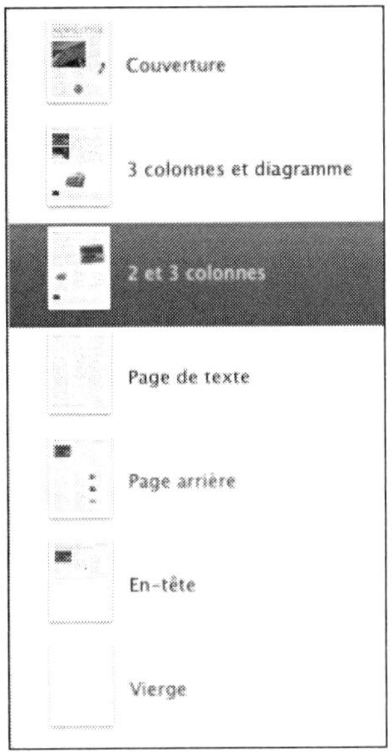

Figure 25-6 Ajouter une page à un document.

Astuce Pensez à afficher la barre latérale avec sa présentation des vignettes des différentes pages du document : vous pourrez, par simple glisser-déposer, réorganiser vos pages et ainsi gérer finement la composition globale de votre document. Et son équilibre.

- **Zone de texte** : ce bouton vous permet d'ajouter une zone de texte à votre page. Une zone de texte que vous pourrez ajuster à loisir en glissant-déplaçant ses coins, voire la zone tout entière. La mise en forme du texte de la zone est gérée par un double clic sur le texte concerné (voir plus loin).

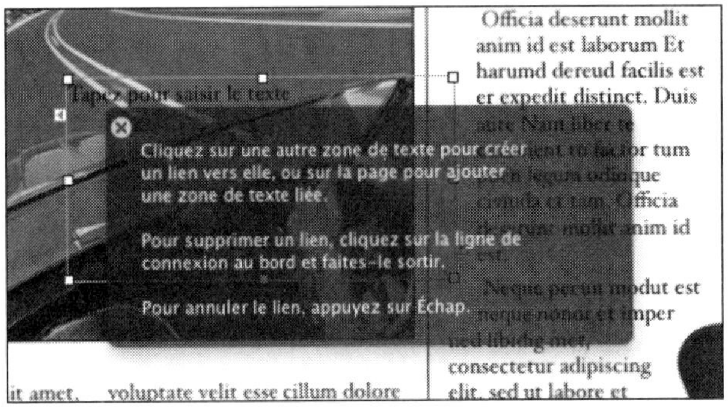

Figure 25-7 Lier des zones de texte.

Astuce Une zone de texte, dans un document, est généralement et très naturellement synonyme de débord. Vous savez, ce texte qui ne tient pas totalement dans la zone de texte prévue et qui... déborde. En fait, pour gérer cela, vous pouvez gérer les débords d'une zone de texte à l'autre en les liant entre elles. Utilisez pour cela les petits boutons ornés d'un triangle à gauche ou à droite de la zone de texte : le débord pourra passer d'une zone de texte à l'autre. Et tout cela y compris sur des pages différentes !

- **Figures** : cet outil vous servira pour enrichir vos créations de graphismes vectoriels – flèches, cercles, et même formes libres.
- **Tableau** : de la même manière que vous pouvez insérer une zone de texte ou un élément graphique vectoriel, vous pouvez, avec ce bouton, ajouter un tableau à votre composition. Notez que son apparence graphique sera liée au thème choisi et, donc, cohérente avec le reste de votre composition.
- **Graphique** : vous voulez agrémenter votre document d'un élégant graphique en camembert ? C'est là que cela se passe ! Cliquez sur ce bouton, choisissez le style de graphique à insérer, les données et utiliser – qui peuvent venir d'un tableau – et hop !
- **Commentaire** : travailler avec Pages ne signifie pas travailler seul... Vous pouvez travailler sur un mode collaboratif, en échangeant des fichiers avec vos collègues. Chacun étant ainsi libre de commenter les documents produits par l'autre. C'est tout le but de cette fonction : insérer des commentaires à un endroit précis d'un document pour permettre à d'autres de modifier, d'adapter le document en conséquence.
- **Partager** : cette commande vous permet de profiter du service iWork.com. Celui-ci peut être comparé au service Google Docs : il vous permet de partager vos fichiers bureautiques en ligne. Pour que vos correspondants puissent les consulter (fonction **Publier**), les télécharger (fonction **Télécharger**), ou même les annoter (fonction **Partage**). Le service iWork.com est assez complet. Mais il souffre du manque d'ambition d'Apple pour en assurer la promotion et le décollage : il est en version bêta depuis... 2009.

Astuce Les options avancées, accessibles *via* le bouton **Afficher avancé**, permettent de choisir les formats dans lesquels partager votre fichier sur le service iWork.com : Pages, mais aussi Word et PDF. Vous pouvez enfin les protéger par un mot de passe.

Figure 25-8 Le partage sur iWork.com.

- **Inspecteur** : ce bouton permet d'afficher ou de masquer l'Inspecteur. Celui-ci consistant en une palette d'outils permet d'ajuster finement certains paramètres associés aux éléments sélectionnés dans un document. Nous décrivons son fonctionnement plus loin.
- **Données multimédia** : ce bouton permet d'afficher la palette d'accès aux contenus multimédia de vos bibliothèques iTunes et iPhoto. Oui : vous pouvez insérer des éléments multimédia – photos, mais aussi et surtout sons et vidéos – directement dans un document Pages. Mieux encore, ceux-ci survivent bien à l'enregistrement au format PDF. Dès lors, rien ne vous interdit de construire des documents résolument multimédia.
- **Couleurs** : utilisez ce bouton pour modifier la couleur de l'élément sélectionné dans le texte. En cliquant dessus, vous provoquez l'affichage d'une palette flottante dédiée aux couleurs. Plusieurs outils, dans cette palette, vous permettent de définir très finement la couleur voulue. Et même, avec la loupe, de choisir la couleur d'un élément affiché ailleurs à l'écran pour l'appliquer à l'élément sélectionné dans votre document…

- **Polices** : vous vous en doutez sûrement, ce bouton cache la palette de choix des polices – taille, graisse, style, *etc.*

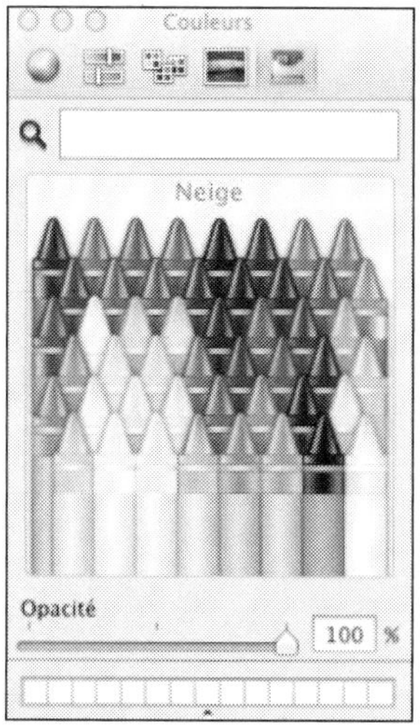

Figure 25-9 La palette de couleurs.

Astuce Comme avec toutes les applications Mac OS X, vous pouvez personnaliser la barre d'outils de Pages pour l'adapter précisément à vos besoins. Commencez donc par jeter un coup d'œil à ces options et revenez-y régulièrement à mesure que vous avancez dans la découverte de Pages et dans la connaissance de vos usages et de vos habitudes. Ce n'est qu'ainsi, par un processus itératif dans le temps, que vous réussirez à ajuster Pages au plus près de vos besoins.

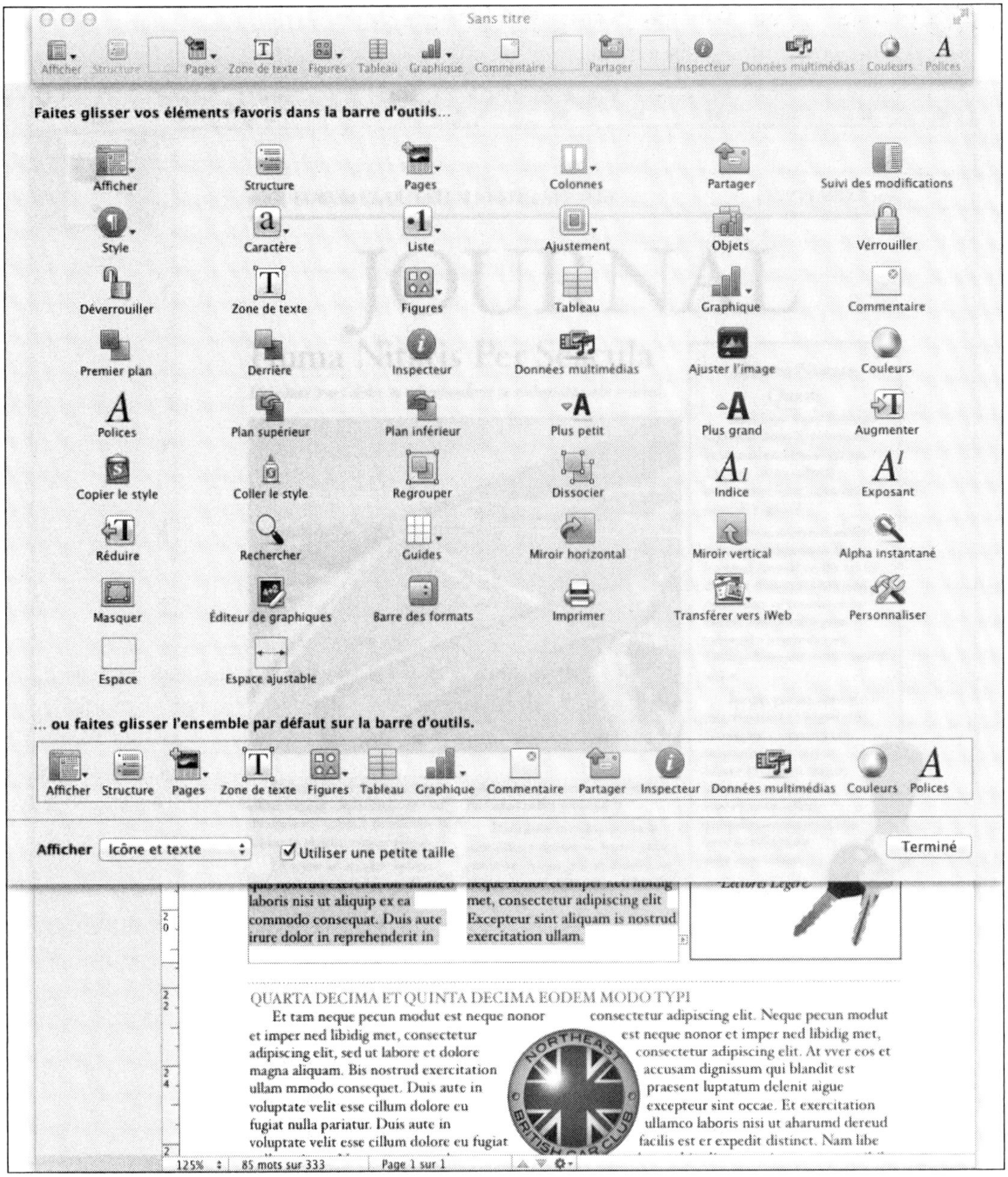

Figure 25-10 Personnaliser la barre d'outils de Pages.

Mettre ses textes en forme

C'est une évidence : dans un traitement de texte, la mise en forme est essentielle, et tout particulièrement celle du… texte. Dans Pages, pour mettre en forme du texte, la première étape, c'est bien sûr de le sélectionner. Cela fait, la partie inférieure de la barre d'outils s'adapte à la sélection du style du texte.

Figure 25-11 La partie inférieure de la barre d'outils de Pages pour le style du texte.

Là, vous pouvez rapidement changer la graisse ou l'alignement du texte et gérer les tabulations. Surtout, vous pouvez changer le style du texte et choisir police, taille de caractères, *etc.* :

- La police : c'est la première liste déroulante. Dedans, vous découvrez l'ensemble des polices de caractères installées sur votre Mac et prêtes à être utilisées par vous. Mieux encore : elles sont présentées dans la liste sous leur propre forme, unique et parfois si particulière ; une liste et un aperçu en un seul clic de souris. Indispensable.

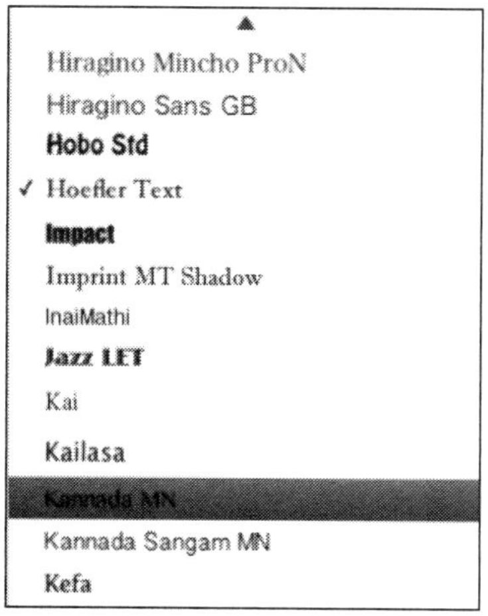

Figure 25-12 La liste des polices.

- Vient après le style de la police. Particulièrement utile si la police sélectionnée dans la liste précédente s'accompagne de plusieurs styles prédéfinis. Mais, si ce n'est pas le cas, d'autres options vous attendent plus loin vers la droite.

- La taille de la police arrive juste ensuite : déroulez la liste correspondante pour sélectionner la taille voulue. Vous pouvez également taper directement dans le champ correspondant à la liste, à la place du chiffre indiqué.
- Les deux rectangles suivants touchent aux couleurs : la couleur des caractères pour le premier et celle de leur bordure éventuelle pour le second. Si vous aimez les caractères ourlés de rouge, c'est le moment de vous faire plaisir.
- **B**, ***I***, **U** : les trois boutons qui viennent ensuite vous permettent, très explicitement, de passer le texte sélectionné en gras, en italique ou/et encore de le souligner. Ou les trois à la fois !
- Les quatre boutons suivants concernent la justification du texte sélectionné : fer à gauche, aligné au centre, fer à droite ou totalement justifié.
- Vient ensuite une liste grâce à laquelle vous allez définir l'interligne au sein du paragraphe sélectionné. Suit une autre liste, pour jouer sur le nombre de colonnes à utiliser dans la zone de texte sélectionnée. La taille de chaque colonne est ajustée automatiquement en fonction de la taille de la zone de texte et du nombre de colonnes.
- Le dernier bouton à droite vous permet enfin de définir un style de liste : à puces, à numéros, *etc.*

Astuce Vous voulez réutiliser rapidement le style appliqué à un texte, quitte à le modifier et à le personnaliser ensuite ? Sélectionnez le texte au style recherché puis déroulez le menu **Format → Copier le style**. Chargé en mémoire dans le presse-papiers, le style copié peut ensuite être *collé* sur un autre texte sélectionné, en déroulant le menu **Format → Coller le style**.

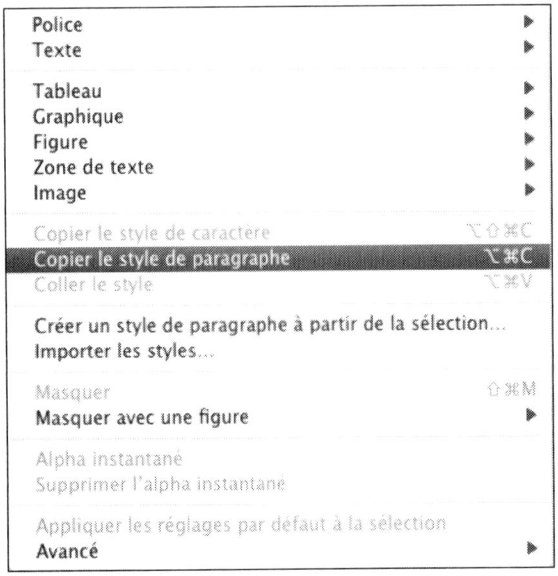

Figure 25-13 Copier-coller un style de texte.

Intégrer des éléments graphiques

Outil de mise en page plutôt complet, Pages vous permet d'intégrer dans vos compositions des éléments graphiques : formes vectorielles et personnalisables, tableaux, graphiques, photos, *etc.*

Tout cela se passe derrière les boutons de la barre d'outils **Figures**, **Tableau**, **Graphiques** et **Données multimédia**.

Le principe est le même à chaque fois : sélectionnez l'élément graphique à intégrer dans la page et il y apparaît aussitôt. Du pointeur de la souris, vous ajustez son placement dans la page, ainsi que sa taille – en jouant sur ses proportions, avec les coins, ou sur sa longueur et sa hauteur, quitte à le déformer, en jouant sur les carrés au milieu de ses bords. Un double clic sur une figure permet d'y taper du texte.

Astuce Pages vous permet aussi d'insérer, *via* le menu... **Insérer**, des éléments dynamiques tels qu'une date et une heure, qui pourront même s'ajuster automatiquement, suivant le format que vous aurez défini, pour n'être fixés que lorsque vous déciderez de passer effectivement à l'impression.

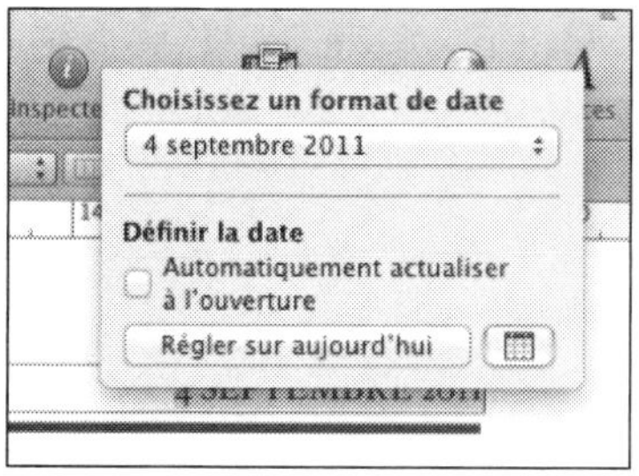

Figure 25-14 Réglages des paramètres d'un élément heure/date.

Remarquez : dans les modèles, les photos sont souvent associées à des cadres. Un double clic sur l'image permet d'ajuster le cadre : utilisez la glissière pour agrandir ou réduire l'image, et déplacez-la dans le cadre ; cliquez sur **Modifier le masque** lorsque vous avez fini. Cela ne vous rappelle pas l'insertion de photos dans les modèles de Mail ? Le principe est le même...

Figure 25-15 Modifier le masque de l'image.

La situation est un peu plus complexe avec un graphique qui, pour se construire, a besoin de données. Mais il vous suffit en fait d'en créer un ou de sélectionner un graphique existant pour accéder au tableau contenant les données correspondantes, en cliquant sur le bouton **Modifier les données**. Dès lors, il ne vous reste qu'à les remplacer par celles que vous voulez utiliser pour produire votre document.

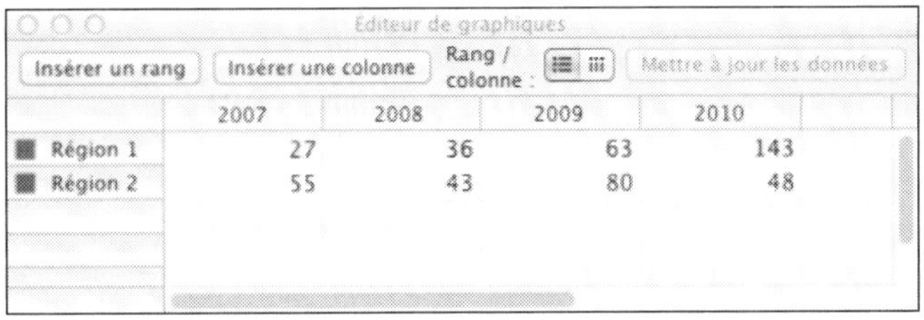

Figure 25-16 Modifier les données d'un graphique.

Astuce Comment supprimer un élément graphique inséré dans une composition ? Sélectionnez-le d'un clic, puis appuyez sur la touche **Effacement arrière** du clavier.

Et souvenez-vous : la partie inférieure de la barre d'outil change en fonction de l'élément sélectionné et s'y adapte… Lorsque c'est un graphique, vous pouvez par exemple modifier son placement, sa bordure, les couleurs, le type d'alignement par rapport au texte, *etc.*

Figure 25-17 La partie inférieure de la barre d'outils pour un graphique.

Gérer la disposition des éléments de sa composition

Chaque fois que vous ajoutez un élément graphique à une composition – ou même un bloc de texte qui se détache de l'arrière-plan du document, un tableau, un graphique, *etc.* –, vous pouvez gérer sa disposition par rapport aux autres éléments du document.

Lorsque vous le déplacez à la souris, déjà, des lignes bleues apparaissent ponctuellement : ce sont des guides d'alignement par rapport aux bords des autres éléments de la composition ou encore à leurs médianes. Et ces lignes sont magnétiques : à quelques pixels près, vous pouvez aligner dessus un élément tandis que vous le déplacez sans chercher une précision absolue ; Pages la trouvera pour vous !

Mais allons un peu plus loin et déroulez le menu **Disposition** :

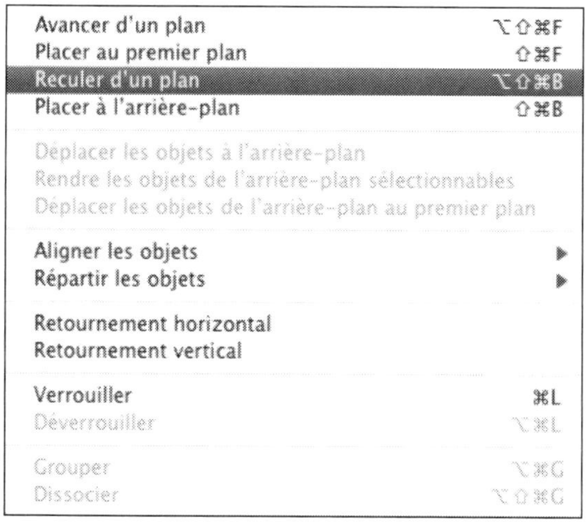

Figure 25-18 Le menu Disposition.

- Sélectionnez **Avancer d'un plan/Reculer d'un plan** pour ajuster la disposition en profondeur. Et même **Placer au premier plan** ou **Placer à l'arrière-plan**. Et cela fonctionne aussi avec plusieurs éléments sélectionnés à la fois.

- Sélectionnez **Retournement vertical** et **Retournement horizontal** pour appliquer des effets de symétrie.
- Sélectionnez **Verrouiller** pour fixer le placement relatif d'un objet dans la page – cela vous épargnera des erreurs de manipulation. Ou **Déverrouiller** pour pouvoir intervenir de nouveau sur son placement.
- Sélectionnez **Aligner les objets** pour aligner d'un coup d'un seul plusieurs objets par rapport à un point de référence.
- Sélectionnez **Répartir les objets** pour laisser Pages répartir les éléments sélectionnés au mieux, selon leur taille, sur la page, verticalement ou horizontalement.

Avez-vous remarqué les options **Grouper** et **Dissocier** ? La première vous permet de regrouper, en un seul élément virtuel, plusieurs objets de votre composition pour travailler sur leur placement dans la page de manière globale – plutôt que un par un. Pratique pour gagner du temps quand, par exemple, vous avez créé un bloc à l'identité visuelle forte et que vous voulez pouvoir le déplacer rapidement avec tous les éléments qui le composent.

Astuce À tout moment, vous pouvez bien sûr insérer directement un fichier – graphique, par exemple – depuis le Finder dans un document Pages par simple glisser-déposer.

Aller plus loin avec l'Inspecteur

L'Inspecteur est un élément-clé de l'interface graphique de Pages. Grâce à lui, vous aurez accès à de très nombreuses fonctions qu'il vous serait, sans lui, quasiment impossible de trouver. Si tant qu'elles soient accessibles par un autre biais… L'Inspecteur s'affiche et se cache en cliquant sur le bouton **Inspecteur** de la barre d'outils de Pages. Il s'apparente à une palette d'outils flottante dotée de plusieurs onglets.

Les fonctions qu'offre l'Inspecteur varient en fonction de l'élément sélectionné. Toutefois, voici un rapide inventaire de celles auxquelles il vous donne principalement accès.

- Le premier onglet regroupe les options relatives au document dans son ensemble. Un bouton vous permet bien sûr de modifier, d'ici, le format d'impression. Mais vous pouvez faire plus et, notamment, définir la taille des marges du document – y compris en tenant compte de l'opposition des pages si ce document doit être imprimé en cahiers – et celle des en-têtes. C'est également là que vous spécifiez le format des notes de bas de page et de fin ou encore que vous indiquez si vous souhaitez que Pages se charge de gérer automatiquement césures et ligatures.

Figure 25-19 Les options de mise en page.

- Le deuxième onglet concerne la disposition du bloc de texte sélectionné et, en particulier, le nombre et la taille des colonnes à utiliser, ainsi que les marges spécifiques au bloc sélectionné. Bien sûr, ces options ne sont accessibles qu'avec un bloc de texte, en mode Mise en page, pas en mode traitement de texte simple.

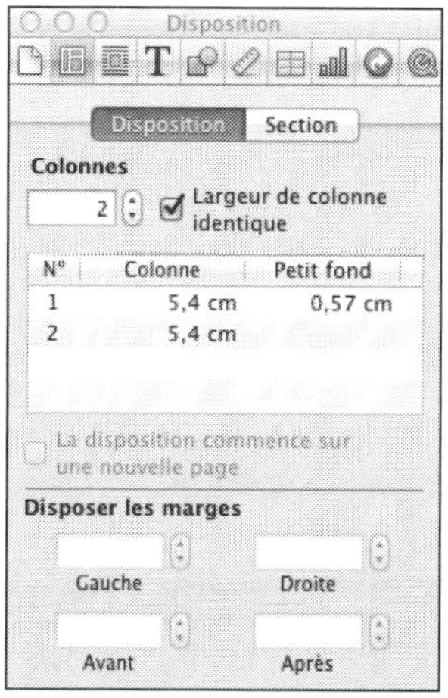

Figure 25-20 Les options de disposition.

- Le troisième onglet permet de définir le placement de l'objet sélectionné dans la page, qu'il s'agisse d'une image ou d'un bloc de texte, par exemple. C'est là que vous pourrez préciser le rapport de l'objet au texte qu'il surplombe – incorporé et, donc, se déplaçant avec lui, flottant, *etc.* – mais aussi s'il provoque ou non un retour à la ligne et de quelle manière, et, enfin, la gestion des marges autour de l'objet et si le texte doit en épouser les formes. À ce propos, remarquez que Pages peut s'arranger pour qu'un texte épouse les formes d'une image de type *bitmap* pour peu que l'on ait défini des zones de transparence au préalable, dans un éditeur graphique adapté.

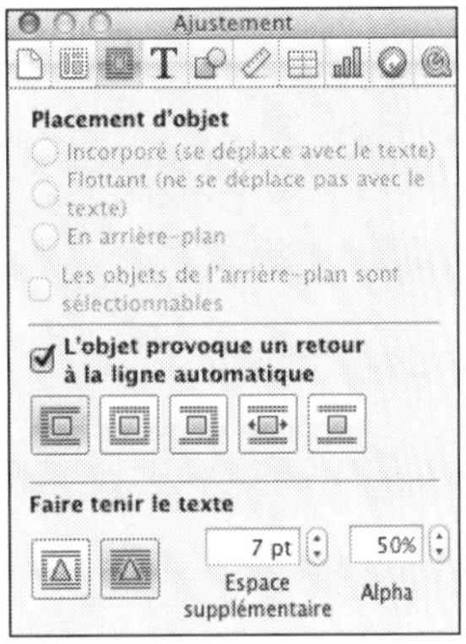

Figure 25-21 Les options de mise en page.

- Non, les options de mise en forme du texte ne se limitent pas à celles offertes par la barre d'outils : il y a bien plus et tout cela se trouve sous le quatrième onglet de l'Inspecteur. Là, vous pouvez évidemment définir couleur, justification, alignement vertical, mais aussi espacement des caractères et interligne, espaces avant et après le paragraphe et même marge. Des sous-onglets vous permettent d'intervenir spécifiquement sur la forme des listes et les tabulations.

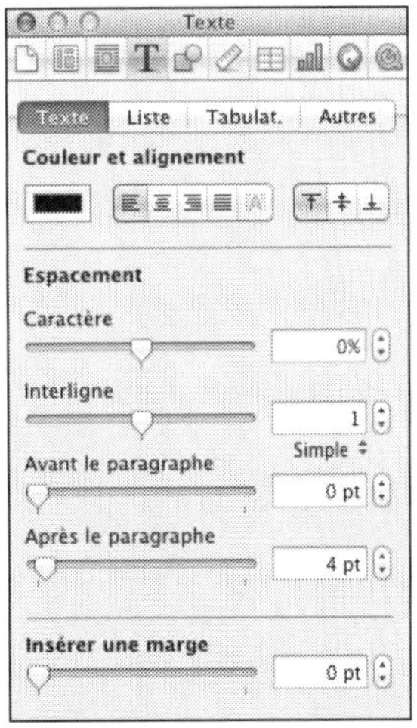

Figure 25-22 Les options de texte.

- Le bouton **Graphiques** de la barre d'outils de Pages vous permet d'insérer des objets graphiques vectoriels dans une page. Le cinquième onglet de l'Inspecteur vous permet de gérer leur aspect précisément : remplissage, bordure, ombre projetée, reflet, opacité, *etc.* Notez que cela s'applique aussi aux images et, plus généralement, à la plupart des objets insérés dans un document. Et cela vaut donc pour les blocs de texte que vous pouvez vouloir encadrer ou remplir d'une couleur de fond différente de celle de la page principale.

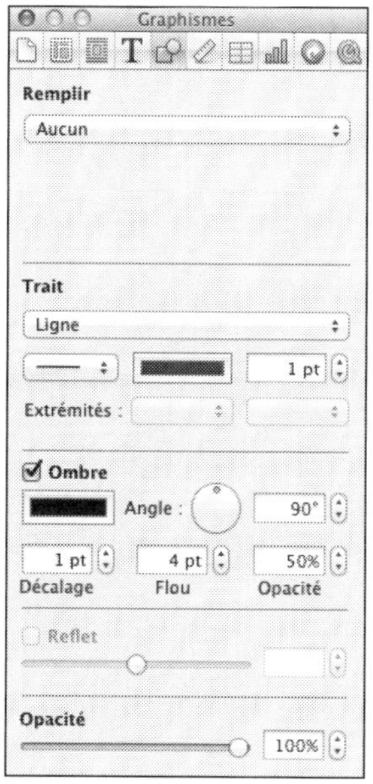

Figure 25-23 Les options des graphiques vectoriels.

- Le sixième onglet vous permet de jouer très finement sur la taille et la position d'un objet dans la page et même sur sa rotation. Indispensable pour écrire verticalement…

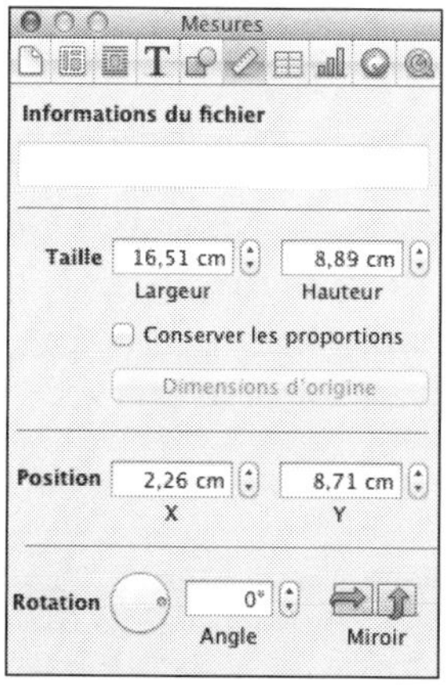

Figure 25-24 Les options de mesure.

- Le bouton d'insertion de tableau, dans la barre d'outils de Pages, vous permet de définir de manière grossière le tableau à insérer dans un document. Mais peut-être cherchez-vous plus d'options : vous les trouverez derrière ce septième onglet. Là, ajustez le nombre de rangs et de colonnes, définissez en-têtes et pieds de tableau, bordures de cellules, arrière-plans de cellules, alternance de couleur de fond selon le rang, *etc.* Et, bien sûr, cellule par cellule, le format avec les unités adaptées aux chiffres insérés.

Figure 25-25 Les options de tableau.

- Insérer un camembert dans un document, c'est une chose. Lui donner de l'allure, c'en est une autre et c'est sous ce huitième onglet que cela se passe. Là, vous pouvez modifier les données, changer de style de graphique, de couleurs, fixer les règles de formatage et de labélisation des axes et des séries. Essentiel.

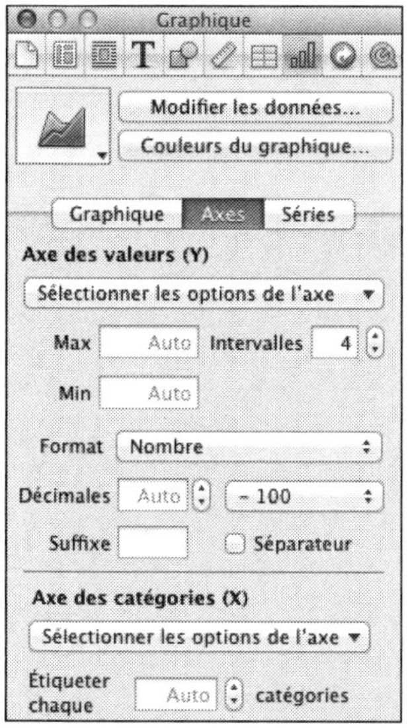

Figure 25-26 Les options des graphiques.

- Composer des documents, à l'heure d'Internet, c'est, de plus en plus, insérer des liens. Cet onglet, l'avant-dernier en partant de la gauche, est probablement l'un de ceux que vous utiliserez le plus. De fait, dans Pages, il n'y a pas de raccourci clavier pour associer un texte ou un objet sélectionné à un lien : il faut passer par l'Inspecteur. C'est un peu lourd mais, pour l'instant, il n'y a pas d'autre solution. Cochez donc la case **Activer comme lien** puis indiquez l'URL correspondante dans le champ *ad hoc*.

Figure 25-27 Les options de lien.

- Ce dernier onglet vous permet de définir le comportement des vidéos QuickTime que vous aurez insérées dans votre document : démarrage, arrêt, image de prévisualisation, répétition, volume, *etc.*

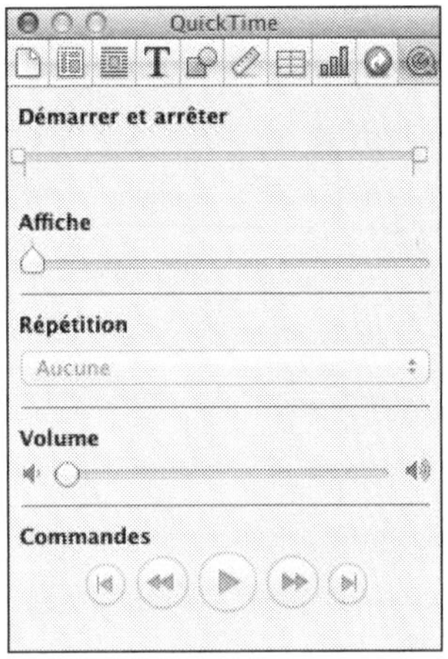

Figure 25-28 Les options de QuickTime.

Diffuser ses documents

Créer un beau document, c'est bien. L'imprimer, c'est mieux. Mais à l'heure du numérique, l'exporter dans un format de fichier lisible par le plus grand nombre, c'est encore mieux. Comme ça, tout le monde peut recevoir une copie par e-mail. La commande **Fichier → Exporter** est là pour ça.

Avec elle, vous pouvez choisir de créer, à partir de votre document, un fichier PDF, un fichier Word, un fichier RTF, un fichier texte brut ou un fichier ePub. Le premier est parfaitement adapté à la plupart des compositions, y compris les plus élaborées. Le deuxième risque d'être limité par des questions de compatibilité. Le format RTF ne supporte pas, quant à lui, certaines options de mise en page avancées de Pages. Et c'est encore plus vrai pour le texte brut – appelé **Standard** dans la fenêtre d'exportation.

Le format ePub mérite que l'on s'y arrête un instant. Certes, il ne permet pas des compositions aussi élaborées que le format PDF mais il s'avère aussi puissant que le format Word pour la plupart des compositions et présente l'énorme avantage de l'ouverture : il s'agit d'un standard supporté par de nombreuses liseuses électroniques – mais pas le Kindle d'Amazon – et, surtout, par l'application iBooks des appareils mobiles iOS d'Apple – à commencer par l'iPad.

En fait, l'idéal est de penser, avant de commencer à créer votre document, à sa destination et au format dans lequel vous prévoyez de le diffuser. Cela vous épargnera des déceptions. Mais n'oubliez pas que vous pouvez être très créatif avec un fichier ePub. Et même prévoir encadrés et incrustations de vidéos – mais celles-ci doivent pouvoir être librement accessibles *via* Internet, si vous voulez que les lecteurs de votre document puissent les voir… Toutefois, avec le format ePub, ne vous attardez pas trop sur la forme du texte : vos lecteurs pourront à loisir changer police et taille du texte, pour leur confort.

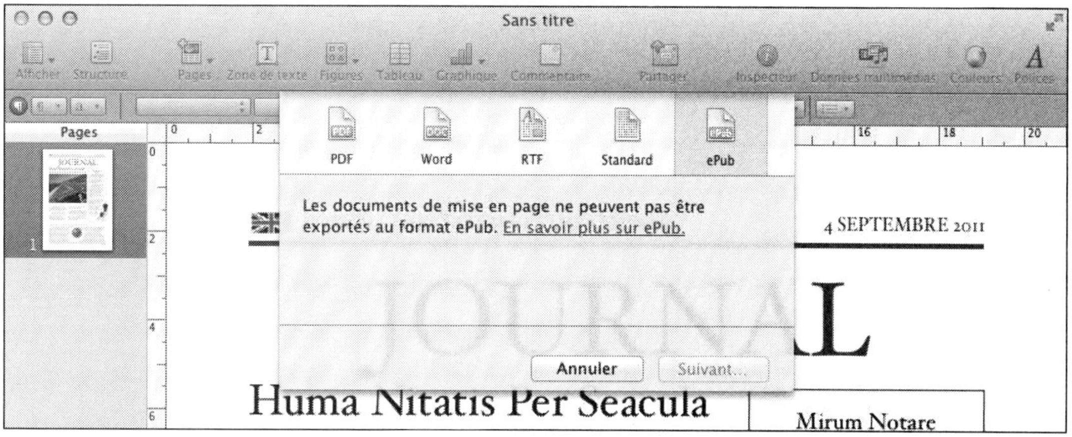

Figure 25-29 Les options d'exportation.

Chapitre

26

Numbers, pour les amateurs de chiffres

Au menu de ce chapitre

- Premiers contacts
- La barre d'outils de Numbers
- Manier chiffres et formules
- Réaliser de beaux graphiques
- Mettre ses textes en forme
- Intégrer des éléments visuels
- Gérer la disposition des éléments de sa composition
- Aller plus loin avec l'Inspecteur
- Diffuser ses documents

Numbers est le tableur de la suite bureautique iWork. Et il aurait du mal à renier sa parenté : la plupart de ses éléments ergonomiques et de ses principes d'utilisation sont également partagés par Pages et par Keynote. À l'exception de certains éléments spécifiques à un tableur.

Ce n'est pas forcément le tableur plus complet du marché mais il suffit à la plupart des besoins, et à moindre coût : il est vendu moins de 16 euros sur l'App Store. Et il a le mérite d'être compatible avec les documents Microsoft Office.

Premiers contacts

À son lancement, et faute de document déjà ouvert, Numbers vous invite à créer un nouveau document à partir de l'un des très nombreux modèles qu'il propose (figure 26-1)

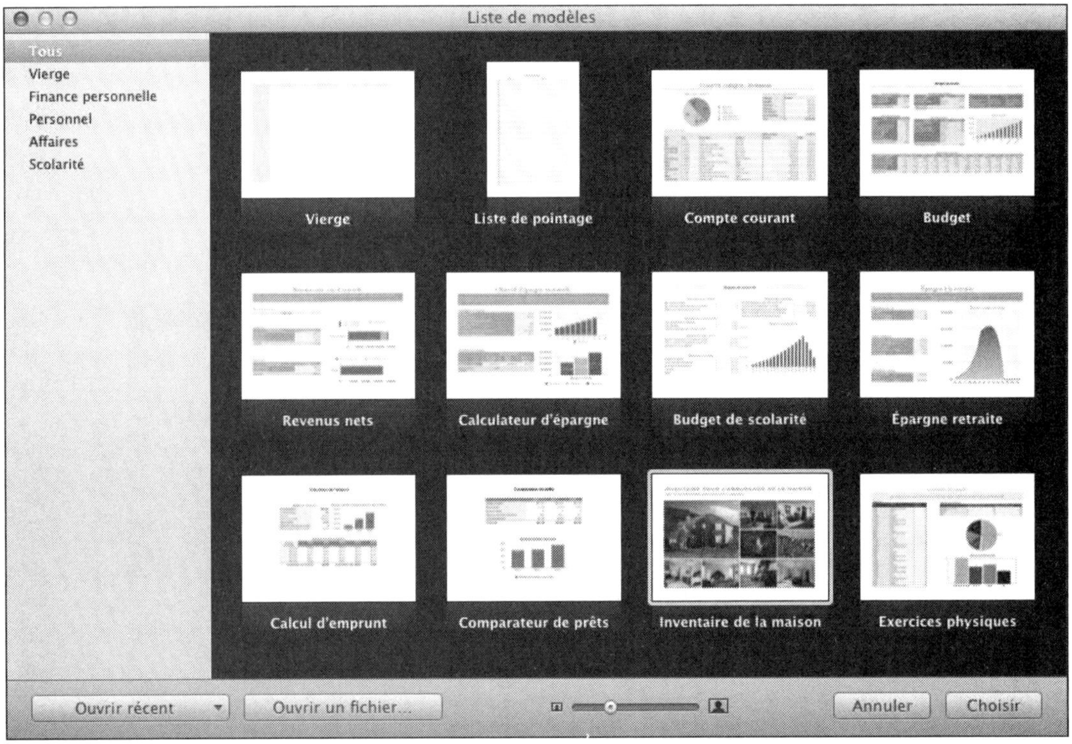

Figure 26-1 Choix d'un modèle.

La barre latérale de la fenêtre vous permet de naviguer parmi les différentes thèmes de projets. Dès le début, vous êtes donc incité à indiquer le type de projet sur lequel vous allez travailler. Et à choisir un modèle qui vous convienne. Sachez toutefois qu'il n'y a là rien de véritablement irréversible et, surtout, que le choix d'un modèle ne vous condamne pas à le respecter strictement. Considérez-le plutôt comme une base de départ. Comme avec Pages, utiliser un modèle est donc un bon moyen de faire ses armes…

Et si, bien sûr, vous ne souhaitez pas travailler sur un nouveau document, vous pouvez ouvrir un document existant :

1. Cliquez sur le bouton **Ouvrir un fichier** et sélectionnez le fichier sur lequel vous voulez travailler.

Pour aller plus vite, s'il s'agit d'un document sur lequel vous avez récemment travaillé, cliquez sur le bouton **Ouvrir récent** : vous verrez là la liste des dix derniers fichiers Numbers que vous avez ouverts sur lesquels vous avez travaillé. Sélectionnez-en un et reprenez votre travail là où vous l'aviez laissé.

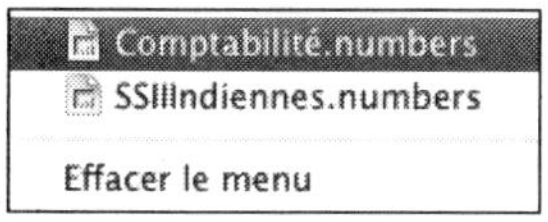

Figure 26-2 Ouvrir un fichier récent.

La barre d'outils de Numbers

La barre d'outils est un élément-clé de l'interface de Numbers. Elle est divisée en deux parties. La première est fixe – mais personnalisable – tandis que la seconde s'adapte au type de contenu sélectionné dans le document de travail.

Figure 26-3 La barre d'outils de Numbers.

Par défaut, la partie supérieure de la barre d'outils de Numbers vous donne donc accès aux fonctions suivantes :

- **Afficher** : là, vous accédez aux options d'affichage de la fenêtre sélectionnée. Vous pouvez donc demander un aperçu avant impression, à afficher les éléments de mise en page de la feuille sélectionnée, à afficher ou masquer la barre des formats – la barre dynamique qui se trouve sous la barre d'outils –, à afficher ou masquer les règles, la liste des formules utilisées dans la feuille sélectionnée, ou encore les commentaires. C'est un peu un rappel illustré du menu **Présentation**.

Figure 26-4 Les options d'affichage.

- **Feuille** : ce bouton vous permet d'ajouter une feuille à votre classeur. Vous le savez sûrement, un document de tableur s'apparente à un classeur virtuel dans lequel vous ajoutez des feuilles. Ces feuilles contiennent vos tableaux, vos graphiques, et vos éléments textuels d'explication ou encore des éléments graphiques d'illustration. Toutes les feuilles sont représentées dans la barre latérale de Numbers (figure 26-5). De même que le contenu principal de chaque feuille : tableaux et graphiques établis à partir des données des tableaux.

Figure 26-5 La barre latérale de Numbers.

- Remarquez la partie inférieure de la barre latérale de Numbers. Elle regroupe les styles de base que vous pouvez appliquer à vos tableaux selon le thème choisi à la création du document, ainsi que des fonctions de base. Lorsque vous sélectionnez les données de plusieurs cases d'un tableau, somme, moyenne, minimum, maximum et compte des données sélectionnées sont automatiquement affichés dans ce cadre. Pratique pour examiner en un coup d'œil un lot de données sans pour autant modifier son tableau.
- **Tableaux** : utilisez ce bouton pour ajouter un nouveau tableau à la feuille sélectionnée. Il vous donne le choix du type de tableau.

Figure 26-6 Ajouter un tableau.

Astuce Ne vous inquiétez pas du nombre de lignes et de colonnes d'un tableau nouvellement ajouté dans une feuille : vous pouvez l'étendre en glissant-déplaçant ses bords inférieur et droit, ou son coin inférieur droit. Et cela, à tout moment.

- **Réorganiser** : ce bouton est essentiel. C'est la commande habituelle de tri qui permet donc de réorganiser les données du tableau en fonction des éléments que vous souhaitez. Vous trouverez là toutes les options auxquelles vous êtes habitué. Bien sûr, ce bouton n'apparaît que lorsqu'un tableau a été préalablement sélectionné à la souris.

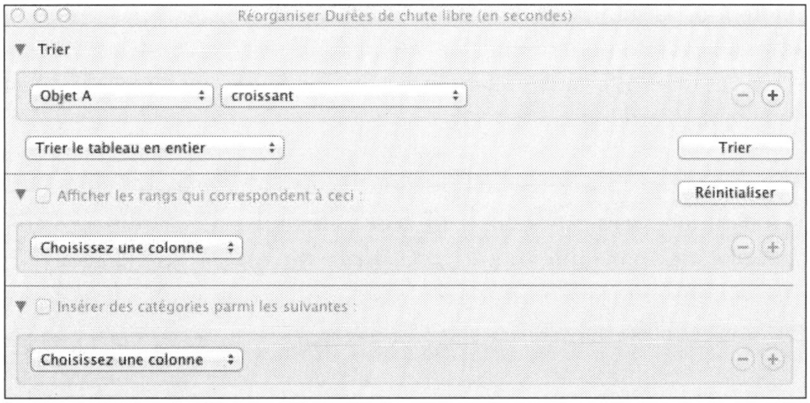

Figure 26-7 Trier les données d'un tableau.

- **Fonction** : vous voulez utiliser une fonction spécifique pour établir une valeur dans un tableau, à partir d'autres données du tableau ? Rien de plus normal ! Ce bouton est fait pour vous : il vous permet d'accéder rapidement à plusieurs fonctions de base et même à la liste des fonctions (figure 26-8) et à l'éditeur de formules !

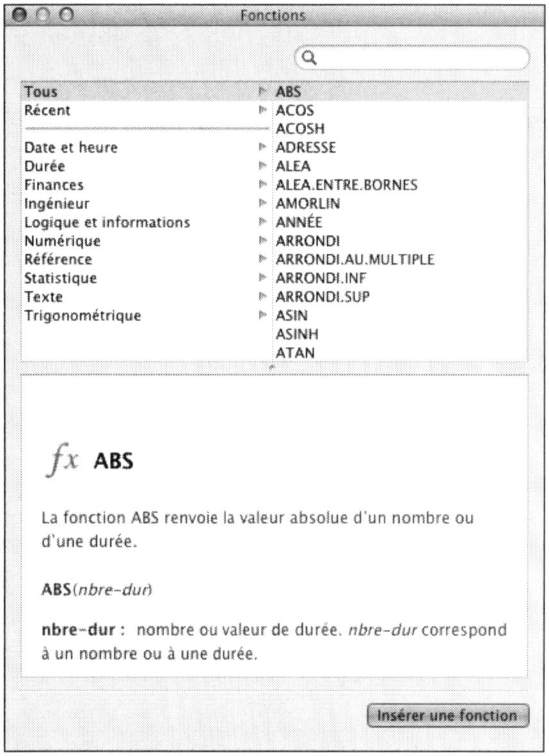

Figure 26-8 La liste des fonctions.

Astuce Comment indiquer les cases contenant les valeurs à utiliser pour une formule ? Du bout du pointeur de la souris ! Et, bien sûr, vous pouvez procéder à des sélections multiples distinctes ou des sélections de plages de données complètes. Et pensez à utiliser le copier-coller sur vos cases à formules : il est effectué avec toute l'intelligence que vous pouvez légitimement en attendre...

- **Liste des formules** : ce bouton vous permet d'afficher/masquer le volet inférieur de la fenêtre. Celui-ci présente la liste de toutes les formules utilisées dans la feuille sélectionnée, classées par tableaux. Et si la liste est trop longue car votre document est particulièrement complexe, n'hésitez pas à lancer une recherche dans le champ *ad hoc*.

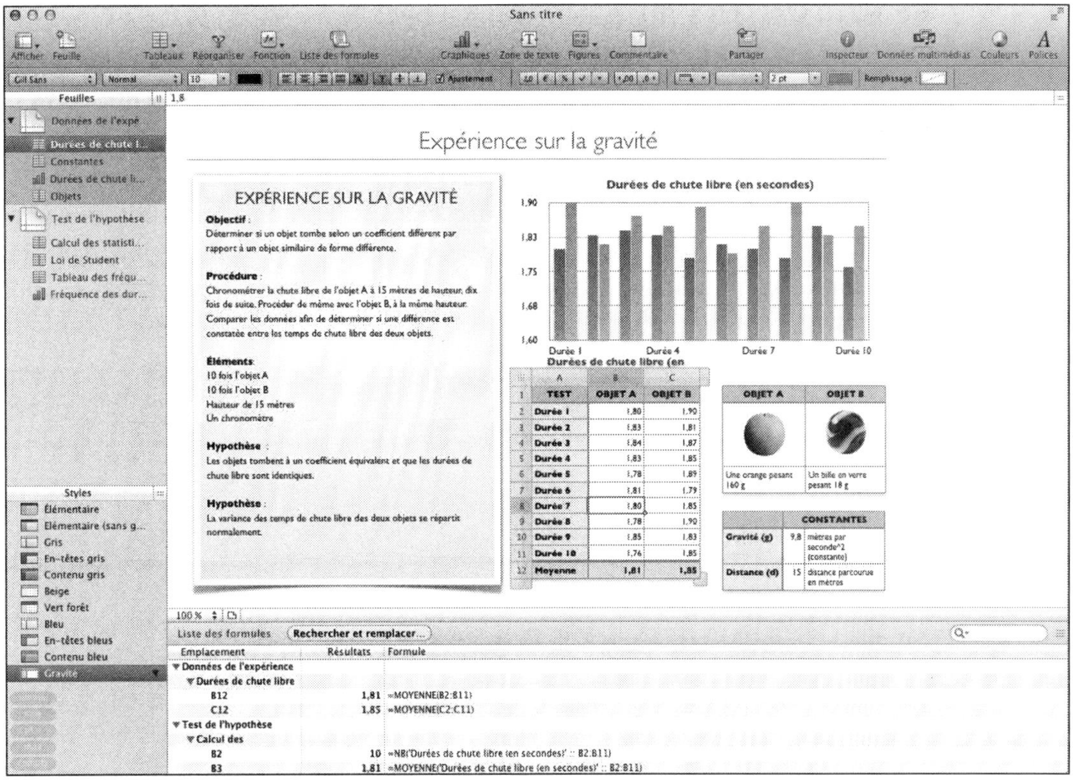

Figure 26-9 La liste des formules.

- **Graphiques** : vous voulez agrémenter votre document d'un élégant graphique en camembert ? C'est là que cela se passe ! Sélectionnez des données dans un tableau – voire un tableau complet – puis cliquez sur ce bouton, choisissez le style de graphique à insérer, et hop !
- **Zone de texte** : ce bouton est particulièrement utile lorsque vous travaillez sur un document qui doit faire l'objet d'une présentation ultérieure. Il vous permet en effet d'ajouter une zone de texte à votre feuille. Une zone de texte que vous pourrez ajuster à loisir en glissant-déplaçant ses coins, voire la zone tout entière. La mise en forme du texte de la zone est gérée par un double clic sur le texte concerné (voir plus loin).
- **Figures** : cet outil vous servira pour enrichir vos documents de graphismes vectoriels – flèches, cercles, et même formes libres.
- **Commentaire** : travailler avec Numbers ne signifie pas travailler seul… Vous pouvez travailler sur un mode collaboratif, en échangeant des fichiers avec vos collègues. Chacun étant ainsi libre de commenter les documents produits par l'autre. C'est tout le but de cette fonction : insérer des commentaires à un endroit précis d'un

document pour permettre à d'autres de modifier, d'adapter le document en conséquence.

- **Partager** : cette commande vous permet de profiter du service iWork.com. Celui-ci peut être comparé au service Google Docs : il vous permet de partager vos fichiers bureautiques en ligne. Pour que vos correspondants puissent les consulter (fonction **Publier**), les télécharger (fonction **Télécharger**), ou même les annoter (fonction **Partage**). Le service iWork.com est assez complet. Mais il souffre du manque d'ambition d'Apple pour en assurer la promotion et le décollage : il est en version bêta depuis… 2009.

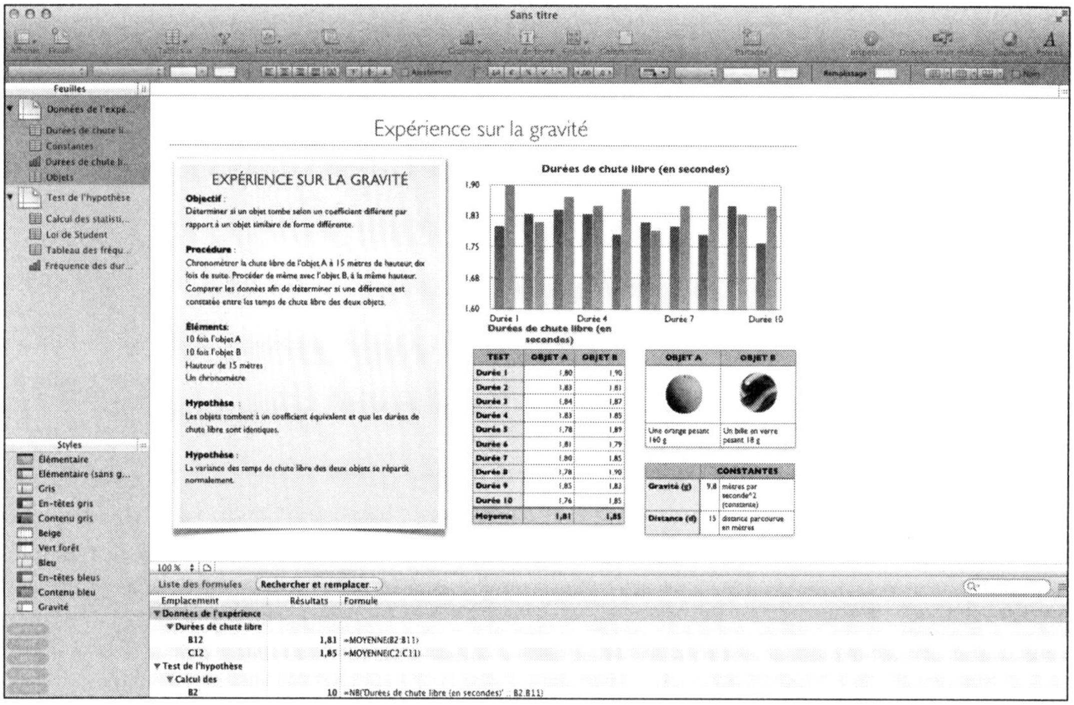

Figure 26-10 Le partage sur iWork.com.

Astuce Les options avancées, accessibles *via* le bouton **Afficher avancé**, permettent de choisir les formats dans lesquels partager votre fichier sur le service iWork.com : Numbers, mais aussi Excel et PDF. Vous pouvez enfin les protéger par un mot de passe.

- **Inspecteur** : ce bouton permet d'afficher ou de masquer l'Inspecteur. Celui-ci consistant en une palette d'outils permet d'ajuster finement certains paramètres associés aux éléments sélectionnés dans un document. Nous décrivons son fonctionnement plus loin.

- **Données multimédia** : ce bouton permet d'afficher la palette d'accès aux contenus multimédia de vos bibliothèques iTunes et iPhoto. Oui : vous pouvez insérer des éléments multimédia – photos, mais aussi et surtout sons et vidéos – directement dans un document Numbers. Mieux encore, ceux-ci survivent bien à l'enregistrement au format PDF. Dès lors, rien ne vous interdit de construire des documents résolument multimédia.
- **Couleurs** : utilisez ce bouton pour modifier la couleur de l'élément sélectionné dans le texte. En cliquant dessus, vous provoquez l'affichage d'une palette flottante dédiée aux couleurs. Plusieurs outils, dans cette palette, vous permettent de définir très finement la couleur voulue. Et même, avec la loupe, de choisir la couleur d'un élément affiché ailleurs à l'écran pour l'appliquer à l'élément sélectionné dans votre document…
- **Polices** : vous vous en doutez sûrement, ce bouton cache la palette de choix des polices – taille, graisse, style, *etc.*

Astuce Comme avec toutes les applications Mac OS X, vous pouvez personnaliser la barre d'outils de Numbers pour l'adapter précisément à vos besoins. Commencez donc par jeter un coup d'œil à ces options et revenez-y régulièrement à mesure que vous avancez dans la découverte de Numbers et dans la connaissance de vos usages et de vos habitudes.

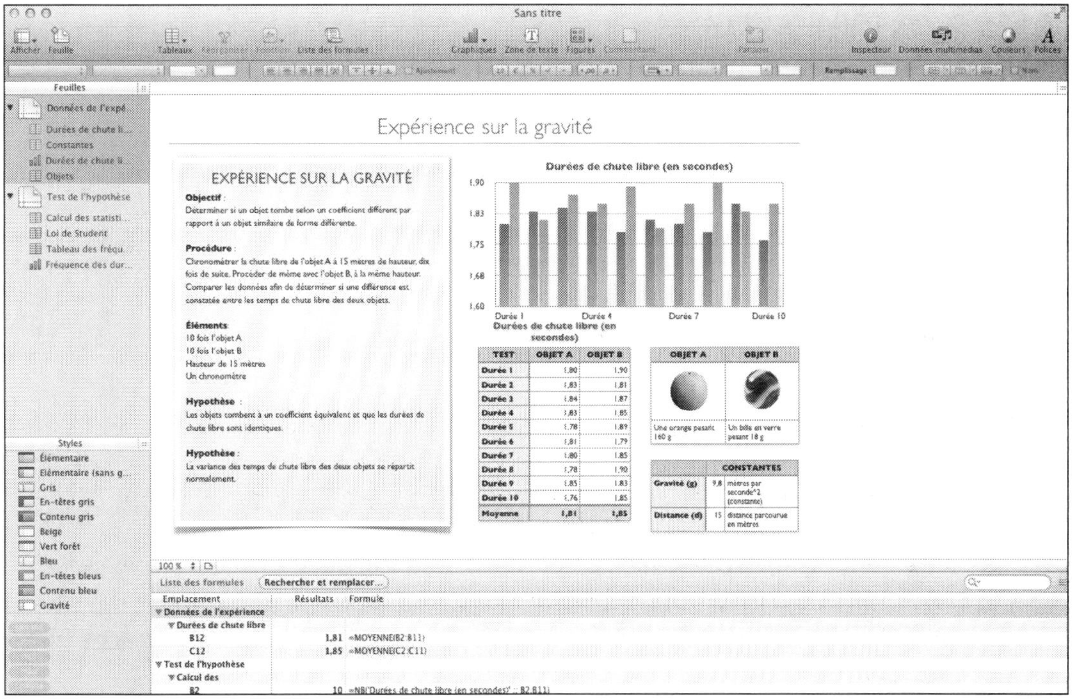

Figure 26-11 Personnaliser la barre d'outils de Numbers.

Manier chiffres et formules

Reste à remplir vos tableaux de chiffres et de formules. Pour cela, cliquez simplement sur la case à remplir et saisissez vos données, unité comprise. Lorsque vous avez terminé votre saisie, validez en appuyant sur la touche **Entrée** du clavier.

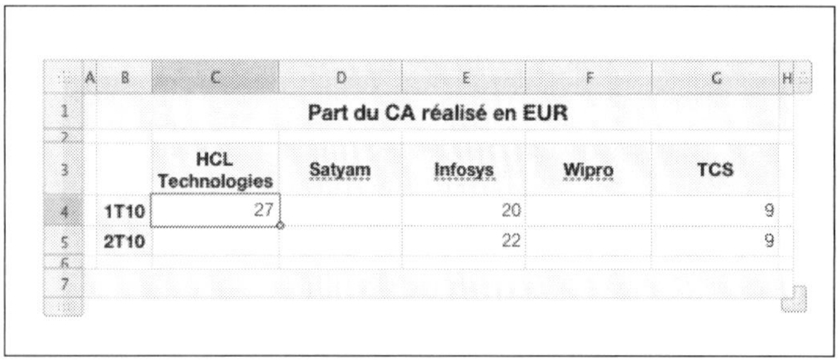

Figure 26-12 Insérer des données.

Ça, c'est pour le cas d'une saisie simple. Lorsque vous voulez utiliser des formules, vous pouvez bien sûr intégrer directement des références à d'autres cases du tableau. Il vous suffit pour cela de sélectionner les cases voulues à la souris. Pour indiquer à Numbers que vous commencez à écrire une formule, commencez votre saisie par =.

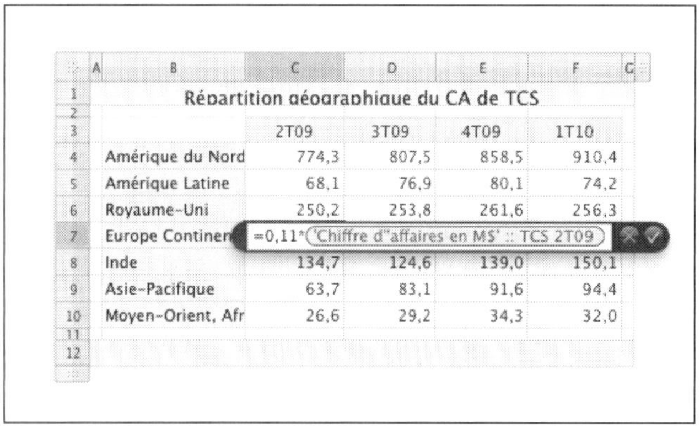

Figure 26-13 Définir ou modifier une formule.

À tout moment, vous pouvez modifier une formule : dès que vous cliquez sur une case dont le contenu est produit par une formule, Numbers vous présente cette formule dans un cadre noir spécifique. Attention : une fois le cadre affiché, chaque case sur laquelle vous cliquerez sera considérée par Numbers comme utilisée dans la formule pour une addition ; c'est l'opération par défaut.

Les éléments groupés venant d'autres cases ou d'autres tableaux sont affichés dans des bulles de couleur. Double-cliquez sur une bulle pour modifier la sélection correspondante.

Vous accédez à l'ensemble des fonctions disponibles, classées par catégories, à partir du bouton **Fonctions** de la barre d'outils.

Notez enfin que le contenu de la case est repris dans une barre sous la barre d'outils de la fenêtre : vous pouvez ainsi voir aisément les contenus qui sont en débord de leur case.

Réaliser de beaux graphiques

Mais un tableau, aussi lisible soit-il, n'a pas la clarté d'un graphique. Et, comme tout tableur qui se respecte, Numbers vous permet de réaliser des graphiques à partir des données de vos tableaux. Une opération très simple.

1. Dans un tableau, sélectionnez les données à utiliser pour la réalisation de votre graphique. Vous pouvez aussi utiliser un tableau entier en cliquant dessus.
2. Cliquez sur le bouton **Graphiques** et sélectionnez le type de graphique que vous voulez utiliser.
3. Si vous avez réalisé un graphique en 3D, une petite palette vous permet d'ajuster l'orientation de votre graphique.
4. Double-cliquez sur le titre du graphique pour le changer.
5. Ajustez la taille de votre graphique en glissant-déplaçant ses coins ou ses bords.

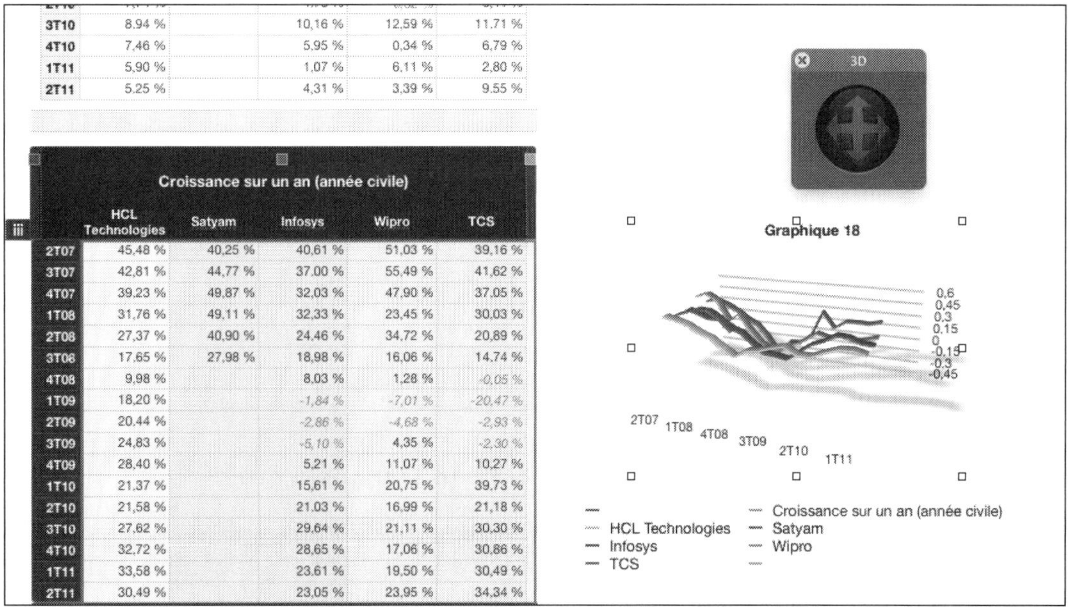

Figure 26-14 Insertion d'un nouveau graphique.

Astuce Vous restez sur votre faim ? Où sont donc les options de quadrillage, de légende pour les axes des graphiques, *etc.* ? Elles sont... presque cachées. En fait, elles sont surtout accessibles à tout moment, sans remettre en cause la sélection des valeurs utilisées pour la construction du graphique : sélectionnez un graphique et ouvrez l'Inspecteur ; tout est là. Nous détaillons ses fonctions plus loin.

À tout moment, vous pouvez modifier la sélection de données utilisée pour le graphique et même intervertir ses axes :

- Pour intervertir les axes du graphique, cliquez simplement sur le petit bouton qui dépasse à gauche du cadre de sélection des données.
- Pour supprimer une ligne ou une colonne de la sélection, cliquez sur l'en-tête correspondant puis appuyez sur la touche **Effacement arrière** du clavier.
- Ajustez la taille de votre sélection en déplaçant le coin inférieur droit de sélection.

Mettre ses textes en forme

Même dans un tableur, la mise en forme du texte a son importance. Dans Numbers, pour mettre en forme du texte, la première étape, c'est bien sûr de le sélectionner. Cela fait, la partie inférieure de la barre d'outils s'adapte à la sélection du style du texte et vous offre autant de possibilités qu'avec Pages.

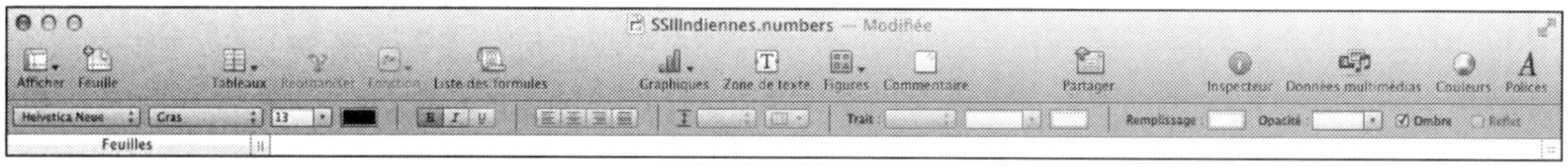

Figure 26-15 La partie inférieure de la barre d'outils de Numbers pour le style du texte.

Là, vous pouvez rapidement changer la graisse ou l'alignement du texte et gérer les tabulations. Surtout, vous pouvez changer le style du texte et choisir police, taille de caractères, *etc.* :

- La police : c'est la première liste déroulante. Dedans, vous découvrez l'ensemble des polices de caractères installées sur votre Mac et prêtes à être utilisées par vous.
- Vient après le style de la police. Particulièrement utile si la police sélectionnée dans la liste précédente s'accompagne de plusieurs styles prédéfinis. Mais, si ce n'est pas le cas, d'autres options vous attendent plus loin vers la droite.
- La taille de la police arrive juste ensuite : déroulez la liste correspondante pour sélectionner la taille voulue. Vous pouvez également taper directement dans le champ correspondant à la liste, à la place du chiffre indiqué.

- Le rectangle suivant touche à la couleur des caractères.
- **B**, *I*, U : les trois boutons qui viennent ensuite vous permettent, très explicitement, de passer le texte sélectionné en gras, en italique ou/et encore de le souligner. Ou les trois à la fois !
- Les quatre boutons suivants concernent la justification du texte sélectionné : fer à gauche, aligné au centre, fer à droite ou totalement justifié.
- Vient ensuite une liste grâce à laquelle vous allez définir l'interligne au sein du paragraphe sélectionné. Suit une autre liste, pour jouer sur le nombre de colonnes à utiliser dans la zone de texte sélectionnée. La taille de chaque colonne est ajustée automatiquement en fonction de la taille de la zone de texte et du nombre de colonnes.
- Le dernier bouton à droite vous permet enfin de définir un style de liste : à puces, à numéros, *etc.*

Astuce Vous voulez réutiliser rapidement le style appliqué à un texte – voire à une cellule et à un tableau entier ! – , quitte à le modifier et à le personnaliser ensuite ? Sélectionnez l'élément au style recherché puis déroulez le menu **Format → Copier le style**. Chargé en mémoire dans le presse-papiers, le style copié peut ensuite être *collé* sur un autre élément sélectionné, en déroulant le menu **Format → Coller le style**.

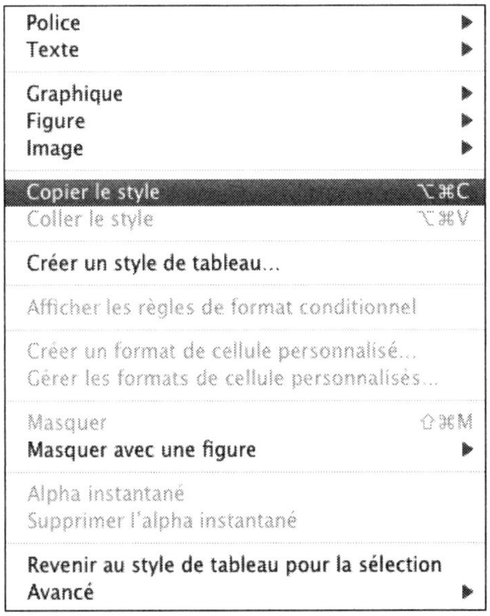

Figure 25-16 Copier-coller un style.

Intégrer des éléments visuels

Numbers vous permet d'intégrer dans vos compositions des éléments graphiques : formes vectorielles et personnalisables, tableaux, graphiques, photos, *etc.*

Tout cela se passe derrière les boutons de la barre d'outils **Figures** et **Données multimédia**.

Le principe est le même à chaque fois : sélectionnez l'élément graphique à intégrer dans la page et il y apparaît aussitôt. Du pointeur de la souris, vous ajustez son placement dans la page, ainsi que sa taille – en jouant sur ses proportions, avec les coins, ou sur sa longueur et sa hauteur, quitte à le déformer, en jouant sur les carrés au milieu de ses bords. Un double clic sur une figure permet d'y taper du texte.

Remarquez : dans les modèles, les photos sont souvent associées à des cadres. Un double clic sur l'image permet d'ajuster le cadre : utilisez la glissière pour agrandir ou réduire l'image, et déplacez-la dans le cadre ; cliquez sur **Modifier le masque** lorsque vous avez fini. Cela ne vous rappelle pas l'insertion de photos dans les modèles de Mail ? Le principe est le même…

Figure 26-17 Modifier le masque de l'image.

Astuce Comment supprimer un élément graphique inséré dans une composition ? Sélectionnez-le d'un clic, puis appuyez sur la touche **Effacement arrière** du clavier.

Et souvenez-vous : la partie inférieure de la barre d'outils change en fonction de l'élément sélectionné et s'y adapte… Lorsque c'est un graphique, vous pouvez par exemple modifier son placement, les bordures, les couleurs, le type d'alignement par rapport au texte, *etc.*

Figure 26-18 La partie inférieure de la barre d'outils pour un objet graphique.

Gérer la disposition des éléments de sa composition

Chaque fois que vous ajoutez un élément graphique à une composition – ou même un bloc de texte qui se détache de l'arrière-plan du document, un tableau, un graphique, *etc.* –, vous pouvez gérer sa disposition par rapport aux autres éléments du document.

Lorsque vous le déplacez à la souris, déjà, des lignes bleues apparaissent ponctuellement : ce sont des guides d'alignement par rapport aux bords des autres éléments de la composition ou encore à leurs médianes. Et ces lignes sont magnétiques : à quelques pixels près, vous pouvez aligner dessus un élément tandis que vous le déplacez sans chercher une précision absolue ; Numbers la trouvera pour vous !

Mais allons un peu plus loin et déroulez le menu **Disposition** :

Figure 26-19 Le menu Disposition.

- Sélectionnez **Avancer d'un plan/Reculer d'un plan** pour ajuster la disposition en profondeur. Et même **Placer au premier plan** ou **Placer à l'arrière-plan**. Et cela fonctionne aussi avec plusieurs éléments sélectionnés à la fois.
- Sélectionnez **Retournement vertical** et **Retournement horizontal** pour appliquer des effets de symétrie.

- Sélectionnez **Verrouiller** pour fixer le placement relatif d'un objet dans la page – cela vous épargnera des erreurs de manipulation. Ou **Déverrouiller** pour pouvoir intervenir de nouveau sur son placement.
- Sélectionnez **Aligner les objets** pour aligner d'un coup d'un seul plusieurs objets par rapport à un point de référence.
- Sélectionnez **Répartir les objets** pour laisser Numbers répartir les éléments sélectionnés au mieux, selon leur taille, sur la page, verticalement ou horizontalement.

Avez-vous remarquez les options **Grouper** et **Dissocier** ? La première permet de regrouper, en un seul élément virtuel, plusieurs objets de votre composition pour travailler sur leur placement dans la page de manière globale – plutôt que un par un. Pratique pour gagner du temps quand, par exemple, vous avez créé un bloc à l'identité visuelle forte et que vous voulez pouvoir le déplacer rapidement avec tous les éléments qui le composent.

Astuce À tout moment, vous pouvez bien sûr insérer directement un fichier – graphique, par exemple – depuis le Finder dans un document Numbers par simple glisser-déposer.

Aller plus loin avec l'Inspecteur

L'Inspecteur est un élément-clé de l'interface graphique de Numbers. Grâce à lui, vous aurez accès à de très nombreuses fonctions qu'il vous serait, sans lui, quasiment impossible de trouver. Si tant qu'elles soient accessibles par un autre biais… L'Inspecteur s'affiche et se cache en cliquant sur le bouton **Inspecteur** de la barre d'outils de Numbers. Il s'apparente à une palette d'outils flottante dotée de plusieurs onglets.

Les fonctions qu'offre l'Inspecteur varient en fonction de l'élément sélectionné. Toutefois, voici un rapide inventaire de celles auxquelles il vous donne principalement accès.

- Le premier onglet regroupe les options relatives au document dans son ensemble. Un bouton vous permet bien sûr de modifier, d'ici, le format d'impression.

Figure 26-20 Les options de mise en page.

- Le deuxième onglet concerne la feuille sélectionnée : son nom, l'échelle d'affichage de son contenu, sa disposition – en vue d'une impression ultérieure –, la pagination et les marges.

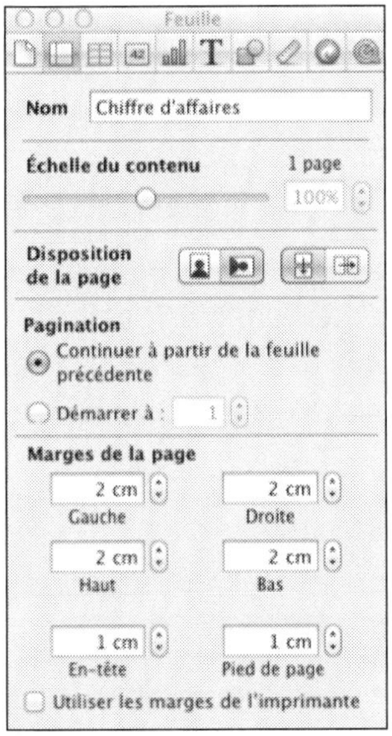

Figure 26-21 Les options de feuille.

- Le bouton d'insertion de tableau, dans la barre d'outils de Numbers, vous permet de définir de manière grossière le tableau à insérer dans un document. Mais peut-être cherchez-vous plus d'options : vous les trouverez derrière ce troisième onglet. Là, définissez en-têtes et pieds de tableau, hauteur de rang et largeur de colonne, bordures de cellules, arrière-plans de cellules, alternance de couleur de fond selon le rang, *etc.* Et, bien sûr, cellule par cellule, le format avec les unités adaptées aux chiffres insérés.

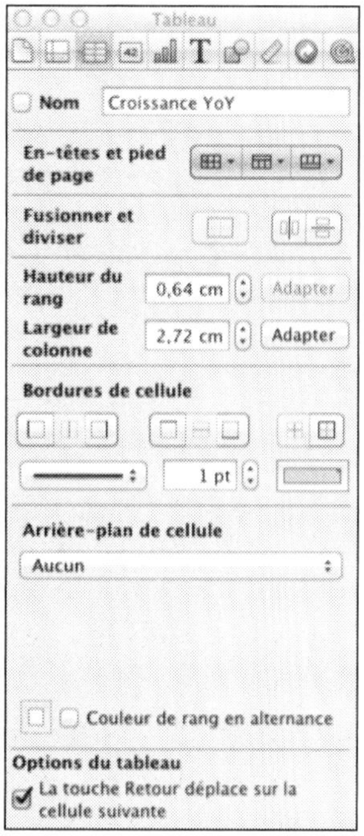

Figure 26-22 Les options de tableau.

- Le quatrième onglet vous donne accès aux caractéristiques des cellules : le format à utiliser – lié aux unités ou à leur absence, mais assurément au type de données – et les éventuelles décimales. Il vous permet même de définir des règles de formatage pour, par exemple, passer automatiquement le texte en rouge lorsque le contenu est négatif.

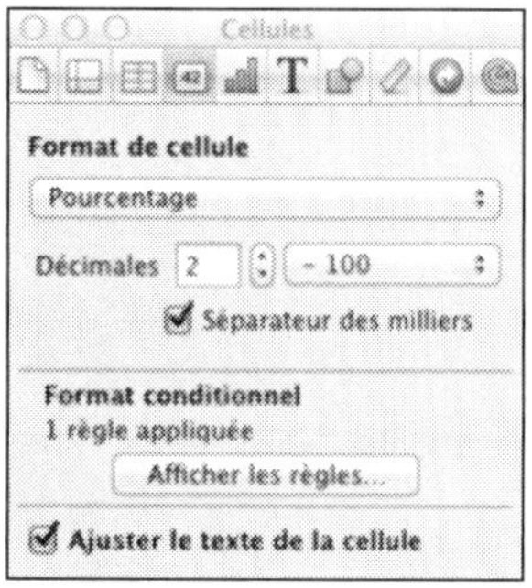

Figure 26-23 Les options de cellule.

- Insérer un camembert dans un document, c'est une chose. Lui donner de l'allure, c'en est une autre et c'est sous ce cinquième onglet que cela se passe. Là, vous pouvez modifier les données, changer de style de graphique, de couleurs, fixer les règles de formatage et de labélisation des axes et des sérics. Essentiel.

Figure 26-24 Les options des graphiques.

- Non, les options de mise en forme du texte ne se limitent pas à celles offertes par la barre d'outils : il y a bien plus et tout cela se trouve sous le quatrième onglet de l'Inspecteur. Là, vous pouvez évidemment définir couleur, justification, alignement vertical, mais aussi espacement des caractères et interligne, espaces avant et après le paragraphe et même marge. Des sous-onglets vous permettent d'intervenir spécifiquement sur la forme des colonnes et des listes à puces.

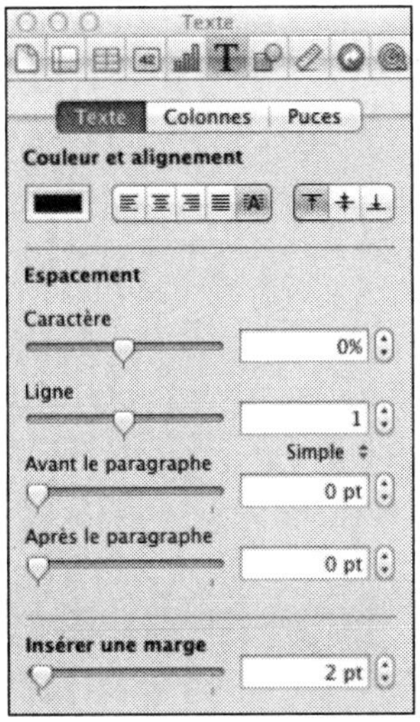

Figure 26-25 Les options de texte.

- Le bouton **Graphiques** de la barre d'outils de Numbers vous donne la possibilité d'insérer des objets graphiques vectoriels dans une page. Le septième onglet de l'Inspecteur vous permet de gérer leur aspect précisément : remplissage, bordure, ombre projetée, reflet, opacité, *etc.* Notez que cela s'applique aussi aux images et, plus généralement, à la plupart des objets insérés dans un document. Et cela vaut donc pour les blocs de texte que vous pouvez vouloir encadrer ou remplir d'une couleur de fond différente de celle de la page principale.

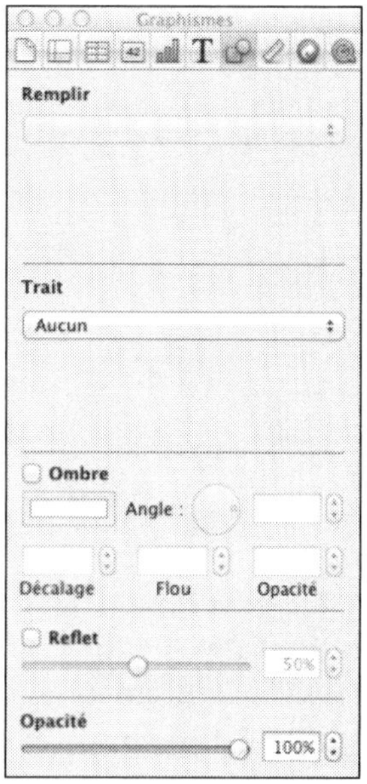

Figure 26-26 Les options des graphiques vectoriels.

- Le huitième onglet vous permet de jouer très finement sur la taille et la position d'un objet dans la page et même sur sa rotation. Indispensable pour écrire verticalement…

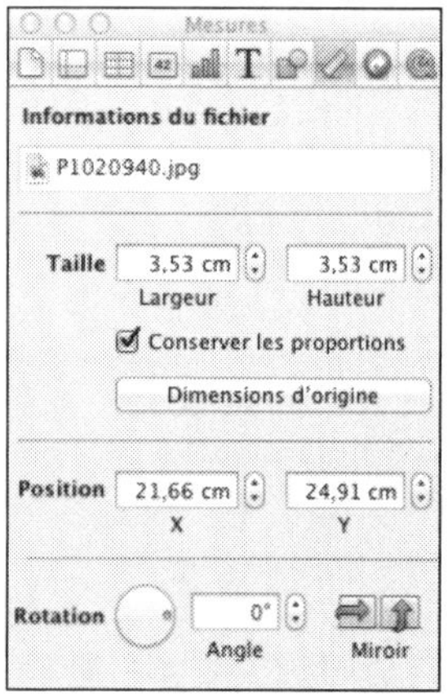

Figure 26-27 Les options de mesure.

- Composer des documents, à l'heure d'Internet, c'est, de plus en plus, insérer des liens. Cet onglet, l'avant-dernier en partant de la gauche, est probablement l'un de ceux que vous utiliserez le plus. De fait, dans Numbers, il n'y a pas de raccourci clavier pour associer un texte ou un objet sélectionné à un lien : il faut passer par l'Inspecteur. C'est un peu lourd mais, pour l'instant, il n'y a pas d'autre solution. Cochez donc la case **Activer comme lien** puis indiquez l'URL correspondante dans le champ *ad hoc*.

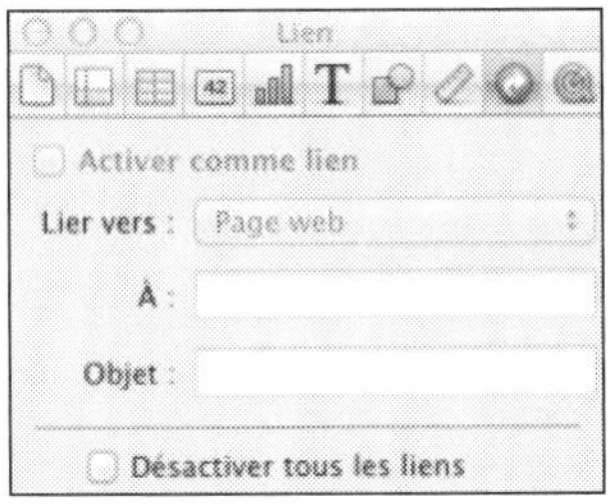

Figure 26-28 Les options de lien.

- Ce dernier onglet vous permet de définir le comportement des vidéos QuickTime que vous aurez insérées dans votre document : démarrage, arrêt, image de prévisualisation, répétition, volume, *etc.*

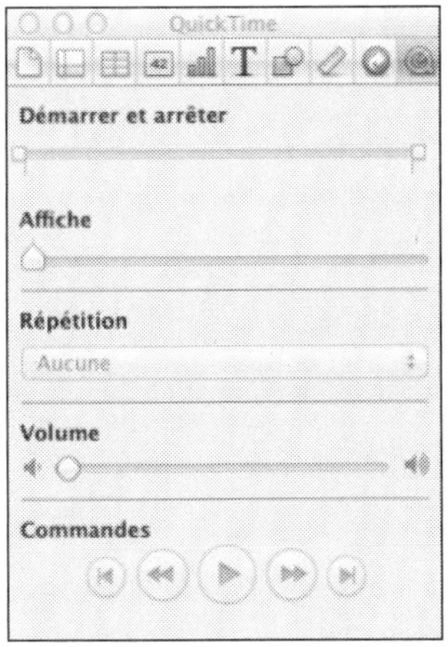

Figure 26-29 Les options de QuickTime.

Diffuser ses documents

Créer un beau document, c'est bien. L'imprimer, c'est mieux. Mais à l'heure du numérique, l'exporter dans un format de fichier lisible par le plus grand nombre, c'est encore mieux. Comme ça, tout le monde peut recevoir une copie par e-mail. La commande **Fichier → Exporter** est là pour ça.

Avec elle, vous pouvez choisir de créer, à partir de votre document, un fichier PDF, un fichier Excel ou un fichier CSV (*Comma Separated Values* – un format texte brut avec séparation des valeurs des tableaux par des virgules). Le premier est parfaitement adapté à la plupart des documents, y compris les plus élaborés. Le deuxième vous concernera tout particulièrement si vous devez échanger avec des collègues utilisant Excel. Mais limitez-vous à l'essentiel et évitez les fioritures exagérées qui pourraient ne pas supporter la conversion.

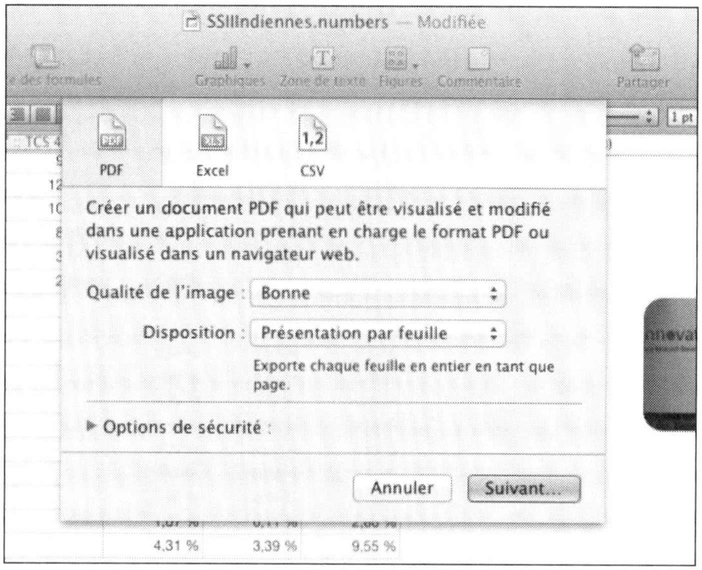

Figure 26-30 Les options d'exportation.

Chapitre

27

Des présentations qui font mouche, avec Keynote

Au menu de ce chapitre

- Premiers contacts
- La barre d'outils de Keynote
- Intégrer des éléments graphiques
- Mettre ses textes en forme
- Gérer la disposition des éléments de sa composition
- Gérer l'animation des éléments d'une diapositive
- Aller plus loin avec l'Inspecteur
- Diffuser ses documents
- Répéter une intervention publique
- Présenter son diaporama

Keynote est l'outil de réalisation de diaporamas de la suite bureautique iWork. Et il aurait du mal à renier sa parenté : la plupart de ses éléments ergonomiques et de ses principes d'utilisation sont également partagés par Pages et par Numbers. À l'exception de certains éléments spécifiques.

Keynote n'est pas forcément aussi complet que PowerPoint mais il peut en importer les fichiers et, même, exporter des présentations dans un format que pourra lire PowerPoint. Le tout pour un coût minime : il est vendu moins de 16 euros sur l'App Store.

Premiers contacts

Keynote ne vous donne pas d'autre choix que de travailler à partir de l'un des modèles qu'il vous propose. Pour une bonne et simple raison : chaque modèle est associé à un ensemble de diapositives types qu'il vous présentera chaque fois que vous voudrez ajouter une nouvelle diapositive à votre présentation : une palette vous affichera les choix disponibles lorsque vous voudrez ajouter une diapositive.

Figure 27-1 Choix d'un thème.

Mais si vous ne souhaitez pas travailler sur un nouveau document, vous pouvez ouvrir un document existant :

1. Cliquez sur le bouton **Ouvrir un fichier** et sélectionnez le fichier sur lequel vous voulez travailler.

Pour aller plus vite, s'il s'agit d'un document sur lequel vous avez récemment travaillé, cliquez sur le bouton **Ouvrir récent** : vous verrez là la liste des dix derniers fichiers Keynote que vous avez ouverts. Sélectionnez-en un et reprenez votre travail là où vous l'aviez laissé.

Manipuler des diapositives

La manipulation des diapositives relève des opérations de base pour un outil de création de présentations :

- Pour ajouter une diapositive, cliquez sur le bouton + de la barre d'outils.
- Pour changer l'apparence d'une diapositive en vous appuyant sur les modèles proposés par Apple, cliquez sur le bouton **Modèle** de la barre d'outils et sélectionnez le modèle voulu (figure 27-2). Le contenu déjà inséré dans la diapositive n'est pas détruit si le nouveau modèle prévoit les mêmes espaces de données.

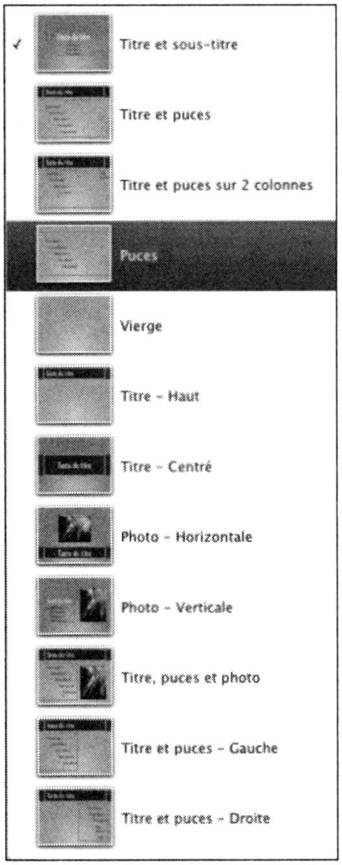

Figure 27-2 Choix d'un modèle de diapositive.

- Pour déplacer une diapositive dans la présentation, contentez-vous de la glisser-déposer à l'emplacement souhaité, à l'aide de la souris.
- Pour supprimer une diapositive, sélectionnez-la et appuyez sur la touche **Effacement arrière** du clavier.

Pour aller plus vite dans la création de votre diaporama, vous pouvez vouloir réutiliser des diapositives déjà créées… Le menu local associé aux diapositives et accessible d'un simple clic droit vous donne accès aux fonctions nécessaires pour cela : **Couper**, **Copier**, **Coller**, **Supprimer** et **Ignorer**.

Astuce Avez-vous remarqué la fonction **Ignorer la diapositive** du menu local ? Elle vous permet d'indiquer que la diapositive visée ne sera pas affichée lors de la présentation de votre diaporama. Mais vous n'avez pas besoin de la supprimer pour autant. De quoi adapter facilement un diaporama existant à des interventions de durées différentes.

Personnaliser l'apparence d'une diapositive

Ce n'est pas parce que tout est fait qu'il n'y a rien à faire… pour améliorer et personnaliser les choses. De fait, vous pouvez largement modifier l'apparence générale d'une diapositive :

1. Sélectionnez la diapositive voulue.
2. Cliquez sur le bouton ***i*** dans la barre d'outils : il commande l'affichage de l'Inspecteur, une palette flottante donnant accès à de nombreux réglages avancés (voir plus loin).
3. Activez le deuxième onglet de l'Inspecteur puis cliquez sur **Apparence**.

Là, vous pouvez revenir sur votre choix initial et opter pour un nouveau modèle de diapositive. Dans chaque modèle, des espaces sont initialement prévus pour recevoir titre, corps de texte, numéro de diapositive, *etc.* : cochez ou décochez les cases correspondantes pour ordonner que ces éléments soient affichés ou non.

Surtout, la rubrique **Arrière-plan** vous permet de personnaliser l'apparence graphique générale de la diapositive sélectionnée – remplissage, ou non, de l'arrière-plan (par un fond uni, une image ou un dégradé), de définir l'ajustement de l'image à la taille de la diapositive, *etc.*

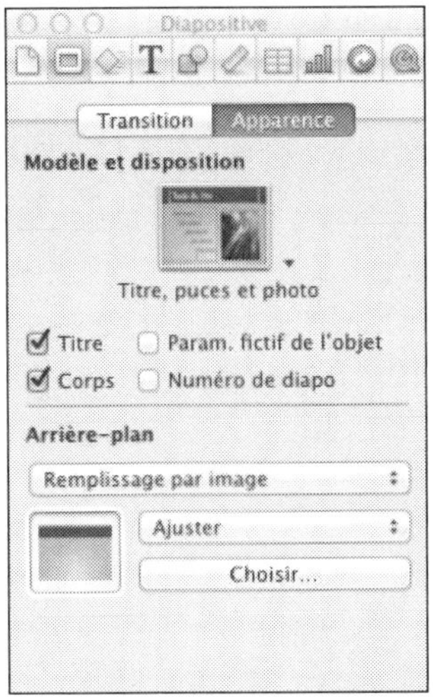

Figure 27-3 Personnalisation de l'apparence d'une diapositive.

Gérer les transitions

Le passage d'une diapositive à une autre, en cours de présentation, peut être agrémenté de transitions. Et c'est même recommandé pour améliorer la fluidité visuelle de la présentation. Mais attention à la surenchère !

1. Sélectionnez la diapositive voulue.
2. Cliquez sur le bouton ***i*** dans la barre d'outils : il commande l'affichage de l'Inspecteur, une palette flottante donnant accès à de nombreux réglages avancés (voir plus loin).
3. Activez le deuxième onglet de l'Inspecteur puis cliquez sur **Transition**.
4. Déroulez le menu **Effet** et sélectionnez la transition à utiliser. Le cas échéant, ajustez sa durée dans la case *ad hoc*, ainsi que sa direction, avec la liste du même nom.
5. Déroulez la liste **Commencer la transition** pour indiquer quand la transition doit être engagée et, si nécessaire, ajuster le délai après lequel la transition doit effectivement commencer.

Voilà. Inutile de chercher un bouton pour valider ou enregistrer les changements : ils sont pris en compte immédiatement. Notez un point important : les transitions s'appliquent au passage de la diapositive sélectionnée à la suivante (et pas le contraire).

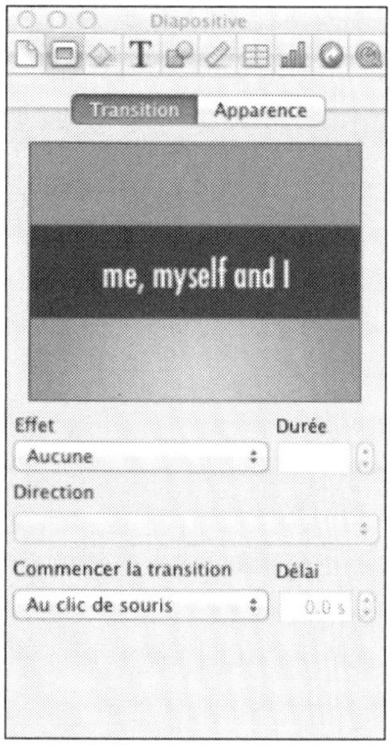

Figure 27-4 Personnalisation de la transition d'une diapositive à la suivante.

La barre d'outils de Keynote

La barre d'outils est un élément-clé de l'interface de Keynote. Elle est divisée en deux parties. La première est fixe – mais personnalisable – tandis que la seconde s'adapte au type de contenu sélectionné dans le document de travail.

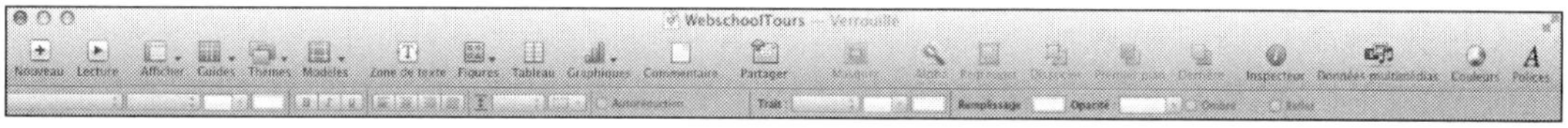

Figure 27-5 La barre d'outils de Keynote.

Par défaut, la partie supérieure de la barre d'outils de Keynote vous donne donc accès aux fonctions suivantes :

- **Nouveau** : cliquez sur ce bouton pour ajouter une diapositive à votre diaporama.
- **Lecture** : utilisez ce bouton pour lancer la lecture de votre diaporama. Si vous utilisez deux écrans, l'un d'eux sera utilisé pour le diaporama tandis que le second affichera les éléments d'information à destination de l'intervenant : diapositive en cours, diapositive à venir, temps écoulé, heure, voire notes d'intervenant (voir plus loin).
- **Afficher** : là, vous accédez aux options d'affichage de la fenêtre sélectionnée. Vous pouvez donc demander une présentation par navigateur de diaporama, en struc-

ture, en diapositive seule, en table lumineuse, mais aussi à afficher ou masquer la barre des formats – la barre dynamique qui se trouve sous la barre d'outils –, à afficher ou masquer les règles, les notes d'intervenant, ou encore les commentaires. C'est un peu un rappel illustré du menu **Présentation**.

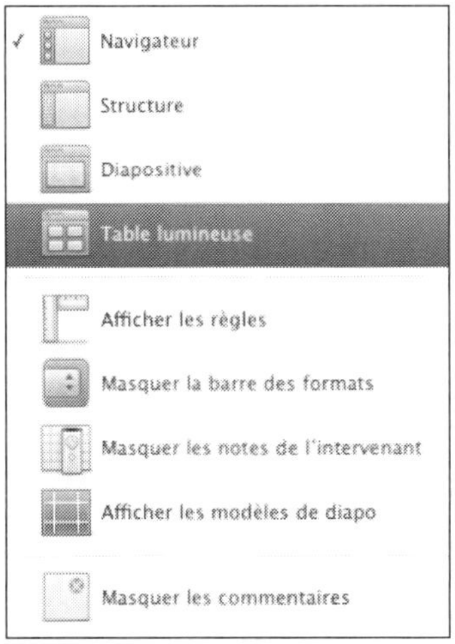

Figure 27-6 Les options d'affichage.

- **Guide** : ce bouton vous permet d'afficher ou de cacher les guides. En complément des règles, ils vous aideront à ajuster précisément la position de chaque élément au sein des diapositives de votre diaporama.
- **Thèmes** : vous retrouvez là la liste des thèmes proposés par Keynote pour la réalisation de vos diaporama. Pourquoi ici ? Parce que vous pouvez à tout moment décider du thème graphique à appliquer à une diapositive précise, quel que soit le thème initialement choisi pour votre présentation. Mais évitez que cela soit trop incohérent…
- **Modèle** : ce bouton vous donne accès aux différents modèles de diapositives : titre et sous-titre, titre et puces, vierge, photo, *etc.*
- **Zone de texte** : ce bouton vous permet en effet d'ajouter une zone de texte à votre diapositive. Une zone de texte que vous pourrez ajuster à loisir en glissant-déplaçant ses coins, voire la zone tout entière. La mise en forme du texte de la zone est gérée par un double clic sur le texte concerné (voir plus loin).
- **Figures** : cet outil vous servira pour enrichir vos créations de graphismes vectoriels – flèches, cercles, et même formes libres.
- **Tableau** : de la même manière que vous pouvez insérer une zone de texte ou un élément graphique vectoriel, vous pouvez, avec ce bouton, ajouter un tableau à votre diapositive. Notez que son apparence graphique sera liée au thème choisi et, donc,

cohérente avec le reste de votre composition. Par défaut, Keynote crée un tableau 3x3 mais vous pouvez modifier cela en passant par l'Inspecteur (voir plus loin).

- **Graphiques** : vous voulez agrémenter votre diapositive d'un élégant graphique en camembert ? C'est là que cela se passe ! Cliquez sur ce bouton, choisissez le style de graphique à insérer, les données et utiliser – qui peuvent venir d'un tableau – et hop !
- **Commentaire** : travailler avec Keynote ne signifie pas travailler seul… Vous pouvez travailler sur un mode collaboratif, en échangeant des fichiers avec vos collègues. Chacun étant ainsi libre de commenter les documents produits par l'autre. C'est tout le but de cette fonction : insérer des commentaires à un endroit précis d'un document pour permettre à d'autres de modifier, d'adapter le document en conséquence.
- **Partager** : cette commande vous permet de profiter du service iWork.com. Celui-ci peut être comparé au service Google Docs : il vous permet de partager vos fichiers bureautiques en ligne. Pour que vos correspondants puissent les consulter (fonction **Publier**), les télécharger (fonction **Télécharger**), ou même les annoter (fonction **Partage**). Le service iWork.com est assez complet. Mais il souffre du manque d'ambition d'Apple pour en assurer la promotion et le décollage : il est en version bêta depuis… 2009. Essayez-le, tout de même : il est possible d'annoter directement les documents dans le navigateur Web.

Figure 27-7 Le partage sur iWork.com.

Astuce Les options avancées, accessibles *via* le bouton **Afficher avancé**, permettent de choisir les formats dans lesquels partager votre fichier sur le service iWork.com : Keynote, mais aussi PowerPoint et PDF. Vous pouvez enfin les protéger par un mot de passe.

- **Masquer / Ne plus masquer** : permet d'activer ou de désactiver l'utilisation d'un masque pour entourer et délimiter un élément graphique comme une photo.
- **Alpha** : à utiliser sur un élément graphique de type *bitmap* comme un logo, par exemple, pour indiquer la couleur qui doit servir de référence pour la transparence et, du coup, ne pas apparaître à l'écran. Une fonction indispensable si vous voulez intégrer un logo à une présentation mais que vous ne disposiez pas de version détourée.
- **Regrouper**, **Dissocier**, **Premier plan**, **Derrière** : ces quatre boutons permettent d'accéder rapidement aux principales fonctions de contrôle du positionnement d'un élément dans une diapositive. Ces fonctions sont détaillées plus loin dans le cadre de la gestion de la disposition des éléments au sein d'une diapositive.
- **Inspecteur** : ce bouton permet d'afficher ou de masquer l'Inspecteur. Celui-ci consistant en une palette d'outils permet d'ajuster finement certains paramètres associés aux éléments sélectionnés dans un document. Nous décrivons son fonctionnement plus loin.
- **Données multimédia** : ce bouton permet d'afficher la palette d'accès aux contenus multimédia de vos bibliothèques iTunes et iPhoto. Oui : vous pouvez insérer des éléments multimédia – photos, mais aussi et surtout sons et vidéos – directement dans un document Keynote.
- **Couleurs** : utilisez ce bouton pour modifier la couleur de l'élément sélectionné dans le texte. En cliquant dessus, vous provoquez l'affichage d'une palette flottante dédiée aux couleurs. Plusieurs outils, dans cette palette, vous permettent de définir très finement la couleur voulue. Et même, avec la loupe, de choisir la couleur d'un élément affiché ailleurs à l'écran pour l'appliquer à l'élément sélectionné dans votre document…
- **Polices** : vous vous en doutez sûrement, ce bouton cache la palette de choix des polices – taille, graisse, style, *etc.*

Astuce Comme avec toutes les applications Mac OS X, vous pouvez personnaliser la barre d'outils de Keynote pour l'adapter précisément à vos besoins. Commencez donc par jeter un coup d'œil à ces options et revenez-y régulièrement à mesure que vous avancez dans la découverte de Keynote et dans la connaissance de vos usages et de vos habitudes.

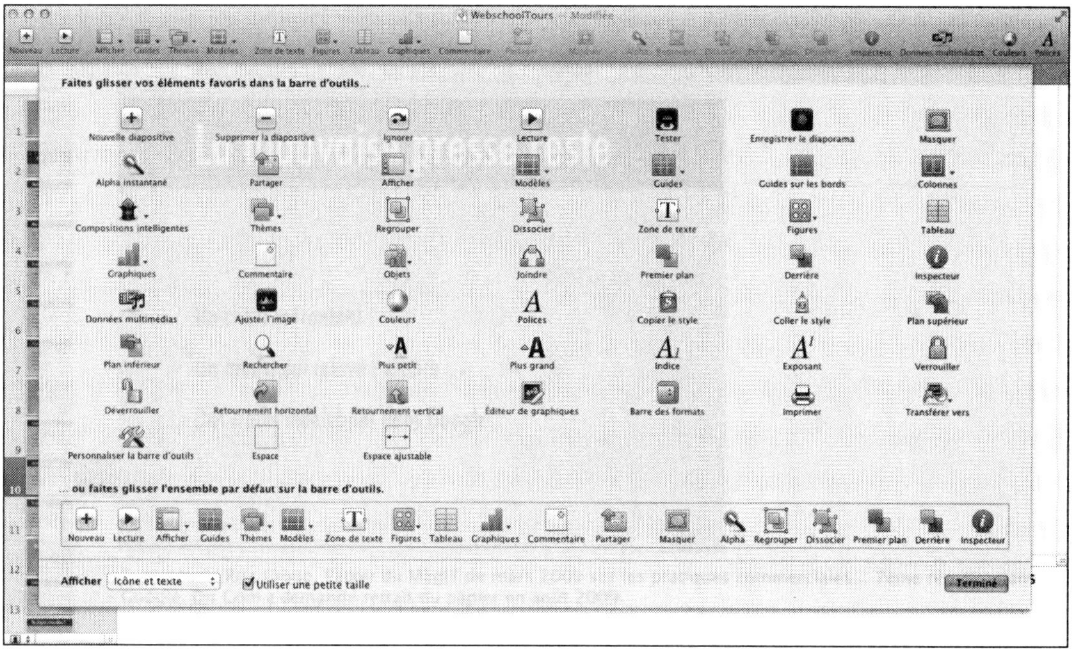

Figure 27-8 Personnaliser la barre d'outils de Keynote.

Intégrer des éléments graphiques

Vous vous ne doutez : Keynote vous permet d'intégrer dans vos compositions des éléments graphiques : formes vectorielles et personnalisables, tableaux, graphiques, photos, *etc.* Même des vidéos venues de YouTube. Mais attention à disposer d'une connexion à Internet pour la lecture…

Tout cela se passe derrière les boutons de la barre d'outils **Figures**, **Tableau**, **Graphiques** et **Données multimédia**. Et vous retrouvez toutes ces commandes dans le menu **Insertion**.

Le principe est le même à chaque fois : sélectionnez l'élément graphique à intégrer dans la diapositive et il y a apparaît aussitôt. Du pointeur de la souris, vous ajustez son placement dans la page, ainsi que sa taille – en jouant sur ses proportions, avec les coins, ou sur sa longueur et sa hauteur, quitte à le déformer, en jouant sur les carrés au milieu de ses bords. Un double clic sur une figure permet d'y taper du texte.

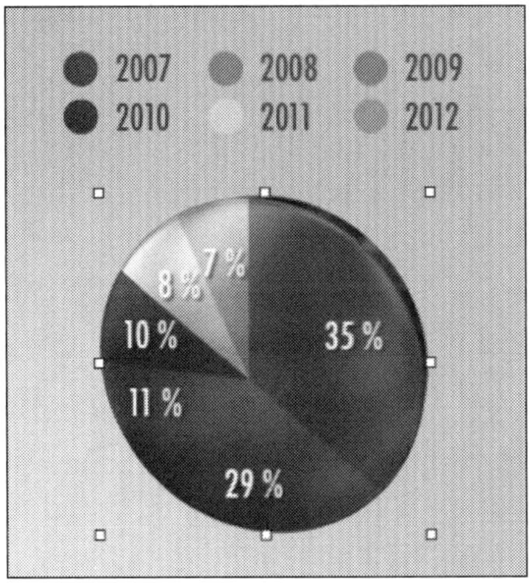

Figure 27-9 Insertion d'un graphique.

Remarquez : dans les modèles, les photos sont souvent associées à des cadres. Un double clic sur l'image permet d'ajuster le cadre : utilisez la glissière pour agrandir ou réduire l'image, et déplacez-la dans le cadre ; cliquez sur **Modifier le masque** lorsque vous avez fini. Cela ne vous rappelle pas l'insertion de photos dans les modèles de Mail ? Le principe est le même…

Figure 27-10 Modifier le masque de l'image.

La situation est un peu plus complexe avec un graphique qui, pour se construire, a besoin de données. Mais il vous suffit en fait d'en créer un ou de sélectionner un graphique existant pour accéder au tableau contenant les données correspondantes, en cliquant sur le bouton **Modifier les données**. Dès lors, il ne vous reste qu'à les remplacer par celles que vous voulez utiliser pour produire votre document.

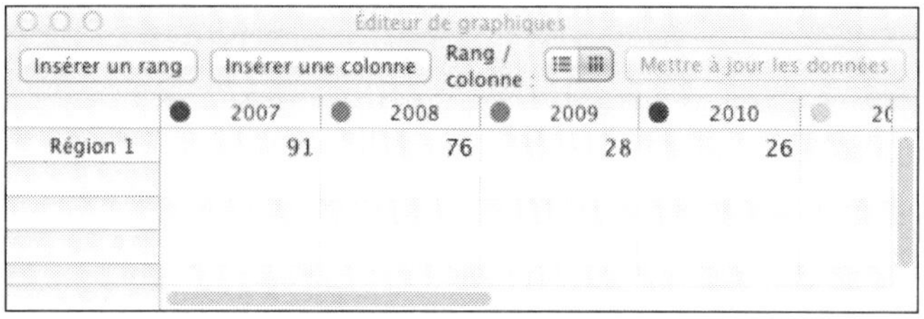

Figure 27-11 Modifier les données d'un graphique.

Astuce Comment supprimer un élément graphique inséré dans une composition ? Sélectionnez-le d'un clic, puis appuyez sur la touche **Effacement arrière** du clavier.

Et souvenez-vous : la partie inférieure de la barre d'outils change en fonction de l'élément sélectionné et s'y adapte… Lorsque c'est un graphique, vous pouvez par exemple modifier son placement, les bordures, les couleurs, le type d'alignement par rapport au texte, *etc.*

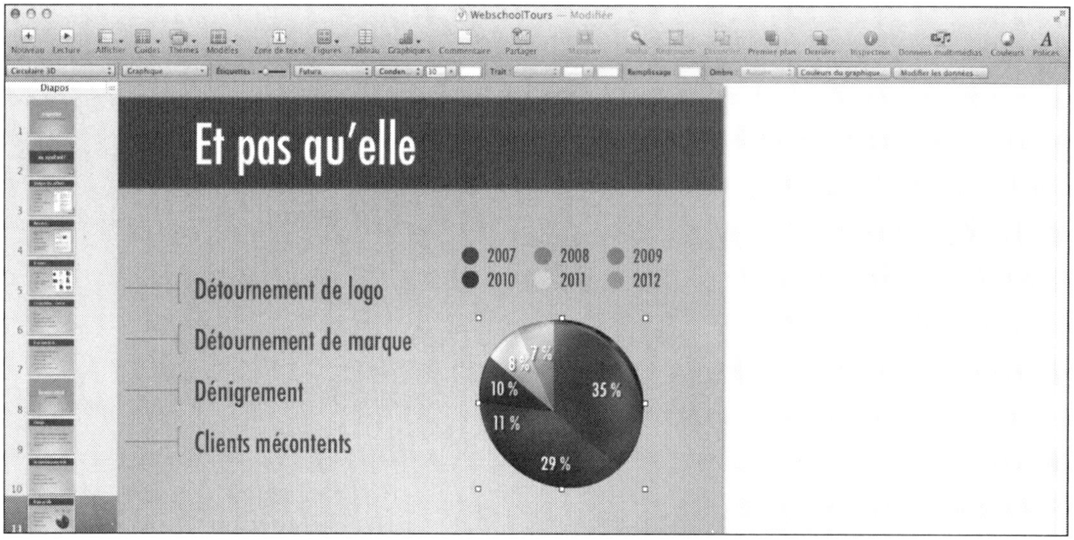

Figure 27-12 La partie inférieure de la barre d'outils pour un graphique.

Mettre ses textes en forme

C'est une évidence : dans une présentation, il est important de soigner la mise en forme du texte. Dans Keynote, pour mettre en forme du texte, la première étape, c'est bien sûr de le sélectionner. Cela fait, la partie inférieure de la barre d'outils s'adapte à la sélection du style du texte et vous offre autant de possibilités qu'avec Pages.

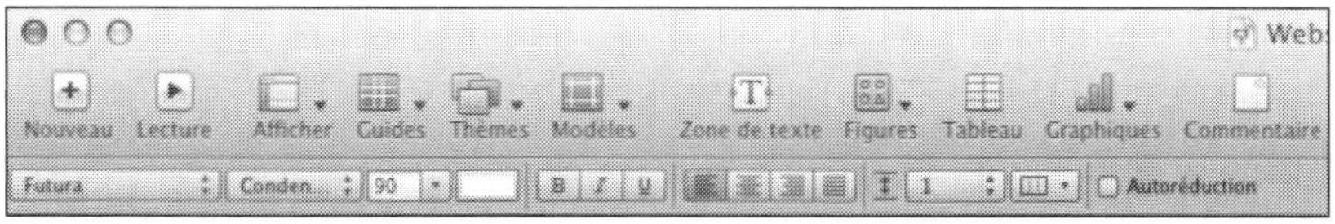

Figure 27-13 La partie inférieure de la barre d'outils de Keynote pour le style du texte.

Là, vous pouvez rapidement changer la graisse ou l'alignement du texte et gérer les tabulations. Surtout, vous pouvez changer le style du texte et choisir police, taille de caractères, *etc.* :

- La police : c'est la première liste déroulante. Dedans, vous découvrez l'ensemble des polices de caractères installées sur votre Mac et prêtes à être utilisées par vous.
- Vient après le style de la police. Particulièrement utile si la police sélectionnée dans la liste précédente s'accompagne de plusieurs styles prédéfinis. Mais, si ce n'est pas le cas, d'autres options vous attendent plus loin vers la droite.
- La taille de la police arrive juste ensuite : déroulez la liste correspondante pour sélectionner la taille voulue. Vous pouvez également taper directement dans le champ correspondant à la liste, à la place du chiffre indiqué.
- Le rectangle suivant touche à la couleur des caractères.
- **B**, ***I***, **U** : les trois boutons qui viennent ensuite vous permettent, très explicitement, de passer le texte sélectionné en gras, en italique ou/et encore de le souligner. Ou les trois à la fois !
- Les quatre boutons suivants concernent la justification du texte sélectionné : fer à gauche, aligné au centre, fer à droite ou totalement justifié.
- Vient ensuite une liste grâce à laquelle vous allez définir l'interligne au sein du paragraphe sélectionné. Suit une autre liste, pour jouer sur le nombre de colonnes à utiliser dans la zone de texte sélectionnée. La taille de chaque colonne est ajustée automatiquement en fonction de la taille de la zone de texte et du nombre de colonnes.
- Le dernier bouton à droite vous permet enfin de définir un style de liste : à puces, à numéros, *etc.*

Astuce Vous voulez réutiliser rapidement le style appliqué à un texte – voire à tout objet d'une diapositive ! –, quitte à le modifier et à le personnaliser ensuite ? Sélectionnez l'élément au style recherché puis déroulez le menu **Format ➜ Copier le style**. Chargé en mémoire dans le presse-papiers, le style copié peut ensuite être *collé* sur un autre élément sélectionné, en déroulant le menu **Format ➜ Coller le style**.

Figure 27-14 Copier-coller un style.

Gérer la disposition des éléments de sa composition

Chaque fois que vous ajoutez un élément graphique à une diapositive – ou même un bloc de texte qui se détache de l'arrière-plan du document, un tableau, un graphique, *etc.* –, vous pouvez gérer sa disposition par rapport aux autres éléments du document.

Lorsque vous le déplacez à la souris, déjà, des lignes bleues apparaissent ponctuellement : ce sont des guides d'alignement par rapport aux bords des autres éléments de la composition ou encore à leurs médianes. Et ces lignes sont magnétiques : à quelques pixels près, vous pouvez aligner dessus un élément tandis que vous le déplacez sans chercher une précision absolue ; Keynote la trouvera pour vous !

Mais allons un peu plus loin et déroulez le menu **Disposition** :

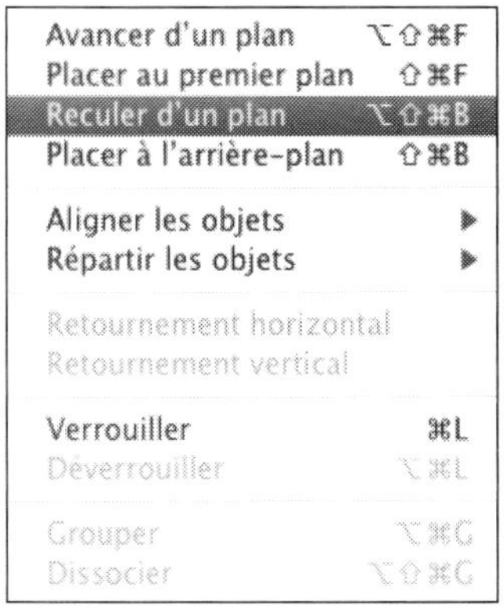

Figure 27-15 Le menu Disposition.

- Sélectionnez **Avancer d'un plan/Reculer d'un plan** pour ajuster la disposition en profondeur. Et même **Placer au premier plan** ou **Placer à l'arrière-plan**. Et cela fonctionne aussi avec plusieurs éléments sélectionnés à la fois.
- Sélectionnez **Retournement vertical** et **Retournement horizontal** pour appliquer des effets de symétrie.
- Sélectionnez **Verrouiller** pour fixer le placement relatif d'un objet dans la page – cela vous épargnera des erreurs de manipulation. Ou **Déverrouiller** pour pouvoir intervenir de nouveau sur son placement.
- Sélectionnez **Aligner les objets** pour aligner d'un coup d'un seul plusieurs objets par rapport à un point de référence.
- Sélectionnez **Répartir les objets** pour laisser Keynote répartir les éléments sélectionnés au mieux, selon leur taille, sur la page, verticalement ou horizontalement.

Avez-vous remarquez les options **Grouper** et **Dissocier** ? La première vous permet de regrouper, en un seul élément virtuel, plusieurs objets de votre composition pour travailler sur leur placement dans la page de manière globale – plutôt que un par un. Pratique pour gagner du temps quand, par exemple, vous avez créé un bloc à l'identité visuelle forte et que vous voulez pouvoir le déplacer rapidement avec tous les éléments qui le composent.

Astuce À tout moment, vous pouvez bien sûr insérer directement un fichier – graphique, par exemple – depuis le Finder dans un document Keynote par simple glisser-déposer.

Gérer l'animation des éléments d'une diapositive

Vous l'avez vu plus précédemment : il est possible d'ajouter des transitions entre chaque diapositive. Mais ce n'est pas tout. Keynote vous permet également d'animer l'affichage ou la disparition de chaque élément d'une même diapositive. Cela vous permet d'associer plus étroitement l'apparition des divers éléments d'une même diapositive à votre discours. Et vous pouvez le gérer avec beaucoup de finesse :

1. Sélectionnez la diapositive voulue.
2. Dans la diapositive, sélectionnez l'élément que vous voulez animer.
3. Cliquez sur le bouton ***i*** dans la barre d'outils : il commande l'affichage de l'Inspecteur, une palette flottante donnant accès à de nombreux réglages avancés (voir plus loin).
4. Activez le troisième onglet de l'Inspecteur. Là, plusieurs onglets vous attendent : **Entrée**, **Sortie**, **Opération**. Commencez par cliquer sur l'onglet **Entrée**.

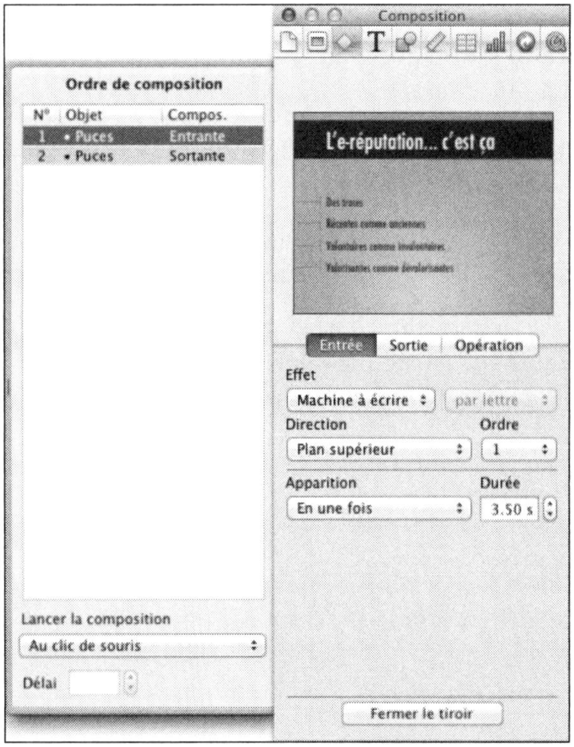

Figure 27-16 Animation d'un élément de diapositive.

5. Déroulez le menu **Effet** et sélectionnez l'animation à utiliser. Le cas échéant, ajustez sa durée dans la case *ad hoc*, ainsi que sa direction, avec la liste du même nom. La liste **Apparition** vous permet même d'indiquer si l'élément animé doit apparaître une ou plusieurs fois. Par défaut, ce sera un clic de souris – ou équivalent – qui déclenchera l'apparition animée. Vous pouvez voir le résultat de vos choix dans le carré de prévisualisation.

6. Cliquez maintenant sur l'onglet **Sortie** : là, vous allez pouvoir choisir une animation qui sera utilisée pour faire disparaître l'élément sélectionné de la diapositive, avant de passer à la diapositive suivante.

   La puissance de ces fonctions peut facilement rester insoupçonnée. De fait, vous pouvez tout à fait imaginer de les utiliser pour combiner deux diapositives en une. Par exemple, deux diapositives contenant le même titre mais affichant chacune une partie d'une plus vaste liste à puces : superposez alors les champs texte correspondant aux deux parties de la liste à puces puis définissez animations entrante et sortante pour chacun de ces champs textes. Cliquez alors sur le bouton **Plus d'options** : un tiroir, à gauche de l'Inspecteur, vous permet de définir aisément, par glisser-déposer, l'ordre de chacune des animations. Ainsi, vous pouvez faire apparaître puis disparaître élégamment la première partie de la liste à puces puis faire apparaître et disparaître tout aussi élégamment la seconde partie de la liste à puces… Ou ne pas faire disparaître cette dernière afin de passer directement à la diapositive suivante.

7. Cliquez maintenant sur l'onglet **Opération** : là, vous allez pouvoir choisir un effet qui sera appliqué non pas pour faire apparaître l'objet concerné, ni pour le faire disparaître, mais une fois qu'il est apparu ! Pour en augmenter ou réduire la taille, par exemple. Mais toujours pour appuyer visuellement votre discours.

Lorsque vous avez fini, essayez donc votre création en cliquant sur le bouton **Lecture** !

Aller plus loin avec l'Inspecteur

L'Inspecteur est un élément-clé de l'interface graphique de Keynote. Grâce à lui, vous aurez accès à de très nombreuses fonctions qu'il vous serait, sans lui, quasiment impossible de trouver. Si tant qu'elles soient accessibles par un autre biais… Si vous avez lu les pages précédentes et découvert comment gérer transitions et animations, l'Inspecteur ne vous est plus totalement inconnu. Mais il vous cache sûrement encore quelques petites fonctions.

L'Inspecteur s'affiche et se cache en cliquant sur le bouton **Inspecteur** de la barre d'outils de Keynote. Il s'apparente à une palette d'outils flottante dotée de plusieurs onglets. Les fonctions qu'offre l'Inspecteur varient en fonction de l'élément sélectionné. Toutefois, voici un rapide inventaire de celles auxquelles il vous donne principalement accès.

- Le premier onglet regroupe les options relatives au document dans son ensemble. Un bouton vous permet bien sûr de modifier, d'ici, la taille des diapositives. Essayez de l'adapter au plus près de la définition du projecteur que vous allez utiliser. La résolution 1024 × 768 pixels permet d'assurer une compatibilité des plus larges. Les sous-onglets de cet onglet vous permettent en outre d'ajuster les paramètres Audio et de recherche, avec Spotlight.

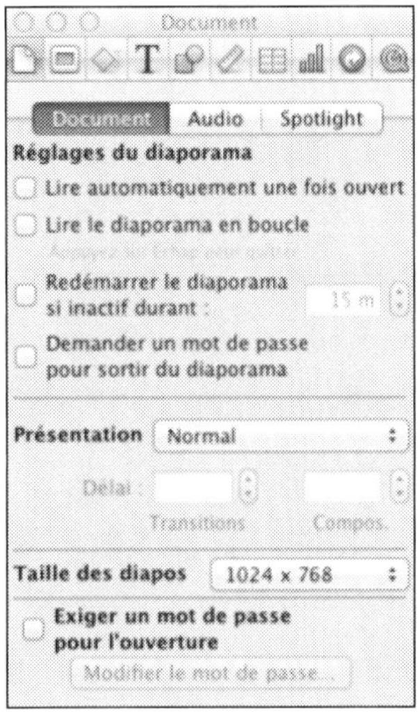

Figure 27-17 Les options format de diaporama.

- Le deuxième onglet concerne les transitions. Revenez quelques pages en arrière pour en savoir plus sur son utilisation.
- Le troisième onglet concerne les animations des éléments d'une diapositive. Là, encore, retrouvez son utilisation détaillée dans les pages précédentes.
- Non, les options de mise en forme du texte ne se limitent pas à celles offertes par la barre d'outils : il y a bien plus et tout cela se trouve sous le quatrième onglet de l'Inspecteur. Là, vous pouvez évidemment définir couleur, justification, alignement vertical, mais aussi espacement des caractères et interligne, espaces avant et après le paragraphe et même marge. Des sous-onglets vous permettent d'intervenir spécifiquement sur la forme des colonnes et des listes à puces.

Figure 27-18 Les options de texte.

- Les boutons **Graphiques** et **Figures** de la barre d'outils de Keynote vous donnent la possibilité d'insérer des objets graphiques vectoriels dans une diapositive. Le cinquième onglet de l'Inspecteur vous permet de gérer leur aspect précisément : remplissage, bordure, ombre projetée, reflet, opacité, *etc.* Notez que cela s'applique aussi aux images et, plus généralement, à la plupart des objets insérés dans un document. Et cela vaut donc pour les blocs de texte que vous pouvez vouloir encadrer ou remplir d'une couleur de fond différente de celle de la page principale.

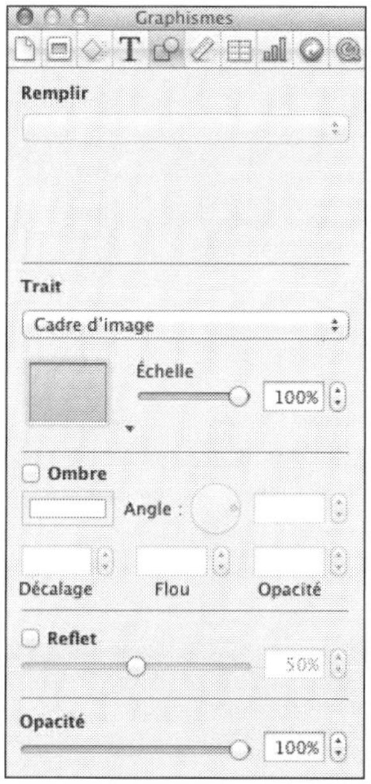

Figure 27-19 Les options des graphiques vectoriels.

- Le sixième onglet vous permet de jouer très finement sur la taille et la position d'un objet dans la page et même sur sa rotation. Indispensable pour écrire verticalement ou en travers…

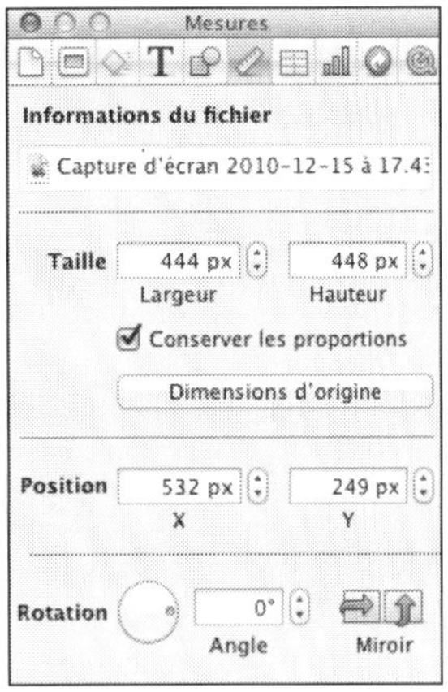

Figure 27-20 Les options de mesure.

- Le bouton d'insertion de tableau, dans la barre d'outils de Keynote, vous permet de définir de manière grossière le tableau à insérer dans un document. Mais peut-être cherchez-vous plus d'options : vous les trouverez derrière ce septième onglet. Là, définissez en-têtes et pieds de tableau, hauteur de rang et largeur de colonne, bordures de cellules, arrière-plans de cellules, alternance de couleur de fond selon le rang, *etc.* Et, bien sûr, cellule par cellule, le format avec les unités adaptées aux chiffres insérés.

Figure 27-21 Les options de tableau.

- Insérer un camembert dans un document, c'est une chose. Lui donner de l'allure, c'en est une autre et c'est sous ce huitième onglet que cela se passe. Là, vous pouvez modifier les données, changer de style de graphique, de couleurs, fixer les règles de formatage et de labélisation des axes et des séries. Essentiel.

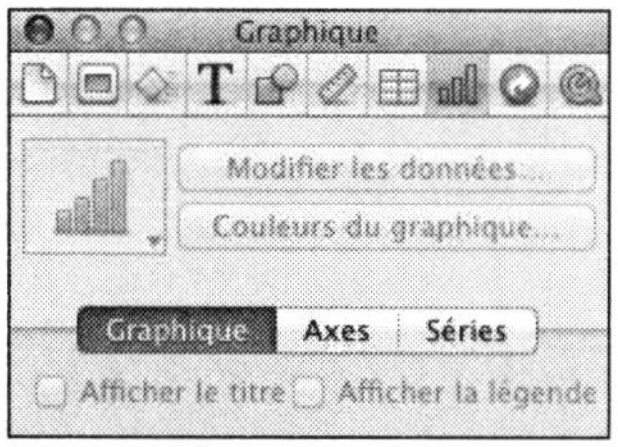

Figure 27-22 Les options des graphiques.

- Composer des documents, à l'heure d'Internet, c'est, de plus en plus, insérer des liens. Cet onglet, l'avant-dernier en partant de la gauche, est probablement l'un de ceux que vous utiliserez le plus. De fait, dans Keynote, il n'y a pas de raccourci clavier pour associer un texte ou un objet sélectionné à un lien : il faut passer par l'Inspecteur. C'est un peu lourd mais, pour l'instant, il n'y a pas d'autre solution. Cochez donc la case **Activer comme lien** puis indiquez l'URL correspondante dans le champ *ad hoc*. Notez que des liens peuvent tout simplement envoyer vers d'autres diapositives de votre diaporama. Pensez-y si vous prévoyez de remettre une copie numérique – en PDF, par exemple – de votre présentation, à votre auditoire.

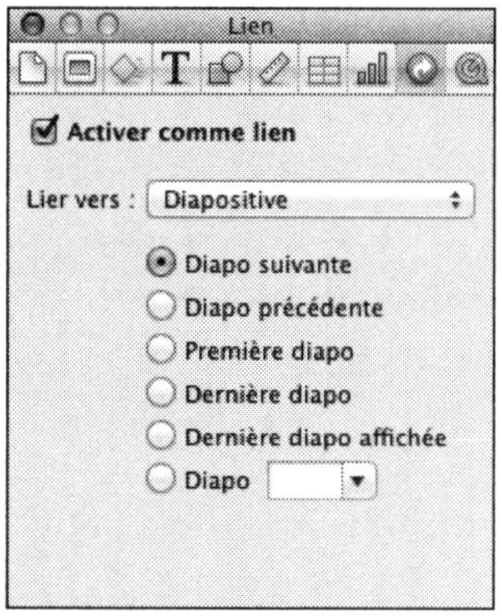

Figure 27-23 Les options de lien.

- Ce dernier onglet vous permet de définir le comportement des vidéos QuickTime que vous aurez insérées dans votre document : démarrage, arrêt, image de prévisualisation, répétition, volume, *etc.*

Figure 27-24 Les options de QuickTime.

Diffuser ses documents

Créer un beau diaporama, c'est bien. L'imprimer pour en remettre une copie à son auditoire, c'est mieux. Mais à l'heure du numérique, l'exporter dans un format de fichier lisible par le plus grand nombre, c'est encore mieux. Comme ça, tout le monde peut recevoir une copie par e-mail. La commande **Fichier → Exporter** est là pour ça.

Avec elle, vous pouvez choisir de créer, à partir de votre document, un fichier PDF, un fichier PowerPoint... mais aussi bien d'autres choses ! À commencer par une animation QuickTime, avec bande-son, même, si vous le souhaitez. Pourquoi ne pas enregistrer votre voix et l'utiliser, d'ailleurs, comme bande-son, à cette occasion ?

Vous pouvez également exporter votre diaporama sous la forme d'une série d'images fixes, d'un fichier HTML, et encore d'une animation pour iPod.

Bref, vous disposez là d'un éventail de choix considérable, du plus statique au plus vivant !

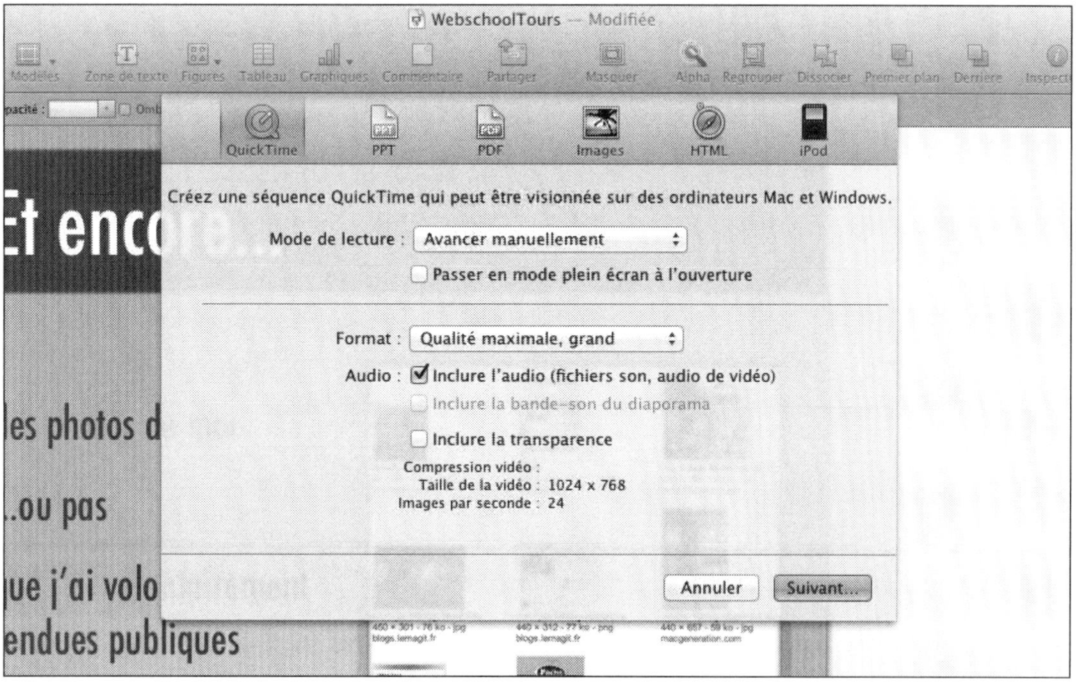

Figure 27-25 Les options d'exportation.

Répéter une intervention publique

Ça y est, vous êtes fin prêt ? Un petit détail encore : savez-vous ce que vous allez dire et combien de temps va durer votre présentation ? Ne serez-vous pas en manque de verve sur une diapositive ou une outre ? Bref, il est temps de répéter votre future intervention. De jouer votre diaporama, rien que pour vous. Sélectionnez donc la première diapositive et cliquez sur le bouton **Lecture**.

Lorsque vous lancez la lecture, munissez-vous d'un chronomètre pour mesurer précisément la durée de votre intervention et passez une à une vos diapositives en disant le texte que vous avez prévu pour les accompagner – de tête, c'est mieux.

Avec deux écrans connectés à votre Mac (figure 27-26), Keynote vous présente, d'un côté, un ensemble de deux diapositives – celle en cours d'affichage et la suivante avec heure courante et temps écoulé, ainsi que le nombre de diapositives restantes.

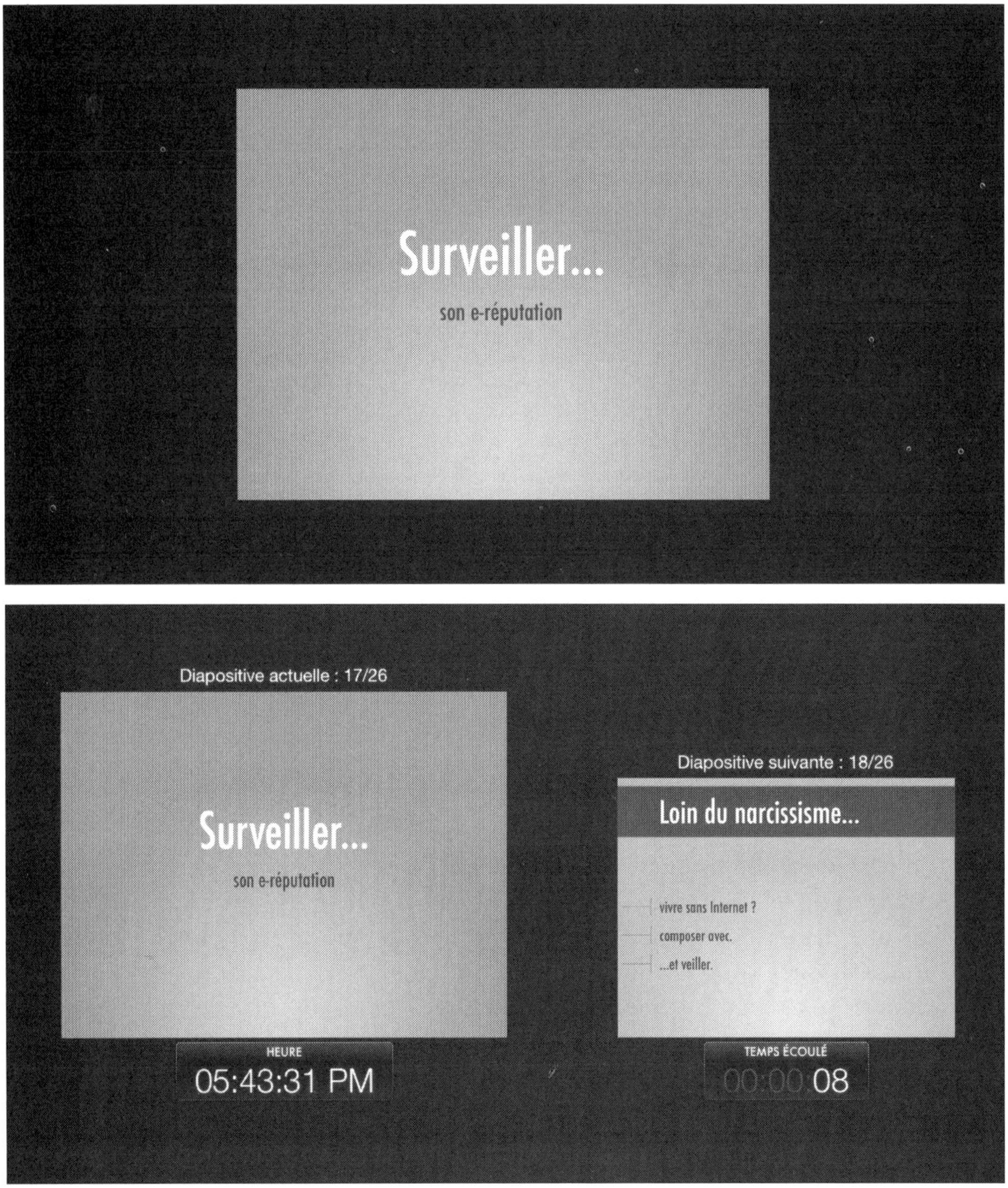

Figure 27-26 La lecture d'un diaporama.

Sachez que c'est cet affichage dont vous pourrez disposer lorsque vous connecterez votre Mac à un projecteur : Lion le considérera comme un second écran ; il affichera la présentation sur le projecteur, et les données techniques de la présentation sur l'écran de votre Mac. Quelques options utiles vous seront alors accessibles. Mais voyez justement, ci-après.

Présenter son diaporama

La présentation de l'affichage d'intervenant est particulièrement intéressante, en cours de présentation. Glissez, par exemple, le pointeur de la souris en haut de l'écran et cliquez sur **Diapos** : vous pouvez voir les vignettes de l'ensemble des diapositives de votre présentation. Parfait pour revenir rapidement à une diapositive précise à la demande d'une personne de l'auditoire pendant la phase de questions-réponses.

Surtout, vous pouvez accéder à des options de personnalisation de l'affichage d'intervenant (figure 27-27) :

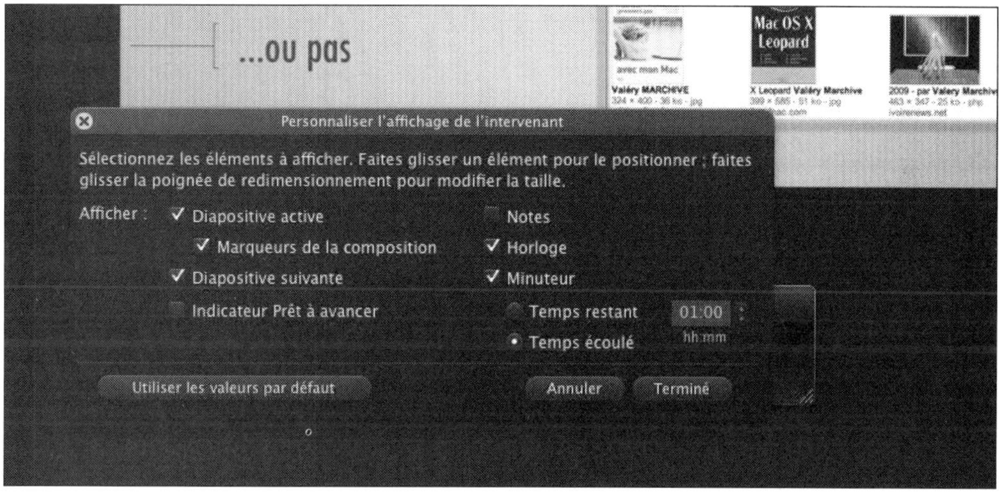

Figure 27-27 La lecture d'un diaporama.

- **Diapositive active** : cette option vous permet d'activer/désactiver la présentation, sur l'écran de votre Mac, de la diapositive affichée par le projecteur.
- **Diapositive suivante** : cette option vous permet d'activer/désactiver la présentation, sur l'écran de votre Mac, de la diapositive suivante.
- **Notes** : cette option vous permet de forcer l'affichage des notes d'intervenant. Vous ne savez pas ce que c'est ? De petits pense-bêtes que vous pouvez ajouter à chaque diapositive. Lors de la composition, vous pouvez les afficher en déroulant le menu **Présentation → Afficher les notes d'intervenant**. Très très pratique !
- **Horloge** : pour afficher ou masquer l'heure courante.
- **Minuteur** : par défaut, c'est option **Temps écoulé** qui est active. Mais vous pouvez cocher l'option **Temps restant** et préciser, dans le champ *ad hoc*, la durée prévue de votre intervention : vous saurez en permanence combien de temps il vous reste.

Lorsque vous avez fini cette personnalisation, cliquez sur le bouton **Terminé** et lancez-vous, c'est à vous !

Astuce Peut-être possédez-vous un iPhone ou un iPod Touch ? Achetez donc et installez l'application Keynote Remote d'Apple : elle vous permettra d'être plus mobile et plus naturel durant vos présentations. De fait, elle vous permet de contrôler à distance Keynote, sur votre Mac, tout en profitant, sur l'écran de votre iPhone, de vos notes d'intervenant et d'un affichage de la diapositive en cours de projection. Et pour connecter votre iPhone à votre Mac en Wi-Fi en toutes circonstances, activez donc le partage de connexion sur votre Mac puis connectez tout simplement votre iPhone au point d'accès Wi-Fi créé par Lion. Il suffira ensuite de procéder à un rapide appairage des deux applications. D'expérience, je vous le dis : l'effet, sur l'audience et la qualité des présentations, est tout simplement remarquable.

Figure 27-28 L'application Keynote Remote pour iOS (photo : Apple Inc.).

PARTIE V

PROFITER PLEINEMENT DE MAC OS X LION

Chapitre 28

Mission Control, un affichage plus efficace

Au menu de ce chapitre

- Gérer l'affichage avec Mission Control
- Passer d'un espace virtuel à l'autre
- Retrouver une fenêtre précise
- Réorganiser ses espaces virtuels

Force est de constater que l'espace de travail que représente l'écran d'un ordinateur s'encombre rapidement à mesure que l'on ouvre fenêtre après fenêtre. Cet encombrement, à peu près inévitable, se paie au prix fort de la lisibilité et, du coup, de l'efficacité.

Apple s'est penché sur ce problème inhérent à l'informatique moderne. Mission Control est le fruit de ces travaux : cette fonction de Lion permet à la fois de jongler rapidement avec les fenêtres ouvertes et de profiter d'une surface d'affichage étendue par le biais d'écrans virtuels. Des espaces d'affichage supplémentaires. Et l'on passe de l'un à l'autre successivement. Une sorte de poly-affichage séquentiel qui fonctionne aussi lorsque l'on utilise plusieurs écrans en même temps. Pour schématiser, c'est comme imaginer qu'au lieu d'un écran connecté à son Mac, il y en a potentiellement deux. Mais qu'il faut débrancher l'un pour profiter de l'autre et que, sur chacun des deux, on peut disposer spécifiquement les fenêtres de ses applications. Ainsi, les deux écrans n'affichent pas la même chose ; ils représentent chacun un environnement de travail différent. Mais avec Mission Control, on se contente d'un écran physique. Et l'opération de débranchement/rebranchement n'est pas matérielle : elle est effectuée par Lion automatiquement, que l'on ait invoqué le raccourci clavier adéquat ou que l'on ait sollicité une application dont les fenêtres se trouvent sur l'autre écran… virtuel.

L'affichage même d'une application en plein écran est considéré comme un écran virtuel : si vous lancez plusieurs applications en plein écran, chacune d'elles aura son propre espace virtuel et vous pourrez passer séquentiellement de l'un à l'autre.

Ce n'est pas trivial d'expliquer cela par des mots. Peut-être est-il préférable que vous l'expérimentiez vous-même.

Gérer l'affichage avec Mission Control

Pour simplifier la gestion d'un grand nombre de fenêtres dans plusieurs écrans virtuels, Mission Control propose trois commandes :

- **Toutes les fenêtres** : accessible *via* les touche **fn+F9** du clavier, par défaut, cette commande provoque la présentation de toutes les fenêtres ouvertes sous la forme de vignettes sans chevauchement. Cliquez sur l'une des fenêtres ainsi présentées pour la ramener au premier plan. Cette présentation rassemble également les écrans virtuels.
- **Fenêtres de l'application** : accessible *via* les touches **fn+F10** du clavier, par défaut, cette commande applique la même méthode que la commande précédente mais aux seules fenêtres de l'application active. Cliquez sur l'une des fenêtres présentées pour la ramener au premier plan.

- **Afficher le bureau** : accessible *via* les touches **fn+F11** du clavier, par défaut, cette commande cache temporairement toutes les fenêtres ouvertes pour ne plus laisser apparaître que le Bureau et ses dossiers et fichiers. Double-cliquez sur un dossier ou un fichier du Bureau pour utiliser son contenu.

Note Les nouveaux claviers en aluminium anodisé d'Apple intègrent une touche dédiée à Mission Control, la touche **F3**. Sur les claviers de la génération précédente, cette touche servait à invoquer la fonction Exposé qui a précédé Mission Control. Dans les deux cas, la touche **F3** est équivalente à la combinaison de touches **fn+F9**.

Personnaliser Mission Control

Les touches utilisées pour activer les différentes commandes de Mission Control peuvent être personnalisées et même complétées par des raccourcis à la souris.

1. Déroulez le menu **Pomme ➜ Préférences Système**.
2. Cliquez sur **Mission Control**.
3. Déroulez la première liste **Mission Control** et sélectionnez la touche du clavier à utiliser pour activer cette commande.
4. Déroulez la seconde liste **Mission Control** et sélectionnez le bouton de la souris à utiliser pour activer cette commande.
5. Déroulez la première liste **Fenêtres d'application** et sélectionnez la touche du clavier à utiliser pour activer cette commande.
6. Déroulez la seconde liste **Fenêtres d'application** et sélectionnez le bouton de la souris à utiliser pour activer cette commande.
7. Déroulez la première liste **Afficher le bureau** et sélectionnez la touche du clavier à utiliser pour activer cette commande.
8. Déroulez la seconde liste **Afficher le bureau** et sélectionnez le bouton de la souris à utiliser pour activer cette commande.
9. Déroulez la première liste **Afficher le Dashboard** et sélectionnez la touche du clavier à utiliser pour activer cette commande.
10. Déroulez la seconde liste **Afficher le Dashboard** et sélectionnez le bouton de la souris à utiliser pour activer cette commande.
11. Cochez la case **Afficher Dashboard comme un espace** pour accéder à Dashboard comme s'il n'était qu'un écran virtuel supplémentaire.

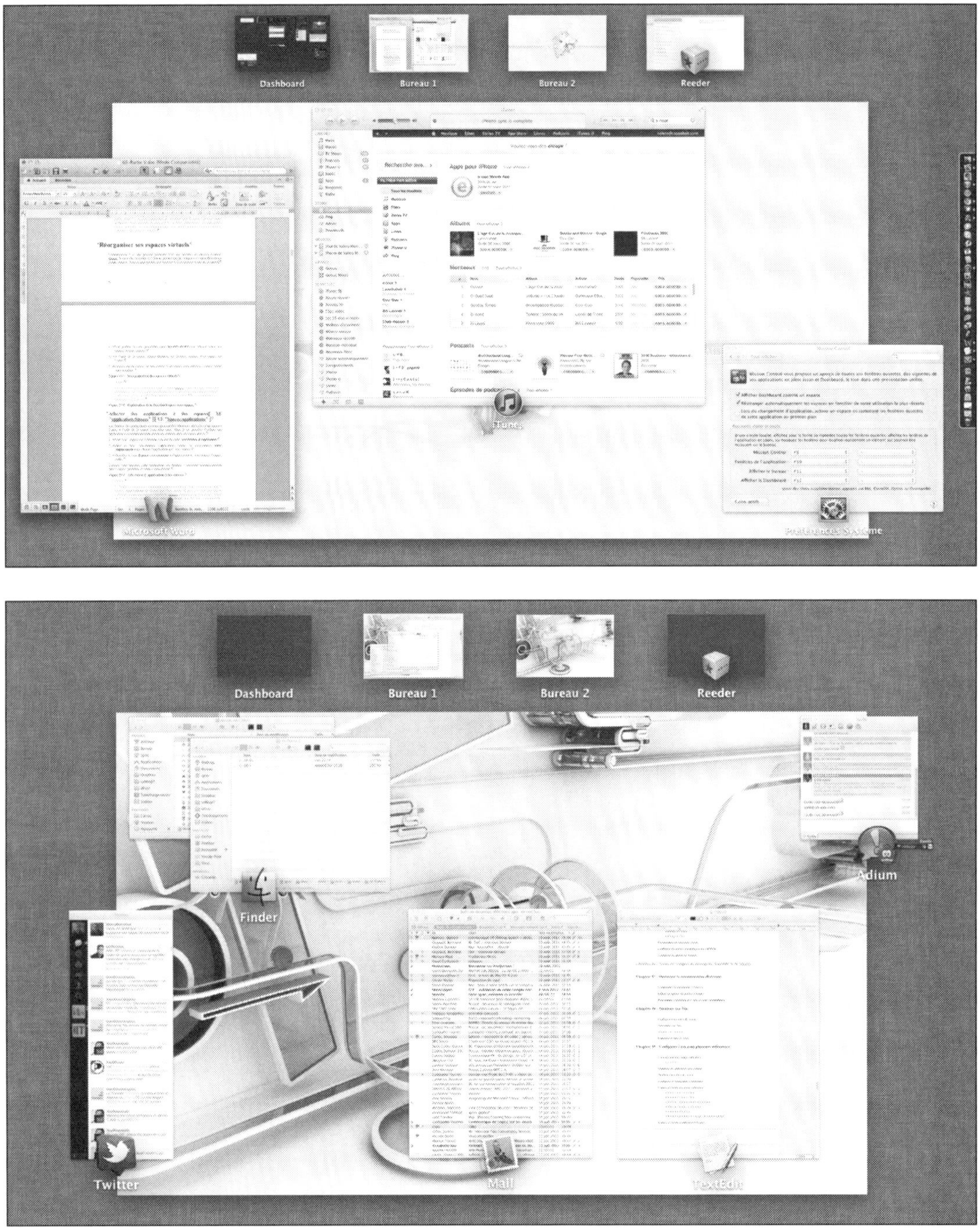

Figure 28-1 Mission Control dans toute sa splendeur.

12. Cochez la case **Réarranger automatiquement les espaces en fonction de votre utilisation la plus récente** pour laisser Mac OS X gérer l'organisation de vos espaces virtuels et l'ordre dans lequel vous pouvez y accéder cycliquement : l'espace utilisé le plus récemment sera celui vers lequel vous arriverez en premier. À l'inverse, l'écran virtuel contenant des applications laissées en sommeil sera le dernier. Si cette case n'est pas cochée, vos bureaux virtuels seront premiers dans la file des écrans virtuels, suivis de vos applications lancées en plein écran.

13. Cochez la case **Lors du changement d'application** pour que Lion puisse même créer automatiquement de nouveaux espaces pour regrouper toutes les fenêtres de l'application activée : cela vous permet de toujours ne vous concentrer que sur une seule application à la fois et cela même pour les applications ne fonctionnant pas en plein écran.

14. Refermez la fenêtre.

Les changements sont immédiatement effectifs.

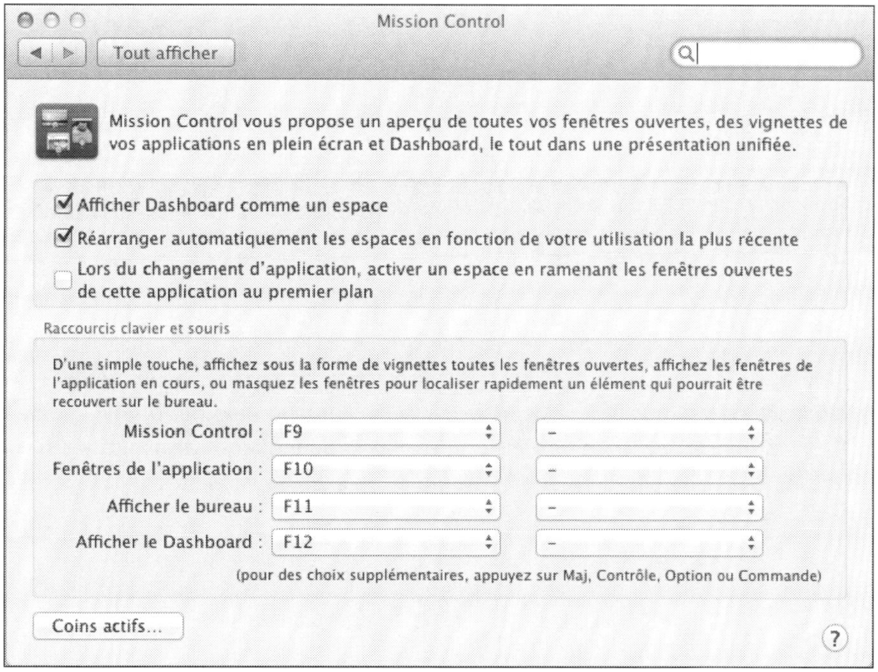

Figure 28-2 Les réglages de Mission Control.

Astuce Configurez l'un des coins d'écran de votre Mac pour lancer l'économiseur d'écran : dès que vous placerez la souris dans ce coin de l'écran, l'économiseur se lancera. Pour quoi faire ? Pour protéger plus vite votre Mac contre les regards indiscrets quand vous vous en éloignez et activer la demande de mot de passe lorsque l'économiseur d'écran s'est lancé (chapitre 38). Cela se passe derrière le bouton **Coins actifs**.

Passer d'un espace virtuel à l'autre

Le passage d'un espace virtuel à l'autre est très rapide. Il se fait automatiquement lorsque vous lancez ou ramenez au premier plan une application affectée à un espace virtuel.

Manuellement, vous avez plusieurs options :

- Maintenez la touche **ctrl** enfoncée et appuyez sur la flèche gauche ou la flèche droite du pavé directionnel.
- Appuyez sur la touche **F3** pour afficher l'ensemble des espaces virtuels et cliquez sur l'espace à afficher.
- Au trackpad, glissez trois doigts vers le haut pour afficher Mission Control, ou vers la gauche ou la droite pour passer d'un écran virtuel à l'autre.
- Avec la souris sans fil d'Apple, glissez deux doigts vers le haut sur la zone tactile pour afficher Mission, ou deux doigts vers la gauche ou la droite pour passer d'un écran virtuel à l'autre.

Figure 28-3 L'ensemble des espaces virtuels.

Astuce Vous êtes utilisateur assidu de VMware Fusion, VirtualBox ou de Parallels Desktop ? Pourquoi ne pas affecter votre outil de virtualisation à un espace virtuel dédié ? Cela vous permettrait de travailler sous Windows ou sous Linux de manière bien distincte de Mac OS X, en toute transparence. Et sans perdre l'accès au Finder et à vos fichiers si vous avez pris la peine d'affecter le Finder à l'ensemble des espaces virtuels.

Retrouver une fenêtre précise

L'organisation graphique de Mission Control n'est peut-être pas un modèle de confort : les fenêtres apparaissent dans une taille réduite, par rapport à leur taille normale, et la consultation de leur contenu n'est pas forcément très aisée, du moins sur un petit écran. Heureusement, Apple a prévu une solution :

1. Affichez Mission Control.
2. Passez la souris sur la fenêtre qui vous intrigue : son bord s'ourle de bleu.

3. Appuyez sur la barre d'espace du clavier pour agrandir la fenêtre, sans quitter Mission Control.

Figure 28-4 Identification d'une fenêtre à consulter…

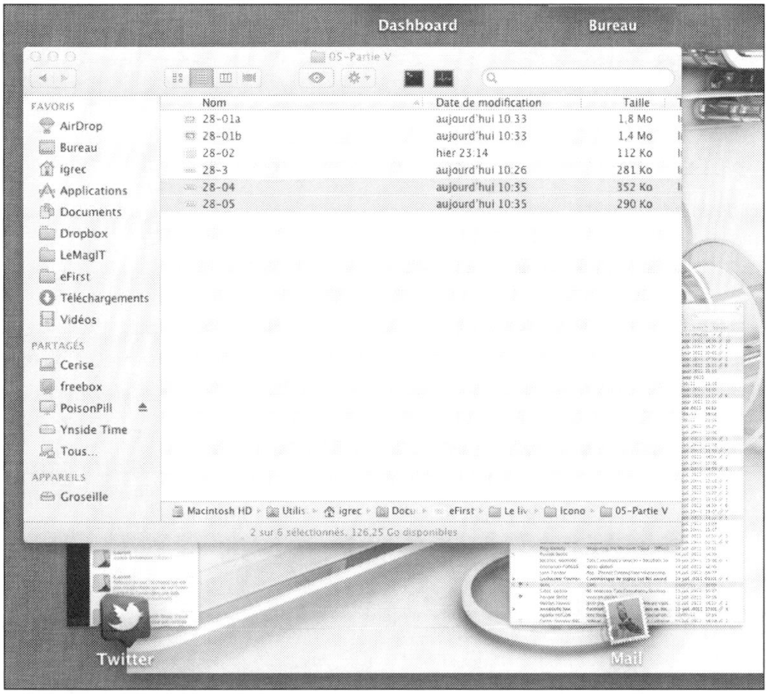

Figure 28-5 La même fenêtre, agrandie !

4. Appuyez sur la barre d'espace pour réduire la fenêtre et passer à une autre. Ou cliquez directement sur la fenêtre agrandie pour quitter Mission Control et pouvoir travailler avec la fenêtre sélectionnée.

Notez enfin que vous pouvez « ouvrir » la pile des fenêtres d'une application, dans Mission Control, en glissant deux doigts vers le haut, sur la souris tactile d'Apple ou sur le trackpad.

Réorganiser ses espaces virtuels

Contrairement à ce que pouvait permettre l'un des ancêtres de Mission Control, Spaces, la nouvelle fonction de Lion ne permet pas de réorganiser manuellement les écrans virtuels. Tout au plus permet-il d'en créer et d'en détruire d'un clic de souris.

1. Affichez Mission Control.
2. Pour ajouter un bureau virtuel, cliquez sur le bouton + en haut à gauche de l'écran. Votre nouveau bureau virtuel est automatiquement ajouté à la fin de vos bureaux virtuels.

Figure 28-6 Ajout d'un bureau virtuel.

Vous pouvez également supprimer rapidement un bureau virtuel :

1. Affichez Mission Control.
2. Cliquez longuement sur le bureau virtuel à supprimer, dans la liste des bureaux virtuels, en haut de l'écran.
3. Une vignette circulaire marquée d'un **X** apparaît dans le coin supérieur gauche du bureau virtuel visé : cliquez dessus pour fermer l'écran en question. Les fenêtres qu'il contenait sont automatiquement déplacées dans le premier bureau. Attention : vous ne pouvez pas non plus fermer l'écran virtuel d'une application en plein écran.

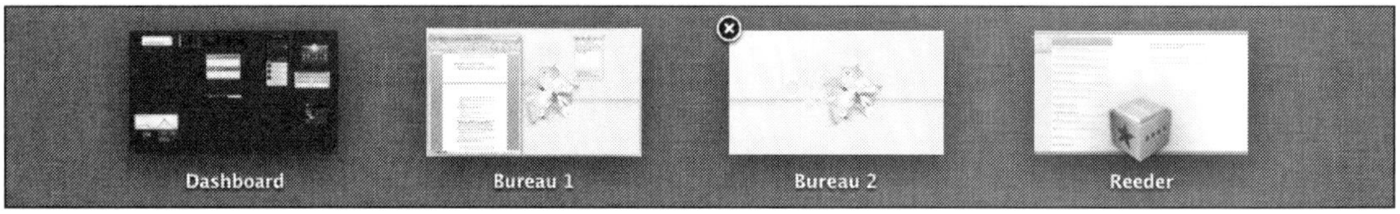

Figure 28-7 Exploitation de la fonction Exposé dans Spaces.

Vous ne pouvez pas fermer le bureau virtuel actif au moment d'invoquer Mission Control. Ou plutôt le bureau virtuel que vous êtes en train d'inspecter dans Mission Control. Mais, directement dans Mission Control, vous pouvez passer d'un écran virtuel à l'autre par un défilement horizontal, à la souris comme au trackpad (avec deux doigts).

Affecter des applications à des espaces

Les fenêtres des applications ouvertes peuvent être librement déplacées d'un espace à l'autre à l'aide de la souris, directement dans Mission Control. Mais il est possible d'obliger une application à systématiquement ouvrir ses fenêtres dans un espace précis.

1. Pour cela, faites un clic droit sur l'icône de l'application visée, dans le Dock.
2. Sélectionnez **Options ➜ > Attribuer à**.
3. Dans la liste, sélectionnez le bureau virtuel auquel affecter cette application. Si vous sélectionnez l'élément **Tous les bureaux**, les fenêtres de cette application seront visibles dans tous les écrans virtuels.

Lorsque vous lancerez cette application, ses fenêtres s'ouvriront automatiquement dans l'espace prédéfini et celui-ci sera affiché.

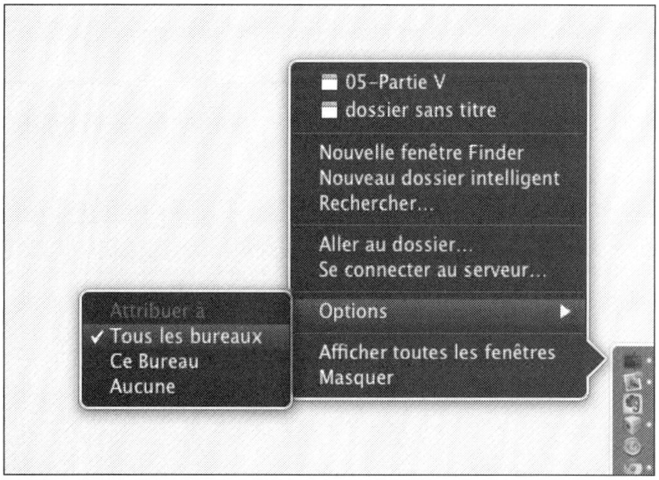

Figure 28-8 Affectation d'une application à tous les bureaux virtuels.

Astuce Vous ne voulez pas quitter des yeux les fenêtres du Finder ? C'est bien compréhensible. Alors utilisez la méthode décrite ci-dessus pour affecter à **Tous les bureaux** les fenêtres du Finder : elles vous suivront en toutes circonstances !

Vous pouvez également déplacer ponctuellement les fenêtres d'une application dans un autre bureau virtuel :

1. Lancez Mission Control.
2. Glissez-déposez l'icône de l'application voulue vers l'espace virtuel que vous lui destinez.

Figure 28-9 Déplacement des fenêtres d'une application vers un autre bureau virtuel.

Chapitre

29

Des outils à portée de clic avec Dashboard

Au menu de ce chapitre

- Afficher Dashboard
- Configurer un widget
- Ajouter un widget
- Cacher un widget
- Gérer ses widgets
- Créer un widget à partir d'une page Web
- Les incontournables

Dashboard s'apparente à un tableau de bord virtuel : il apparaît à la demande de l'utilisateur, pour présenter de petits outils pratiques, les widgets. Les widgets sont des micro-applications spécialisées. Il en existe un très grand nombre avec des missions diverses : affichage du calendrier et de l'agenda en liaison avec iCal, calculatrice virtuelle, traducteur, convertisseur d'unités et de monnaies, consultation d'annuaires, suivi de l'état du trafic, des prévisions météo, etc.

Dashboard a le mérite d'être disponible en continu, à tout moment, sans qu'il soit nécessaire de lancer un logiciel spécifique.

Figure 29-1 L'icône de Dashboard.

Bon à savoir Les widgets sont essentiellement fondés sur les technologies utilisées pour la construction de pages Web. Apple fournit gratuitement un logiciel permettant de développer des widgets dans un environnement graphique simple : Dashcode. Pour accéder à Dashcode, il est nécessaire d'installer les outils de développement Xcode disponibles gratuitement sur l'App Store.

Afficher Dashboard

Dashboard s'affiche très simplement :

- Au choix, appuyez sur la touche **fn+F12** du clavier – ou la touche dédiée pour les derniers claviers Apple – pour le faire apparaître.

- Utilisez les fonctions de Mission Control (chapitre 28) si vous avez demandé à afficher Dashboard comme un espace.
- Ou cliquez sur l'icône de Dashboard dans le Dock.

L'affichage courant de Mac OS X est aussitôt voilé pour laisser place aux widgets de Dashboard. Pour faire disparaître Dashboard, deux possibilités :

- Appuyez de nouveau sur la touche **fn+F12** du clavier.
- Utilisez les fonctions de Mission Control (chapitre 28), si vous avez demandé à afficher Dashboard comme un espace, pour revenir à votre bureau virtuel précédent.
- Appuyez sur la touche **esc** du clavier.
- Ou cliquez sur un espace inoccupé entre les widgets.

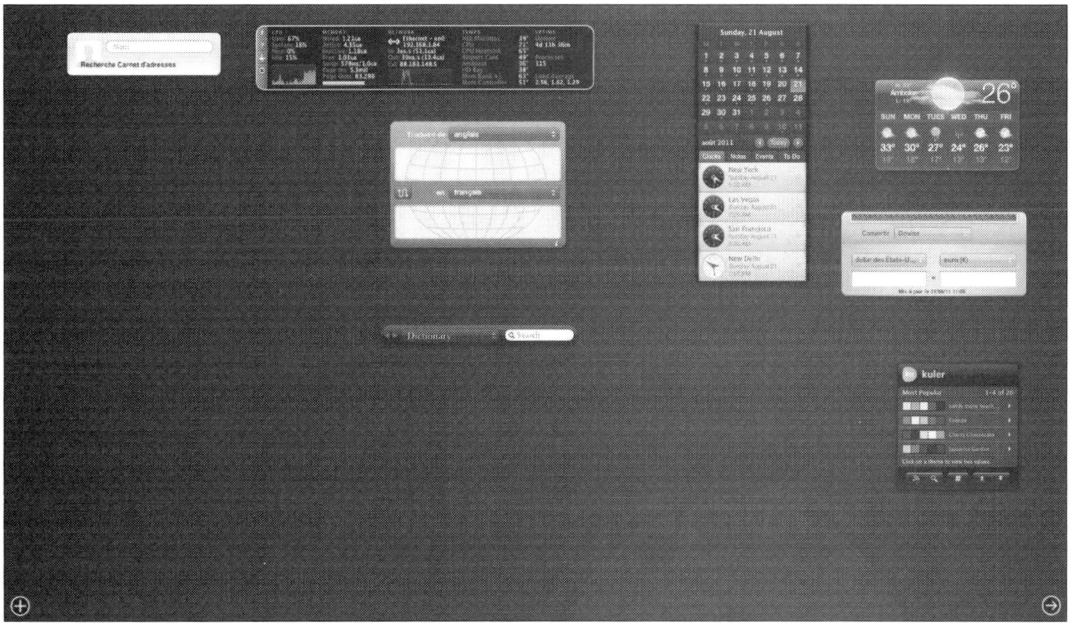

Figure 29-2 Dashboard avec quelques widgets.

Astuce Vous pouvez changer le raccourci clavier utilisé pour invoquer Dashboard à partir des **Préférences Système → Mission Control**.

Configurer un widget

De nombreux widgets fonctionnent « clés en main » : une fois installés, ils sont immédiatement fonctionnels. Néanmoins, certains requièrent un minimum de configuration. Le widget météo d'Apple, par exemple, a ainsi besoin qu'on lui indique le nom de la ville pour laquelle on souhaite qu'il télécharge sur Internet les prévisions.

1. Pour le configurer, déplacez le pointeur de la souris au-dessus du widget.
2. Cliquez sur le petit ***i*** qui apparaît dans un coin du widget, souvent en bas à droite (figure 29-3).

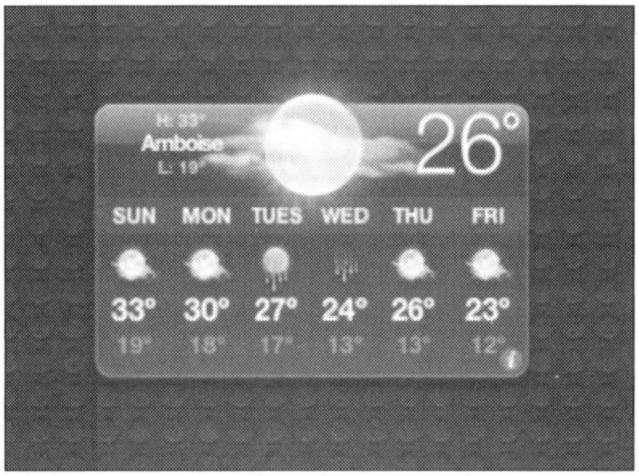

Figure 29-3 Le bouton d'accès aux paramètres d'un widget.

3. Suivez les instructions à l'écran pour configurer le widget.
4. Cliquez sur le bouton **Terminé** (figure 29-4).

Figure 29-4 Les réglages du widget météo d'Apple.

Le widget actualise aussitôt son affichage en tenant compte des nouveaux réglages.

Astuce À tout moment, vous pouvez forcer l'actualisation du contenu d'un widget en cliquant dessus puis en tapant **Pomme+R**.

Ajouter un widget

Apple livre plusieurs widgets avec Dashboard. Mais seulement quelques-uns apparaissent à l'écran à la première invocation de Dashboard, après l'installation de Mac OS X Lion.

1. Pour accéder à l'ensemble des widgets livrés avec Lion, lancez Dashboard.
2. Cliquez sur le bouton + en bas à gauche de l'écran.

Les widgets disponibles sont présentés dans le cadre gris, en bas de l'écran (figure 29-5).

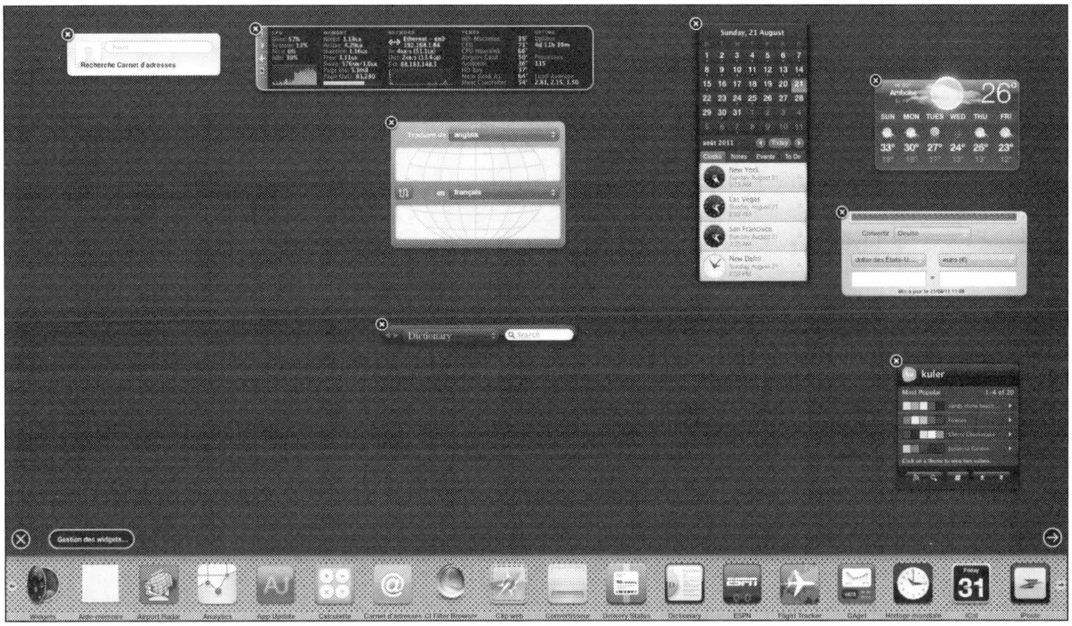

Figure 29-5 La liste des widgets installés.

3. Pour parcourir l'ensemble des widgets disponibles, cliquez sur les flèches à gauche et à droite de la barre grise en bas de l'écran.

Pour activer l'un des widgets de la liste, glissez-déposez-le à l'endroit voulu sur l'écran. L'effet est immédiat.

Astuce Il est possible de modifier l'organisation des widgets dans Dashboard à tout moment, par simple glisser-déposer à la souris. En outre, si vous utilisez plusieurs moniteurs, vous pouvez placer les widgets indifféremment sur n'importe quel moniteur.

Bon à savoir Il est possible d'activer le même widget en plusieurs exemplaires, tout en configurant différemment chaque exemplaire. La pendule peut être ainsi utilisée pour afficher l'heure dans plusieurs endroits différents.

Pour accéder à un choix de widgets plus important, cliquez sur l'élément **Gestion des widgets** de la liste en bas de Dashboard, puis sur le bouton **Plus de widgets** : Safari ouvre aussitôt la page dédiée aux widgets au sein du site Web d'Apple.

1. Si vous repérez un widget qui vous tente, lancez simplement son téléchargement en cliquant sur le bouton **Download**.
2. Une fois le téléchargement terminé, Mac OS X vous demande de confirmer l'installation : cliquez sur le bouton **Installer**.
3. Le widget est affiché dans Dashboard : cliquez sur **Conserver** pour l'activer.

Astuce Si deux écrans sont connectés à votre Mac, vous pouvez bien sûr ajouter des widgets sur chacun d'eux !

Cacher un widget

Lorsque vous estimez n'avoir plus l'usage d'un widget, même et surtout ponctuellement, vous pouvez le désactiver : il n'apparaîtra plus dans Dashboard mais restera accessible depuis la liste des widgets.

1. Pour désactiver un widget, lancez Dashboard.
2. Cliquez sur le bouton + en bas à gauche de l'écran.
3. Cliquez sur le bouton **X** en haut à gauche du widget que vous souhaitez désactiver.

Le widget concerné est désactivé, mais pas supprimé du disque dur.

Gérer ses widgets

Si vous trouvez que la liste de widgets affichée par Dashboard contient trop d'éléments dont vous n'avez définitivement pas l'utilité, vous pouvez faire du ménage.

1. Lancez Dashboard.
2. Cliquez sur le bouton + en bas à gauche de l'écran.
3. Cliquez sur le bouton **Gestion des widgets** en bas à gauche de l'écran.
4. Dans la liste (figure 29-6), décochez la case à gauche des widgets à supprimer.

Note Certains widgets peuvent apparaître avec un symbole sens interdit à droite de leur nom : c'est qu'ils sont actifs dans Dashboard ; vous devez d'abord les fermer avant de pouvoir les désactiver.

5. Lorsque vous avez fini, refermez la fenêtre en cliquant sur le **X** en haut à gauche.

Les widgets ainsi désactivés n'apparaissent plus dans la liste des widgets disponibles pour Dashboard.

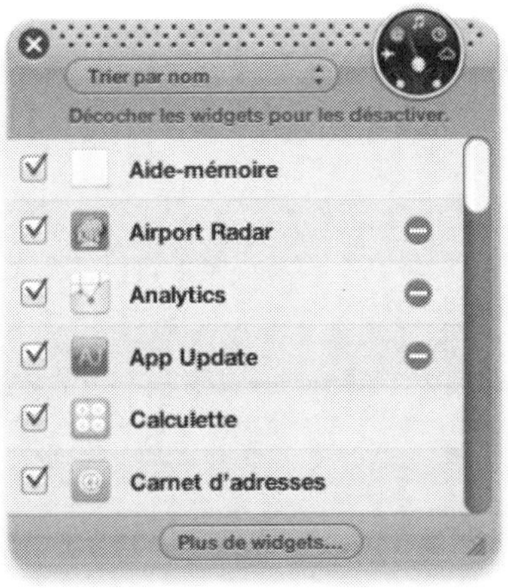

Figure 29-6 Gestion des widgets.

Bon à savoir Les widgets vous sont personnels : vous pouvez les désactiver, les supprimer, en ajouter, mais cela ne concerne que vous, pas les autres utilisateurs de votre Mac.

Créer un widget à partir d'une page Web

Il existe des widgets pour… presque tous les services que l'on peut trouver sur le Web. Mais pas exactement tous. Aussi Safari (chapitre 8) permet-il de créer des widgets pour Dashboard à partir d'extraits de pages Web.

1. Pour créer un widget avec Safari, commencez par ouvrir la page Web dont vous voulez afficher continuellement un extrait dans Dashboard.

2. Une fois la page chargée, cliquez sur le bouton illustré par une paire de ciseaux dans la barre d'outils de Safari – dans la plupart des cas, vous devrez l'ajouter à la barre d'outils en la personnalisant.

Bon à savoir Le bouton **Ouvrir dans Dashboard** n'est pas présent dans la barre d'outils par défaut de Safari : c'est à vous de l'y ajouter en demandant à personnaliser la barre d'outils – d'un clic droit sur celle-ci.

3. À l'aide de la souris, sélectionnez la zone à extraire (figure 29-7) et, si nécessaire, ajustez la taille du cadre.

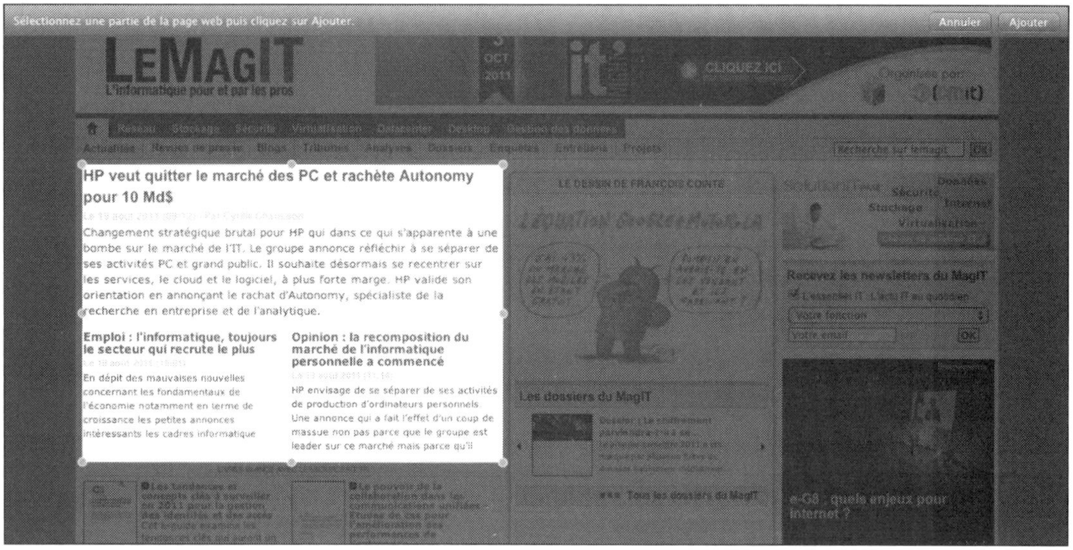

Figure 29-7 Sélection d'un extrait d'une page Web.

4. Cliquez sur le bouton **Ajouter**.

L'extrait est alors automatiquement ajouté à Dashboard (figure 29-8). Comme les autres widgets, il est actualisé automatiquement.

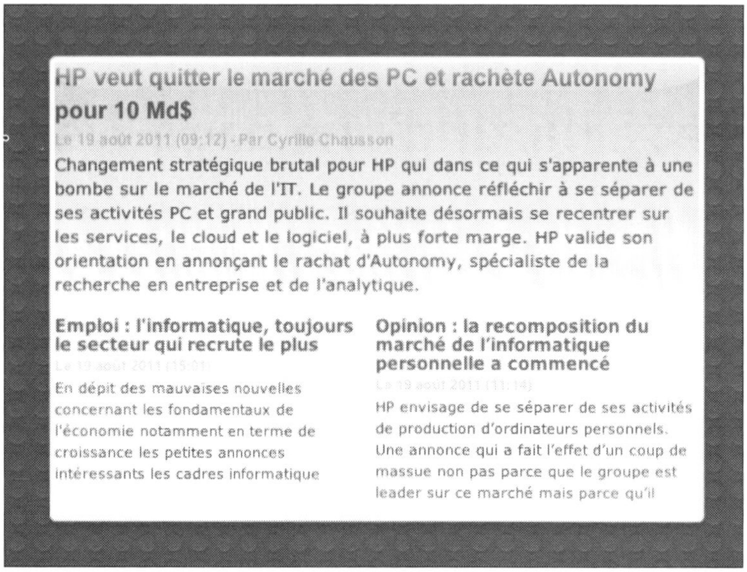

Figure 29-8 Extrait d'une page Web dans Dashboard.

Astuce Vous pouvez personnaliser l'aspect de l'encadrement de l'extrait Web en cliquant sur le bouton ***i*** en bas à droite du widget correspondant.

Les incontournables

Le site Web d'Apple référence près de quatre mille widgets. Les efforts de classement fournis par Apple ne suffisent pas à permettre un parcours rapide et efficace d'un tel catalogue. Aussi, pour vous aider à profiter dès maintenant de Dashboard, nous avons décidé de vous présenter une petite sélection de widgets qui nous semblent particulièrement utiles et pratiques, en plus de ceux livrés par Apple avec Mac OS X Lion.

Pour accéder à la page de téléchargement des widgets présentés ici, accédez à l'espace Downloads du site Web d'Apple et lancez une recherche sur le nom du widget tel que nous vous l'indiquons. Notez que Netvibes propose également des widgets compatibles avec Dashboard.

118 712

Très pratique, ce widget donne accès aux bases de données de l'entreprise Pages Jaunes, pour les particuliers comme les professionnels, directement à partir de Dashboard et sans ouvrir Safari : les résultats de recherche s'affichent directement dans ce widget signé Orange. En plus du numéro de téléphone, des liens sont fournis vers les sites Web, les cartes et les photos de rues.

Figure 29-9 Le widget 118 712.

AirLock

Besoin de trouver rapidement un point d'accès Wi-Fi pour vous connecter à Internet depuis la terrasse d'un bistrot ? AirLock est fait pour vous : dans sa fenêtre, ce widget affiche la liste des réseaux Wi-Fi à portée, leur niveau de protection, le canal radio sur lequel ils fonctionnent et enfin le niveau de réception de leur signal. Un double clic suffit pour lancer la connexion.

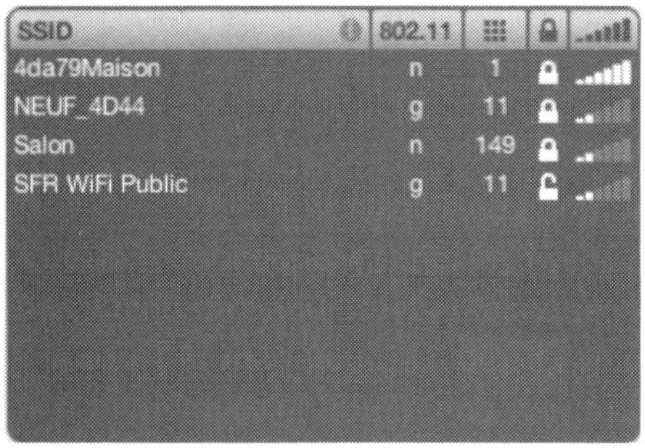

Figure 29-10 Le widget AirLock.

Bluetooth Texter

Les efforts réalisés par les constructeurs de téléphones mobiles n'y suffisent pas : la rédaction d'un minimessage (SMS) sur le clavier d'un téléphone mobile relève, pour beaucoup, du calvaire. Bluetooth Texter propose une alternative : ce widget permet de saisir le texte de son SMS et de l'envoyer *via* son téléphone mobile Bluetooth. Bien vu !

Figure 29-11 Le widget Bluetooth Texter.

Sytadin

Ne prenez pas la route sans l'avoir consulté ! Ce widget est une merveille : il donne accès à toutes les informations trafic disponibles sur le Web sans qu'il soit nécessaire de lancer Safari. Des pictogrammes clairs indiquent les difficultés.

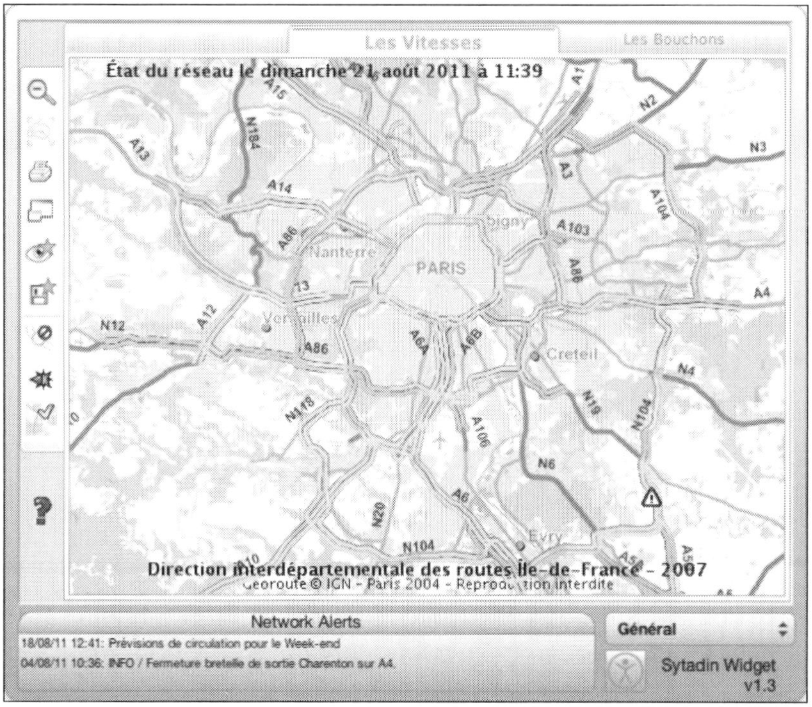

Figure 29-12 Le widget Sytadin.

Delivery Status

Quand votre colis vous sera-t-il livré ? A-t-il été retardé ? Delivery Status vous renseigne rapidement : ce widget permet d'interroger les services de suivi de colis en ligne de FedEx, UPS, DHL mais aussi Apple ou encore Amazon. Les requêtes sont lancées depuis Dashboard et les résultats s'y affichent directement.

Figure 29-13 Le widget Delivery Status.

iActu

Toute l'actualité et les dernières informations en un clin d'œil : voilà ce que propose iActu. Ce widget se pose en agrégateur des flux RSS diffusés par les principaux quotidiens français : *Le Monde*, *Le Figaro*, *Le Parisien*, *20 Minutes*, *L'Équipe* mais aussi *Le Nouvel*

Observateur. Un bandeau affiche en continu les dernières informations. Un clic sur la couverture d'un journal permet d'accéder à ses flux RSS propres et détaillés.

Figure 29-14 Le widget iActu.

Organized

Apple livre un widget calendrier, lié à iCal, avec Mac OS X Lion. Malheureusement, la lisibilité de ce widget est largement perfectible. Organized propose une alternative efficace : les événements enregistrés pour les différents calendriers sont affichés, sur plusieurs jours ; il est aussi possible d'accéder à l'heure sur plusieurs fuseaux horaires, aux notes et aux tâches. Incontournable.

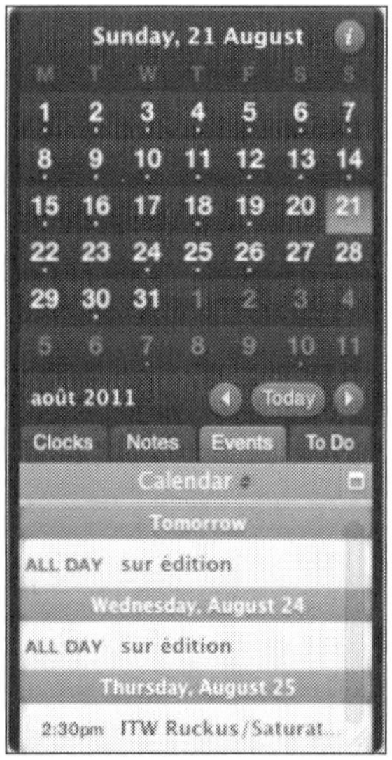

Figure 29-15 Le widget Organized.

Deezer Radio

Vous aimez travailler en musique et en profiter pour découvrir de nouveaux talents ? Le widget Deezer est probablement fait pour vous : avec lui, vous accédez à 27 stations de radio en ligne Deezer différentes..

Figure 29-16 Le widget Deezer Radio.

iPoste

Votre colis est-il bien arrivé à destination ? Ne s'est-il pas perdu au fin fond d'un village reculé d'une province éloignée ? iPoste vous renseigne rapidement : ce widget permet d'interroger les services de suivi de colis en ligne de La Poste et de Chronopost. Les requêtes sont lancées depuis Dashboard mais les résultats s'affichent dans une nouvelle fenêtre de Safari.

Figure 29-17 Le widget iPoste.

iStat nano

Quel est le niveau de charge de la batterie ? Le niveau d'occupation du processeur ? Celui de la mémoire vive ? Ou encore la température du processeur ? iStat nano donne accès à toutes ces informations et bien plus encore. Inutile pour certains ? Beaucoup trouvent cet outil parfaitement indispensable.

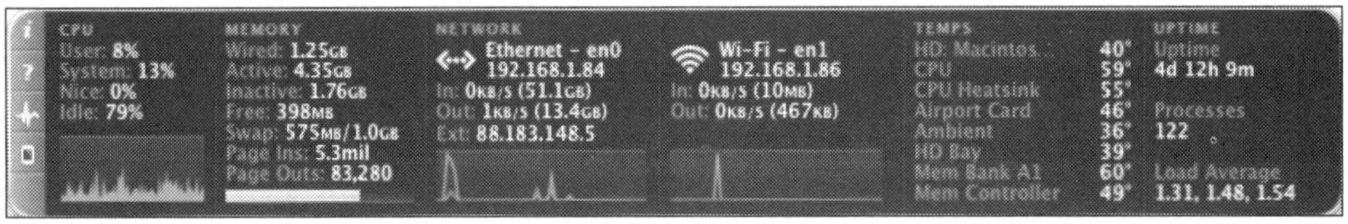

Figure 29-18 Le widget iStat nano.

m@radio

La radio FM ne passe pas dans votre bureau ou à votre domicile ? Profitez de votre connexion à Internet haut débit pour l'écouter ! Le widget m@radio donne accès à la majorité des radios francophones disponibles en ligne, de France Info à RTL2 en passant par BFM et Rires & Chansons.

Figure 29-19 Le widget m@radio.

Transilien

À quelle heure attraperez-vous votre RER, ou combien de temps avez-vous avant le prochain bus ? Ces informations sont disponibles sur le site Web de la RATP mais aussi, et surtout, dans Dashboard avec le widget Transilien : fournissez-lui la ligne, la station de départ et la station d'arrivée ; il se charge du reste.

Figure 29-20 Le widget Transilien.

Sudoku

Besoin de vous aérer les neurones quelques instants ? Succombez à votre tour à la mode du Sudoku mais, plutôt que d'utiliser papier et crayon, faites appel à votre Mac. Le widget Sudoku propose une interface simple et pratique à utiliser : cliquez tout d'abord sur le chiffre à placer dans la grille puis sur la case de destination.

Figure 29-21 Le widget Sudoku.

Velib'

Prêt pour un tour de vélo dans Paris ? Interrogez le service Velib' *via* Dashboard pour savoir si vous pouvez aller prendre un vélo dans la station la plus proche. Contrôlez également les emplacements disponibles pour rendre le vélo.

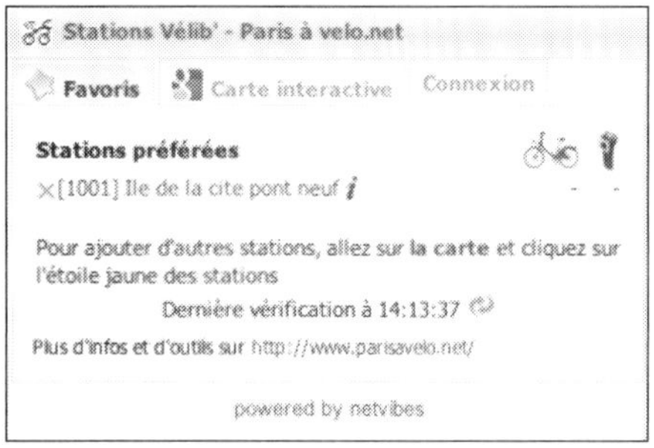

Figure 29-22 Le widget Velib'.

CineTV

C'est le couteau suisse des loisirs audiovisuels ! Ce widget permet d'accéder très rapidement, depuis Dashboard, aux programmes télévisés, mais aussi aux sorties et aux programmes de cinéma. Mieux, CineTV peut ajouter des événements à iCal et même permettre de regarder la télévision en direct si votre Mac est équipé d'un tuner TV ou si vous êtes abonné à l'ADSL avec Free !

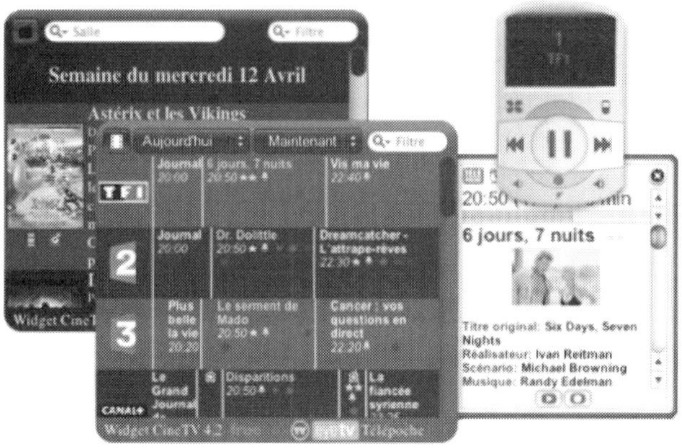

Figure 29-23 Le widget CineTV.

Wikipédia

On l'a vu, Wikipédia est accessible *via* l'application Dictionnaire de Mac OS X Lion (chapitre 19). Mais cela n'entame en rien l'utilité du widget, plus rapide d'accès et extrêmement bien conçu. La taille de la fenêtre peut être par exemple ajustée à tout moment à la souris ; le contenu est remis en forme en temps réel pour s'y adapter. De plus, il est possible d'agrandir ou de réduire la taille des caractères affichés.

Figure 29-24 Le widget Wikipédia.

YouTube

Il est inutile mais devenu tellement indispensable : YouTube, l'incontournable service de partage de vidéos personnelles sur Internet est accessible instantanément depuis Dashboard avec le widget éponyme. Ce widget permet d'effectuer des recherches de vidéos sans ouvrir Safari. De même, la visualisation des vidéos s'effectue directement dans Dashboard. Un autre widget propose le même genre de fonctions pour Vimeo.

Figure 29-25 Le widget YouTube.

Chapitre 30

Spotlight, la recherche dans tous ses états

Au menu de ce chapitre

- Rechercher avec Spotlight
- Organiser ses données en dossiers intelligents
- Configurer Spotlight

Spotlight est un moteur de recherche. Il est intégré à Mac OS X et assure l'indexation des fichiers, photos, courriers électroniques, musiques, etc., en continu, de manière transparente pour l'utilisateur.

Les fonctions offertes par Spotlight sont exploitées par Mail, pour les boîtes aux lettres intelligentes (chapitre 9), mais aussi par le Carnet d'adresses avec les groupes de contacts intelligents (chapitre 12), ou encore iTunes, avec les listes de lecture intelligentes (chapitre 17).

En définitive, Spotlight peut être utilisé pour retrouver rapidement un fichier, une application, dans le Finder, et même organiser ses données en dossiers intelligents.

Bon à savoir Spotlight réalise bien sûr des recherches sur le contenu du disque dur de votre Mac, mais il peut aussi rechercher directement dans Wikipédia ou dans l'ensemble du Web : dans le menu Spotlight, après avoir lancé votre recherche, il vous suffit de sélectionner **Rechercher sur le Web** ou **Rechercher sur Wikipedia** (figure 30-1).

Rechercher avec Spotlight

L'utilisation de Spotlight est particulièrement simple et intuitive :

1. Pour lancer une recherche, déroulez le menu **Spotlight**, illustré par une loupe, à l'extrémité droite de la barre des menus.
2. Saisissez le sujet de votre recherche dans le champ **Spotlight** ; les résultats commencent à apparaître en même temps que vous tapez.

Astuce Vous cherchez une application particulière ? Spotlight peut vous aider à l'ouvrir plus vite… Tapez sont nom dans le champ de recherche de Spotlight puis cliquez sur le résultat !

Les résultats (figure 30-1) sont classés en fonction de leur nature : Définition du dictionnaire, préférences système, documents, dossiers, messages électroniques, événements et tâches, images, fichiers PDF, pages Web, *etc.*

Surtout, il vous suffit de passer la souris sur l'un des résultats de la recherche, directement dans le menu Spotlight, pour que s'affiche, à côté, un aperçu du résultat.

Figure 30-1 Résultats d'une recherche avec Spotlight.

Bon à savoir Les catégories de résultats peuvent être étendues par l'ajout de nouveaux logiciels. En effet, certains d'entre eux s'accompagnent de modules d'extension pour Spotlight.

Pour accéder à l'un des résultats, cliquez simplement dessus.

Astuce Spotlight ne fait pas que trouver, il calcule aussi ! Tapez une opération arithmétique dans le champ de recherche de Spotlight : c'est la Calculette qui vous affichera le résultat… toujours au sein du menu Spotlight.

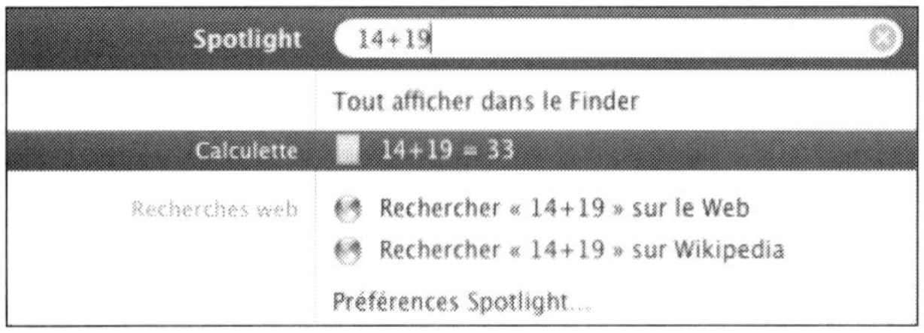

Figure 30-2 Spotlight en guise de… calculatrice.

Pour afficher l'ensemble des résultats dans une nouvelle fenêtre, cliquez sur **Tout afficher dans le Finder**.

- Le Finder ouvre alors une nouvelle fenêtre dans laquelle s'affichent tous les résultats retournés par la recherche. Là, tout se passe comme pour une recherche lancée directement à partir du champ **Recherche** de la barre d'outils des fenêtres du Finder (chapitre 1).

Astuce Les recherches Spotlight ne sont pas volatiles : si vous cliquez hors du menu Spotlight, celui-ci disparaît mais pas les résultats de la recherche. Pour les retrouver, il vous suffit de dérouler à nouveau le menu Spotlight.

Pour mener une nouvelle recherche avec Spotlight, commencez par cliquer sur le **X** à l'extrémité droite du champ Spotlight.

Organiser ses données en dossiers intelligents

Les dossiers intelligents sont des dossiers virtuels qui rassemblent tous les éléments retournés par une recherche avec Spotlight. Les dossiers intelligents sont actualisés en continu par Mac OS X Lion : si vous ajoutez ou supprimez un fichier qui répondait aux critères de la recherche, ou si vous le modifiez de sorte qu'il ne répond plus à ces mêmes critères, il n'apparaîtra plus dans le dossier intelligent correspondant.

Les dossiers intelligents peuvent être créés en enregistrant une recherche (chapitre 1) ou, *ex nihilo*, en lançant une nouvelle recherche :

1. Déroulez le menu **Fichier ➜ Nouveau dossier intelligent** (ou tapez **cmd+Majuscule+N**).
2. Tapez au clavier les mots-clés de votre recherche dans le champ **Recherche** de la fenêtre **Nouveau dossier intelligent** (figure 30-3).

Figure 30-3 Création d'un nouveau dossier intelligent.

3. Si vous le souhaitez, affinez la recherche (chapitre 1).
4. À droite de la barre **Rechercher**, cliquez sur le bouton **Enregistrer** pour sauvegarder votre recherche et son résultat.
5. Donnez un nom explicite à votre recherche dans le champ **Enregistrer sous**.
6. Cochez la case **Ajouter à la barre latérale** si vous souhaitez que votre recherche soit accessible depuis la rubrique **Rechercher** de la barre latérale des fenêtres du Finder.
7. Cliquez sur le bouton **Enregistrer**.

Votre recherche et son résultat sont dès lors accessibles à tout moment, d'un simple double clic sur l'icône correspondante dans le dossier **Bibliothèque → Recherches enregistrées** du dossier de départ de votre compte d'utilisateur, ou depuis la barre latérale.

Astuce Au lieu de cliquer sur le bouton + de la barre de recherche pour affiner votre recherche, maintenez la touche **alt** enfoncée : le bouton s'habille dès lors de trois points de suspension. Si vous cliquez dessus, les conditions supplémentaires associées à la recherche s'imbriqueront avec les précédentes : cela vous permet de construire des conditions de recherche d'un niveau élevé de complexité, comme un enchaînement de parenthèses dans une expression conditionnelle linéaire.

Figure 30-4 Critères de recherche imbriqués.

Bon à savoir Lorsque vous associez plusieurs critères de sélection pour vos recherches avec Spotlight, vous pouvez gérer leur organisation par glisser-déposer dans la fenêtre du Finder correspondante. Et vous verrez : les résultats peuvent changer…

Configurer Spotlight

Mac OS X permet de modifier le comportement de Spotlight avec, notamment, l'objectif de l'adapter aux besoins de l'utilisateur. Il est ainsi possible de modifier l'ordre dans lequel les résultats sont triés ainsi que d'exclure des recherches des données confidentielles.

1. Pour configurer Spotlight, déroulez le menu **Pomme ➜ Préférences Système**.
2. Cliquez sur **Spotlight**.

3. Glissez-déplacez les différentes catégories de résultats pour modifier leur ordre d'apparition dans les résultats retournés par le menu Spotlight (figure 30-5).

Figure 30-5 Configuration de l'ordre de présentation des résultats avec Spotlight.

4. Décochez les cases correspondant aux éléments que vous ne voulez pas voir apparaître parmi les résultats retournés par le menu Spotlight.

Bien que non présentés, les éléments ainsi exclus des résultats retournés par Spotlight n'en sont pas moins indexés sur le disque dur. Pour éviter que certains éléments ne soient indexés par Spotlight, quelques réglages supplémentaires sont nécessaires :

1. Activez l'onglet **Confidentialité**.
2. Ajoutez les dossiers ou disques dont Spotlight ne doit pas indexer le contenu :
   - Glissez-déposez les éléments voulus dans le cadre **Empêcher Spotlight d'effectuer des recherches dans**.

- Ou cliquez sur le bouton + pour sélectionner les éléments voulus à partir d'un navigateur.

Refermez la fenêtre lorsque vous avez fini : vos réglages sont effectifs immédiatement.

Chapitre 32

Protéger les données avec Time Machine

Au menu de ce chapitre

- Configurer Time Machine
- Remonter le temps
- Utiliser le menu Time Machine

Time Machine est un dispositif de sauvegarde de données intégré à Mac OS X Lion. Sa mission de base est simple : copier les données du disque dur de démarrage du Mac en lieu sûr, de préférence sur un disque dur externe ou partagé en réseau (chapitre 51).

Time Machine se distingue d'autres dispositifs de sauvegarde par deux caractéristiques particulières. Tout d'abord, Time Machine procède automatiquement à des sauvegardes régulières, sans intervention de son utilisateur et sans l'empêcher de continuer à profiter de son Mac. Surtout, Time Machine procède selon un processus dit de sauvegarde incrémentielle : seules les données modifiées depuis la sauvegarde précédente sont sauvegardées. Cette sauvegarde incrémentielle n'est pas destructive : la nouvelle sauvegarde n'efface pas les sauvegardes antérieures.

Concrètement, Time Machine conserve une journée de sauvegardes horaires et environ trente sauvegardes quotidiennes, ou uniquement des sauvegardes hebdomadaires si l'espace libre est insuffisant sur le disque de sauvegarde.

Ces spécificités permettent à Time Machine de non seulement protéger les données mais aussi de restaurer aisément une version antérieure d'un fichier. Enfin, Time Machine ne fonctionne pas que sur les fichiers et dossiers accessibles *via* le Finder : il fonctionne aussi avec les fiches du Carnet d'adresses et les courriels de Mail, notamment.

Figure 31-1 Sauvegarde automatique avec Time Machine.

Bon à savoir Si d'aventure votre Mac est endommagé, matériellement ou logiciellement, au point que vous deviez réinstaller Mac OS X Lion, vous pouvez, au moment de configurer l'installation, imposer l'utilisation d'une sauvegarde Time Machine afin de restaurer la configuration logicielle de votre Mac. Vous retrouverez ainsi vos fichiers dans un état aussi récent que possible.

Configurer Time Machine

Intégré à Mac OS X Lion, Time Machine réagit automatiquement dès qu'il détecte un disque dur externe, interne ou partagé en réseau, offrant une capacité suffisante pour ses besoins. Un message vous alerte de cette situation :

- Cliquez sur **Utiliser un disque de sauvegarde** si le disque identifié par Time Machine est bien celui que vous vouliez lui dédier.
- Cliquez sur **Annuler** dans le cas contraire.

Si vous avez autorisé Time Machine à utiliser le disque dur qu'il vous indiquait, le panneau de réglages de Time Machine s'ouvre aussitôt. Pour désigner manuellement un autre disque, vous devrez vous-même ouvrir le panneau de réglages de Time Machine :

1. Déroulez le menu **Pomme → Préférences Système**.
2. Cliquez sur **Time Machine**.

Figure 31-2 Time Machine à son premier lancement.

3. Cliquez sur le bouton **Choisir un disque**.
4. Sélectionnez le disque à utiliser pour les sauvegardes et validez.

Astuce Malheureusement, tous les disques durs en réseau ne sont pas compatibles avec Time Machine. L'administrateur d'un serveur Mac OS X peut configurer certains disques du serveur en ce sens ; vous pouvez utiliser une borne Time Capsule. Certains constructeurs de disques durs partagés en réseau commencent à intégrer le support de Time Machine.

5. Cliquez sur **Activé** pour lancer Time Machine.

Figure 31-3 Le panneau de préférences de Time Machine, une fois choisie une destination.

Si vous ne disposez que d'un espace de stockage limité à proposer à Time Machine, vous voudrez peut-être que celui-ci concentre toute son attention sur vos données les plus précieuses, quitte à ce que cela se fasse au détriment des autres.

1. Pour cela, cliquez sur le bouton **Options**.
2. Cliquez sur le bouton + en bas de la fenêtre.
3. Sélectionnez un dossier du disque dur de démarrage de votre Mac que vous voulez exclure.
4. Cliquez sur le bouton **Exclure**.
5. Renouvelez l'opération pour tous les dossiers à exclure des sauvegardes Time Machine.
6. Cliquez sur **Terminé** lorsque vous avez fini.
7. Refermez le panneau de préférences de Time Machine.

Figure 31-4 Liste d'exclusion de Time Machine.

Bon à savoir Vous êtes parfois en déplacement et votre MacBook Pro se trouve alors dans l'incapacité de poursuivre ses sauvegardes sur votre Time Capsule ou sur votre NAS compatible Time Machine ? Ce n'est pas un souci : automatiquement, en tâche de fond et à votre insu, Time Machine continue de procéder à de petites sauvegardes intermédiaires locales, sur le disque dur interne de votre Mac. Ne vous étonnez donc pas de voir apparaître un élément intitulé **Mobile Backups** dans la barre latérale du Finder… Lorsque vous aurez retrouvé votre environnement de travail domestique, Time Machine se chargera de resynchroniser vos sauvegardes locales avec celles de votre disque dur externe ou réseau. Mais voilà, avec un MacBook Air et son disque SSD de 128 Go de base, ces sauvegardes locales peuvent s'avérer encombrantes… Si vous souhaitez les désactiver, lancez le Terminal et tapez `sudo tmutil disablelocal` puis validez par **Entrée**. Vous pourrez réactiver le mécanisme à tout moment en tapant `sudo tmutil enablelocal`.

Remonter le temps

À tout instant, vous pouvez invoquer Time Machine et accéder à ses sauvegardes :

1. Cliquez sur l'icône **Time Machine** dans le Dock.

Si vous invoquez Time Machine alors que l'application active est optimisée pour Time Machine, comme Mail et Carnet d'adresses, ce sont les sauvegardes du contenu de cette application qui apparaissent. Sinon, ce sont celles des fichiers et dossiers du disque dur de démarrage de votre Mac, en partant du Bureau (figure 31-5).

Figure 31-5 L'interface graphique de Time Machine.

Les contrôles de l'interface graphique de Time Machine sont très simples :

1. Cliquez sur le bouton **Annuler** pour quitter Time Machine.
2. Cliquez sur les flèches à droite pour naviguer au sein des sauvegardes.
3. Utilisez la barre chronologique le long du côté droit de l'écran pour accéder rapidement à une archive précise.
4. Sélectionnez un élément puis cliquez sur le bouton **Restauration** pour le récupérer dans son état précédent.

Vous pouvez restaurer des éléments individuels, des éléments multiples, mais aussi des dossiers et des disques durs entiers. Si vous voulez restaurer un élément sous le même nom que sa copie actuelle, Time Machine vous demande si vous voulez conserver la dernière version, revenir à la version antérieure ou même conserver les deux.

Astuce Lorsque vous parcourez les archives de Time Machine, toutes les fonctions de l'application utilisée (Mail, Carnet d'adresses, *etc.*) sont disponibles, à l'instar de l'aperçu du Finder (chapitre 1).

Utiliser le menu Time Machine

Time Machine est un outil très pratique. Mais il peut être ponctuellement gênant. De fait, sa capacité à se mettre en route alors que l'on travaille sur un gros fichier peut le rendre profondément intempestif : Time Machine sollicite beaucoup et le processeur, et le disque dur, ralentissant d'autant les opérations en cours. Ce qui est particulièrement sensible lorsque l'on travaille sur de gros fichiers. Heureusement, il y a le menu Time Machine :

- Cliquez sur **Arrêter la sauvegarde** pour interrompre le processus en cours. Rassurez-vous : il ne sera reporté que de quelques dizaines de minutes.
- Cliquez sur **Sauvegarder maintenant** pour solliciter une sauvegarde immédiate.
- Enfin, cliquez sur **Entrer dans Time Machine** pour accéder à vos sauvegardes en un clic, même si vous avez décidé de supprimer Time Machine du Dock de votre Mac.

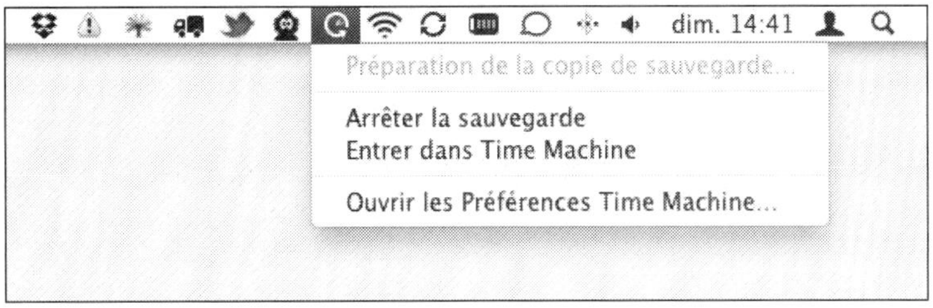

Figure 31-6 Le menu Time Machine.

Chapitre 32

Gagner du temps avec Automator

Au menu de ce chapitre

- Réaliser un processus
- Enregistrer son processus
- Utiliser un processus
- Ajouter des tâches pour Automator

Automator est un logiciel livré avec Mac OS X qui permet de programmer des enchaînements d'actions répétitives dans le but d'en automatiser l'exécution. Les processus à automatiser sont élaborés dans une interface entièrement graphique très simple d'accès : la plupart des opérations s'effectuent par simple glisser-déposer.

Les processus développés avec Automator peuvent impliquer une ou plusieurs applications – et même des sites Web. Une fois enregistrés, ils sont utilisables à tout moment et de plusieurs manières différentes : un processus Automator peut se lancer depuis le Finder avec un clic droit, d'un double clic sur son icône, *via* le sous-menu Services (chapitre 4), *etc.*

Ce chapitre n'a pas la prétention de faire de vous un expert d'Automator mais de vous éclairer sur les bases de l'utilisation de ce logiciel pratique afin que vous puissiez l'aborder sans appréhension. Vous pourrez alors commencer à construire vos propres processus pour gagner du temps, au quotidien.

Réaliser un processus

Pour vous lancer dans la création d'un processus avec Automator, commencez par lancer l'application. Dès son lancement, Automator vous invite à utiliser six points de départ différents correspondant à des typologies classiques de processus, déterminées selon leur finalité, c'est-à-dire la manière dont vous entendez les utiliser (figure 32-1) :

- **Processus** : c'est un processus entièrement vierge, sans véritable point de départ, que vous n'exécuterez que *via* Automator.
- **Application** : choisissez ce point de départ si le processus que vous prévoyez de développer doit fonctionner de manière autonome. Vous pourrez notamment le faire intervenir sur des fichiers par simple glisser-déposer sur son icône.
- **Service** : là, il s'agit de créer un processus susceptible de s'appliquer à des types de données que, potentiellement, plusieurs applications peuvent être amenées à traiter. Et de pallier les limites de leurs propres moteurs d'automatisation ou de traitement des données. Ce type de processus est accessible *via* le sous-menu **Services** (chapitre 4).
- **Action de dossier** : avec un processus de ce type, vous vous ouvrez la porte des traitements automatisés, se déclenchant de manière transparente chaque fois que vous modifiez un dossier spécifique, que vous aurez précisément configuré pour profiter des actions de dossier (chapitre 35).
- **Module d'impression** : les processus de ce type ont vocation à être exécutés au moment de l'impression d'un document. Ils sont accessibles depuis la zone de dialogue d'impression et supportent les fichiers PDF.

- **Alarme iCal** : ces processus sont conçus pour que leur déclenchement soit programmé. Et c'est iCal qui vous servira à programmer leur exécution.
- **Module de transfert** : c'est un peu le pendant des processus de type module d'impression. C'est-à-dire qu'ils ont vocation à être exécutés à l'autre bout de la chaîne graphique, en tout début, au moment de l'acquisition des images, *via* le logiciel Transfert d'images (chapitre 47).

Figure 32-1 Les choix au lancement d'Automator.

1. Sélectionnez l'un des types de processus proposés.
2. Cliquez sur le bouton **Choisir**.
3. Observez bien : chaque type de processus a ses spécificités. En haut de la fenêtre principale d'Automator, une petite barre vous permet de définir certains paramètres liés au contexte d'exécution du processus. Précisez-les soigneusement ; c'est important pour que votre processus puisse bien s'exécuter comme vous le souhaitez.

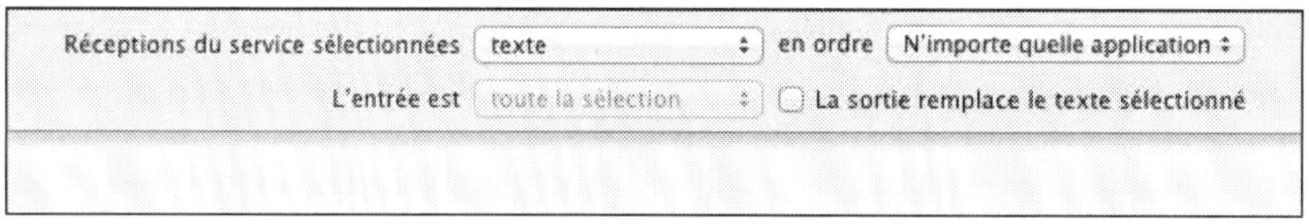

Figure 32-2 Les réglages du contexte d'exécution d'un service.

Bon à savoir Rassurez-vous, ce n'est pas parce que vous sélectionnez un point de départ précis que votre processus devra forcément se limiter aux éléments correspondants. Automator permet de créer des processus même complexes associant textes, photos, musiques et fichiers, par exemple.

Concepts

Les processus Automator s'appuient sur trois éléments principaux : les données, les actions et les variables.

Les données sont les éléments traités par le processus. Il peut s'agir de fichiers, de dossiers, de photos, de musiques, de vidéos, de textes, *etc.* Généralement, les processus commencent par une tâche de collecte de données, comme la sélection de fichiers dans le Finder.

Les actions sont les tâches que les applications impliquées dans le processus auront à effectuer. Elles sont référencées dans la bibliothèque d'Automator : les applications compatibles avec Automator déclarent les actions qu'elles peuvent effectuer dans le cadre d'un processus automatisé.

La plupart des actions prennent des données en entrée – d'un type précis et exclusif –, les traitent selon des paramètres définis par l'auteur du processus, et retournent un résultat en sortie. Certaines actions peuvent être configurées pour que celui qui exécute le processus définisse lui-même leurs paramètres.

Les données traitées retournées par les actions peuvent être utilisées par d'autres actions du même processus afin d'en poursuivre le traitement. Généralement, les données d'origine ne sont pas altérées, sauf demande d'écrasement expresse du concepteur du processus.

Les variables sont des données secondaires : le processus ne porte pas directement sur leur traitement mais il est susceptible de les utiliser dans le cadre du traitement des données visées par le processus. Certaines variables peuvent servir à stocker temporairement le résultat d'une tâche, le temps que d'autres tâches s'exécutent, avant de réinjecter ce résultat dans une tâche ultérieure.

Les variables sont en nombre et en type limités. Elles sont référencées dans la bibliothèque d'Automator : elles portent sur la date et l'heure, les emplacements de fichiers et dossiers, des données système telles que l'adressse IP, du texte, des informations sur l'utilisateur de la session ouverte, etc.

L'interface graphique

L'interface graphique d'Automator se divise en deux parties principales (figure 32-3).

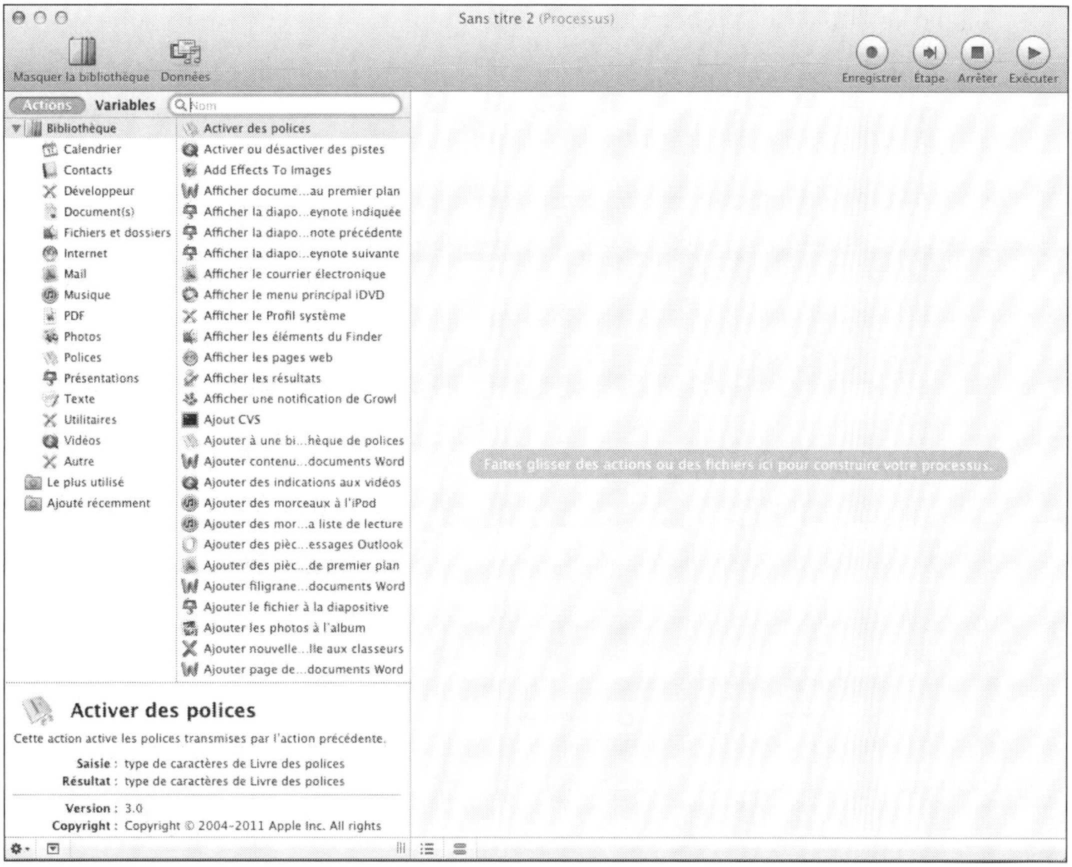

Figure 32-3 La fenêtre principale d'Automator.

La partie gauche de la fenêtre d'Automator est occupée par la **Bibliothèque**. Son contenu est divisé en deux ensembles : les **Actions** et les **Variables**. On passe de l'un à l'autre en cliquant sur l'élément voulu dans la barre gris clair en haut de la partie gauche de la fenêtre d'Automator.

La Bibliothèque est elle-même scindée en trois parties :

- La colonne de gauche regroupe par thèmes les éléments de l'ensemble sélectionné.

- La colonne de droite affiche le contenu du groupe sélectionné dans la colonne de gauche.
- Le cadre inférieur affiche les informations relatives à l'élément sélectionné dans la colonne de droite.

La partie droite de la fenêtre d'Automator est dédiée à la construction du processus. C'est là que s'affichent, sous forme de bulles, les différentes actions enchaînées dans le cadre du processus.

La partie droite de la fenêtre d'Automator peut aussi afficher deux sous-fenêtres :

- La première, obtenue en cliquant sur le premier bouton en bas de la partie droite de la fenêtre, présente l'historique du processus, à savoir la manière dont chacune des tâches prévues a été exécutée et s'est terminée.
- La seconde, obtenue en cliquant sur le deuxième bouton en bas de la partie droite de la fenêtre, présente une liste des variables associées au processus, ainsi que la valeur qu'elles stockent.

Enchaîner les éléments d'un processus

La construction d'un processus est une opération simple :

1. Sélectionnez l'action à ajouter dans la Bibliothèque.
2. Glissez-déposez l'action dans la partie droite de la fenêtre d'Autormator.

Renouvelez l'opération avec chacune des actions à ajouter au processus.

Bon à savoir Si vous cherchez à enchaîner deux actions dont l'une retourne des données d'un type et l'autre traite des données d'un second type, Automator marquera leur incompatibilité en n'affichant pas de lien entre elles.

Lorsque votre processus est prêt, cliquez sur le bouton **Exécuter** dans la barre d'outils d'Automator pour le tester.

Pour interrompre un processus en cours d'exécution, cliquez sur le bouton **Arrêter** de la barre d'outils d'Automator.

Figure 32-4 Enchaînement d'actions dans un processus d'Automator.

Enregistrer un processus

Automator est en outre capable de construire automatiquement un processus, rien qu'en suivant les opérations que vous effectuez à la souris et au clavier sur votre Mac. À charge pour vous d'affiner ensuite le processus obtenu.

1. Pour profiter de cette possibilité, créez un nouveau processus.
2. Cliquez sur le bouton **Enregistrer** de la barre d'outils.

Note La première fois, Automator vous demande d'activer l'option **Activer l'accès pour les périphériques d'aide** du panneau de préférences **Accès universel**.

3. Enchaînez manuellement les actions du processus que vous voulez automatiser.

4. Lorsque vous avez fini, cliquez sur le bouton **Arrêt** de la palette Automator en surimpression (figure 32-5).

Figure 32-5 Automator pendant l'enregistrement d'un processus manuel.

Le résultat est impressionnant : toutes les actions que vous avez enchaînées au clavier et à la souris sont regroupées là, dans une action intitulée **Observer mes actions** (figure 32-6) que vous pouvez modifier à loisir.

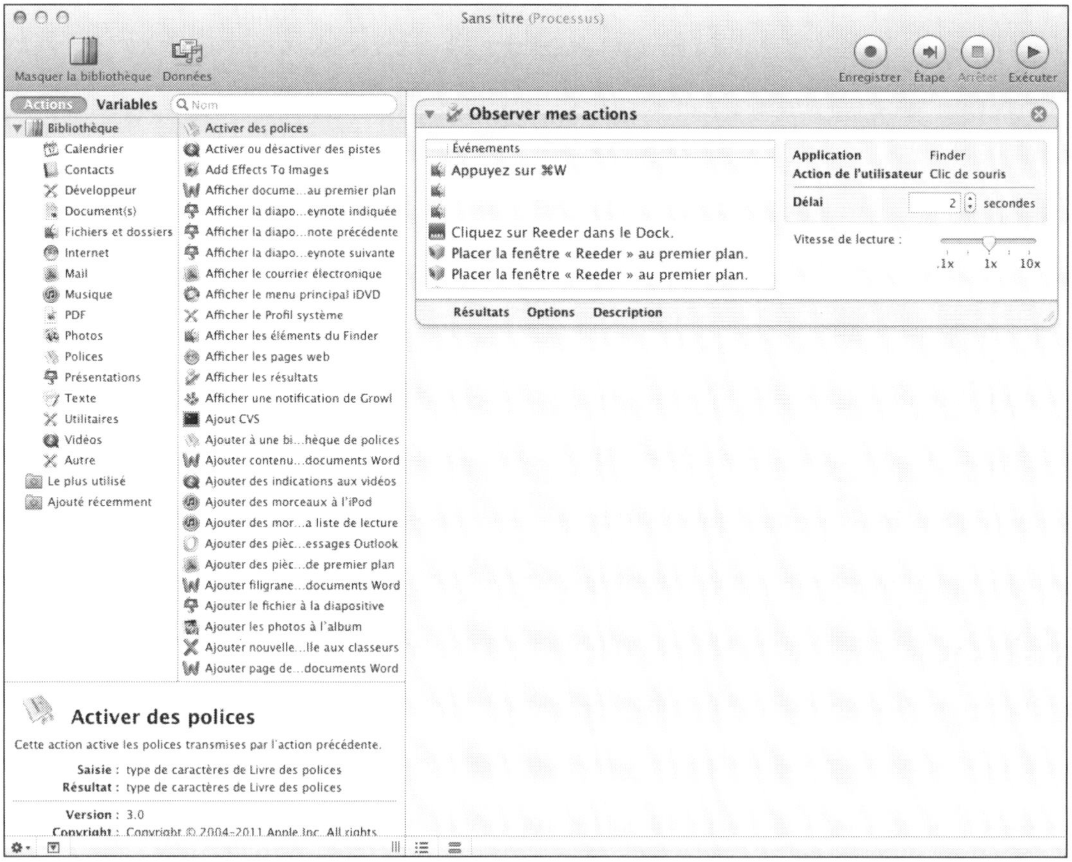

Figure 32-6 Actions enregistrées par Automator.

Bon à savoir Vous pouvez télécharger – ou diffuser par Internet – des processus réalisés avec Automator : les actions et services ainsi construits peuvent être installés aisément d'un simple double clic !

Utiliser un processus

On l'aura bien compris, les processus peuvent être utilisés de plusieurs manières différentes. La forme sous laquelle le processus est enregistré détermine la manière dont il sera utilisable par la suite.

Au moment d'enregistrer votre processus, déroulez le menu **Fichier ➜ Enregistrer** pour l'enregistrer simplement sous la forme prévue lors de sa création (voir plus haut).

Si vous avez changé d'avis, déroulez le menu **Fichier ➜ Enregistrer sous**. Là, vous pourrez enregistrer le processus Automator sous la forme d'un processus ou d'une application, exclusivement.

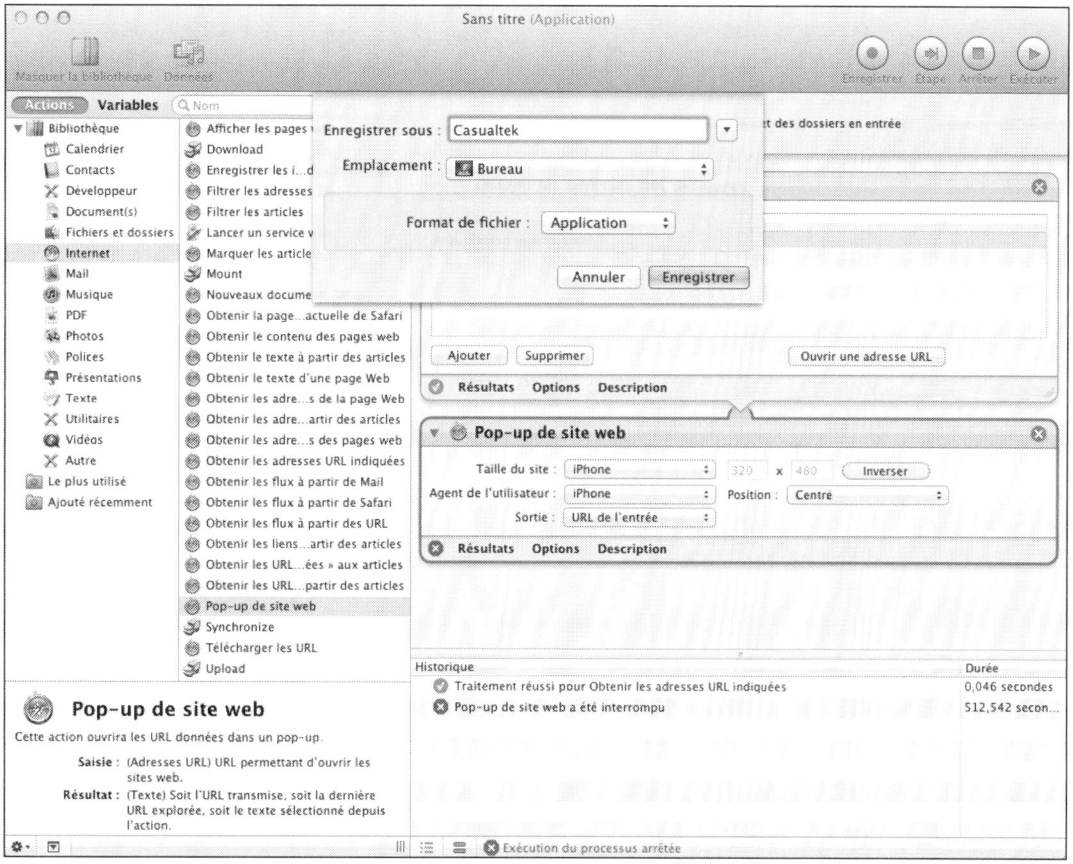

Figure 32-7 Enregistrer un processus Automator.

Ajouter des tâches pour Automator

Certaines applications enrichissent elles-mêmes Automator d'actions spécifiques. Les éditeurs de ces applications le précisent généralement. En outre, ces applications ajoutent automatiquement leurs actions à la bibliothèque Automator.

Enfin, certains développeurs proposent des actions supplémentaires pour Automator, actions qui s'ajoutent à la Bibliothèque sans pour autant dépendre d'une application en particulier.

Bon à savoir Avec Lion, Automator s'est enrichi de nouvelles actions. Certaines vous permettent désormais de convertir des documents textuels en livres électroniques au format ePub, de récupérer et d'afficher des contenus Web – y compris en simulant une sorte de micro-iPod Touch pour surfer sur des sites à l'interface dédiée – et enfin de compresser fichiers audio et vidéo.

Chapitre 33

Créer des fichiers PDF

Au menu de ce chapitre

- « Imprimer » simplement un document au format PDF
- Sécuriser des documents PDF

C'est probablement l'une des fonctions les plus pratiques de Mac OS X : la création de documents électroniques au format PDF, à partir de n'importe quelle application, via la commande d'impression.

Les fichiers PDF produits de la sorte sont enregistrés sur le disque dur, à l'instar des autres fichiers. Bien évidemment, ils peuvent être envoyés par courriel et sont lisibles comme n'importe quel document PDF, avec Acrobat Reader sous Windows, par exemple.

Imprimer simplement un document au format PDF

La création d'un document PDF est d'une grande simplicité. Jugez plutôt :

1. Dans n'importe quelle application, déroulez le menu **Fichier → Imprimer**.
2. Cliquez sur le bouton **PDF**.
3. Sélectionnez **Enregistrer en format PDF…**.

Poursuivez l'enregistrement comme pour n'importe quel autre fichier. Votre fichier PDF est aussitôt disponible, prêt à l'emploi.

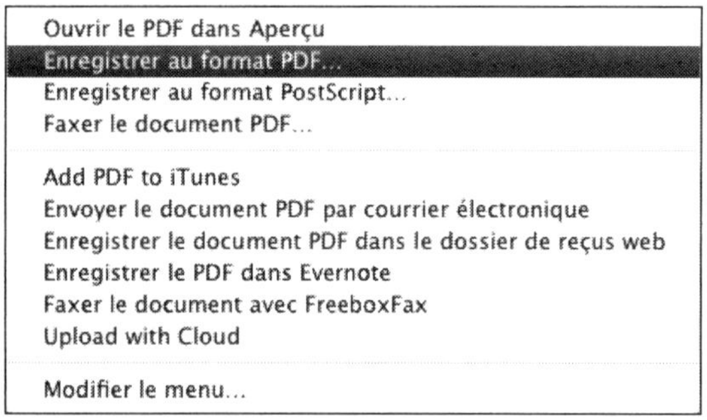

Figure 33-1 Menu de création de fichiers PDF.

Astuce Pour aller plus vite, sélectionnez **Envoyer le document PDF par courrier électronique** : une fenêtre de nouveau courriel sera aussitôt ouverte pas Mail, avec le document PDF en pièce jointe.

Sécuriser un fichier PDF

Les fichiers PDF créés avec Mac OS X Lion peuvent être sécurisés. Et ce n'est pas superflu. Plusieurs options sont envisageables : interdire l'impression, interdire le copier-coller, protéger l'ouverture du fichier par mot de passe. Tout cela pour éviter les copies importunes ou les regards malvenus. Pour protéger un document PDF, commencez par… le créer, par impression, comme vu plus haut.

1. Mais avant l'enregistrement, cliquez sur le bouton **Options de sécurité**.

    - Cochez la case **Exiger un mot de passe pour ouvrir le document** si vous voulez limiter l'accès à ce fichier à seulement quelques personnes auxquelles vous aurez préalablement communiqué le mot de passe d'accès au fichier – mot de passe que vous devez saisir une fois dans chacun des deux champs situés sous la case à cocher. Notez qu'il est préférable de communiquer le mot de passe d'accès par un moyen de communication distinct de celui par lequel vous transmettrez le fichier…
    - Cochez la case **Demander un mot de passe pour copier du texte, des images et tout autre contenu** pour interdire le copier-coller de tout ou partie de votre document, au moins à la majeure partie de ses lecteurs. Activer cette option peut être une bonne idée pour des documents PDF dans lesquels vous avez incrusté votre signature…
    - Cochez la case **Demander un mot de passe pour imprimer le document** afin de restreindre les possibilités d'impression du fichier. Renseignez le mot de passe dans les champs *ad hoc*.

2. Lorsque vous avez fini de sélectionner les options de sécurisation de votre fichier PDF, cliquez sur **OK** puis poursuivez l'enregistrement de votre document.

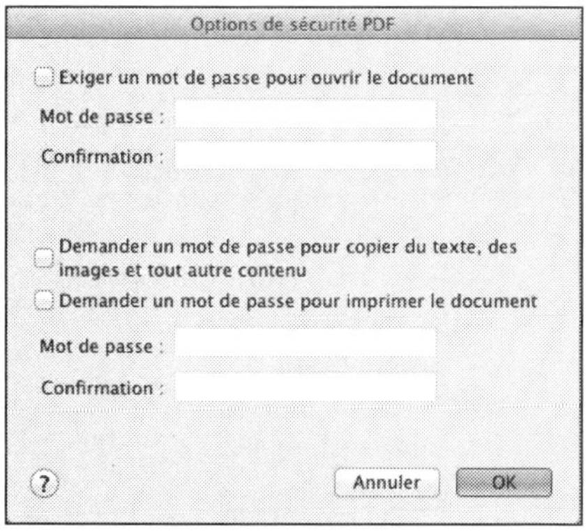

Figure 33-2 Les options de sécurisation d'un fichier PDF.

Astuce Plutôt que d'être enregistrés un peu n'importe où sur le disque dur de votre Mac, vos fichiers PDF peuvent être classés avec iTunes : pensez-y ; c'est l'une des options proposées par le menu d'impression au format PDF. C'est d'autant plus pratique que, depuis iTunes, vous pourrez les transférer à l'application iBooks de votre iPhone, iPad ou iPod Touch, afin de les y consulter ultérieurement.

PARTIE VI

PERSONNALISER MAC OS X LION

Chapitre

34

Configurer l'interface utilisateur

Au menu de ce chapitre

- Personnaliser les Préférences Système
- Configurer les moniteurs
- Calibrer son environnement graphique
- Choisir fond d'écran et économiseur
- Régler le niveau sonore
- Régler la date et l'heure
- Régler la souris
- Configurer le trackpad
- Paramétrer le clavier
- Régler les options d'accessibilité
- Modifier le menu Saisie

L'interface graphique est un élément essentiel du Mac, comme d'ailleurs de tout ordinateur : c'est à travers elle – avec ses fenêtres, son fond d'écran, etc. – que l'on commande l'ordinateur et qu'il nous renvoie des informations. L'interface graphique se doit donc d'être parfaitement adaptée aux besoins de chacun.

Celle de Mac OS X est largement personnalisable comme vous allez le constater à travers ce chapitre.

Personnaliser les Préférences Système

La première chose que vous pouvez personnaliser, c'est la liste des Préférences Système elle-même : vous pouvez décider des panneaux qui seront affichés et de ceux qui seront cachés. Pratique pour laisser de côté tous ceux que vous n'utilisez finalement que très rarement et avec lesquels vous n'avez pas besoin d'interagir.

1. Déroulez le menu **Pomme ➜ Préférences Système**.
2. Déroulez le menu **Présentation ➜ Personnaliser**.
3. Décochez la case à côté de chaque panneau de préférences que vous voulez cacher.
4. Lorsque vous avez fini, cliquez sur **OK**.

Figure 34-1 Choisir les panneaux de préférences à afficher.

Configurer les moniteurs

On s'intéresse souvent à l'unité centrale d'un ordinateur : c'est elle qui abrite toute l'électronique à l'origine de ses capacités. Mais les moniteurs, supports principaux de l'interface entre l'homme et la machine, sont probablement aussi importants, sinon plus. Alors que dire de leur configuration…

Mac OS X détecte généralement bien les capacités techniques des moniteurs. Mais il n'est pas infaillible. Surtout, vous pouvez souhaiter adapter la configuration du ou des moniteurs de votre Mac à vos besoins, notamment dans le cas d'une condition particulière.

1. Pour ajuster la configuration des moniteurs, déroulez le menu **Pomme → Préférences Système**.
2. Cliquez sur **Moniteurs**.

Normalement, la barre de titre de la fenêtre affiche la marque de votre moniteur. Si ce n'est pas le cas, cliquez sur le bouton **Détecter les moniteurs** pour forcer la reconnaissance.

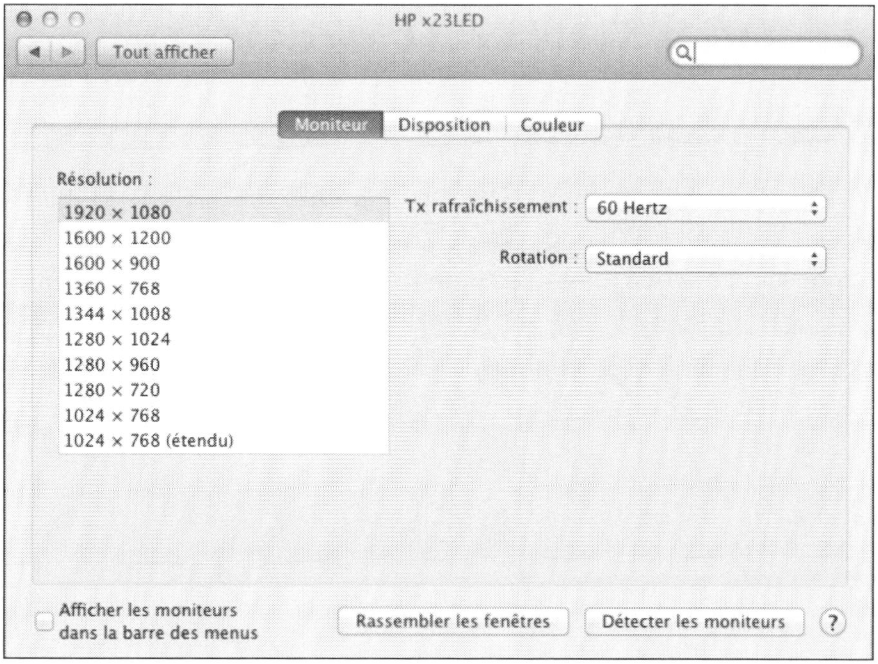

Figure 34-2 Le panneau de préférences des moniteurs.

Procédez maintenant aux réglages :

- Dans le cadre **Résolution**, sélectionnez la résolution que vous voulez utiliser pour votre moniteur.
- Avec un Mac portable, ajustez la luminosité à l'aide de la glissière *ad hoc*.
- Avec un MacBook Pro, cochez la case **Ajuster automatiquement la luminosité à la lumière ambiante** si vous voulez que Mac OS X réduise automatiquement la luminosité de l'écran dans la pénombre, et inversement en pleine lumière.

Bon à savoir Si plusieurs moniteurs sont connectés à votre Mac, une fenêtre de réglages dédiée s'ouvre sur chacun des moniteurs. Pour ramener toutes ces fenêtres derrière celle de l'écran principal, cliquez sur le bouton **Rassembler les fenêtres**.

Ajuster la disposition de plusieurs moniteurs

Lorsque plusieurs moniteurs sont connectés à un même Mac, il est possible, par exemple, de faire passer les fenêtres de l'un à l'autre à la souris. Mais pour que la manœuvre soit agréable, encore faut-il indiquer à Mac OS X comment les différents moniteurs sont physiquement disposés les uns par rapport aux autres.

Pour cela, activez l'onglet **Disposition** :

- À la souris, déplacez les cadres bleus figurant vos moniteurs afin de les organiser de la même manière que sur votre Bureau.
- Si vous le souhaitez, déplacez la barre des menus, figurée par un fin rectangle blanc, sur le moniteur que vous voulez comme écran principal.
- Enfin, si vous souhaitez que tous vos moniteurs affichent exactement la même chose, comme des clones, cochez la case **Recopie vidéo**.

Refermez la fenêtre lorsque vous avez fini.

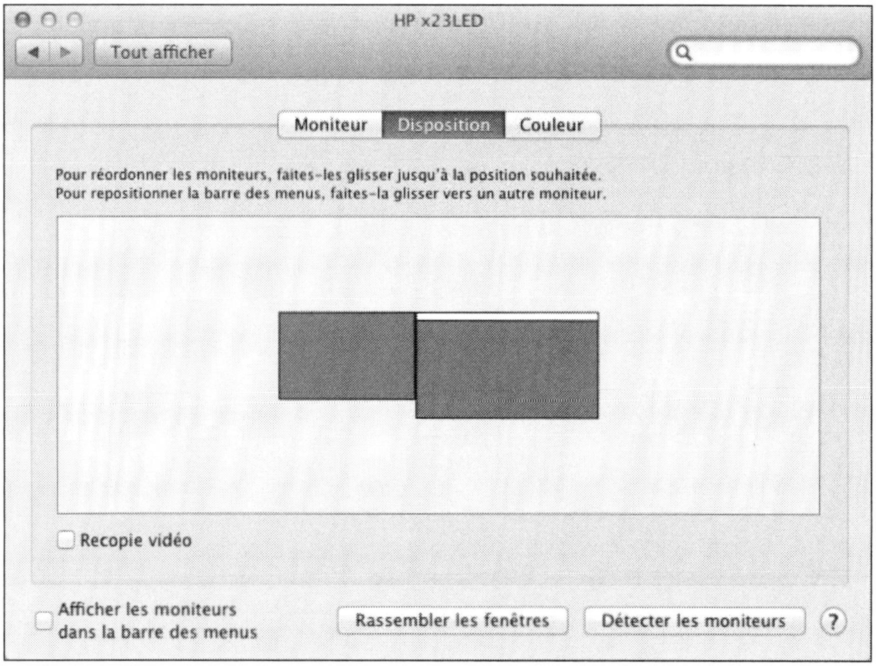

Figure 34-3 Réglage de la disposition de deux moniteurs.

Calibrer son environnement graphique

Les moniteurs actuels sont censés afficher plusieurs millions de couleurs. Le résultat est généralement plaisant, visuellement, mais forcément juste : sans réglage précis, la plupart des moniteurs informatiques affichent des couleurs qui s'éloignent, même un peu, de ce que l'on peut appeler les couleurs « vraies ». Ces couleurs vraies sont celles que l'œil perçoit lorsqu'il observe un sujet dans le monde réel. Et l'on s'attend à ce qu'une reproduction de ce sujet, affichée par un moniteur d'ordinateur, fournisse un rendu des couleurs aussi proche que possible de celles de l'original.

Un bon ajustement des couleurs permet, notamment, de s'assurer qu'une photo imprimée fournira un rendu des couleurs correspondant à celui du moniteur.

Surtout, la technologie ColorSync de Mac OS X permet de fournir, sous forme de fichier informatique, les informations de calibrage colorimétrique d'un moniteur à un imprimeur : ce dernier, s'il est amené à opérer quelques retouches sur une photo, peut effectuer ces dernières en tenant compte du profil ColorSync de votre moniteur afin de ne pas ruiner vos efforts.

1. Pour ajuster le rendu des couleurs de votre moniteur, ouvrez le panneau de préférences **Moniteurs** et activez l'onglet **Couleur**.
2. Cliquez sur le bouton **Étalonner**.
3. Suivez les instructions à l'écran.

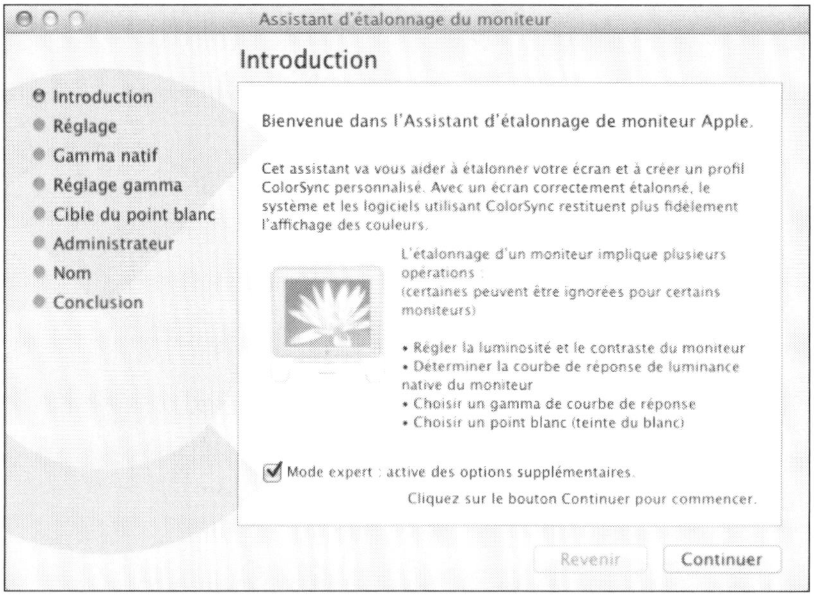

Figure 34-4 L'assistant d'étalonnage des moniteurs.

Une fois l'étalonnage terminé, un nouveau profil vient s'ajouter à la liste **Profil d'affichage**.

1. Pour tester plus de profils colorimétriques avec votre moniteur, décochez la case **Afficher uniquement les profils de ce moniteur**.
2. Sélectionnez un à un chacun des profils.
3. Si, après avoir essayé ces profils, vous estimez que l'un d'entre eux correspond mieux à votre moniteur que celui proposé par Mac OS X, sélectionnez-le et cliquez sur le bouton **Étalonner…** pour ajuster ce nouveau profil avec plus de finesse.

Et n'oubliez pas d'écouter vos yeux !

Bon à savoir Mac OS X permet – et c'est heureux ! – d'ajuster le rendu des couleurs de chaque moniteur connecté au Mac, individuellement.

Figure 34-5 Plus de profils pour un moniteur.

Choisir fond d'écran et économiseur

Que ce soit à titre personnel ou professionnel, vous allez utiliser votre Mac. Alors faites en sorte que le temps passé devant votre moniteur vous soit le plus agréable possible. Ce n'est d'ailleurs sûrement pas sans raison que la plupart des utilisateurs d'ordinateur personnel commencent, souvent, par modifier le fond d'écran afin d'y coller une photo plaisante.

Astuce Mac OS X Lion ne propose aucun réglage simplement accessible pour cela, mais il est néanmoins possible de changer de fond d'écran d'ouverture de session. Pour cela, il faut remplacer le fichier /System/Library/CoreServices/DefaultDesktop.jpg. Vous devez commencer par supprimer ce fichier. Puis donner son nom au fichier que vous voulez utiliser comme fond d'écran pour l'ouverture de session. Ensuite, lancez le Terminal et tapez les deux commandes suivantes, en validant par **Entrée** à l'issue de chacune d'entre elles :

```
Sudo chown root:wheel /System/Library/CoreServices/DefaultDesktop.jpg

Sudo chmod 644 /System/Library/CoreServices/DefaultDesktop.jpg
```

1. Pour modifier le fond d'écran de Mac OS X Lion, ouvrez le panneau de préférences **Bureau et économiseur d'écran**.
2. Activez l'onglet **Bureau**.

   Les fonds d'écran disponibles sont rangés par groupes dans la colonne de gauche (figure 34-6).

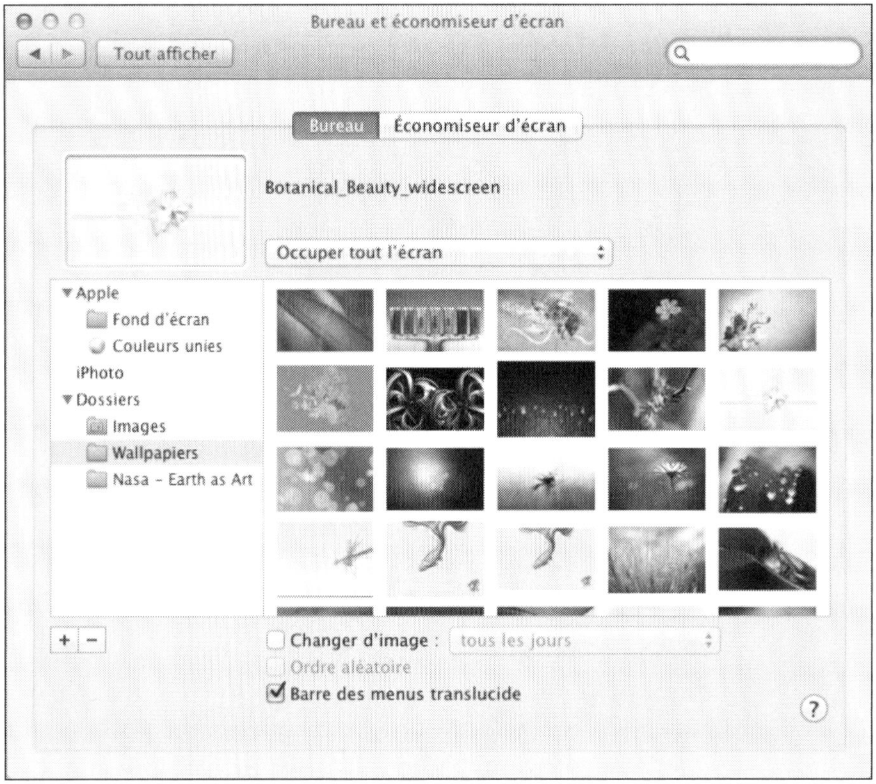

Figure 34-6 Liste des fonds d'écran disponibles.

3. Sélectionnez l'un des groupes pour afficher son contenu dans le cadre de droite.
4. Cliquez sur l'image que vous voulez utiliser en fond d'écran.

La modification est immédiate.

Astuce Vous pouvez ajouter des dossiers du disque dur de votre Mac à la liste de la colonne de gauche : cliquez sur le bouton + en bas de la colonne puis sélectionnez le dossier que vous voulez ajouter.

Si l'affichage de l'image, sur l'ensemble de l'écran, ne vous convient pas, ajustez cet affichage en déroulant la liste au-dessus de celle des fonds d'écran et sélectionnez le mode d'affichage qui vous satisfait le plus.

Enfin, Mac OS X Lion est capable de changer régulièrement le fond d'écran, au sein d'un groupe d'images sélectionné. Cela casse un peu la routine.

1. Pour profiter de cette possibilité, cochez la case **Changer d'image**.
2. Déroulez la liste correspondante et sélectionnez l'intervalle de changement d'image que vous souhaitez.
3. Enfin, cochez la case **Ordre aléatoire** si vous souhaitez que Lion choisisse au hasard l'image à afficher parmi celles du groupe sélectionné.

Astuce La barre des menus translucide vous insupporte ? C'est ici que ça se règle : décochez la case **Barre des menus translucide** : et hop, la voilà opaque. Mais avec un fond gris légèrement dégradé pas forcément très agréable.

Bon à savoir Chaque écran virtuel géré par Mission Control (chapitre 28) peut avoir son propre fond d'écran spécifique. Pour cela, il faut faire passer les fenêtres du panneau de préférences **Bureau et économiseur d'écran** sur l'écran virtuel que vous voulez personnaliser.

Choisir un économiseur d'écran

L'économiseur d'écran prend généralement la forme de graphismes animés envahissant totalement l'écran dès lors qu'on a cessé d'utiliser son ordinateur pendant quelques minutes.

Les économiseurs d'écran ont initialement été conçus pour assurer la pérennité des moniteurs à tube cathodique : confrontés à des images en partie statiques, ces moniteurs avaient tendance à souffrir de marquages au fil du temps avec, par exemple, une « ombre » de la barre des menus de Mac OS indélébile.

Les moniteurs LCD ne souffrent pas de marquage. Mais l'aspect esthétique des économiseurs d'écran leur a permis de subsister.

1. Pour choisir un économiseur d'écran, ouvrez le panneau de préférences **Bureau et économiseur d'écran**.
2. Activez l'onglet **Économiseur d'écran**.
3. Sélectionnez un économiseur dans la liste de gauche.
4. Si nécessaire, réglez les paramètres disponibles pour l'économiseur sélectionné, sous le cadre de prévisualisation.

5. Pour vous faire une idée du résultat, cliquez sur le bouton **Tester**.
6. Bougez la souris pour revenir à l'affichage normal.
7. Déplacez la glissière **Lancer après** pour déterminer le délai d'inactivité passé lequel l'économiseur devra se lancer.
8. Cochez la case **Utiliser un économiseur d'écran aléatoire** si vous souhaitez que Mac OS X choisisse, au hasard, l'économiseur d'écran à utiliser.
9. Cochez la case **Superposer l'heure** si vous souhaitez que Mac OS X affiche l'heure en surimpression de l'économiseur d'écran.

Figure 34-7 Choix d'un économiseur d'écran dans Mac OS X.

Bon à savoir Mac OS X Lion est livré en standard avec plusieurs fonds d'écran. Mais des développeurs tiers ne manquent pas d'en concevoir. Retrouvez d'autres économiseurs d'écran sur des sites Web tels que Version Tracker (`www.versiontracker.com`) ou Mac Update (`www.mac-update.com`) en lançant une recherche sur le mot-clé *screensaver*.

Astuce L'économiseur d'écran **Illustrations iTunes** n'est pas un économiseur d'écran comme les autres : il affiche une matrice de pochettes des morceaux de librairie iTunes mais, en plus, vous pouvez cliquer sur chaque pochette pour lancer la lecture !

Régler le niveau sonore

Le son est un élément non négligeable d'interface entre l'ordinateur et son utilisateur. Par exemple, les Mac produisent toutes sortes d'alertes sonores pour indiquer une erreur, manifester la réussite d'une opération, attirer l'attention de leur utilisateur, *etc.*

Mais c'est avec le développement des applications multimédia que le son a pris toute son importance en informatique.

Mieux vaut donc bien régler les paramètres sonores de son Mac pour l'utiliser confortablement et profiter pleinement de ses musiques ou de ses vidéos.

1. Pour régler la sortie sonore de votre Mac, ouvrez le panneau de préférences **Son**.
2. Activez l'onglet **Sortie**.
3. Dans la liste, sélectionnez l'équipement de restitution audio à utiliser.

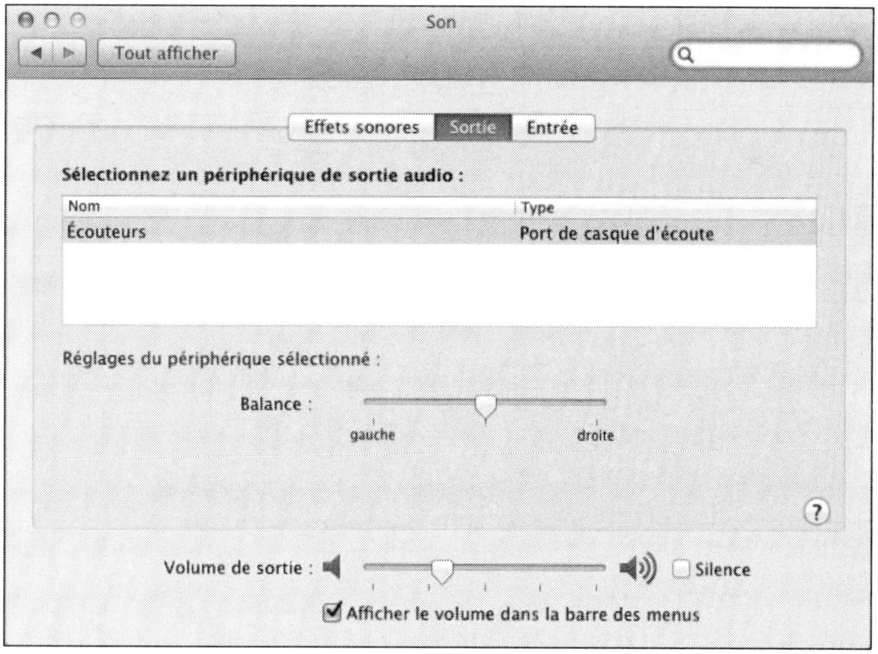

Figure 34-8 Configuration de la sortie audio du Mac.

4. Ajustez la répartition gauche/droite de la sortie sonore à l'aide de la glissière **Balance** en fonction de la disposition des enceintes connectées à votre Mac : vous devez sentir le son naître face à vous, dans le moniteur principal.
5. Ajustez le volume de sortie sonore avec la glissière *ad hoc*.

Astuce Cochez la case **Afficher le volume dans la barre des menus** pour pouvoir choisir rapidement et à tout moment le volume de sortie de votre Mac.

Régler les effets du système

Vous l'aurez constaté, Mac OS X émet des sons pour transmettre toutes sortes de notifications à son utilisateur. Ces sons sont personnalisables, à commencer par leur niveau de reproduction.

1. Pour modifier les alertes sonores de Mac OS X, activez l'onglet **Effets sonores**.
2. Dans la liste, choisissez le son par lequel vous souhaitez que Mac OS X attire votre attention lorsque cela lui est nécessaire.
3. Avec la glissière **Volume d'alerte**, ajustez le niveau de reproduction du son sélectionné.

Figure 34-9 Configuration des effets sonores de Mac OS X.

4. Cochez la case **Activer les effets sonores de l'interface utilisateur**, pour permettre, par exemple, à Mac OS X de jouer un son lorsque la Corbeille vient d'être vidée.
5. Cochez la case **Émettre un son lorsque le volume est modifié** pour disposer d'un retour sonore lorsque vous modifiez le volume sonore.

Bon à savoir Chaque application peut disposer de ses effets sonores propres. Il est généralement possible de les modifier à partir du panneau de préférences de l'application.

Ajuster le niveau de l'entrée sonore

Un Mac dispose d'au moins une entrée audio : l'entrée ligne que l'on peut utiliser, par exemple, pour brancher un vieux lecteur de K7 avec un câble jack stéréo. Les MacBook, MacBook Pro et iMac disposent en outre d'une entrée micro, très utile pour faire de l'audio ou de la vidéoconférence. Mais d'autres entrées audio peuvent s'ajouter à cette liste, à commencer par celle constituée par un microcasque externe.

1. Pour configurer ces entrées audio, activez l'onglet **Entrée**.
2. Dans la liste, sélectionnez l'entrée que vous voulez configurer.
3. Ajustez le niveau d'amplification avec la glissière **Volume d'entrée**.

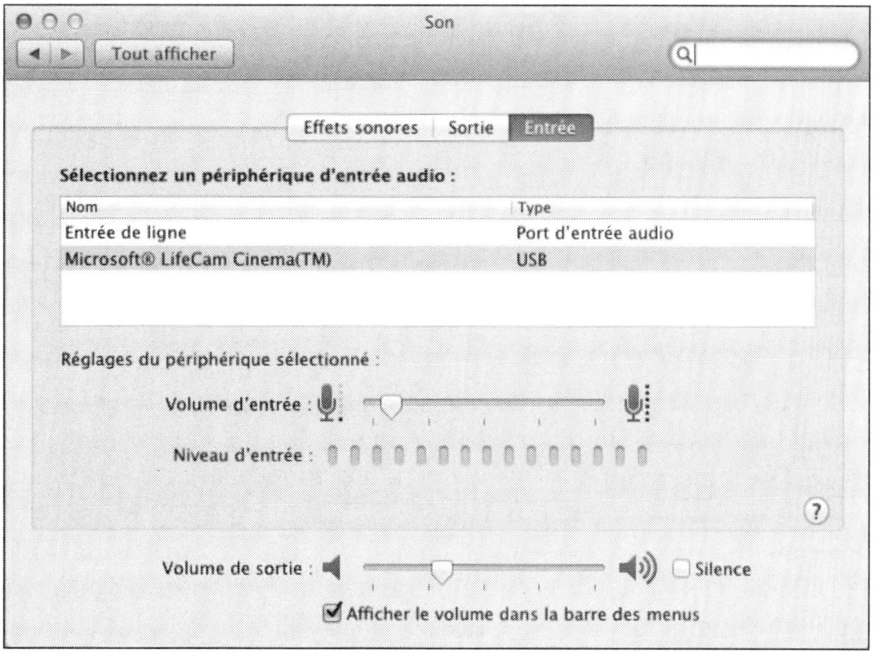

Figure 34-10 Configuration des entrées audio.

4. Dans le cas du micro intégré à votre Mac, cochez la case **Utiliser la fonction de réduction du bruit de fond**.
5. Renouvelez l'opération pour chaque entrée sonore de la liste.
6. Lorsque vous avez fini, refermez la fenêtre.

Bon à savoir De nombreux logiciels utilisant les entrées sonores sont capables d'ajuster eux-mêmes le niveau d'amplification en fonction de leurs besoins. C'est le cas notamment d'iChat (chapitre 10) et de Skype.

Astuce Remarquez l'indicateur **Niveau d'entrée** : il vous permet de savoir si le niveau d'amplification défini est suffisant pour un bon enregistrement ou, au contraire, trop élevé.

Régler la date et l'heure

Généralement, la plupart des réglages nécessaires à la mise à l'heure de Mac OS X sont effectués automatiquement au moment de l'installation du système. Néanmoins, il est possible qu'une intervention manuelle soit nécessaire par la suite, notamment si Mac OS X n'a pas réussi à se connecter à Internet au cours de l'installation.

En outre, il peut s'avérer nécessaire de modifier la date et l'heure lorsque l'on part en voyage, en cas de changement de fuseau horaire.

1. Pour accéder aux réglages de date et d'heure de Mac OS X, ouvrez le panneau de préférences **Date et heure**.
2. Activez l'onglet **Date et heure**.
3. Cochez la case **Régler automatiquement** pour que Mac OS X utilise la connexion à Internet, lorsqu'elle est disponible, pour ajuster son horloge.
4. Activez l'onglet **Fuseau horaire**.
5. Cochez la case **Régler le fuseau horaire automatiquement en fonction du lieu actuel** : Mac OS X va chercher à déterminer le lieu où vous vous trouvez en fonction de différents paramètres de votre connexion réseau. Dans la plupart des cas, ça marche. Cela peut même être très précis. Las, parfois, cela ne fonctionne pas, la faute à une infrastructure réseau peu dense du côté du fournisseur d'accès à Internet. Décochez alors la case et, à l'aide de la souris, cliquez sur la carte pour indiquer l'endroit du globe où vous utilisez votre Mac afin que Lion relève le fuseau horaire correspondant.

6. Activez l'onglet **Horloge**.

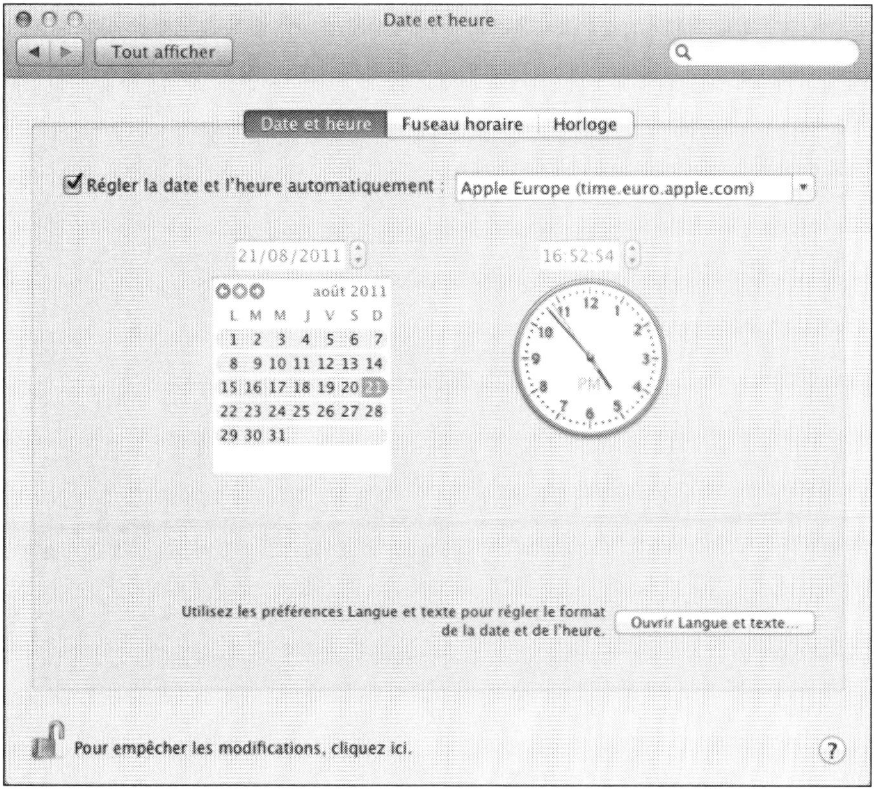

Figure 34-11 Réglage de la date et de l'heure dans Mac OS X.

7. Cochez la case **Afficher la date et l'heure dans la barre des menus** si vous souhaitez disposer de l'heure et de la date en haut à droite de l'écran de votre Mac ; réglez les options correspondantes selon votre goût.

8. Cochez la case **Annoncer l'heure** et réglez les options afférentes si vous souhaitez que Mac OS X marque, par un signal sonore, le passage des heures, des demi-heures, voire des quarts d'heure !

Figure 34-12 Réglage du fuseau horaire dans Mac OS X.

Régler la souris

L'analogie peut paraître un peu décalée mais, dans la pratique, une souris n'est pas loin d'être aussi personnelle qu'une… brosse à dents, du moins dans ses réglages.

En effet, plusieurs personnes peuvent utiliser un même Mac, avec la même souris, mais chacun gagnera à régler la souris à ses habitudes : vitesse de déplacement du pointeur, rapidité du double clic, vitesse de défilement, *etc.*

Mac OS X pousse l'adaptabilité jusqu'à autoriser l'inversion du bouton principal pour les gauchers.

1. Pour configurer la souris à votre main, ouvrez le panneau de préférences **Souris**.
2. Ajustez la rapidité du pointeur à l'écran avec la glissière **Déplacement**.
3. Ajustez la vitesse du double clic avec la glissière *ad hoc.*
4. Si vous êtes gaucher, sélectionnez **gauche** à la rubrique **Clic secondaire**.

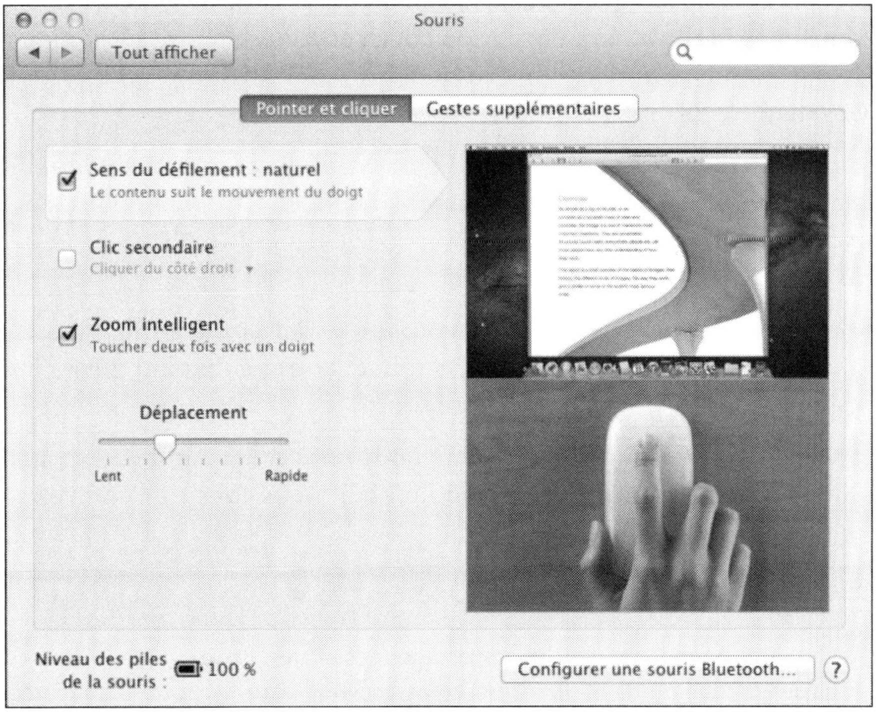

Figure 34-13 Configuration de la souris dans Mac OS X.

Mais Lion vous permet de configurer bien d'autres choses, à commencer par le sens du défilement et le fonctionnement du zoom :

1. Pour opter pour le **défilement naturel**, cochez la case correspondante : lorsque vous glisserez le doigt sur votre souris (ou ferez défiler sa molette), l'affichage survolé par le pointeur de la souris défilera dans le sens dans lequel se déplace le bout de votre doigt, un petit peu comme si vous tiriez dessus. C'est contraire à tout ce qui a été fait jusqu'ici. Mais Apple parle de défilement « naturel » dans la mesure où le défilement est ainsi configuré sur les tablettes et les smartphones tactiles. Et que, sur ceux-ci, cela semble effectivement naturel. N'ayez pas peur : vous y prendrez vite goût même si cela vous déroute un peu au début.
2. Cochez la case **Zoom intelligent** pour profiter d'un autre apport de l'expérience des iPhone et iPad : d'un double clic, vous zoomerez ou dézoomerez sur l'élément survolé. Et la taille du zoom sera automatiquement ajustée aux dimensions de la fenêtre d'affichage. Redoutablement efficace.

Bon à savoir Tous les ajustements que vous êtes susceptible d'effectuer sont appliqués en temps réel par Mac OS X. Ainsi, vous pouvez les tester immédiatement.

Et il y a encore plus : des gestes utilisant pleinement la surface tactile de la toute dernière souris sans fil d'Apple. Ceux-ci vous permettront de naviguer rapidement entre pages de documents et applications, jusqu'à invoquer Mission Control sans passer par le clavier (chapitre 28) :

1. Cochez la case **Balayer entre pages** : en faisant glisser latéralement un doigt, vous passerez d'une page à l'autre dans un document en contenant plusieurs. En déroulant la liste correspondante, vous pourrez également opter pour un défilement à deux doigts ou… avec l'un ou l'autre.
2. Cochez la case **Balayer entre apps en plein écran** pour pouvoir passer plus rapidement d'une application en plein écran à l'autre, en faisant glisser latéralement deux doigts sur le dos tactile de votre souris.
3. Cochez la case **Mission Control** pour pouvoir accéder rapidement aux fonctions de Mission Control (chapitre 28) en tapotant deux fois le dos de votre souris, du bout de deux doigts.
4. Refermez la fenêtre lorsque vous avez terminé.

Bon à savoir Certaines options sont exclusives les unes des autres. Par exemple, si vous configurez le balayage à un ou deux doigts pour passer d'une page à l'autre d'un même document, vous ne pourrez plus activer l'option de balayage entre applications en plein écran. Pour cela, vous devrez repasser par les raccourcis clavier.

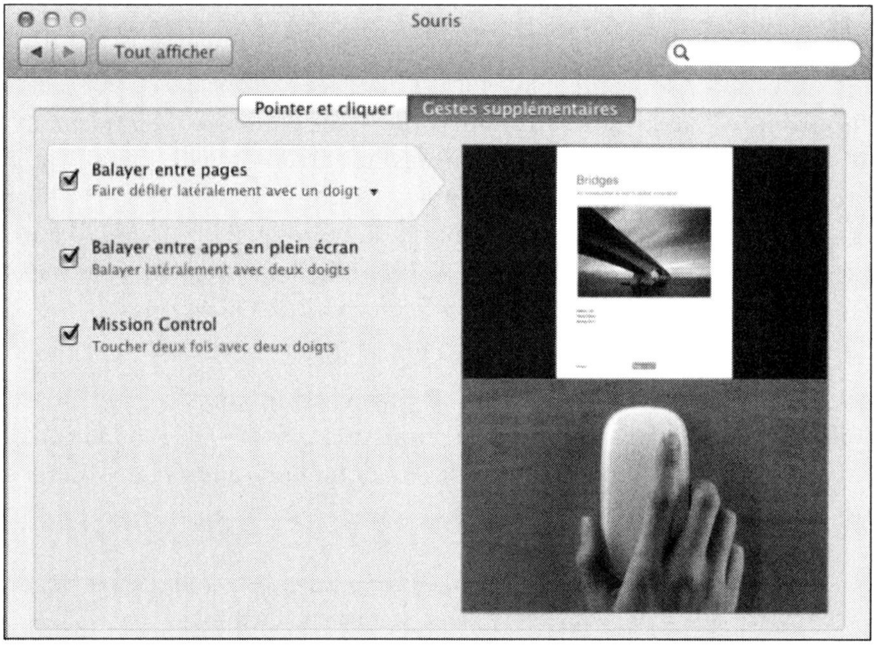

Figure 34-14 Configuration des gestes supplémentaires à la souris.

Astuce Avec une souris tierce, cochez la case **Zoom avec la molette de défilement** si vous voulez pouvoir agrandir l'affichage de Mac OS X, à la volée, en utilisant la molette de la souris et le raccourci clavier défini à la même rubrique. Tout l'affichage de Mac OS X est concerné, quelle que soit l'application.

Configurer le trackpad

Le trackpad, c'est ce petit carré tactile à l'avant du clavier des MacBook et MacBook Pro. Il est au Mac portable ce que la souris est au Mac de bureau. Et même plus ! Sur les nouveaux portables Apple, cet accessoire est comparable à l'écran tactile d'un iPhone ou d'un iPod Touch : il supporte les mouvements impliquant plusieurs doigts. En fait, la puissance des gestes gérés par le trackpad avec Lion rend presque ce dispositif de pointage plus naturel et plus efficace que la traditionnelle souris. Au point que certains n'ont pas hésité à troquer leur souris pour le trackpad de bureau d'Apple !

1. Pour configurer le comportement du trackpad de votre Mac, ouvrez le panneau de préférences **Trackpad**.
2. Ajustez la rapidité du pointeur à l'écran avec la glissière **Vitesse de déplacement**.

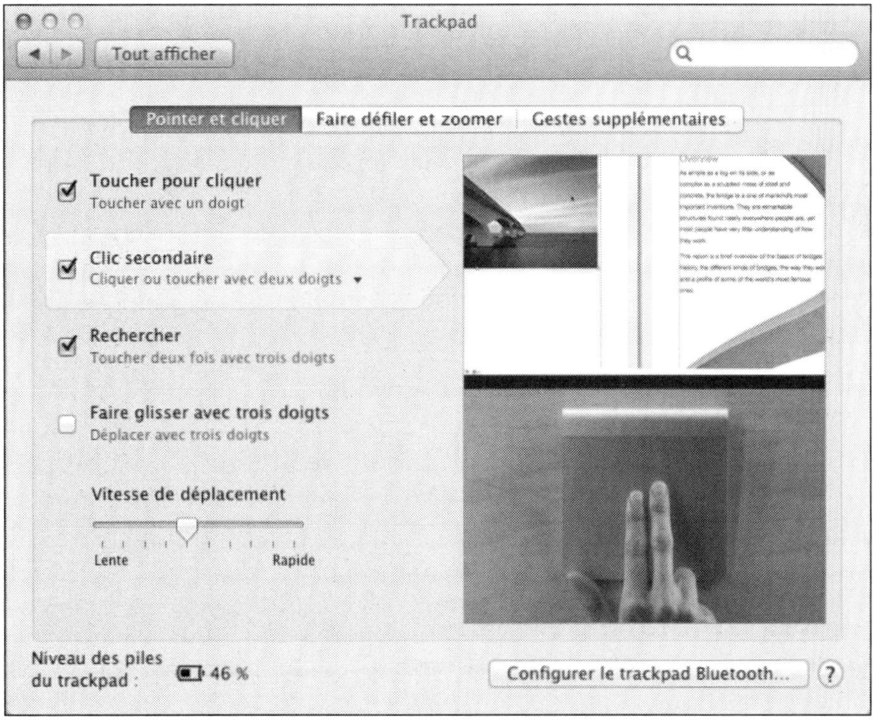

Figure 34-15 Configuration du trackpad dans Mac OS X.

Les autres options de la fenêtre concernent les gestes, réalisés avec plusieurs doigts, dont vous voulez assurer la prise en charge par Mac OS X. Elles ne sont accessibles, bien sûr, qu'avec un Mac au trackpad multitouch. Pour chaque option, cochez la case correspondante afin d'activer le support du geste correspondant ; les modifications sont immédiatement prises en compte.

Bon à savoir Lorsque vous passez le pointeur de la souris au-dessus de l'une des options, le cadre droit de la fenêtre des réglages s'anime aussitôt pour présenter une démonstration des gestes correspondants.

- **Toucher pour cliquer** : activez cette option pour pouvoir « cliquer » en tapotant du bout du doigt sur le trackpad, plutôt qu'en « cliquant » sur ses coins inférieurs.
- **Clic secondaire** : déroulez cette liste et sélectionnez l'option correspondant à la manière dont vous voulez réaliser des clics droits. Essayez avec deux doigts : vous verrez, c'est très confortable.
- **Rechercher** : cette fonction est d'une efficacité douteuse. Mais c'est principalement lié au fait qu'elle invoque principalement des outils de recherche en anglais et, en outre, qu'elle ne fonctionne pas avec toutes les applications.
- **Faire glisser avec trois doigts** : cette option vous évite de devoir cliquer-maintenir un élément de l'interface graphique pour le déplacer. Mais si vous l'activez, d'autres options peut-être encore plus utiles vous seront fermées. À vous de juger en fonction de vos usages.

Astuce Contrairement à une idée reçue, il peut être plus confortable, pour un droitier, d'utiliser le coin inférieur gauche du trackpad pour le clic droit : c'est là qu'atterrit naturellement le pouce, l'index servant aux principales opérations de clic ou encore de glisser-déplacer.

La suite se passe sous l'onglet **Faire défiler et zoomer**. C'est là que les gestes avancés commencent à prendre tout leur sens.

- **Défilement naturel** : lorsque vous glisserez deux doigts sur votre trackpad, l'affichage survolé par le pointeur de la souris défilera dans le sens dans lequel se déplacent vos doigts, un petit peu comme si vous tiriez dessus. C'est contraire a tout ce qui a été fait jusqu'ici. Mais Apple parle de défilement « naturel » dans la mesure où le défilement est ainsi configuré sur les tablettes et les smartphones tactiles. Et que, sur ceux-ci, cela semble effectivement naturel.
- **Zoom avant ou arrière** : pour agrandir ou réduire une photo, dans Aperçu par exemple, posez sur le trackpad les bouts de deux doigts et écartez ou resserrez-les. Cette commande peut s'appliquer à l'ensemble de l'affichage en maintenant la touche **ctrl** enfoncée pendant la manipulation.

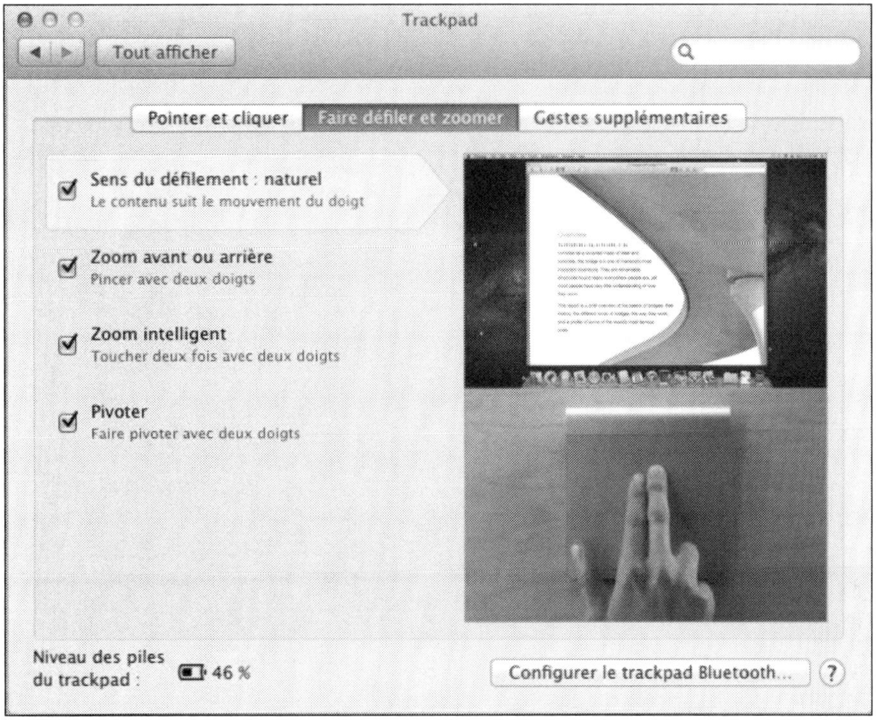

Figure 34-16 Configuration du défilement et du zoom au trackpad.

- **Zoom intelligent** : pour profiter d'un autre apport de l'expérience des iPhone et iPad, cochez cette case. Dès lors, d'un double clic du bout de deux doigts, vous zoomerez ou dézoomerez sur l'élément survolé. Et la taille du zoom sera automatiquement ajustée aux dimensions de la fenêtre d'affichage. Redoutablement efficace.
- **Pivoter** : posez les bouts de deux doigts légèrement écartés sur le trackpad et faites-les pivoter dans le sens des aiguilles d'une montre ou dans le sens contraire pour faire tourner le contenu d'une fenêtre. Essayez cette opération avec le logiciel Aperçu, sur vos photos (chapitre 14). Ça marche aussi avec iPhoto (chapitre 20) !

Astuce Si vous le souhaitez, vous pouvez utiliser une souris filaire ou sans fil avec votre Mac portable alors que celui-ci est simplement posé sur votre bureau. Pour certaines opérations requérant de la précision, la souris peut s'avérer plus efficace que le trackpad. Mais c'est une question de confort personnel.

Un troisième onglet, **Gestes supplémentaires**, rassemble des options gestuelles susceptibles de vous faire vraiment gagner du temps au quotidien :

Figure 34-17 Définition de gestes supplémentaires.

- **Balayer entre pages** : en faisant glisser latéralement deux doigts, vous passerez d'une page à l'autre dans un document en contenant plusieurs. En déroulant la liste correspondante, vous pourrez également opter pour un défilement à trois doigts ou… avec l'un des trois.
- **Balayer entre apps en plein écran** : cette option vous permet de passer plus rapidement d'une application en plein écran à l'autre, en faisant glisser latéralement trois doigts sur votre trackpad (ou quatre, au choix).
- **Mission Control** : avec cette option, vous pourrez accéder rapidement aux fonctions de Mission Control (chapitre 28) en glissant trois doigts, vers le haut, sur votre trackpad – ou quatre doigts, si vous préférez.
- **App Exposé** : cette option vous permet d'afficher rapidement toutes les fenêtres de l'application active, y compris des fenêtres éventuellement réduites dans le Dock, et de sélectionner rapidement celle que vous voulez rouvrir. Et cela en glissant trois (ou quatre doigts) vers le bas, sur votre trackpad.

- **Launchpad** : vous vous souvenez du nouveau lanceur d'applications de Lion, Launchpad (chapitre 3) ? Est-il vraiment pertinent de devoir cliquer sur son icône, dans le Dock, pour le lancer ? N'est-ce pas un peu redondant ? Vous trouvez ? Alors activez cette fonction et « pincez » à trois doigts, en plus du pouce, la surface de votre trackpad pour invoquer Launchpad.
- **Afficher le bureau** : c'est le geste inverse du précédent. Et il vous permet, en écartant trois doigts du pouce, sur votre trackpad, d'écarter toutes les fenêtres de l'écran pour dévoiler le Bureau. Pratique lorsque l'on y fait un recours intensif pour stocker ses fichiers de travail temporaires.

Bon à savoir Certaines options sont mutuellement exclusives. Ainsi, vous ne pouvez pas activer le glissement à trois doigts de l'onglet **Pointer et cliquer** et, en même temps, activer le balayage entre applications plein écran ou le lancement de Mission Control et Exposé avec trois doigts : ces trois dernières fonctions devront être employées avec quatre doigts.

Paramétrer le clavier

Chacun a son style de frappe bien personnel. Il est donc nécessaire d'y adapter Mac OS X et son comportement vis-à-vis du clavier.

1. Pour cela, ouvrez le panneau de préférences **Clavier**.
2. Ajustez la glissière **Répétition des touches** selon vos besoins.
3. Faites de même avec la glissière **Pause avec répétition**.
4. Cochez la case **Utiliser les touches F1, F2**... si vous souhaitez inverser le comportement de votre clavier : la touche **Fn** permettra d'activer les commandes directes telles que le contrôle du volume sonore, et non l'inverse comme c'est le cas par défaut notamment sur les clavier des MacBook et MacBook Pro.
5. Si vous utilisez un MacBook Pro, cochez la case **Éclairer le clavier si la lumière ambiante est faible** : Mac OS X déclenchera automatiquement le rétro-éclairage de votre clavier en fonction de la lumière ambiante ; ajustez la glissière correspondante si vous souhaitez que le rétro-éclairage soit désactivé au bout d'un certain temps d'inactivité.

Refermez la fenêtre lorsque vous avez fini.

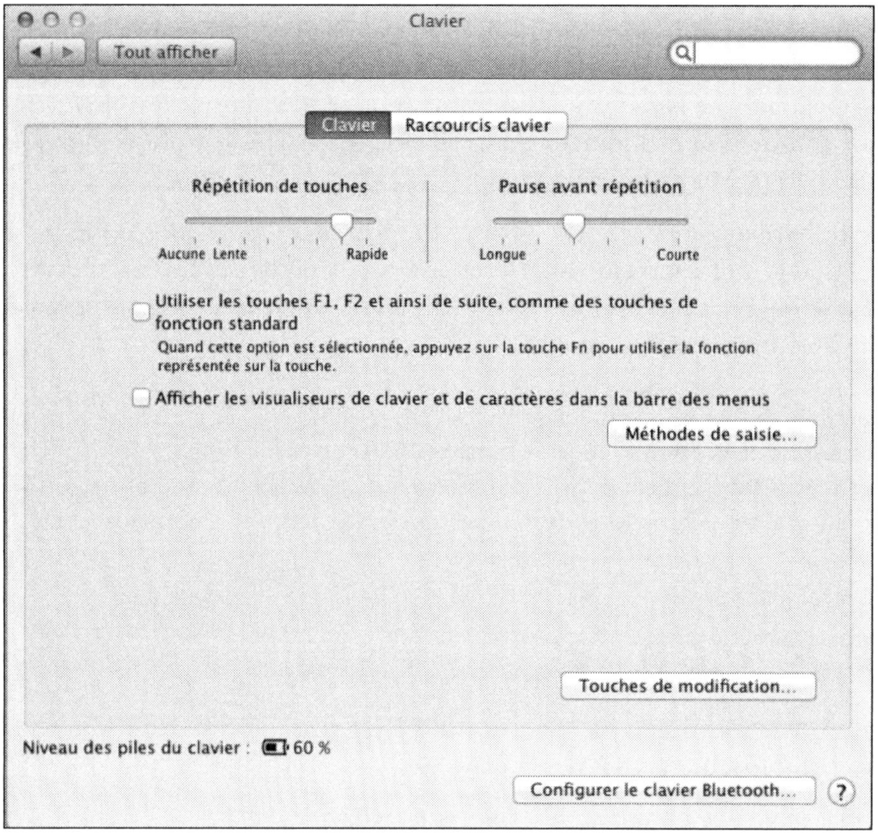

Figure 34-18 Configuration du clavier avec Mac OS X.

Personnaliser les raccourcis clavier

Un grand nombre de fonctions de Mac OS X et de ses applications peuvent être invoquées au clavier, à l'aide de raccourcis obtenus en maintenant enfoncées plusieurs touches simultanément (voir le chapitre Spécial débutants et l'annexe A). Certains de ces raccourcis sont personnalisables.

1. Pour modifier les raccourcis clavier de Mac OS X, ouvrez les Préférences Système **Clavier**.
2. Activez l'onglet **Raccourcis clavier**.
3. Dans la liste, double-cliquez sur un raccourci que vous voulez modifier.
4. Composez la nouvelle combinaison de touches.
5. Renouvelez l'opération pour chaque raccourci à modifier.

Si vous voulez rendre inactif un raccourci de la liste, décochez la case à gauche du raccourci visé.

6. Fermez la fenêtre lorsque vous avez fini.

Figure 34-19 Personnalisation des raccourcis clavier.

Régler les options d'accessibilité

L'utilisation d'un ordinateur personnel n'a rien de simple pour les personnes souffrant d'un handicap. Les concepteurs de Mac OS X ont néanmoins cherché à doter ce système d'exploitation de fonctions conçues pour rendre accessible, au moins en partie, le Mac aux personnes ainsi affectées.

1. Pour activer ces fonctions, ouvrez le panneau de préférences **Accès universel**.
2. Cochez la case **Activer l'accès pour les périphériques d'aide** si votre Mac est équipé de périphériques d'interface homme/machine adaptés à votre handicap.

Bon à savoir Cette option est également indispensable à l'enregistrement d'enchaînements d'actions par Automator (chapitre 32).

Handicap visuel

1. Activez l'onglet **Vue**.
2. À la rubrique **VoiceOver**, cochez **Oui** pour activer la fonction d'accompagnement oral de Mac OS X.
3. À la rubrique **Zoom**, cochez **Oui** si vous souhaitez profiter des fonctions avancées d'agrandissement de l'affichage de Mac OS X.
4. À la rubrique **Afficher**, cochez la case **Utiliser des niveaux de gris** si vous avez des difficultés à discerner les couleurs ; ajustez le niveau de contraste avec la glissière correspondante.
5. Cochez la case **Blanc sur Noir** si votre confort visuel est amélioré par un affichage en couleurs inversées. Utilisez la glissière *ad hoc* pour ajuster le niveau de renforcement du contraste qui vous convient le mieux.

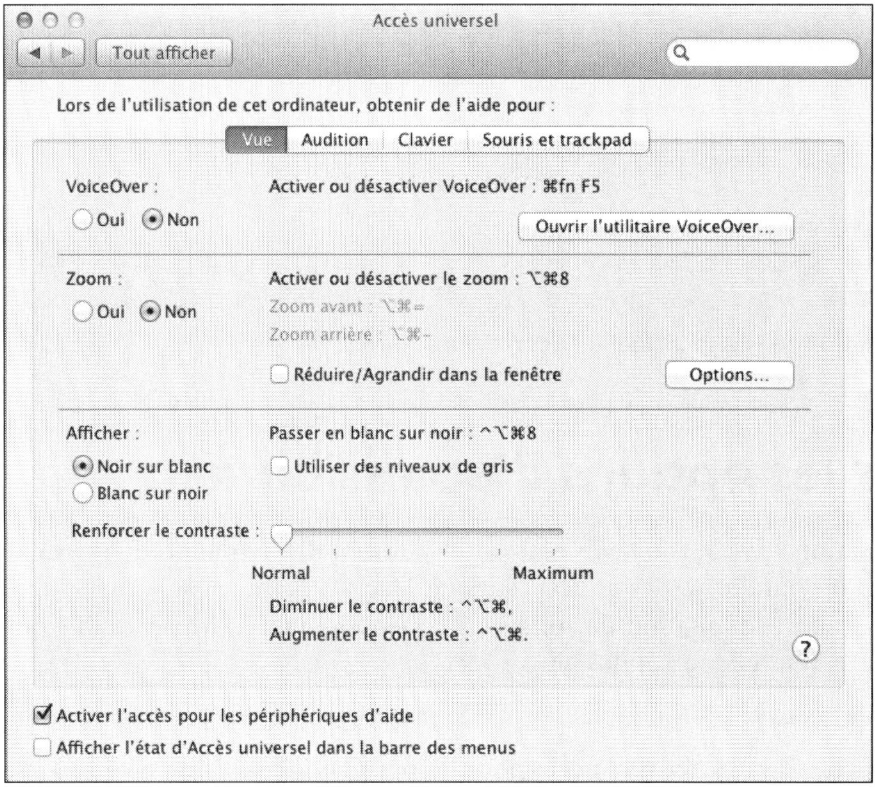

Figure 34-20 Réglages de Mac OS X pour les personnes souffrant d'un handicap visuel.

6. Activez l'onglet **Souris et trackpad**.
7. Ajustez la **taille du curseur** de la souris si vous avez des difficultés à le voir.

Astuce L'utilitaire VoiceOver vous permet d'aller beaucoup plus loin dans la configuration du système d'aide vocal de Mac OS X Lion. Vous pouvez ajuster son niveau de verbosité – en fonction de l'interface de communication ; y compris un écran braille –, et définir précisément les caractéristiques de la voix de synthèse et de son élocution. Notez d'ailleurs que toutes les voix disponibles pour VoiceOver ne sont pas installées par défaut : les plus évoluées, notamment Thomas et Sébastien, doivent être téléchargées. Toujours avec l'utilitaire VoiceOver, vous pouvez configurer les effets visuels associés, le comportement de la synthèse vocale vis-à-vis des sites Web, *etc*. Un outil extrêmement complet.

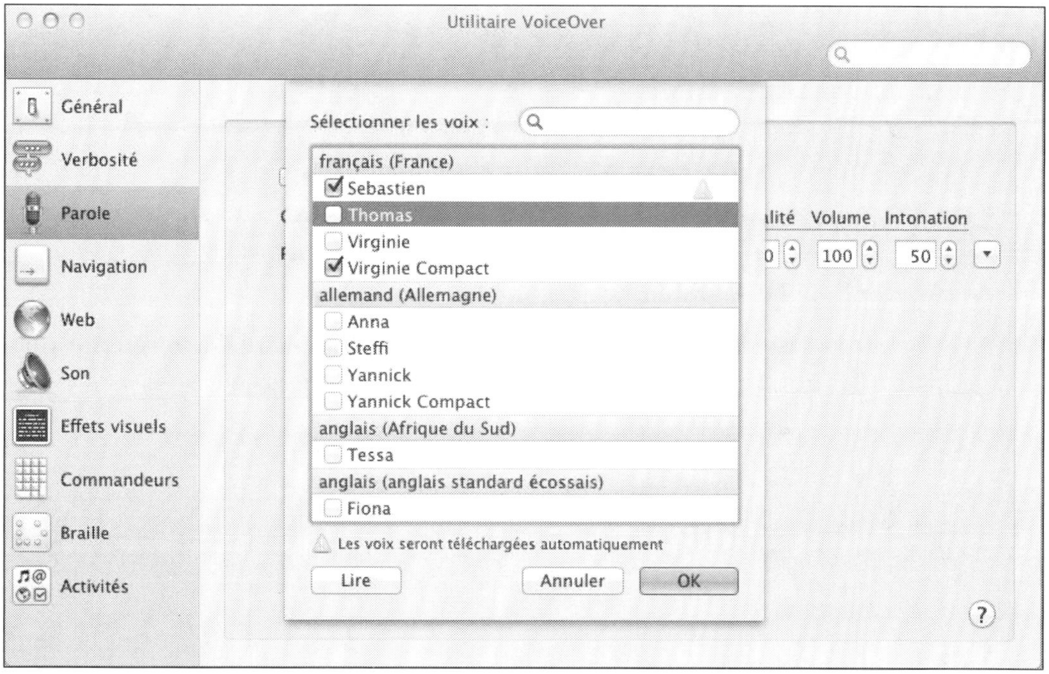

Figure 34-21 L'utilitaire VoiceOver.

Bon à savoir Mac OS X Lion intègre aussi un dispositif de reconnaissance vocale. Qui lui permet donc d'être commandé à la voix. Mais celui-ci ne comprend que les commandes en anglais et n'est pas encore d'une efficacité redoutable.

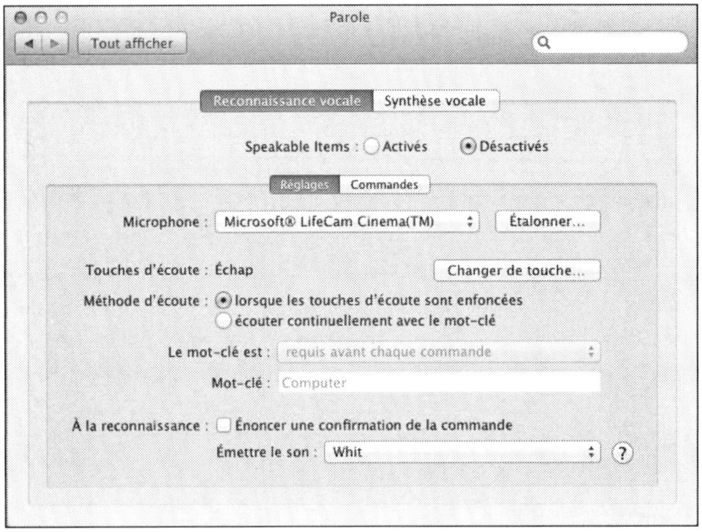

Figure 34-22 Configuration de la reconnaissance vocale.

Handicap auditif

1. Activez l'onglet **Audition**.
2. Cochez la case **Faire clignoter l'écran lorsqu'un signal d'alerte retentit** pour remplacer les notifications sonores de Mac OS X par un signal visuel.

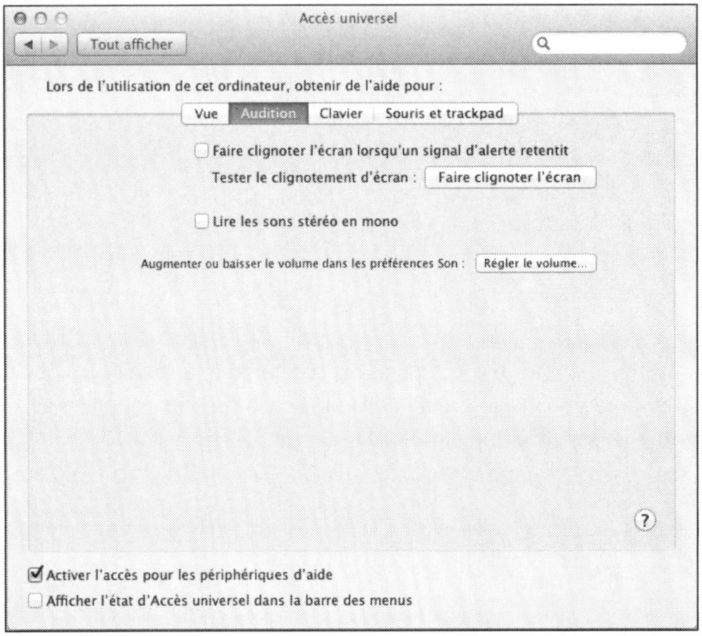

Figure 34-23 Réglages de Mac OS X pour les personnes souffrant d'un handicap auditif.

Handicap moteur

1. Activez l'onglet **Clavier**.
2. Validez l'option **Oui** à la rubrique **Touches à auto-maintien** : les touches **ctrl**, **alt** et **cmd** du clavier n'auront pas à être maintenues enfoncées pour produire des raccourcis clavier.

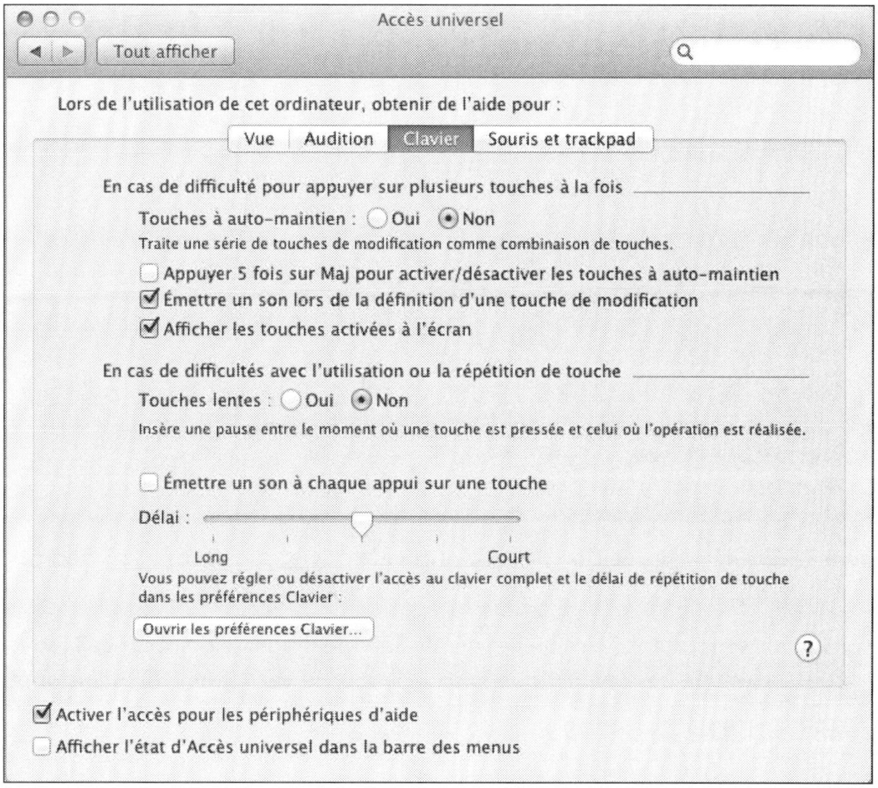

Figure 34-24 Réglages de Mac OS X pour les personnes souffrant d'un handicap moteur.

3. Validez l'option **Oui** à la rubrique **Touches lentes** si vous rencontrez des difficultés avec la répétition des touches.
4. Activez l'onglet **Souris et trackpad**.
5. Validez l'option **Oui** à la rubrique **Touches de souris** si vous souhaitez pouvoir utiliser le clavier à la place de la souris.

Refermez la fenêtre lorsque vous avez fini.

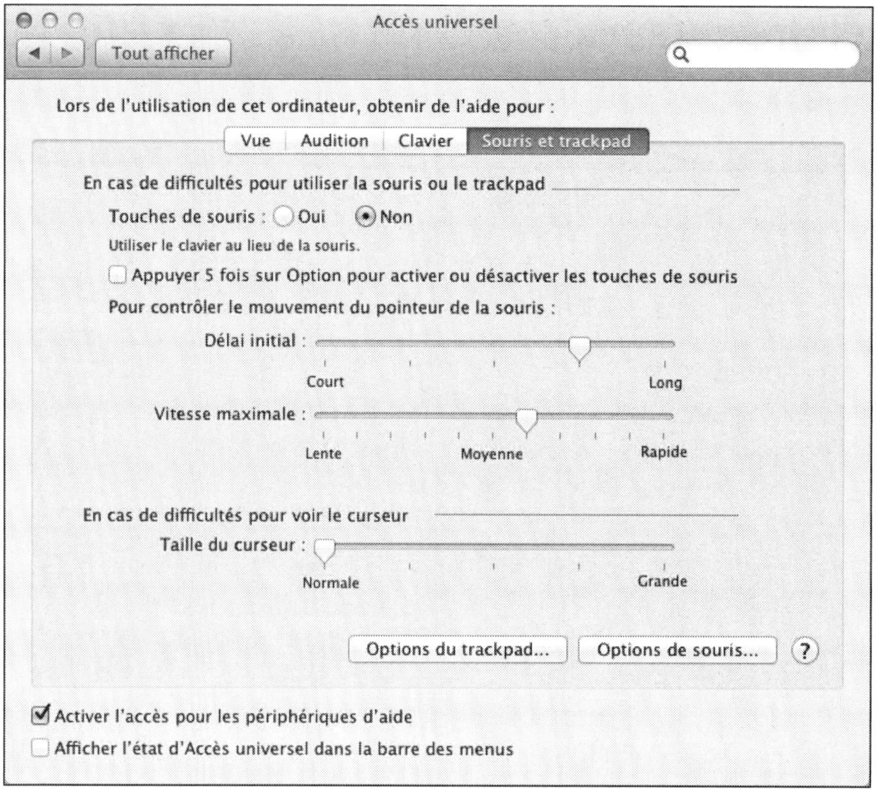

Figure 34-25 Réglages de Lion pour substituer le clavier à la souris et au trackpad.

Bon à savoir Sur un Mac portable, les touches permettant de diriger le pointeur de la souris sont celles qui servent de pavé numérique lorsque la touche **Verr. Num** (**F6**) est enfoncée.

Modifier le menu Saisie

Le menu Saisie peut rendre bien des services. Il est tout d'abord très pratique lorsque l'on utilise son Mac avec un clavier qui ne correspond pas à sa langue, comme un clavier anglais, de type qwerty, avec Mac OS X en français. Le menu Saisie permet en outre d'accéder rapidement à la palette de caractères et au visualiseur de clavier.

La palette de caractères permet de trouver un caractère que l'on ne parvient pas à produire au clavier. Le visualiseur de clavier permet de voir quel est le caractère produit par chaque touche du clavier, en temps réel et en tenant compte des touches de modification – **ctrl**, **alt**, **Majuscule** – éventuellement enfoncées.

1. Pour activer le menu **Saisie**, ouvrez le panneau de préférences **Langue et texte**.

2. Activez l'onglet **Méthodes de saisie**.
3. Dans la liste, cochez la case à gauche des claviers étrangers auxquels vous souhaitez pouvoir accéder rapidement.
4. Cochez la case **Visualiseur de clavier/caractères**.
5. Cochez la case **Afficher le menu Saisie dans la barre des menus**.

Refermez la fenêtre : le menu Saisie est reconnaissable au drapeau qui l'orne dans la barre des menus, à droite.

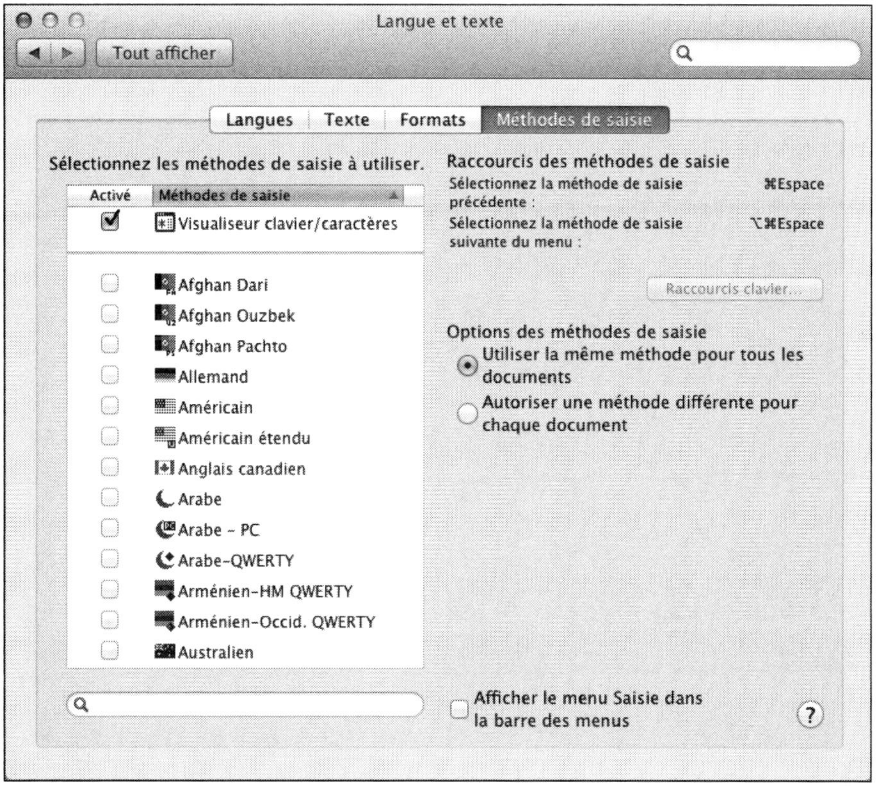

Figure 34-26 Réglages du menu Saisie.

Chapitre 35

Configurer le Finder et la Corbeille

Au menu de ce chapitre

- Régler les préférences du Finder
- Changer les icônes
- Personnaliser la présentation des dossiers
- Personnaliser les raccourcis clavier
- Configurer les actions automatiques des CD/DVD
- Configurer les actions de dossier

Le Finder (chapitre 1) est un élément central de Mac OS X. C'est avec lui que l'on parcourt le contenu de son disque dur à la recherche des fichiers et des applications que l'on veut utiliser. Son comportement peut être personnalisé à de nombreux égards afin de l'adapter, au mieux, aux habitudes d'usage de chacun.

Régler les préférences du Finder

L'accès aux préférences du Finder est le même que pour les préférences de toutes les applications de Mac OS X :

1. Déroulez le menu **Finder → Préférences**.
2. Activez l'onglet **Général**.

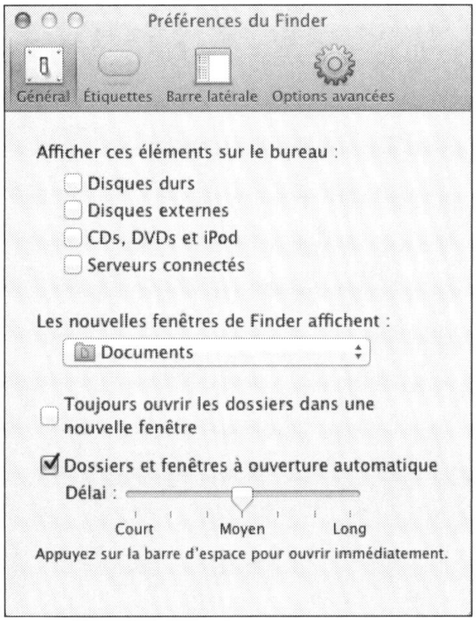

Figure 35-1 Réglages généraux du Finder.

3. À la rubrique **Afficher ces éléments sur le bureau**, cochez les cases correspondant aux périphériques de stockage externes que vous voulez voir apparaître sur le Bureau.

Bon à savoir Rassurez-vous : les espaces de stockage externe connectés à votre Mac qui ne sont pas affichés sur le Bureau peuvent continuer d'apparaître dans la barre latérale des fenêtres du Finder, sauf réglage contraire (voir plus loin).

4. Déroulez la liste **Les nouvelles fenêtres du Finder ouvrent** et sélectionnez le dossier que vous voulez voir affiché par défaut dans chaque nouvelle fenêtre du Finder.

5. Cochez la case **Toujours ouvrir les dossiers dans une nouvelle fenêtre** si vous souhaitez que les dossiers sur lesquels vous double-cliquez s'ouvrent dans une nouvelle fenêtre du Finder plutôt que dans la fenêtre en cours.

6. Ajustez le délai d'ouverture automatique des dossiers et fenêtres avec la glissière **Délai**.

Note Ce délai correspond au temps pendant lequel vous devrez patienter avant que ne s'ouvre automatiquement le dossier sur lequel vous voulez glisser-déposer un élément du Finder. L'ouverture automatique est un outil pratique pour parcourir rapidement le contenu du disque dur.

Personnaliser les étiquettes

Les étiquettes sont utilisées pour mettre en évidence des éléments du Finder à l'aide d'un surlignage coloré. À ces couleurs sont associés, par défaut, les noms correspondants. Mais il est possible de changer cela. Les étiquettes peuvent être utilisées comme critère pour une recherche avec Spotlight (chapitre 30).

1. Pour personnaliser les étiquettes du Finder, activez l'onglet **Étiquettes**.

2. Tapez le nom à associer à une couleur à droite de la couleur correspondante (figure 35-2).

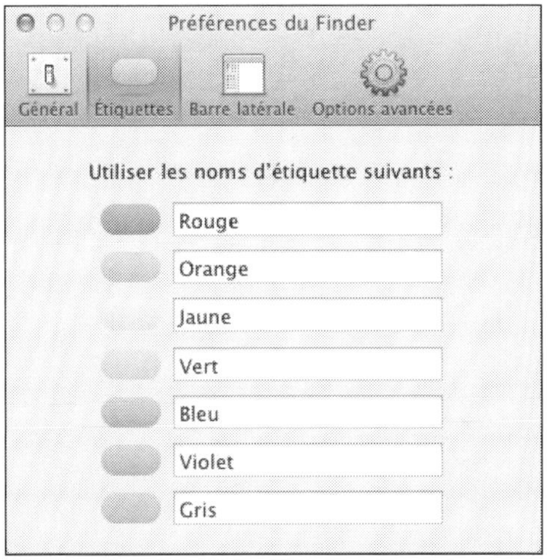

Figure 35-2 Personnalisation des étiquettes.

Astuce Pour attribuer une étiquette à un élément du Finder, faites un clic droit sur l'élément voulu puis sélectionnez la couleur désirée à la rubrique **Étiquette**.

Personnaliser la barre latérale

La barre latérale, placée sur la gauche des fenêtres du Finder, permet d'accéder rapidement aux différents espaces de stockage connectés au Mac (chapitre 1) ainsi que de lancer en un clic quelques recherches prédéfinies, avec Spotlight (chapitre 30). Il est possible de préciser les éléments prédéfinis que l'on souhaite voir affichés dans la barre latérale des fenêtres du Finder, ou non.

1. Pour cela, activez l'onglet **Barre latérale**.
2. Cochez les cases correspondant aux éléments que vous voulez voir apparaître dans la barre latérale des fenêtres du Finder.
3. Décochez les cases correspondant aux éléments que vous ne voulez pas voir apparaître dans la barre latérale des fenêtres du Finder.

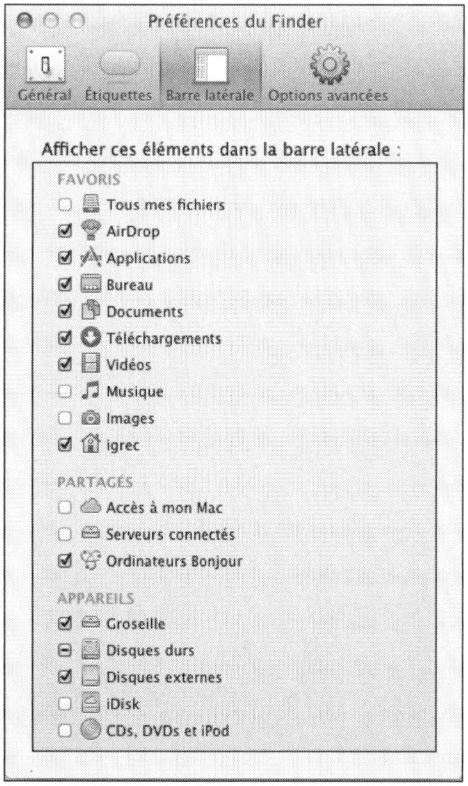

Figure 35-3 Configuration des éléments de la barre latérale.

Bon à savoir N'oubliez pas que vous pouvez modifier et personnaliser complètement le contenu de la barre latérale des fenêtres du Finder par simple glisser-déposer de dossiers, à la rubrique **Favoris** de la barre latérale.

Les réglages avancés

Les réglages avancés du Finder concernent le comportement de la Corbeille et la gestion des extensions de fichiers, ces suffixes, normalement cachés, qui indiquent le type des éléments du Finder, voire l'application avec laquelle ouvrir les fichiers.

1. Activez l'onglet **Options avancées**.
2. Cochez la case **Afficher toutes les extensions de fichier** si vous souhaitez que le Finder affiche les suffixes des noms de fichiers.
3. Décochez la case **Avertir avant de modifier une extension** si vous ne souhaitez plus que Mac OS X vous demande une confirmation avant de modifier le suffixe du nom d'un fichier.
4. Décochez la case **Avertir avant de vider la Corbeille** si vous ne souhaitez plus que Mac OS X vous demande une confirmation avant de vider la Corbeille.
5. Cochez la case **Vider la Corbeille en mode sécurisé** si vous souhaitez que les éléments effacés ne puissent pas être récupérés avec des outils spécialisés.
6. Déroulez le menu **En effectuant une recherche** pour définir le point de départ par défaut de vos recherches, via Spotlight, à partir d'une fenêtre du Finder.

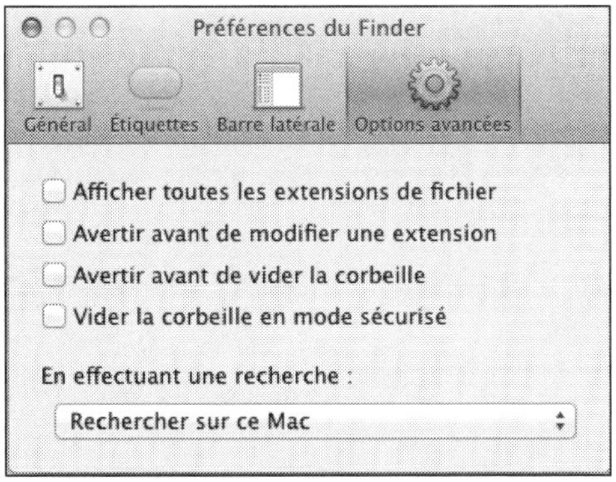

Figure 35-4 Les paramètres avancés du Finder.

Bon à savoir Sous Mac OS X, la plupart des éléments du disque dur disposent d'une extension cachée. Le nom des applications se termine ainsi en réalité par l'extension *.app*. Ce ne sont d'ailleurs que des dossiers d'un type un peu particulier...

Changer les icônes

Cela peut vous aider à retrouver un dossier ou un document sur le disque dur de votre Mac : les icônes des éléments du Finder – dossiers, fichiers, applications – peuvent être changées facilement : un simple fichier image de type JPEG, TIFF ou PNG, notamment, peut être utilisé pour personnaliser l'aspect visuel de l'élément visé du Finder.

1. Copiez dans le Presse-papiers l'image que vous voulez utiliser pour illustrer un élément du Finder, par exemple à partir d'Aperçu.
2. Sélectionnez l'élément du Finder dont vous souhaitez modifier l'icône.
3. Déroulez le menu **Fichier → Lire les informations**.
4. Cliquez sur l'icône de l'élément, en haut à gauche de la fenêtre (figure 35-5).
5. Déroulez le menu **Édition → Coller**.
6. Refermez la fenêtre.

Figure 35-5 Changer l'icône d'un élément du Finder.

Personnaliser la présentation des dossiers

Le contenu des dossiers du disque dur de votre Mac peut être présenté de plusieurs façons différentes (chapitre 1). Chaque mode de présentation peut lui-même être personnalisé, dossier par dossier ou à l'échelle de l'ensemble du disque dur concerné.

Pour personnaliser le mode d'affichage du contenu d'un dossier, commencez par ouvrir le dossier voulu dans le Finder :

1. Activez le mode de présentation à personnaliser.
2. Déroulez le menu **Présentation → Afficher les options de présentation**.

Les options disponibles diffèrent selon la présentation choisie ; les voici explicitées ci-après.

Bon à savoir La fenêtre des options de présentation reste ouverte tant que vous ne la refermez pas. Les options qu'elle propose s'adaptent automatiquement à tout nouveau dossier ramené au premier plan dans le Finder.

Affichage par icônes

Cochez la case **Toujours présenter par icônes**, si vous souhaitez que le contenu du dossier ouvert soit toujours affiché sous la forme d'icônes.

Cochez la case **Afficher les informations** si vous souhaitez que le Finder affiche quelques informations sommaires sous le nom des éléments du dossier ouvert. Ces informations sont, par exemple, les dimensions des images en nombre de pixels.

Cochez la case **Aperçu à la place des icônes** si vous souhaitez que le Finder affiche une vignette d'aperçu du contenu des fichiers à la place de leur icône standard. La vignette d'aperçu autorise, par lecture, la lecture des vidéos directement dans leur icône du Finder.

Si vous souhaitez décorer le dossier ouvert d'un arrière-plan personnalisé, sélectionnez **Image** ou **Couleur** à la rubrique *ad hoc* ; choisissez ensuite la couleur ou l'image voulue, selon l'option choisie.

1. Ajustez la taille des icônes avec la glissière *ad hoc*.
2. Ajustez l'espacement de la grille avec la glissière éponyme ; la grille magnétique permet de figer la disposition des icônes les unes par rapport aux autres ; la grille magnétique est automatiquement activée dès lors qu'une option de rangement est sélectionnée (voir plus bas).
3. Déroulez la liste **Taille du texte**, et sélectionnez la taille voulue.
4. À la rubrique **Position du texte**, sélectionnez l'emplacement voulu du texte par rapport à l'icône.
5. Déroulez la liste **Rangement** et sélectionnez le mode d'organisation automatique des icônes que vous voulez utiliser.
6. Enfin, cliquez sur le bouton **Utiliser comme valeurs par défaut** si vous souhaitez que vos réglages s'imposent à l'affichage par icônes du contenu de tous les dossiers ne disposant pas de réglages spécifiques.

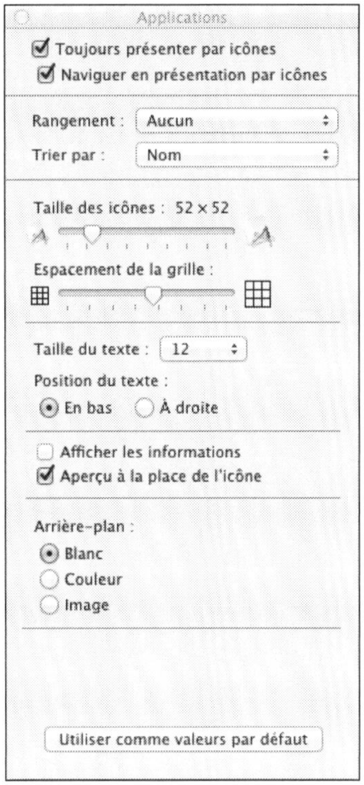

Figure 35-6 Les options du mode de présentation par icônes.

Astuce Les éléments du Bureau sont toujours présentés par icônes. Mais la disposition de ces icônes ainsi que leur taille, notamment, peuvent être modifiées, comme pour les dossiers dont le contenu est affiché sous forme d'icônes.

Affichage par liste

Cochez la case **Toujours ouvrir en présentation par liste**, si vous souhaitez que le contenu du dossier ouvert soit toujours affiché sous la forme d'une liste.

Cochez la case **Utiliser un aperçu comme icône** si vous souhaitez que le Finder affiche une vignette d'aperçu du contenu des fichiers à la place de leur icône standard.

1. Cochez la case correspondant à la taille des icônes voulue.
2. Déroulez la liste **Taille du texte**, et sélectionnez la taille voulue.
3. Cochez les cases correspondant aux colonnes que vous voulez afficher.
4. Cochez la case **Utiliser les dates relatives** si vous souhaitez que le Finder indique par exemple **Aujourd'hui** ou **hier** à la place des dates correspondantes.

5. Cochez la case **Calculer toutes les tailles** pour forcer le Finder à calculer la taille des dossiers contenus dans le dossier ouvert.

6. Enfin, cliquez sur le bouton **Utiliser comme valeurs par défaut** si vous souhaitez que vos réglages s'imposent à l'affichage par icônes du contenu de tous les dossiers ne disposant pas de réglages spécifiques.

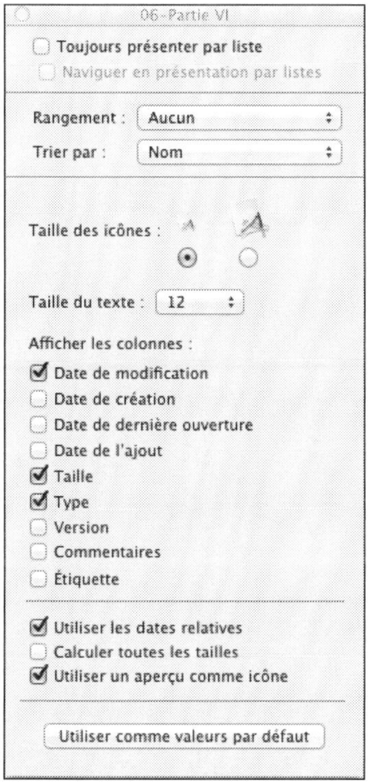

Figure 35-7 Les options du mode de présentation par liste.

Note Les options sont identiques pour la présentation en mode flux de couverture.

Configurer les actions automatiques des CD/DVD

Par défaut, Mac OS X lance iTunes lorsque l'on insère un CD audio (chapitre 17), le Lecteur DVD pour un DVD vidéo (chapitre 15) et Transfert d'images lorsque l'on insère ou connecte un disque contenant des photos numériques.

1. Pour modifier ces actions prédéfinies, ouvrez le panneau de préférences **CD et DVD**.
2. Déroulez la liste correspondant à un événement et sélectionnez l'action voulue.
3. Personnalisez ainsi chaque événement.
4. Refermez la fenêtre.

Figure 35-8 Configurer les actions automatiques de CD et DVD.

Astuce Il est possible d'affecter des processus Automator enregistrés sous la forme d'applications à des événements : c'est un moyen pour enchaîner des traitements personnalisés impliquant plusieurs applications différentes.

Configurer les actions de dossier

Les actions de dossier sont de puissants outils d'automatisation : elles permettent, par exemple, d'automatiser la conversion d'un format à l'autre de photos numériques ou encore d'afficher une alerte chaque fois que quelqu'un modifie le contenu d'un dossier partagé en réseau (chapitre 51).

L'activation des actions de dossier entraîne la mise en route d'un mécanisme de surveillance des dossiers désignés au préalable par l'utilisateur. Des actions de traitement du contenu des dossiers, également définies au préalable par l'utilisateur, sont automatiquement enchaînées dès que le contenu des dossiers est modifié.

1. Pour activer les actions de dossier, sélectionnez un dossier du Finder puis déroulez le menu **Finder→Services→Fichiers et dossiers→Configuration des actions de dossier**.
2. Sélectionnez une ou plusieurs actions à appliquer à chaque nouvel élément glissé dans le dossier sélectionné. Cliquez sur le bouton **Joindre**.
3. Cochez la case **Activer les actions de dossier**.

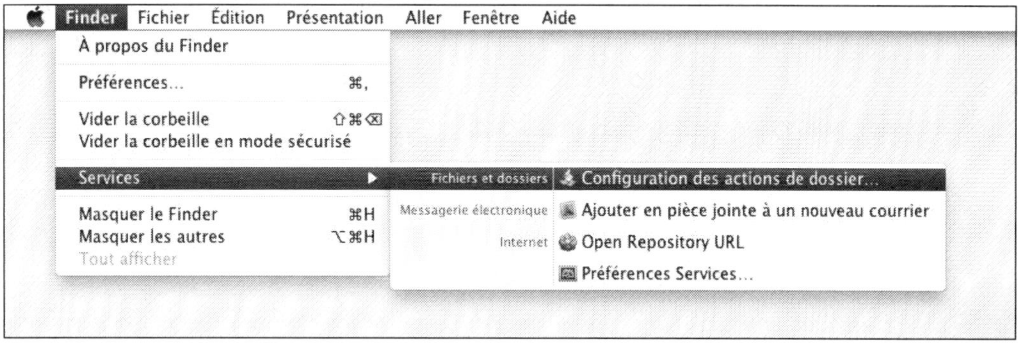

Figure 35-9 Accéder à la configuration des actions de dossier.

4. Pour désigner un nouveau dossier au dispositif de surveillance, cliquez sur le bouton + en bas du cadre **Dossiers avec actions**.
5. Sélectionnez le dossier voulu puis cliquez sur le bouton **Ouvrir**.

Pour ajouter une action à un dossier surveillé :

1. Sélectionnez-le dans le cadre de gauche.
2. Cliquez sur le bouton + sous le cadre **Script**.
3. Sélectionnez l'action à associer puis cliquez sur le bouton **Joindre** (figure 35-10).
4. Refermez le configurateur des actions de dossier lorsque vous avez fini.

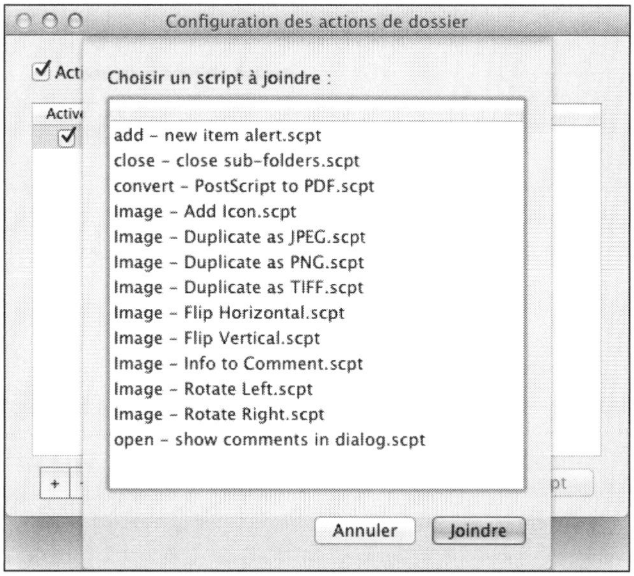

Figure 35-10 Sélection des actions à joindre à un dossier.

Notez que vous pouvez ajouter autant d'actions que vous voulez à un même dossier. Par ailleurs, il est possible de désactiver temporairement la surveillance d'un dossier donné, sans désactiver les actions de dossier : décochez simplement la case à sa gauche dans la liste des dossiers avec actions.

Bon à savoir Les actions associées aux dossiers peuvent consister en scripts programmés avec le langage AppleScript ou en processus construits avec Automator (chapitre 32).

Chapitre

36

Gérer ses comptes de messagerie, d'agenda et de tchatte

Au menu de ce chapitre

- Ajouter un compte
- Modifier un compte existant
- Supprimer un compte

Lion introduit un nouveau panneau de préférences : Mail, Contacts et Calendriers. Celui-ci se veut un point central pour la gestion des comptes de messagerie électronique, d'agenda partagé, de messagerie instantanée, et de carnet d'adresses en ligne. Il doit également permettre la gestion des comptes iCloud. Et, très évasivement, Apple évoque aussi « d'autres apps » De là à penser que les développeurs d'applications pourront s'appuyer sur les comptes déclarés dans ce panneau de préférences pour leurs applications, il n'y a qu'un pas. Qu'aucune application tierce n'a franchi au moment d'écrire ces lignes. Reste que ce panneau de préférences est pratique même s'il est, hélas, incomplet.

Figure 36-1 Le panneau de préférences Mail, Contacts et Calendrier.

Ajouter un compte

Le panneau de préférences Mail, Contacts et Calendrier vous permet de déclarer de nouveaux comptes iCloud, Microsoft Exchange, MobileMe, Gmail, Yahoo!, Aol ou tiers. Ces comptes tiers pouvant être des comptes de messagerie électronique, de messagerie instantanée, de partage de calendriers CalDAV, de partage de carnets d'adresses CardDAV, d'annuaire LDAP ou encore de gestion de services en ligne Mac OS X Server.

Bon à savoir Vous synchronisez votre carnet d'adresses avec Google ou Yahoo! ? Pas de chance : impossible de gérer cela ici directement ; ces options de synchronisation sont l'apanage exclusif de l'application Carnet d'adresses. Gageons qu'Apple finira par corriger cela.

Pour configurer un nouveau compte de service en ligne, procédez comme suit :

1. Déroulez le menu **Pomme → Préférences Système**.
2. Cliquez sur **Mail, Contacts et Calendrier**.
3. Cliquez sur le bouton **Ajouter un compte…**

Figure 36-2 Sélection du type de compte à ajouter.

4. Dans la partie droite de la fenêtre, cliquez sur le type de compte à ajouter. Une préconfiguration existe pour certains services : iCloud, Exchange, Gmail, *etc.* Là, cliquez sur l'élément correspondant à votre situation et laissez-vous guider : le chemin est entièrement balisé. Pour le reste, vous êtes livré à vous-même et devez cliquer sur **Autre**.
5. Indiquez alors le type de compte de service en ligne que vous voulez créer puis cliquez sur le bouton **Créer**.
6. La suite est comparable à la création de compte dans l'application concernée : remplissez les champs du formulaire avec les données appropriées – et fournies

par votre prestataire de service – puis cliquez sur **Créer**. L'opération ne prend que quelques dizaines de secondes ; votre nouveau compte est immédiatement exploitable une fois l'opération terminée.

Figure 36-3 Création d'un compte personnalisé.

Bon à savoir CalDAV vous permet de gérer votre agenda sur un serveur distant, directement dans iCal. CardDAV vous permet de faire la même chose pour le Carnet d'adresses. Et IMAP, pour votre messagerie électronique. Savez-vous que votre iPhone, iPad ou iPod Touch supportent aussi ces protocoles standard ? En les utilisant, vous disposerez d'une synchronisation automatique et permanente de vos données personnelles entre votre Mac et votre terminal mobile iOS, au travers de vos réseaux de communication sans fil. Les serveurs Zimbra et Mac OS X supportent ces protocoles. Mais vous pouvez aussi obtenir le même résultat avec les services de messagerie et d'agenda en ligne de Google.

Modifier un compte existant

Les possibilités de modification de compte dans **Mail, Contacts et Calendrier** sont relativement limitées : vous aurez probablement plus intérêt à procéder à d'éventuelles modifications directement dans l'application appropriée en cas, par exemple, de changement d'arborescence ou d'adresse d'un serveur. Mais pour un simple changement de mot de passe ou de nom d'utilisateur, ce panneau de préférences est bien suffisant.

1. Déroulez le menu **Pomme ➜ Préférences Système**.
2. Cliquez sur **Mail, Contacts et Calendrier**.
3. Cliquez sur le compte à modifier.
4. Procédez aux modifications puis refermez le panneau de préférences : les modifications sont immédiatement prises en compte.

Figure 36-4 Modification d'un compte personnalisé de messagerie électronique.

Avec certains comptes, comme les comptes de messagerie Google, par exemple, il est toutefois possible de faire plus et, notamment, d'activer des services complémentaires.

1. Déroulez le menu **Pomme ➜ Préférences Système**.
2. Cliquez sur **Mail, Contacts et Calendrier**.
3. Cliquez sur le compte Google à modifier.
4. Cochez les cases à gauche des services à ajouter, **Conversation** par exemple, pour activer le service de messagerie instantanée associé à un compte de messagerie électronique Google.

5. Pour des modifications plus avancées, cliquez sur le bouton **Détails**. Une fois l'opération terminée, validez et refermez le panneau de préférences.

Figure 36-5 Modification d'un compte Gmail.

Supprimer un compte

1. Déroulez le menu **Pomme → Préférences Système**.
2. Cliquez sur **Mail, Contacts et Calendrier**.
3. Cliquez sur le compte à supprimer.
4. Cliquez sur le bouton – en bas de la liste des comptes. Validez en cliquant sur le bouton **OK** après avoir lu l'avertissement.

Figure 36-6 Suppression d'un compte.

Attention Supprimer un compte de messagerie électronique, du Carnet d'adresses ou de l'agenda en ligne n'est pas anodin ! Comme vous l'indique Mac OS X, cela implique la suppression de toutes les données relatives à ce compte. Du moins sur votre Mac, ces données continuent d'exister sur le serveur correspondant. Mais si vous voulez continuer à profiter de ces données après la suppression du compte, prévoyez de les copier avant de procéder à la suppression ! Dans iCal ou dans le Carnet d'adresses, vous pouvez procéder à une exportation de ces données. Dans le Carnet d'adresses, vous pouvez même les copier par glisser-déposer dans le carnet d'adresses local de votre Mac. Et avec Mail, vous pouvez déplacer, toujours par glisser-déposer, les messages stockés sur un serveur d'une boîte de messagerie distante – sur le serveur – vers une boîte de messagerie d'un autre serveur ou tout simplement locale, sur votre disque dur.

Chapitre 37

Optimiser la consommation électrique du Mac

Au menu de ce chapitre

- Comprendre les mécanismes à l'œuvre
- Utiliser les options de gestion d'énergie
- Programmer l'extinction et la mise en route automatiques

Les Mac les plus récents ont une consommation électrique modérée, par rapport à leurs prédécesseurs mais aussi à leurs homologues fonctionnant sous Windows. Pour autant, cette consommation électrique paraît toujours élevée à ceux qui utilisent leur Mac portable en déplacement ou à ceux qui ont pris l'habitude de ne pas éteindre leur Mac de bureau. Mais les astuces permettant d'optimiser la consommation électrique de son ordinateur ne manquent pas.

Comprendre les mécanismes à l'œuvre

Parmi tous les éléments entrant dans la constitution de votre Mac (voir le chapitre Spécial débutants), quelques-uns assument, à eux seuls, l'essentiel de la consommation électrique. Ces composants dispendieux sont le processeur, la carte graphique, le moniteur et les disques durs.

Le moniteur et les disques durs se distinguent de la carte graphique et du processeur par le fait que leur consommation électrique ne dépend pas des sollicitations de l'utilisateur : tant qu'il est allumé, le moniteur consomme la même quantité d'électricité, peu importe ce qu'il affiche ; tant que ses plateaux sont en rotation, le disque dur consomme la même quantité d'électricité. Pour tenir compte de ces spécificités, Mac OS X a été doté de fonctions de mise en veille de ces équipements en cas d'inactivité.

Le processeur et la carte graphique consomment une quantité d'électricité variable qui dépend des sollicitations de l'utilisateur. Par exemple, le processeur consomme plus lorsqu'il travaille à la compression d'une vidéo que lorsque l'on tape un courriel. La carte graphique, de son côté, consomme plus lorsque l'on lit une vidéo en haute définition ou joue à un jeu vidéo en 3D que lorsque l'on se contente de surfer sur le Web.

Mais les consommations électriques de la carte graphique et du processeur ne sont cependant jamais nulles. Là encore, Mac OS X intègre des mécanismes d'économie d'énergie adaptés. Notamment, si vous vous éloignez quelques minutes de votre ordinateur, Mac OS X peut le mettre en veille : cette opération consiste à placer le Mac dans un cycle d'activité très réduit ; certains de ses composants sont purement et simplement arrêtés. La remise en route est instantanée : Mac OS X reste chargé en mémoire vive.

1. Pour accéder aux réglages de ces fonctions, déroulez le menu **Pomme ➜ Préférences Système**.
2. Cliquez sur **Économiseur d'énergie**.

Avec un ordinateur portable, vous trouverez là deux onglets : **Batterie** et **Adaptateur secteur**. Ils vous permettent de définir des réglages d'économie d'énergie différents selon que vous utilisez votre Mac portable sur sa batterie ou connecté au secteur.

Le bouton **Réglages par défaut** vous permet de rétablir les réglages proposés par Apple.

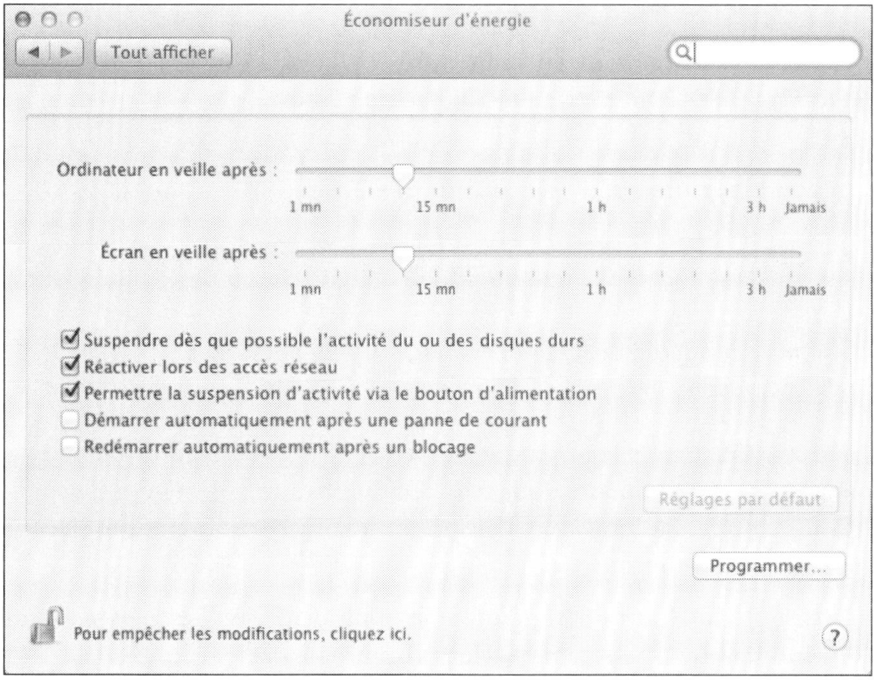

Figure 37-1 Réglages prédéfinis d'économie d'énergie.

Astuce Pour quelques minutes d'autonomie en plus avec votre Mac portable, pensez à réduire la luminosité de l'écran intégré.

Utiliser les options de gestion d'énergie

Les options de gestion d'énergie permettent de réduire un peu plus la consommation électrique de l'ordinateur et, dans le cas d'un portable, de gagner en autonomie. Les paramètres prédéfinis par Apple peuvent ne pas convenir à vos besoins. Heureusement, il est possible de les ajuster manuellement.

Bon à savoir Les tout derniers MacBook Pro sont équipés de deux puces de rendu vidéo. L'une d'entre elles est bien plus performante que l'autre ; les jeux vidéo peuvent tirer parti de ce surcroît de puissance et certaines applications, grâce à la technologie OpenCL, peuvent en profiter pour accélérer leurs traitements. Mais tout cela se paie… en autonomie. D'où, dans les préférences système de l'économiseur d'énergie, la présence de deux options, sous la rubrique **Graphismes**, exclusives à ces machines : **Meilleure autonomie batterie** et **Meilleure performance**. Leur fonction est pour le moins explicite : ces options permettent d'activer ou de désactiver la puce graphique la plus puissante. Mais, attention, pour rendre actif ce réglage, il faut fermer sa session Mac OS X, puis la rouvrir.

1. Ajustez la glissière **Ordinateur en veille après** et fixez la durée d'inactivité au-delà de laquelle Mac OS X doit mettre votre Mac en veille.
2. Ajustez la glissière **Écran en veille après** et fixez la durée d'inactivité au-delà de laquelle Mac OS X doit arrêter de fournir des images aux moniteurs, provoquant ainsi leur extinction.
3. Cochez la case **Suspendre dès que possible l'activité du ou des disques durs**.

Conseil Si votre Mac vous sert à réaliser des montages vidéo, notamment, désactivez la suspension de l'activité des disques durs pour améliorer les performances de votre Mac.

4. Cochez la case **Obscurcir légèrement l'écran lors de l'utilisation de cette source d'alimentation** si vous souhaitez que Mac OS X réduise légèrement la luminosité de l'écran de votre Mac portable afin de limiter sa consommation électrique et d'augmenter son autonomie.
5. Cochez la case **Réduire automatiquement la luminosité de l'écran avant sa mise en veille** pour limiter encore un peu plus la consommation électrique de l'écran avant qu'il ne soit mis en veille, lorsque votre ordinateur portable est inactif.

Bon à savoir Si vous possédez un Mac portable d'ancienne génération, à batterie amovible, pensez à retirer sa batterie lors d'une utilisation continue de l'adaptateur secteur : vous augmenterez sa longévité. De même, stockez de préférence vos batteries de rechange avec une charge de l'ordre de 50 %.

6. Cochez la case **Réactiver lors des accès réseau** (ou **Wi-Fi** avec un Mac portable branché sur le secteur) pour que votre Mac puisse sortir de veille ou de veille prolongée lorsque vous cherchez à accéder à ses ressources *via* le réseau. C'est notamment utile si vous l'utilisez pour partager des dossiers et fichiers, une bibliothèque iTunes, ou une bibliothèque iPhoto. Ou encore si vous avez activé le service **Back to My Mac** d'iCloud. Attention : avec un Mac portable, cela ne fonctionne que si le capot est resté ouvert.
7. Cochez la case **Démarrer automatiquement après une panne de courant** si vous voulez que votre Mac redémarre automatiquement après avoir été éteint brutalement par une coupure de courant électrique : c'est essentiel si vous voulez pouvoir accéder aux ressources de votre Mac à distance, sans mauvaise surprise.
8. C'est une nouveauté de Lion qui peut être bien pratique dans la même perspective d'usage que les deux options précédentes : **Redémarrer automatiquement après un blocage**. Cette option permet encore une fois de réduire l'indisponibilité éven-

tuelle des ressources de votre Mac sur un réseau en le forçant à redémarrer automatiquement en cas de blocage du système – de Mac OS X, donc.

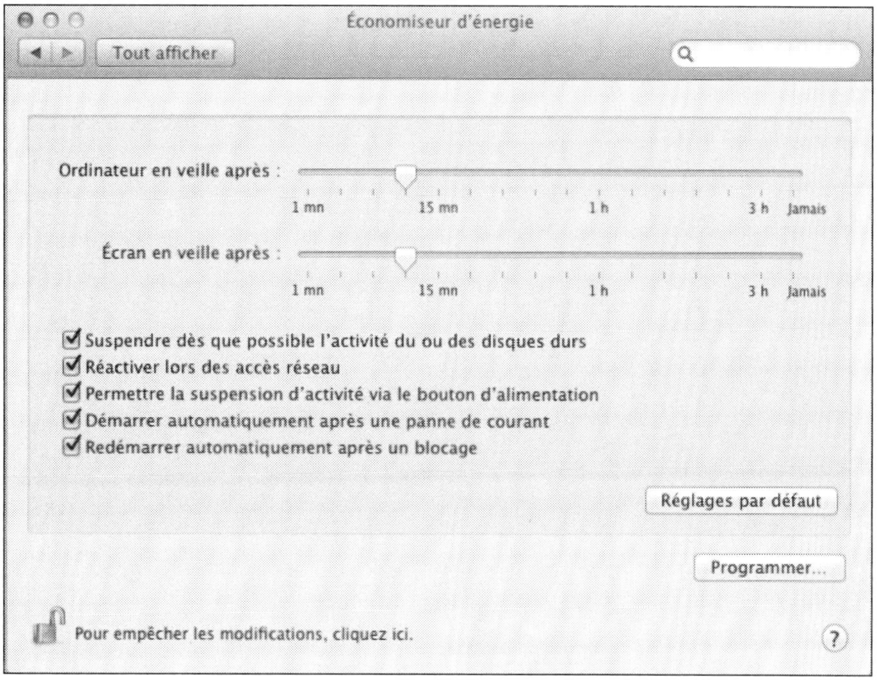

Figure 37-2 Réglages des options d'économie d'énergie.

Programmer l'extinction et la mise en route automatiques

Votre Mac peut être programmé pour s'éteindre automatiquement à heure fixe et se remettre en route de la même manière. Ainsi, vous pourrez par exemple « oublier » de l'éteindre le soir l'esprit léger.

1. Pour programmer l'extinction et la mise en route automatiques, cliquez sur le bouton **Programmer**.
2. Cochez la case **Démarrer ou réactiver** pour programmer la mise en route automatique. Puis déroulez la liste correspondante et sélectionnez la périodicité et l'heure souhaitées.
3. Cochez la case **Suspendre** pour programmer l'arrêt automatique. Déroulez la liste correspondante puis sélectionnez, au choix, **Suspendre** ou **Arrêter**. Puis déroulez

la liste **tous les jours** et sélectionnez la périodicité voulue. Enfin, fixez l'heure souhaitée.

4. Cliquez sur le bouton **OK**.

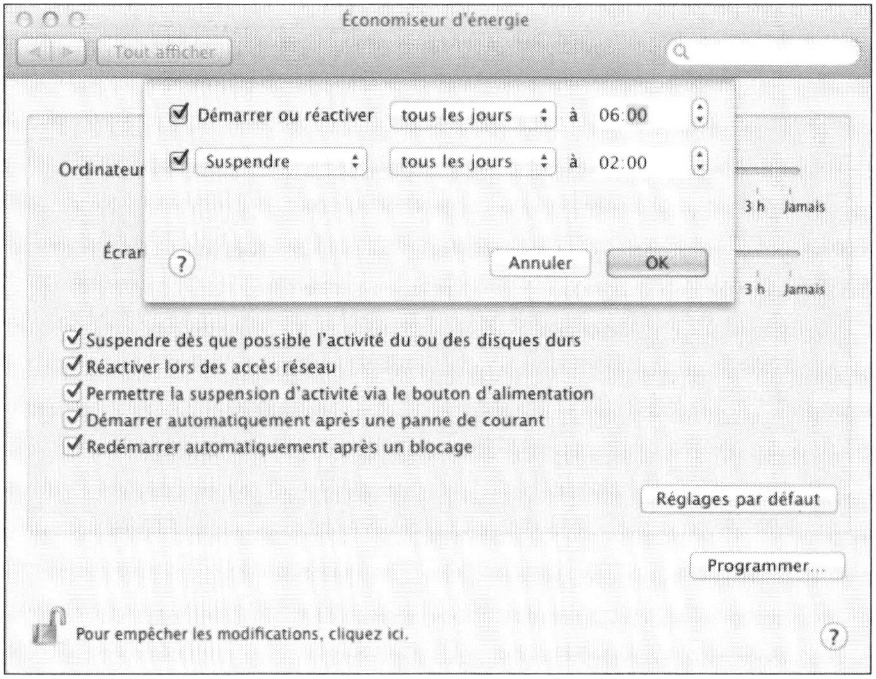

Figure 37-3 Programmation de l'extinction et de la mise en route automatiques.

Chapitre 38

Sécuriser son Mac

Au menu de ce chapitre

- Configurer l'ouverture de session
- Verrouiller son Mac
- Sécuriser ses données
- Empêcher la mise en route

Il n'est pas nécessaire d'être paranoïaque pour vouloir sécuriser ses données : un ordinateur portable peut être si vite volé… Qui voudrait voir ses données personnelles tomber aussi aisément entre des mains malveillantes ? Mac OS X intègre les fonctions nécessaires pour empêcher cela.

De même, Lion intègre les outils de sécurité nécessaires pour qu'un collègue de bureau ne puisse pas fouiller dans votre Mac laissé sans surveillance quelques minutes, ni même à travers le réseau profitant d'éventuelles failles de sécurité.

Dans ce chapitre, vous apprendrez à protéger vos données contre les intrus.

Configurer l'ouverture de session

La première précaution consiste bien sûr à interdire l'utilisation de votre compte d'utilisateur à toute personne non autorisée. Pour cela, il faut commencer par protéger l'ouverture de session avec un mot de passe :

1. Déroulez le menu **Pomme→ Préférences Système**.
2. Cliquez sur **Utilisateurs et groupes**.
3. Dans la liste, sélectionnez votre compte d'utilisateur.
4. Cliquez sur le bouton **Modifier le mot de passe**.
5. Dans l'ordre, indiquez votre mot de passe actuel puis votre nouveau mot de passe, deux fois de suite, dans les champs *ad hoc*.
6. Cliquez sur le bouton **Modifier le mot de passe**.

Figure 38-1 Changement de mot de passe.

7. Cliquez sur le cadenas en bas à gauche de la fenêtre.
8. Indiquez votre mot de passe et cliquez sur le bouton **OK**.
9. Cliquez sur **Options**.
10. Déroulez la liste **Ouverture de session automatique** et sélectionnez **désactivée**.

    Votre mot de passe vous sera systématiquement demandé au démarrage de votre Mac pour accéder à votre compte d'utilisateur.

11. Refermez la fenêtre.

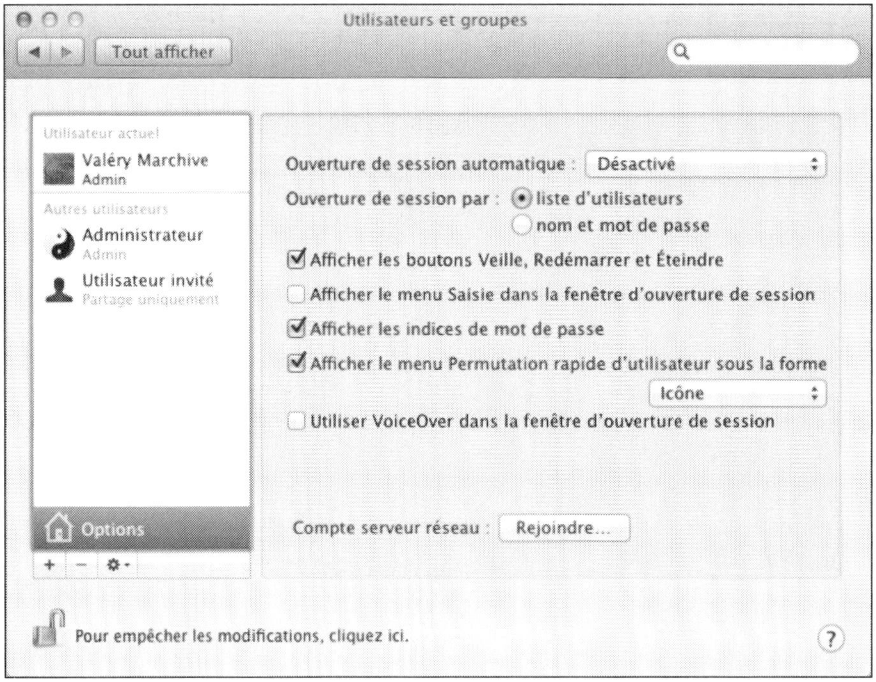

Figure 38-2 Les options d'ouverture de session.

Astuce Vous voulez gagner un petit degré de sécurité supplémentaire ? Validez l'option **Ouverture de session par → nom et mot de passe** : une personne mal intentionnée que chercherait à ouvrir une session sur votre Mac devra non seulement découvrir votre mot de passe mais aussi votre nom d'utilisateur précis. Et rien ne vous interdit d'utiliser un nom d'utilisateur fantaisiste, différent de votre véritable nom... De la même manière, si vous souhaitez que l'**indice de mot de passe** soit affiché, pensez à fournir à Mac OS X un indice qui ne soit compréhensible que par vous...

Verrouiller son Mac

En désactivant l'ouverture automatique de session, vous avez protégé l'accès non autorisé à votre compte d'utilisateur au démarrage. Mais vos données ne sont pas protégées contre les indélicats qui voudraient accéder à votre compte alors que vous avez laissé votre Mac sans surveillance.

1. Pour empêcher l'accès frauduleux à vos données en votre absence, déroulez le menu **Pomme → Préférences Système**.
2. Cliquez sur **Sécurité et confidentialité**.
3. Activez l'onglet **Général** (figure 38-3).

4. Cochez la case **Exiger le mot de passe après la suspension d'activité ou le lancement de l'économiseur d'écran** et déroulez le menu correspondant pour définir le délai d'inactivité après lequel Mac OS X vous demandera votre mot de passe pour vous rendre la main : cela permet d'améliorer la sécurité de votre Mac lorsque vous vous en absentez, sans être trop envahissant ni systématique non plus.
5. Cochez la case **Déconnexion automatique après** et indiquez un délai d'inactivité passé lequel vous devrez rouvrir une session – et donc vous authentifier avec nom d'utilisateur et mot de passe au lieu d'un mot de passe seulement.
6. Cochez la case **Utiliser la mémoire virtuelle sécurisée**.

   Les nouveaux MacBook, MacBook Pro, Mac Mini et iMac peuvent en outre être réveillés à la télécommande et, surtout, contrôlés, par défaut, avec n'importe quelle télécommande Apple. Décochez donc la case **Désactiver le récepteur infrarouge pour télécommande**.
7. Pour conserver le bénéfice de la télécommande mais empêcher le possesseur d'une autre télécommande Apple de contrôler votre Mac, cliquez sur le bouton **Jumeler**.
8. Suivez les instructions à l'écran.
9. Refermez la fenêtre lorsque vous avez fini.

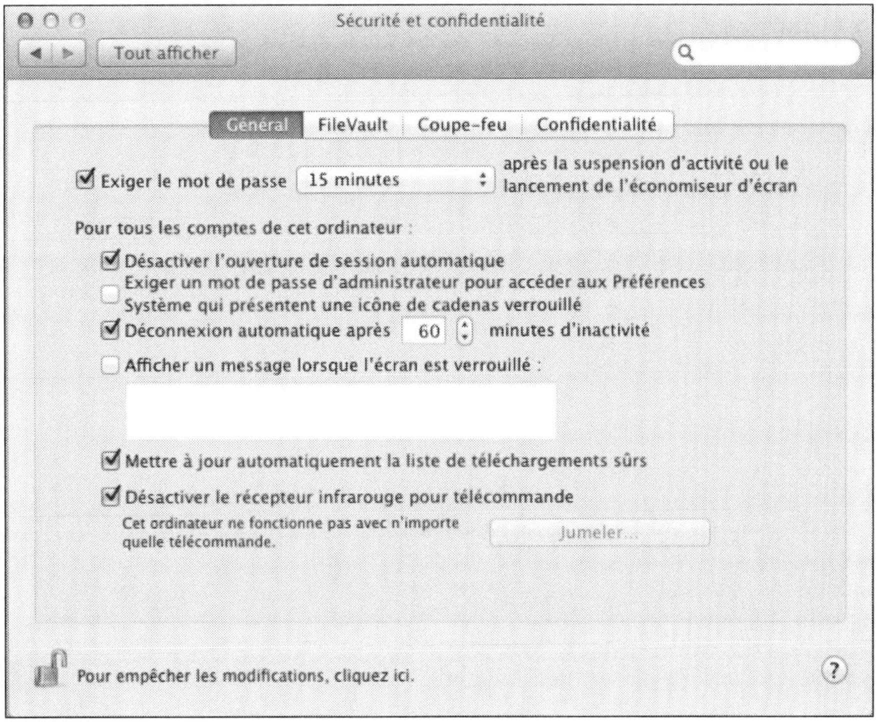

Figure 38-3 Protection des sessions d'utilisateur.

Sécuriser ses données

Contrairement à ce que vous pourriez penser, vos données ne sont pas encore en sécurité : un autre utilisateur de votre Mac, ouvrant une session avec son mot de passe, pourrait tout à fait accéder à vos données à votre insu. Pour éviter cela, Apple a conçu FileVault 2, un système de chiffrement très puissant qui s'applique à l'ensemble de votre espace utilisateur personnel sur le disque dur de votre Mac.

1. Pour profiter de FileVault, déroulez le menu **Pomme ➜ Préférences Système**.
2. Cliquez sur **Sécurité et confidentialité**.
3. Activez l'onglet **FileVault** (figure 38-4).
4. Le cas échéant, invitez les autres utilisateurs de votre Mac à s'authentifier puis cliquez sur **Continuer**.
5. Notez soigneusement la clé de secours qui vous est présentée : si vous oubliez votre mot de passe, c'est elle qui vous permettra de récupérer vos données. Et si vous l'avez perdue, vous avez aussi perdu vos données.

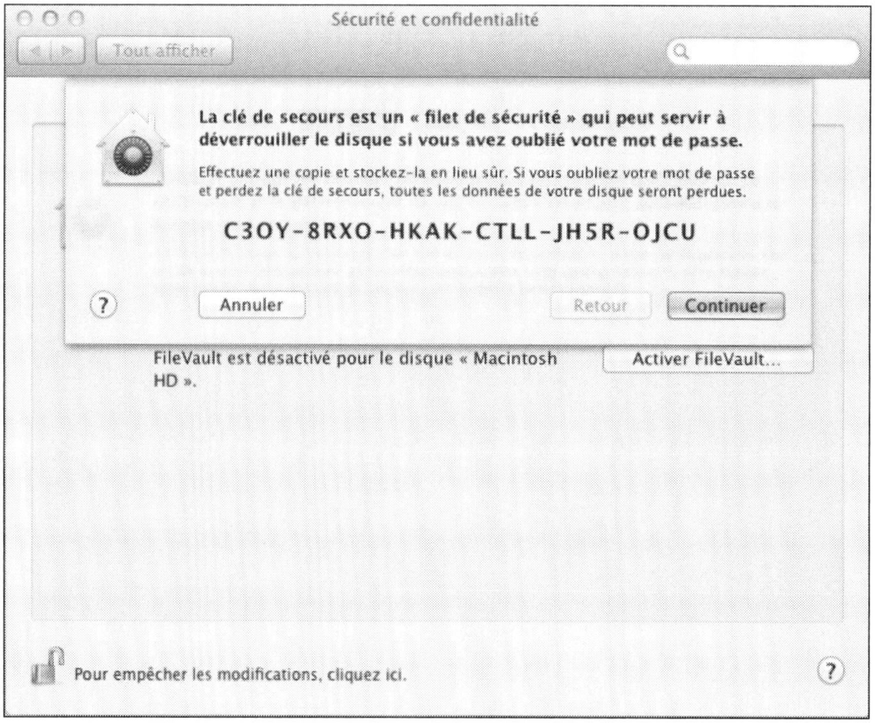

Figure 38-4 La clé de secours de FileVault.

6. Cliquez sur le bouton **Continuer**.

7. Si vous le souhaitez, vous pouvez stocker la clé de secours auprès d'Apple, sur ses serveurs, sous forme chiffrée. Pour cela, indiquez trois questions et les trois réponses correspondantes : Apple s'en servira pour vous authentifier et vous fournir, si besoin, la clé de secours. Lorsque vous êtes prêt, cliquez sur le bouton **Continuer**.
8. Cliquez sur bouton **Redémarrer** pour lancer le processus de chiffrement. Celui-ci commencera dès le rédémarrage mais vous pourrez continuer d'utiliser votre Mac pendant ce temps-là.
9. Périodiquement, suivez l'avancement du processus de chiffrement dans le panneau de préférences **Sécurité et confidentialité**.

Figure 38-5 Avancement du chiffrement.

Bon à savoir FileVault 2 utilise l'algorithme de chiffrement XTS-AES 128 bits. C'est l'un des plus efficaces du moment et, pour le casser sans connaître votre mot de passe utilisé pour le chiffrement des données, il faudrait compter plusieurs millions d'années de calcul avec les ordinateurs les plus puissants de la planète… FileVault 2 permet en outre un chiffrement intégral du disque dur de votre Mac – et pas seulement de vos données personnelles. Enfin, il permet de procéder à un effacement des données à distance : un effacement redoutablement efficace puisqu'il consiste à supprimer toute trace de la clé de chiffrement du disque dur, dans un premier temps, avant de commencer à effacer effectivement, une à une, vos données. Cet effacement peut être commandé par le service Back to My Mac d'iCloud, en cas de vol, par exemple : si vous ordonnez l'effacement, il sera enclenché dès la première connexion à Internet de votre ordinateur. Une bonne raison de plus de prévoir de bonnes sauvegardes...

Empêcher la mise en route

Si toutes ces précautions vous semblent insuffisantes, votre Mac peut vous offrir un dernier rempart contre les importuns : un mot de passe exigé pour la mise sous tension. Avec cette protection, il est impossible de démarrer le Mac sans le mot de passe adéquat, y compris à partir d'un disque dur externe.

1. Pour définir un mot de passe à la mise sous tension, redémarrez votre Mac avec sa partition de restauration : redémarrez votre machine en maintenant enfoncée la touche **alt** du clavier puis sélectionnez la partition de restauration.

Bon à savoir Si vous avez activé FileVault 2, la partition de restauration apparaît comme inaccessible. Mais c'est faux : vous pouvez démarrer dessus en maintenant enfoncées les touches **cmd** et **R** lors de la mise sous tension. Vous pouvez aussi démarrer votre Mac sur un disque d'installation de Mac OS X Lion, tel qu'une clé USB. Retrouvez la procédure à suivre pour réaliser une telle clé au chapitre Spécial débutants, en début d'ouvrage.

2. Une fois l'installeur chargé, déroulez le menu **Utilitaires ➜ Utilitaire de mot de passe du programme interne**.
3. Cliquez sur le bouton **Activer**.
4. Tapez le mot de passe que vous avez choisi pour protéger votre Mac à la mise sous tension, dans les champs *ad hoc*.
5. Cliquez sur le bouton **Activer**.

Votre Mac est protégé : redémarrez-le et votre mot de passe vous sera demandé.

Attention Avec certains Mac récents, toute perte du mot de passe du programme interne oblige à passer par le service après-vente d'Apple ou par un centre de support agréé Apple. Cela concerne notamment les MacBook Air à partir de la fin 2010, les MacBook Pro de début 2011, les iMac à partir de 2011, et le tout dernier Mac Mini.

Chapitre 39

Configurer Lion pour plusieurs utilisateurs

Au menu de ce chapitre

- Créer un nouveau compte d'utilisateur
- Modifier l'ouverture de session
- Configurer le changement d'utilisateur
- Limiter les droits des autres utilisateurs
- Limiter les droits d'utilisation d'iTunes
- Partager ses documents

Mac OS X permet de partager un même Mac entre plusieurs personnes tout en préservant la confidentialité des données et des activités informatiques de chacune d'elles. Lion s'appuie pour cela sur un double mécanisme de comptes d'utilisateurs et de sessions.

Les comptes d'utilisateurs constituent des espaces dédiés sur le disque dur de Mac OS X, propres et personnels à chaque utilisateur. Chaque compte peut être protégé par un mot de passe. Celui-ci permet d'interdire à tout autre utilisateur du Mac d'ouvrir une session sous une identité d'utilisateur qui n'est pas la sienne : les sessions sont des périodes d'utilisation du Mac sous l'identité de laquelle est associé un compte d'utilisateur. Lorsque l'on ouvre une session avec le nom et le mot de passe d'un compte d'utilisateur, on accède à l'ensemble des données enregistrées avec ce compte, des courriers électroniques aux documents bureautiques en passant par les photos, ou encore les musiques.

Les comptes sont aussi utilisés pour enregistrer les paramètres de personnalisation de Mac OS X définis par chaque utilisateur, du fond d'écran à la présentation des dossiers.

Enfin, Mac OS X Lion permet de limiter les droits associés à un compte d'utilisateur avec, notamment, un dispositif de contrôle parental.

Créer un nouveau compte d'utilisateur

La création d'un compte d'utilisateur est une opération simple :

1. Déroulez le menu **Pomme ➜ Préférences Système**.
2. Cliquez sur **Utilisateurs et groupes**.
3. Cliquez sur le cadenas en bas à gauche de la fenêtre.
4. Indiquez votre mot de passe puis cliquez sur **OK**.
5. Cliquez sur le bouton + en bas de la liste de gauche.
6. Déroulez la liste **Nouveau compte** et sélectionnez :
   - **Administrateur** si vous souhaitez que l'utilisateur de ce compte puisse administrer le Mac et, par exemple, modifier des réglages tels que la configuration réseau ou encore ajouter et supprimer des applications.
   - **Standard** si vous souhaitez que l'utilisateur de ce compte puisse profiter pleinement du Mac sans pour autant disposer de capacités d'administration.
   - **Géré avec Contrôles parentaux** si vous destinez ce compte à l'un de vos enfants et que vous vouliez pouvoir contrôler ses activités sur le Mac et, notamment, son temps d'utilisation.

- **Partage uniquement** si vous ne destinez ce compte qu'à l'accès aux ressources de votre Mac *via* le réseau, sans que ce compte ne permette d'ouvrir de session (chapitre 52).

7. Remplissez les champs du formulaire en fonction de l'identité du futur utilisateur du compte que vous êtes en train de créer.
8. Cliquez sur le bouton **Créer l'utilisateur**.

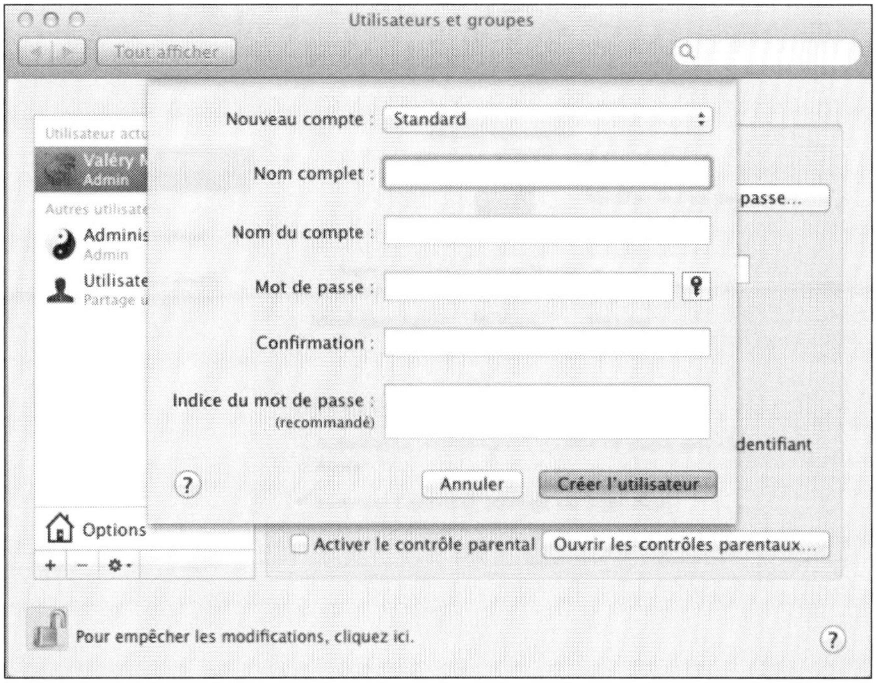

Figure 39-1 Création d'un nouveau compte d'utilisateur.

Bon à savoir Seul un utilisateur disposant des droits d'administration de l'ordinateur peut créer, modifier ou supprimer un compte d'utilisateur autre que le sien. Notez qu'un administrateur peut modifier à tout moment les autres comptes d'utilisateurs du Mac.

Les invités

Mac OS X crée, par défaut, un compte d'utilisateur spécifique : le compte d'invité. De base, ce compte n'est utilisable que pour l'accès aux dossiers partagés sur le réseau (chapitre 52). Vous pouvez cependant modifier ses droits :

1. Cliquez sur **Compte d'invité** dans la liste des comptes.

2. Cochez la case **Autoriser les invités à se connecter à cet ordinateur** si vous souhaitez que le compte d'invité puisse servir à ouvrir une session.

3. Cochez la case **Activer le contrôle parental** si vous souhaitez appliquer des restrictions d'utilisation à ce compte (voir plus loin).

4. Cochez la case **Autoriser les invités à se connecter à des dossiers partagés** pour autoriser les invités à consulter les dossiers partagés de votre Mac, à partir d'un autre Mac connecté au même réseau.

Figure 39-2 Gestion des droits des invités.

Bon à savoir Un utilisateur invité peut ouvrir une session sur votre Mac, pour en utiliser les applications, sans s'authentifier par un mot de passe. Il ne peut pas avoir accès aux données des autres utilisateurs ni ouvrir de session à distance. Surtout, dès que l'invité ferme sa session, toutes ses données sont supprimées.

Bon à savoir Vous pouvez aussi ne pas choisir d'activer le compte invité. Mais si vous installez iCloud (chapitre 43) et activez son service Find My Mac, toute personne démarrant votre Mac pourra le lancer dans un mode dans lequel il n'aura accès qu'à Safari et… au Web. Ce qui permettra à Apple de localiser votre machine – si elle a été perdue ou volée – et de lui appliquer à distance vos commandes : sonner, afficher un message, se verrouiller, s'auto-effacer... Bref, plus qu'un confort pour les invités, un dispositif de sécurité.

Modifier l'ouverture de session

Mac OS X vous permet de définir la manière dont les utilisateurs devront ouvrir une session sur votre Mac. Par exemple, vous pouvez décider qu'aucun mot de passe ne sera demandé pour l'utilisateur principal du Mac, une session avec son compte s'ouvrant automatiquement au démarrage.

1. Pour configurer l'ouverture de session, cliquez sur **Options** en bas de la liste des utilisateurs.
2. Déroulez la liste **Ouverture de session automatique** et sélectionnez :
   - **Désactivé** si vous souhaitez obliger tous les utilisateurs du Mac à s'identifier avant l'ouverture d'une session ;
   - ou le nom de l'utilisateur principal de votre Mac.
3. À la rubrique **Ouverture de session par**, sélectionnez l'option que vous préférez.
4. Cochez la case **Afficher les boutons Veille, Redémarrer et Éteindre** si vous souhaitez faire figurer ces commandes dans la fenêtre d'ouverture de session.
5. Cochez la case **Afficher le menu Saisie dans la fenêtre d'ouverture de session** si vous souhaitez que les utilisateurs de votre Mac puissent s'aider des commandes du menu Saisie pour taper leur mot de passe.

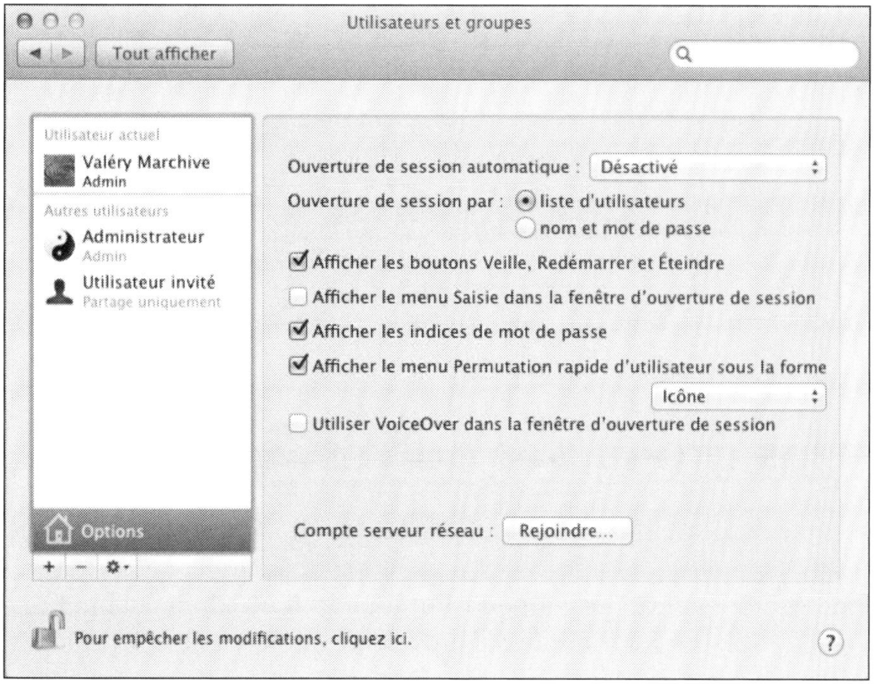

Figure 39-3 Configuration de l'ouverture de session.

Configurer le changement d'utilisateur

Il n'est pas nécessaire de redémarrer le Mac pour changer d'utilisateur. Par défaut, il suffit de fermer la session en cours à partir du menu **Pomme** pour revenir au panneau d'ouverture de session. Il n'y a plus, alors, qu'à ouvrir une session sous l'identité d'un autre utilisateur.

Mais Mac OS X permet de passer plus vite d'une session à l'autre. Pour activer cette fonction :

1. Déroulez le menu **Pomme ➜ Préférences Système**.
2. Cliquez sur **Utilisateurs et groupes**.
3. Cliquez sur le cadenas en bas à gauche de la fenêtre.
4. Indiquez votre mot de passe puis cliquez sur **OK**.
5. Cliquez sur **Options** en bas de la liste des comptes.
6. Cochez la case **Afficher le menu Permutation rapide d'utilisateur**.
7. Déroulez la liste correspondante et sélectionnez l'option voulue pour l'affichage du menu de changement rapide d'utilisateur. Ce menu apparaîtra à l'extrémité droite de la barre des menus (figure 39-4).

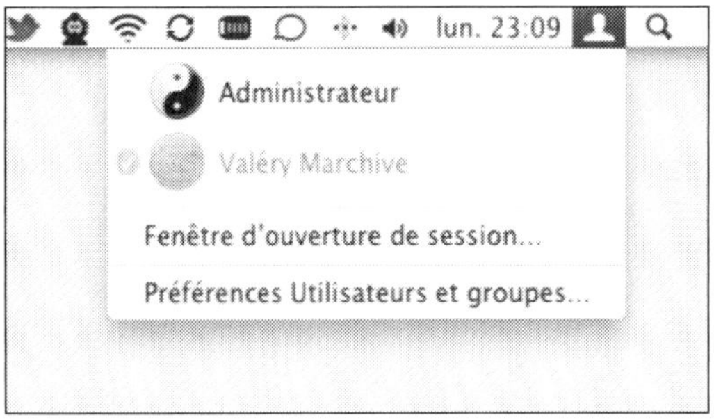

Figure 39-4 Le menu de changement rapide d'utilisateur.

Limiter les droits des autres utilisateurs

Il est possible de restreindre les droits d'utilisation du Mac pour les comptes d'utilisateurs de type Standard. Les restrictions possibles sont étendues : n'autoriser l'utilisation que de quelques applications, imposer l'utilisation d'un Finder simplifié, restreindre l'accès au Web, limiter les communications électroniques à des correspondants prédéfinis, *etc.*

Bon à savoir Les droits des administrateurs ne peuvent pas être restreints. En revanche, vous pouvez très largement limité les droits des invités !

1. Pour « brider » ainsi le compte d'un utilisateur, déroulez le menu **Pomme → Préférences Système**.
2. Cliquez sur **Contrôle Parental**.
3. Sélectionnez l'utilisateur dont vous voulez restreindre les droits dans la liste de gauche (figure 39-5).
4. Cliquez sur le bouton **Activer le contrôle parental**.

Figure 39-5 Activer le contrôle parental.

Limiter l'accès au système

Pour limiter l'accès aux fonctions du système et aux applications, activez l'onglet **Applications** :

- Cochez la case **Utiliser le Finder simplifié** si vous souhaitez que seule une version minimaliste du Finder soit accessible à l'utilisateur.
- Cochez la case **Limiter les applications** si vous souhaitez limiter la liberté d'utilisation du Mac de l'utilisateur à seulement quelques applications prédéfinies par vos soins.

  Dans la liste **Applications autorisées**, cochez la case à gauche de chaque application autorisée. Déroulez également la liste **Autoriser les applications de l'App Store** et définissez votre politique de contrôle parental pour les applications téléchargées *via* la boutique en ligne d'Apple.
- Cochez la case **Permettre à l'utilisateur de modifier le Dock** si vous voulez autoriser l'utilisateur à personnaliser le Dock pour ses sessions Mac OS X.

Figure 39-6 Définir les restrictions relatives au système et aux applications.

Restreindre l'accès au Web

Pour limiter l'accès au Web, activez l'onglet **Contenu**.

- Cliquez sur **Restreindre l'accès aux sites Web suivants** si vous voulez n'autoriser que la consultation des sites Web de la liste correspondante. Modifiez cette liste à volonté à l'aide des boutons + et – qui figurent au-dessous de la liste.
- Cliquez sur **Tenter de limiter l'accès aux sites Web pour adultes uniquement** si vous voulez autoriser une navigation libre sur le Web à l'exception des sites Web pour adultes. *Via* le bouton **Personnaliser**, vous pouvez définir vos propres listes de sites acceptables et de sites à bloquer.

Ce mécanisme de filtrage n'est pas infaillible. Et c'est d'ailleurs tout l'intérêt qu'il peut y avoir à déclarer manuellement des sites autorisés et des sites interdits en cliquant sur le bouton **Personnaliser**.

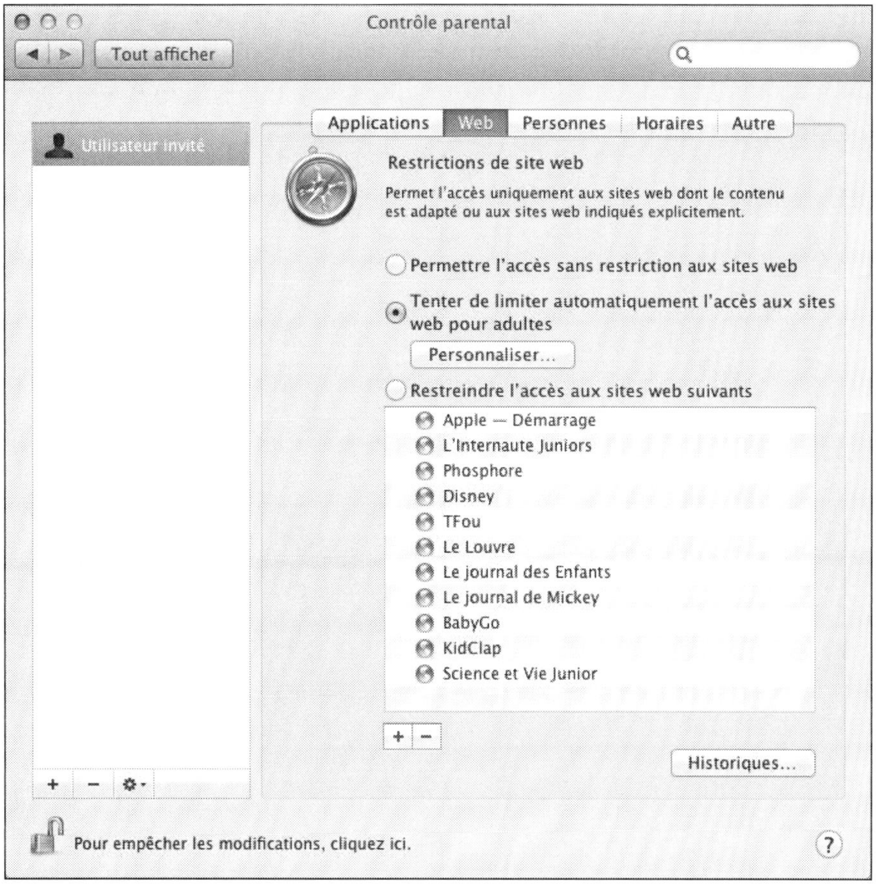

Figure 39-7 Définir les restrictions relatives au Web.

Limiter les communications électroniques

Pour restreindre l'utilisation des logiciels de communication électronique livrés avec Mac OS X, activez l'onglet **Personnes** :

- Cochez la case **Limiter l'accès à Mail** pour interdire l'échange de courriels avec d'autres correspondants que ceux définis dans la liste.
- Cochez la case **Limiter l'accès à iChat** pour interdire les conversations électroniques instantanées avec d'autres correspondants que ceux définis dans la liste.

Utilisez les boutons + et – en bas de la liste pour ajouter et supprimer des adresses électroniques de correspondants autorisés.

Cochez la case **Envoyer les requêtes d'autorisation à** et indiquez l'adresse e-mail d'un administrateur du Mac si vous souhaitez que l'utilisateur puisse demander l'autorisation de communiquer avec d'autres personnes que celles mentionnées dans la liste.

Figure 39-8 Définir les restrictions des communications électroniques.

Attention Les fonctions de restrictions des communications électroniques de Mac OS X Lion ne fonctionnent qu'avec les logiciels Mail et iChat. Les autres logiciels de communication électronique éventuellement installés sur le Mac ne sont pas concernés par ces restrictions.

Définir des horaires d'utilisation

1. Pour définir des horaires limités d'utilisation du Mac, activez l'onglet **Horaires**.
   - Cochez la case **Limiter l'utilisation de l'ordinateur à** de la rubrique **Limites de temps en semaine** pour n'autoriser que quelques heures d'utilisation du Mac

par jour en semaine. Ajustez la glissière correspondante pour définir la durée d'utilisation autorisée.

- Cochez la case **Limiter l'utilisation de l'ordinateur à** de la rubrique **Limites de temps pendant le week-end** pour n'autoriser que quelques heures d'utilisation du Mac par jour le week-end. Ajustez la glissière correspondante pour définir la durée d'utilisation autorisée.
- Utilisez les options **Veilles de jour scolaire** et **Week-end** de la rubrique **Heure du coucher** pour déterminer les plages horaires durant lesquelles l'utilisation du Mac est interdite à l'utilisateur sélectionné.

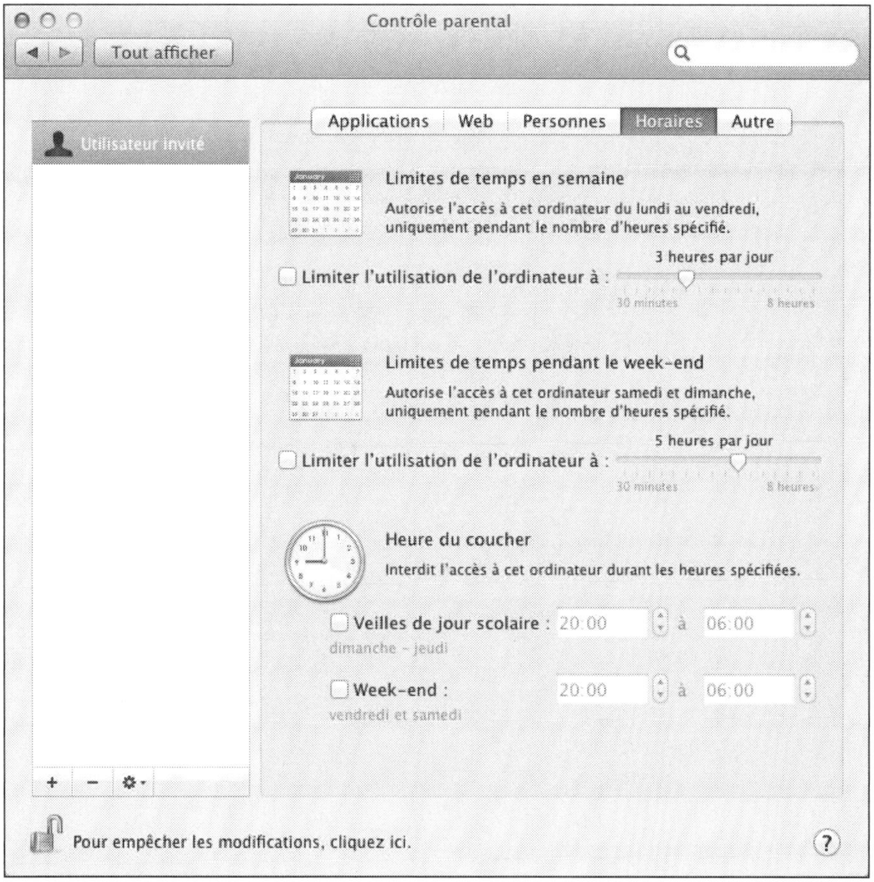

Figure 39-9 Définir les horaires d'utilisation du Mac.

Quelques restrictions supplémentaires

L'onglet **Autres** du panneau de préférences Contrôle parental cache enfin quelques contrôles supplémentaires :

- Cochez la case **Limiter l'administration des imprimantes** si vous voulez refuser à l'utilisateur le droit de modifier les paramètres des imprimantes, voire à en ajouter ou en supprimer.
- Cochez la case **Désactiver le changement de mot de passe** si vous voulez empêcher l'utilisateur à modifier le mot de passe de son compte.
- Cochez la case **Masquer les grossièretés dans le dictionnaire** pour protéger un regard naïf de quelques termes fleuris.
- Cochez la case **Limiter la gravure de CD et DVD** si vous jugez utile d'interdire à l'utilisateur de graver des disques optiques.

Figure 39-10 Quelques autres activités à restreindre.

Note Le dictionnaire ne contient principalement que des termes en langue anglaise mais peut fournir des réponses en français lorsque l'on interroge Wikipédia.

Accéder aux historiques

Enfin, le système de contrôle parental de Mac OS X Lion permet à l'administrateur de contrôler, *a posteriori*, l'utilisation du Mac par les utilisateurs dont le compte fait l'objet d'une surveillance.

1. Pour accéder à cet historique, activez, au choix, l'onglet **Applications, Web** ou **Personnes** et, là, cliquez sur le bouton **Historiques**.
2. Déroulez la liste **Afficher l'activité depuis** et sélectionnez l'intervalle de temps que vous voulez contrôler.
3. Utilisez la liste pour consulter les différentes activités enregistrées.

Dupliquer rapidement les réglages du contrôle parental

Si vous souhaitez appliquer rapidement les réglages du contrôle parental d'un utilisateur à un autre utilisateur, c'est possible en quelques clics :

1. Sélectionnez l'utilisateur qui va vous servir de modèle.
2. Cliquez sur le bouton illustré d'une roue dentée en bas de la liste des utilisateurs.
3. Sélectionnez **Copier les réglages**.
4. Sélectionnez l'utilisateur auquel vous souhaitez appliquer les mêmes réglages que ceux définis pour votre modèle.
5. Cliquez sur le bouton illustré d'une roue dentée en bas de la liste des utilisateurs.
6. Sélectionnez **Coller les réglages**.

Astuce Remarquez la dernière fonction du bouton d'actions de la liste du Contrôle parental : **Autoriser les réglages à distance**. Activez cette option, par exemple, sur l'iMac de vos enfants et vous pourrez modifier les réglages du contrôle parental appliqués sur cet iMac sans même bouger de votre propre Mac, un peu comme un super-dieu de l'ordinateur familial. Vos enfants pourront vous demander un petit supplément de temps, directement à travers le réseau, lorsqu'ils arriveront en fin de plage horaire autorisée pour l'utilisation de leur Mac.

Limiter les droits d'utilisation d'iTunes

Les droits d'utilisation d'iTunes peuvent également être limités individuellement pour chaque utilisateur du Mac. Il est en effet possible d'interdire l'accès aux podcasts, aux stations de radio Internet, à l'iTunes Store, aux bibliothèques partagées, à certaines vidéos, *etc.* Mais ces contrôles ne sont pas centralisés dans le panneau de préférences Contrôle parental de Lion.

1. Pour restreindre les droits d'utilisation d'iTunes d'un utilisateur, ouvrez une session avec son compte.
2. Lancez iTunes.
3. Déroulez le menu **iTunes ➜ Préférences**.
4. Activez l'onglet **Parental** (figure 39-11).

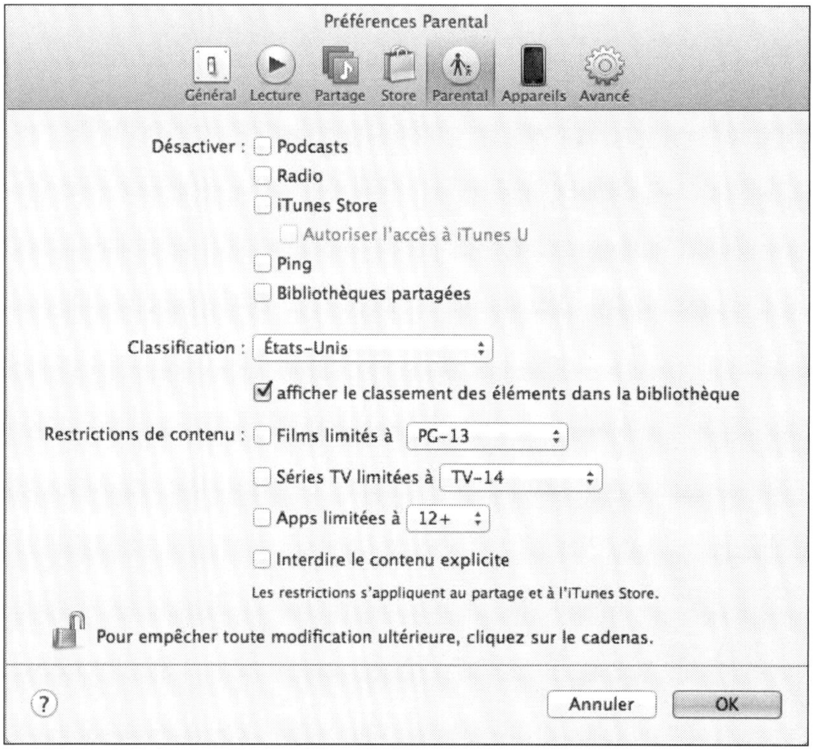

Figure 39-11 Définir des restrictions d'utilisation d'iTunes.

5. À la rubrique **Désactiver**, cochez les cases correspondant aux fonctions dont vous voulez interdire l'accès à l'utilisateur concerné : podcasts, radio, iTunes Store (avec une option **Autoriser l'accès à iTunes U** pour laisser accessibles les contenus pédagogiques de l'iTunes Store), bibliothèques partagées.
6. Si l'iTunes Store est accessible, réglez les restrictions d'accès à la rubrique correspondante. Déroulez le menu **Classification** et sélectionnez **France** pour accéder à des limites d'âge françaises.

7. Cliquez sur le cadenas pour empêcher l'utilisateur du compte d'altérer ces paramètres par lui-même.
8. Refermez la fenêtre et quittez iTunes.
9. Refermez la session de l'utilisateur et revenez à la vôtre.

Partager ses documents

Les documents de chaque utilisateur du Mac sont enregistrés dans son espace personnel, privé, sur le disque dur du Mac (chapitre 1). Pour rendre accessibles des documents aux autres utilisateurs du Mac, il y a une solution simple : les placer dans le dossier **Public** de son espace personnel.

Là, les autres utilisateurs du Mac pourront venir consulter les fichiers mis à leur disposition. Le dossier **Public** contient en outre une boîte de dépôt : un dossier dans lequel ils peuvent placer des documents à l'intention du propriétaire du dossier.

Bon à savoir Puisque l'on parle confidentialité, données personnelles..., il serait peut-être judicieux d'évoquer la confidentialité de vos données vis-à-vis des fournisseurs de services et d'applications, non ? Safari, par exemple, si nécessaire, vous demande l'autorisation de transmettre vos données de localisation géographique à un service Web : lorsque vous demandez le centrage de Google Maps sur votre position, par exemple. Une flèche indiquant l'utilisation des services de géolocalisation de Mac OS X Lion apparaît alors dans la barre des menus. Et vous pouvez retrouver l'historique des applications ayant eu recours à ces services sous l'onglet **Confidentialité** du panneau de préférences **Sécurité et confidentialité**. Mieux : vous pouvez désactiver globalement ces services ou simplement en interdire l'accès à certaines applications, en cochant simplement la case se trouvant à leur gauche dans la liste (figure 39-12).

Mais au fait, comment votre Mac fait-il pour vous localiser ? En s'appuyant sur des bases de données qui recensent les coordonnées géographiques approximatives des points d'accès Wi-Fi – entre autres données issues des équipements réseau utilisés pour vous connecter à Internet. Et ces bases de données, à votre avis, comment Apple est-il parvenu à les constituer ? Grâce aux millions d'iPhone vendus à travers le menu. Mais attention : Apple n'utilise pas ces données pour surveiller ses clients ni même s'immiscer dans leur vie privée.

Figure 39-12 Gestion de la confidentialité.

Chapitre 40

Gérer ses polices

Au menu de ce chapitre

- Organisation des polices
- Inspecter les polices
- Ajouter des polices
- Valider les polices
- Désactiver des polices
- Exporter des polices

Les polices de caractères sont à l'origine du succès du Mac dans le monde de l'édition et plus généralement de la création graphique. Mac OS X Lion est livré en standard avec plusieurs polices de caractères différentes mais leur nombre peut aller rapidement croissant : il est possible d'ajouter des polices téléchargées gratuitement ou achetées sur Internet ; des applications et suites d'applications telles qu'Adobe Creative Suite, Microsoft Office:Mac et iWork ajoutent leur lot de nouvelles polices.

Un minimum d'efforts d'organisation et de gestion des polices peut s'avérer rapidement nécessaire, ne serait-ce que pour éviter de devoir utiliser laborieusement des menus déroulants de polices à rallonge et même guérir certaines incompatibilités. Des polices de caractères défectueuses ou redondantes et conflictuelles sont en effet susceptibles de provoquer des blocages d'applications.

Mac OS X est livré avec une application dédiée à la gestion des polices de caractères, c'est le Livre des polices.

Organisation des polices

Sous Mac OS X, les polices peuvent être installées dans deux emplacements principaux du disque dur :

- Le dossier Bibliothèque/Fonts/ à partir de la racine du disque dur de démarrage regroupe les polices qui sont installées à l'intention de tous les utilisateurs du Mac.
- Le dossier Bibliothèque/Fonts/ à partir du dossier personnel d'un utilisateur ne contient que les polices de caractères disponibles pour l'utilisateur propriétaire du dossier personnel correspondant.

Le Livre des polices distingue ces deux espaces de stockage. Sa présentation des listes de polices de caractères est même plus structurée encore que cela. Dans la colonne **Collection** de sa fenêtre, le Livre des polices présente plusieurs ensembles (figure 40-1). La partie haute de la colonne est consacrée aux bibliothèques de polices :

- **Toutes les polices** regroupent toutes les polices installées sur le Mac.
- **Français** regroupe toutes les polices installées sur le Mac qui sont adaptées au français.
- **Utilisateur** ne présente que les polices installées pour l'utilisateur de la session active.
- **Ordinateur** ne recense que les polices installées pour tous les utilisateurs du Mac.

Définition Les **bibliothèques** regroupent « physiquement » les polices, à l'instar de dossiers du disque dur. Si l'on supprime une bibliothèque de polices, toutes les polices correspondantes sont effectivement supprimées du disque dur. Vous pouvez créer vous-même autant de bibliothèques que vous le voulez. Il ne s'agit ni plus ni moins que de dossiers où seront rangées des polices. Vous pouvez même utiliser pour cela des disques durs externes ou des volumes partagés sur le réseau. Mais, dans ce cas, les polices de ces bibliothèques ne seront disponibles que lorsque les volumes concernés seront effectivement connectés.

La partie inférieure de la colonne est consacrée aux collections de polices. Par défaut, Mac OS X Lion en propose six :

- **Amusement** regroupe les polices à caractère « ludique », les plus fantaisistes.
- **Largeur fixée** recense les polices dont les caractères ont une longueur fixe.
- **Moderne** regroupe des polices typées pour leur modernité.
- **PDF** regroupe les polices les plus adaptées à la production de documents PDF parfaitement lisibles sur tout ordinateur.
- **Traditionnel** regroupe les polices les plus classiques.
- **Web** centralise les polices dédiées à la production de pages Web.

Définition Les **collections** constituent des espaces de rangement virtuel : l'utilisateur y glisse ou en supprime des polices à loisir, pour les classer. Une même police, issue d'une unique bibliothèque, peut être classée dans plusieurs collections. Dès lors, il est possible de supprimer une collection sans effacer pour autant les polices correspondantes de leur emplacement et de leurs bibliothèques respectives d'origine.

Figure 40-1 Le Livre des polices.

Inspecter les polices

Pour consulter les caractères proposés par une famille de polices, sélectionnez-la dans la colonne centrale du Livre des polices. Cliquez sur le triangle à gauche du nom de la famille pour affiche les polices correspondantes. Sélectionnez l'une des polices.

Plusieurs options s'offrent alors à vous :

- Ajustez la taille d'affichage de la police avec la glissière à droite du cadre de prévisualisation de la police.
- Déroulez le menu **Aperçu → Répertoire** pour afficher l'ensemble des caractères de la police plutôt qu'un simple échantillon.
- Déroulez le menu **Aperçu → Personnalisé** pour afficher un aperçu de ce à quoi ressemblera un texte que vous pourrez copier-coller depuis une autre application ou taper directement dans la fenêtre, avec la police sélectionnée. C'est un bon palliatif pour l'absence de prévisualisation des polices de caractères dans certaines applications.
- Tapez **cmd+I** pour afficher les informations de la police plutôt que son aperçu.
- Ces informations peuvent être précieuses lors de la création d'un document : le Livre des polices vous indique notamment si la police peut être recopiée, intégrée à un document, les langues prises en charge et même l'histoire de la police !

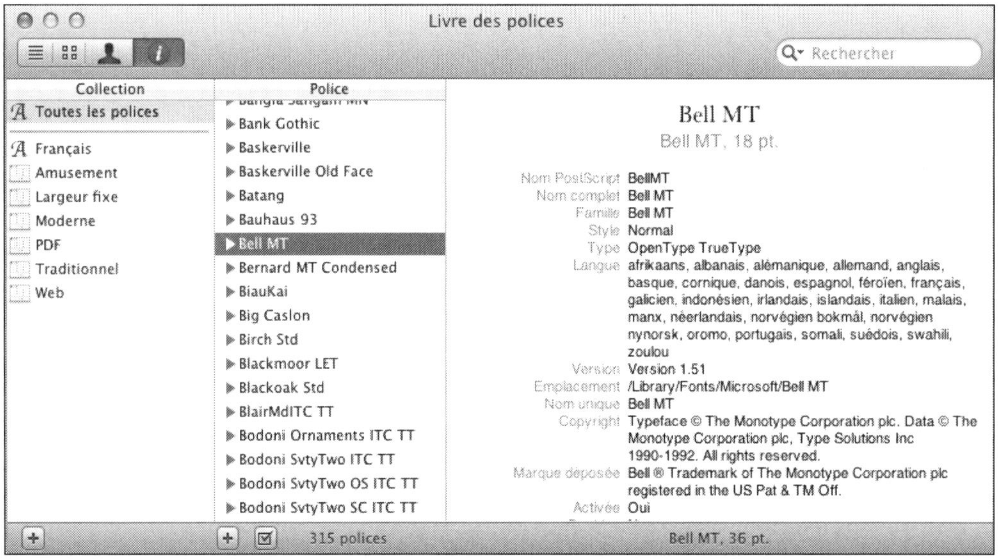

Figure 40-2 Exemple d'informations détaillées sur une police.

Ajouter des polices

L'ajout d'une nouvelle police est une opération rendue extrêmement simple par le Livre des polices :

1. Sélectionnez la bibliothèque à laquelle ajouter la police, dans la colonne de gauche.
2. Cliquez sur le bouton + en bas de la colonne centrale.
3. Sélectionnez la police à ajouter puis cliquez sur **Ouvrir**.

Renouvelez l'opération pour chaque police à ajouter. Si ces polices font partie d'une même famille, le Livre des polices se chargera de les réunir.

Astuce Mais peut-être ne voulez-vous pas ajouter n'importe où vos polices supplémentaires et les associer précisément à un dossier sur votre disque dur. Pour cela, déroulez le menu **Fichier ➜ Bibliothèque**. Nommez la nouvelle bibliothèque et ajoutez-y vos nouvelles polices.

Valider les polices

Pour éviter les conflits éventuels, les doublons, et toutes sortes de dysfonctionnements liés aux polices de caractères, il est recommandé d'utiliser régulièrement le Livre des polices pour conduire un examen complet des polices. Cette opération est appelée validation.

1. Pour valider les polices, cliquez sur la bibliothèque **Toutes les polices**.
2. Cliquez dans la colonne centrale puis tapez **cmd+A** pour sélectionner toutes les familles de polices.
3. Déroulez le menu **Fichier ➜ Valider des polices**.

L'opération peut prendre plus ou moins de temps, en fonction de la quantité de polices installées sur votre Mac et de sa rapidité.

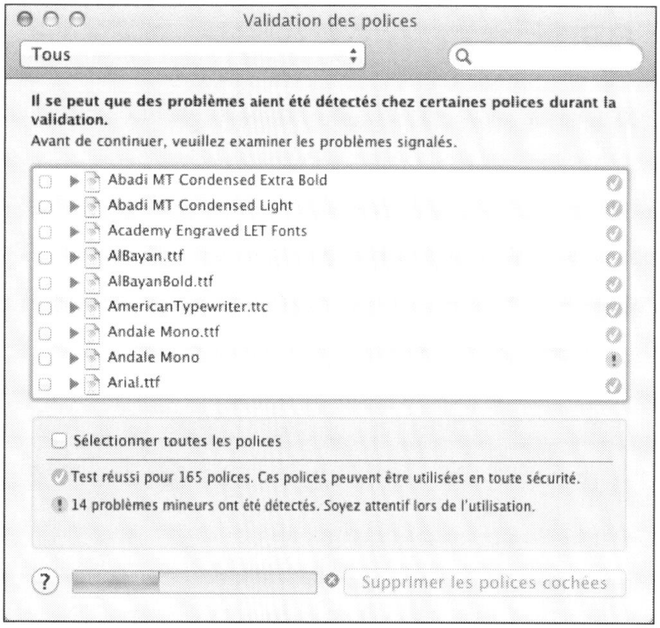

Figure 40-3 Validation des polices.

Les résultats de la validation sont présentés sous forme de liste avec un marqueur rouge pour les polices dont l'utilisation est déconseillée, un marqueur jaune pour un problème mineur, et enfin un marqueur vert pour les polices utilisables sans risque.

Si vous le souhaitez, vous pouvez supprimer immédiatement les polices problématiques :

1. Cochez la case à gauche des polices marquées en rouge.
2. Cliquez sur le bouton **Supprimez les polices cochées**.
3. Confirmez puis refermez la fenêtre de validation.

Désactiver des polices

Plutôt que de supprimer une police que l'on ne veut pas utiliser, il est possible de simplement la désactiver : elle ne sera plus disponible pour les applications Mac OS X.

1. Pour désactiver une police ou une famille de polices, faites un clic droit dessus.
2. Sélectionnez **Désactiver** (figure 40-4).

L'effet est immédiat. L'opération est réversible à tout moment.

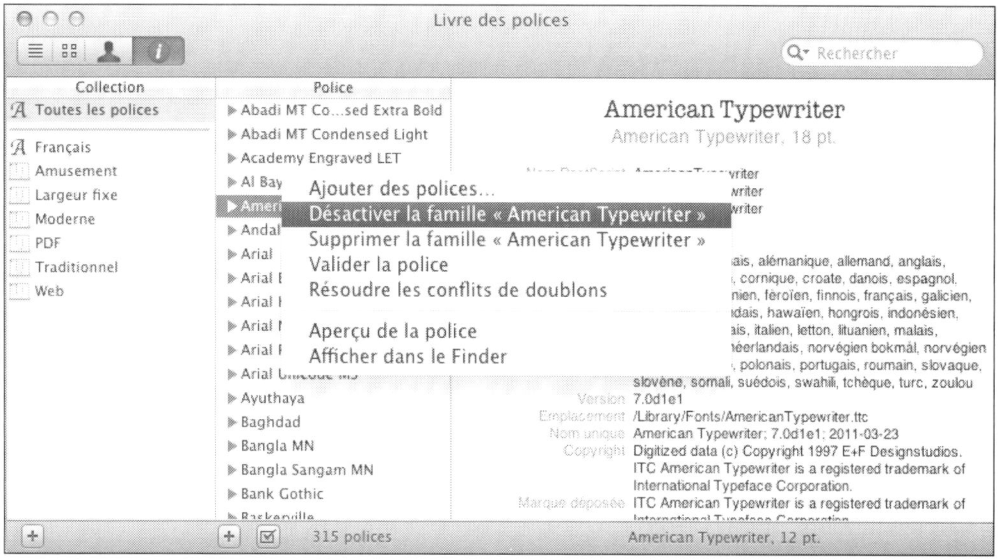

Figure 40-4 Désactivation d'une police.

Astuce Si vous ne voulez plus utiliser la police sélectionnée, choisissez la fonction **Supprimer** plutôt que **Désactiver**.

Exporter des polices

C'est presque un cas d'école : vous préparez un document sur votre Mac et devez le transmettre à quelqu'un d'autre, pour correction ou impression ; mais cette personne ne dispose pas des polices que vous utilisez. Le Livre des polices vous permet de copier facilement les polices voulues dans un nouveau dossier. Vous pourrez alors les transmettre avec votre document.

1. Pour exporter des polices avec le Livre des polices, sélectionnez les polices visées dans la colonne centrale.
2. Déroulez le menu **Fichier ➜ Exporter des polices**.
3. Indiquez le nom et l'emplacement d'enregistrement.
4. Cliquez sur **OK**.

Astuce Vous travaillez sur un document précis, pour un projet ponctuel ? Placez les polices que vous utilisez pour ce projet dans une collection dédiée : leur exportation le moment venu n'en sera que plus rapide.

Chapitre 41

Profiter des applications de Windows

Au menu de ce chapitre

- Mise à jour du microcode
- Partitionner un disque dur avec l'assistant
- Installer Windows
- Installer les pilotes Apple
- Utiliser le clavier et la souris
- Accéder à ses disques durs Mac sous Windows
- Accéder à sa partition Windows sous Mac OS X
- Définir le disque de démarrage depuis Windows…
- … et depuis Mac OS X
- Choisir le système à la mise sous tension
- La virtualisation, pour ne pas avoir à choisir

La sortie des premiers Mac animés par des processeurs Intel, en janvier 2006, a sonné comme une petite révolution : pour la première fois de leur histoire, les Mac devenaient capables de faire fonctionner Windows XP de manière native, comme tout autre PC et sans le moindre ralentissement. Une bonne nouvelle pour tous ceux qui veulent utiliser un Mac et pouvoir, en même temps, accéder à la ludothèque du monde Windows.

Cette faculté, les Mac à base de processeur Intel la doivent à Boot Camp, un outil développé par Apple qui permet de faire démarrer un Mac sous Mac OS X ou sous Windows 7, alternativement. Boot Camp a été initialement proposé par Apple en test gratuit au printemps 2006. Il est désormais livré avec Mac OS X. Il supportait initialement Windows XP et Vista ; désormais, il ne supporte plus que Windows 7, dans ses éditions Familiale Premium, Professionnelle et Ultimate, en déclinaison 32 comme 64 bits.

Attention Il n'est pas possible d'utiliser simultanément Boot Camp et la fonction de chiffrement intégral du disque dur interne de Mac OS X Lion, FileVault 2.

Bon à savoir Ce n'est pas parce que Lion ne supporte pas Windows XP et Windows Vista qu'il n'est pas possible de les utiliser avec... Lion. En fait, c'est juste Boot Camp qui ne les supporte pas et qui ne propose plus les pilotes nécessaires. Mais si, alors que vous utilisiez Leopard ou Snow Leopard, vous avez eu recours à Boot Camp pour installer Windows NT, XP ou Vista, vous pouvez tout à fait continuer de l'utiliser après avoir installé Lion.

Mise à jour du microcode

C'est le prérequis principal : assurez-vous que toutes les mises à jour de microcode disponibles pour votre Mac ont bien été installées.

1. Lancez **Safari**.
2. Ouvrez l'adresse Web `http://docs.info.apple.com/article.html?artnum=303880-fr`.
3. Suivez les indications de cette page.
4. Le cas échéant, procédez aux mises à jour de firmwares recommandées.

Si aucune mise à jour adaptée à votre machine ne figure dans la liste, lancez la recherche de mises à jour intégrée à Lion (menu **Pomme → Mises à jour de logiciels**) : les éventuelles mises à jour du microcode (EFI) pour votre Mac doivent alors y apparaître. Si rien de tel n'est mentionné, c'est que votre Mac est prêt.

Partitionner un disque dur avec l'assistant

Une fois que vous vous êtes assuré que votre Mac dispose bien des toutes dernières versions disponibles de microcodes, vous pouvez passer à l'étape suivante. Elle consiste à aménager un peu d'espace pour Windows sur le disque dur de démarrage de votre Mac, au travers d'une partition dédiée. C'est l'assistant Boot Camp qui va vous aider dans ce processus :

1. Lancez l'Assistant Boot Camp à partir du dossier /**Applications**/**Utilitaires**/.
2. Cliquez sur le bouton **Continuer**.
3. Validez l'option **Télécharger le logiciel de prise en charge de Windows pour ce Mac**. Cette étape vous permettra de créer un CD ou une clé USB contenant les pilotes Windows pour votre Mac. Apple fournit les pilotes nécessaires aux équipements suivants : module Bluetooth, clavier, souris et trackpad Apple, modules Wi-Fi Atheros et Broadcam, télécommande Apple, cartes graphiques ATI, nVidia et Intel, Webcam iSight, contrôleurs audio Cirrus Logic, Realtek et SigmaTel, contrôleur Ethernet Marvel Yukon, *etc. Via* l'assistant Boot Camp, vous obtiendrez également les panneaux de contrôle Windows pour Boot Camp et pour le choix du disque de démarrage. Cliquez sur le bouton **Continuer**. Le téléchargement commence aussitôt.
4. Une fois le téléchargement terminé, sélectionnez l'option qui vous convient le plus : graver les pilotes sur un CD ou un DVD, ou bien en enregistrer une copie dans un dossier que vous copierez ultérieurement sur une clé USB préalablement formatée en FAT, avec l'Utilitaire de disque – ou récupérée déjà préparée à ce format depuis un PC ; prévoyez 1 Go d'espace libre. Cliquez sur **Continuer**.

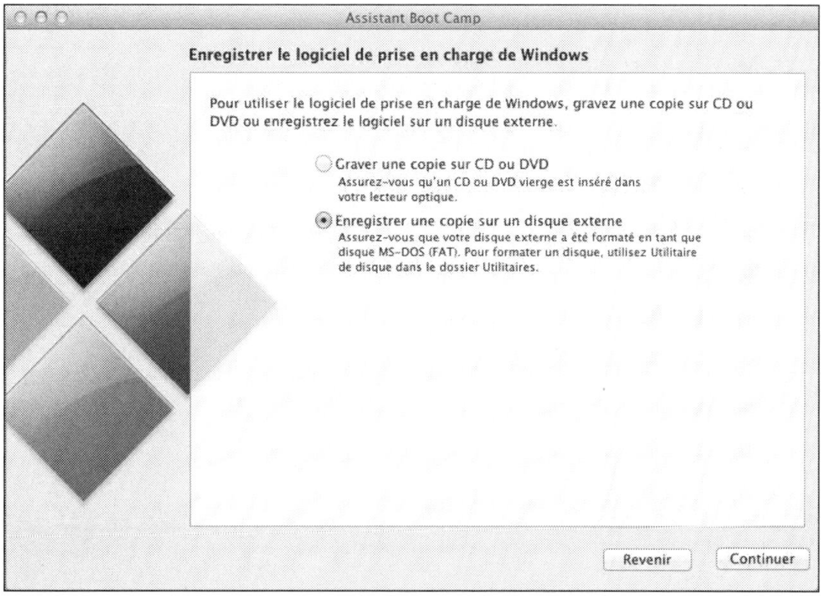

Figure 41-1 Enregistrement des pilotes Windows.

5. Ajustez la taille de la partition Windows à l'aide du séparateur ou bien cliquez sur le bouton **Diviser en parts égales** si vous souhaitez consacrer la moitié du disque dur de démarrage de votre Mac à Windows (figure 41-2).
6. Cliquez sur **Partitionner** lorsque vous êtes prêt.

Mac OS X lance aussitôt le partitionnement du disque dur selon vos réglages. L'opération dure plusieurs minutes.

Cliquez sur le bouton **Commencer l'installation** si vous êtes prêt à passer immédiatement à l'installation de Windows, ou bien cliquez sur **Redémarrer Mac OS X** pour reporter l'installation.

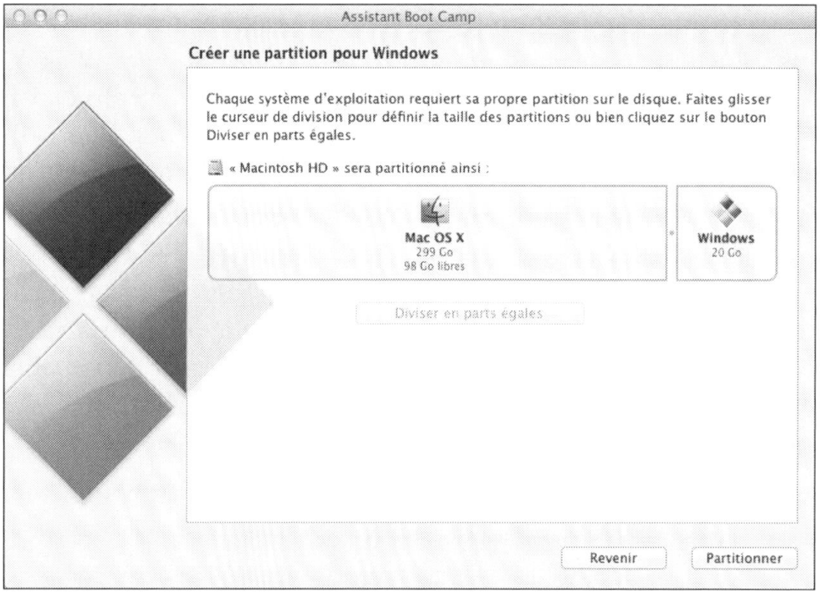

Figure 41-2 Partitionner le disque dur pour installer Windows.

Bon à savoir Si vous lancez l'assistant Boot Camp alors que les microcodes de votre Mac ne sont pas à jour, celui-ci vous le notifiera et vous invitera à procéder aux mises à jour nécessaires.

Installer Windows

Une fois que le disque dur de démarrage de votre Mac a été configuré pour accueillir un espace dédié à Windows, il est possible de passer à l'installation de ce nouveau système d'exploitation.

Veillez à bien disposer d'un DVD ou d'une clé USB d'installation de Windows 7. L'installation de Windows sur un Mac à base de processeur Intel se déroule de la même manière que sur un PC.

Si vous avez lancé l'installation à l'issue de la création de la partition Windows, suivez les indications à l'écran pour démarrer votre Mac sur le disque d'installation de Windows.

Si vous avez reporté l'installation de Windows, procédez comme suit :

1. Mettez votre Mac sous tension et maintenez la touche **alt** enfoncée jusqu'à l'apparition de l'icône du disque dur interne de votre Mac.
2. Insérez le disque d'installation de Windows.
3. Sélectionnez l'icône du disque d'installation de Windows et validez par **Entrée**.
4. Sélectionnez les paramètres linguistiques de l'installation et cliquez sur **Suivant**. Acceptez les termes du contrat de licence et cliquez sur **Suivant**.
5. Cliquez sur le bouton **Installation personnalisée**. Dans la liste, sélectionnez **Disk 0 Partition 3 BOOTCAMP** puis cliquez sur **Suivant**.
6. Cliquez sur **Options de disque (avancé)** puis sur le bouton **Formater** et validez par **OK**. Cliquez sur **Suivant** : la partition Boot Camp va être formatée en NTFS. Une fois le processus achevé, suivez les instructions à l'écran pour lancer l'installation. Celle-ci commence aussitôt par la copie des fichiers de Windows. Soyez patient : le processus peut prendre quelques dizaines de minutes.

À l'issue de l'installation, votre Mac redémarre sous Windows.

Installer les pilotes Apple

Une fois sous Windows, la première tâche consiste à installer les pilotes, les logiciels gestionnaires des composants de votre Mac. Conçus par Apple, ces pilotes concernent la carte graphique, les interfaces réseau, la carte son, Bluetooth, la webcam iSight, le clavier, le contrôle de la luminosité des écrans des portables et, enfin, la gestion du récepteur infrarouge de la télécommande.

1. Pour installer les pilotes Apple, insérez le CD gravé contenant les pilotes, ou la clé USB sur laquelle vous les avez copiés.
2. L'installation doit commencer immédiatement. Si ce n'est pas le cas, ouvrez le CD ou la clé USB et double-cliquez sur **setup.exe** dans le dossier **WindowsSupport**.

3. Suivez les instructions à l'écran et patientez durant l'installation des pilotes. Si un message vous indique que les pilotes n'ont pas été approuvés, cliquez malgré tout sur **Continuer**.

L'installation dure quelques minutes. Lorsqu'elle est terminée, redémarrez votre Mac.

Utiliser le clavier et la souris

Le clavier des Mac est légèrement différent de celui des PC sous Windows : un court apprentissage peut être nécessaire pour en tirer pleinement parti. Il peut en aller de même avec le trackpad des MacBook et MacBook Pro.

Mac OS X et Windows gèrent le clavier de manière différente. De nombreux raccourcis clavier sous Windows utilisent la touche **Ctrl** là où ceux de Mac OS X utilisent la touche **Pomme**. Vous trouverez ici une table de conversion pour les principaux raccourcis clavier sous Windows.

Raccourcis clavier

Touche Windows	Clavier étendu Mac	Clavier MacBook ou MacBook Pro
Ctrl+Alt+Suppr	ctrl+alt+suppr	ctrl+alt+fn+Effacement arrière
AltGr	ctrl+alt	
Suppr	suppr	fn+Effacement arrière
Insert	aide	fn+Entrée
Verr Num.	clear	fn+F6
Pause	F16	fn+esc
Impr. Ecr.	F4	fn+F11
Scroll/Lock	F15	fn+F12

Clic droit

Le clic droit est beaucoup plus utilisé sous Windows que sous Mac OS X. Avec une souris telle que la Mighty Mouse d'Apple, effectuer un clic droit ne présente aucun problème. Avec le trackpad d'un MacBook ou d'un MacBook Pro, c'est un peu plus compliqué : pour effectuer un clic droit sous Windows avec le trackpad, posez deux doigts sur le trackpad et cliquez.

Le trackpad permet également de faire défiler l'affichage des fenêtres :

1. Placez un premier doigt sur le trackpad.
2. Placez un second doigt sur le trackpad et déplacez-le dans la direction de déplacement voulue.

Accéder à ses disques durs Mac sous Windows

Enfin, il est important de relever que Windows ne peut ni lire ni écrire sur les partitions au format HFS+ utilisées par Mac OS X. MacDrive permet de corriger cette lacune.

MacDrive (49,99 $, 36 €, http://www.mediafour.com/) est un logiciel pour Windows XP/Vista qui permet, sous Windows, d'accéder à des disques durs et des partitions au format HFS+, à commencer par le disque dur de démarrage du Mac.

Passé l'installation, MacDrive est totalement transparent : les espaces de stockage HFS+ apparaissent dans le Poste de travail comme n'importe quel autre disque, fixe ou amovible. Le logiciel permet même de monter, sous Windows, les fichiers images disques .dmg de Mac OS X.

MacDrive est donc un outil pratique d'échange de fichiers entre les environnements Windows et Mac OS. Il peut être utilisé gratuitement à titre d'essai pendant cinq jours.

Accéder à sa partition Windows sous Mac OS X

Mac OS X peut lire et écrire sur les partitions FAT32 de Windows, mais pas NTFS. Un disque dur externe ou une clé USB formatée en FAT32 peut constituer un bon support d'échange entre les deux mondes, Windows et Mac OS, d'autant plus que Vista ne s'installe que sur une partition NTFS.

Sous Mac OS X, le couple MacFUSE (http://code.google.com/p/macfuse/) / Tuxera NTFS (http://www.tuxera.com/) permet d'ouvrir Mac OS X aux espaces de stockage formatés avec NTFS. Le premier est un logiciel libre utilisable gratuitement. Le second est un composant commercial pour MacFUSE. À l'issue d'une période de test gratuit de deux semaines, il faut acquérir une licence d'utilisation (25 € TTC). Paragon (http://www.paragon-software.com/home/ntfs-mac/) propose une alternative à Tuxera NTFS, moins chère et tout aussi performante. Une troisième option, gratuite, devrait voir le jour dans le courant de l'automne 2011 : NTFS-3G, dans sa version compatible avec Lion (http://macntfs-3g.blogspot.com/).

Définir le disque de démarrage depuis Windows…

Avec Boot Camp, il est nécessaire de redémarrer son Mac chaque fois que l'on souhaite changer de système d'exploitation. Ce chapitre vous indique les différents moyens d'y parvenir.

Sous Windows XP ou Vista, vous pouvez, aux choix, redémarrer rapidement sous Mac OS X ou définir Mac OS X comme système d'exploitation pour le prochain démarrage.

1. Pour définir Mac OS X comme système d'exploitation pour le prochain démarrage du Mac, déroulez le menu **Windows ➜ Panneau de configuration**.
2. Ouvrez le panneau **Boot Camp**.
3. Activez l'onglet **Disque de démarrage**.
4. Dans la liste, cliquez sur l'icône marquée d'un **X** pour définir Mac OS X comme système d'exploitation pour le prochain démarrage, ou sur celle ornée du symbole de Boot Camp pour définir Windows.
5. Cliquez sur **Redémarrer** si vous voulez redémarrer votre Mac tout de suite.
6. Cliquez sur **OK** pour continuer d'utiliser Windows.

Mais il est également possible de redémarrer rapidement le Mac sous Mac OS X, en quelques clics :

1. Cliquez sur l'icône **Boot Camp** dans la barre de notification de Windows.
2. Sélectionnez **Redémarrer sus Mac OS X**.
3. Suivez les instructions à l'écran.

… et depuis Mac OS X

Réciproquement, sous Mac OS X, vous pouvez définir Windows comme système d'exploitation pour le prochain démarrage.

1. Pour définir Windows comme système d'exploitation pour le prochain démarrage du Mac, déroulez le menu **Pomme ➜ Préférences Système**.
2. Cliquez sur **Démarrage**.
3. Dans la liste, cliquez sur l'icône marquée d'un **X** pour définir Mac OS X comme système d'exploitation pour le prochain démarrage, ou sur celle ornée du symbole de Boot Camp pour définir Windows.

4. Cliquez sur **Redémarrer** si vous voulez redémarrer votre Mac tout de suite.
5. Refermez la fenêtre pour continuer d'utiliser Mac OS X.

Choisir le système à la mise sous tension

Il est possible de choisir le système d'exploitation avec lequel démarrer le Mac, à chaque mise sous tension :

1. Mettez votre Mac sous tension et maintenez la touche **alt** enfoncée jusqu'à l'apparition de l'icône du disque dur interne de votre Mac.
2. Sélectionnez l'icône du disque à partir duquel vous voulez démarrer votre Mac.
3. Validez par **Entrée**.

Votre Mac procède alors au démarrage suivant vos instructions.

La virtualisation, pour ne pas avoir à choisir

Boot Camp est idéal si vous prévoyez d'utiliser alternativement des applications Mac et des applications Windows – et en particulier des jeux qui profitent pleinement de la puissance de l'électronique de votre Mac. Mais si vous devez utiliser en parallèle des applications Mac OS et Windows…, il vaut mieux penser à une autre solution. Et la virtualisation s'avère là particulièrement intéressante.

De manière très concrète, il s'agit effectivement de faire fonctionner des applications Windows sur un Mac à processeur Intel, directement dans Mac OS X. Dans une fenêtre de Mac OS X, comme les autres applications Mac OS X, ou presque. En fait, Windows et ses applications s'exécutent alors dans ce que l'on appelle une machine virtuelle : un PC dans un Mac, ou plutôt dans une fenêtre de Mac OS X. Et les performances sont là tout à fait honorables. De fait, les processeurs Intel embarquent même des fonctions dédiées à l'optimisation du fonctionnement des machines virtuelles – en facilitant, par exemple, l'accès à certaines ressources matérielles.

Les logiciels VMware Fusion, Parallels Desktop et VirtualBox, d'Oracle, sont conçus pour cela. Le dernier est même gratuit : armé d'une Windows et d'un disque d'installation, vous pouvez essayer sans crainte pour vos deniers. Accessoirement, cela vous permettra même de faire fonctionner des applications Windows XP/NT et même Linux, ce pour quoi Boot Camp, dans sa version livrée avec Lion, n'est pas prévu.

Figure 41-3 Choix d'intégration graphique d'une nouvelle machine virtuelle avec Parallels Desktop.

Les éditeurs de ces trois logiciels se sont attachés très fortement à en améliorer les performances et le confort d'utilisation : les applications Windows peuvent fonctionner de manière transparente en surcouche de Mac OS X, comme si leurs fenêtres étaient celles d'applications Mac et sans que vous ayez en permanence à passer de votre Bureau Windows à votre Bureau Mac. Il est même possible de glisser-déposer et de copier-coller des éléments d'une environnement à l'autre, toujours de manière transparente. Ou encore de partager des fichiers et des dossiers entre les deux.

Astuce Deux éléments très fortement liés sont susceptibles de ralentir le fonctionnement de vos machines virtuelles et, dans le même temps, de votre Mac dans son ensemble : un manque de mémoire vive installée sur votre Mac et un disque dur un peu trop lent. Par exemple, sur un MacBook Pro avec 4 Go de mémoire vive et un petit disque dur tournant à 5400 t/min, les lenteurs risquent de se faire sentir de temps à autre. Mais avec un MacBook Air avec 2 Go de mémoire vive et un disque SSD de 128 Go, tout sera incroyablement rapide. Pourquoi ? En raison de la mémoire virtuelle (voir chapitre Spécial débutants) et des accès disque qu'elle provoque. Des accès disque qui entrent en conflit avec ceux que doit effectuer votre PC virtuel sur son disque dur virtuel – un simple fichier sur le disque dur de votre Mac. Pour obtenir les meilleures performances, misez donc sur un disque SSD interne pour votre Mac. Ou bien sur deux disques durs configurés en RAID 0 (chapitre 61). À défaut, prévoyez un disque dur externe connecté à une interface rapide (FireWire 800 ; Thunderbolt) pour stocker vos machines virtuelles. En dernier recours, vous pouvez aussi envisager un serveur réseau (NAS) sur interface Gigabit Ethernet avec, là aussi, des disques rapides, de préférence configurés en RAID 0.

Figure 41-4 Création d'une nouvelle machine virtuelle Windows 7 avec Virtual Box.

Bon à savoir Une autre solution existe pour faire fonctionner les applications Windows : CrossOver, de CodeWeavers. Ce logiciel est issu d'un projet open source appelé Wine et qui vise à émuler les principaux composants logiciels de Windows pour permettre aux applications Windows de fonctionner, notamment, sur Mac et sur PC sous Linux. Mais sans licence Windows. Las, toutes les applications Windows ne sont pas compatibles – et l'éditeur maintient une liste de compatibilités sur son site Web (`http://www.codeweavers.com/`). Et si le logiciel est vendu plus de 60 €, il peut être essayé gratuitement. En outre, avec des applications bureautiques simples, les performances sont excellentes. Cela mérite peut-être un essai.

PARTIE VII

UTILISER DES PÉRIPHÉRIQUES

Chapitre 42

Utiliser un iPod, un iPad ou un iPhone

Au menu de ce chapitre

- Premiers contacts
- Choisir les contenus à synchroniser
- Ajouter son Carnet d'adresses et son agenda
- Gérer ses signets et ses comptes de messagerie
- Gérer les applications de son iPhone, iPad ou iPod Touch
- Utiliser son iPod comme disque dur externe
- Redémarrer son iPod
- Entretenir son iPod

Est-il encore besoin de présenter l'iPod ? Avec plus de 200 millions d'exemplaires vendus à ce jour, ce baladeur numérique de référence s'est taillé une place de choix dans l'environnement multimédia des Mac autant que des PC. Disposant d'une interface utilisateur sans égal, l'iPod est d'une simplicité d'utilisation déconcertante. Il en va de même de l'iPhone, un smartphone au succès si rapide qu'il menace désormais les positions pourtant bien établies, sur ce marché, de constructeurs comme Nokia et RIM, ou d'éditeurs de systèmes d'exploitations pour smartphones tels que Microsoft.

Cette simplicité poussée à l'extrême est d'ailleurs ce que certains reprochent à l'iPod, à l'iPhone ou encore à l'iPad : tous trois ne peuvent être remplis de musique et de vidéos numériques qu'avec iTunes. Mais l'opération a le mérite d'être, là encore, simple et rapide. C'est d'ailleurs l'objet de ce chapitre : l'utilisation d'iTunes avec un iPod, un iPad ou encore un iPhone.

Figure 42-1 La famille iOS d'Apple en 2011 (photo : Apple Inc.).

Attention Les iPod, iPhone et iPad sont livrés sans CD d'installation : pour les utiliser, il est nécessaire de télécharger et d'installer iTunes. Vérifiez donc que vous disposez bien des fichiers nécessaires à l'installation d'iTunes avant de décider d'offrir un iPod à l'occasion de vacances dans une maison de campagne dépourvue de connexion à Internet rapide. C'est d'autant plus important qu'iPhone et iPad doivent être activés en ligne avant leur première utilisation.

Premiers contacts

Lorsque vous connectez votre iPod ou votre iPhone à votre Mac, iTunes se lance aussitôt. L'appareil apparaît dans la barre latérale d'iTunes, sélectionné. Le cadre principal d'iTunes vous offre alors un résumé synthétique de l'état de votre appareil (figure 42-2) :

- le nom de l'appareil ;
- sa capacité de stockage ;
- la version de son logiciel interne ;
- son numéro de série ;
- les boutons **Restaurer** et **Rechercher les mises à jour** ;
- une barre horizontale mettant en évidence la nature et le niveau du remplissage de l'espace de stockage interne de l'appareil.

Figure 42-2 Résumé de l'état d'un iPhone.

Bon à savoir iTunes peut gérer plusieurs iPod, iPad et iPhone, y compris au sein d'un même compte d'utilisateur Mac OS X. Vous pouvez ainsi gérer une seule discothèque pour toute la famille.

Astuce L'écran de résumé de l'état de l'iPhone (mais aussi celui de l'iPad) propose une option spécifique à cet appareil : le chiffrement des sauvegardes. En fait, iTunes sauvegarde régulièrement, sur le disque dur de votre Mac, la mémoire interne de votre iPhone. Cela doit vous permettre de retrouver rapidement votre iPhone tel que vous l'aviez personnalisé en cas d'effacement complet ou de changement d'iPhone. Pour éviter que des yeux indiscrets ne viennent explorer le contenu de ces sauvegardes, vous pouvez les protéger par un mot de passe.

Choisir les contenus à synchroniser

Pour disposer d'une information détaillée sur le contenu de votre iPod ou de votre iPhone, cliquez sur le triangle à gauche de son nom dans la barre latérale d'iTunes : vous accéderez alors au contenu détaillé de la mémoire ou du disque dur de l'appareil, de la même manière que vous consultez la bibliothèque partagée d'un autre utilisateur d'iTunes (chapitre 17).

iTunes vous permet de choisir les contenus multimédia à transférer dans votre iPod ou iPhone : cette opération s'effectue à partir des onglets en haut du cadre principal de la fenêtre d'iTunes. La sélection des contenus à synchroniser est détaillée dans les paragraphes ci-après.

Une fois votre sélection terminée, cliquez sur le bouton **Synchroniser**.

Bon à savoir Avec iOS 5, la prochaine version du logiciel interne des iPhone, iPod Touch et iPad, il ne sera plus nécessaire de connecter son appareil iOS à son Mac pour le synchroniser. Cette nouvelle version doit sortir durant l'automne 2011 et permettra la synchronisation *via* le réseau Wi-Fi de la maison. Mais il faudra tout de même laisser le Mac allumé et iTunes ouvert.

Les films et les émissions de télévision

Pour sélectionner les vidéos à copier sur l'iPod/iPad/iPhone, activez d'abord l'onglet **Films**.

1. Pour copier des films sur votre baladeur, cochez la case **Synchroniser les films** puis, dans la liste, cochez la case correspondant aux films dont vous voulez pouvoir profiter en déplacement. Vous pouvez également cocher la case **Inclure automatiquement** et dérouler le menu correspondant : vous pourrez alors choisir entre envoyer directement sur votre appareil les derniers films non visionnés, les plus récents, *etc.*

Figure 42-3 Choix des films à synchroniser.

2. Les émissions de télévision sont traitées de manière un peu différente, derrière l'onglet Séries TV. Pour sélectionner les émissions à copier sur l'appareil, commencez par cocher la case **Synchroniser les épisodes**. Déroulez la liste correspondante et choisissez l'option de synchronisation que vous voulez utiliser : vous n'avez peut-être pas besoin d'emporter sur vous des séries complètes, comportant des épisodes déjà vus et revus ?

   - Validez **Toutes les séries TV** si vous souhaitez qu'iTunes pioche dans l'ensemble des séries TV présentes sur le disque dur votre Mac pour alimenter votre iPod ou votre iPhone selon le réglage défini précédemment.
   - Ou bien cochez la case **Les** puis déroulez la liste correspondante. Dans la liste, cochez les cases à gauche des vidéos à copier.

3. Cliquez sur le bouton **Appliquer**.

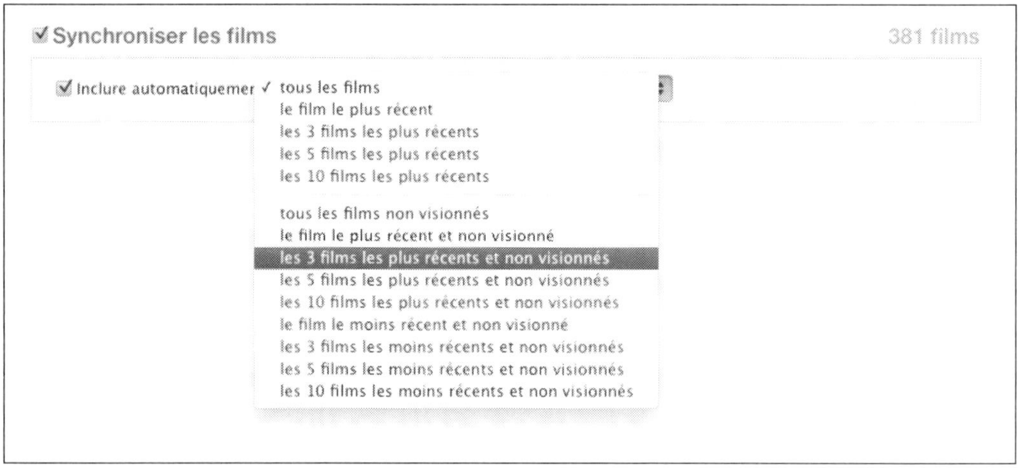

Figure 42-4 Les options de synchronisation des séries TV.

Bon à savoir L'iTunes Store propose des films à la location : si leur définition le permet, vous pouvez les emporter avec vous, sur votre iPod ou votre iPhone, pour les visionner en déplacement. iTunes vous indiquera lesquels sont compatibles, sous l'onglet **Films**. Vous pouvez même louer directement des films sur votre Apple TV (chapitre 43). Mais attention : il faut choisir. Un film en location ne peut pas se trouver simultanément sur votre Mac et sur un appareil iOS (figure 42-5). En revanche, rien ne vous empêche de regarder sur votre téléviseur, *via* votre Apple TV, un film en location se trouvant sur votre iPad, grâce à AirPlay (chapitre 44).

Figure 42-5 Choix de l'emplacement de stockage d'un film en location.

Astuce Dès que vous avez fini de regarder un film ou une émission de télévision, vous pouvez supprimer le fichier correspondant directement depuis l'écran de votre iPhone ou votre iPod Touch, d'un simple glissement de doigt latéral sur le nom de la vidéo correspondante. Cela vous permet de libérer rapidement de la mémoire de stockage.

Astuce Si votre vidéothèque iTunes contient des vidéos incompatibles avec votre iPod/iPhone, sélectionnez-les et déroulez le menu **Avancé → Convertir** pour demander à iTunes de recompresser ces vidéos pour votre appareil mobile.

La musique

Pour sélectionner les fichiers musicaux à copier sur l'iPod :

1. Activez l'onglet **Musique**.
2. Cochez la case **Synchroniser la musique**.
3. Plusieurs options s'offrent à vous :
   - Validez l'option **Tous les morceaux et listes de lecture** si vous voulez copier toute votre discothèque sur l'iPod.
   - Validez l'option **Listes de lecture sélectionnées** si vous voulez limiter la copie à une ou plusieurs listes de lecture. Dans la liste, cochez les cases à gauche des listes de lecture à copier.
4. Cochez la case **Inclure les clips vidéo musicaux** si vous souhaitez copier vos vidéo-clips.
5. Cliquez sur le bouton **Appliquer**.

Astuce Pour éviter de saturer la mémoire de l'iPod, et empêcher ainsi la synchronisation de tous les contenus souhaités, créez une ou plusieurs listes de lecture (chapitre 17) dédiées à l'iPod et ne synchronisez qu'elles.

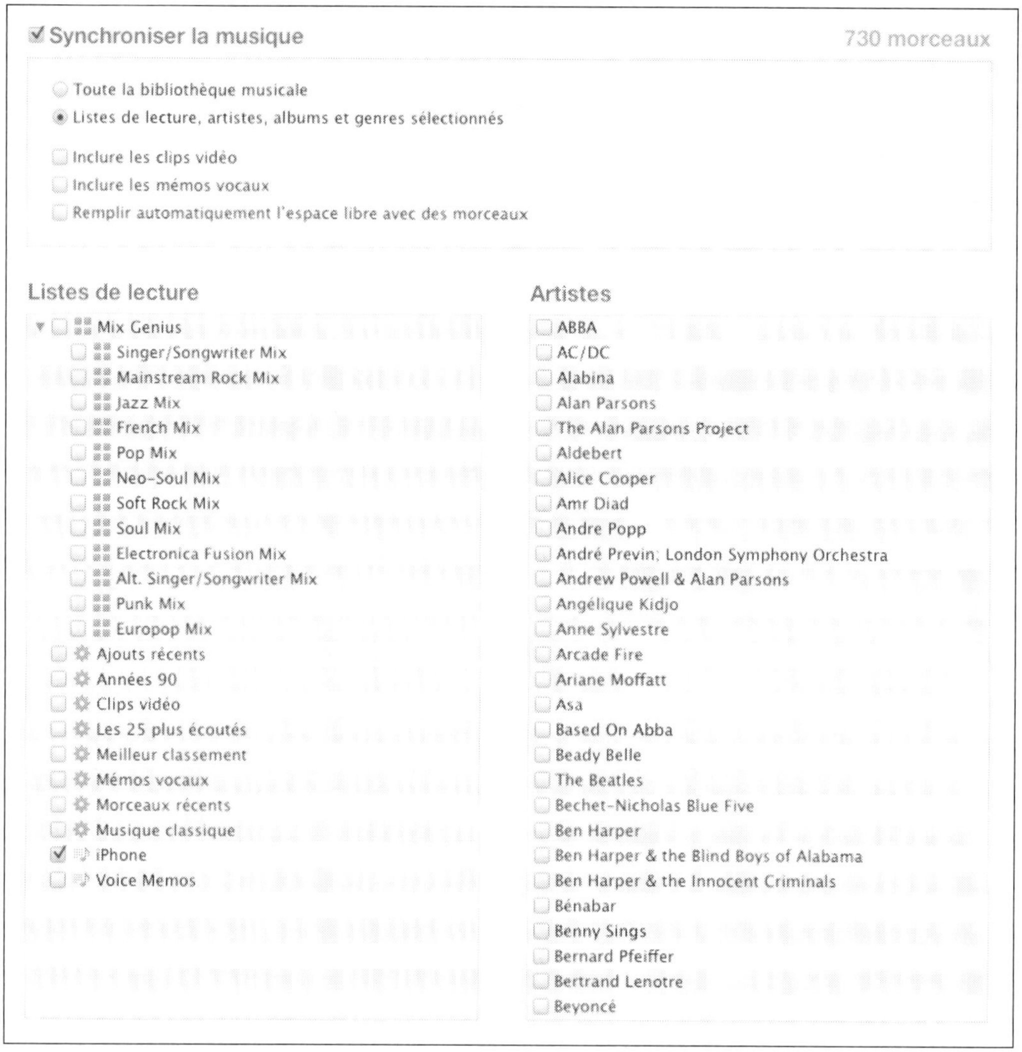

Figure 42-6 Sélection de la musique à synchroniser.

Les podcasts

Pour sélectionner les podcasts, audio comme vidéo, à copier sur l'iPod :

1. Activez l'onglet **Podcasts**.
2. Cochez la case **Synchroniser les épisodes**.
3. Plusieurs options s'offrent à vous :
   - Validez l'option **Tous les podcasts** si vous voulez copier toute votre discothèque sur l'iPod.

- Validez l'option **Podcasts sélectionnés** si vous voulez limiter la copie à un ou plusieurs podcasts. Dans la liste, cochez les cases à gauche des podcasts à copier.

4. Cliquez sur le bouton **Appliquer**.

Figure 42-7 Sélection des podcasts à synchroniser.

Les photos

Pour sélectionner les photos à copier sur l'iPod :

1. Activez l'onglet **Photos**.
2. Cochez la case **Synchroniser les photos à partir de**.
3. Déroulez la liste correspondante et sélectionnez la source de photos.
4. Dans le cas d'iPhoto, plusieurs options s'offrent à vous :
   - Validez l'option **Tous les albums et photos** si vous voulez copier toute votre photothèque sur l'iPod.
   - Validez l'option **Albums sélectionnés** si vous voulez limiter la copie à un ou plusieurs albums. Dans la liste, cochez les cases à gauche des albums photos à copier. Mais cela fonctionne aussi pour les événements et les visages !

5. Cochez la case **Synchroniser les photos avant tout autre média** si vous souhaitez que le stockage des photos soit prioritaire sur votre iPod. Cette option n'est pas proposée pour l'iPhone.

6. Cliquez sur le bouton **Appliquer**.

Figure 42-8 Choix des albums photos à synchroniser.

Attention iTunes réduit la résolution des photos pour la copie sur l'iPod. La synchronisation en est ralentie. Mais rassurez-vous : les originaux sont intacts. Enfin, notez que l'option **Inclure les photos en pleine résolution** provoque une importante consommation d'espace de stockage sur l'iPod.

Ajouter son Carnet d'adresses et son agenda

Votre iPod peut stocker les informations du Carnet d'adresses et d'iCal. Cette fonction peut s'avérer bien pratique, surtout si vous n'utilisez pas de téléphone mobile compatible avec iSync.

1. Pour copier les données du Carnet d'adresses et d'iCal sur votre iPod ou votre iPhone, sélectionnez celui-ci dans la barre latérale d'iTunes.
2. Activez l'onglet **Infos**.
3. Cochez la case **Synchroniser les contacts de Carnet d'adresses**.
4. Plusieurs options s'offrent à vous :
   - Validez l'option **Tous les contacts** si vous voulez copier tout votre Carnet d'adresses sur votre appareil.
   - Validez l'option **Groupes sélectionnés** si vous voulez limiter la copie à un ou plusieurs groupes. Dans la liste, cochez les cases à gauche des groupes à copier.

Astuce Remarquez les options Yahoo! et Google : iTunes peut synchroniser les contacts de votre iPod/iPhone avec vos carnets d'adresses en ligne, proposés par ces fournisseurs de services Internet.

5. Cochez la case **Synchroniser les calendriers iCal**.
6. Plusieurs options s'offrent à vous :
   - Validez l'option **Tous les calendriers** si vous voulez copier tout votre agenda sur votre appareil.
   - Validez l'option **Calendriers sélectionnés** si vous voulez limiter la copie à un ou plusieurs calendriers. Dans la liste, cochez les cases à gauche des calendriers à copier.
7. Cliquez sur le bouton **Appliquer** puis lancez une synchronisation.

Bon à savoir Le service iCloud d'Apple (chapitre 45) vous permet de synchroniser entièrement et de manière totalement transparente vos contacts et agendas entre votre Mac, vos iPhone, iPod Touch et iPad… et même plusieurs Mac. Et bien d'autres données personnelles encore.

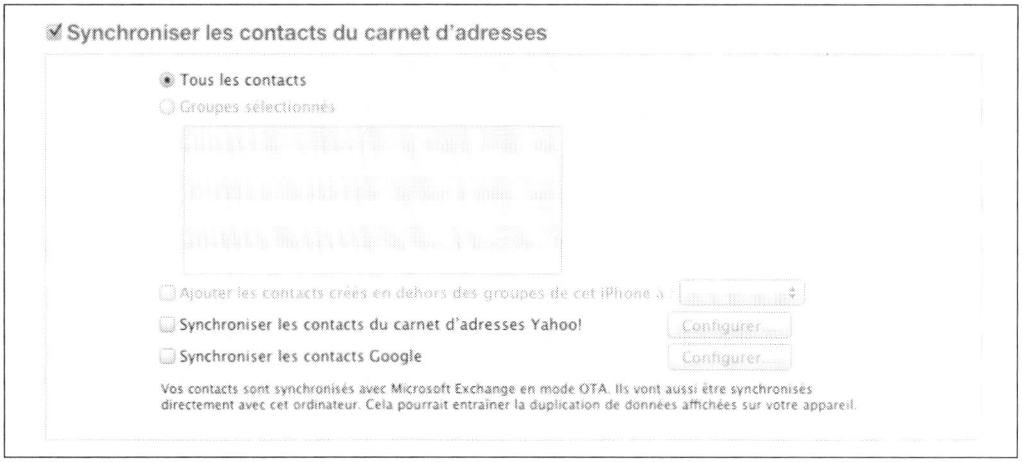

Figure 42-9 Choix des contacts à synchroniser.

Gérer ses signets et comptes de messagerie

Les iPod Touch et iPhone permettent de surfer sur le Web et gérer son courrier électronique. Pour simplifier l'accès à ces fonctions et éviter de longs paramétrages manuels fastidieux, iTunes propose une option de synchronisation des signets de Safari (chapitre 7) et des comptes de messagerie de Mail (chapitre 8). Il est également possible de synchroniser les notes enregistrées dans le logiciel de courrier électronique d'Apple.

1. Pour synchroniser signets et comptes de messagerie de votre iPhone ou de votre iPod Touch, sélectionnez celui-ci dans la barre latérale d'iTunes.
2. Activez l'onglet **Infos**.
3. Cochez la case **Synchroniser les signets de Safari**.
4. Cochez la case **Synchroniser les notes**.
5. Cochez la case **Synchroniser les comptes Mail sélectionnés** puis cochez les cases correspondant aux comptes de messagerie électronique à synchroniser.

Astuce La rubrique **Avancé** de l'onglet **Infos** permet de forcer le remplacement des données personnelles enregistrées sur l'iPhone ou l'iPod Touch par celles présentes sur le Mac.

Figure 42-10 Synchronisation des signets Web, des notes et des comptes de messagerie électronique.

Gérer les applications de son iPhone, iPad ou iPod Touch

De la même manière qu'il est possible de gérer photos numériques, musiques ou encore films à copier sur la mémoire interne d'un iPhone, d'un iPad ou d'un iPod Touch, vous pouvez gérer les applications à y installer ; la liste intègre les applications téléchargées depuis iTunes, sur votre Mac, comme celles installées directement *via* l'application App Store de votre iPod Touch ou iPhone.

Enfin, n'oubliez pas que, comme pour les vidéos, vous pouvez supprimer des applications installées directement depuis l'écran de votre appareil mobile. Et, comme pour les vidéos, ces fichiers restent présents sur le disque dur de votre Mac : vous pouvez les recopier sur votre baladeur/smartphone à tout moment, à l'occasion d'une simple synchronisation.

Figure 42-11 Gestion des applications installées.

Astuce Vous avez besoin d'une application déjà téléchargée ou achetée, mais supprimée de votre iPhone et vous n'avez pas votre Mac sous la main ? Ce n'est pas grave : vous pouvez re-télécharger gratuitement l'application en question directement depuis l'application App Store de votre iPhone.

Bon à savoir Il n'y a pas que les applications installées que vous pouvez gérer : vous pouvez aussi modifier leur disposition sur l'écran d'accueil, par simple glisser-déposer. Et même créer, supprimer ou modifier des dossiers.

Surtout, certaines applications iOS peuvent stocker leurs propres fichiers : des documents PDF ou Pages, par exemple. Faites défiler la fenêtre de gestion des applications vers le bas : vous trouverez la section de gestion des documents des applications. Sélectionnez là une application puis glissez-déposez depuis et vers le cadre principal des fichiers pour transférer vos documents. Là, pas besoin de lancer la synchronisation : les transferts sont immédiats.

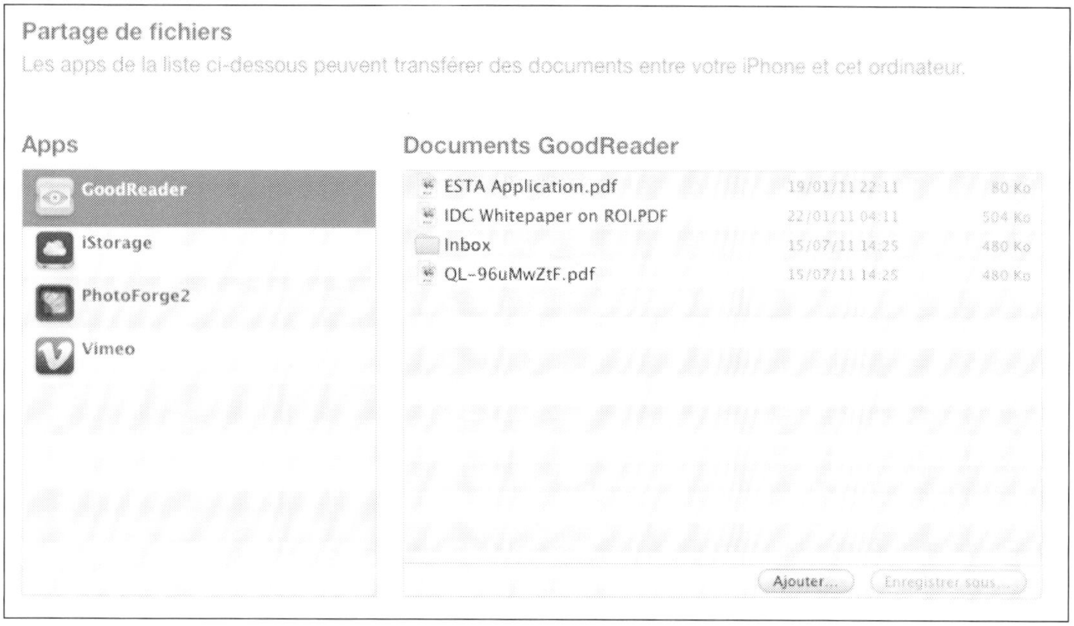

Figure 42-12 Gestion des applications installées.

Utiliser son iPod comme disque dur externe

La capacité de stockage interne des iPod, à l'exception du Shuffle, est désormais suffisamment importante pour permettre une utilisation comme disque dur externe ou, au moins, comme substitut de clé USB.

1. Pour activer cette fonction, sélectionnez votre iPod dans la barre latérale d'iTunes.
2. Activez l'onglet **Résumé**.
3. Cochez la case **Activer l'utilisation comme disque dur**.
4. Cliquez sur le bouton **Appliquer**.

Désormais, votre iPod peut apparaître dans le Finder, comme n'importe quel espace de stockage connecté à votre Mac. Pensez à l'éjecter depuis le Finder avant de le débrancher de votre Mac.

Astuce Les iPod Touch et iPhone ne peuvent pas être utilisés comme disque dur externe. Il est néanmoins possible d'y stocker des fichiers et documents en passant par le biais d'applications dédiées, disponibles sur l'App Store, telles que Air Sharing. Vous pouvez aussi vous en remettre à Internet avec des applications et services de stockage en ligne tels que Dropbox : dans ses préférences, vous pouvez régler la taille de l'espace de stockage interne à utiliser pour conserver une copie locale de vos fichiers... et ainsi les emmener partout avec vous.

Redémarrer son iPod

Le phénomène est rare mais il arrive qu'un iPod « plante » : concrètement, il se bloque et refuse de répondre aux commandes de son utilisateur. Dans ce cas-là, il n'y a qu'une seule solution : redémarrer l'appareil :

1. Activez le verrou de l'iPod à l'aide de l'interrupteur.
2. Désactivez le verrou de l'iPod.
3. Pressez et maintenez simultanément les touches **Menu** et **Sélection**, pendant 6 à 10 secondes.

À l'issue de cette manœuvre, le logo Apple doit apparaître : votre iPod est de nouveau opérationnel.

Bon à savoir Cette manipulation concerne les iPod équipés d'une roue tactile, aussi appelée *Click Wheel*. Apple décrit les manipulations propres aux autres modèles d'iPod sur son site Web, sous la rubrique Support.

Astuce Forcer le redémarrage d'un iPod Touch, d'un iPad ou d'un iPhone est tout aussi simple : il suffit de maintenir enfoncées la touche en bas de l'écran ainsi que celle qui se trouve sur la tranche supérieure de l'appareil pendant environ 10 secondes.

Entretenir son iPod

Votre iPod est équipé d'un logiciel interne dédié. Sur l'iPod Touch, sur l'iPad et sur l'iPhone, il s'agit même d'une version allégée de Mac OS X, iOS. Ponctuellement, Apple propose des mises à jour pour les logiciels internes des iPod. iTunes les détecte automatiquement et vous propose de les installer : n'hésitez pas à suivre cette invitation.

Enfin, si votre iPod refuse de se mettre en route, c'est qu'il a besoin que l'on restaure son logiciel interne :

1. Connectez votre iPod à votre Mac.
2. Lancez iTunes.
3. Sélectionnez votre iPod dans la barre latérale d'iTunes.
4. Activez l'onglet **Résumé**.
5. Cliquez sur le bouton **Restaurer**.
6. Suivez les instructions à l'écran.

Quelques minutes plus tard, votre iPod est de nouveau opérationnel.

Chapitre

43

Utiliser une Apple TV

Au menu de ce chapitre

- Brancher l'Apple TV
- Configurer l'Apple TV
- Lier l'Apple TV au réseau de partage à domicile
- Choisir les photos à partager
- Restaurer son Apple TV
- Changer la télécommande de l'Apple TV

L'Apple TV est une passerelle multimédia : connectée à un téléviseur, l'Apple TV permet de profiter, au salon, des contenus multimédia de son Mac et du service de partage de vidéos sur Internet YouTube, entre autres. L'Apple TV fonctionne conjointement avec iTunes : les contenus accessibles avec l'Apple TV sont les musiques et les vidéos gérées *via* iTunes sur le Mac ainsi que les photos numériques gérées avec iPhoto ou, plus simplement, le Finder, dans de simples dossiers du disque dur.

L'Apple TV peut fonctionner sans que le Mac soit allumé. Mais les contenus disponibles se limitent alors à ceux provenant d'Internet : films ou séries louées directement depuis l'Apple TV, vidéos diffusées sur YouTube, *etc.* Si le Mac est allumé, l'Apple TV peut accéder à l'ensemble de sa bibliothèque iTunes en utilisant le réseau domestique Ethernet ou Wi-Fi. On parle de *streaming*: les contenus consultés *via* l'Apple TV ne sont pas copiés mais simplement diffusés à travers le réseau sous forme de flux.

Une même Apple TV peut d'ailleurs accéder ainsi à la bibliothèque partagée iTunes de plusieurs Mac différents connectés au même réseau informatique.

Le principal reproche fait à l'Apple TV concerne sa fermeture aux formats vidéo répandus que sont, notamment, le DivX et le XviD. Mais ses adeptes apprécient l'élégante interface graphique de l'Apple TV, simple et pratique. Cette interface graphique n'est pas inconnue des utilisateurs de Mac OS X Snow Leopard : il s'agit de Frontrow. Mais Apple l'a supprimée de Mac OS X Lion.

Le but de ce chapitre n'est pas d'entrer dans tous les détails de l'Apple TV et de son utilisation : nous allons nous concentrer sur son utilisation conjointe avec un ou plusieurs Mac et sur quelques autres points-clés.

Figure 43-1 L'Apple TV et sa télécommande.

Note L'Apple TV utilise la même télécommande que celle l'on peut acheter pour Mac Mini, iMac, MacBook Air et MacBook Pro : vous pouvez l'utiliser pour commander à distance vos présentations dans Keynote, par exemple (chapitre 28).

Brancher l'Apple TV

L'Apple TV est capable de produire des signaux vidéo avec des résolutions de type haute définition (720p, 1080p) et basse définition (576p, 576i). En face arrière (figure 43-2), il propose un connecteur HDMI pour le raccordement à un écran plat ou à un projecteur.

La prise HDMI véhicule le son numérique. Mais ce n'est pas tout ce que propose l'Apple TV en matière d'audio : sa face arrière intègre une sortie audio numérique S/PDIF.

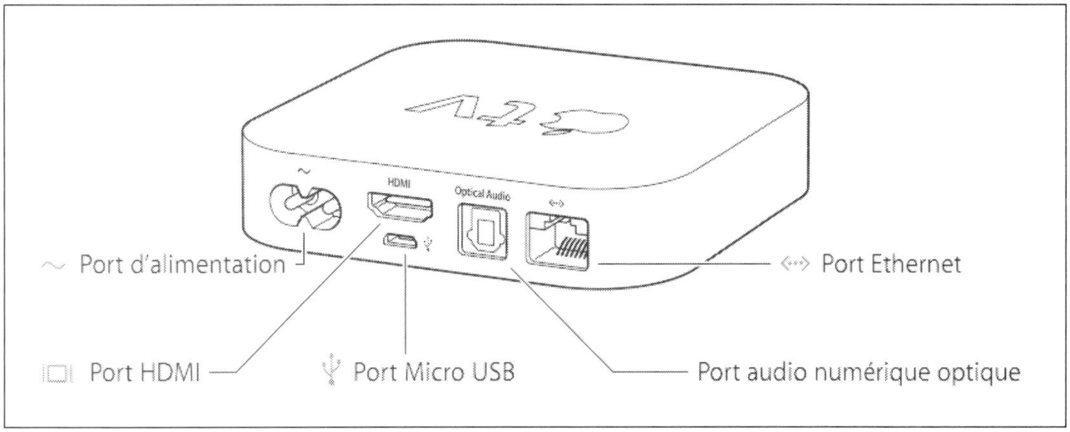

Figure 43-2 Les connecteurs à l'arrière de l'Apple TV (schéma : Apple Inc.).

Connectez votre Apple TV à votre installation audio/vidéo avec un câble HDMI.

Si vous n'utilisez qu'un système audio stéréo analogique, vous devrez écouter de la musique sur votre chaîne hi-fi *via* non pas l'Apple TV mais votre téléviseur… qui devra rester allumé.

Connexion au réseau

L'Apple TV peut être connectée à un réseau domestique filaire de type Ethernet. Cette solution est à privilégier pour profiter des contenus de votre Mac en *streaming* à travers le réseau.

Si vous n'avez pas la possibilité d'utiliser une connexion filaire pour votre Apple TV, vous pouvez recourir à son module Wi-Fi 802.11b/g/n. Conjugué à un routeur ou un point d'accès Wi-Fi 802.11n comme la borne Airport Extreme d'Apple, l'Apple TV offrira des performances réseau tout à fait satisfaisantes. Le mieux est peut-être d'ailleurs d'utiliser un lien radio à 5 GHz : c'est là que vous obtiendrez les meilleurs débits et, surtout, que vous aurez le moins à souffrir des éventuelles interférences générées par les bornes Wi-Fi de vos voisins.

Configurer l'Apple TV

Une fois l'Apple TV connectée à l'installation audio/vidéo et, le cas échéant, au réseau Ethernet, branchez l'appareil sur le secteur. La mise en route est immédiate. Passé quelques instants de chargement, l'Apple TV vous demande de choisir la langue de son interface :

1. Faites défiler la liste à l'aide des touches **haut** et **bas** de la télécommande.
2. Sélectionnez **Français**.
3. Validez en appuyant sur la touche **Lecture/Pause** de l'Apple TV.

Si votre Apple TV est connectée à un réseau Ethernet avec serveur DHCP, pour l'attribution automatique des adresses IP, aucun réglage supplémentaire n'est nécessaire.

1. Si votre Apple TV doit se connecter à un réseau Wi-Fi, sélectionnez le réseau voulu dans la liste.
2. S'il vous est demandé, indiquez le mot de passe d'accès au réseau Wi-Fi.
3. Validez : la connexion est immédiate.

Lier l'Apple TV au réseau de partage à domicile

L'Apple TV accède aux contenus des Mac sur lesquels le partage de contenus à domicile d'iTunes a été activé (chapitre 17). De tous ces Mac. Mais attention : il faut que ces derniers soient allumés et qu'iTunes y soit lancé. Sinon, l'Apple TV ne peut pas accéder à leurs contenus.

1. Allumez votre téléviseur et réveillez votre Apple TV.
2. Dans le menu principal, sélectionnez **Ordinateurs → Activez le partage à domicile**.
3. Indiquez l'identifiant Apple et le mot de passe que vous avez utilisé sur votre ou vos Mac pour activer le partage à domicile.

La découverte des bibliothèques partagées sur le réseau ne prend que quelques secondes : dans la liste **Ordinateurs** de votre Apple TV, vous voyez aussitôt apparaître ces bibliothèques. Sélectionnez maintenant l'une d'elles et commencez à la parcourir. Il vous suffit de sélectionner un morceau de musique ou une vidéo pour que la lecture commence aussitôt !

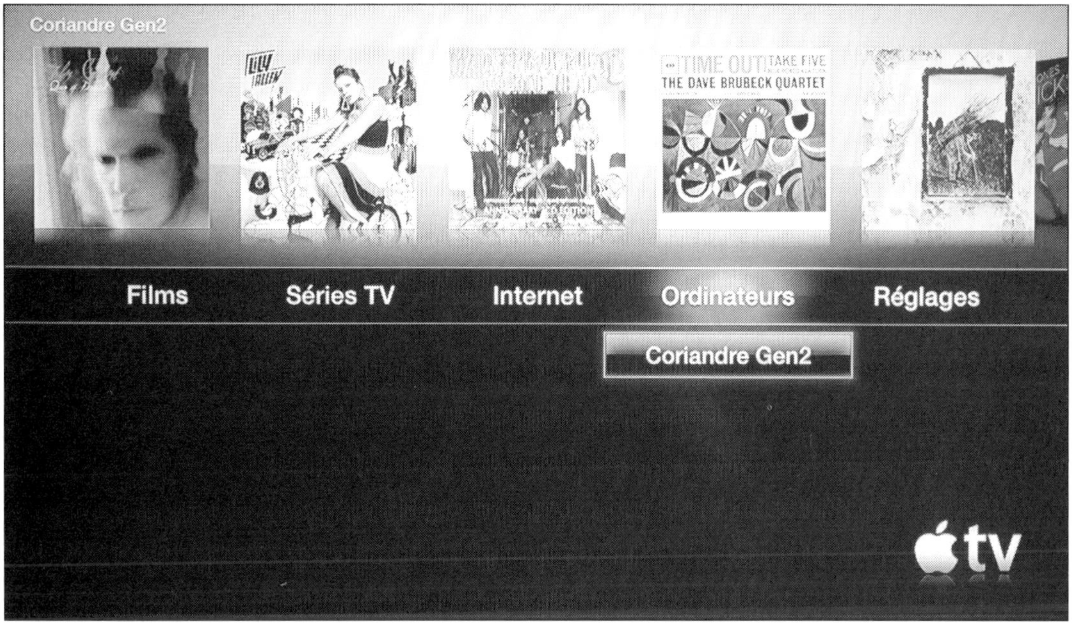

Figure 43-3 Choix d'une bibliothèque iTunes partagée.

Choisir les photos à partager

C'est dans iTunes, sur votre Mac, que vous choisissez les photos qui pourront être consultées sur votre Apple TV.

1. Déroulez le menu **Avancé → Choisir les photos à partager**.
2. Cochez la case **Partager les photos depuis**.
3. Déroulez le menu correspondant et sélectionnez la source de photos que vous allez utiliser, votre bibliothèque iPhoto ou Aperture, par exemple.
4. Dans le cas d'iPhoto, plusieurs options s'offrent à vous :
   - Validez l'option **Tous les albums, photos, événements et visages** si vous voulez rendre toute votre photothèque accessible à partir de l'Apple TV.
   - Validez l'option **Les albums, photos événements et visages sélectionnés** si vous voulez limiter la copie à un ou plusieurs albums. Dans la liste, cochez les cases à gauche des albums photos à copier.

5. Cliquez sur le bouton **Appliquer**.

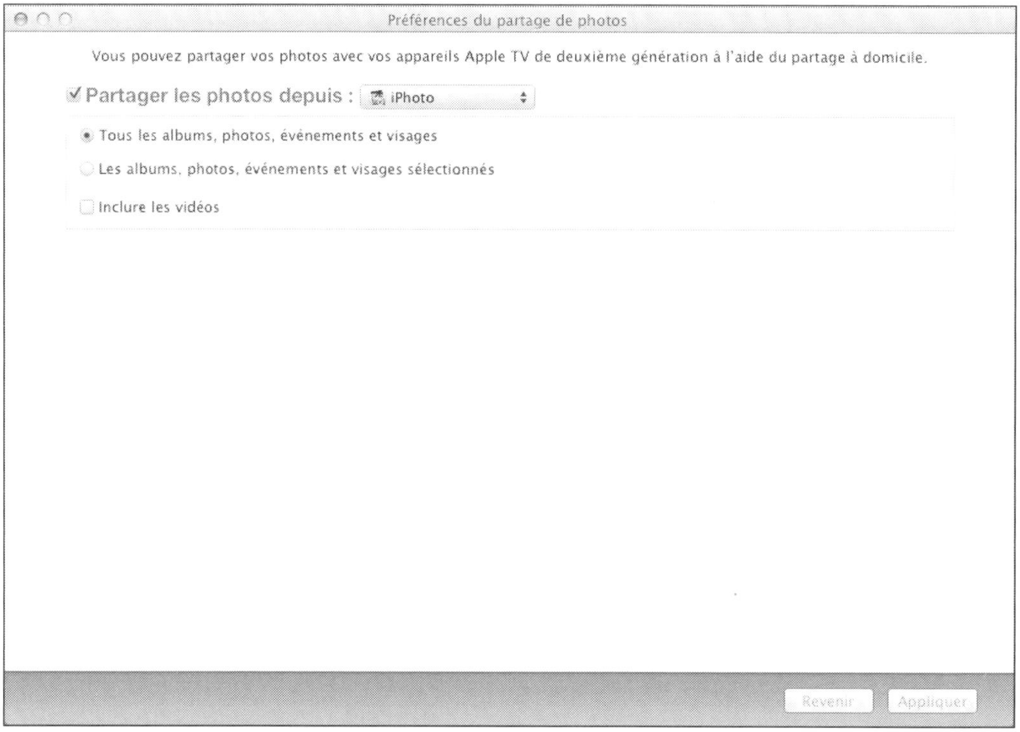

Figure 43-4 Choix des photos à partager.

Bon à savoir iPhoto n'a pas besoin de rester ouvert pour qu'iTunes puisse en rendre accessibles les contenus sur l'Apple TV.

Restaurer son Apple TV

Si votre Apple TV refuse de se mettre en route normalement ou ne répond plus correctement aux commandes, il peut être nécessaire de forcer sa restauration à l'état dans lequel elle se trouvait en sortie d'usine.

Si votre télécommande répond toujours :

1. Sélectionnez **Réglages ➜ Général ➜ Réinitialiser**.
2. Sélectionnez **Restaurer**.

Votre Apple TV prend plusieurs minutes pour rétablir son état d'origine. Une fois l'opération terminée, reconfigurez votre Apple TV comme si vous l'installiez pour la première fois.

Mais il se peut que cela ne suffise pas. Dans ce cas, vous allez devoir appeler iTunes et votre Mac à la rescousse :

1. Débranchez complètement votre Apple TV – alimentation, HDMI et, le cas échéant, réseau.
2. Connectez votre Apple TV à votre Mac à l'aide d'un câble micro-USB.
3. Lancez iTunes sur votre Mac : votre Apple TV doit apparaître à la rubrique **Appareils** de la barre latérale.
4. Cliquez sur le bouton **Restaurer** et laissez-vous guider.

iTunes va alors télécharger la dernière version du logiciel interne pour votre Apple TV, *via* Internet. Celui-ci sera ensuite installé sur l'Apple TV. Les réglages d'usine seront rétablis. Une fois l'opération terminée, rebranchez votre Apple TV et reprenez sa configuration comme si vous l'installiez pour la première fois.

Astuce Vous pouvez aussi forcer le redémarrage de votre Apple TV en maintenant enfoncée la touche **Menu** et en appuyant sur **Bas** durant 6 secondes.

Changer la télécommande de l'Apple TV

Plutôt pratique et bien conçue, la télécommande de l'Apple TV n'en souffre pas moins d'un défaut : sa petite taille la rend facile à perdre. Heureusement, il est possible de lui substituer la télécommande livrée avec n'importe quel iMac, Mac Mini, MacBook ou MacBook Pro.

1. Pour cela, pointez votre nouvelle télécommande vers l'Apple TV.
2. Maintenez les touches **Menu** et **Gauche** de la télécommande enfoncées pendant 6 secondes.

Votre Apple TV accepte désormais de recevoir des ordres de votre télécommande de substitution.

Astuce Y avez-vous pensé ? Apple propose une application de télécommande pour iTunes sur l'App Store, Remote : elle fonctionne sur iPod Touch, iPad et iPhone. Surtout, elle permet aussi de télécommander une Apple TV. Et peut donc s'avérer très utile si vous égarez votre télécommande d'Apple TV. Ou bien si vous voulez écouter de la musique sans allumer votre téléviseur. Cette télécommande logicielle s'appuie simplement sur la fonction de Partage à domicile : indiquez seulement l'identifiant Apple et le mot de passe associé utilisés pour activer le partage à domicile dans iTunes et sur votre Apple TV ; l'application Remote détectera automatiquement les appareils qu'elle peut télécommander, sur le réseau Wi-Fi domestique.

Chapitre 44

AirPlay, pour faire bouger ses contenus multimédia

Au menu de ce chapitre

- Profiter d’AirPlay depuis iTunes
- Utiliser AirPlay avec un iPad
- Accéder aux contenus sans synchronisation

AirPlay est probablement l'une des fonctions les plus intéressantes d'iTunes 10 et d'iOS. Pour faire simple, cette fonction permet d'envoyer musique, photos et vidéos pour les diffuser depuis iTunes ou un iPad, iPhone ou iPod Touch, vers une Apple TV, une borne AirPort Express, un équipement hi-fi compatible – et même la Freebox Server ! Concrètement, en s'appuyant sur cette fonction, votre Mac ne se contente plus de stocker des contenus multimédia : c'est un serveur multimédia pour vos appareils connectés.

Mieux : votre appareil mobile iOS n'est plus seulement un baladeur évolué, ni même une télécommande, c'est le cœur d'un écosystème multi-écran où vous pouvez indiquer à tout moment quel écran utiliser. Parfait, par exemple, pour partager une vidéo ou un album en famille. Ou encore cette vidéo sur YouTube, qui alimente le buzz depuis des jours et que vous voulez faire partager à des amis de passage.

AirPlay rappelle en cela les fonctions des systèmes Sonos – qui ont leur application sur l'App Store – et qui permettent de diffuser de la musique sur plusieurs appareils de la marque à la fois – la même ou un morceau différent par appareil, le tout *via* un unique point de commande. AirPlay rappelle aussi UPnP AV et son label DLNA qui autorise le partage de contenus multimédia entre appareils compatibles *via* le réseau. Avec une petite restriction. Avec AirPlay, il n'est possible de diffuser que le contenu accessible sur l'appareil de commande. Alors qu'UPnP AV permet de contrôler à distance un serveur et un récepteur. Mais AirPlay devrait déjà satisfaire un grand nombre de vos besoins.

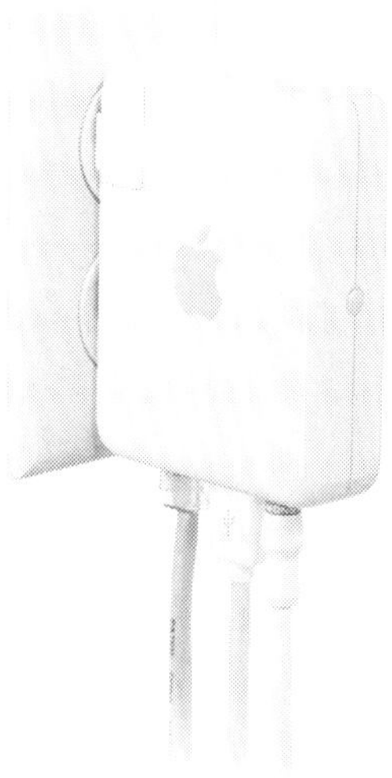

Figure 44-1 La borne AirPort Express d'Apple.

Profiter d'AirPlay depuis iTunes

Le concept d'AirPlay est simple. Mais redoutablement efficace : sur votre Mac, vous consultez une vidéo ou écoutez un morceau de musique. Mais la chaîne hi-fi est là, tout à côté de vous, et il serait dommage de ne pas en profiter. Et puis cette vidéo, tout compte fait, pourrait bien intéresser votre famille ou vos amis, réunis là, au salon ? Plutôt que d'appeler tout le monde à venir derrière l'écran de votre ordinateur, utilisez AirPlay pour « envoyer » votre musique sur la chaîne hi-fi, *via* une borne AirPort Express, ou sur le téléviseur, *via* une Apple TV. Et cela fonctionne aussi avec les photos et les vidéos. C'est tout simple, suivez le guide :

1. La vidéo que vous voulez regarder commence à se lire. Appuyez sur le bouton représentant un rectangle avec une flèche pointant vers l'intérieur du rectangle, à l'extrémité droite des commandes de lecture.
2. C'est le bouton de commande d'AirPlay. Dès que vous appuyez dessus, une liste s'affiche pour vous proposer les différents terminaux de lecture (les récepteurs AirPlay) disponibles. Dans la liste, choisissez celui que vous voulez utiliser.

Figure 44-2 Choisissez le récepteur pour la vidéo.

Voilà, c'est tout. Frustré ? On vous avait pourtant prévenu… c'est simple, très simple !

Avec la musique, les options sont toutefois un peu plus complètes.

1. Le bouton AirPlay apparaît en bas à droite de la fenêtre d'iTunes. Là encore, d'un clic dessus, choisissez le dispositif vers lequel envoyer votre musique.

Figure 44-3 Indiquez le récepteur pour la musique.

Mais il y a mieux : vous pouvez envoyer la musique vers plusieurs appareils de lecture compatibles AirPlay, simultanément :

1. Cliquez sur le bouton AirPlay et sélectionnez **Haut-parleurs multiples**.

2. Une nouvelle fenêtre apparaît : cochez la case à gauche de chaque appareil de lecture que vous voulez utiliser. La musique est diffusée sur chaque d'eux, instantanément. iTunes se charge d'assurer la bonne synchronisation de tous les appareils !

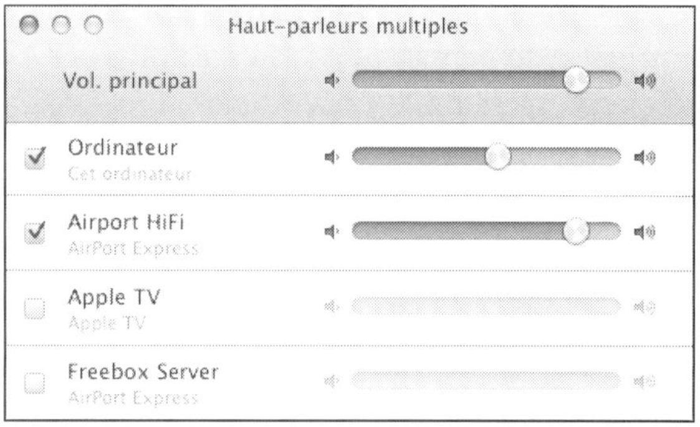

Figure 44-4 Configurez plusieurs haut-parleurs.

Utiliser AirPlay avec un iPad

AirPlay fonctionne aussi depuis un iPad, et même un iPhone ou un iPod Touch. C'est tout aussi simple qu'avec iTunes, sur un Mac ou un PC :

1. La vidéo que vous voulez regarder commence à se lire ou à se charger – pour une vidéo Internet. Appuyez sur le bouton représentant un rectangle avec une flèche pointant vers l'intérieur du rectangle, à l'extrémité droite des commandes de lecture.

Figure 44-5 Les commandes de lecture de la vidéo.

2. C'est le bouton de commande d'AirPlay. Dès que vous appuyez dessus, une liste s'affiche pour vous proposer les différents terminaux de lecture (les récepteurs AirPlay) disponibles. Dans la liste, choisissez celui que vous voulez utiliser.

Figure 44-6 Choisissez le terminal de lecture.

Accéder aux contenus sans synchronisation

Petit rappel : le partage à domicile (chapitre 17) permet de partager des contenus entre les bibliothèques iTunes de plusieurs Mac au sein du foyer. Mais il permet aussi à votre iPad, iPhone ou iPod Touch d'accéder aux contenus multimédia stockés dans iTunes sur un Mac ou un PC. Et c'est énorme.

1. Pour mémoire, la première chose à faire est d'activer la fonction de partage à domicile dans iTunes.
2. Maintenant, vous devez activer le partage à domicile sur votre iPad. C'est simple et rapide : lancez l'application **Réglages ➜ iPod**.

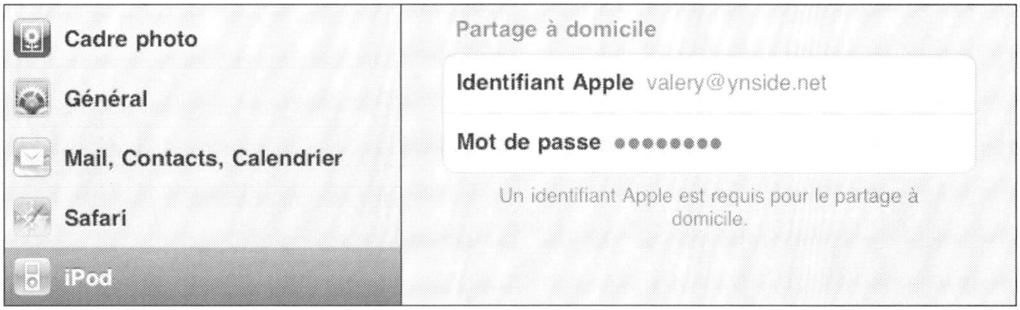

Figure 44-7 Activez le partage à domicile à partir de l'iPad.

3. À la rubrique **Partage à domicile**, indiquez l'adresse e-mail et le mot de passe de votre compte iTunes Store utilisés précédemment dans iTunes pour activer le partage à domicile.
4. C'est tout ! Vous pouvez désormais en profiter.

Par exemple, dans l'application **Vidéos** de votre iPad, apparaissent désormais de nouveaux éléments à la rubrique **Partagé** : ce sont les bibliothèques iTunes du partage à domicile – il peut y en avoir plusieurs pour un même compte iTunes et sur un même réseau informatique local. Appuyez sur l'une d'elles et le téléchargement de la liste des fichiers vidéo commence aussitôt.

Figure 44-8 Choisissez une bibliothèque partagée sur l'iPad.

C'est sans surprise : vous retrouvez là films, séries TV, podcasts, *etc.* Présentés comme s'ils étaient stockés directement dans la mémoire de votre iPad. Explorez de la même manière l'application iPod : vous y trouverez également une rubrique **Partagés** vous permettant de profiter, sans fil, des contenus audio d'un Mac ou d'un PC.

Figure 44-9 Contenu de la bibliothèque partagée.

Chapitre 45

iCloud, pour synchroniser sans fil Mac et appareils iOS

Au menu de ce chapitre

- Synchroniser ses données personnelles
- Accéder à ses photos
- Faire bouger ses documents
- Se connecter à son Mac
- Retrouver ses produits Apple

Fini MobileMe. À l'automne 2011, iCloud prend le relais. Ce service en ligne d'Apple reprend toutefois les fondamentaux de MobileMe : il sera possible d'y stocker courriels, contacts, agenda, signets et listes de lecture de Safari et même documents de la suite bureautique iWork (partie IV). Mieux : iCloud assurera la sauvegarde des applications, des livres et de la configuration des terminaux iOS. Les iPhone, iPad et iPod Touch pourront même y envoyer directement les photos prises avec leur capteur photo numérique intégré. Photos qui seront accessibles, sur Mac, *via* iPhoto. L'ensemble propose un espace de stockage gratuit de 5 Go. Mais ne seront pas décomptées de ce quota les photos numériques. Autant dire que ces 5 Go pourraient bien s'avérer suffisants pour beaucoup de monde, à compter toutefois que l'on ne cherche pas à les utiliser pour stocker les données trop volumineuses d'applications trop gourmandes. Dans tous les cas, il vous sera possible d'acquérir des extensions de capacité de stockage de 10, 20 et 50 Go, moyennant un abonnement à l'année de 16 à 80 €.

Figure 45-1 La page d'accueil d'iCloud.com.

En fait, iCloud s'apparente à un service en ligne conçu pour servir de liant entre un ou plusieurs Mac et des appareils iOS : le lien avec l'application iTunes est distendu au profit d'un autre lien, immatériel et reposant sur Internet. Cela peut faire peur au premier abord mais le concept ne manque pas d'intérêt : sans synchronisation obligatoire, iCloud permettra de disposer toujours de données actualisées sur ses multiples appareils électroniques. iTunes ne sera même plus nécessaire pour restaurer un iPad ou un iPhone perdu, cassé ou volé : leur sauvegarde étant effectuée dans le *nuage*, il suffira d'une connexion à Internet pour rétablir la configuration.

De la même manière, iCloud doit permettre de rétablir ses achats sans passer par iTunes : il est possible de retélécharger, directement sur un appareil iOS, des applications précédemment achetées sur l'App Store. Et cela vaut aussi pour les livres de l'iBookstore et pour les musiques de l'iTunes Store.

Ce chapitre est un peu particulier par rapport aux autres de ce livre : vous n'y trouverez pas d'indications pratiques ou de pas-à-pas. Les impératifs matériels de l'édition ne nous ont pas permis d'attendre la sortie d'iCloud pour finir la rédaction et nous ne disposons donc, au moment d'imprimer ces pages, que d'informations fournies par Apple sur ce que doit être son service, en plus de quelques indiscrétions.

Synchroniser ses données personnelles

La première utilité d'iCloud, c'est bien sûr les données personnelles : agenda, contacts, courriers électroniques. iCloud permettra de disposer d'une boîte de messagerie électronique fournie par Apple – mais elle ne sera pas indispensable pour profiter des services d'iCloud autres que l'e-mail, ce qui signifie que vous pourrez utiliser iCloud avec un identifiant Apple existant. Le doute subsiste quant à la possibilité d'associer un service de messagerie électronique à l'identifiant Apple existant et à celle de définir les « alias », à savoir des pseudonymes associés à une adresse de messagerie iCloud principale.

Mais quoi qu'il en soit, tout cela ne sera donc pas exclusif de l'utilisation des services de carnet d'adresses et d'agenda en ligne. Un peu comme avec Gmail, il sera donc possible de stocker sur les serveurs d'Apple ses contacts et ses rendez-vous. Avec l'avantage conséquent de pouvoir les consulter et les modifier depuis son Mac, avec le Carnet d'adresses et iCal, comme depuis un iPhone, un iPod Touch ou un iPad. Les éventuels ajouts et modifications étant automatiquement répercutés sur tous les appareils associés au compte iCloud.

Et tout cela pourra également être consulté depuis n'importe quel ordinateur connecté à Internet, *via* un navigateur Web, sur le site Web iCloud.com.

Accéder à ses photos

Pas toutes. On parle là des photos prises avec un iPhone, un iPod Touch ou iPad : iOS 5, la nouvelle version de leur logiciel Internet, sera étroitement lié à iCloud. En particulier, il leur permettra d'envoyer automatiquement vos nouvelles photos sur les serveurs d'Apple. Pas pour que le groupe les publie sur Internet, mais pour vous permettre d'y accéder rapidement, sans synchronisation et sans branchement de câble :

iPhoto vous permettra de vous connecter à ce « flux de photos » pour récupérer directement, depuis Internet, les photos que vous aurez prises en balade.

Et pendant que vous n'êtes pas derrière votre Mac, iCloud se chargera de *pousser* vos photos sur les autres appareils iOS gérés avec le même identifiant : de retour chez vous et sans autre forme de procès, vous pourrez retrouver vos photos sur votre Apple TV ou sur votre iPad.

Faire bouger ses documents

Outre vos données personnelles et vos photos, iCloud pourra aussi enregistrer vos documents. Et Apple donne l'exemple avec Keynote, Pages et Numbers pour iOS, les trois applications de sa suite bureautique : tout nouveau document ou toute modification sont automatiquement transférés dans le *nuage* d'Apple. Pour se retrouver dans l'instant propagés à vos autres terminaux iOS. Mais pas uniquement : cela vaut également pour les applications compatibles sur votre Mac ou votre PC.

Figure 45-2 Le gestionnaire de documents de Keynote, sur iPad (photo : Apple Inc.).

D'ailleurs, Apple a fourni aux développeurs indépendants les outils nécessaires au développement d'applications capables de tirer profit de ces capacités propres à iCloud. On peut ainsi imaginer, par exemple, une application de gestion et de retouche d'images connectée à iCloud, pour iPhone, qui ait son pendant sur Mac OS X et Windows 7, l'ensemble communiquant de manière transparente par iCloud.

Pour le coup, ce n'est pas un changement, c'est une évolution lourde du rapport de chacun à l'informatique : peu importent où sont les fichiers et leur nature du moment que l'on dispose des applications entre lesquelles circuler avec Internet pour intermédiaire.

Se connecter à son Mac

Cette fonction n'est pas nouvelle : elle existait déjà avec MobileMe mais elle n'en est pas moins bienvenue. Le concept est simple : il s'agit de vous permettre, depuis un Mac portable, par exemple, d'accéder à distance au contenu et même à l'affichage de votre Mac domestique, *via* Internet. Pour retrouver un fichier, lancez iTunes ou tout autre chose. Bref, tout et n'importe quoi comme si vous étiez devant votre Mac alors que vous êtes à plusieurs milliers de kilomètres de votre domicile.

Et tout cela de manière transparente : votre Mac domestique apparaît dans la barre latérale des fenêtres du Finder comme s'il était connecté au même réseau Wi-Fi que votre Mac portable, comme un classique serveur de fichiers ou un NAS, donc. Et vous vous y connectez en un clic de souris pour, au choix, consulter vos fichiers, ou bien prendre à distance le contrôle de votre Mac (voir chapitres 51 et 52).

Retrouver ses produits Apple

Dernière fonction associée à iCloud, la localisation de ses produits Apple, Mac et des terminaux iOS sur lesquels iCloud aura été activé avec le même identifiant Apple : le site Web d'iCloud.com vous permettra de consulter leur position exacte sur une carte géographique. MobileMe le proposait déjà pour les iPhone, iPod et iPad. Là, cette fonction est étendue aux Mac sous Lion. Et elle peut être invoquée depuis une application iOS dédiée, fournie gratuitement par Apple : **Localiser**.

Mieux encore, ce service de localisation permet de verrouiller à distance un appareil volé mais encore connecté à Internet – ou dès qu'il s'y reconnecte –, d'y afficher un message et de le faire sonner, ou encore de l'effacer à distance. Un outil redoutablement efface pour qui ne veut pas que sa vie privée tombe en de mauvaises mains…

Chapitre 46

Imprimer des documents

Au menu de ce chapitre

- Bien choisir son imprimante
- Définir une imprimante
- Lancer une impression
- Configurer les options d'impression avancées

On a beau gérer un maximum de données de manière électronique, il vient toujours un moment où l'on souhaite coucher ses documents ou ses photos sur le papier.

Mac OS X Lion intègre un système d'impression simple d'utilisation et efficace. Celui-ci intègre les logiciels – on parle de pilotes – pour contrôler et utiliser un grand nombre d'imprimantes de constructeurs différents. Les aficionados du logiciel libre remarqueront notamment l'intégration à Mac OS X des systèmes d'impression Cups et Gutenprint.

Dans ce chapitre, vous apprendrez à choisir votre imprimante et à configurer Mac OS X pour en profiter.

Bien choisir son imprimante

Mac OS X Lion peut utiliser un grand nombre d'imprimantes, accessibles *via* une connexion USB ou à travers un réseau Ethernet, notamment, sans l'installation de logiciel supplémentaire.

Dans la plupart des cas, il vous suffit de connecter, en USB, votre imprimante à votre Mac – au moins une première fois – pour déclencher l'installation des pilotes adaptés : ceux-ci seront téléchargés comme les mises à jour système.

Pour autant, toutes les imprimantes du commerce ne sont pas prises en charge. Pour être sûr de ne pas vous tromper à l'achat d'une imprimante, commencez par vérifier que l'imprimante convoitée est bien acceptée par Mac OS X :

1. Lancez Safari et chargez la page Web `http://support.apple.com/kb/HT3669?viewlocale=fr_FR_1`.

Vérifiez que votre imprimante figure dans la liste – vous allez voir, elle est longue !

Si ce n'est pas le cas, le constructeur de votre imprimante propose peut-être des pilotes pour Mac OS X : consultez son site Web.

Définir une imprimante

Avant de pouvoir utiliser une imprimante, connectée à son Mac *via* un port USB, un réseau Ethernet ou même une connexion sans fil Bluetooth, il est nécessaire de la définir : cette phase de déclaration permet à Mac OS X d'activer les composants logiciels nécessaires à l'utilisation de l'imprimante.

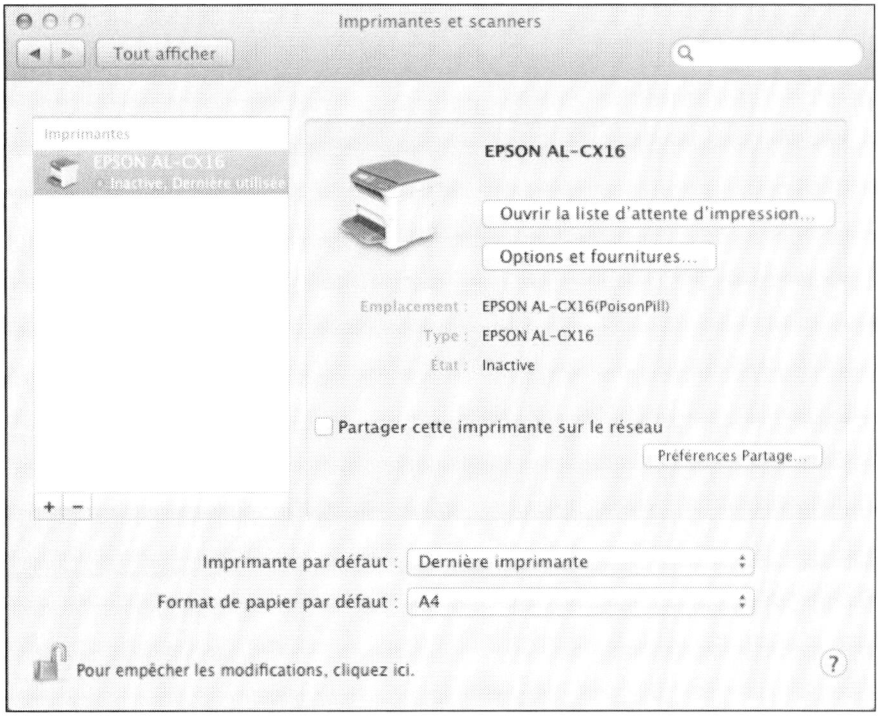

Figure 46-1 Le panneau de configuration des imprimantes.

Pour définir une nouvelle imprimante, déroulez le menu Pomme ➜ Préférences Système :

1. Cliquez sur **Imprimantes et scanner**.
2. Cliquez sur le bouton + en bas de la liste à gauche (figure 46-1).

Si votre imprimante est allumée, Mac OS X la détecte généralement automatiquement. Si votre imprimante n'apparaît pas dans la liste, activez l'onglet correspondant au mode de communication avec votre imprimante :

- **IP** pour une imprimante réseau exploitant un gestionnaire d'impression de type IPP, LPD ou HP Jetdirect ;
- **Windows** pour une imprimante partagée en réseau par un ordinateur selon le protocole SMB ;
- ou **Par défaut** pour une imprimante partagée selon le protocole de communication sur le réseau local des Mac.

Figure 46-2 Ajouter une imprimante IP.

Note Les imprimantes intégrant un gestionnaire d'impression de type IPP, LPD ou HP Jetdirect ne sont pas détectées automatiquement par Mac OS X : il est nécessaire de les déclarer manuellement à partir des informations délivrées par l'administrateur du réseau informatique.

Une fois que l'imprimante que vous voulez déclarer apparaît, sélectionnez-la dans la liste. En principe, Mac OS X identifie automatiquement le pilote le plus approprié à votre imprimante et celle-ci est immédiatement utilisable.

Changer de pilote d'impression

Si les documents produits par votre imprimante ne vous semblent pas satisfaisants, vous voudrez peut-être essayer un autre pilote d'impression que celui retenu par défaut par Mac OS X.

1. Pour changer manuellement de pilote d'impression pour une imprimante, sélectionnez celle-ci dans la liste à gauche dans le panneau de préférences **Imprimantes et scanners.**
2. Cliquez sur le bouton **Options et fournitures.**
3. Activez l'onglet **Gestionnaire** (figure 46-3).

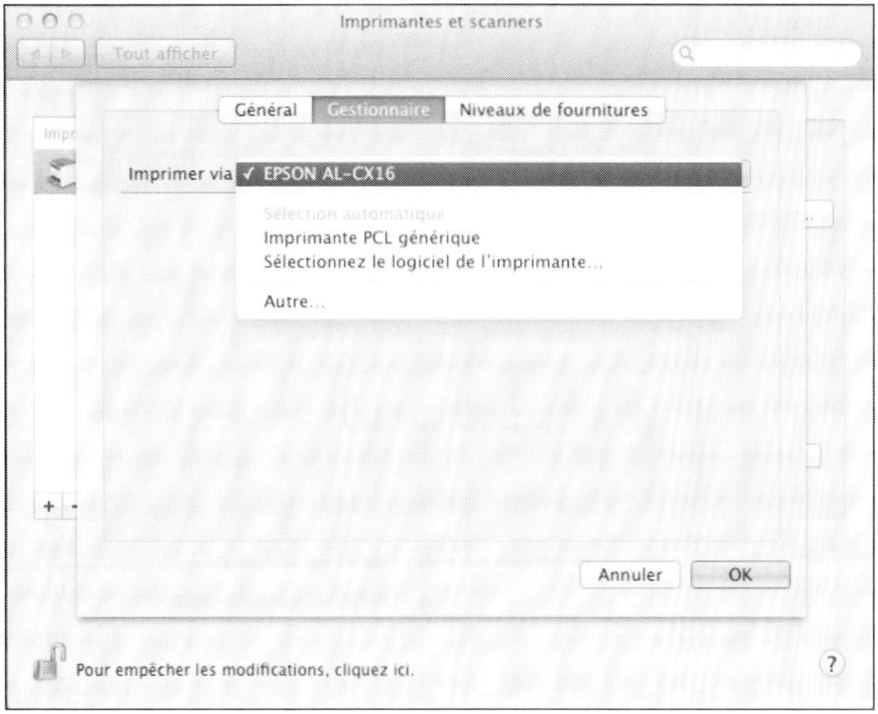

Figure 46-3 Changer de pilote d'impression.

4. Déroulez la liste **Imprimer via.**
5. Choisissez **Sélectionner un gestionnaire à utiliser.**
6. Dans la liste, sélectionnez le pilote d'impression que vous souhaitez imposer à Mac OS X.
7. Cliquez sur **OK**, deux fois successivement.

Le nouveau pilote d'impression est effectif.

Configurer les options de son imprimante

Les pilotes d'impression de certaines imprimantes proposent des options spécifiques.

1. Pour configurer les options d'une imprimante, sélectionnez celle-ci dans la liste à gauche dans le panneau de préférences **Imprimantes et scanners.**
2. Cliquez sur le bouton **Options et fournitures.**
3. Activez l'onglet correspondant aux fonctions que vous souhaitez configurer.
4. Procédez aux réglages voulus.
5. Cliquez sur **OK**, deux fois successivement.

Configurer l'impression par défaut

Lorsque vous vous préparez à lancer une impression, Mac OS X vous propose l'imprimante et le format de papier à utiliser. Ces suggestions sont prédéfinies et vous pouvez les modifier afin d'adapter l'imprimante à vos habitudes d'impression :

1. Pour définir l'imprimante par défaut, déroulez la liste **Imprimante par défaut** dans le panneau de préférences **Imprimantes et scanners**.
2. Sélectionnez **Dernière imprimante** si vous souhaitez que Mac OS X vous propose automatiquement de réutiliser la dernière imprimante que vous avez sollicitée ou bien sélectionnez l'imprimante voulue.
3. Pour définir le format de papier par défaut, déroulez la liste *ad hoc* et sélectionnez le format de papier voulu.

Astuce Vous voulez pouvoir imprimer très vite, sans même avoir à lancer d'application ? Glissez-déposez sur le Bureau l'icône de votre imprimante, depuis la liste du panneau de préférences **Imprimantes et scanners** : vous pouvez glisser-déposer n'importe quel document sur ce raccourci pour lancer vos impressions.

Lancer une impression

Demander l'impression d'un document ouvert dans une application s'effectue systématiquement de la même façon sous Mac OS X, quelle que soit l'application concernée :

1. Déroulez le menu **Fichier → Imprimer**.
2. Déroulez la liste **Imprimante** et sélectionnez l'imprimante à utiliser (figure 46-4).
3. Cliquez sur **Imprimer**.

L'impression se lance aussitôt. Un petit délai peut néanmoins être nécessaire à votre Mac pour préparer les ordres d'impression dans le cas de fichiers particulièrement volumineux.

Astuce Lorsque vous lancez une impression, une application spécifique s'ouvre aussitôt : elle porte le nom de votre imprimante et en reprend l'icône ; cette application affiche la liste des tâches d'impression que vous avez demandées sur l'imprimante en question. Par défaut, cette application reste active même après que toutes les tâches d'impression sont achevées : il faut la quitter manuellement. Pour éviter cela, cliquez sur l'icône de cette application dans le Dock, lorsqu'elle est ouverte, et déroulez le menu d'application pour y sélectionner **Préférences**. Cochez la case **Quitter automatiquement**. À compter du prochain lancement, cette application se refermera toute seule.

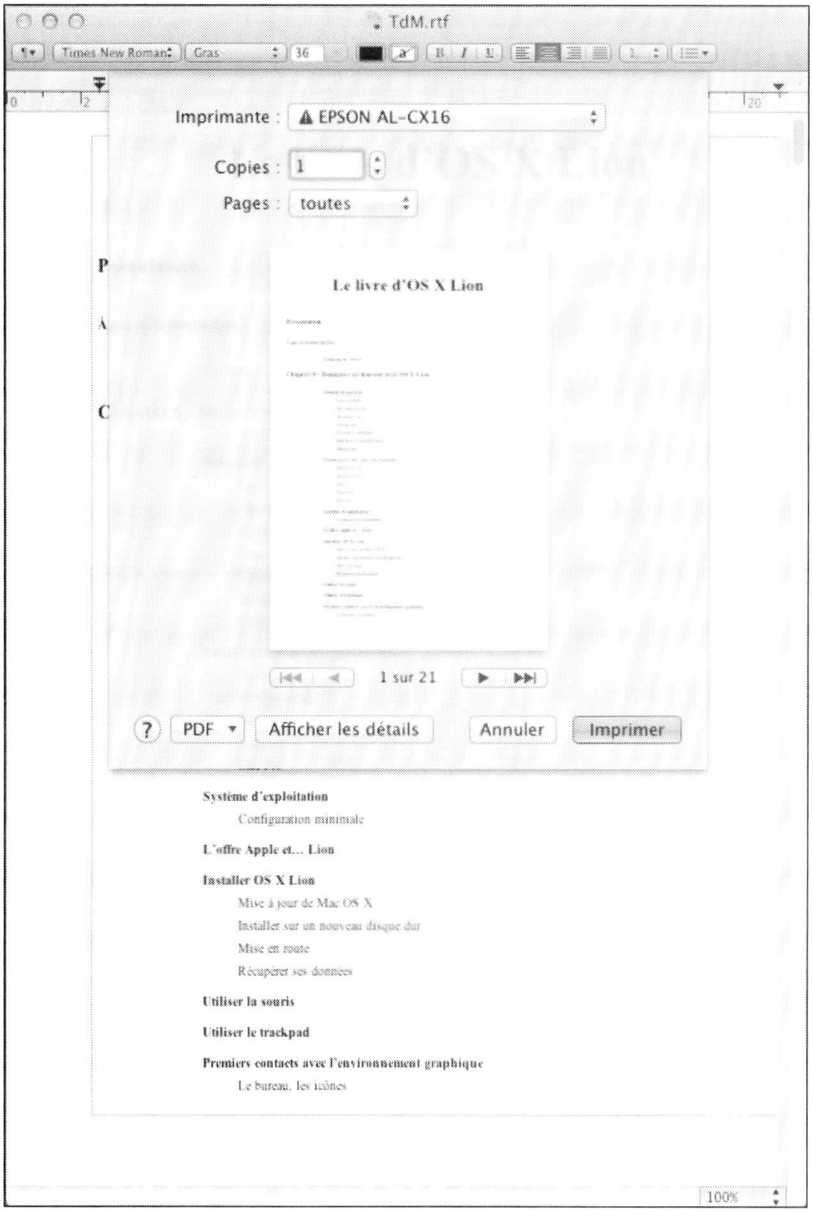

Figure 46-4 Lancement d'une impression.

Configurer les options d'impression avancées

Il est possible d'accéder à de nombreuses fonctions supplémentaires avant de lancer effectivement une impression. Ces fonctions vont de la prévisualisation à la mise en page en passant par le suivi des couleurs et même la programmation de l'impression en différé.

Pour accéder aux options d'impression avancées, cliquez sur le bouton **Afficher les détails**, dans le dialogue d'impression.

La fenêtre s'élargit et adopte un nouvel aspect (figure 46-5) : sous la liste **Préréglages**, un champ vous permet d'indiquer le nombre d'exemplaires (copies) à imprimer ; deux autres vous offrent la possibilité de choisir des pages précises à imprimer ; un menu déroulant est là pour le choix du format de papier ; enfin, deux icônes permettent de fixer l'orientation de l'impression – portrait ou paysage. Sous ces éléments, un autre menu déroulant donne accès à des réglages avancés ; la partie gauche de la fenêtre est dédiée à un aperçu du tirage, aperçu qu'il est possible de parcourir page après page.

Une fois que vous aurez terminé vos réglages, vous pourrez lancer l'impression en cliquant simplement sur le bouton **Imprimer**.

Figure 46-5 L'accès aux options d'impression avancées.

Aperçu

Vous disposez dans cette fenêtre d'un aperçu sommaire de l'impression, dans la partie gauche de la fenêtre (figure 46-5). Pour parcourir les différentes pages de l'aperçu, utilisez les boutons fléchés sous l'aperçu.

- Cochez la case **Rotation automatique** pour que l'aperçu change automatiquement d'orientation lorsque vous cliquez sur le bouton portrait ou sur le bouton paysage.
- Validez l'option **Échelle** et indiquez la valeur voulue (en pourcentage) dans le champ correspondant pour ajuster manuellement les dimensions de l'aperçu par rapport à ce qui sera effectivement imprimé.
- Validez l'option **Ajuster** et validez, au choix, **Imprimer l'image en entier** si la préservation du document original vous paraît essentielle, ou **Remplir le papier** si exploiter au maximum l'espace disponible vous semble plus important.

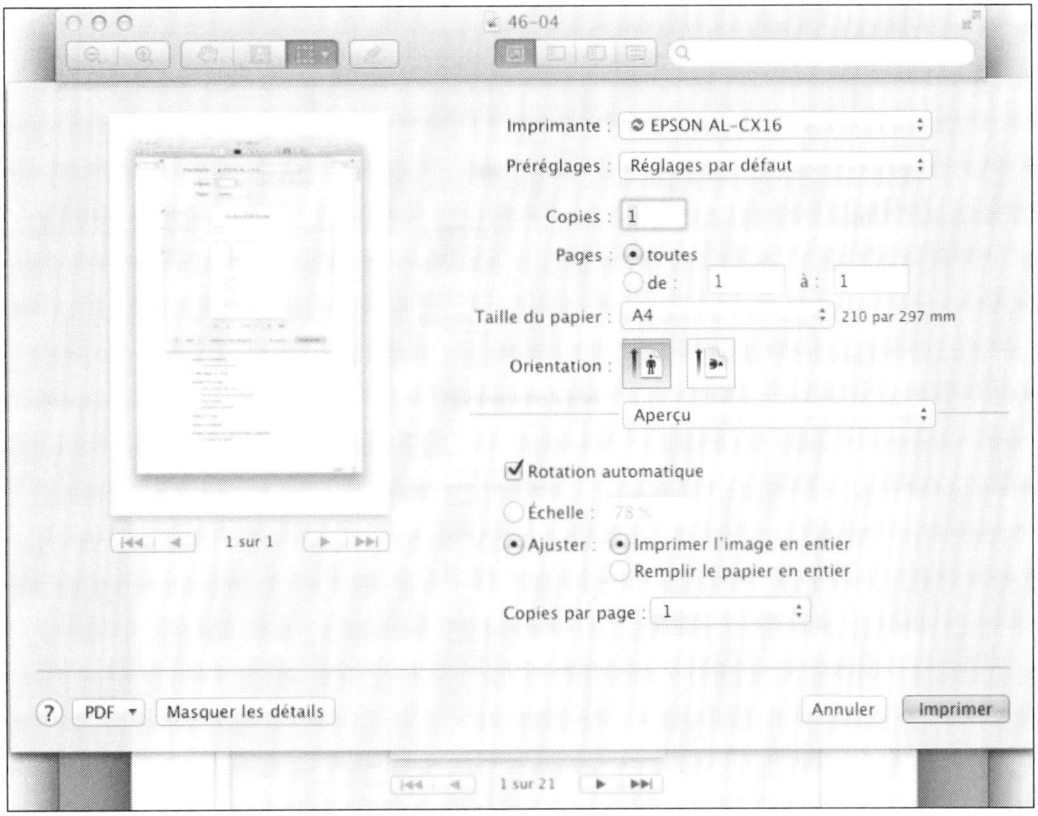

Figure 46-6 Options d'impression d'Aperçu.

Copies et pages

Définir le nombre d'exemplaires à imprimer et l'étendue du document concerné (figure 46-5) est particulièrement simple :

1. Dans le champ **Copies**, indiquez le nombre d'exemplaires à imprimer.

2. Cochez la case **Triées** si vous souhaitez que les différents exemplaires de votre document soient regroupés.

Pour déterminer l'étendue de l'impression, cliquez au choix sur :

- **Toutes** pour imprimer toutes les pages du document ;
- **De** pour indiquer les numéros des pages de début et de fin de l'impression dans les champs *ad hoc*.

Mise en page

Les options de ce cadre vous permettent de définir le nombre de pages à imprimer par feuille, notamment :

1. Déroulez la liste **Pages par feuille** et sélectionnez le nombre de pages à imprimer par feuille de papier, de 1 à 16. Cliquez sur l'orientation voulue pour les impressions multiples.
2. Déroulez la liste **Bordure** et sélectionnez l'épaisseur voulue.
3. Si votre imprimante propose cette option, déroulez la liste **Recto verso** et sélectionnez la valeur voulue.

Figure 46-7 Les options de mise en page.

Astuce Jusqu'à quatre pages par feuille, l'impression est généralement tout à fait lisible, suffisamment du moins pour des documents que vous souhaitez simplement consulter sans pour autant leur attribuer une importance particulière.

Concordance des couleurs

Les options de concordance des couleurs sont très utiles pour les tirages photo : elles permettent de s'assurer que les couleurs imprimées correspondront bien à celles affichées à l'écran. Par défaut, Mac OS X s'appuie pour cela sur sa technologie ColorSync :

Sélectionnez l'option **Mode fournisseur** pour utiliser les mécanismes de préservation de la colorimétrie du pilote de l'imprimante, ou l'option **ColorSync** pour profiter de cette technologie.

Mac OS X est capable d'utiliser automatiquement le profil ColorSync de certaines imprimantes. Si le panneau des options de concordance des couleurs mentionne Profil inconnu, déroulez la liste Profil afin de choisir manuellement un profil ColorSync adapté à votre imprimante.

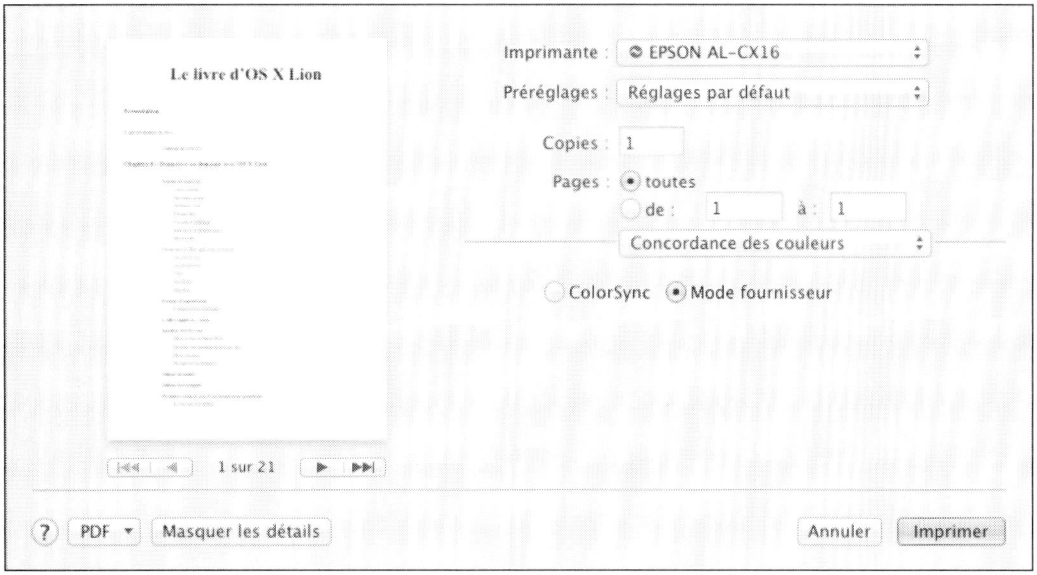

Figure 46-8 Les options de gestion des couleurs.

Attention Pour profiter pleinement des fonctions de concordance des couleurs offertes par ColorSync, pensez à calibrer vos moniteurs avant de lancer la moindre impression photo (chapitre 34).

Gestion du papier

Ces options sont utiles dans des cas particuliers, notamment pour l'impression recto verso avec des imprimantes ne proposant pas cette option, ou encore pour le choix du format de papier sur les imprimantes à bacs multiples :

1. Déroulez la liste **Pages à imprimer** et sélectionnez les pages que vous voulez imprimer.
2. Déroulez l'option **Taille du papier de destination** et sélectionnez un format de papier différent du format par défaut.
3. Si nécessaire, cochez la case **Adapter à la taille du papier**. Si votre document doit être agrandi pour être adapté au papier, décochez la case **Réduire seulement**.
4. Déroulez la liste **Ordre des pages** et sélectionnez l'ordre dans lequel vous souhaitez que les pages soient imprimées.

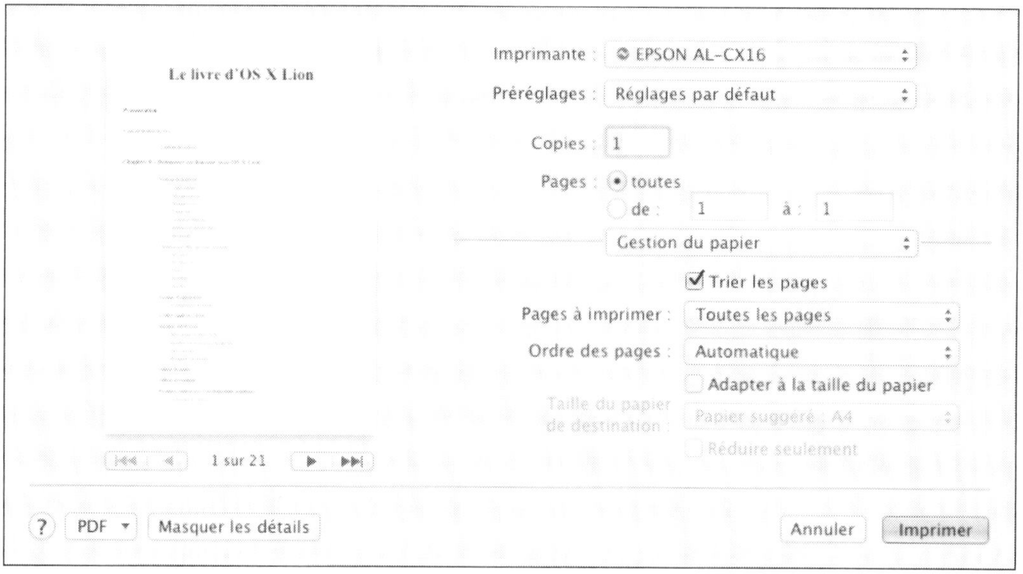

Figure 46-9 Gestion du papier.

Astuce Commencez par imprimer les pages paires d'un document, puis replacez les feuilles imprimées dans le bac à papier avant de lancer l'impression des pages impaires afin d'obtenir des tirages recto verso avec des imprimantes qui ne proposent pas ce mode d'impression.

Alimentation

Les options d'alimentation peuvent être bien utiles à ceux, notamment, dont l'imprimante comprend un bac réservé au papier à en-tête :

- Si vous souhaitez n'utiliser qu'un seul et même type de papier, cochez l'option **Toutes les pages** de et déroulez la liste correspondante pour sélectionner le bac à papier voulu.
- Si vous souhaitez utiliser un papier spécial pour imprimer la première page de votre document, cochez l'option **Première page de**.
    1. Déroulez la liste correspondante et sélectionnez le bac contenant le papier à en-tête.
    2. Déroulez la liste **Pages restantes de** et sélectionnez le bac contenant le papier normal.

Page de garde

Mac OS X peut générer automatiquement une page de garde à partir des informations du document à imprimer.

1. Pour profiter de cette fonction, validez, au choix, **avant le document** ou **après le document**.
2. Déroulez la liste **Type de page de garde** et sélectionnez le modèle de page de garde que vous voulez utiliser.

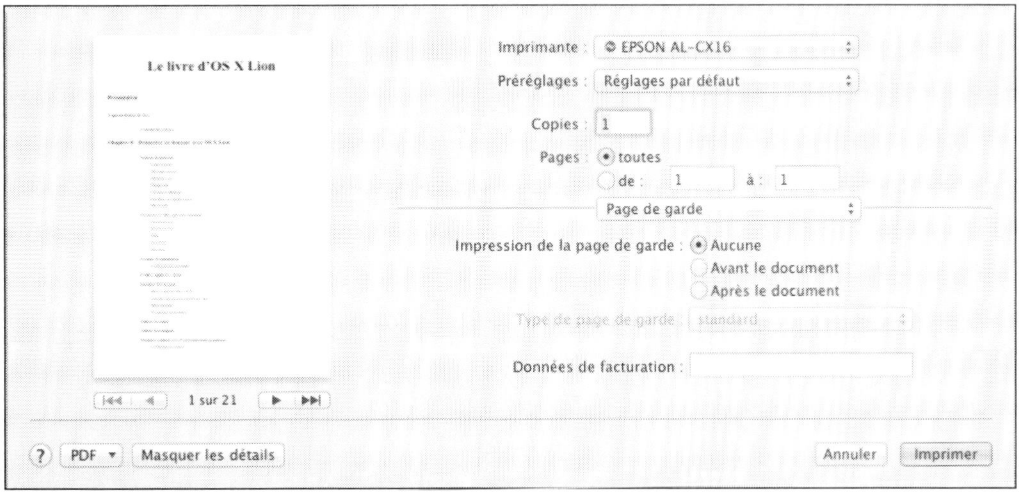

Figure 46-10 Les options d'impression de page de garde.

Paramètres d'impression

Chaque imprimante propose des fonctions qui lui sont spécifiques. Mac OS X est informé de l'existence de ces fonctions par les pilotes de l'imprimante. Il propose à son utilisateur de les exploiter à travers un panneau de réglages (figure 46-11).

Reportez-vous au mode d'emploi de votre imprimante pour connaître le rôle de ces fonctions et apprendre à les configurer.

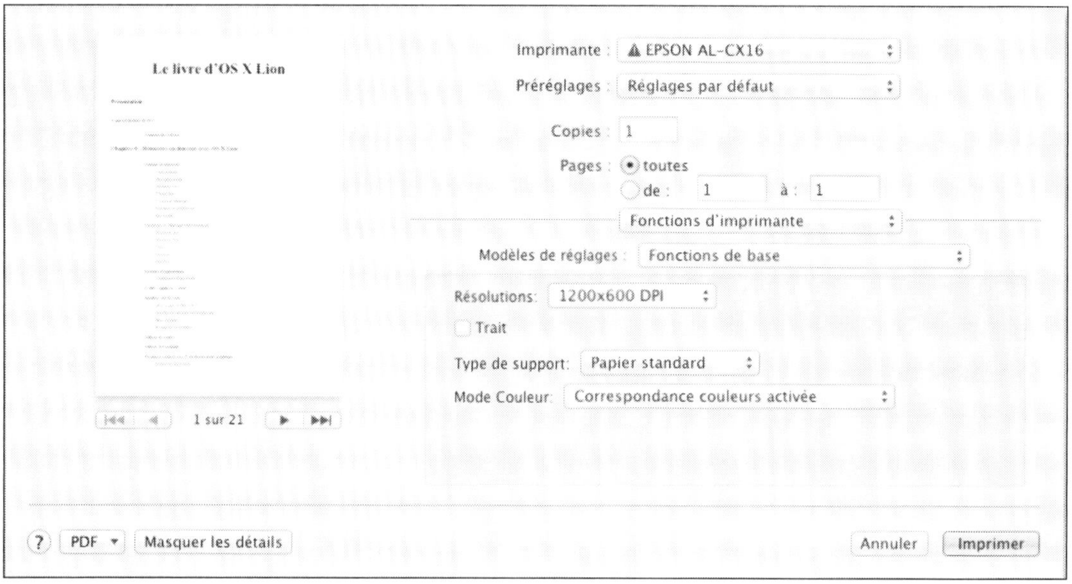

Figure 46-11 Les options propres à l'imprimante.

Enregistrer un préréglage

Les réglages avancés effectués avant une impression peuvent être sauvegardés sous la forme de préréglages accessibles depuis la liste éponyme dans la fenêtre d'impression.

1. Pour enregistrer de la sorte des réglages avancés d'impression, déroulez la liste **Préréglages**.
2. Sélectionnez **Enregistrer sous...**.
3. Nommez vos réglages dans le champ *ad hoc*.
4. Cliquez sur **OK** pour valider.

Avant de lancer une impression, vous pourrez rappeler ces réglages enregistrés mais aussi les corriger en les enregistrant à nouveau après modification.

Chapitre

47

Importer des photos d'un appareil photo numérique ou d'un scanner

Au menu de ce chapitre

- Scanner une photo
- Télécharger les photos de son appareil photo numérique

L'application Transfert d'images est un outil livré avec Mac OS X dédié à l'acquisition de photos numériques, soit à travers un scanner, soit depuis un appareil photo numérique.

Transfert d'images fonctionne avec les scanners pour lesquels des pilotes adaptés à Mac OS X sont proposés, mais aussi avec un grand nombre de scanners compatibles avec TWAIN. Transfert d'images peut également être utilisé pour contrôler des scanners partagés en réseau (chapitre 52).

En matière d'appareils photo numériques, Transfert d'images prend en charge tous les appareils compatibles avec le protocole UMS (USB Mass Storage) : ces appareils se caractérisent par le fait que le contenu de leur carte mémoire peut être accessible directement dans le Finder une fois établie la connexion USB.

Transfert d'images intègre toutes les fonctions de base que l'on peut attendre d'un tel logiciel. Mais il se distingue par sa capacité à invoquer des processus automatisés développés avec Automator pour assurer le traitement des photos numériques acquises (chapitre 32).

Scanner une photo

Avant de lancer Transfert d'images, assurez-vous d'avoir bien installé les éventuels pilotes fournis par le constructeur de votre scanner, ainsi que connecté et mis sous tension ce dernier.

Dès son lancement, Transfert d'image affiche la fenêtre de numérisation (figure 47-1).

1. Le cas échéant, déroulez la liste **Dimensions de numérisation** et sélectionnez le mode de numérisation de votre scanner que vous voulez utiliser.
2. Déroulez la liste **Numériser vers** et sélectionnez la destination de votre numérisation.
3. Cliquez sur le bouton **Numériser**.

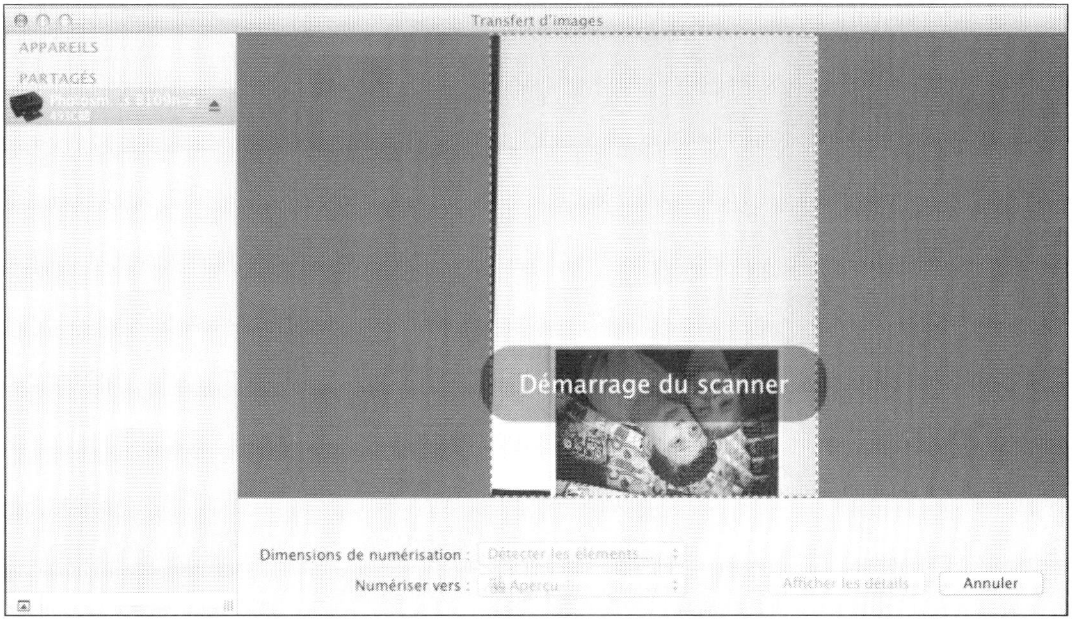

Figure 47-1 La fenêtre de numérisation de Transfert d'images.

Le processus s'enchaîne alors sans intervention de votre part : votre document est numérisé puis envoyé directement vers la destination que vous avez définie : dossier ou application. Mais vous pouvez être un peu plus exigeant…

1. Cliquez sur le bouton **Afficher les détails**.
2. Déroulez la liste **Type** et choisissez le type de document à numériser : Texte pour des images en noir et blanc à fort contraste, comme du texte ; Noir et blanc, pour des images moins contrastées ; Couleur pour les images en couleurs.
3. Si vous numérisez plusieurs documents à la fois, cochez l'option **Utiliser une taille personnalisée** puis déroulez le menu **Sélection automatique** et sélectionnez **Détecter les éléments séparés** pour que Transfert d'images se charge, seul, d'enregistrer chaque élément dans un fichier différent.
4. Cliquez sur le bouton **Aperçu** pour lancer une première numérisation et obtenir un aperçu des éléments placés dans votre scanner.

   Vous pouvez dès lors ajuster les sélections : pour redimensionner une sélection, glissez-déplacez l'une de ses extrémités ; pour déplacer une sélection, glissez-déplacez là à l'aide de la souris ; pour faire pivoter une sélection, glissez-déplacez l'extrémité droite de la sélection. Vous pouvez obtenir un aperçu de chaque image avant numérisation en maintenant enfoncées les touches **ctrl** et **alt**.

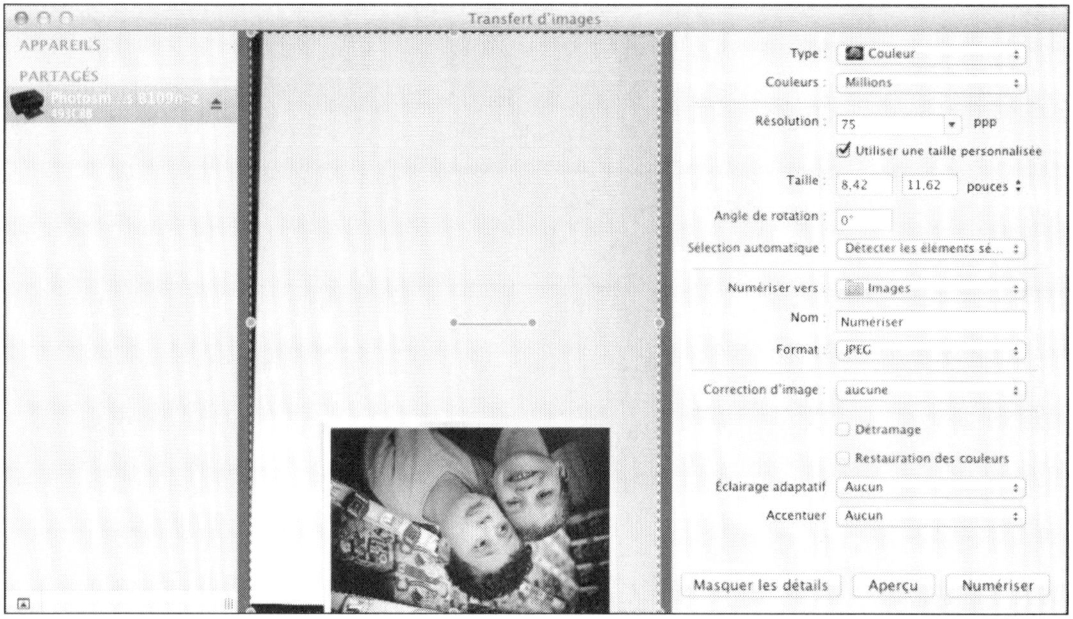

Figure 47-2 Les réglages avancés de numérisation.

5. Déroulez le menu **Correction d'image** et sélectionnez **Manuelle** pour ajuster manuellement la colorimétrie et l'exposition en vue de la numérisation.
6. Déroulez la liste **Numériser vers** et sélectionnez l'emplacement du disque dur de votre Mac que vous voulez utiliser pour enregistrer les éléments numérisés.

Les pilotes de certains scanners vous donneront accès à des options supplémentaires telles que la profondeur de bits, pour le niveau de précision des couleurs, la résolution qui influera directement sur la taille du fichier final et votre capacité à le recadrer, *etc.*

Une fois que vous cliquez sur le bouton **Numériser**, la numérisation commence. Sa durée, variable, dépend de la surface à numériser et de la rapidité de votre scanner.

Astuce Si vous voulez appliquer un processus construit avec Automator (chapitre 32) aux éléments importés, déroulez la liste **Numériser dans** et sélectionnez **Autre...**. Sélectionnez alors un processus Automator préalable enregistré sous la forme d'une application.

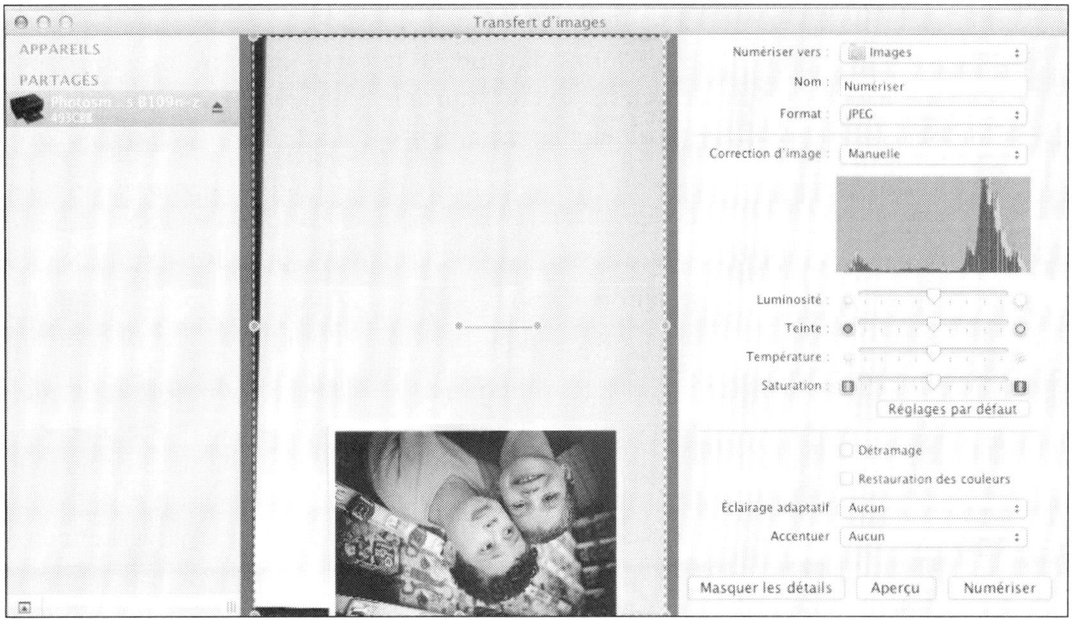

Figure 47-3 Ajuster les paramètres de correction d'image.

Télécharger les photos de son appareil photo numérique

En l'absence du logiciel iPhoto, c'est Transfert d'images qui assure la communication entre l'appareil photo numérique et le Mac. Pour copier vos photos sur le disque dur de votre Mac, lancez Transfert d'images :

1. Connectez votre appareil photo à votre Mac avec le câble USB fourni.

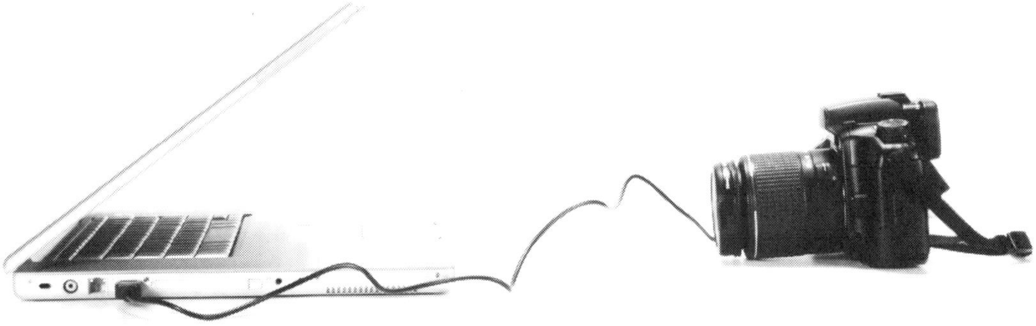

2. Mettez sous tension votre appareil photo numérique.
3. Au bout de quelques secondes, l'icône de la carte mémoire de l'appareil photo apparaît sur le Bureau de Mac OS X. Transfert d'images est prêt : la liste des photos apparaît dans le cadre principal de sa fenêtre.

   Les photos peuvent être affichées par liste ou en vignettes. Les deux premiers boutons de la barre d'outils de Transfert d'images vous permettent de sélectionner la présentation que vous préférez. Notez qu'en présentation par liste, Transfert d'images affiche toutes les informations disponibles sur chacune des photos : date et heure de prise de vue, ouverture, vitesse d'obturation, coordonnées GPS le cas échéant, *etc.*
4. Dans la fenêtre, sélectionnez les photos que vous voulez copier sur le disque dur de votre Mac. Remarquez les boutons de rotation vers la droite ou vers la gauche : ils vous permettent de faire tourner les photos, afin de mieux les voir avant de les importer.

Astuce Vous pouvez ajuster la taille des vignettes de vos photos avec la glissière disposée en bas à droite de la fenêtre de Transfert d'images.

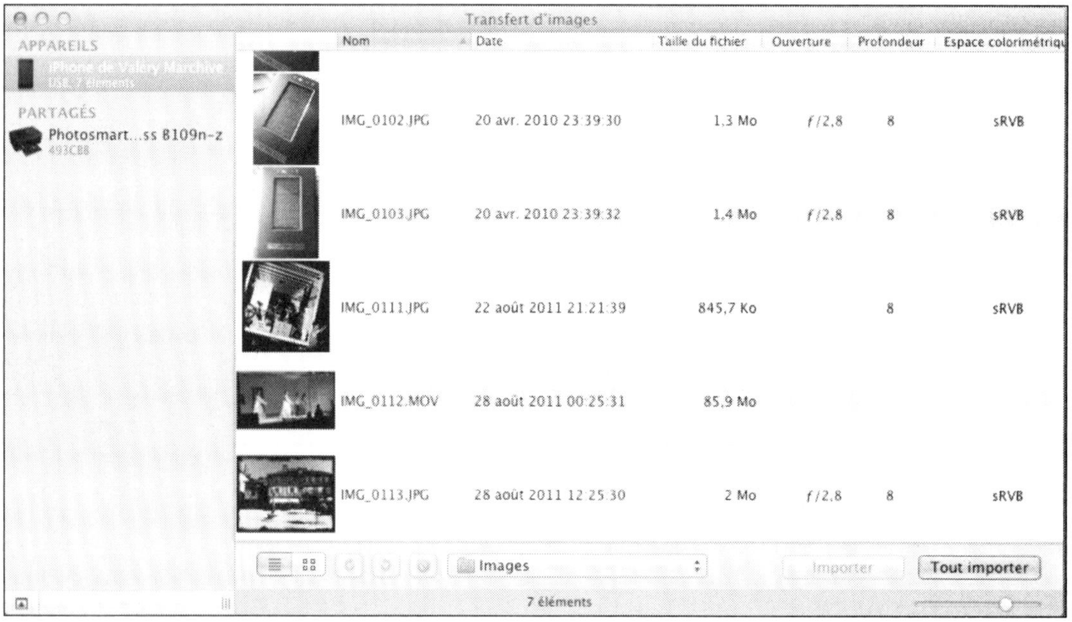

Figure 47-4 Choix des photos à importer.

5. Dans la fenêtre, sélectionnez les photos que vous voulez copier sur le disque dur de votre Mac.
6. Déroulez la liste **Importer vers** et sélectionnez l'option voulue. L'avant-dernière, **Création page Web**, vous permet de créer directement une planche-contact au for-

mat HTML pour partager très rapidement vos photos sur votre site Web personnel. La dernière, **Make PDF**, permet de créer une planche-contact au format PDF : cela peut être pratique pour présenter, par mail, toute une série de photos.

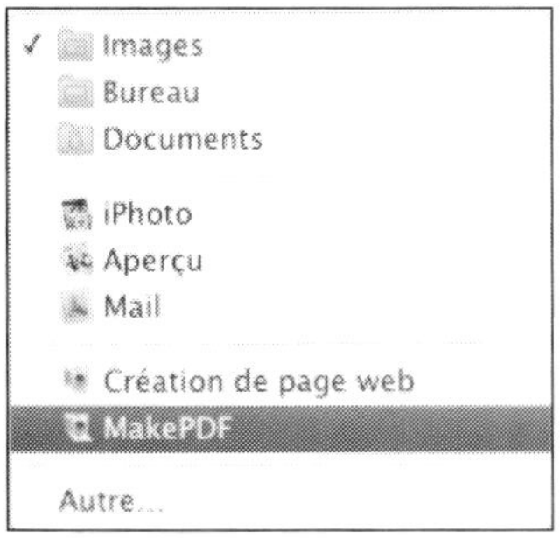

Figure 47-5 Choix du mode d'importation.

7. Une fois que vous êtes prêt, cliquez sur le bouton **Importer**, si vous n'avez sélectionné que quelques photos, ou **Tout importer**, pour importer l'ensemble des photos sans distinction.

Astuce Si vous voulez appliquer un processus construit avec Automator (chapitre 32) aux éléments importés, déroulez la liste **Importer vers** et sélectionnez **Autre...**. Sélectionnez alors un processus Automator préalable enregistré sous la forme d'une application.

Des options bien pratiques

Avant de lancer le téléchargement des photos de votre appareil photo numérique, faites un détour par les options proposées par Transfert d'images : vous risquez d'en trouver plusieurs pour vous rendre service. Elles apparaissent en bas de la colonne de gauche de la fenêtre de Transfert d'images. Si vous ne les voyez pas, cliquez sur le petit bouton illustré par un triangle, en bas à gauche de la fenêtre, pour les faire apparaître.

- Cochez la case **Supprimer après l'importation** pour éviter d'encombrer la mémoire de votre appareil photo avec des fichiers déjà transférés sur votre Mac.
- Déroulez le menu **À la connexion ouvrir** pour choisir une application à ouvrir automatiquement lors de la connexion de votre appareil photo numérique à votre Mac.

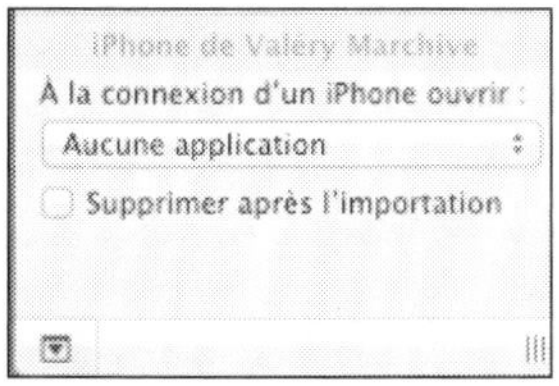

Figure 47-6 Les options de transfert de photos numériques.

Astuce Pour automatiser pleinement ce processus, configurez le lancement automatique de Transfert d'images à la connexion d'un appareil photo numérique à partir des Préférences Système CD et DVD (chapitre 35). Mieux encore, dans la liste **À la connexion ouvrir**, sélectionnez **Auto Importer** : dès que vous connecterez votre appareil photo à votre Mac, les photos de sa carte mémoire seront automatiquement copiées sur votre disque dur, dans le dossier Images/AutoImport.

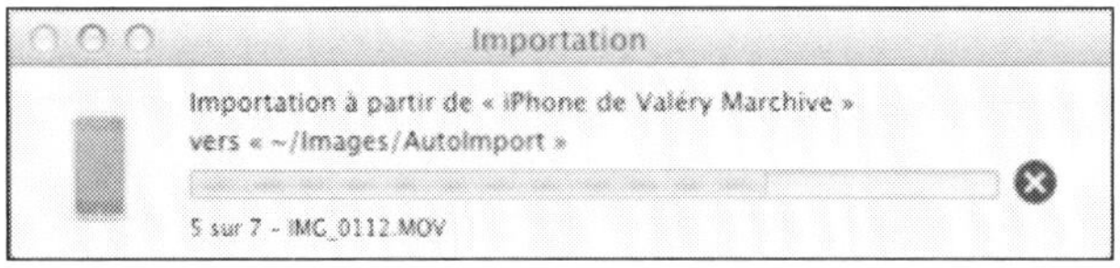

Figure 47-7 Le transfert automatique de photos numériques.

Numériser ou télécharger des photos depuis Aperçu

Depuis Mac OS X Snow Leopard, Aperçu est capable d'invoquer directement Transfert d'images pour numériser des photos, y compris à partir d'un scanner partagé en réseau (chapitre 52), mais aussi pour en importer à partir d'un appareil photo numérique connecté *via* une prise USB. Les processus d'importation et de numérisation se déroulent de la même manière qu'avec Transfert d'images, sauf que les éléments copiés sont directement ouverts dans Aperçu et qu'il n'est pas possible de leur appliquer un processus Automator.

L'invocation de Transfert d'images *via* Aperçu se fait dans son menu **Fichier** (figure 47-8).

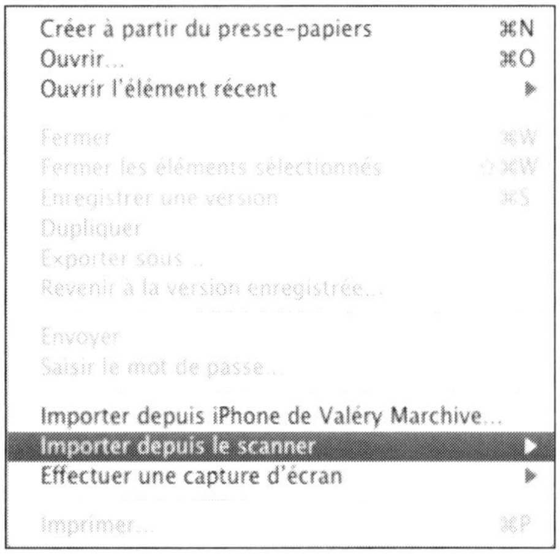

Figure 47-8 Faire appel à Transfert d'images, via le menu Fichier d'Aperçu.

Chapitre 48

Utiliser un téléphone mobile comme modem

Au menu de ce chapitre

- Les téléphones compatibles
- Connecter son mobile en USB
- Connecter son mobile avec Bluetooth
- Lancer et surveiller la connexion mobile

À l'heure des connexions Internet à haut débit, Apple a jugé préférable de ne plus intégrer de modem analogique 56K à ses MacBook et MacBook Pro. Et même de cesser, avec Lion, de supporter le modem externe USB qu'il propose ! Heureusement, le téléphone mobile est probablement la solution privilégiée des nomades de l'informatique.

Les téléphones compatibles

Mac OS X Lion peut utiliser comme modem pour une connexion à Internet mobile les téléphones mobiles GPRS/EDGE/3G/HSDPA disposant d'une fonction modem et produits par Motorola, Nokia, Samsung, Siemens et Sony Ericsson, notamment. Les constructeurs sont libres de proposer eux-mêmes des pilotes supplémentaires pour Mac OS X. Bien sûr, les iPhone d'Apple peuvent eux-mêmes servir de modem mobile.

Astuce Pourquoi faire compliqué alors que l'on peut faire simple ? Le meilleur compagnon de votre Mac portable, en matière de connectivité à Internet, c'est probablement un smartphone, comme un iPhone mais aussi un appareil sous Android, le système d'exploitation mobile de Google. Pourquoi donc ? Parce que la plupart de ces appareils sont équipés d'une interface Wi-Fi et peuvent être configurés pour partager, en Wi-Fi, la connexion à Internet que leur fournit le réseau de téléphonie mobile. De quoi transformer votre smartphone en *hotspot Wi-Fi* sans peine. Ce qui présente un autre avantage : vous n'aurez pas à procéder à la moindre configuration spécifique sur votre Mac ; il vous suffira de le connecter au point d'accès Wi-Fi généré par votre smartphone… Le bémol, c'est que l'autonomie de votre téléphone risque de souffrir fortement : Bluetooth est moins consommateur d'électricité et… la connexion en USB va jusqu'à recharger votre smartphone.

Connecter son mobile en USB

La configuration de Mac OS X Lion pour l'utilisation d'un téléphone mobile connecté en USB comme modem – y compris un iPhone– est une opération simple. Néanmoins, avant de vous lancer, vérifiez bien que votre opérateur de téléphonie mobile vous a fourni les données nécessaires à la connexion : nom d'utilisateur, mot de passe, numéro de téléphone à composer, point d'accès (ou APN).

Une fois ces informations obtenues, vous pouvez préparer votre Mac :

1. Connectez votre téléphone mobile à votre Mac avec le câble USB fourni.
2. Déroulez le menu **Pomme ➜ Préférences Système**.
3. Cliquez sur **Réseau.**
4. Cliquez sur le bouton + en bas de la liste, à gauche.

5. Déroulez la liste **Interface** et sélectionnez votre téléphone mobile.
6. Cliquez sur **Créer**.

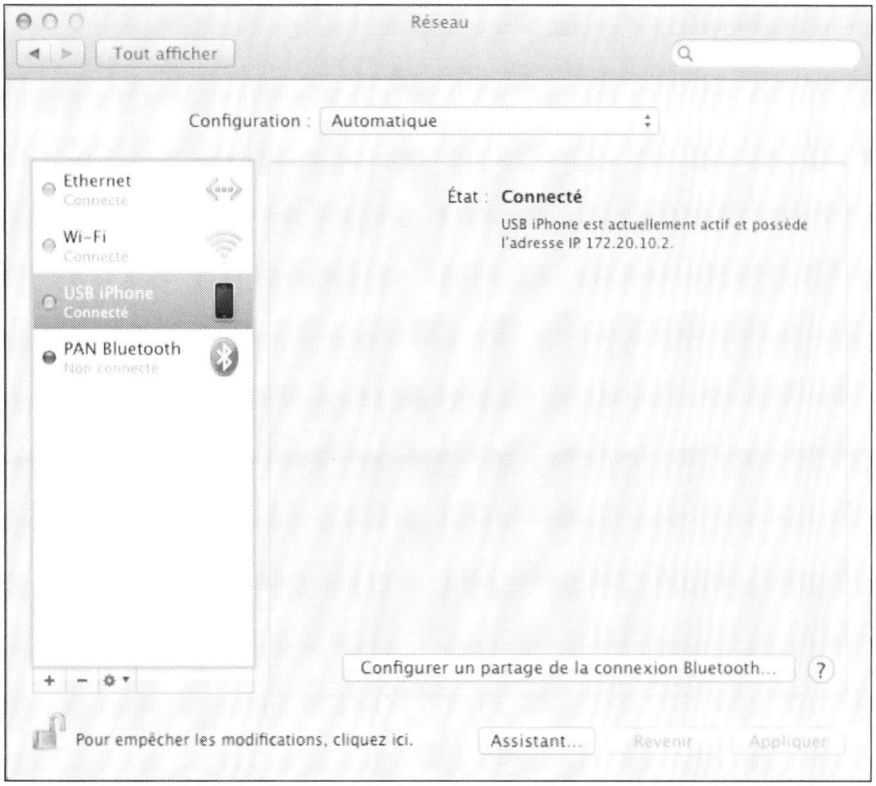

Figure 48-1 Un iPhone utilisé comme modem USB.

Votre téléphone mobile a été ajouté à la liste des interfaces réseau disponibles (figure 48-1). Reste maintenant à configurer cette nouvelle interface :

1. Remplissez les champs **Numéro de téléphone**, **Nom du compte** et **Mot de passe** suivant les indications de votre opérateur mobile.
2. Cochez la case **Afficher l'état du modem dans la barre des menus** afin de pouvoir facilement connecter ou déconnecter votre Mac d'Internet.
3. Cliquez sur le bouton **Avancé**.
4. Activez l'onglet **Modem**.
5. Déroulez la liste **Fabricant** et sélectionnez le constructeur de votre mobile.
6. Déroulez la liste **Modèle** et sélectionnez le modèle de votre téléphone mobile, ou un modèle aussi approchant que possible (figure 48-2).

Si vous avez sélectionné **GPRS (GSM/3G)** dans la liste **Modèle**, indiquez le nom du point d'accès communiqué par votre opérateur mobile dans le champ *ad hoc.* Déroulez la liste **CID** et sélectionnez **1**.

7. Cliquez sur **OK.**
8. Cliquez sur **Appliquer** pour enregistrer les changements.

Désormais, votre pouvez utiliser votre mobile pour connecter votre Mac à Internet.

Figure 48-2 Configuration du modem.

Bon à savoir Avec l'iPhone, cette étape de configuration n'est pas nécessaire : Mac OS X Lion utilise des paramètres de connexion qui sont stockés dans la mémoire du téléphone et ont été définis en partenariat avec votre opérateur mobile.

Connecter son mobile avec Bluetooth

La configuration de Mac OS X Lion pour l'utilisation d'un mobile Bluetooth comme modem n'est pas plus compliquée qu'avec une connexion USB.

À de nombreux égards, elle est même plus simple. Jugez plutôt :

1. Déroulez le menu **Pomme ➜ Préférences Système**.
2. Cliquez sur **Bluetooth**.
3. Cliquez sur le bouton **Configurer le nouvel appareil** ou, si des appareils Bluetooth sont déjà liés à votre Mac, sur le bouton + en bas de la liste.

   L'assistant Réglages Bluetooth se lance aussitôt.
4. Suivez les instructions à l'écran pour lier votre téléphone mobile à votre Mac.
5. Cochez la case **Accéder à Internet via votre connexion téléphonique** puis cliquez sur **Continuer**.

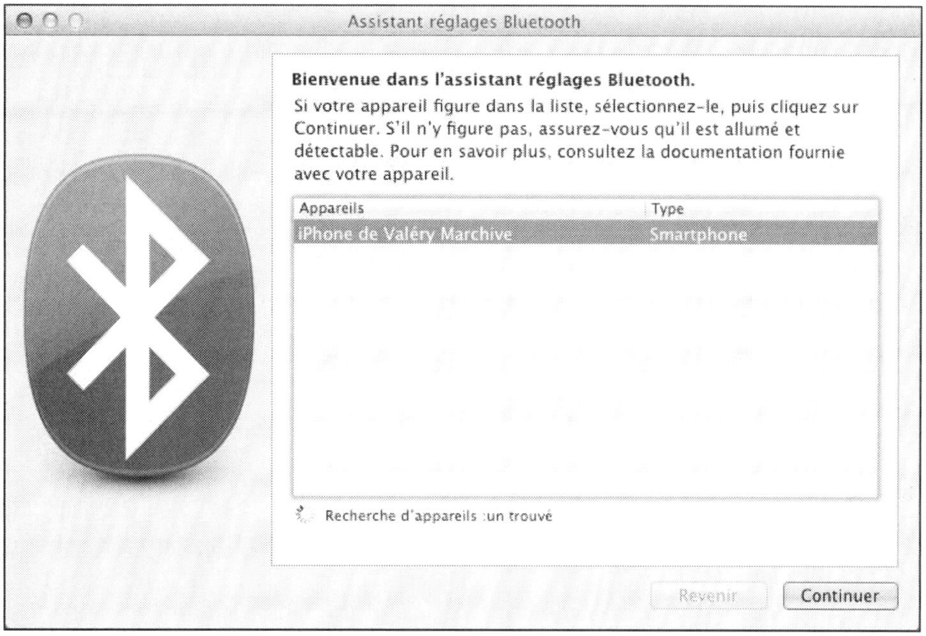

Figure 48-3 Configuration d'un téléphone mobile Bluetooth.

6. Déroulez la liste **Constructeur du téléphone** et sélectionnez le constructeur de votre mobile.
7. Déroulez la liste **Modèle du téléphone** et sélectionnez le modèle de votre téléphone.
8. Remplissez les champs **Nom d'utilisateur**, **Mot de passe** et **Numéro de téléphone** conformément aux instructions de votre opérateur de téléphonie mobile.
9. Cliquez sur **Continuer**.

Attention Quelle que soit la méthode de partage de connexion retenue, il est probable que votre opérateur mobile exige de vous la souscription d'une option spécifique à ce genre d'usage. Faute de quoi, il peut tout simplement vous bloquer l'accès à Internet. Malheureusement, ces options sont souvent assez onéreuses, trop pour une utilisation d'Internet en mobilité associée à un ordinateur portable : comptez près de 10 € pour 200 Mo de crédit de transfert de données, par exemple. C'est peu, très peu…

Lancer et surveiller la connexion mobile

Une fois que Mac OS X Lion est configuré de sorte à utiliser votre téléphone mobile comme modem pour se connecter à Internet, le lancement d'une connexion peut se faire en quelques clics seulement :

1. Déroulez le menu **Modem** dans la barre des menus, à droite.
2. Sélectionnez **Connecter**.

La connexion se lance aussitôt. Le délai d'établissement de la connexion à Internet dépend de la rapidité du réseau de téléphonie mobile que vous utilisez. Le menu **Modem** vous informe en continu de l'avancement de la procédure. Une fois la connexion établie, il indique la durée écoulée depuis le début de la connexion.

Pour mettre fin à la connexion, déroulez simplement le menu **Modem** et sélectionnez **Déconnecter**.

Pour suivre l'état de la connexion et notamment les échanges de données, déroulez le menu **Modem** et sélectionnez **Ouvrir les préférences réseau**.

Se connecter avec un réseau Bluetooth

Un nombre croissant de téléphones mobiles Bluetooth – à commencer par les iPhone – peuvent être utilisés comme modems mobiles *via* un protocole de partage de connexion réseau s'appuyant directement sur Bluetooth, le PAN (*Bluetooth Personnal Area Network*) : il n'a pas à lancer de connexion de type modem.

1. Assurez-vous d'avoir bien associé, en Bluetooth, votre téléphone mobile et votre Mac, mais aussi d'avoir souscrit les options correspondant au mode modem auprès de votre opérateur de téléphonie mobile, afin d'éviter les mauvaises surprises au moment de la facturation.
2. Sur votre mobile, activez le partage de connexion à Internet. Sur un iPhone, le réglage correspondant se trouve dans l'application **Réglages → Général → Réseau** (figure 48-4).

Figure 48-4 Activation du partage connexion à Internet.

3. Sur votre Mac, déroulez le menu Bluetooth.
4. Déroulez le sous-menu du nom de votre téléphone mobile et sélectionnez **Se connecter au réseau** (figure 48-5). La connexion est établie aussitôt. Pour l'interrompre, repassez par le même menu puis sélectionnez **Se déconnecter du réseau**.

Figure 48-5 Connexion Bluetooth PAN.

Chapitre 49

Utiliser un modem comme télécopieur

Au menu de ce chapitre

- Définir un télécopieur
- Configurer l'envoi de télécopies
- Configurer la réception de télécopies
- Envoyer sa première télécopie

Mac OS X Lion intègre les outils permettant l'envoi de télécopies à partir de n'importe quelle application, *via* un modem-fax. De fait, l'expédition d'une télécopie est très simple : il suffit d'imprimer !

Pour expédier ou recevoir des télécopies, Mac OS X peut utiliser des télécopieurs partagés en réseau, des modems USB mais aussi des téléphones mobiles, y compris s'ils sont connectés via Bluetooth.

Bon à savoir Pour utiliser un téléphone mobile comme télécopieur, il se peut que vous deviez souscrire une option spécifique auprès de votre opérateur mobile.

Définir un télécopieur

La configuration de Mac OS X pour l'utilisation d'un modem comme télécopieur s'apparente beaucoup à l'installation d'une nouvelle imprimante (chapitre 46).

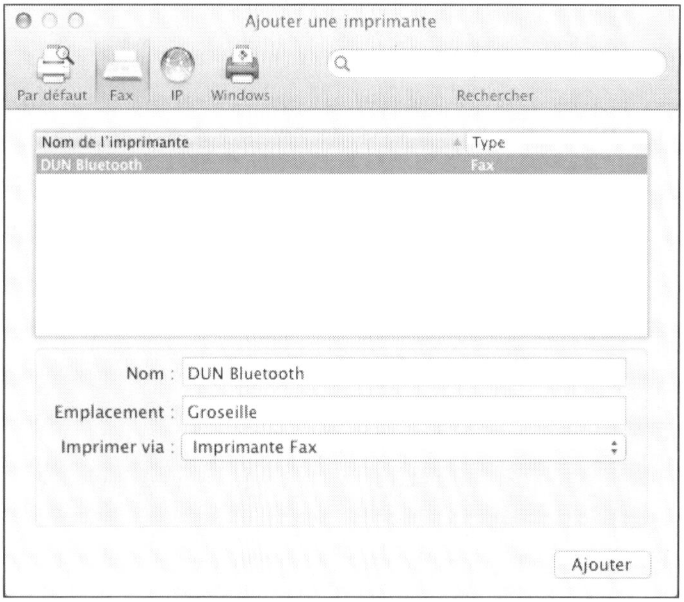

Figure 49-1 Configurer un modem-fax.

Pour définir un nouveau télécopieur :

1. Déroulez le menu **Pomme ➜ Préférences Système**.
2. Cliquez sur **Imprimantes et scanners**.
3. Cliquez sur le bouton + en bas de la liste à gauche.
4. Activez l'onglet **Fax** (figure 49-1).

5. Dans la liste, sélectionnez votre modem-fax.

6. Cliquez sur le bouton **Ajouter**.

Votre modem-fax est aussitôt ajouté à la liste des imprimantes et scanners configurés pour Mac OS X Lion. Il est immédiatement utilisable.

Configurer l'envoi de télécopies

Les nécessités de configuration du télécopieur en vue de l'émission de fax sont limitées :

1. Déroulez le menu **Pomme ➜ Préférences Système**.

2. Cliquez sur **Imprimantes et scanners**.

3. Dans la liste, sélectionnez le modem que vous utilisez comme télécopieur.

4. Dans le champ *ad hoc*, indiquez le numéro sur lequel vous pouvez recevoir des télécopies.

5. Cochez la case **Afficher l'état du fax dans la barre des menus**.

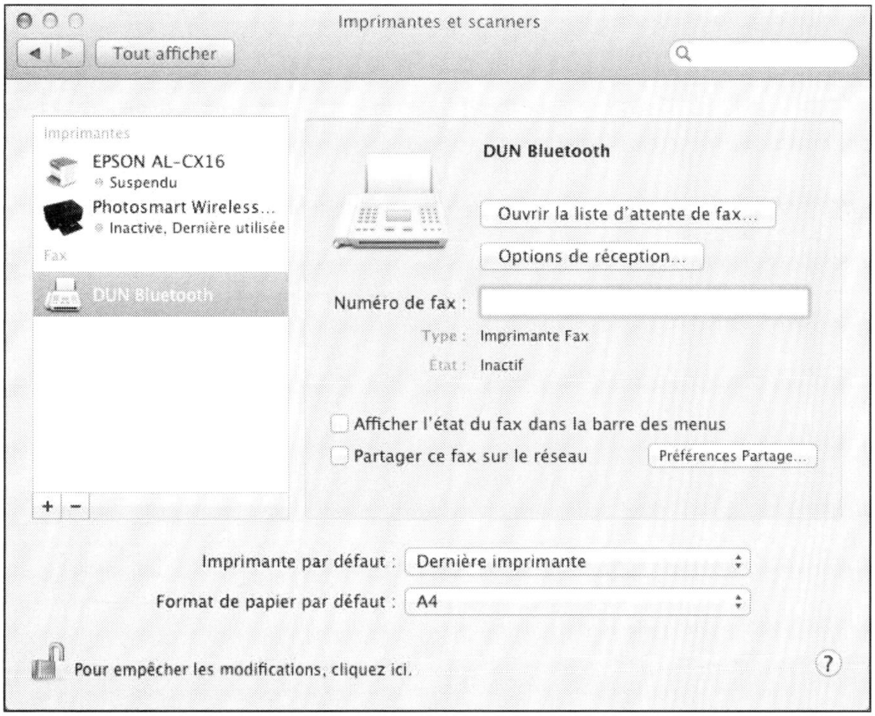

Figure 49-2 Les options d'émission de fax.

Configurer la réception de télécopies

L'activation de la réception de télécopies par le Mac n'est pas automatique. Mais une fois cette fonction active, votre Mac peut se charger de répondre automatiquement aux appels fax puis enregistrer les télécopies sous forme de fichiers sur le disque dur, les imprimer ou encore les transférer par courrier électronique :

1. Déroulez le menu **Pomme ➜ Préférences Système**.
2. Cliquez sur **Imprimantes et scanners**.
3. Dans la liste, sélectionnez le modem que vous utilisez comme télécopieur.
4. Cliquez sur le bouton **Options de réception**.
5. Cochez la case **Recevoir des fax sur cet ordinateur** (figure 49-3).
6. Indiquez le nombre de sonneries après lesquelles votre Mac doit répondre aux appels dans le champ **Répondre après**.
7. Cochez la case **Enregistrer dans** et déroulez la liste correspondante pour sélectionner le dossier d'enregistrement des télécopies reçues.
8. Cochez la case **Imprimer sur** et déroulez la liste correspondante pour sélectionner l'imprimante qui sera utilisée pour imprimer automatiquement les télécopies reçues.
9. Cochez la case **Envoyer à** et indiquez votre adresse e-mail dans le champ correspondant pour recevoir automatiquement les télécopies reçues dans votre boîte aux lettres électronique.
10. Cliquez sur **OK**.

Votre Mac veille désormais, attentif au moindre appel entrant sur le modem utilisé comme télécopieur, dans l'attente de fax entrants.

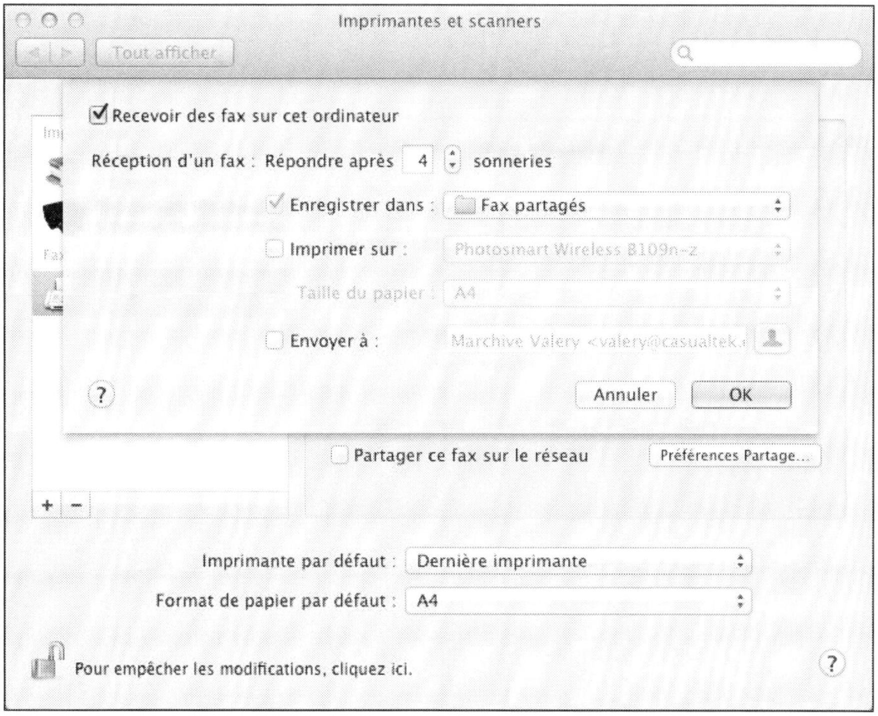

Figure 49-3 Les options de réception de fax.

Envoyer sa première télécopie

L'envoi d'une télécopie à partir d'une application Mac OS X est aussi simple qu'une impression (chapitre 46) :

1. Déroulez le menu **Fichier**.
2. Sélectionnez **Imprimer**.
3. Déroulez la liste **Imprimante** et sélectionnez votre télécopieur.
4. Dans le champ **À**, indiquez le numéro de télécopie de votre destinataire (figure 49-4) ou cliquez sur le bouton à droite du champ pour sélectionner un correspondant du Carnet d'adresses.
   - Si nécessaire, indiquez un préfixe de numérotation dans le champ *ad hoc*.
   - Si vous le souhaitez, cochez la case **Page de garde** afin que votre document soit précédé d'une page de garde. Indiquez un objet dans le champ *ad hoc* et un message de présentation dans le champ prévu à cet effet.

5. Lorsque vous êtes prêt, cliquez sur le bouton **Faxer**.

L'envoi de la télécopie se déclenche aussitôt.

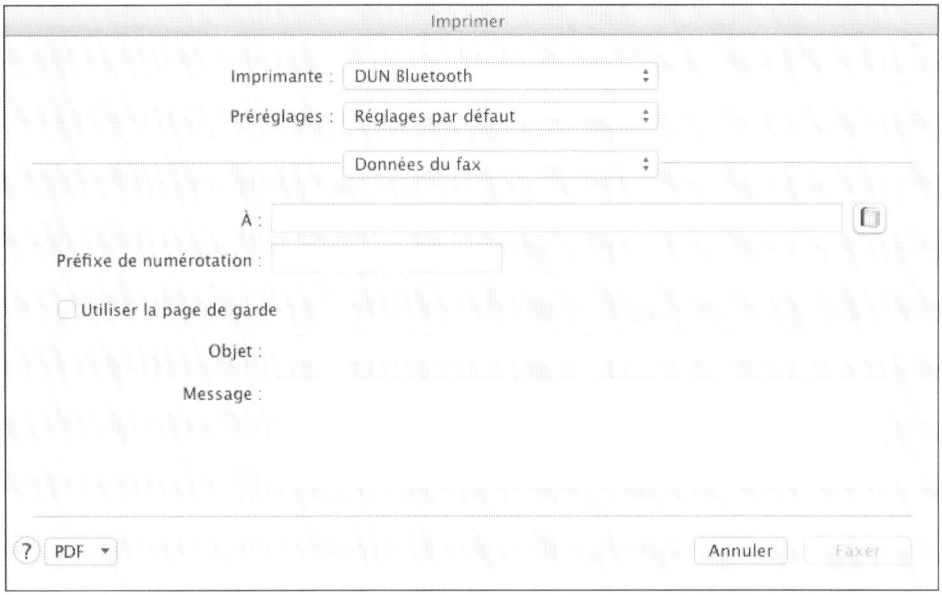

Figure 49-4 Préparation de l'envoi d'une télécopie.

Note De nombreuses options d'impression sont disponibles pour l'envoi de télécopies. Déroulez le menu **Données du fax** pour y accéder.

PARTIE VIII

RÉSEAUX ET PARTAGE

Chapitre
50

Paramétrer une connexion réseau

Au menu de ce chapitre

- *Via* Ethernet
- *Via* Wi-Fi
- *Via* FireWire
- *Via* modem
- Configurer les proxys
- Gérer ses configurations réseau

Mac OS X est un système d'exploitation conçu dans la perspective de l'intégration du Mac au sein d'un réseau informatique. À cette fin, les interfaces Ethernet, Wi-Fi et FireWire du Mac peuvent être mises à contribution, de même que les ports USB (pour un modem) et le module Bluetooth (pour un téléphone mobile, chapitre 48).

Toutes les opérations de configuration des connexions réseau se déroulent au sein du panneau de Préférences Système, Réseau. Mais, pour Mac OS X Lion, Apple a simplifié ce panneau de préférences, le rendant encore plus accessible.

Reste que nous ne couvrirons, dans cette partie, que le cas le plus courant d'une connexion réseau, à savoir celui où l'adresse IP de l'ordinateur est attribuée automatiquement par un serveur DHCP.

1. Pour accéder aux options de configuration réseau, déroulez le menu **Pomme → Préférences Système**.
2. Cliquez sur **Réseau**.

Via Ethernet

C'est probablement le cas le plus simple : par défaut, Mac OS X est configuré pour utiliser l'interface Ethernet du Mac avec un serveur DHCP ; il suffit de connecter le câble réseau au port Ethernet du Mac pour que celui-ci soit immédiatement connecté. Difficile de faire plus simple.

1. Vérifiez par vous-même en cliquant sur **Ethernet** dans la liste de gauche.
2. Si nécessaire, déroulez la liste **Configurer IPv4** et sélectionnez **DHCP**.
3. Cliquez sur le bouton **Appliquer**.

Figure 50-1 Interface Ethernet configurée pour un serveur DHCP.

Avec un modem ADSL

Si vous utilisez un modem ADSL connecté à votre Mac *via* le port Ethernet, il est nécessaire de configurer Mac OS X pour qu'il établisse la connexion à Internet *via* ce modem. Cette connexion utilise le protocole PPPoE.

1. Cliquez sur le bouton + en bas de la liste de gauche.
2. Déroulez la liste **Interface** et sélectionnez **PPPoE** (figure 50-2).
3. Déroulez la liste **Ethernet** et sélectionnez **Ethernet**.
4. Cliquez sur le bouton **Créer**.

Figure 50-2 Création de l'interface PPPoE.

5. Si votre fournisseur d'accès à Internet (FAI) vous a indiqué un serveur PPPoE, précisez le nom ou l'adresse de ce serveur dans le champ *ad hoc* (figure 50-3).
6. Renseignez les champs **Nom du compte** et **Mot de passe** avec les informations de connexion fournies par votre FAI.
7. Cochez la case **Mémoriser ce mot de passe** pour ne pas avoir à le saisir de nouveau à chaque connexion.
8. Cochez la case **Afficher l'état PPPoE dans la barre des menus** si vous souhaitez pouvoir suivre en continu l'état de votre connexion à Internet.

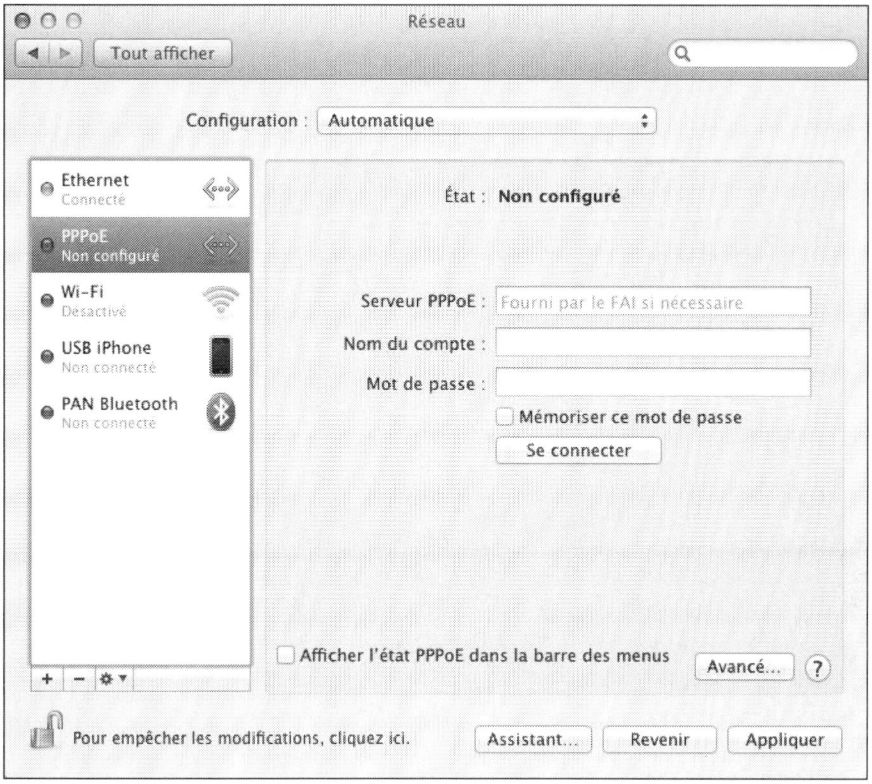

Figure 50-3 Configuration de la connexion PPPoE.

9. Cliquez sur bouton **Avancé…**.
10. Activez l'onglet **PPP**.
11. Cochez la case **Se connecter automatiquement si nécessaire** pour éviter d'avoir à lancer manuellement la connexion après la mise en route de votre Mac.
12. Cliquez sur **OK**.
13. Cliquez sur le bouton **Appliquer**.

Vous pouvez profiter de votre connexion haut débit à Internet !

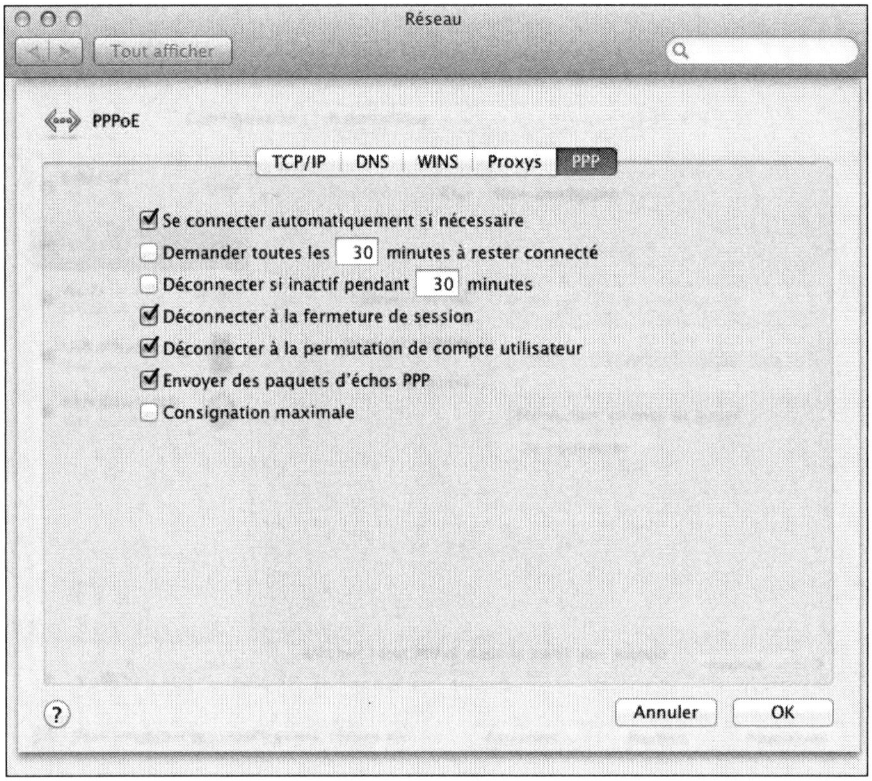

Figure 50-4 Automatiser la connexion PPPoE.

Attention Il n'est pas nécessaire de configurer PPPoE sur son Mac lorsque l'on utilise un modem routeur pour se connecter à Internet : c'est le modem routeur qui se charge d'établir la connexion PPPoE, pas le Mac ; le modem routeur intègre un serveur DHCP chargé de fournir automatiquement une adresse IP au Mac.

Via Wi-Fi

Enfin ! Apple nommait AirPort ce que tout le monde appelait Wi-Fi depuis la fin des années 1990… Il n'en restait pas moins que la technologie est la même, utilisable avec une grande simplicité sous Mac OS X. Et, finalement, avec Lion, Apple a décidé de rentrer dans le rang…

1. Sélectionnez l'interface **Wi-Fi** dans la liste de gauche.
2. Cliquez sur le bouton **Activer le Wi-Fi**.

3. Pour choisir le réseau sans fil auquel vous connecter, déroulez le liste **Nom du réseau** et sélectionnez le réseau voulu.

   Sélectionnez **Se connecter à un autre réseau** si le nom du réseau voulu n'apparaît pas dans la liste, parce qu'il a été caché par son administrateur, par exemple.

4. Décochez la case **Demander à se connecter à de nouveaux réseaux** si vous ne souhaitez pas que votre Mac se reconnecte automatiquement aux réseaux déjà utilisés.

5. Cochez la case **Afficher l'état Wi-Fi dans la barre des menus**.

6. Cliquez sur **Appliquer**.

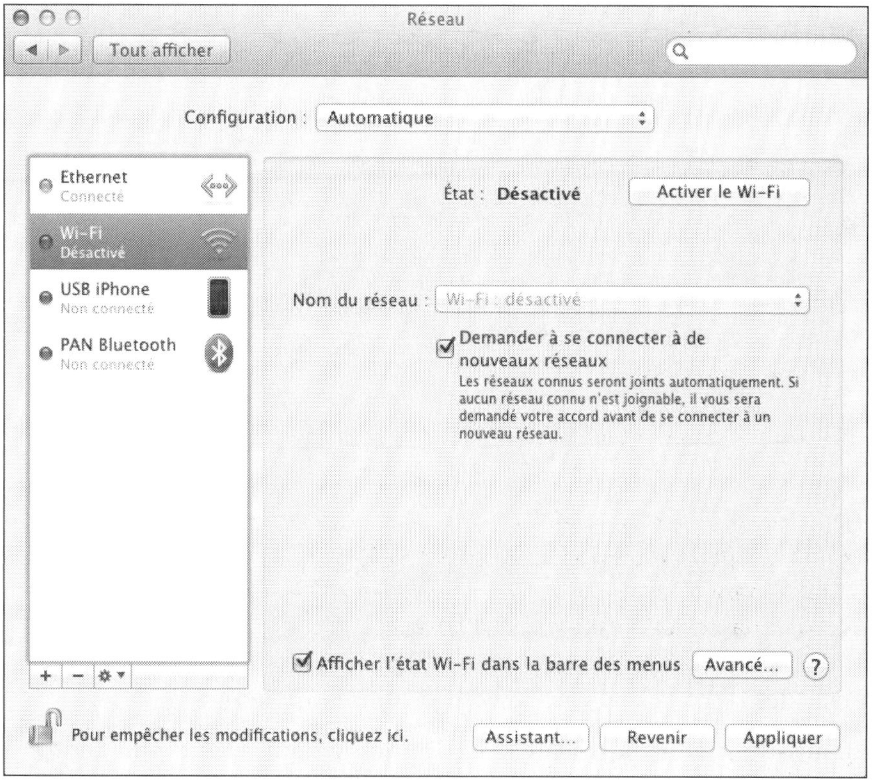

Figure 50-5 Configuration Wi-Fi.

Gérer ses réseaux préférés

Par défaut, Mac OS X Lion mémorise automatiquement les réseaux Wi-Fi auxquels le Mac a pu être connecté. Il est possible de gérer la liste de ces réseaux pour, par exemple, modifier ou récupérer un mot de passe de connexion ou encore supprimer des réseaux qui ont disparu.

1. Pour accéder à la liste des réseaux Wi-Fi préférés, sélectionnez l'interface **AirPort** dans la liste de gauche.
2. Cliquez sur le bouton **Avancé…**.
3. Activez l'onglet **AirPort**.

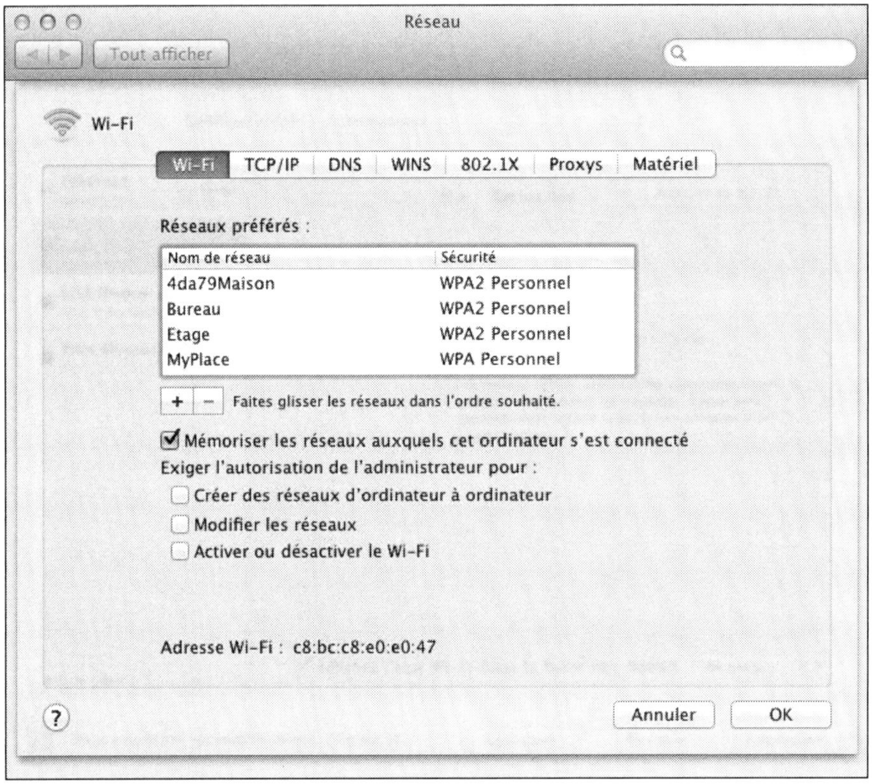

Figure 50-6 Gestion des réseaux Wi-Fi préférés.

La liste des réseaux que vous avez déjà utilisés apparaît :

- Pour supprimer un réseau, sélectionnez-le dans la liste puis cliquez sur le bouton – en bas de la liste.
- Pour ajouter un réseau, cliquez sur le bouton + en bas de la liste puis suivez les indications à l'écran.
- Pour modifier un réseau, sélectionnez-le dans la liste puis cliquez sur le bouton illustré d'un stylo.
- Pour interdire la mémorisation des réseaux, décochez la case **Mémoriser les réseaux auxquels cet ordinateur s'est connecté**.

4. Cliquez sur **OK** lorsque vous avez terminé.

Les fonctions du menu Wi-Fi

Le menu Wi-Fi (figure 50-7) vous permet d'accéder très rapidement à l'essentiel des fonctions relatives à la connexion réseau *via* Wi-Fi :

- Activer/désactiver Wi-Fi.
- Se connecter à l'un des réseaux à portée présentés dans la liste.
- Se connecter manuellement à un réseau dont le nom n'est pas diffusé.

Ces commandes s'utilisent de la même manière que celles du panneau de préférences AirPort.

Figure 50-7 Le menu Wi-Fi.

Astuce Dans l'avion ou le train, sans connexion Wi-Fi à portée, pensez à désactiver AirPort pour améliorer l'autonomie de votre Mac portable.

Via FireWire

Peu de gens le savent, mais le port FireWire des Mac peut être utilisé pour établir une connexion réseau. Avec des débits de 400 ou 800 Mbps selon le type d'interface FireWire, cette connexion peut s'avérer très efficace, bien plus qu'une connexion Wi-Fi ou Ethernet à 100 Mbps. Pourquoi ne pas l'utiliser pour connecter ensemble quelques Mac dont l'un partage sa connexion à Internet avec les autres (chapitre 52) ?

Par défaut, Mac OS X est configuré pour utiliser l'interface FireWire du Mac avec un serveur DHCP ; il suffit d'établir la connexion FireWire physique pour que le Mac soit immédiatement connecté.

Si vous avez besoin de configurer manuellement TCP/IP sur l'interface FireWire, sélectionnez simplement **FireWire** dans la liste de gauche des interfaces réseau : tous les réglages sont là, dans la partie droite de la fenêtre.

Via modem

La configuration de Mac OS X Lion pour l'utilisation d'un modem analogique est une opération simple :

1. Connectez votre modem au port USB de votre Mac.
2. Ouvrez le panneau de préférences **Réseau**.
3. Cliquez sur le bouton + en bas de la liste, à gauche.
4. Déroulez la liste **Interface** et sélectionnez votre modem.
5. Cliquez sur **Créer**.

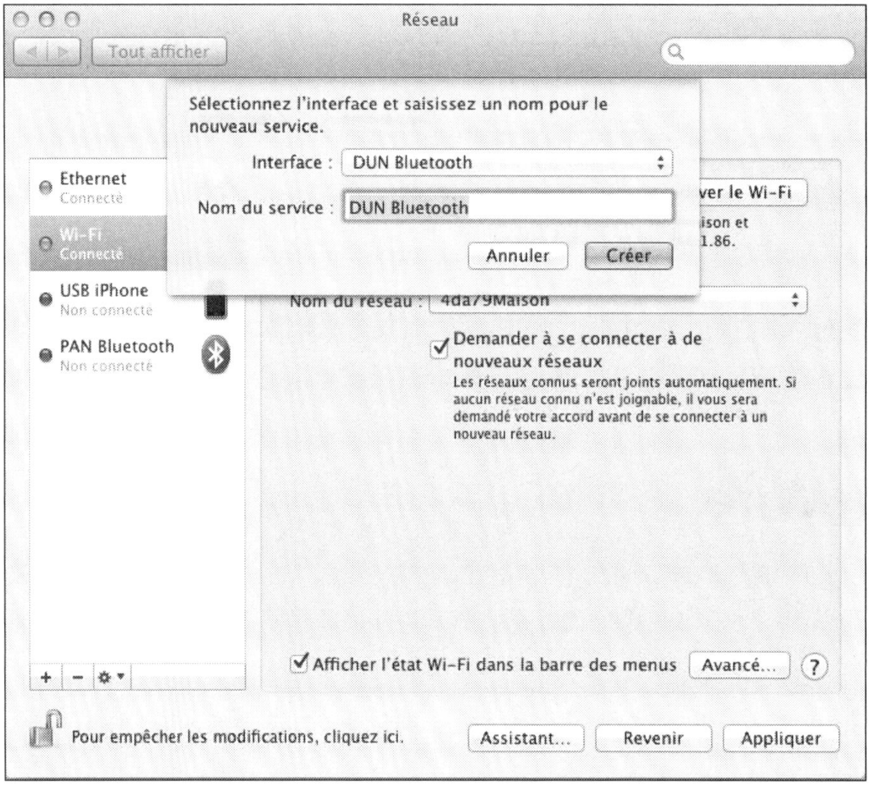

Figure 50-8 Le modem apparaît dans la liste des interfaces réseau.

Votre modem a été ajouté à la liste des interfaces réseau disponibles (figure 50-8). Reste maintenant à configurer cette nouvelle interface :

1. Remplissez les champs **Numéro de téléphone**, **Nom du compte** et **Mot de passe** suivant les indications de votre opérateur mobile.

2. Cochez la case **Afficher l'état du modem dans la barre des menus** afin de pouvoir facilement connecter ou déconnecter votre Mac d'Internet.
3. Cliquez sur le bouton **Avancé…**.
4. Activez l'onglet **Modem**.
5. Déroulez la liste **Fabricant** et sélectionnez le constructeur de votre modem.
6. Déroulez la liste **Modèle** et sélectionnez le modèle de votre modem (figure 50-9).
7. Cliquez sur **OK**.
8. Cliquez sur **Appliquer** pour enregistrer les changements.

Désormais, votre pouvez utiliser votre modem pour connecter votre Mac à Internet.

Figure 50-9 Configuration du modem.

Note Le démarrage d'une connexion à Internet par modem se déroule de la même manière que par téléphone mobile (chapitre 48).

Configurer les proxys

Les proxys sont des serveurs Internet qui font office d'intermédiaires entre l'ordinateur connecté à Internet et les sites Web, notamment, que son utilisateur souhaite consulter. Les FAI proposent des proxys dont l'utilisation est optionnelle mais peut accélérer le surf sur le Web. Dans certaines configurations réseau sécurisées, l'utilisation des proxys peut être obligatoire : ils assurent souvent des fonctions supplémentaires comme le filtrage contre les virus et la prévention de la consultation de sites Web interdits par la politique interne de l'entreprise ou de l'administration.

Mac OS X est capable de gérer des proxys différents pour chaque interface réseau et même pour plusieurs types de services Internet.

Pour configurer les proxys liés à une interface réseau, sélectionnez celle-ci dans la liste de gauche :

1. Cliquez sur le bouton **Avancé...**.
2. Activez l'onglet **Proxys**.
3. Dans la liste **Protocole à configurer**, cochez la case **Configuration de proxy automatique** et indiquez l'URL du fichier proxy que vous a indiqué votre FAI ou votre administrateur réseau. Si le fichier vous a physiquement été fourni, cliquez sur le bouton **Choisir un fichier** puis indiquez le fichier PAC correspondant (figure 50-10).

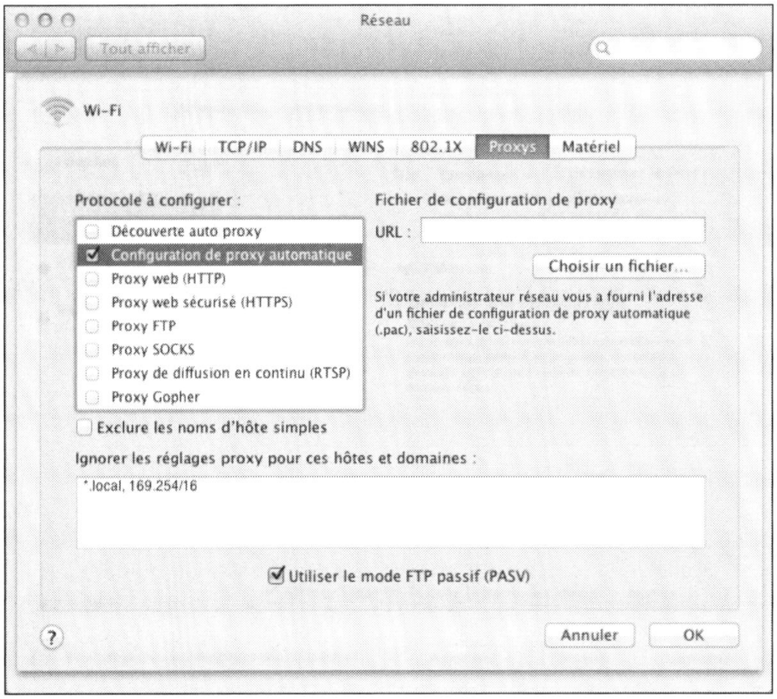

Figure 50-10 Configuration automatique des proxys.

4. Si le réseau informatique auquel est connecté votre Mac le supporte – demandez à votre FAI ou à votre administrateur réseau –, cochez la case **Découverte auto proxy**.

5. Dans les autres cas, vous allez devoir indiquer manuellement les serveurs proxy à utiliser, protocole par protocole :

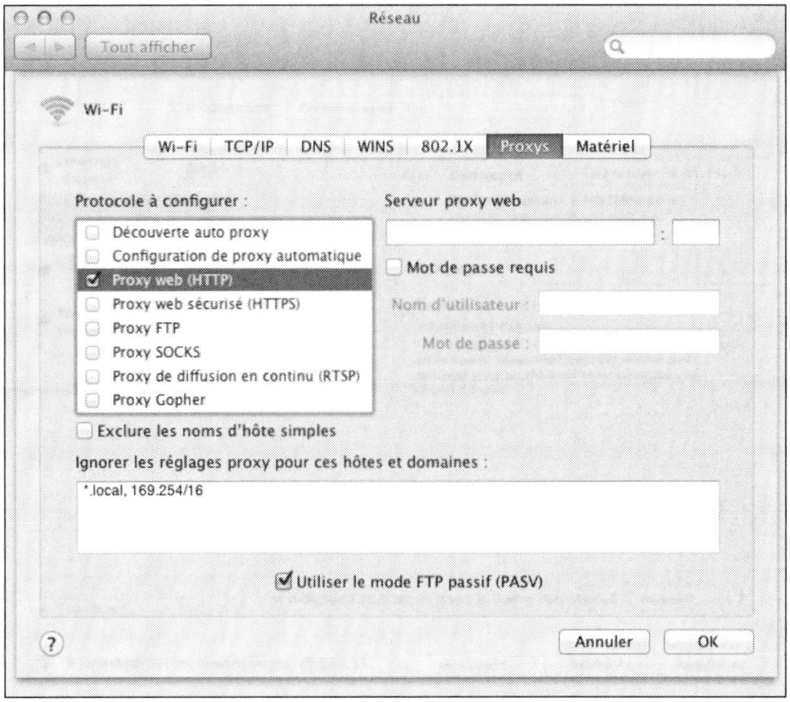

Figure 50-11 Configuration manuelle des proxys.

   1. Cochez les cases des services Internet pour lesquels l'adresse d'un proxy vous a été communiquée, dans la liste **Protocole à configurer**.

   2. Successivement, sélectionnez chacun des services cochés et renseignez les champs correspondants à droite de la liste à l'aide des informations qui vous ont été communiquées.

6. Lorsque vous avez fini, cliquez sur **OK**.

Gérer ses configurations réseau

Si vous utilisez votre Mac à la fois à la maison et au bureau, par exemple, il se peut que vous deviez faire face à des exigences de configuration réseau différentes. Apple a pensé à cette situation et a prévu un dispositif d'enregistrement des configurations évitant précisément de devoir intervenir sur les configurations réseau de Mac OS X à chaque changement de lieu :

1. Une fois que vous avez correctement configuré votre Mac pour l'un des lieux où vous l'utilisez, déroulez le menu **Configuration.**
2. Sélectionnez **Modifier les configurations**.
3. Double-cliquez sur **Automatique** et renommez la configuration par le nom du lieu pour lequel vous venez de configurer votre Mac.
4. Cliquez sur le bouton + en bas de la liste.
5. Nommez cette nouvelle configuration d'après un deuxième lieu d'utilisation de votre Mac.

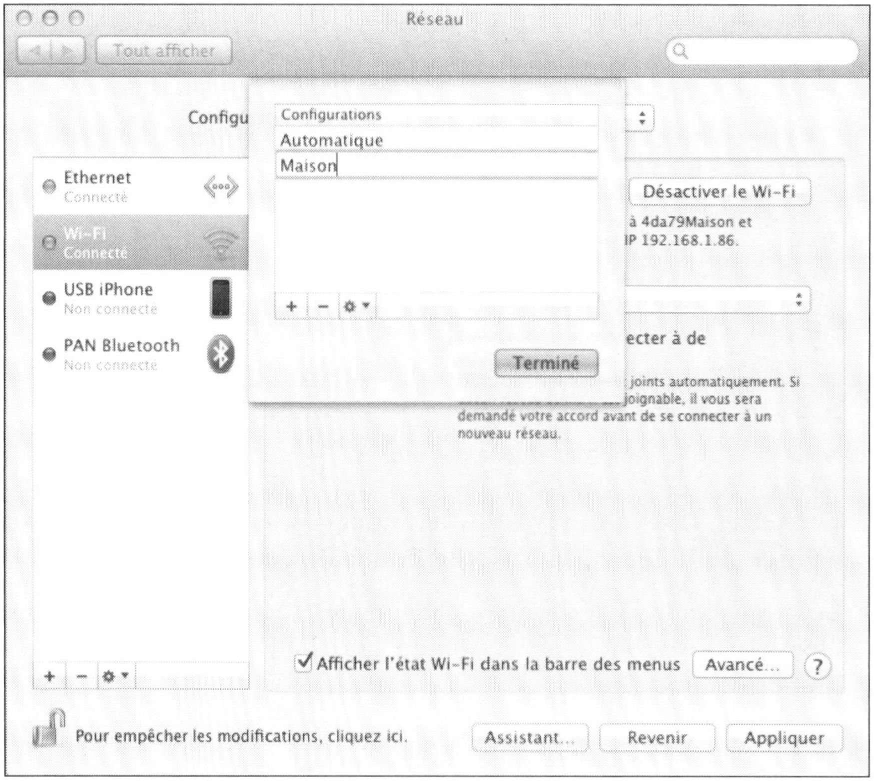

Figure 50-12 Gestion des configurations réseau.

6. Cliquez sur **Terminé**.
7. Déroulez la liste **Configuration** et sélectionnez la configuration que vous venez de créer.

8. Paramétrez les différentes interfaces réseau selon les impératifs du lieu correspondant à cette nouvelle configuration.
9. Si nécessaire, cliquez sur le bouton + en bas de la liste des interfaces pour ajouter une interface réseau de votre choix à la liste.
10. Lorsque vous avez fini, cliquez sur **Appliquer**.

Vous disposez désormais d'une configuration réseau adaptée à chacun des lieux où vous utilisez votre Mac. Lorsque vous passez d'un lieu à l'autre, vous devez changer manuellement de configuration réseau.

1. Pour cela, déroulez le menu **Pomme ➜ Configuration réseau**.
2. Sélectionnez la configuration adaptée au lieu dans lequel vous venez d'arriver.

Mac OS X Lion s'occupe du reste.

Chapitre 51

Intégrer son Mac à un réseau

Au menu de ce chapitre

- Protéger son Mac des intrusions
- Intégrer son Mac à un réseau Windows
- Se connecter à un serveur
- Se connecter à un réseau privé virtuel

Connecter son Mac à Internet ou un réseau informatique, c'est bien. Le protéger des intrusions ou encore l'intégrer à un réseau d'entreprise, composé de Mac ou de PC, voire les deux, c'est mieux. Par chance, là encore, tout est à portée de clic et simple d'utilisation.

Protéger son Mac des intrusions

Le pare-feu, ou firewall en anglais, est un dispositif de filtrage des connexions réseau. Mac OS X Lion en intègre un qui peut être configuré pour empêcher les connexions non autorisées à votre Mac depuis le réseau. Ces connexions non autorisées peuvent être utilisées par des internautes malveillants pour tenter d'accéder au contenu du disque dur de votre Mac et à vos données personnelles.

1. Afin de configurer le pare-feu de Mac OS X, déroulez le menu **Pomme ➜ Préférences Système**.
2. Cliquez sur **Sécurité et confidentialité** puis activez l'onglet **Coupe-feu** et cliquez sur le bouton **Démarrer**.
3. Cliquez sur le bouton **Avancé** pour accéder aux options du coupe-feu. Validez l'option **Bloquer toutes les connexions entrantes** si vous souhaitez empêcher quiconque de se connecter à votre Mac à partir du réseau (figure 51-1). La liste, juste au-dessous de l'option, vous permet de déclarer des exceptions, c'est-à-dire des applications auxquelles le blocage ne sera pas appliqué.

Figure 51-1 Configuration du pare-feu de Mac OS X.

Attention Le blocage systématique de toutes les connexions réseau entrantes peut empêcher le fonctionnement correct de certains logiciels comme ceux de messagerie instantanée. C'est pour cette raison que iChatAgent, un composant logiciel utilisé par iChat pour surveiller les éventuels appels externes, fait partie des exclusions au blocage des connexions entrantes.

4. Cliquez sur le bouton + pour ajouter une application dont toutes les connexions entrantes seront autorisées.
5. Sélectionnez une application dans la liste et cliquez sur le bouton **Ajouter**.
6. Cliquez sur les flèches verticales et choisissez la limite souhaitée dans le menu local.
7. Renouvelez l'opération pour chaque application que vous voulez autoriser à recevoir des connexions entrantes.
8. Cochez la case **Activer le mode furtif** pour réduire encore les risques d'intrusion sur votre Mac à travers le réseau.
9. Cliquez sur **OK** lorsque vous avez fini.

Toutes les modifications sont appliquées immédiatement.

Bon à savoir Il n'est pas possible d'intervenir sur les services intégrés à Mac OS X, comme le partage de fichiers ou le serveur Web : si l'un d'entre eux est activé, le pare-feu est automatiquement configuré en conséquence.

Intégrer son Mac à un réseau Windows

De la même manière que les réseaux pour Mac peuvent être scindés en zones AppleTalk, les réseaux ouverts ou conçus pour les PC sous Windows sont souvent segmentés en groupes de travail. Là encore, l'intégration d'un Mac sous Mac OS X Lion à un groupe de travail Windows est très simple :

1. Déroulez le menu **Pomme ➜ Préférences Système**.
2. Cliquez sur **Réseau**.
3. Sélectionnez l'interface que vous utilisez pour vous connecter au réseau.
4. Cliquez sur **Avancé…**.
5. Activez l'onglet **WINS** (figure 51-2).
6. Indiquez un nom explicite pour votre Mac dans le champ **Nom NetBIOS**.

7. Déroulez la liste **Groupe de travail** et sélectionnez celui auquel rattacher votre Mac.

8. Cliquez sur **OK**.

Figure 51-2 Configuration de l'intégration à un réseau Windows.

Se connecter à un serveur

L'accès à un serveur et ses dossiers partagés est généralement d'une grande trivialité : les serveurs immédiatement accessibles apparaissent dans la barre latérale du Finder, à la rubrique **Partagés** (chapitre 1) :

1. Cliquez sur un serveur dans la barre latérale du Finder pour lancer la connexion.

2. Selon votre niveau d'autorisation sur le serveur concerné, cochez **Invité** ou **Utilisateur référé** et renseignez les champs **Nom** et **Mot de passe** (figure 51-3).

3. Cliquez sur le bouton **Se connecter**.

Les dossiers partagés par le serveur apparaissent aussitôt dans la fenêtre du Finder. Vous pouvez naviguer parmi eux comme au sein du disque de votre Mac.

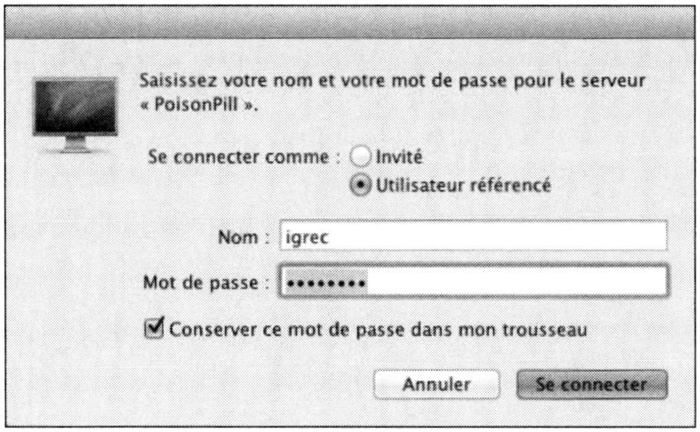

Figure 51-3 Identification auprès d'un serveur.

Mais tout n'est pas toujours aussi simple... Lorsque l'on veut se connecter à un serveur distant, par exemple, le Finder n'est d'aucune aide. La connexion est néanmoins possible :

1. Activez le Finder.
2. Déroulez le menu **Aller**.
3. Sélectionnez **Se connecter au serveur**.
4. Dans le champ **Adresse du serveur**, indiquez l'URL complète du serveur auquel vous voulez accéder.
5. Cliquez sur **Se connecter**.
6. Suivez les indications à l'écran.

La connexion est généralement très rapide, voire instantanée. Le contenu du serveur est accessible depuis le Finder, comme n'importe quel dossier.

Bon à savoir La commande **Connexion au serveur** du Finder peut être utilisée pour accéder à un serveur FTP. Mais le Finder n'autorise que la lecture sur les serveurs FTP : il est possible de récupérer des fichiers, d'en consulter, mais pas d'en déposer ni d'en enregistrer. Pour cela, il faut passer par un logiciel spécialisé.

Astuce Si vous disposez d'un nom d'utilisateur et d'un mot de passe pour le serveur auquel vous voulez vous connecter, indiquez-les dans l'URL, selon la syntaxe `ftp://utilisateur:motdepasse@serveur.fr`, par exemple.

Se connecter à un réseau privé virtuel

Mac OS X Lion permet d'accéder à des réseaux privés virtuels (ou VPN, *Virtual Private Network*, en anglais) : il s'agit de se connecter, *via* Internet, à un réseau informatique pour profiter de ses ressources comme si le Mac était physiquement et localement connecté à ce réseau. Les indications nécessaires à la connexion à un réseau privé virtuel sont fournies par l'administrateur de ce réseau.

La configuration de Mac OS X Lion pour l'accès à un réseau privé virtuel est une opération simple :

1. Ouvrez le panneau de préférences **Réseau**.
2. Cliquez sur le bouton + en bas de la liste, à gauche.
3. Déroulez la liste **Interface** et sélectionnez **VPN**.
4. Déroulez la liste **Type de VPN** et sélectionnez **PPTP** ou **L2TP via IPSec** selon les indications de l'administrateur réseau.
5. Cliquez sur **Créer**.

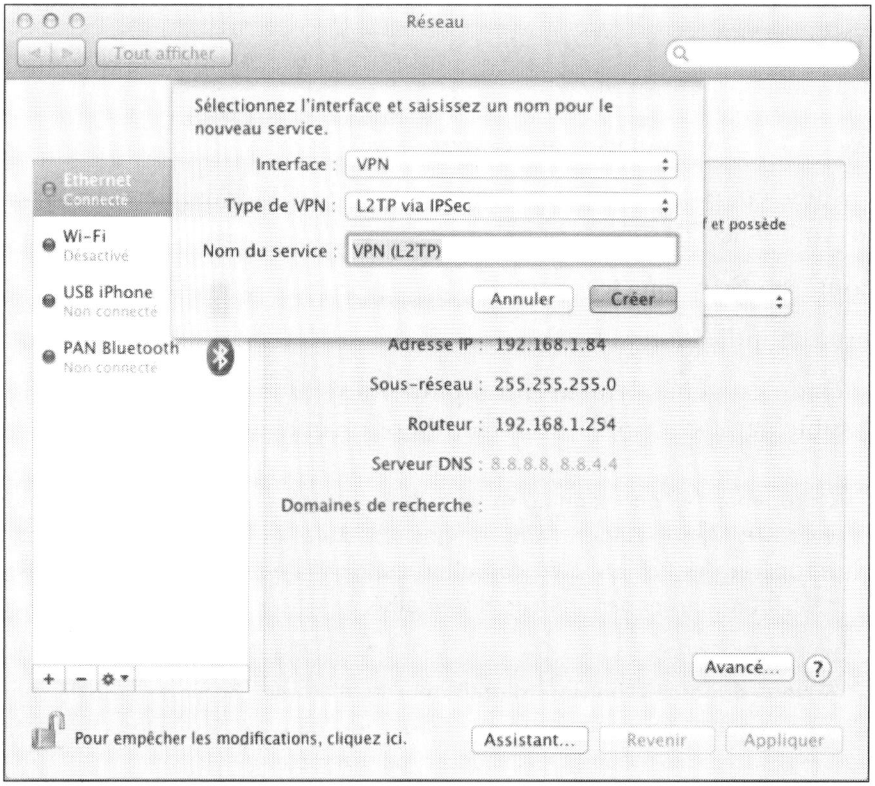

Figure 51-4 Création de l'interface de connexion à un réseau privé virtuel.

6. Renseignez les champs **Adresse du serveur** et **Nom du compte** en suivant les indications de l'administrateur du réseau.
7. Cliquez sur le bouton **Réglages d'authentification** et suivez les indications de l'administrateur du réseau.
8. Cliquez sur **OK**.
9. Cochez la case **Afficher l'état VPN dans la barre des menus**.

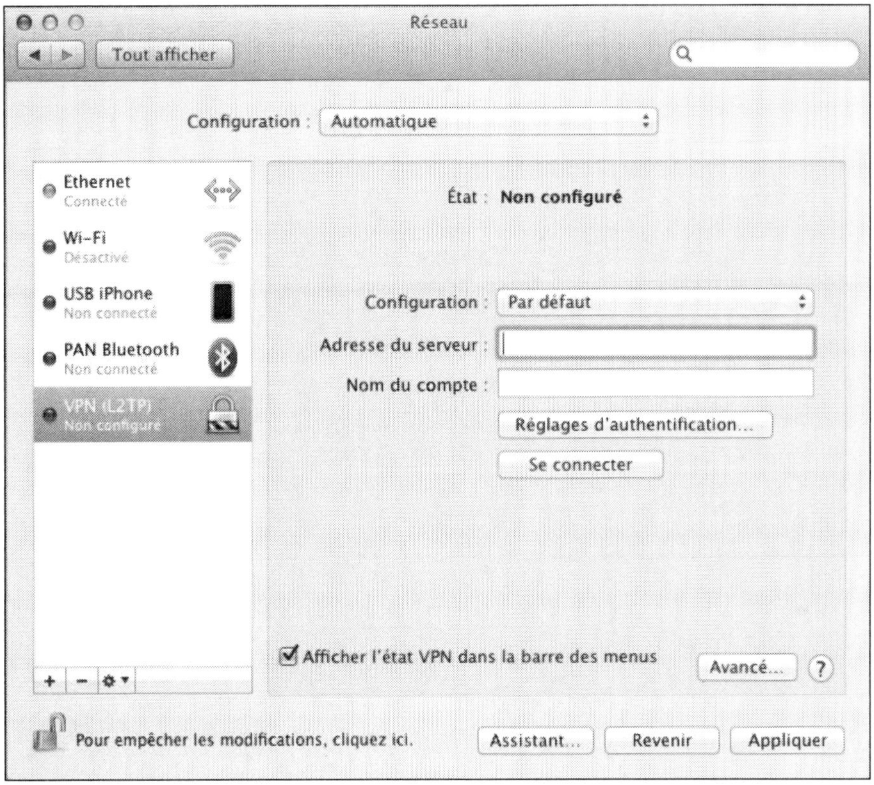

Figure 51-5 Configuration de la connexion VPN.

10. Cliquez sur **Appliquer**.
11. Utilisez le nouveau menu **VPN** apparu dans la barre d'outils pour lancer (ou terminer) la connexion au réseau privé virtuel, à tout moment.

Attention La connexion à un réseau privé virtuel passe par Internet, quel que soit le moyen de connexion à Internet utilisé : le cas échéant, le coût de cette connexion à Internet peut vous être facturé.

Chapitre 52

Partager des données en réseau

Au menu de ce chapitre

- Échanger rapidement des fichiers avec AirDrop
- Partager une connexion à Internet
- Créer un serveur Web
- Partager ses fichiers en réseau
- Partager ses fichiers *via* Bluetooth
- Partager ses fichiers multimédia avec iTunes
- Partager ses photos avec iPhoto
- Prise de contrôle à distance

La mise en réseau d'un Mac répond généralement à deux objectifs premiers : accéder à Internet et profiter de ressources partagées sur le réseau. Ces dernières ressources – fichiers, imprimantes, *etc.* – sont généralement l'effet d'un ou plusieurs serveurs centralisés. Mais dans le cadre d'une utilisation familiale du Mac, ou même en petit groupe de travail, ces ressources partagées proviennent généralement de chacun des ordinateurs connectés au réseau : chaque utilisateur du réseau met alors à disposition des autres des documents de travail commun mais aussi des photos voire la connexion à Internet qui passe par son Mac ou encore le scanner qui y est connecté.

Mac OS X Lion permet de mettre en place très simplement ces partages. Le nouveau système d'exploitation des Mac va même plus loin en autorisant la création de sites Web et de serveurs FTP, dédiés aux échanges de fichiers, y compris à travers Internet. Et il ne s'agit pas de fonctions au rabais ! Mac OS X Lion intègre rien moins qu'Apache, par exemple, le serveur Web le plus utilisé sur Internet.

Dans ce chapitre, nous aborderons la mise en place des partages les plus courants et les plus utiles. D'autres, à vocation plus professionnelle, comme l'ouverture de session à distance ou le partage Xgrid, ne seront pas abordés.

Bon à savoir Si vous voulez rendre votre partage FTP ou le serveur Web de votre Mac accessibles depuis Internet, vous devez configurer votre modem routeur en conséquence et disposer d'une adresse IP statique ou d'un nom de domaine de type DynDNS.

Échanger rapidement des fichiers avec AirDrop

AirDrop est une nouvelle fonction de Mac OS X Lion, conçue pour simplifier et accélérer les échanges de fichiers de proximité. Concrètement, AirDrop s'appuie sur une connexion Wi-Fi directe entre deux Mac – l'émetteur et le destinataire. Cette fonction peut donc se passer d'une connexion à un réseau Wi-Fi. Il n'est même pas nécessaire, pour en profiter, de créer un réseau Wi-Fi sur l'un des Mac pour permettre à l'autre de s'y connecter : c'est bien une connexion directe entre les machines qui est établie. Pour établir cette connexion – alors même que les deux Mac concernés peuvent déjà être connectés à des réseaux Wi-Fi différents… –, Mac OS X Lion s'appuie sur des caractéristiques spécifiques de certaines cartes Wi-Fi. Du coup, tous les Mac ne sont pas compatibles avec AirDrop. Pour profiter de cette fonction, il faut un MacBook Pro à partir de fin 2008, ou un MacBook Air à partir de fin 2010, ou un MacBook à partir de fin 2008, ou un iMac à partir de début 2009, ou un Mac Mini à partir de mi-2010, ou encore un Mac Pro à partir de mi-2010.

En outre, AirDrop n'est pas actif en continu : il faut spécifiquement s'entendre entre émetteur et destinataire pour activer ensemble la fonction, chacun sur son Mac :

1. Ouvrez une fenêtre du Finder sur le premier Mac et, dans la barre latérale, cliquez sur **AirDrop**. La fonction s'active automatiquement et votre Mac commence à chercher des pairs avec lesquels échanger.
2. Renouvelez l'opération sur le second Mac.

Figure 52-1 Activation d'AirDrop.

3. Au bout de quelques secondes, vos deux Mac vont « se voir » et le Finder vous l'indiquera de manière très visuelle dans la fenêtre ouverte.
4. Glissez-déposez le fichier à envoyer à votre destinataire sur l'icône de son Mac, dans la fenêtre ouverte du Finder.
5. Le Finder vous demande alors de confirmer l'envoi. Cliquez sur **Envoyer** (figure 52-2).

Figure 52-2 Envoi d'un fichier avec AirDrop.

6. Votre destinataire reçoit alors une demande de confirmation : que faire de ce fichier qu'on lui propose de recevoir (figure 52-3) ? Cliquer sur **Enregistrer**, pour envoyer ce fichier dans son dossier Téléchargement ou cliquer sur **Enregistrer et ouvrir** pour que le fichier soit placé dans son dossier Téléchargement puis ouvert par une application adaptée.

Figure 52-3 Réception d'un fichier avec AirDrop.

Le transfert commence aussitôt ; sa durée varie essentiellement en fonction de la taille du fichier. Mais la distance entre les deux Mac – et la perte de qualité de connexion Wi-Fi induite – peut également affecter la durée du transfert.

Bon à savoir AirDrop rappelle une fonctionnalité apparue récemment dans le domaine des interfaces Wi-Fi : Wi-Fi Direct, qui permet d'établir des connexions *ad hoc* entre équipements compatibles sans configuration spécifique. Les équipements compatibles restent rares : HP propose une souris de ce type et la carte mémoire Wi-Fi pour appareil photo numérique Eye-Fi supporte aussi Wi-Fi Direct. Mais il semble qu'AirDrop n'utilise pas véritablement cette technologie ; il s'agit d'un protocole propriétaire d'Apple.

Partager une connexion à Internet

Mac OS X permet de partager la connexion à Internet d'un Mac avec plusieurs autres ordinateurs, Mac aussi bien que PC sous Windows. Le partage peut être configuré entre presque n'importe quelles interfaces réseau : par exemple, il est possible de partager la connexion à Internet d'un modem USB *via* Wi-Fi ; les autres ordinateurs devront se connecter au réseau Wi-Fi produit par le Mac « partageur » pour profiter de la connexion à Internet. Ici, nous allons détailler, pour l'exemple, le cas du partage d'une connexion à Internet sur l'interface Ethernet *via* Wi-Fi :

1. Déroulez le menu **Pomme → Préférences Système**.
2. Cliquez sur **Partage**.
3. Dans la liste, sélectionnez **Partage Internet** (figure 52-4).

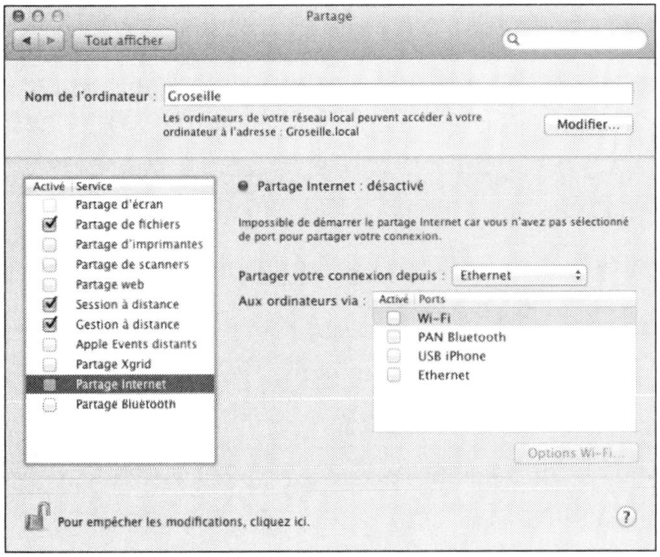

Figure 52-4 Configuration du partage de connexion à Internet.

4. Déroulez la liste **Partager votre connexion depuis** et sélectionnez **Ethernet**.
5. Dans la liste **Aux ordinateurs via**, cochez la case à gauche de **Wi-Fi**.
6. Cliquez sur le bouton **Options Wi-Fi**.
7. Donnez un nom au réseau Wi-Fi que s'apprête à générer votre Mac, dans le champ *ad hoc* (figure 52-5).

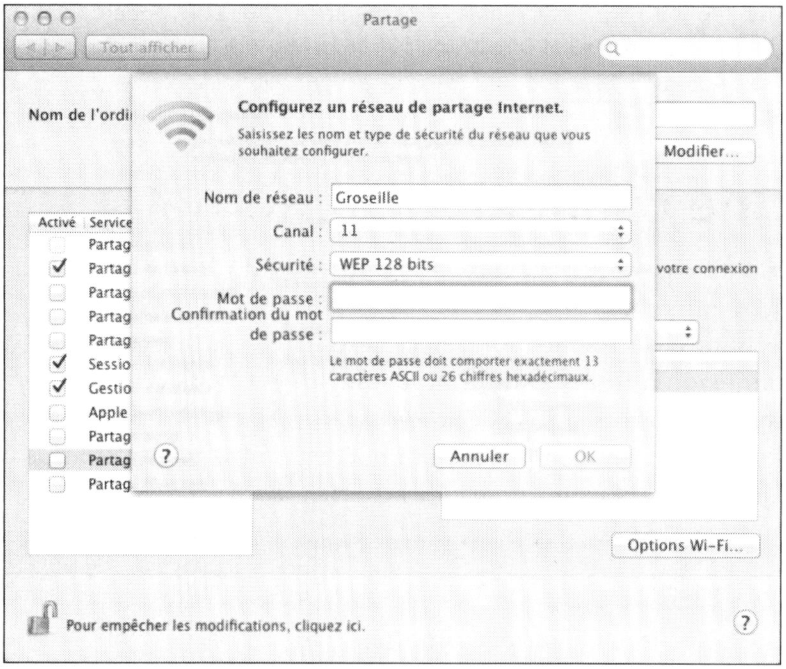

Figure 52-5 Configuration du réseau Wi-Fi de partage.

8. Déroulez la liste **Canal** et sélectionnez, de préférence, le canal 1,6 ou 11 pour créer un réseau Wi-Fi b/g/n à 2,4 GHz, ou 36 pour un réseau Wi-Fi n à 5 GHz.
9. Déroulez la liste **Sécurité** et sélectionnez **WEP 40 bits** pour de meilleures performances ou **WEP 128 bits** pour une meilleure confidentialité.
10. Indiquez le mot de passe de connexion deux fois, dans les champs *ad hoc*.
11. Cliquez sur **OK**.
12. Cochez la case à gauche de **Partage Internet** dans la liste.
13. Cliquez sur **Démarrer**.

Communiquez le mot de passe protégeant l'accès à votre réseau Wi-Fi à toutes les personnes avec lesquelles vous souhaitez partager votre connexion à Internet.

Créer un serveur Web

Vous avez envie de créer votre propre site Web mais vous ne savez pas où le faire héberger ? Utilisez donc votre Mac et son serveur intégré ! Si votre Mac est connecté en permanence à Internet, il fera bien l'affaire. Avec le serveur Web intégré à Mac OS X, vous pouvez héberger un serveur Web collectif pour l'ensemble des utilisateurs de votre Mac, ainsi qu'un site Internet personnel pour chacun d'entre eux !

Notez que vous pouvez également profiter du serveur Web de Mac OS X pour développer vos pages Web tranquillement, procéder à des essais ou à des expérimentations, avant de « mettre en production » le fruit de vos travaux sur un serveur Web hébergé par un service spécialisé : Mac OS X utilise le serveur Web Apache, lui-même mis à contribution par la majorité des sites Web à travers le monde.

1. Pour démarrer le serveur Web de Mac OS X, déroulez le menu **Pomme ➜ Préférences Système**.
2. Cliquez sur **Partage**.
3. Dans la liste, sélectionnez **Partage web** (figure 52-6).

Figure 52-6 Mise en route du serveur Web de Mac OS X.

Le cadre de droite de la fenêtre vous indique les adresses du site Web de votre Mac et de votre espace Web personnel.

Pour modifier votre site Web personnel, utilisez l'éditeur HTML de votre choix – iWeb, de la suite iLife par exemple – et enregistrez les fichiers HTML dans le dossier Sites de votre espace personnel sur le disque dur de votre Mac.

Pour modifier le site Web général de votre Mac, procédez de la même manière mais enregistrez les fichiers dans le dossier **/Bibliothèque/WebServer/Documents/** à la racine du disque dur de démarrage de votre Mac.

Astuce Votre FAI ne vous permet pas d'héberger les pages Web que vous venez de créer avec iWeb ? Pourquoi ne pas tout simplement profiter du serveur Web intégré à Mac OS X Lion pour... héberger vous-même vos pages sur votre Mac ? Cela peut fonctionner. Mais attention : lorsque votre Mac est éteint, vos pages Web ne sont plus accessibles.

Partager ses fichiers en réseau

En famille ou en milieu professionnel, il peut être bien pratique de partager des fichiers en réseau : cela évite de recourir à des manipulations fastidieuses de clés USB ou de courriels avec pièces jointes lorsque survient le besoin d'échanger des fichiers.

1. Pour activer le partager de fichiers de votre Mac, déroulez le menu **Pomme → Préférences Système**.
2. Cliquez sur **Partage**.
3. Dans la liste, cochez la case à gauche de **Partage de fichiers**.

Le partage est activé, mais il n'est accessible qu'aux Mac.

1. Pour démocratiser l'accès à vos fichiers, cliquez sur le bouton **Options** (figure 52-7).
2. Cochez la case **Partager les fichiers et les dossiers via SMB** pour permettre aux utilisateurs de PC sous Windows de profiter de vos fichiers partagés à travers le réseau.
3. Cochez la case à gauche du compte que vous voulez autoriser pour une connexion SMB.
4. Indiquez le mot de passe de ce compte et cliquez sur **OK**.
5. Renouvelez l'opération pour chaque compte à autoriser.
6. Cliquez sur le bouton **Fermer** lorsque vous avez terminé. Communiquez l'adresse de votre Mac indiquée par Mac OS X aux personnes concernées.

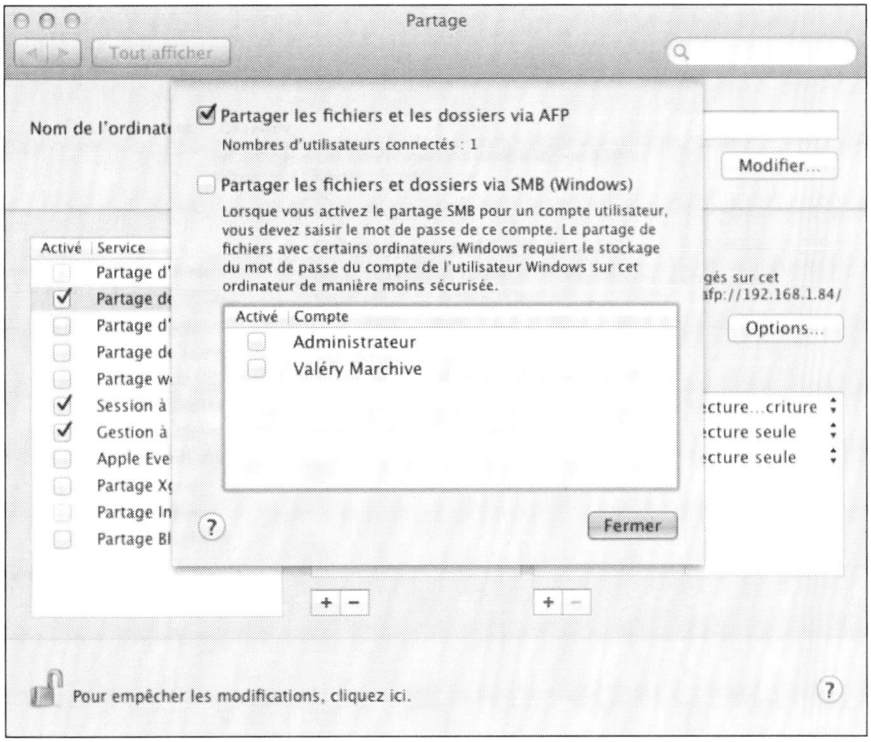

Figure 52-7 Activation des partages SMB.

Attention Pour se connecter à votre Mac et accéder à vos fichiers partagés, les utilisateurs d'autres Mac du réseau ont besoin de comptes d'utilisateurs sur votre Mac, à moins que vous n'ouvriez l'accès aux invités (chapitre 39).

Gérer ses points de partage

Le système de partages de dossiers et fichiers de Mac OS X Lion vous permet de gérer très simplement les éléments partagés ainsi que les autorisations des utilisateurs sur ces éléments. De manière très précise, vous pouvez ainsi autoriser un utilisateur particulier à lire et écrire les fichiers d'un dossier partagé, tandis que les autres n'auront qu'un droit de lecture, par exemple.

- Pour partager un nouveau dossier, cliquez sur le bouton + en bas de la liste **Dossiers** (figure 52-8) ; sélectionnez le dossier voulu et cliquez sur **Ajouter**.
- Pour interrompre le partage d'un dossier, sélectionnez le dossier voulu dans la liste **Dossier** ; cliquez sur le bouton – en bas de la liste **Dossiers**.

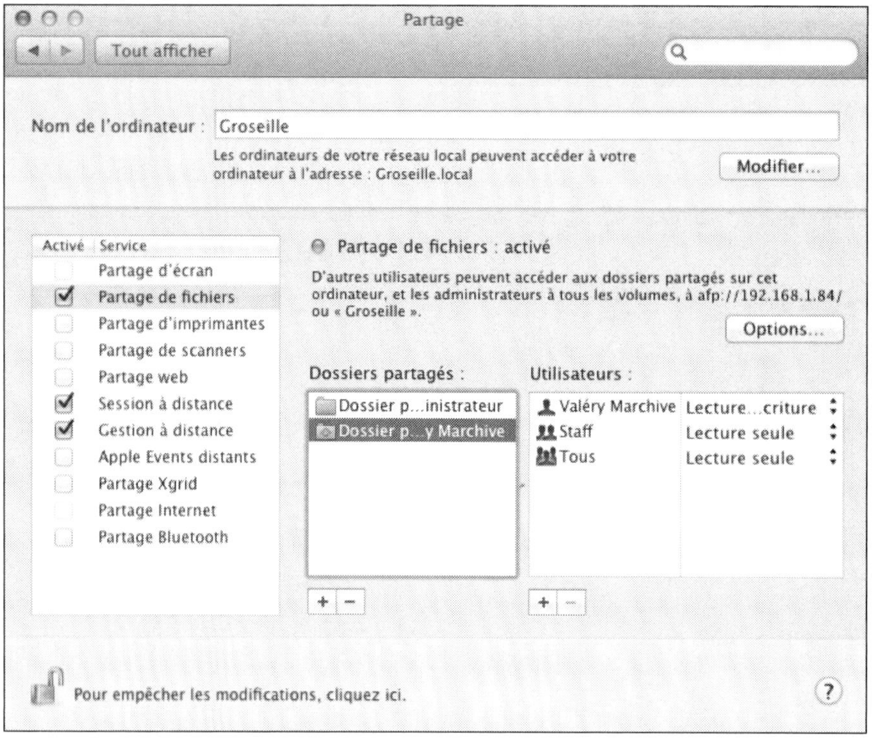

Figure 52-8 Gestion des points de partage.

La gestion des autorisations d'un dossier n'est pas plus compliquée :

1. Sélectionnez le dossier partagé concerné dans la liste **Dossiers**.

   Cliquez sur le bouton – sous la liste **Utilisateurs** pour supprimer un utilisateur.

   Cliquez sur le bouton + sous la liste **Utilisateurs** pour ajouter un utilisateur.

2. Dans la liste, sélectionnez, au choix (figure 52-9) :

   - un utilisateur, pour gérer ses droits personnels sur le dossier partagé ;
   - **Administrateurs**, pour gérer les droits des utilisateurs disposant du statut d'administrateur, sur le dossier partagé ;
   - **Utilisateurs**, pour gérer les droits des utilisateurs sans statut particulier, sur le dossier partagé.

3. Cliquez sur le bouton **Choisir**.

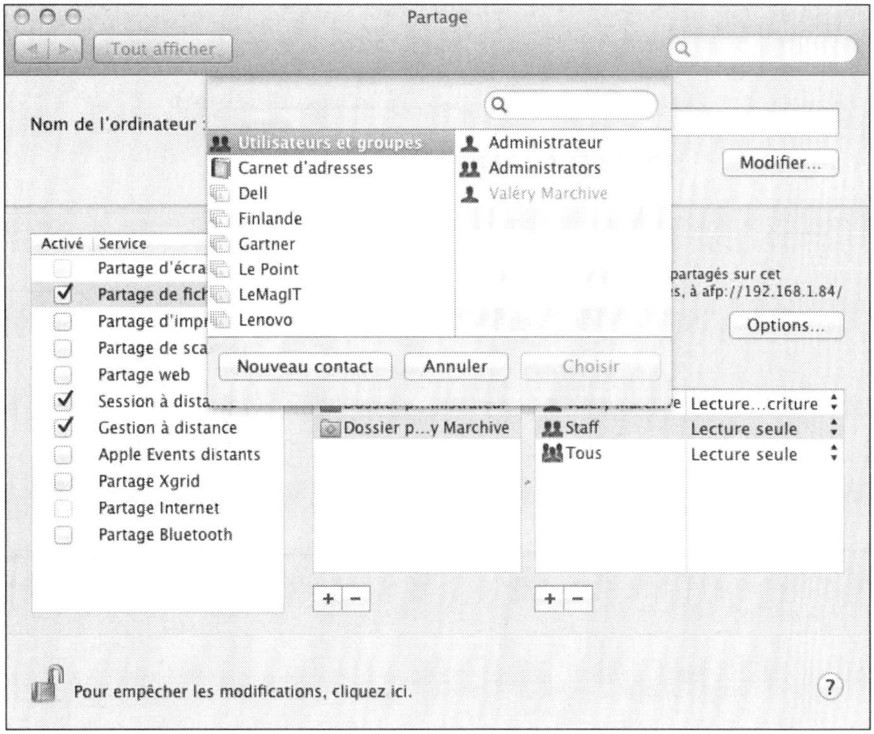

Figure 52-9 Ajout d'un nouvel utilisateur.

4. Sélectionnez l'utilisateur dont vous voulez modifier les droits, dans la liste **Utilisateurs**.
5. Déroulez la liste correspondante et sélectionnez les droits que vous voulez attribuer à l'utilisateur sélectionné.

Les modifications sont prises en compte immédiatement.

Astuce Le Finder, *via* la fenêtre Informations, accessible par le raccourci **cmd+I** (chapitre 1), vous permet aussi de gérer vos points de partage : pour partager un dossier, il vous suffit de cocher la case **Dossier partagé** dans sa fenêtre d'informations. De là, vous pouvez également gérer les autorisations des utilisateurs.

Partager ses fichiers *via* Bluetooth

Les nouveaux Mac, notamment portables, embarquent tous une puce Bluetooth 2.0+EDR : cette puce autorise des échanges de fichiers sans fil jusqu'à une distance de 5 à 9 mètres avec un débit de l'ordre de 80 ko/s. Ce serait dommage de ne pas en profiter pour organiser quelques petits échanges entre amis, n'est-ce pas ?

1. Pour activer le partage *via* Bluetooth, déroulez le menu **Pomme → Préférences Système**.
2. Dans la liste, cochez la case à gauche de **Partage Bluetooth**.
3. Déroulez la liste **Lors de la réception d'éléments** et sélectionnez l'option que vous souhaitez.
4. Déroulez la liste **Dossier des éléments acceptés** et sélectionnez le dossier où vous voulez que soient enregistrés les éléments reçus *via* Bluetooth.
5. Déroulez la liste **Quand d'autres appareils parcourent vos fichiers** et sélectionnez le comportement que vous voulez imposer à votre Mac lorsque d'autres appareils Bluetooth essaient de parcourir vos éléments partagés.
6. Déroulez la liste **Dossier accessible aux autres utilisateurs** et sélectionnez le dossier dans lequel vous placerez vos fichiers partagés *via* Bluetooth.

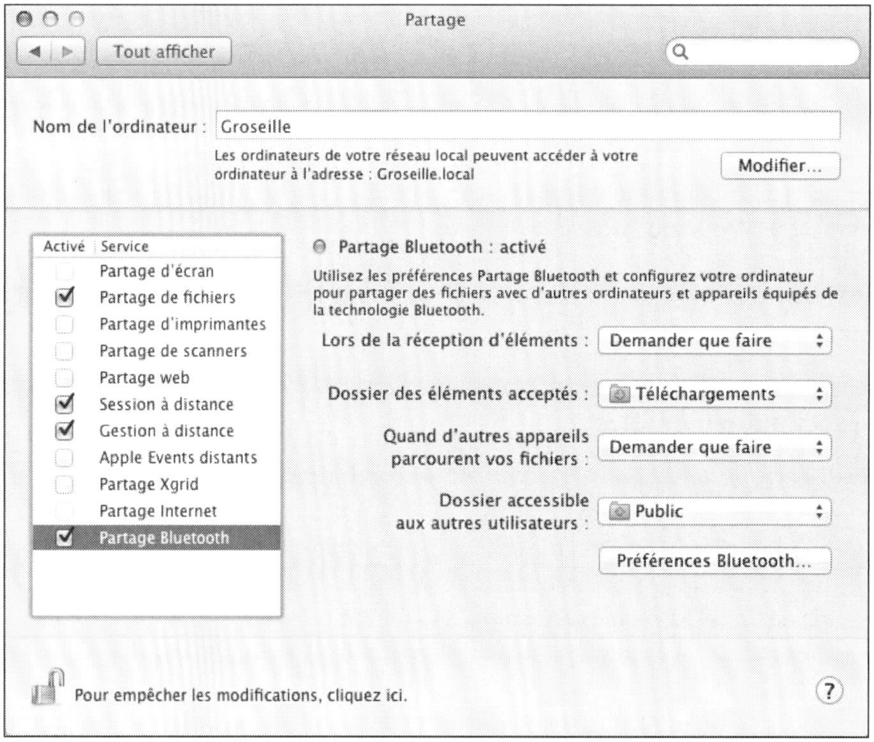

Figure 52-10 Configuration du partage via Bluetooth.

De votre côté, vous pouvez parcourir le contenu partagé par d'autres Mac – et même des téléphones mobiles, par exemple – via Bluetooth en déroulant le menu Bluetooth → Parcourir le contenu d'un appareil.

Partager ses fichiers multimédia avec iTunes

Avec iTunes, vous pouvez mettre à la disposition de vos proches vos fichiers multimédia : vidéos, musiques, podcasts, *etc.* L'opération est simple mais présente quelques limitations : le partage ne fonctionne que sur le réseau informatique local, pas sur Internet ; le partage ne permet pas la copie, seulement l'écoute ou la visualisation en flux continu, en *streaming*.

1. Pour activer le partage *via* iTunes, lancez **iTunes**.
2. Déroulez le menu **iTunes ➜ Préférences**.
3. Activez l'onglet **Partage**.
4. Cochez la case **Partager ma bibliothèque sur mon réseau local** :
   - Validez l'option **Partager toute la bibliothèque**.
   - Ou **Partager les listes sélectionnées** et cochez la cache à gauche des listes de lecture à partager.
5. Cochez la case **Exiger le mot de passe** si vous souhaitez protéger l'accès à votre bibliothèque iTunes.
6. Cliquez sur **OK**.

Votre musique et vos vidéos sont désormais partagées. Si vous avez défini un mot de passe pour protéger l'accès à votre bibliothèque iTunes, pensez à le fournir aux personnes avec lesquelles vous voulez partager vos contenus multimédia.

Attention Le partage *via* iTunes ne fonctionne que si iTunes est lancé. Mais peu importe qu'il ait une fenêtre ouverte ou pas.

Le partage de fichiers d'iTunes ne fonctionne donc que sur le réseau informatique local, pas sur Internet et, surtout, ne permet pas la copie mais seulement l'écoute ou la visualisation en flux continu, en *streaming*. Pour dépasser cette limitation, il y a le partage à domicile qui permet, lui, la copie de fichiers. Retrouvez comment l'activer au chapitre 17.

Figure 52-11 Configuration du partage iTunes.

Partager ses photos avec iPhoto

Comme avec iTunes, vous pouvez partager, en réseau, votre bibliothèque iPhoto. Cela peut permettre, par exemple, à un autre utilisateur d'iPhoto sur votre réseau d'accéder à vos contenus pour ses propres réalisations : chacun dispose de sa photothèque mais tout le monde en profite.

1. Pour activer le partage *via* iPhoto, lancez **iPhoto**.
2. Déroulez le menu **iPhoto ➜ Préférences**.
3. Activez l'onglet **Partage**.
4. Cochez la case **Partager mes photos** :
   - Validez l'option **Partager toute la bibliothèque**.
   - Ou **Partager les albums sélectionnés** et cochez la cache à gauche des albums à partager.
5. Cochez la case **Exiger le mot de passe** si vous souhaitez protéger l'accès à votre bibliothèque iPhoto.
6. Cliquez sur **OK**.

Vos photos sont désormais partagées. Si vous avez défini un mot de passe pour protéger l'accès à votre bibliothèque iPhoto, pensez à le fournir aux personnes avec lesquelles vous voulez partager vos photos.

Figure 52-12 Configuration du partage iPhoto.

Attention Le partage *via* iPhoto ne fonctionne que si iPhoto est lancé.

Prise de contrôle à distance

La prise de contrôle à distance est un dispositif qui peut s'avérer très pratique : il permet à un tiers de se connecter à votre Mac *via* le réseau local et même Internet avec iChat pour observer tout ce qui se passe à l'écran sur votre Mac, voire prendre le contrôle de la souris et du clavier. Il est ainsi possible de se faire aider dans la manipulation d'un logiciel ou la consultation d'un site Web.

Avec la prise de contrôle à distance, on peut même imaginer se connecter à son ordinateur personnel resté à la maison, depuis le bureau, pour s'envoyer soi-même un fichier oublié.

1. Pour activer cette fonction, déroulez le menu **Pomme ➜ Préférences Système**.
2. Cochez la case à gauche de **Gestion à distance**. Aussitôt apparaît le panneau de réglages du dispositif.
3. Cochez la case **Observer** pour autoriser la reproduction à distance de l'affichage de votre Mac.

4. Cochez la case **Contrôler** pour autoriser la prise de contrôle de la souris et du clavier.

5. Cochez la case **Signaler quand vous êtes observé** pour que Mac OS X vous alerte lors de l'établissement d'une connexion en prise de contrôle à distance.

6. Cochez les cases suivantes en fonction des droits que vous souhaitez accorder aux personnes prenant le contrôle de votre Mac à distance (figure 52-13).

7. Cliquez sur **OK** lorsque vous avez fini.

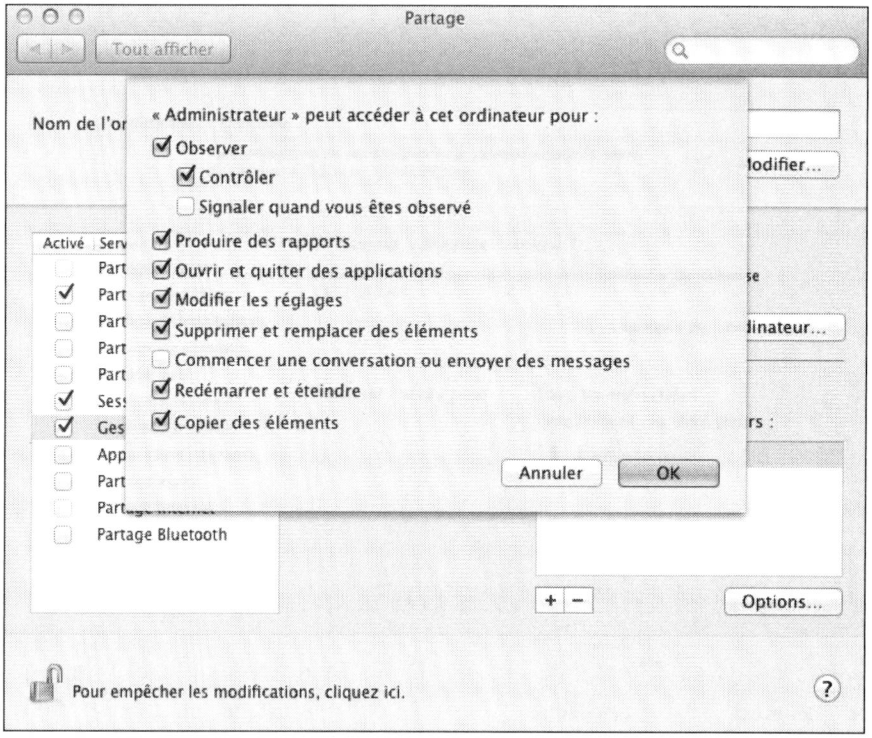

Figure 52-13 Réglages du service de gestion à distance.

Le panneau se referme mais vous pouvez désormais restreindre la prise de contrôle à distance à quelques personnes privilégiées :

- Validez l'option **Tous les utilisateurs** si vous souhaitez que n'importe qui puisse prendre le contrôle de votre Mac à distance.
- Validez l'option **Uniquement ces utilisateurs** pour limiter cette possibilité à quelques utilisateurs disposant d'un compte sur votre Mac. Et cliquez sur les boutons + et – en bas de la liste pour ajouter ou supprimer des utilisateurs.

Bon à savoir Le système de prise de contrôle à distance de Mac OS X Lion s'appuie sur VNC (*Virtual Network Computer*), un dispositif bien connu des informaticiens. Il existe des logiciels permettant d'accéder à un serveur VNC pour Windows, Linux et aussi Mac OS X Tiger... ou encore un iPhone ! Avec eux, la prise de contrôle à distance d'un Mac sous Lion est donc possible, sans qu'il soit nécessaire d'utiliser un Mac. Pour cela, cliquez sur le bouton **Réglages de l'ordinateur**, puis cochez la case **Les utilisateurs VNC peuvent contrôler l'écran avec un mot de passe** et indiquez le mot de passe voulu dans le champ correspondant.

Contrôler un autre Mac à distance

Les Mac connectés au même réseau local que le vôtre apparaissent dans la barre latérale du Finder. Lorsque vous cliquez sur l'un d'eux et que le partage d'écran ou la gestion à distance a été activé sur ce Mac, un petit bouton **Partage d'écran** apparaît dans la barre noire affichée sous la barre d'outils de la fenêtre du Finder ouverte. Cliquez sur ce bouton pour accéder immédiatement à l'écran du Mac en question. Le cas échéant, indiquez nom d'utilisateur et mot de passe.

Astuce Pour accéder plus rapidement encore aux écrans partagés, vous pouvez ajouter l'application correspondante à la barre d'outils des fenêtres du Finder, par simple glisser-déposer. Cette application se trouve dans le dossier /Système/Bibliothèque/CoreServices/Partage d'écran.

Une fois le logiciel lancé, tapez **cmd+N** pour lancer une nouvelle connexion.

Mais le partage d'écran vous permet de faire plus et, en particulier, d'utiliser à distance un Mac alors que quelqu'un d'autre l'utilise déjà... mais à son insu. On ne parle alors plus de prise de contrôle à distance mais de partage d'écran multisession. Et vous retrouverez directement votre environnement d'utilisateur personnel !

Ainsi, lorsqu'un utilisateur a déjà ouvert une session sur le Mac que vous voulez utiliser à distance, **Partage d'écran** vous propose de choisir entre prendre son contrôle ou se connecter à un moniteur virtuel. À vous de voir !

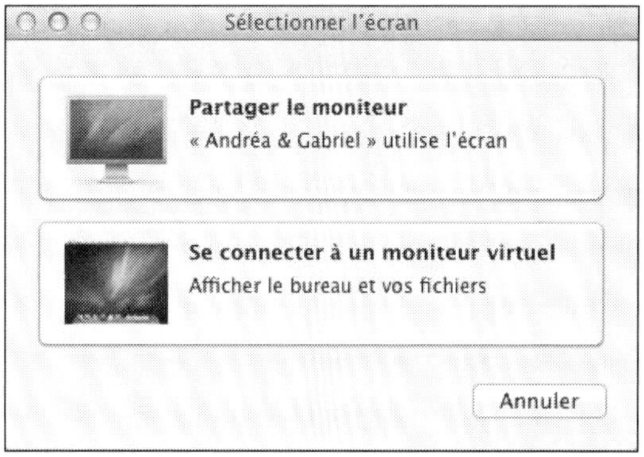

Figure 52-14 Choix du type de partage d'écran.

Chapitre 53

Partager ses périphériques

Au menu de ce chapitre

- Partager une imprimante ou un fax
- Partager un scanner ou un appareil photo numérique
- Partager un lecteur de disques optiques

Tout le monde n'a pas les moyens – ni les besoins – d'avoir une imprimante, un fax ou même un scanner directement connectés au réseau. Pourtant, force est de constater qu'il peut s'avérer plus économique et plus pratique de n'installer qu'une seule imprimante ou qu'un seul scanner pour plusieurs personnes. Mais il n'est pas question de mobiliser un Mac pour ces périphériques, Mac qui ne servirait à personne la plupart du temps et autour duquel tout le monde viendrait se tasser à chaque tentative d'impression ou de numérisation de photo.

Mac OS X Lion intègre des fonctions de partage en réseau pour ce type de périphériques. Elles sont simples à mettre en œuvre et très pratiques à l'usage.

Partager une imprimante ou un fax

Plusieurs Mac sont connectés à votre réseau Wi-Fi ou Ethernet, mais vous ne disposez que d'une seule imprimante pour tous, connectée en USB à l'un de ces Mac ? Pas de problème : activez le partage d'imprimante et tout le monde pourra imprimer.

1. Déroulez le menu **Pomme ➜ Préférences Système**.
2. Cliquez sur **Partage**.
3. Cochez la case à gauche de **Partage d'imprimantes** dans la liste de gauche.
4. Cochez la case à gauche de chaque imprimante ou fax que vous voulez partager en réseau (figure 53-1).

Voilà ! Les utilisateurs des autres Mac du réseau – et même de PC sous Windows – peuvent utiliser ces périphériques partagés. Sous Mac OS X Lion, reportez-vous au chapitre 46 de ce livre pour la procédure d'installation de ces imprimantes et fax partagés.

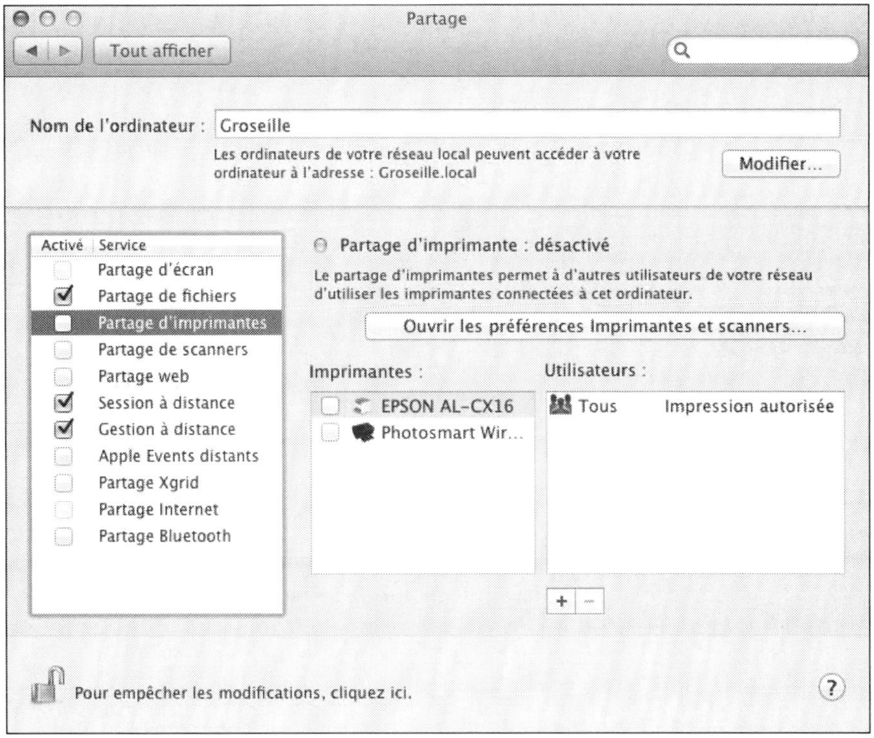

Figure 53-1 Partage d'imprimante et de télécopieur.

Partager un scanner ou un appareil photo numérique

Non content de permettre le partage d'imprimante, Mac OS X permet celui de scanner et même d'appareil photo numérique en réseau, *via* l'application Transfert d'images (chapitre 47). Testez donc vous-même :

1. Déroulez le menu **Pomme ➜ Préférences Système**.
2. Cliquez sur **Partage**.
3. Cochez la case à gauche de **Partage de scanneurs** dans la liste de gauche.

Le partage est désormais effectif. Vos périphériques d'imagerie partagés sont accessibles sous Mac OS X avec l'application Transfert d'images.

Figure 53-2 Partage de scanner et d'appareil photo numérique.

Attention Contraitement à Mac OS X Leopard, Lion permet de partager des scanners en réseau même lorsque l'application Transfert d'images n'est pas lancée.

Vous pouvez également partager des appareils photo numériques. Mais l'application Transfert d'images doit, là, rester ouverte pour que le partage fonctionne :

1. Lancez l'application **Transfert d'images**.
2. Mettez sous tension et connectez l'appareil à partager en réseau à votre Mac.
3. Dans la liste **Appareils**, sélectionnez votre appareil photo.
4. Dans le cadre, en bas de la colonne de gauche de la fenêtre de Transfert d'images, cochez la case **Partager**.

Les autres Mac connectés à votre réseau local pourront accéder à votre appareil photo partagé *via* Transfert d'images : il doit apparaître dans la colonne de gauche, à la rubrique **Partagés**.

Partager un lecteur de disques optiques

Les MacBook Air sont livrés sans lecteur/graveur de disques optiques. Et certains observateurs vont jusqu'à imaginer qu'il arrive bientôt la même chose au MacBook Pro 13 pouces… Généralement, c'est assez peu handicapant. Mais parfois, un lecteur de CD/DVD peut véritablement faire défaut. D'où la fonction de partage de lecteur optique. L'activer est rapide :

1. Déroulez le menu **Pomme ➜ Préférences Système**.
2. Cliquez sur **Partage**.
3. Cochez la case à gauche de **Partage de DVD ou CD** dans la liste de gauche.

Le partage est désormais effectif. Sur les autres Mac du réseau, vous trouverez le lecteur de disques optiques partagé dans la barre latérale du Finder, à la rubrique **Disque distant**.

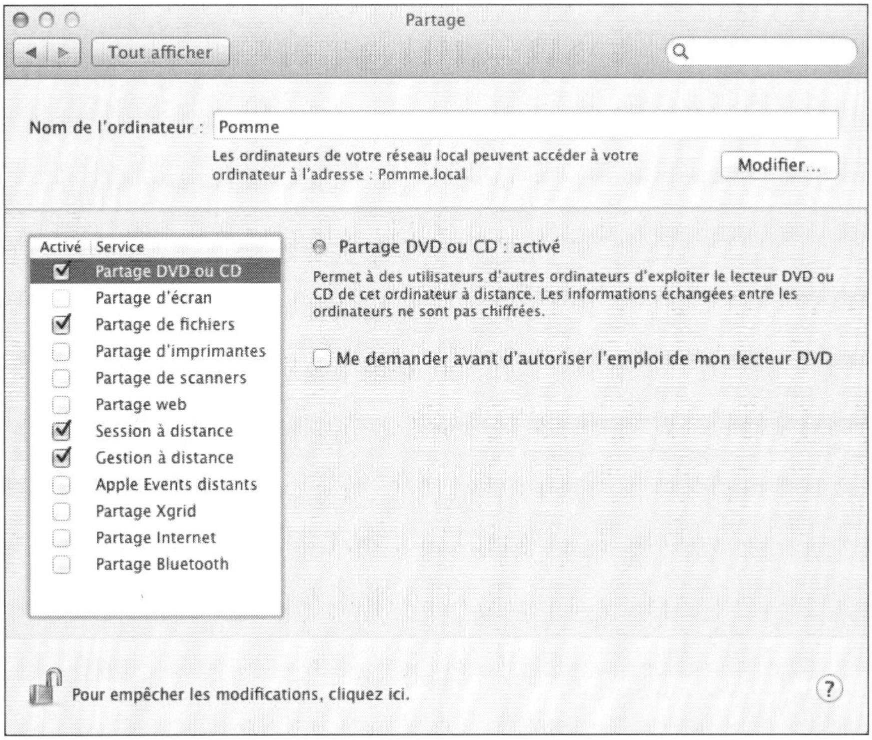

Figure 53-3 Partage d'un lecteur/graveur de CD/DVD.

Chapitre 54

Configurer des bornes AirPort

Au menu de ce chapitre

- Premiers contacts
- Options de la borne AirPort
- Options réseau
- Options musicales
- Partage d’imprimante et de disque dur
- Options avancées
- Surveiller la qualité des connexions

L'utilitaire AirPort est l'outil proposé par Apple pour l'administration des bornes Wi-Fi de sa gamme AirPort. Avec l'utilitaire AirPort, il est possible d'effectuer toutes les interventions nécessaires sur la configuration de sa ou de ses bornes AirPort, depuis le paramétrage de la connexion au réseau jusqu'aux fonctions de partage d'imprimante ou de disque dur, voire de lecture des musiques iTunes.

Figure 54-1 Borne Time Capsule (photo : Apple Inc.).

Bon à savoir &Aple diffuse régulièrement des microcodes mis à jour pour ses bornes AirPort. L'utilitaire AirPort vous informe automatiquement de la disponibilité de telles mises à jour. Suivez les instructions à l'écran pour installer le nouveau microcode.

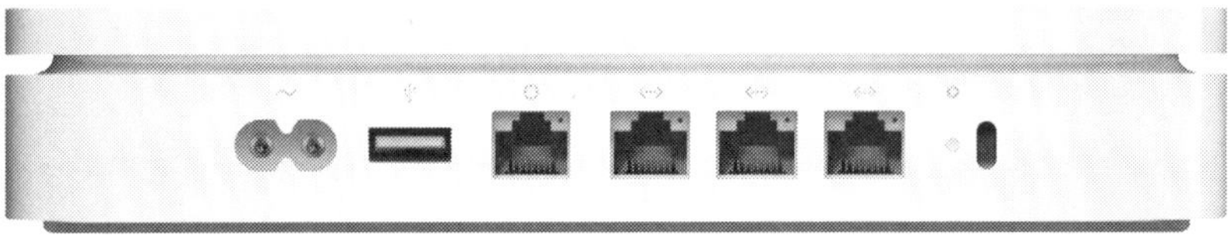

Figure 54-2 Connecteurs d'une borne Time Capsule. Ceux d'une borne Airport Extreme sont identiques (photo : Apple Inc.).

Premiers contacts

À son lancement, l'utilitaire AirPort recherche les bornes AirPort connectées au réseau puis les affiche, une par une, dans la colonne de gauche de sa fenêtre principale (figure 54-3).

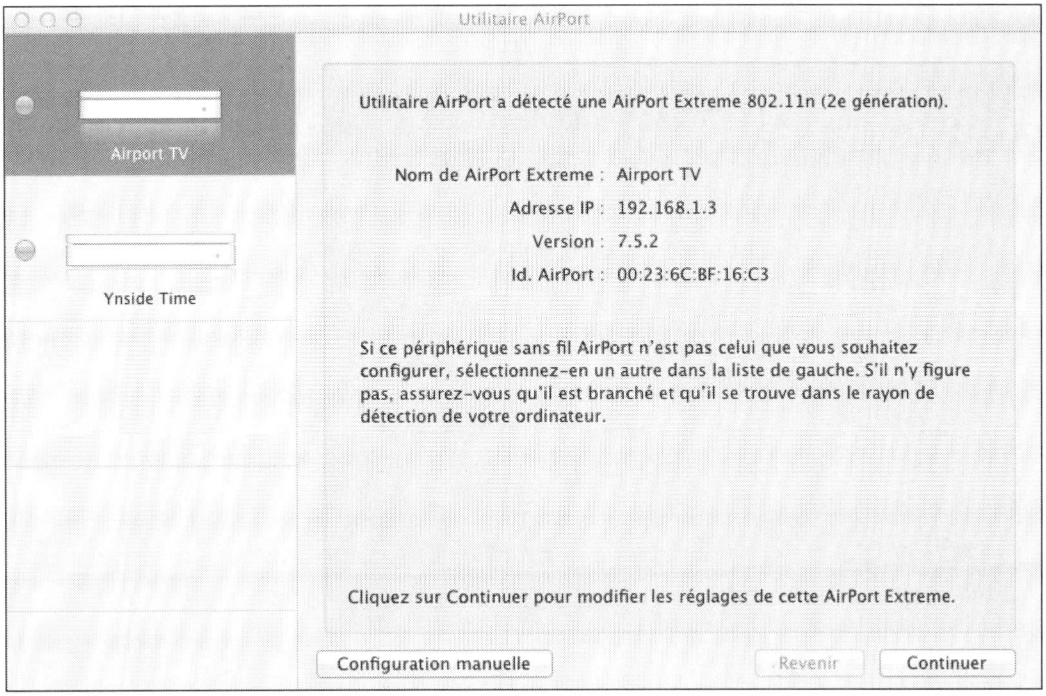

Figure 54-3 La fenêtre principale de l'utilitaire AirPort.

1. Cliquez sur le bouton **Configuration manuelle** pour accéder à toutes les options de configuration de votre borne AirPort.

Bon à savoir Les réglages que vous effectuez ne sont enregistrés qu'une fois que vous avez cliqué sur le bouton **Mettre à jour**, en bas à droite de la fenêtre de l'utilitaire AirPort. L'enregistrement des réglages entraîne le redémarrage de la borne AirPort.

Options de la borne AirPort

Ces options sont accessibles depuis l'onglet **AirPort** de la barre d'outils de la fenêtre de l'utilitaire AirPort.

Pour modifier les paramètres de configuration de base de votre borne (son nom, le mot de passe d'accès à ses paramètres de configuration, *etc.*), activez l'onglet **AirPort ➜ Borne d'accès** :

1. Tapez le nom que vous voulez donner à votre borne pour son identification sur le réseau, dans le champ **Nom de la borne d'accès.**
2. Indiquez le mot de passe protégeant la configuration de votre borne dans les champs **MDP** et **Confirmer**.

Astuce Cliquez sur la clé à droite du champ **MDP** pour vous faire aider de l'assistant de mot de passe dans la création du mot de passe.

Si vous souhaitez que votre borne d'accès se mette à l'heure automatiquement *via* Internet, cochez la case *ad hoc*, puis déroulez la liste correspondante et sélectionnez **time.apple.com**.

Pour modifier la configuration du point d'accès Wi-Fi intégré à votre borne AirPort, activez l'onglet **AirPort → Sans fil** (figure 54-4) :

1. Déroulez la liste **Mode sans fil** et sélectionnez le mode de fonctionnement Wi-Fi que vous voulez imposer à votre borne AirPort.
2. Poursuivez la configuration de l'interface Wi-Fi de votre borne AirPort en fonction du mode de fonctionnement que vous avez déterminé.

Dans le cas où vous utilisez votre borne AirPort pour créer un réseau Wi-Fi, l'onglet **Contrôle d'accès** vous permet de définir des listes d'ordinateurs autorisés à se connecter à partir de l'adresse MAC de leur interface Wi-Fi.

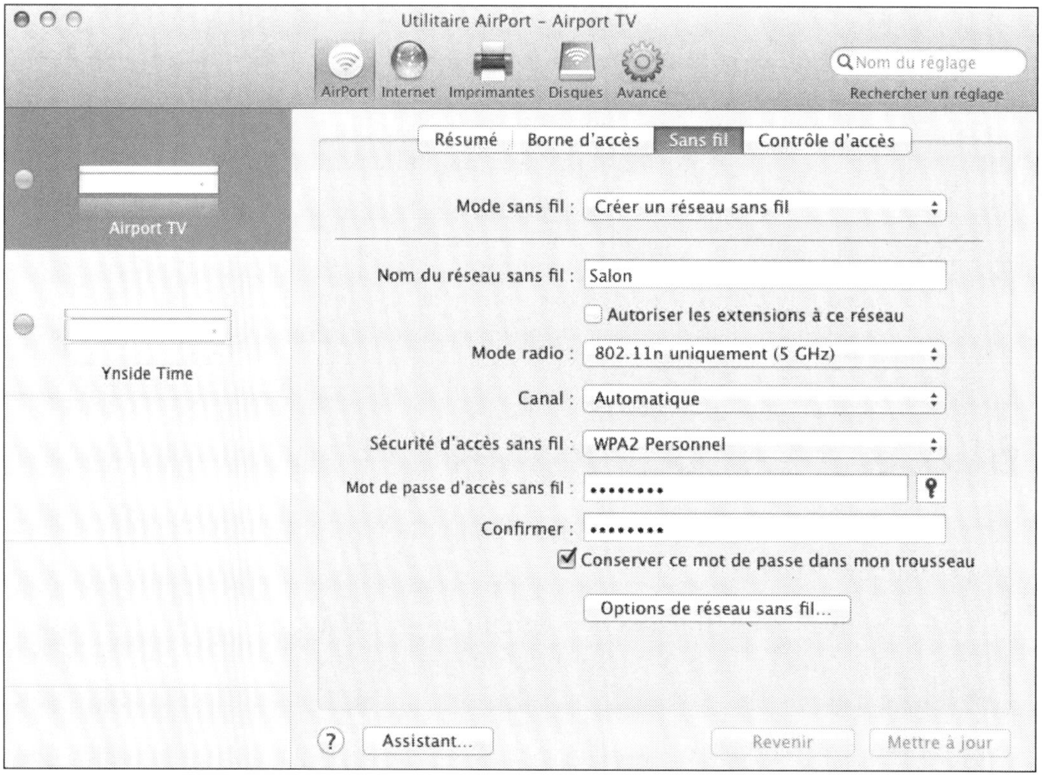

Figure 54-4 Les options Wi-Fi de la borne AirPort.

Bon à savoir Votre borne AirPort peut fonctionner selon différents modes sans fil. Le mode le plus courant est celui consistant à créer un réseau sans fil. La borne doit alors être raccordée à votre réseau *via* son port Ethernet ; elle sert de point d'accès Wi-Fi.

Options réseau

Les options de mise en réseau de la borne AirPort sont disponibles sous l'onglet **Internet** (figure 54-5). L'utilitaire de borne AirPort propose par défaut une configuration qui permet d'utiliser rapidement la borne AirPort, en fonction des paramètres Wi-Fi déjà définis. Notamment, l'attribution de l'adresse IP est prévue pour se faire simplement *via* DHCP.

Procédez au réglage des options de mise en réseau de votre borne selon la configuration Wi-Fi déjà définie.

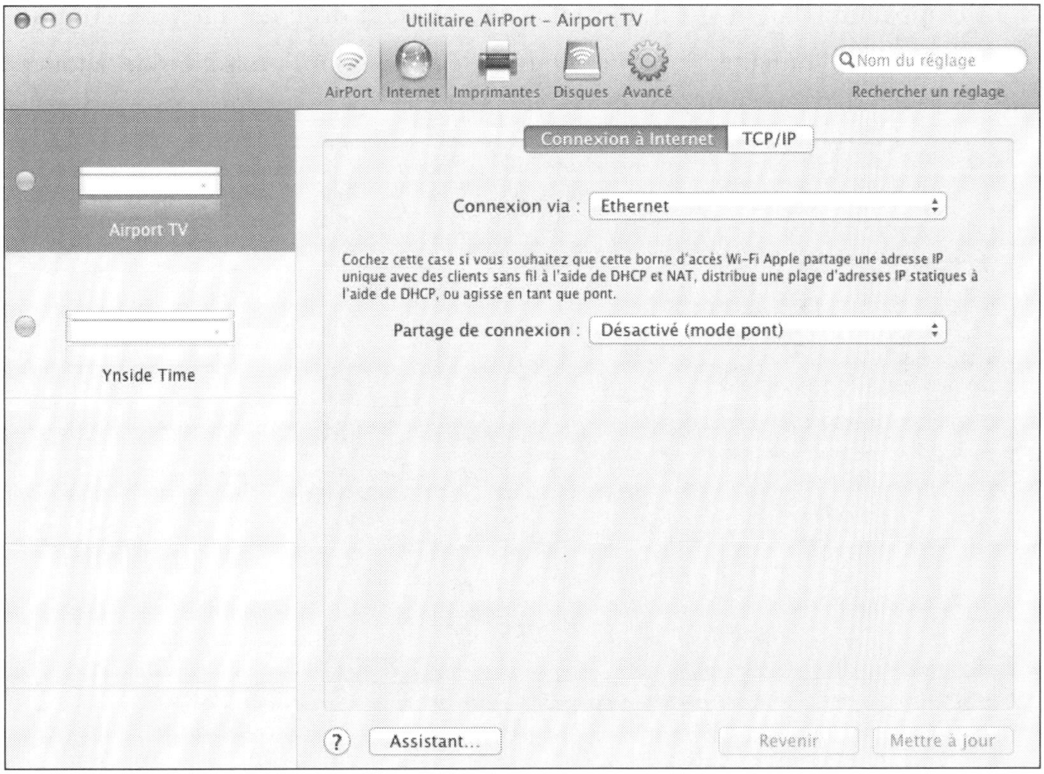

Figure 54-5 Configuration réseau de la borne AirPort.

Bon à savoir Vous ne voulez pas avoir recours aux fonctions de routeur de votre borne AirPort et ne l'utiliser que comme un point d'accès Wi-Fi et un commutateur Ethernet ? Rien de plus simple : déroulez la liste **Partage de connexion** et sélectionnez **Désactivé (mode point)**.

Options musicales (AirPort Express avec AirPlay)

L'onglet **Musique** de la barre d'outils de l'utilitaire AirPort est disponible lors de la configuration d'une borne AirPort Express avec AirPlay. AirPlay (chapitre 44) est une fonction qui permet de diffuser la musique en cours de lecture dans iTunes sur des haut-parleurs ou une chaîne hi-fi connectés à la prise jack stéréo de la borne AirPort Express.

1. Pour activer cette fonction, cochez la case *ad hoc* (figure 54-6).
2. Indiquez le nom de la borne dans le champ **Nom du haut-parleur iTunes**. Ce nom apparaîtra dans le menu local du coin inférieur droit de la fenêtre iTunes.
3. Si vous le souhaitez, indiquez un mot de passe pour l'utilisation de la fonction Air-Tunes dans les champs prévus à cet effet.

Figure 54-6 Configuration d'AirPlay.

Partage d'imprimante et de disque dur

Les onglets **Imprimantes** et **Disques** de la barre d'outils de l'utilitaire AirPort permettent de configurer les fonctions de partage en réseau des bornes AirPort Express et AirPort Extreme. Ces deux bornes sont dotées de ports USB destinés à la connexion d'imprimantes et/ou de disques durs externes.

Figure 54-7 Fonctions de partage de périphériques.

Options avancées

L'onglet **Avancé** de la barre d'outils de l'utilitaire AirPort donne accès à des fonctions qu'apprécieront les administrateurs réseau (figure 54-8) :

1. **Syslog** : cette option permet à la borne AirPort de transmettre ses rapports d'activité à un serveur Syslog sur le réseau. Les rapports d'activité des bornes AirPort peuvent ainsi être consultés sans passer par l'utilitaire AirPort et, surtout, être consolidés avec les rapports d'activité d'autres équipements réseau.

2. **SNMP** : cette fonction permet d'administrer la borne AirPort à distance, sans passer par l'utilitaire AirPort, *via* une simple console d'administration utilisant le protocole SNMP. Le protocole SNMP est courant dans les réseaux professionnels. L'activation de cette fonction permet de consolider l'administration de bornes AirPort avec celle d'autres équipements réseau.

Figure 54-8 Options d'administration.

Surveiller la qualité des connexions

L'une des fonctions les plus intéressantes de l'utilitaire AirPort se cache derrière l'onglet **Avancé** et son bouton **Historiques et statistiques** : de là, vous pouvez accéder aux rapports d'activité de votre borne AirPort. Ces historiques sont au nombre de deux :

- un historique d'activité globale de la borne ;
- un historique des connexions Wi-Fi.

L'historique des connexions Wi-Fi (figure 54-9) vous permet de suivre en temps réel la liste des équipements connectés à votre borne AirPort, le type de connexion utilisée

(802.11 a/b/g/n), le niveau de signal et de bruit, et le débit brut en résultant. Indispensable pour diagnostiquer un éventuel problème au niveau d'une connexion Wi-Fi : latence, débit faible, *etc.*

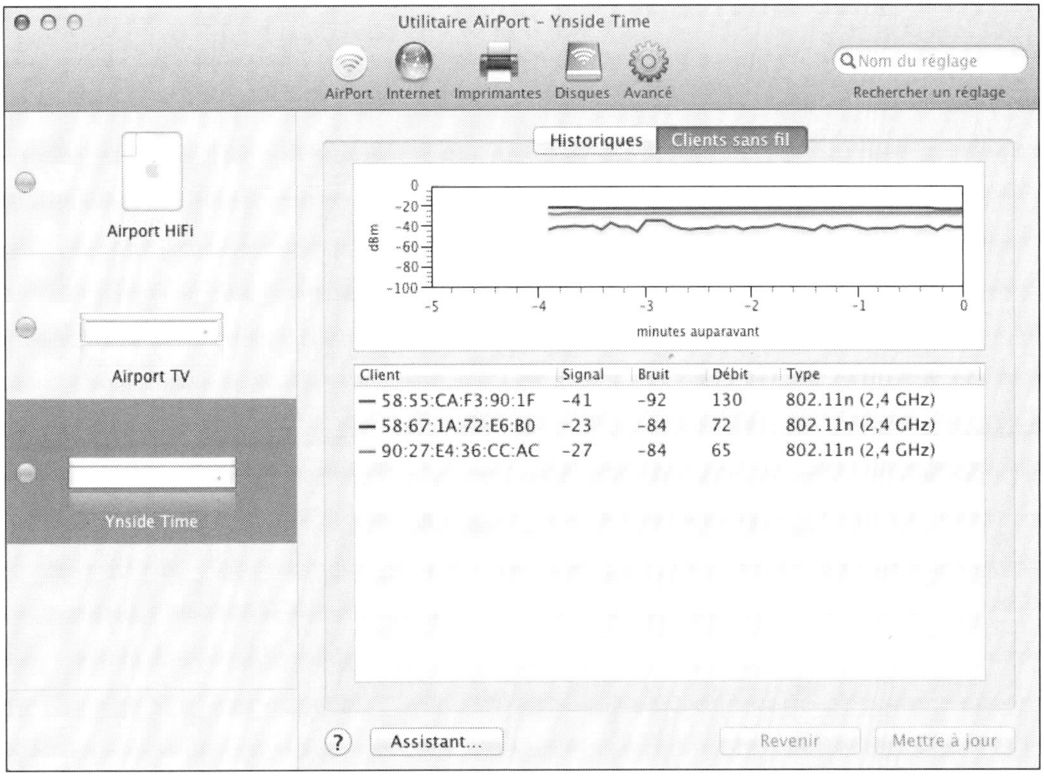

Figure 54-9 L'état des connexions sans fil.

Chapitre 55

Diagnostiquer ses connexions réseau

Au menu de ce chapitre

- Tester sa connexion à Internet
- Premiers contacts avec l'utilitaire réseau
- Informations sur le protocole TCP/IP
- Interroger un serveur
- Informations sur un serveur
- Itinéraire réseau
- Informations sur un domaine
- Informations sur un internaute
- Recherche de ports TCP/IP

L'utilitaire de réseau n'est ni plus ni moins qu'une trousse à outils ouverte à toute personne en quête d'informations sur son réseau local, sa connexion à Internet, ou même l'infrastructure réseau de son fournisseur d'accès à Internet et ses répercussions sur l'accès à des serveurs Internet. Plus qu'une simple source d'informations, l'utilitaire de réseau peut être utilisé comme un véritable outil de diagnostic, voire d'investigation.

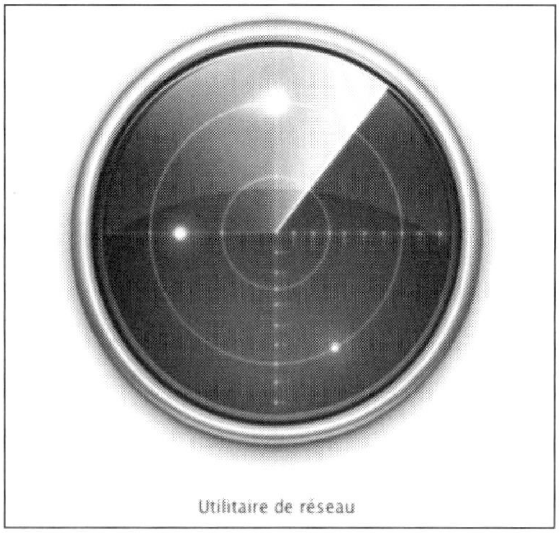

Figure 55-1 L'icône de l'utilitaire de réseau.

Tester sa connexion à Internet

Vous avez des doutes sur la qualité ou le fonctionnement de votre connexion à Internet ? Avant toute autre chose, sollicitez l'outil de diagnostic de Lion.

Pour y accéder :

1. Ouvrez les **Préférences Système ➜ Réseau**.
2. Cliquez sur le bouton **Assistant**.
3. Cliquez sur le bouton **Diagnostic**.
4. Cliquez sur le bouton **Continuer**.
5. Sélectionnez l'interface réseau à étudier puis cliquez sur **Continuer**.

La suite est automatique : l'outil de diagnostic va vérifier les réglages, l'accès aux serveurs de votre fournisseur d'accès à Internet, l'accès à Internet, *etc.* Et si quelque chose ne va pas, il vous le dira. Cela vous aidera peut-être à discuter avec l'assistance technique de votre fournisseur d'accès à Internet, si besoin est.

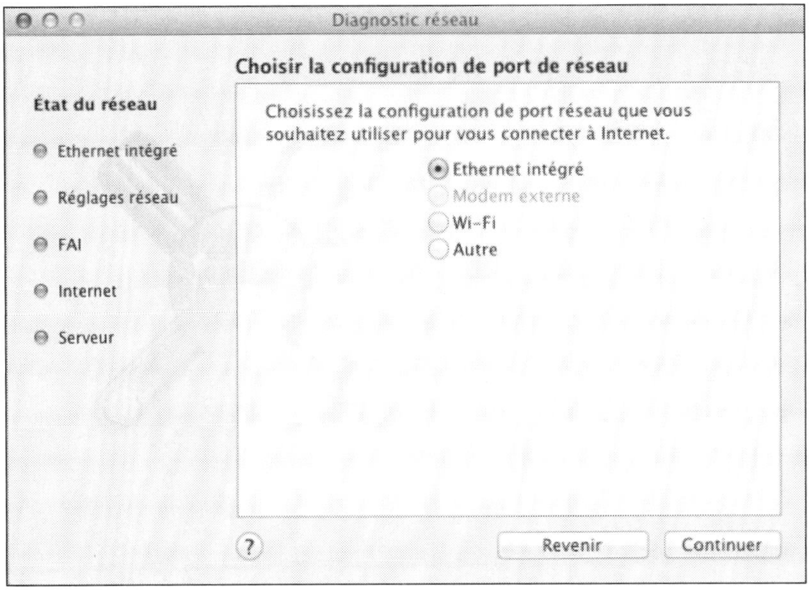

Figure 55-2 L'outil de diagnostic réseau de Lion.

Premiers contacts avec l'utilitaire réseau

À son lancement, l'utilitaire de réseau affiche les informations relatives à la principale interface active du Mac (figure 55-3) : adresse matérielle (ou adresse MAC), adresse IP, débit de la liaison, modèle et fabricant du contrôleur de l'interface, statistiques de transfert, *etc.* Au premier coup d'œil, cette fenêtre permet de savoir si l'interface réseau est bien connectée et si la connexion s'est bien établie au maximum des capacités de l'interface.

Pour accéder aux informations relatives aux autres interfaces réseau, déroulez la liste **Interface réseau** et sélectionnez l'interface voulue.

Les interfaces réseau sont référencées sous leur nom de périphérique Unix. Typiquement, **en0** correspondant à l'interface Ethernet primaire, **en1** à l'interface Wi-Fi, et **fw0** à l'interface FireWire.

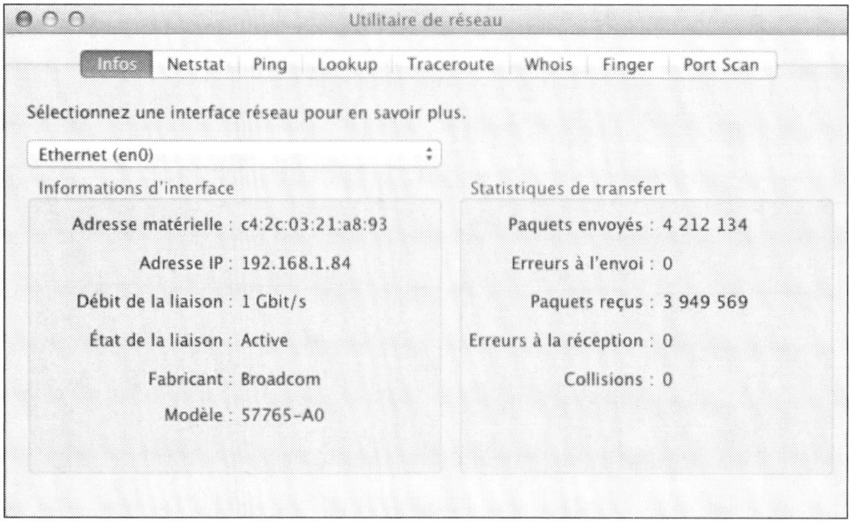

Figure 55-3 Les informations sur les interfaces réseau.

Informations sur le protocole TCP/IP

L'onglet **Netstat** de la fenêtre de l'utilitaire de réseau (figure 55-4) offre une interface graphique simple et agréable pour faire appel à l'outil Netstat bien connu des utilisateurs d'Unix : Netstat permet d'obtenir des informations sur les connexions réseau, les tables de routage, ainsi que des statistiques relatives au fonctionnement des interfaces réseau du Mac.

L'utilisation de la commande Netstat de l'utilitaire de réseau est simple.

1. Sélectionnez l'une des options au choix :
   - **Afficher les informations du tableau de routage**, afin d'obtenir le détail de la table de routage utilisée par votre Mac pour se connecter au réseau ;
   - **Afficher les statistiques de réseau complètes de chaque protocole**, pour afficher les statistiques complètes d'utilisation des principaux protocoles (TCP, UDP, IP, ICMP, IGMP, IPSec, *etc.*) ;
   - **Afficher les informations de multidiffusion** pour obtenir la configuration du routage multicast de votre Mac ;
   - **Afficher l'état de toutes les connexions actuelles et les ports en écoute** afin d'accéder à la liste des connexions réseau actives et des ports sur lesquels des processus sont en attente de connexion.
2. Cliquez sur le bouton **Netstat**. Les résultats s'affichent aussitôt.

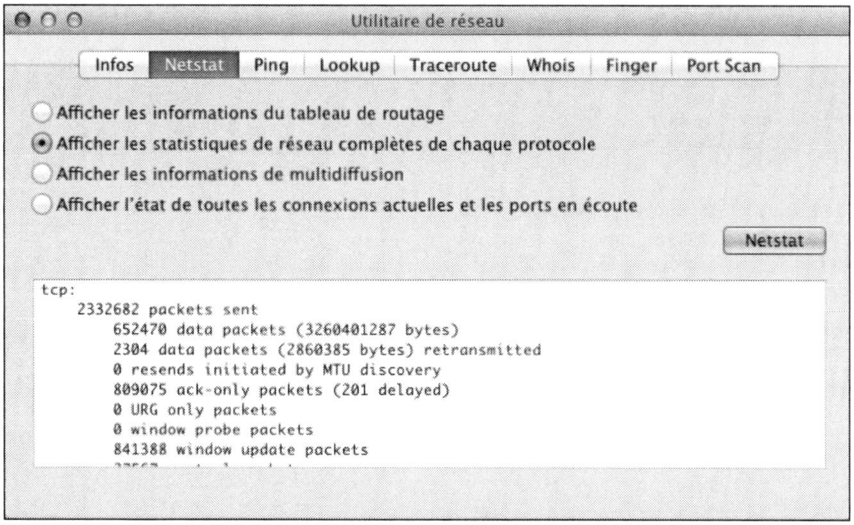

Figure 55-4 Les informations sur le protocole IP.

Astuce Pour limiter le recours aux glissières, pensez à agrandir la fenêtre de l'utilitaire de réseau, à partir de son coin inférieur droit.

Interroger un serveur

L'onglet **Ping** de la fenêtre de l'utilitaire de réseau (figure 55-5) permet d'accéder aisément à la célèbre commande Unix éponyme. La commande ping, conçue en 1983 à des fins de débogage, permet d'envoyer des requêtes de type « écho » à des machines connectées à un réseau IP, *via* le protocole ICMP. Si les requêtes ne reçoivent pas de réponse, il est probable qu'il sera impossible de communiquer avec la machine cible.

1. Indiquez l'adresse à tester (sous forme de nom canonique ou d'adresse IP) dans le champ *ad hoc*.

2. Cliquez sur le bouton **Ping**.

Les résultats apparaissent aussitôt.

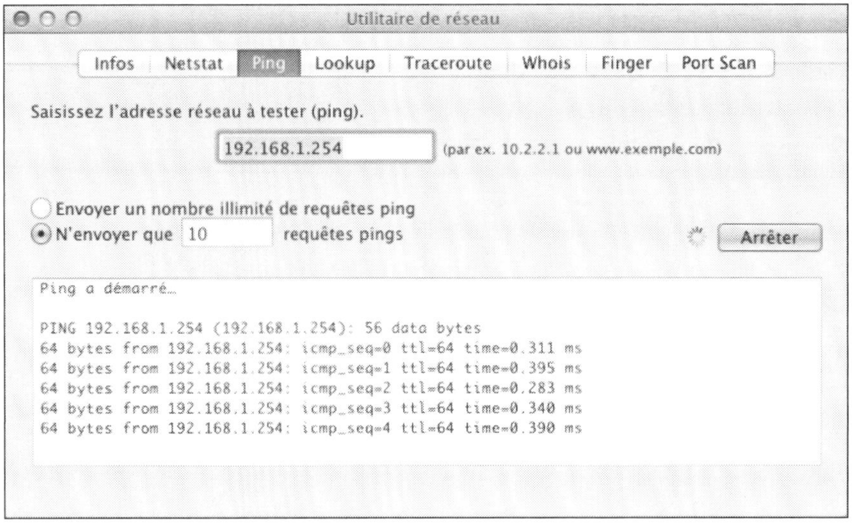

Figure 55-5 Interrogation d'un serveur par ping.

Bon à savoir L'absence de réponse à un ping n'est pas forcément le signe d'une déconnexion d'Internet : le pare-feu peut avoir été configuré pour ignorer les requêtes envoyées par Ping afin de décourager les pirates.

Informations sur un serveur

L'outil **lookup**, accessible *via* l'onglet éponyme (figure 55-6), permet d'interroger les serveurs de noms de domaines (DNS) pour obtenir des informations détaillées sur un serveur ou une adresse IP. Concrètement, ces données permettent notamment de savoir quelle entité héberge ou administre les serveurs rattachés à un domaine.

1. Pour utiliser lookup, indiquez le nom canonique du serveur visé ou son adresse IP dans le champ *ad hoc*.
2. Cliquez sur le bouton **Lookup**.

Les informations sont affichées en quelques secondes. Parmi elles, on relève notamment les données :

- A (la ou les adresses IP du serveur) ;
- CNAME (le nom canonique) ;
- NS (nom du serveur DNS primaire) ;
- MX (nom du serveur de messagerie pour le domaine auquel appartient le serveur visé).

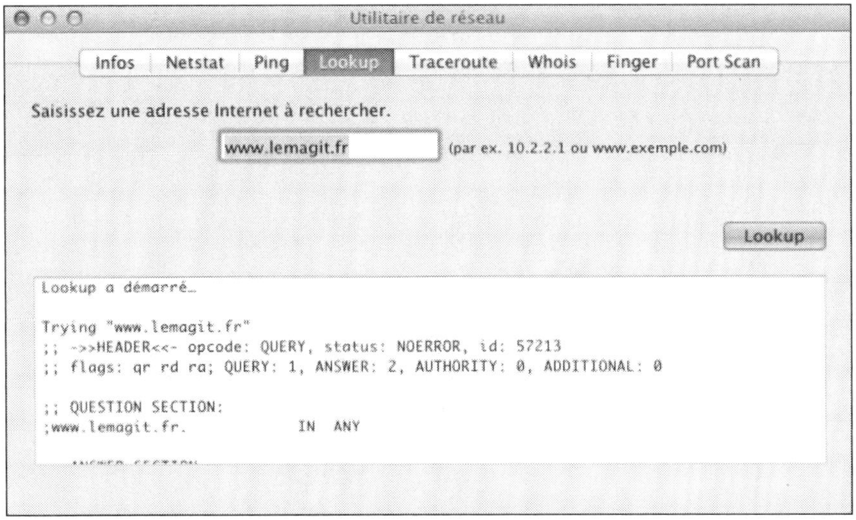

Figure 55-6 Renseignements sur un serveur avec lookup.

Itinéraire réseau

L'outil **traceroute**, accessible *via* l'onglet éponyme de la fenêtre de l'utilitaire de réseau (figure 55-7), permet de suivre l'itinéraire emprunté par les paquets de données entre le Mac et un serveur donné. traceroute fournit les noms canoniques et adresses IP de chaque nœud du réseau traversé par les paquets, ainsi que la latence rencontrée à chaque nœud.

1. Pour utiliser traceroute, indiquez le nom canonique du serveur visé ou son adresse IP dans le champ *ad hoc*.

2. Cliquez sur le bouton **Tracer**.

Les informations peuvent mettre plusieurs dizaines de secondes à s'afficher intégralement : traceroute envoie plusieurs séries de trois paquets vers le serveur visé, augmentant la durée de vie des paquets à chaque nœud rencontré. Le temps de latence enregistré par chacun des trois paquets à chaque nœud est indiqué à la ligne correspondante, en millisecondes. Lorsqu'un paquet se perd, un astérisque est affiché à la place de la latence.

traceroute a principalement vocation à permettre le diagnostic de dysfonctionnements dans le réseau.

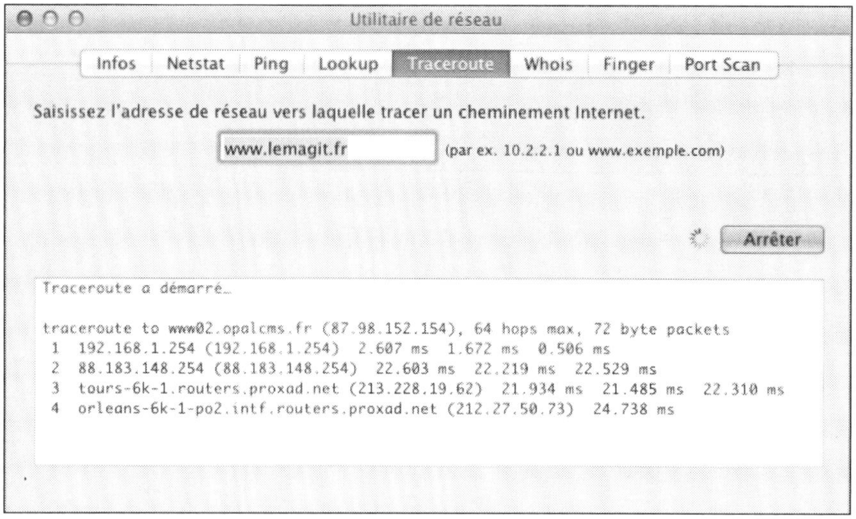

Figure 55-7 Itinéraire des paquets IP vers un serveur.

Informations sur un domaine

L'outil **Whois**, accessible *via* l'onglet du même nom dans la fenêtre de l'utilitaire de réseau (figure 55-8), permet d'obtenir les informations détaillées sur un nom de domaine : le « registrar » auprès duquel il a été enregistré, les dates d'enregistrements, de renouvellement et d'expiration, l'adresse du serveur whois du registrar, les noms des déposants, administrateurs et responsables techniques, *etc.*

Ces informations peuvent s'avérer précieuses pour remonter jusqu'à l'auteur d'un pourriel ou au créateur d'un site Web conçu pour tromper les internautes (« *phishing* ») et avertir les autorités concernées.

1. Pour utiliser whois, indiquez le nom du domaine visé dans le champ *ad hoc.*
2. Cliquez sur le bouton **Whois**.

Les informations apparaissent au bout de quelques secondes. Si aucune information détaillée n'est fournie, invoquez de nouveau la commande whois mais en changeant de serveur whois *via* la liste déroulante *ad hoc.*

Le cas échéant, n'hésitez pas à indiquer manuellement un serveur whois spécifique dans le champ **Tapez ou sélectionnez un serveur whois à consulter** : outre des informations génériques propagées à travers les serveurs whois les plus importants d'Internet, un serveur spécifique, mentionné, par exemple, dans les informations générales retournées par un important serveur, vous fournira les données les plus détaillées, jusqu'au numéro de téléphone du déposant du domaine visé, par exemple.

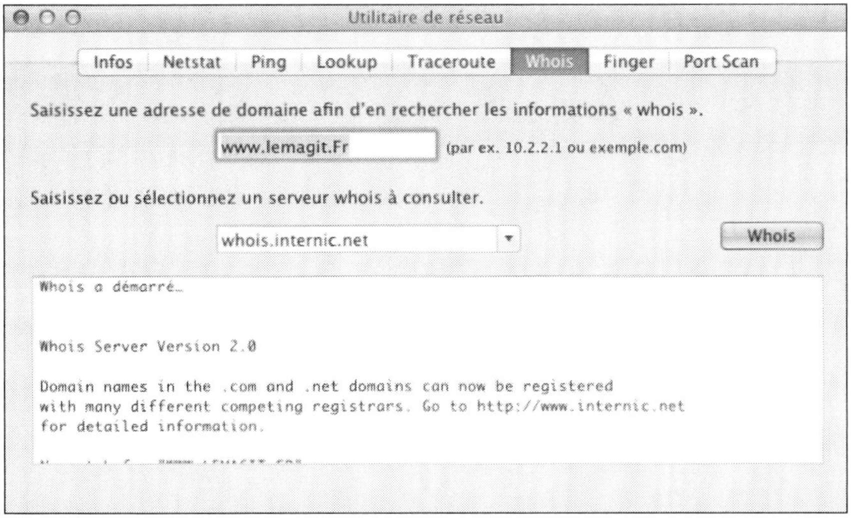

Figure 55-8 Requête whois sur un domaine.

Informations sur un internaute

L'outil **Finger**, accessible *via* l'onglet éponyme dans la fenêtre de l'utilitaire de réseau (figure 55-9), est conçu pour permettre d'accéder à des informations relatives à l'activité d'un utilisateur enregistré d'un serveur, à partir de sa seule adresse de messagerie électronique. Finger permet notamment de connaître le nom complet d'un utilisateur, l'emplacement de son dossier personnel, la date et l'heure de sa dernière connexion mais aussi de la dernière relève de son courrier électronique.

Cela peut paraître impressionnant mais il n'y a pas grand-chose à craindre pour la vie privée : finger n'est généralement disponible que dans le cadre d'entreprises ou d'administrations, en interne, et limité au contexte professionnel des collaborateurs de ces entités. Par exemple, finger n'est pas disponible avec des services de messagerie électronique courants comme ceux de Yahoo!, Google ou MobileMe, pour ne citer qu'eux.

1. Pour utiliser finger, indiquez le nom de l'utilisateur et le nom de domaine auquel il est rattaché dans les champs *ad hoc*.
2. Cliquez sur le bouton **Finger**.

Si le serveur finger de l'entreprise ou de l'organisation concernée par la requête a été configuré pour observer des restrictions d'accès, vous obtiendrez un message laconique : « Connection refused ».

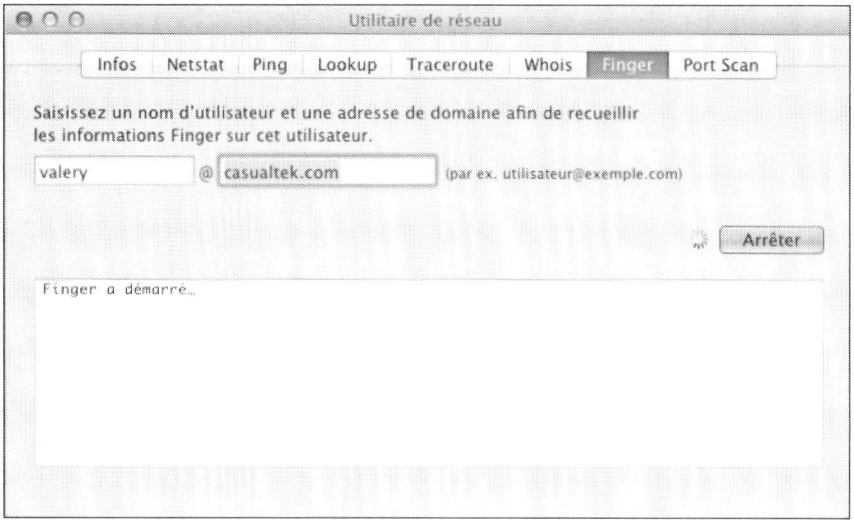

Figure 55-9 Requête finger sur un internaute.

Recherche de ports TCP/IP

L'outil **Port Scan** de l'utilitaire de réseau (figure 55-10) permet de découvrir les ports TCP laissés ouverts par l'administrateur d'un ordinateur ou d'un serveur connecté à Internet ou à un réseau local. L'outil cherche à obtenir une réponse à ses demandes de connexion sur chacun des ports TCP existants, de 1 à 65535, auprès de la machine dont on lui a communiqué l'adresse IP ou l'adresse canonique. Les ports ouverts identifiés sont indiqués dans la fenêtre de l'utilitaire de réseau, suivis des protocoles connus auxquels ils correspondent.

L'utilitaire Port Scan s'apparente principalement à un outil de sécurité : les ports ouverts involontairement ou laissés ouverts par inadvertance peuvent être utilisés par des pirates pour s'introduire dans un serveur ou un ordinateur. Port Scan permet de s'assurer qu'aucun port n'est inutilement ouvert.

1. Pour utiliser Port Scan, indiquez l'adresse IP ou le nom canonique de l'ordinateur à tester dans le champ *ad hoc*.
2. Cliquez sur le bouton **Scanner**.

Compte tenu du nombre de ports à tester et des éventuels délais de latence liés au réseau, l'analyse peut être très longue et durer de quelques minutes jusqu'à plusieurs heures. C'est pour cette raison que l'outil Port Scan de l'utilitaire de réseau propose de limiter la plage d'analyse :

1. Cochez la case **Tester uniquement les ports entre**.
2. Indiquez le numéro du premier port à tester dans le champ **Tester uniquement les ports entre**.
3. Indiquez le numéro du dernier port à tester dans le champ **et**.
4. Cliquez sur **Scanner**.

L'analyse commence aussitôt, limitée cette fois aux ports mentionnés.

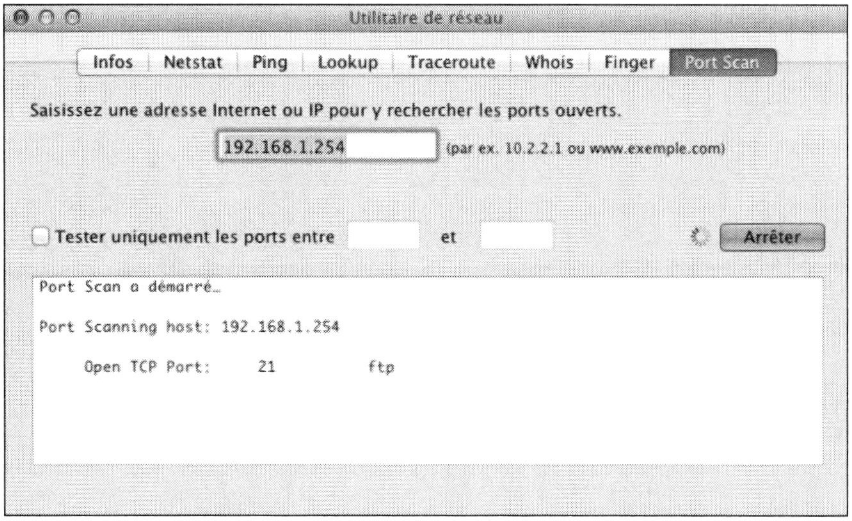

Figure 55-10 Recherche de ports TCP ouverts.

PARTIE IX

UN PEU DE MAINTENANCE

Chapitre 56

Quitter une application bloquée

Au menu de ce chapitre

- À l'aide du clavier
- À l'aide du Dock
- À l'aide du menu Pomme
- À l'aide du Moniteur d'activité
- À l'aide du Terminal
- Forcer l'extinction ou le redémarrage
- Diagnostiquer une panne avec la console

Mac OS X est un système d'exploitation d'une grande stabilité : il est très rare qu'il « plante » et, par exemple, oblige au redémarrage du Mac. Certaines applications sont moins robustes. Il peut leur arriver de se fermer inopinément ou bien de se bloquer. Dans ce cas, il est nécessaire de les forcer à quitter. Plusieurs solutions peuvent être mises en œuvre dans une telle situation, toutes simples et rapides.

Mais rassurez-vous : ce n'est pas parce qu'une application a planté qu'il est nécessaire de redémarrer son Mac pour en profiter pleinement à nouveau. Mac OS X est conçu de telle manière que le plantage d'une application ne puisse pas contaminer les autres applications et le reste du système.

Cette règle, valable dans la plupart des cas, souffre tout de même de quelques exceptions : lorsque le plantage est lié à un pilote, par exemple, ou à un autre composant logiciel intimement lié à Mac OS X. Dans ce cas, il peut s'avérer nécessaire de forcer le Mac à redémarrer.

L'objet de ce chapitre est de vous permettre de sortir brillamment de toutes ces situations.

À l'aide du clavier

Lorsqu'une application se bloque, ses menus ne sont plus accessibles et il est impossible d'accéder à la commande Quitter du menu Fichier. Mais voici une solution :

1. Tapez **cmd+alt+esc**.
2. Dans la fenêtre qui apparaît (figure 56-1), sélectionnez l'application à fermer.
3. Cliquez sur le bouton **Forcer à quitter**.

L'effet est presque immédiat.

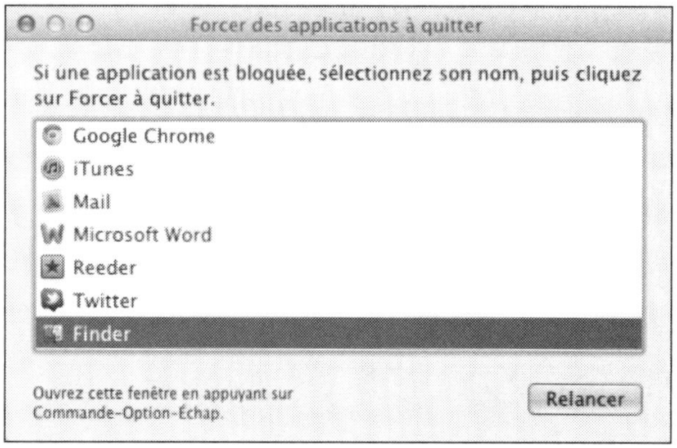

Figure 56-1 Forcer une application à quitter.

Bon à savoir Généralement, l'application bloquée est indiquée par la mention en rouge « ne répond pas ». Néanmoins, il est possible que cette mention n'apparaisse pas, notamment si Mac OS X n'a pas encore eu le temps de détecter le blocage de l'application.

À l'aide du Dock

Lorsqu'une application se bloque, le Dock continue d'être opérationnel. Les menus qu'il fournit aux applications permettent de forcer la fermeture de l'application bloquée :

1. Maintenez la touche **alt** enfoncée et faites un clic droit sur l'icône de l'application bloquée.
2. Sélectionnez **Forcer à quitter**.

Encore une fois, l'effet est presque immédiat.

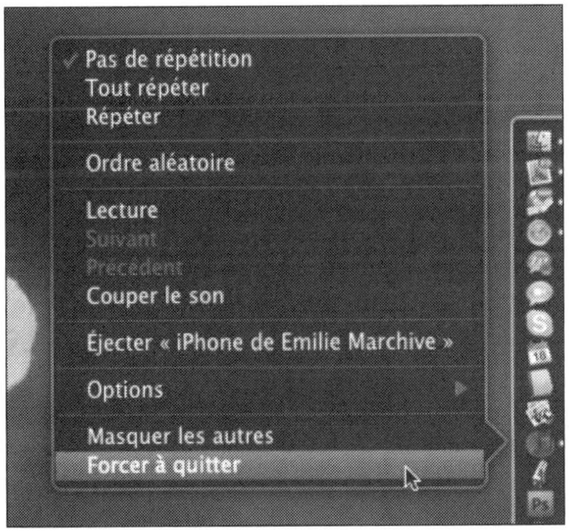

Figure 56-2 Forcer une application à quitter depuis le Dock.

À l'aide du menu Pomme

Le menu Pomme aussi permet de forcer la fermeture d'une application défaillante !

1. Déroulez le menu **Pomme**.
2. Sélectionnez **Forcer à quitter** (figure 56-3).

Figure 56-3 Forcer une application à quitter à partir du menu Pomme.

Astuce Déroulez le menu **Pomme** en maintenant enfoncée la touche **Majuscule** du clavier : l'élément **Forcer à quitter** est modifié pour traiter spécifiquement du cas de l'application active.

À l'aide du Moniteur d'activité

Pour efficace qu'elle soit, la fonction du Finder permettant de forcer la fermeture d'une application – à partir du clavier, du Dock ou du menu Pomme – n'est pas la plus expéditive qui soit. Si vous constatez que, passé quelques secondes, l'application bloquée est toujours active, le mieux est de faire appel au Moniteur d'activité :

1. Lancez le **Moniteur d'activité** à partir du dossier /**Applications**/**Utilitaires**/.
2. Dans la liste, sélectionnez l'application bloquée.
3. Cliquez sur le bouton **Quitter l'application**.
4. Cliquez sur le bouton **Forcer à quitter**.

L'effet est généralement radical.

Astuce Votre Mac est ralenti. Vous soupçonnez une application sans pouvoir vraiment l'identifier ? Lancez le Moniteur d'activité et repérez l'application pour laquelle la valeur affichée dans la colonne **% proc.** est la plus élevée : vous avez trouvé votre coupable.

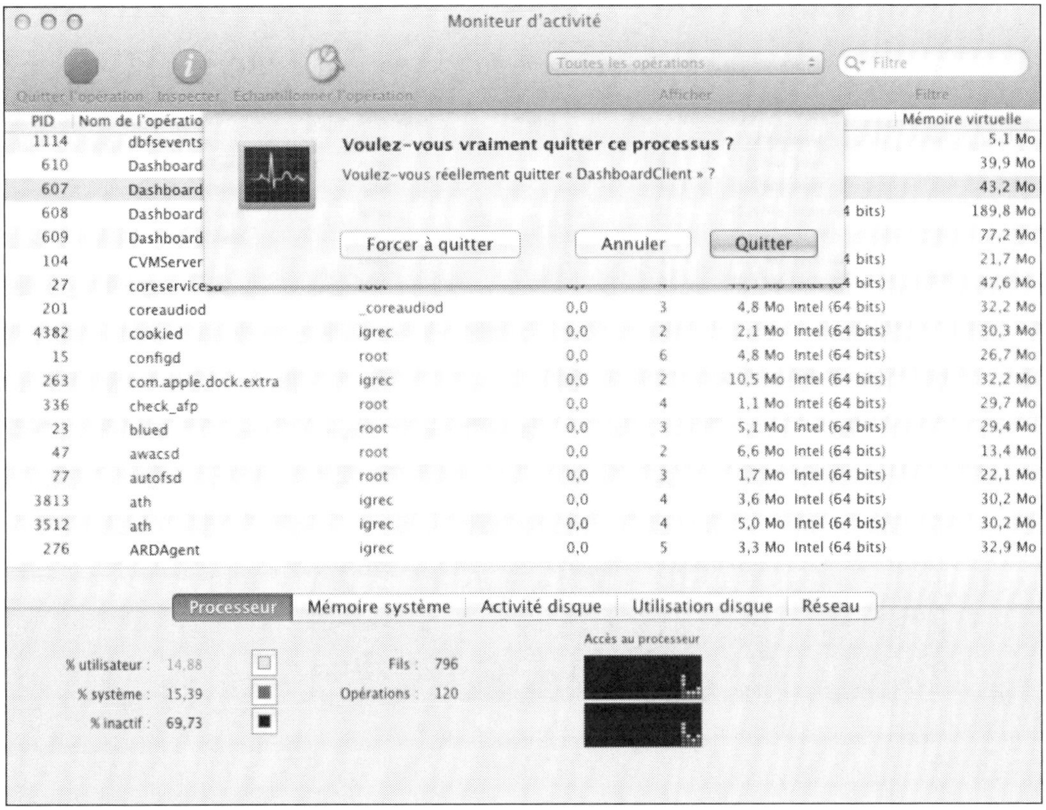

Figure 56-4 Forcer une application à quitter à partir du menu Pomme.

À l'aide du Terminal

La plupart des utilisateurs de Mac OS X n'utilisent pas le Terminal, voire n'en soupçonnent même pas l'existence. Cet utilitaire permet d'accéder aux tréfonds de Mac OS X, à ses fonctions Unix. Certaines d'entre elles permettent de forcer la fermeture des applications les plus récalcitrantes :

1. Lancez le **Terminal** depuis le dossier /**Applications**/**Utilitaires**/.
2. Tapez `top` puis validez par **Entrée**.

   La fenêtre du Terminal s'emplit alors de la liste de toutes les tâches en cours d'exécution sur votre Mac (figure 56-5).
3. Parcourez cette liste jusqu'à identifier l'application qui pose problème, généralement reconnaissable à une valeur très élevée dans la colonne **%CPU**.
4. Relevez la valeur correspondant à l'application défaillante dans la colonne **PID**.

5. Tapez **ctrl+C**.
6. Tapez `kill` suivi de la valeur relevée dans la colonne **PID**.
7. Validez par **Entrée**.

   L'effet est instantané. Vous pouvez quitter le Terminal.

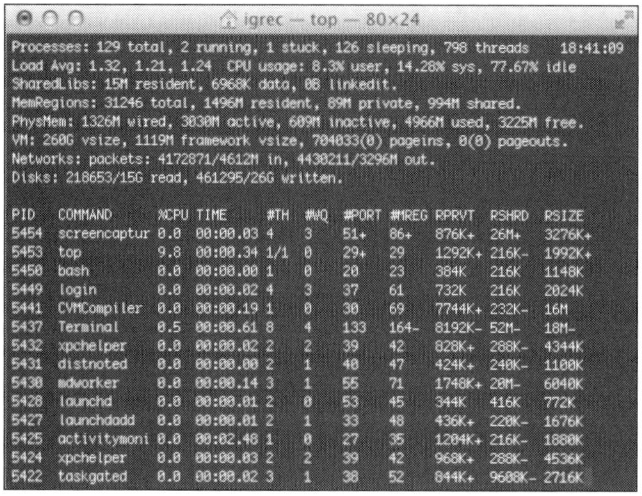

Figure 56-5 La liste des processus actifs dans le Terminal.

Forcer l'extinction ou le redémarrage

Si, cas extraordinaire, votre Mac ne répond plus du tout et semble lui-même bloqué, vous devrez le redémarrer. La méthode brutale consiste à débrancher les sources d'alimentation électrique avant de les rebrancher. Ça marche, mais cela peut s'avérer préjudiciable pour la bonne santé des composants électroniques de votre Mac : ceux-ci supportent difficilement les pics électriques qui se produisent lorsque l'on coupe ou branche mécaniquement le courant. Il est donc préférable de procéder à une extinction logicielle forcée. Pour cela, maintenez le bouton de mise en route de votre Mac enfoncé pendant six secondes. Votre Mac doit s'éteindre tout seul.

S'il refuse de répondre à l'ordre donné, dans ce cas, il faut procéder à un redémarrage forcé : maintenez enfoncées les touches **cmd+ctrl** et appuyez sur le bouton de mise en route de votre Mac.

Au bout de quelques secondes, votre Mac redémarre.

Attention Les données non sauvegardées sur le disque dur sont perdues lors d'une extinction ou d'un redémarrage forcé. Pour réduire au maximum les risques de perte de données de ce genre, pensez à enregistrer votre travail régulièrement.

Astuce Si votre Mac refuse de fonctionner de manière stable, après que vous l'avez redémarré, pensez à vider sa PRAM et sa NVRAM. Ces deux éléments de mémoire spécifiques ont un rôle important, notamment de stockage de certains réglages. Pour vider la PRAM et la NVRAM, éteignez votre Mac. Maintenez enfoncées les touches **cmd+alt+P+R** en redémarrant votre Mac, jusqu'à entendre le son de démarrage une seconde fois. Relâchez et laissez votre Mac démarrer normalement.

Diagnostiquer une panne avec la console

Mac OS X, ainsi que nombre de ses applications, publie des rapports d'activité réguliers. Ces rapports se présentent sous la forme de fichiers texte dans lesquels sont enregistrés des événements datés relevant de l'activité de l'application qui a produit le rapport.

Par nature, les rapports d'activité contiennent de nombreuses informations qui indiqueront – à ceux qui savent les lire – quand et pour quelle raison une application a pu être victime d'une panne.

Les rapports d'activité ne sont pas des documents faciles à lire. Autant le dire tout de suite : ils n'ont pas vocation à être consultés par les utilisateurs des applications, mais plutôt par leurs développeurs.

Néanmoins, et pour peu que l'on dispose d'un vernis technique, la lecture des rapports d'activité peut s'avérer instructive. C'est d'autant plus vrai que Mac OS X Lion intègre un outil dédié à cette tâche : la console.

La console permet d'accéder en quelques clics à l'ensemble des rapports d'activité produits par Mac OS X lui-même mais aussi par ses applications.

Parcourir le rapport général

1. Le rapport général, qui regroupe tous les messages émis par Mac OS X et ses applications, est affiché par défaut dans la fenêtre principale de l'utilitaire Console. L'affichage s'organise autour de trois colonnes (figure 56-6) :
   - **Heure** : il s'agit de la date et de l'heure d'émission du message.
   - **Expéditeur (PID)** : c'est le nom de l'application émettrice du message, suivi de son identifiant de processus (PID).

- **Message** : là s'affiche le message complet précisant le problème rencontré avec l'application.

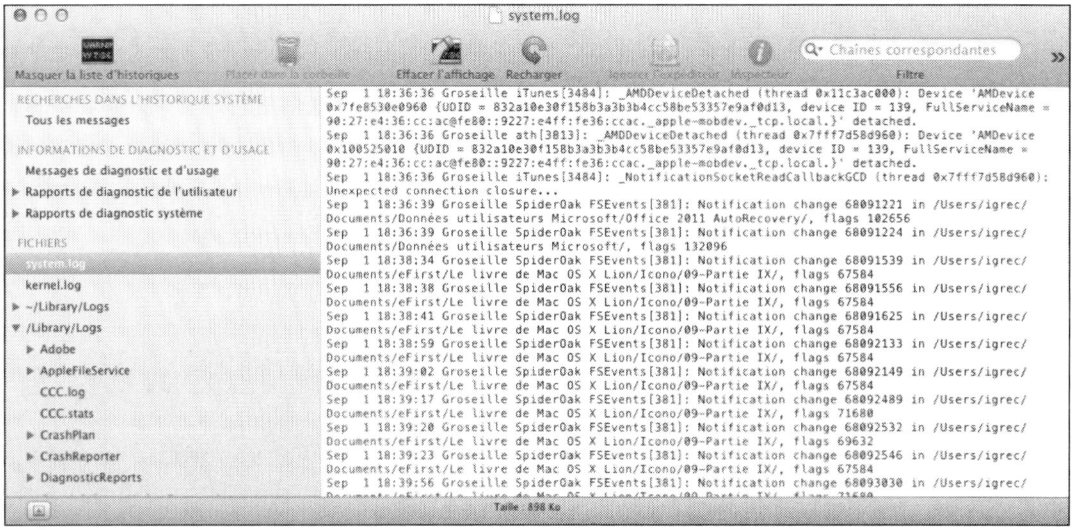

Figure 56-6 La fenêtre principale de l'utilitaire Console.

Parcourir les rapports détaillés

Pour accéder aux rapports détaillés émis individuellement par les applications ou les processus de Mac OS X Lion, il est nécessaire d'afficher la liste des rapports :

1. Cliquez sur le bouton **Afficher la liste d'historiques** dans la barre d'outils de l'utilitaire Console.

   La liste apparaît aussitôt, dans une colonne à gauche de la liste des messages.

2. Cliquez sur le triangle **FICHIERS LOGS**.

   La liste des rapports d'activité se développe (figure 56-7).

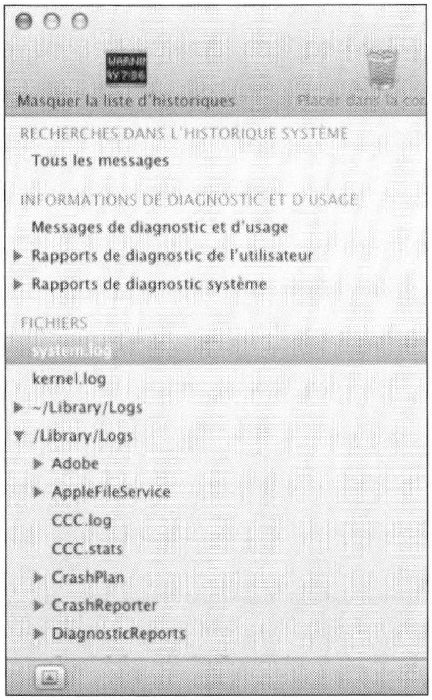

Figure 56-7 La liste des rapports disponibles.

La consultation des rapports d'activité s'effectue dans le cadre principal de la fenêtre, la liste des messages. Sélcctionnez le rapport que vous voulez consulter, dans la colonne de gauche. Le rapport sélectionné s'affiche aussitôt.

Pour faciliter la lecture, et surtout la surveillance d'un rapport d'activité, l'utilitaire Console permet d'insérer des marqueurs. Voyons leur utilisation avec l'exemple de la surveillance d'une application qui « plante » :

1. Sélectionnez le rapport d'activité de l'applications visée ou, à défaut, le rapport system.log.
2. Cliquez sur le bouton **Insérer un marqueur** dans la barre d'outils de l'utilitaire **Console**.
3. Lancez l'application défaillante et utilisez-la jusqu'à ce qu'elle « plante ».
4. Forcez l'application récalcitrante à quitter.
5. Revenez à la fenêtre de la Console.
6. Remontez l'historique jusqu'au marqueur : vous pouvez consulter tous les messages d'activité émis par l'application défaillante, depuis son lancement jusqu'à sa fermeture forcée.

Note

La liste des historiques propose quelques rapports particulièrement intéressants pour l'étude des circonstances d'un plantage : les rapports **CrashReporter** à la rubrique **~/Library/Logs**, et **CrashReporter** à la rubrique **/Library/Logs**.

Chapitre 57

Le Moniteur d'activité

Au menu de ce chapitre

- Prise en main
- Les indicateurs d'activité
- Du coin de l'œil

Ça devrait être un réflexe : lancer le Moniteur d'activité au moindre ralentissement suspect de son Mac. Cette utilitaire livré avec Mac OS X s'apparente à une véritable centrale de supervision de Mac OS X et de ses applications : les processus actifs y figurent tous avec force détails. Suivez le guide !

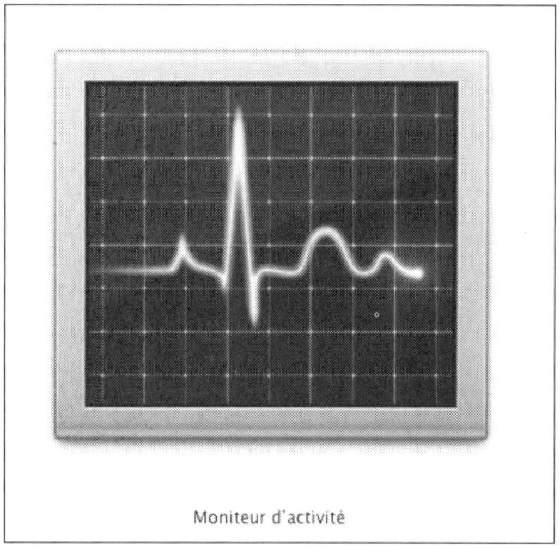

Figure 57-1 L'icône du Moniteur d'activité.

Note Pour beaucoup, la principale utilisation du Moniteur d'activité peut se résumer à forcer une application bloquée à quitter. Cette utilisation est détaillée au chapitre 56. Elle ne sera donc pas développée dans ce chapitre.

Prise en main

Au lancement, la fenêtre du Moniteur d'activité s'ouvre sur la liste des processus actifs (figure 57-2). À chaque ligne correspond un processus avec, dans l'ordre des colonnes :

- son identifiant unique (PID) ;
- le nom de l'opération associée ;
- le nom de l'utilisateur dans le cadre de la session où s'exécute le processus ;
- le niveau d'occupation du processus ;
- le nombre de processus fils qu'il génère ;
- la quantité de mémoire réelle qu'il monopolise ;
- la quantité de mémoire qui lui est allouée ;

- la nature du code exécuté (Intel ou Intel 64 bits).

Cette liste est surmontée d'une barre d'outils, surplombée elle-même d'une série d'onglet permettant d'accéder à des indicateurs globaux.

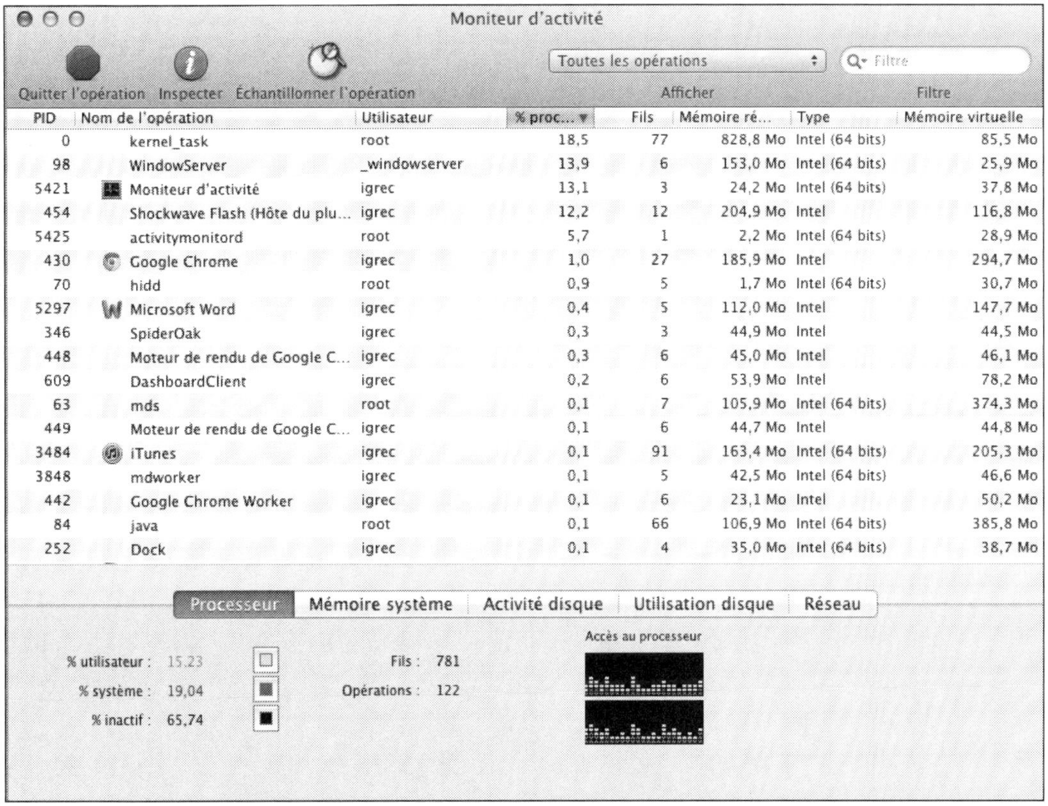

Figure 57-2 La fenêtre principale du Moniteur d'activité.

Bon à savoir Le Moniteur d'activité liste l'essentiel des processus actifs, mais pas tous. Certains processus de tâche de fond ne sont accessibles que par le Terminal, en ligne de commande Unix.

Les options d'affichage

La liste des processus actifs peut être indifféremment triée par ordre croissant ou décroissant, selon n'importe laquelle des colonnes affichées : il suffit de cliquer sur une colonne pour la définir comme critère de tri et de cliquer de nouveau dessus pour inverser l'ordre de classement.

Il est en outre possible d'ajouter ou supprimer des colonnes *via* le menu **Présentation ➜ Colonnes** (figure 57-3). Enfin, il est possible d'ajuster la fréquence de mise à jour de la liste des processus *via* le menu **Présentation ➜ Fréquence de mise à jour**.

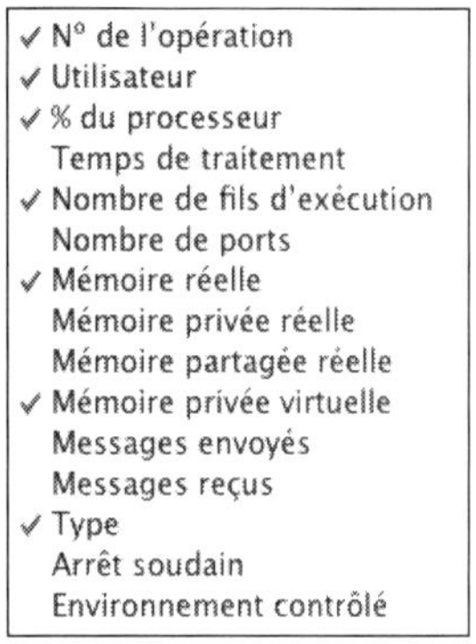

Figure 57-3 Choix des colonnes affichées.

Filtrer les processus

Parcourir la liste des processus n'est pas forcément le moyen le plus confortable d'en trouver un précis, notamment si l'on veut suivre l'évolution de son comportement. Aussi le Moniteur d'activité est-il doté d'un dispositif de filtrage :

1. Indiquez tout ou partie du nom du processus que vous souhaitez isoler dans le champ de recherche de la barre d'outils du Moniteur d'activité. La liste est automatiquement réduite aux processus correspondant aux critères de recherche.
2. Cliquez sur le bouton illustré d'une croix à l'extrémité droite du champ de recherche de la barre d'outils pour revenir à l'affichage normal.

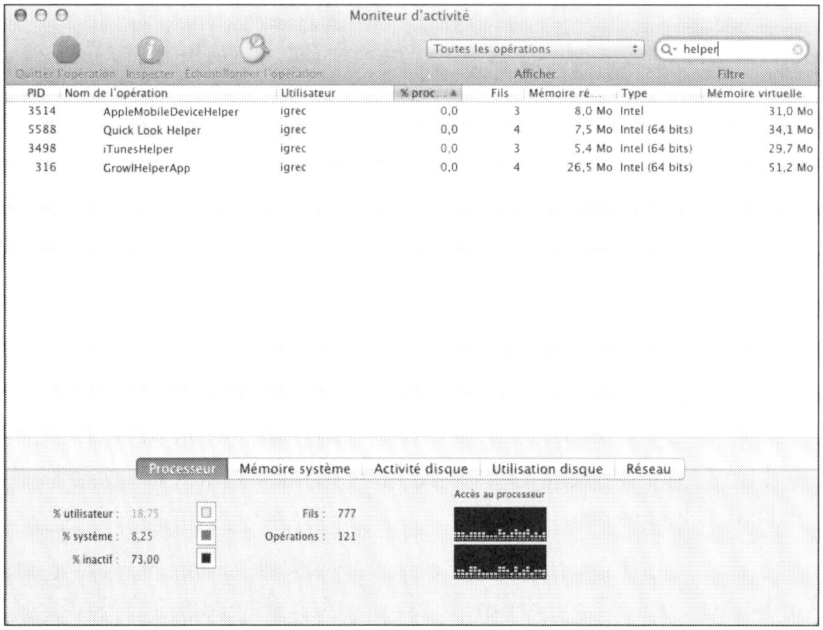

Figure 57-4 Filtrage de l'affichage des processus.

Inspecter un processus

La liste des processus ne fournit qu'une vision limitée sur les caractéristiques de chaque processus actif. L'inspecteur de processus est là pour proposer des informations plus détaillées.

Pour inspecter un processus :

1. Sélectionnez-le dans la liste.
2. Cliquez sur le bouton **Inspecter** dans la barre d'outils.

La fenêtre de l'inspecteur s'ouvre aussitôt (figure 57-5).

Figure 57-5 Inspection d'un processus.

À travers trois onglets, l'inspecteur de processus peut fournir de précieuses informations sur l'activité du processus sélectionné :

- **Mémoire** : cet onglet permet d'avoir une vision précise des quantités de mémoire allouées et réellement utilisées par le processus sélectionné.
- **Statistiques** : derrière cet onglet se cachent les résumés statistiques de la filiation du processus, du nombre de ports qu'il utilise, des messages échangés avec le noyau Mach de Mac OS X et avec les systèmes Unix ainsi que le temps total d'activité du processus.
- **Fichiers et ports ouverts** : cet onglet permet notamment d'accéder à la liste complète des fichiers ouverts pour le processus sélectionné. C'est un bon moyen de se faire une idée des ressources nécessaires au fonctionnement d'un processus.

Échantillonner un processus

La fonction d'échantillonnage de processus est accessible tant depuis le bouton **Échantillonner** de l'inspecteur de processus que depuis la barre d'outils de la fenêtre du Moniteur d'activité.

L'échantillonnage dure quelques secondes. Son résultat consiste en une liste hiérarchique de toutes les composantes du processus sélectionné, jusqu'aux fonctions Mac OS X qu'il emploie (figure 57-6).

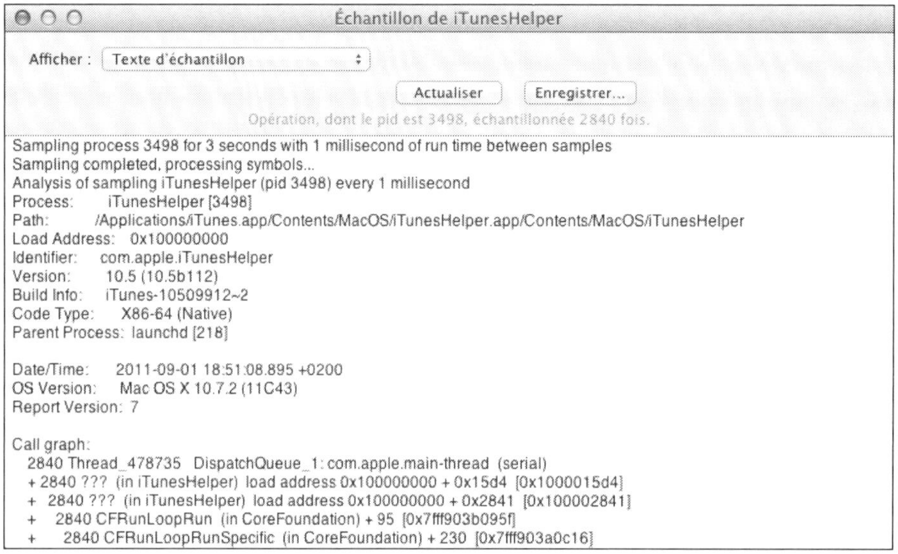

Figure 57-6 Texte d'échantillon d'un processus.

Les indicateurs d'activité

La partie inférieure de la fenêtre du Moniteur d'activité est réservée à des indicateurs de l'activité globale du Mac. Le passage d'un indicateur à l'autre se fait par simple clic sur l'onglet correspondant :

- **Processeur.** Cet indicateur correspond au niveau d'activité global du processeur du Mac. L'affichage détaille le niveau d'activité de chaque cœur et chaque processeur dans le cas d'un système multicœur ou multiprocesseur. Des précisions sont disponibles : le niveau d'occupation dû au système et aux processus lancés dans le cadre de la session de l'utilisateur, le niveau d'inactivité, et enfin le niveau de processus « nice ». Les processus de type « nice » sont un peu particuliers : ils fonctionnent au maximum des ressources libres du processeur tant qu'un autre processeur ne demande pas l'accès à ces ressources, en priorité.

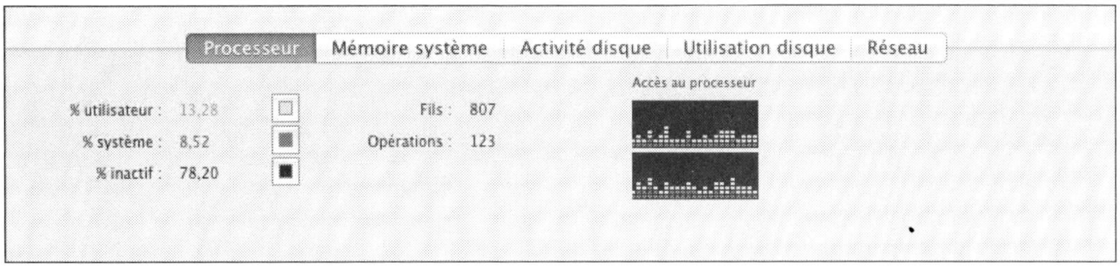

Figure 57-7 L'indicateur d'occupation du processeur.

- **Mémoire système.** Tout y est : la quantité de mémoire disponible, la quantité de mémoire effectivement en cours d'utilisation, la quantité de mémoire effectivement utilisée, la quantité de mémoire allouée, la taille de la mémoire virtuelle et la taille réelle du fichier de mémoire virtuelle.

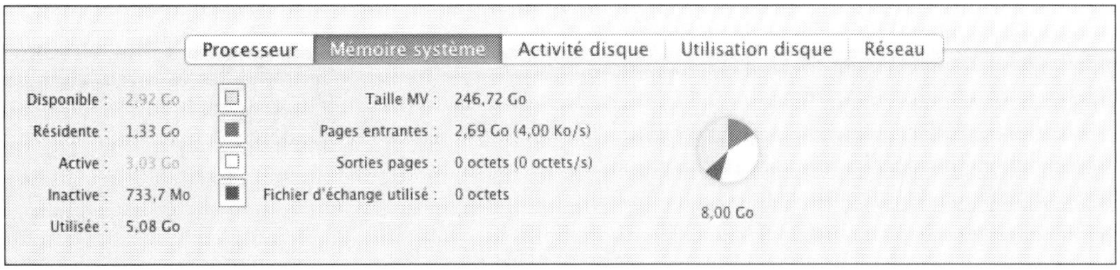

Figure 57-8 L'indicateur d'utilisation de la mémoire vive.

- **Activité disque.** Cet indicateur permet de suivre les activités de lecture et d'écriture sur les disques durs connectés au Mac, tant en volume de données qu'en nombre d'entrées/sorties. Cet indicateur peut permettre de comprendre l'origine d'un ralentissement impromptu du Mac du fait d'accès disque intensifs.

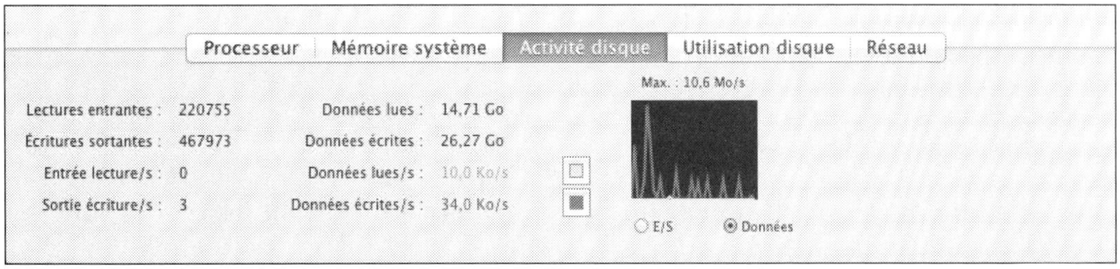

Figure 57-9 L'indicateur d'activité des disques durs.

- **Utilisation disque.** Cet indicateur se contente de reprendre des informations disponibles *via* le Finder sur la taille des volumes, leur espace libre et leur espace occupé. Une liste déroulante permet de passer d'un volume à l'autre.

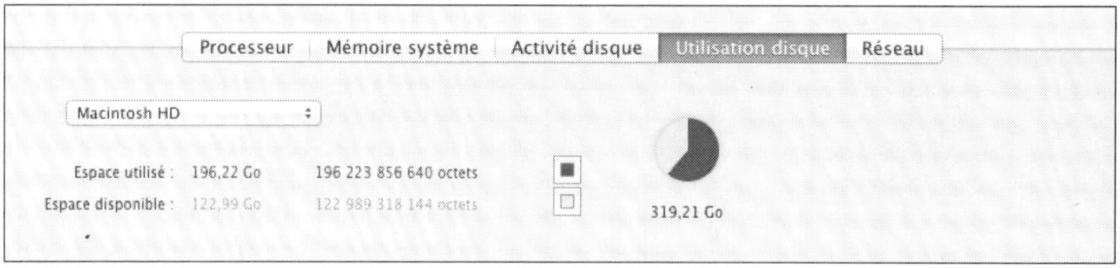

Figure 57-10 L'indicateur d'utilisation de l'espace disque.

- **Réseau.** Là, il s'agit de suivre l'activité de l'interface réseau principale avec les débits entrant et sortant, mais aussi le total de paquets et les quantités de données reçues et envoyées depuis le début de la session d'utilisateur.

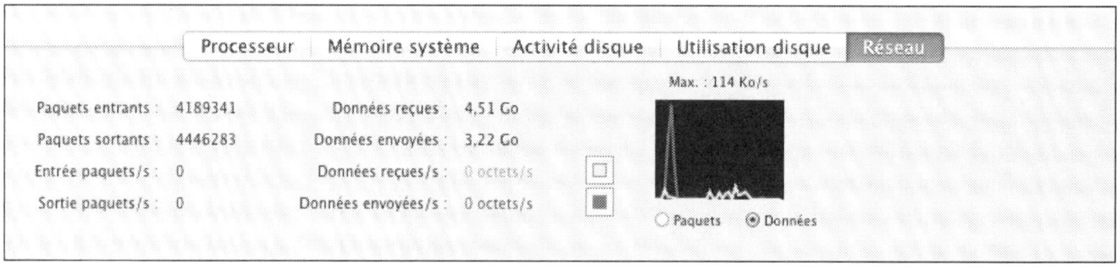

Figure 57-11 L'indicateur d'activité réseau.

Du coin de l'œil

La fenêtre du Moniteur d'activité, avec tous les détails qu'elle fournit, n'est peut-être pas pour tous le meilleur moyen de suivre l'évolution de l'activité du Mac. Un simple indicateur, accessible rapidement du coin de l'œil, peut suffire en général. De telles options sont proposées.

L'icône du Dock

L'icône du Moniteur d'activité dans le Dock peut être utilisée pour afficher l'un des indicateurs d'activité sous forme graphique.

Pour choisir l'indicateur à afficher dans le Dock :

1. Déroulez le menu **Présentation → Icône du Dock** (figure 57-12).
2. Dans la liste, sélectionnez l'indicateur que vous voulez afficher.

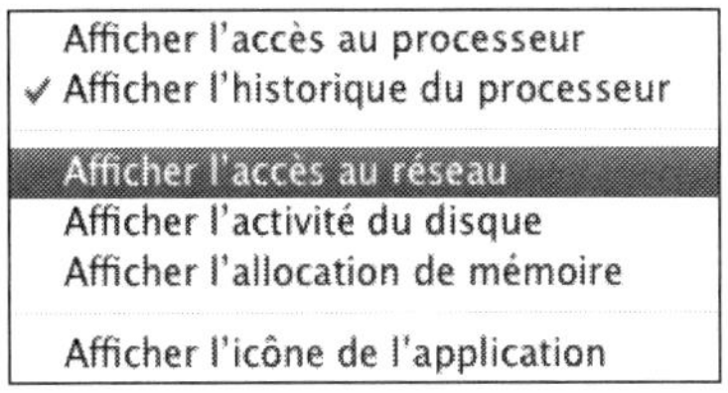

Figure 57-12 Les options d'affichage de l'icône du Moniteur d'activité.

L'effet est immédiat : l'indicateur graphique, normalement affiché dans la fenêtre du Moniteur d'activité, apparaît à la place de l'icône de l'utilitaire, dans le Dock (figure 57-13). Vous pouvez refermer la fenêtre du Moniteur d'activité : il reste actif, comme en témoigne son icône dans le Dock.

Pour rouvrir la fenêtre principale du Moniteur d'activité, cliquez simplement sur son icône dans le Dock.

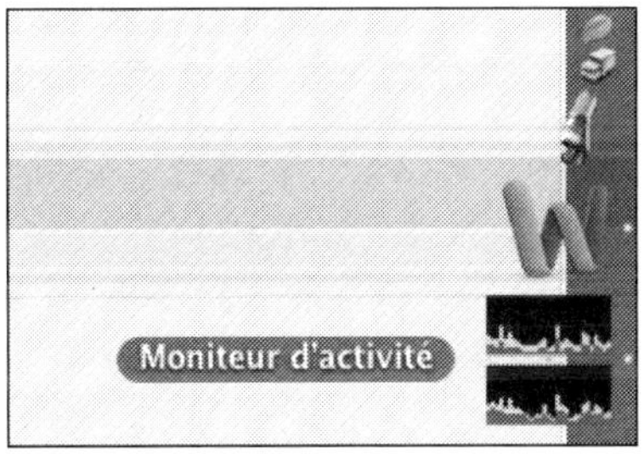

Figure 57-13 Suivi d'activité avec l'icône du Moniteur d'activité dans le Dock.

Astuce Le choix de l'indicateur d'activité utilisé pour l'icône du Moniteur d'activité dans le Dock peut se faire d'un rapide clic droit sur cette icône.

La palette flottante du processeur

En marge de ses indicateurs de fenêtre principale ou d'icône dans le Dock, le Moniteur d'activité permet de suivre en temps réel l'activité du processeur, voire des processeurs et même de chacun de leurs cœurs, *via* une palette flottante, visible en permanence :

1. Déroulez le menu **Fenêtre ➜ Fenêtre flottante du processeur**.
2. Sélectionnez l'option d'affichage qui vous convient.

La palette flottante d'activité du processeur s'affiche aussitôt (figure 57-14).

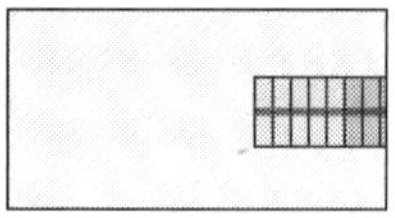

Figure 57-14 La palette flottante de l'activité du processeur.

Chapitre 58

Assurer la maintenance régulière du Mac

Au menu de ce chapitre

- Vérifier et réparer les disques
- Vérifier et réparer les autorisations

Du fait de la conception de Mac OS X et du système de fichiers qu'il utilise, HFS+ (*Hierarchical File System Plus*), les Mac n'ont généralement besoin que d'un entretien logiciel limité. C'est d'autant plus vrai que l'outil d'installation de logiciels et de mises à jour intégré à Mac OS X effectue des opérations d'optimisation du système de fichiers du disque dur de démarrage à l'issue de chaque installation.

Pour autant, un Mac n'est pas à l'abri de la défaillance mécanique de l'un de ses disques durs ou même d'une corruption du système de fichiers du fait d'une application mal programmée. La maintenance régulière a pour objet de gérer ces petits désagréments.

Vérifier et réparer les disques

Périodiquement et de manière souvent aléatoire, certaines zones de disques durs peuvent cesser de fonctionner correctement ; il est nécessaire de les isoler pour que Mac OS X n'essaie par d'écrire des données dessus. C'est l'objet de la vérification et de la réparation périodiques des disques.

1. Pour procéder à la vérification d'un disque, lancez l'**Utilitaire de disque**, à partir du dossier /**Applications**/**Utilitaires**/.
2. Dans la liste de gauche, sélectionnez le disque à vérifier.
3. Activez l'onglet **S.O.S.**.
4. Cliquez sur le bouton **Vérifier le disque**.

L'examen de la santé matérielle du disque dur sélectionné commence aussitôt (figure 58-1).

La vérification dure quelques minutes. Sa durée exacte varie en fonction de la capacité du disque dur vérifié et de sa rapidité.

Une fois la vérification terminée, l'Utilitaire de disque remet son rapport. Les éventuelles erreurs rencontrées apparaissent en rouge. La conclusion du rapport précise s'il est nécessaire ou non de procéder à une réparation.

Si l'Utilitaire du disque vous enjoint de procéder à une réparation, cliquez sur le bouton **Réparer le disque**.

Là encore, l'opération dure quelques minutes, avec une durée exacte imposée par les caractéristiques techniques du disque concerné.

Bon à savoir Il se peut que la réparation échoue, notamment si l'Utilitaire de disque doit intervenir sur des éléments du disque dur qui sont utilisés par Mac OS X. Il faut alors redémarrer le Mac à partir du DVD d'installation de Mac OS X et lancer l'**Utilitaire de disque** depuis le menu **Outils** du logiciel d'installation.

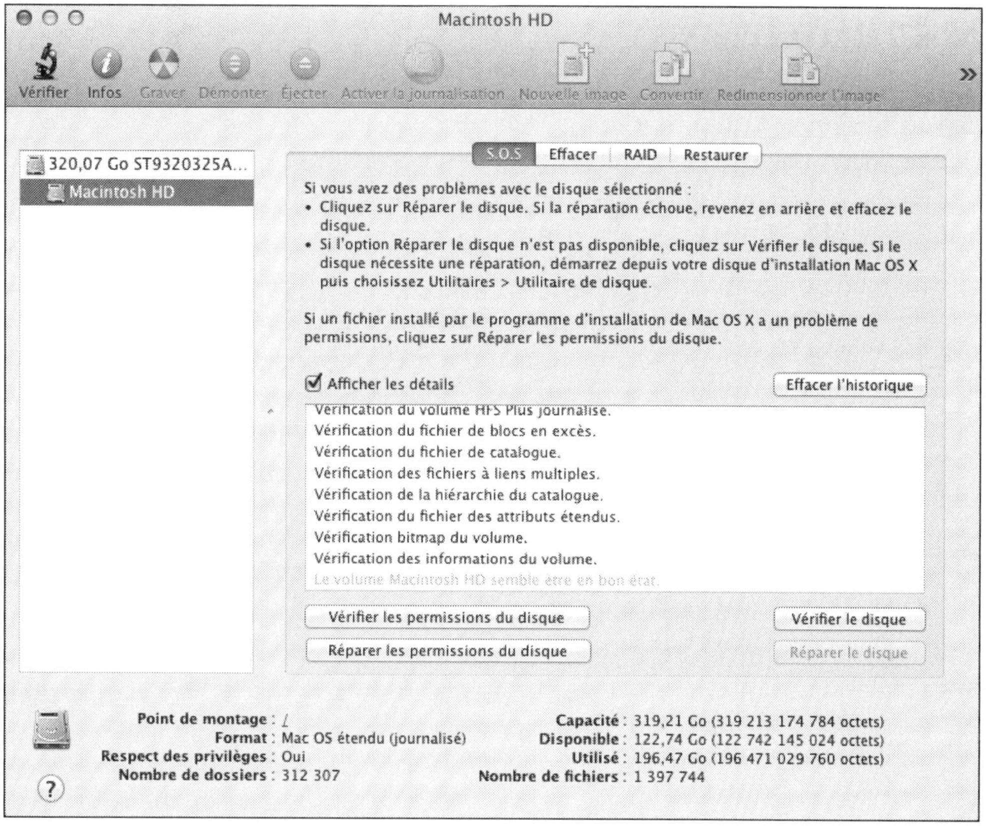

Figure 58-1 Vérification de la santé physique du disque dur.

Vérifier et réparer les autorisations

Les autorisations – aussi appelées permissions – correspondent aux droits que chaque utilisateur du Mac a ou n'a pas sur chacun des fichiers du disque dur : lecture, écriture, exécution, *etc.* Mais ces autorisations concernent aussi des utilisateurs « virtuels », à savoir les processus internes à Mac OS X. Pour que votre Mac fonctionne correctement, les autorisations attribuées à certains utilisateurs sur certains fichiers utilisés par le système d'exploitation et ses processus internes doivent répondre à des critères prédéfinis. Il peut arriver qu'une panne, un bug, un plantage ou une application mal programmée entraîne une altération de ces autorisations. L'Utilitaire de disque permet de les réparer.

1. Pour vérifier les autorisations d'un disque dur, lancez l'**Utilitaire de disque**, à partir du dossier /**Applications**/**Utilitaires**/.
2. Dans la liste de gauche, sélectionnez le disque à vérifier.

3. Activez l'onglet **S.O.S.**.
4. Cliquez sur le bouton **Vérification des permissions du disque**.

La vérification des autorisations sur le disque dur sélectionné commence aussitôt (figure 58-2). Le processus est généralement plus long que le simple examen de la santé physique du disque dur : sa durée exacte dépend d'un facteur supplémentaire, le nombre de fichiers contenus sur le disque dur. Celui-ci peut être très élevé.

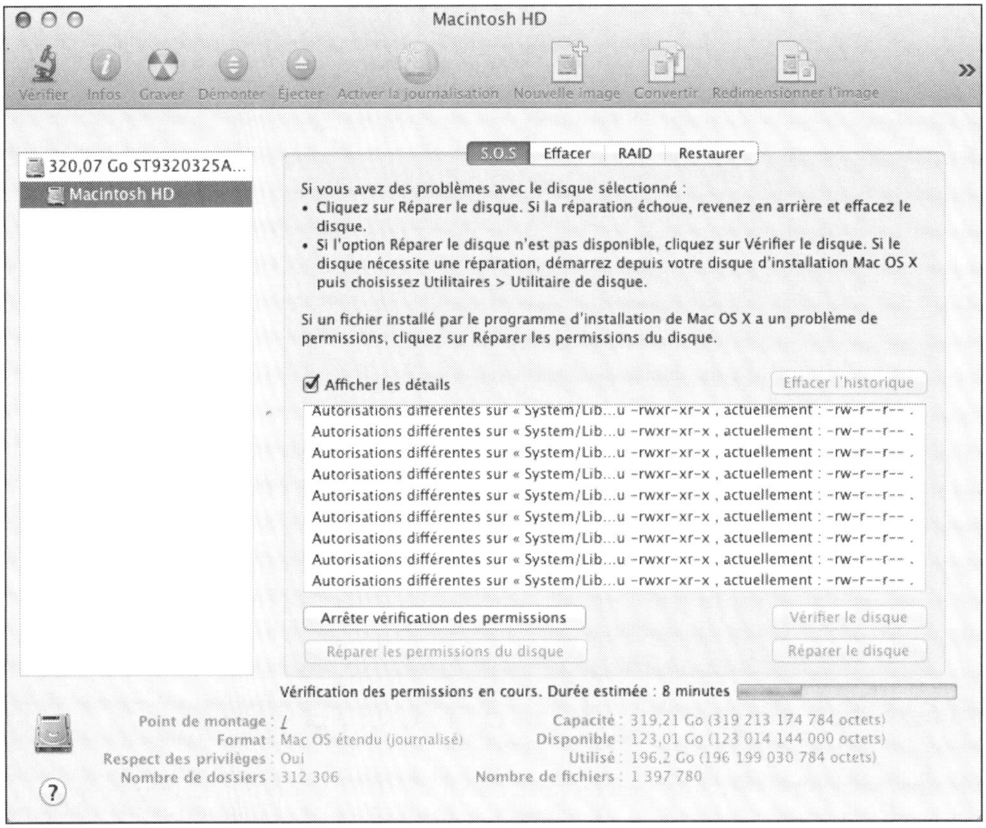

Figure 58-2 Vérification des autorisations du disque dur.

Si l'Utilitaire de disque fait état d'erreurs dans son rapport, demandez-lui de corriger les autorisations en cliquant sur le bouton **Réparer les permissions du disque**. L'opération dure généralement aussi longtemps que la vérification.

Chapitre 59

Les informations avancées de configuration

Au menu de ce chapitre

- Les informations générales
- Les informations logicielles
- Les informations matérielles
- Les informations réseau

Que connaissez-vous de votre Mac ? Généralement, cela se résume aux informations divulguées par le panneau **À propos de ce Mac** du menu Pomme, à savoir :

- version de Mac OS X ;
- type et fréquence du processeur ;
- quantité et rapidité de la mémoire vive ;
- volume de démarrage.

C'est peu, mais cela suffit généralement.

Reste qu'il est parfois nécessaire d'en apprendre plus sur son Mac, sur le matériel qui l'équipe, sur les logiciels qui sont installés sur le disque dur ou encore sur les interfaces réseau. Ces informations peuvent, par exemple, servir à diagnostiquer une panne mais aussi à choisir de manière avisée le composant d'extension dont on souhaite doter son ordinateur pour en améliorer les performances.

L'utilitaire Informations Système est là pour fournir des informations très détaillées sur la configuration tant logicielle que matérielle du Mac.

Cet utilitaire peut être lancé directement depuis le dossier Utilitaires du dossier Applications, mais aussi depuis la commande **À propos de ce Mac** du menu Pomme, *via* le bouton **Plus d'infos…**, ou encore depuis le menu Pomme en maintenant la touche **Option** enfoncée.

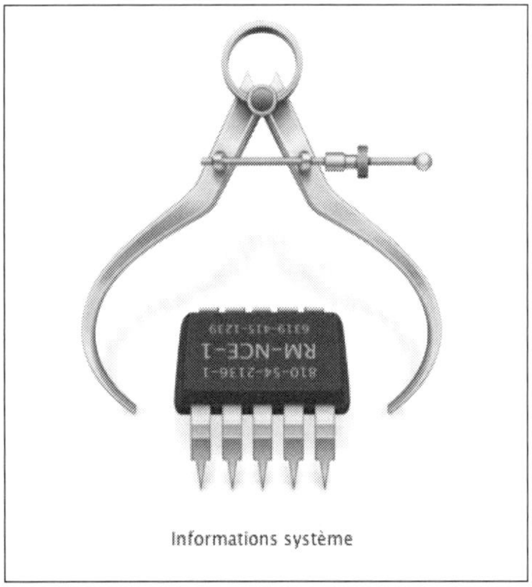

Figure 59-1 L'icône de l'utilitaire Informations Système.

La fenêtre de l'utilitaire Informations Système se compose de deux parties principales avec, à gauche, la liste des informations disponibles, organisées par thèmes – Logiciel,

Matériel, Réseau – et par rubriques et, à droite, le cadre principal affichant les informations disponibles pour le thème ou la rubrique sélectionnés.

Dans certains cas, un cadre supplémentaire peut apparaître, en bas du cadre principal de la fenêtre. Il donne accès à des données encore plus détaillées pour l'élément sélectionné.

Les informations générales

Le bouton **Plus d'infos**, accessible après avoir déroulé le menu **Pomme → À propos de ce Mac**, offre déjà de nombreuses informations précieuses. Quatre onglets permettent d'y voir plus clair sur la configuration matérielle du Mac, sur les moniteurs qui y sont connectés, sur ses dispositifs de stockage et sur sa mémoire vive.

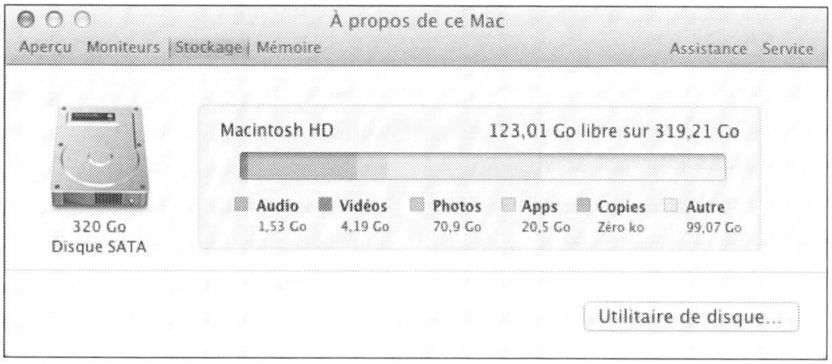

Figure 59-2 Les informations système étendues.

L'onglet **Moniteurs** vous renseignera sur les moniteurs connectés à votre Mac et sur la carte graphique chargée de leur gestion : marque et modèle de moniteur, carte graphique et mémoire vidéo associée.

L'onglet **Stockage** vous fournira les détails de l'utilisation de l'espace de stockage fourni par les différents disques durs – internes et externes – connectés à votre Mac. Avec, au programme, comme pour un iPhone dans iTunes, la segmentation entre contenus audio, vidéo, photo, applications, *etc.*

L'onglet **Mémoire**, enfin, vous permettra de connaître la dotation en mémoire vive de votre Mac. Et, surtout, sa répartition par *slots* de mémoire vive. Un lien, **Instruction de mise à niveau de la mémoire**, vous permettra, en outre, d'accéder à des informations pratiques concernant la façon d'augmenter la mémoire vive installée.

Mais le plus intéressant se cache probablement derrière l'onglet **Service**. Là, en cliquant sur le lien **Vérifier mon service et l'état de ma couverture**, vous pouvez ouvrir une page Web où s'afficheront toutes les informations relatives à la garantie de votre Mac. Pratique, non ?

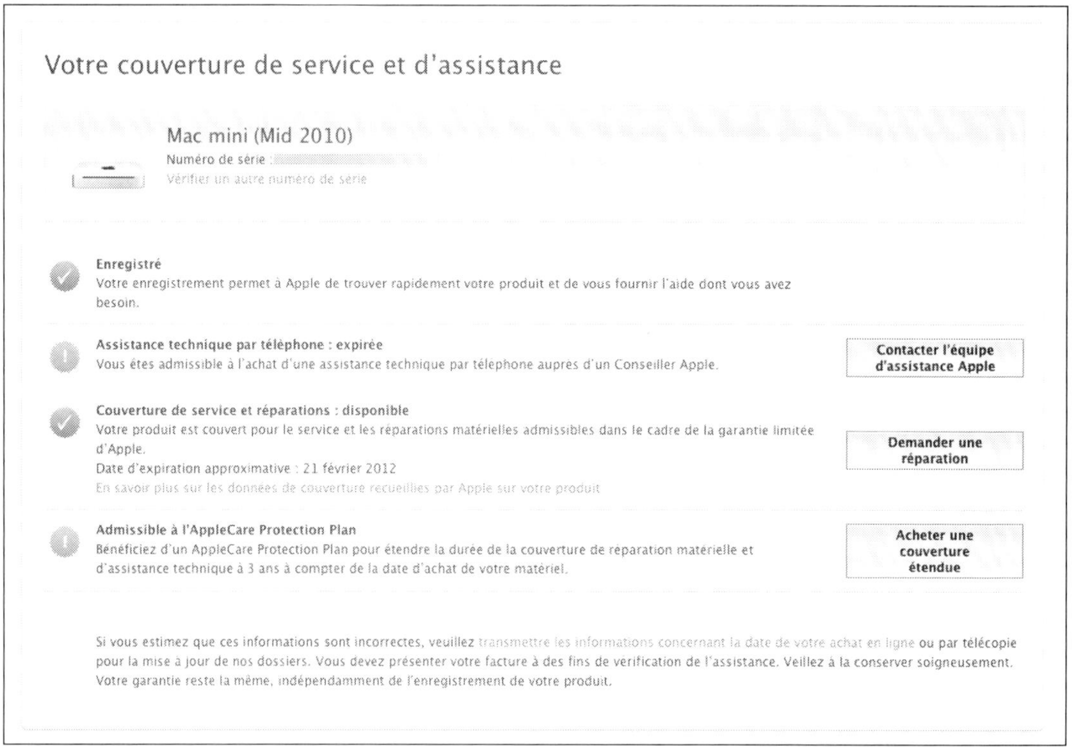

Figure 59-3 Les informations de garantie.

Les informations logicielles

Sous le thème **Logiciel**, l'utilitaire Informations Système regroupe de nombreuses informations :

- un résumé des données logicielles du Mac avec la version précise du système d'exploitation installé, de son noyau, mais aussi le temps écoulé depuis la mise en route ;
- les réglages de l'accès universel (chapitre 34) ;
- la liste complète des applications installées – y compris les applications cachées du système qui fonctionnent en tâche de fond – avec leurs numéros de version ;
- la liste complète des cadres d'application (« *frameworks* » en anglais) installés avec leurs numéros de version, leur emplacement sur le disque dur et un résumé des fonctions qu'ils fournissent ;
- la liste détaillée des extensions du noyau de Mac OS X installées, avec leur numéro de version ;

- la liste des panneaux de préférences avec leurs numéro de version, emplacement, éditeur, identifiant et visibilité ;
- la liste des historiques enregistrés et accessibles avec la Console (chapitre 56) ;
- la liste des applications configurées pour se lancer à l'ouverture de session ;
- la liste des polices que l'on peut gérer avec le Livre des polices (chapitre 40).

Figure 59-4 Les informations logicielles de base.

Les informations matérielles

Sous le thème **Matériel**, les informations recensées ne sont pas moins nombreuses :

- un résumé mentionnant le modèle du Mac utilisé, le type de processeur avec sa fréquence de fonctionnement, son nombre de cœurs et la quantité de mémoire cache de second niveau qu'il embarque, la quantité de mémoire vive installée et sa fréquence de fonctionnement, les numéros de version de la ROM de démarrage et du SMC, ainsi que le numéro de série du Mac – toutes ces informations étant généralement requises lors d'un contact avec AppleCare ;

- le détail des périphériques connectés sur le bus ATA (les lecteurs optiques, en général) ;
- le détail des périphériques connectés sur le bus Serial ATA (les disques durs) ;
- la synthèse des réglages du gestionnaire d'énergie enrichie des données relatives à un éventuel onduleur et celles, très détaillées, de la batterie dans le cas d'un portable ;
- la liste des équipements audio intégrés ;
- les détails du module Bluetooth intégré et de sa configuration ;
- la liste détaillée des cartes d'extension aux formats PC Card/Express Card ;
- la liste détaillée des cartes d'extension connectées au bus PCI ;
- les données matérielles de la carte graphique ainsi que des moniteurs connectés au Mac ;
- la liste des périphériques Fibre Channel ;
- la liste des équipements FireWire ;
- les options de gravure de disques optiques disponibles ;
- la liste détaillée des imprimantes et de leur configuration ;
- la liste des interfaces de stockage RAID ;
- la liste détaillée des différentes barrettes de mémoire vive installées et leur disposition ;
- la liste des périphériques SAS (ou *Serial Attached SCSI*) ;
- la liste des périphériques SCSI ;
- la liste des périphériques USB connectés ou installés, ainsi que leur vitesse de communication sur le bus.

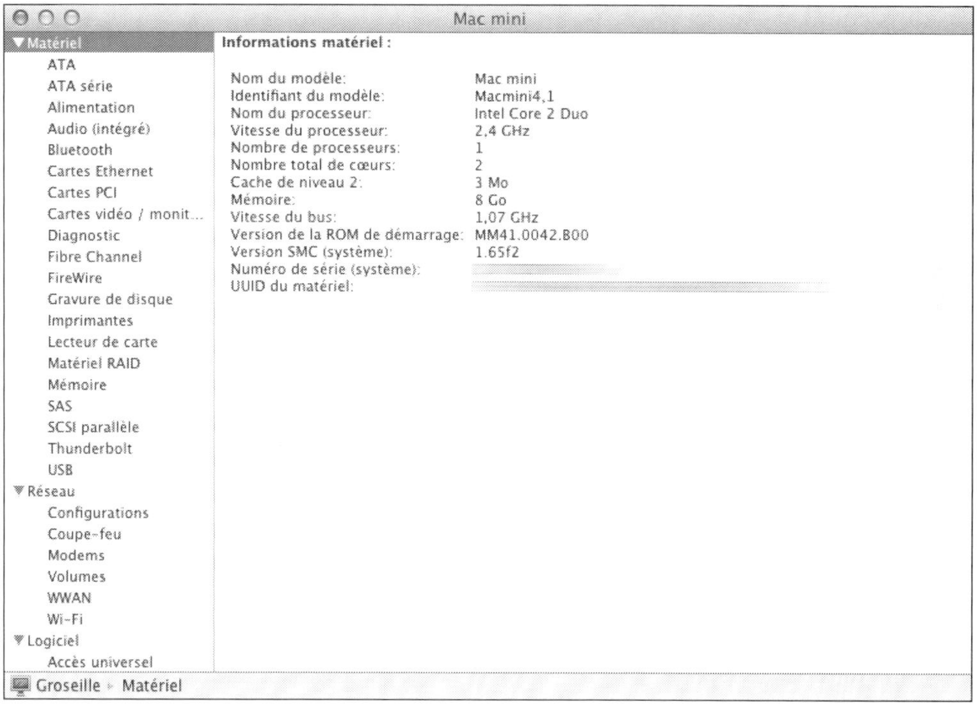

Figure 59-5 Les informations matérielles de base.

Les informations réseau

Sous le thème **Réseau**, enfin, l'utilitaire Informations Systèmes regroupe de nombreuses informations, toutes détaillées :

- un réseau des interfaces réseau actives avec, notamment, le nom du périphérique correspondant dans le sous-système BSD et l'adresse IP éventuelle ;
- les informations sur la carte AirPort, avec sa nature exacte et le numéro de version de son *firmware* ;
- la liste détaillée des données de configuration de chaque interface réseau ;
- la configuration exacte du firewall de Mac OS X ;
- la liste et les configurations des modems connectés au Mac ;
- la liste des volumes réseau.

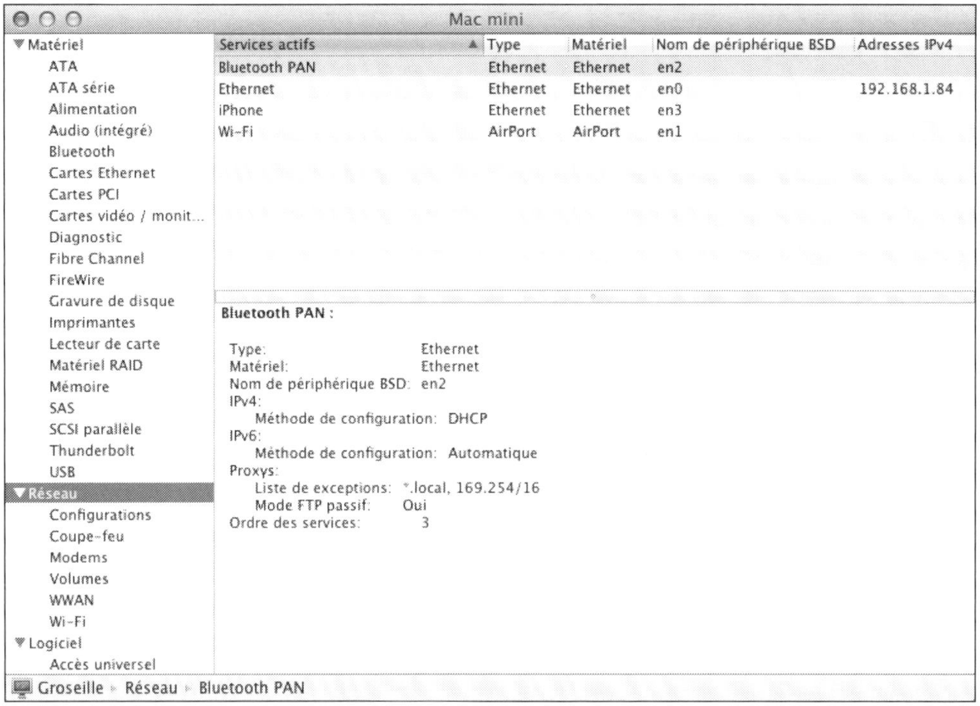

Figure 59-6 Les informations réseau de base.

Chapitre 60

Sauvegarder les données essentielles

Au menu de ce chapitre

- Quel support choisir ?
- Quelles données sauvegarder ?
- La copie en mode cible
- Graver des CD et des DVD avec le Finder
- Sauvegarder dans le *nuage*

Je le tiens d'un ami : « La sécurité des fichiers informatiques se nourrit de trois choses, la sauvegarde, la sauvegarde et la sauvegarde. » Et il n'a pas tort. Aucun disque dur n'est à l'abri d'une panne. Pas la petite panne qui se répare avec l'Utilitaire de disque, la grosse panne, celle qui touche à l'électronique embarquée du disque dur et interdit jusqu'à sa mise sous tension.

Face à une telle panne, il n'y a pas grand-chose à faire. Ou alors, ça coûte très très cher. Notez en outre que plus un disque dur est sollicité, plus le risque de panne augmente à mesure qu'il avance en âge.

La solution la plus pertinente est celle de la sauvegarde préventive. Time Machine (chapitre 31) peut être utilisé pour organiser ces sauvegardes. Mais un simple glisser-déposer depuis le Finder vers un disque dur externe ou un dossier partagé en réseau peut suffire.

Attention Time Machine (chapitre 31) ne s'apparente à un véritable outil de sauvegarde que s'il est utilisé avec un disque dur autre que le disque dur de démarrage du Mac, un disque externe par exemple. Utilisé avec une seconde partition sur le disque dur de démarrage du Mac, Time Machine ne sera d'aucun secours en cas de panne majeure de ce disque dur.

Quel support choisir ?

Entre CD, DVD, disque dur externe ou carte mémoire et même serveur en réseau, les supports de sauvegarde ne manquent pas. Reste à bien choisir son support en fonction de ses besoins de sauvegarde :

- **Les disques optiques** : si les CD peuvent paraître trop « petits » au regard des quantités de données liées aux activités numériques, professionnelles ou personnelles, les DVD apparaissent comme un support de sauvegarde crédible avec une capacité pouvant flirter avec les 10 Go. Mais la lenteur d'accès aux données en lecteur et la dimension contraignante des processus de sauvegarde les rendent plus adaptés à de l'archivage, à savoir au stockage durable de données que l'on souhaite conserver sans pour autant prévoir de les utiliser régulièrement.

- **Les disques durs externes** :ils se prêtent très bien à la sauvegarde régulière, du fait de leur grande capacité et de leur rapidité, surtout avec une connexion FireWire. Time Machine peut s'avérer être un très bon complice d'un disque dur externe pour des sauvegardes régulières et indolores.

- **Les cartes mémoire et les clés USB** : leur faible capacité – quoique – les destine plus à la sauvegarde ponctuelle de données bien ciblées qu'à la sauvegarde sans discernement de l'ensemble du disque dur. La faible taille permet de les emporter avec soi. Elles constituent donc un bon moyen de toujours garder une copie, sur soi, de données jugées précieuses, comme le carnet d'adresses, l'agenda, les courriers électroniques, ou même des photos de sa maison, pendant les vacances !

- **Le serveur réseau** : il peut s'agir d'un authentique Mac ou PC proposant des espaces partagés aux utilisateurs du réseau pour leurs sauvegardes régulières, ou d'un disque dur en réseau de type NAS (*Network Attached Storage*). Avec une connexion réseau de type Gigabit Ethernet, l'utilisation de ce type de périphérique de stockage est aussi agréable et confortable qu'un disque dur externe. Mais peut-être moins sûr : à défaut d'utiliser des disques durs assemblées en RAID 1 (miroir) ou RAID 5 ou équivalent, les données du serveur n'y sont pas beaucoup plus en sécurité que dans le Mac.

Définition Le **RAID** (*Redundant Array of Independant Drives*) est un terme recouvrant plusieurs modes de combinaison de disques durs indépendants au sein d'une seule et unique unité de stockage. Le RAID 1 consiste en au moins deux disques durs dont l'un est en permanence la copie parfaite de l'autre. Les données sont donc stockées en double. En cas de défaillance de l'un des disques, l'autre continue de fonctionner. Le RAID 5 demande au minimum trois disques pour fonctionner. Les données de contrôle (on parle de données de parité) sont associées aux fichiers et l'ensemble est stocké de manière répartie sur les disques du système RAID. Lorsqu'un disque tombe en panne, les fichiers qu'il contenait peuvent être reconstitués sur son remplaçant à partir des données de contrôle stockées sur les autres disques du système RAID.

Quelles données sauvegarder ?

Le choix des données à sauvegarder dépend bien sûr de la valeur que vous leur attribuez et de l'espace de sauvegarde dont vous disposez. Il n'en reste pas moins quelques éléments prioritaires : vos données personnelles. Ce sont vos photos, les morceaux de musique que vous avez achetés sur l'iTunes Store, vos documents, mais aussi vos courriers électroniques, vos mots de passe Web, les données du Carnet d'adresses, votre agenda mais aussi vos signets pour Safari.

Certains de ces éléments peuvent être retrouvés de manière évidente, mais hélas pas tous. Voici l'emplacement de quelques données essentielles :

- Courriers électroniques et comptes de messagerie : vos dossiers et fichiers **/Bibliothèque/Mail**, **/Bibliothèque/Téléchargements Mail**, et **/Bibliothèque/Preferences/com.apple.mail.plist**.
- Signets Safari : votre dossier **/Bibliothèque/Safari**.
- Calendriers iCal : votre dossier **/Bibliothèque/Application Support/iCal**.
- Contacts : votre dossier **/Bibliothèque/Application Support/AddressBook**.
- Mots de passe : votre dossier **/Bibliothèque/Keychain**.

Bien sûr, si vous disposez d'un important espace de stockage pour vos sauvegardes, n'hésitez pas : sauvegardez systématiquement l'intégralité de votre dossier personnel.

La copie en mode cible

Le mode cible n'est pas à proprement parler une solution de sauvegarde : il s'agit plutôt d'une solution de récupération de données. Le mode cible consiste à faire passer un Mac pour un simple disque dur externe que l'on peut connecter à un autre Mac *via* un port FireWire. Le mode cible ne dépend pas de Mac OS X : il est géré directement par le microcode du Mac ; il est accessible même si Mac OS X refuse de démarrer. Du coup, le mode cible est tout indiqué lorsqu'il est nécessaire de récupérer les données d'un Mac alors qu'il refuse de démarrer et que l'on envisage de réinstaller Mac OS X.

1. Pour démarrer votre Mac en mode cible, maintenez la touche **T** enfoncée tout en appuyant sur le bouton de mise en route.
2. Conservez la touche **T** enfoncée jusqu'à ce que l'icône FireWire apparaisse à l'écran.
3. Connectez alors votre Mac à un second Mac *via* un câble FireWire.

Le disque dur interne du Mac démarré en mode cible apparaît sur le Bureau du second Mac, comme s'il s'agissait d'un simple disque dur externe.

Il ne vous reste plus qu'à récupérer vos données avant de réinstaller Mac OS X sur votre Mac défaillant.

Graver des CD et des DVD avec le Finder

Le Finder de Mac OS X intègre une fonction de gravure de CD et DVD. Si celle-ci semble plus propre à l'archivage qu'à la sauvegarde, ce n'est pas une raison pour se priver de l'utiliser.

1. Pour préparer une gravure, activez le Finder.
2. Déroulez le menu **Fichier ➜ Nouveau dossier à graver**.
3. Glissez-déposez les éléments à graver dans le **Dossier à graver** (figure 60-1).

   Les éléments glissés dans le dossier à graver ne sont pas copiés, ni déplacés : ce ne sont que des alias. Ce n'est qu'au moment de la gravure que le Finder se chargera de récupérer les fichiers à l'origine des alias pour les copier sur le CD ou le DVD.

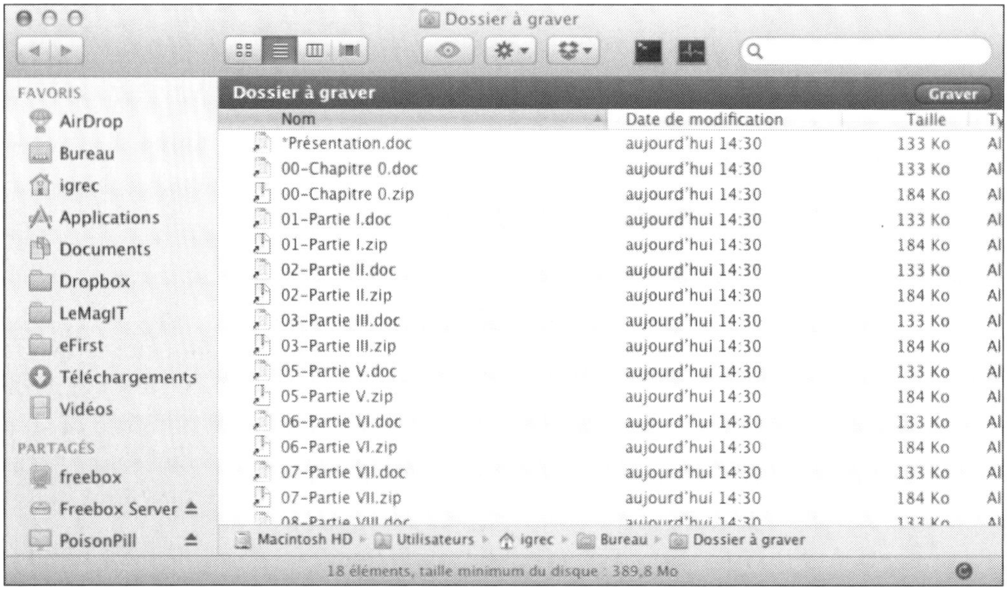

Figure 60-1 Préparation de la gravure d'un CD/DVD.

Observez la barre d'état : elle vous indique la taille qu'occuperont vos données, au minimum, sur le disque optique, après gravure.

4. Lorsque vous êtes prêt, cliquez sur le bouton **Graver**.
5. Suivez les indications à l'écran (figure 60-2).

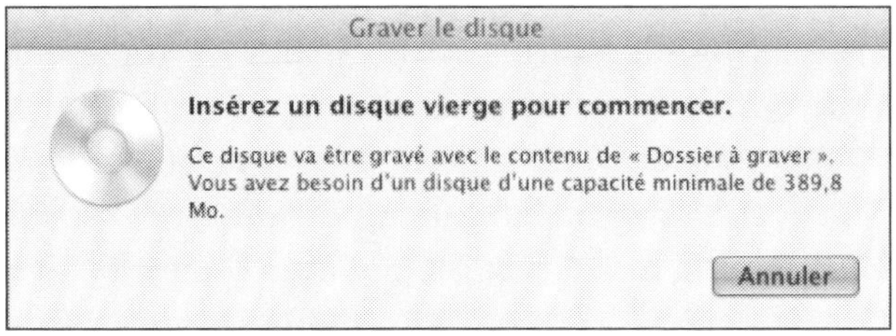

Figure 60-2 Début de la gravure.

Bon à savoir La fonction de gravure du Finder n'est pas capable de « découper » le contenu du dossier à graver : la gravure se fait impérativement sur un seul et unique disque optique d'une capacité supérieure ou égale à celle indiquée par le Finder.

Astuce Pour graver très rapidement un dossier du disque dur de votre Mac sur CD ou DVD, sélectionnez ce dossier dans le Finder puis déroulez le menu **Fichier ➜ Graver**. Il ne vous reste plus qu'à insérer un CD ou un DVD vierge pour que commence la gravure.

Sauvegarder dans le *nuage*

La sauvegarde locale, sur un disque externe, ou sur un disque réseau, présente l'avantage évident de la rapidité. Et de l'exhaustivité : une fois le support de stockage acquis, on l'utilise et le remplit sans s'inquiéter de coûts supplémentaires. Las, ce type de sauvegarde ne protège pas de certains incidents : cambriolage, incendie, *etc.* Des aléas qui peuvent être d'autant plus dommageables que notre vie est de plus en plus numérique : feuilles de paie, factures, photos de famille… Qui peut se permettre ou accepter, de nos jours, de perdre ses documents numériques personnels ? Et c'est sans parler des documents professionnels.

Contre ce risque, il y a un autre type de sauvegarde : la sauvegarde dans le nuage, par Internet. Plus lente, certes, parfois plus coûteuse, mais souvent bien plus sûre. Les services de ce type se multiplient et, pour n'en citer que quelques-uns, évoquons SpiderOak – qui propose 5 Go de stockage gratuitement – ou encore Dolly Drive, sorte de Time Machine en ligne très bien intégré à Mac OS X, mais aussi Mozy, ou encore BackBlaze, Dropbox et CrashPlan.

SpiderOak présente un autre intérêt : il permet non seulement la sauvegarde, mais aussi de synchroniser, *via* les serveurs de stockage de l'éditeur du service, plusieurs machines différentes. Utile pour qui utilise un Mac de bureau régulièrement et, ponctuellement, un Mac portable. Mais il est vrai que Dropbox permet aussi de gérer une forme de synchronisation entre plusieurs Mac, tout en gardant ses fichiers à portée de main, y compris sur son iPhone ou son iPad.

CrashPlan présente un intérêt supplémentaire : ce n'est pas qu'un service de stockage en ligne. De fait, vous pouvez non seulement stocker vos données sur les serveurs informatiques de CrashPlan mais vous pouvez également, en parallèle, les stocker sur un disque dur directement connecté à votre Mac, sur un disque dur réseau ou encore sur… l'ordinateur personnel d'un ami. Sur chaque machine concernée, il suffit d'installer CrashPlan. Chacune est associée à un code alphanumérique qui permet son identification par Internet. Dans le logiciel CrashPlan, une option de destination de sauvegarde permet d'indiquer ce code et de définir l'ordinateur distant correspondant comme destination de sauvegarde. Le reste est transparent, même la configuration des pare-feu. Simple et efficace.

Figure 60-3 L'interface de CrashPlan.

Chapitre 61

Gérer les disques durs et les partitions

Au menu de ce chapitre

La gestion des disques durs relève des opérations de maintenance les plus importantes : les disques durs abritent les données, les applications et même le système d'exploitation. L'ajout d'un disque dur externe est souvent une opération anodine. Mais elle peut rendre nécessaires le formatage dudit disque ou encore, dans le cas de plusieurs disques, la création d'un ensemble RAID.

Dans Mac OS X, toutes les opérations de maintenance concernant les disques s'effectuent avec l'Utilitaire de disque, une application spécialisée.

Disques et volumes, c'est quoi ?

Le disque dur, c'est une notion assez simple : le disque dur est un objet physique facilement identifiable. Mais, à l'état brut, le disque dur n'a qu'une réalité informatique très limitée. Un disque dur ne devient un espace de stockage disponible pour l'ordinateur auquel il est connecté qu'une fois qu'il a été formaté. Cette opération consiste à imposer au disque dur un système de fichiers. Le système de fichiers, c'est une sorte de carte qui permet au système d'exploitation de l'ordinateur de faire le lien entre un fichier informatique et des zones physiques des disques qui constituent matériellement le disque dur.

On peut désigner le formatage comme l'opération consistant à faire d'un disque physique un disque logique, c'est-à-dire utilisable par le système d'exploitation de l'ordinateur.

Mais voilà : un disque physique peut être segmenté en plusieurs disques logiques. On parle de partitions. Chaque partition peut avoir un système de fichiers différent et chacune apparaît, vue depuis le Finder de Mac OS X, comme un disque indépendant.

Sous Mac OS X, on parle plus volontiers de « volume » pour désigner tout ce qui relève d'un espace de stockage logique.

Les archives pour gagner de la place

Vous avez besoin de gagner un peu d'espace libre, sur le disque dur de votre Mac ? Commencez par archiver sur un support externe (chapitre 60) les données que vous utilisez le moins fréquemment. Les autres, celles que vous voulez conserver à portée de clic mais que vous n'utilisez finalement que rarement, compressez-les : Mac OS X vous permet en deux clics de transformer un fichier ou un dossier en fichier compressé ZIP. La place gagnée peut être considérable, de l'ordre de plusieurs dizaines de pour cent pour un fichier bureautique, par exemple.

1. Pour compresser un fichier ou un dossier, faites un clic droit dessus, dans le Finder.
2. Sélectionnez **Compresser**.

Astuce Vous souhaitez pouvoir réaliser encore plus vite des archives ? Glissez-déplacez sur le Dock l'**Utilitaire d'archive**, qui se cache dans le dossier **/Système/Bibliothèque/CoreServices/**. Cela fait, vous pouvez lancer la création d'archives en glissant-déposant les éléments à compresser sur l'icône de l'Utilitaire d'archive dans le Dock.

3. Au bout de quelques instants, le Finder produit un fichier .zip contenant tous les éléments compressés.
4. Supprimez les originaux et ne conservez que l'archive.

À tout moment, vous pouvez extraire les éléments compressés en double-cliquant sur le fichier ZIP.

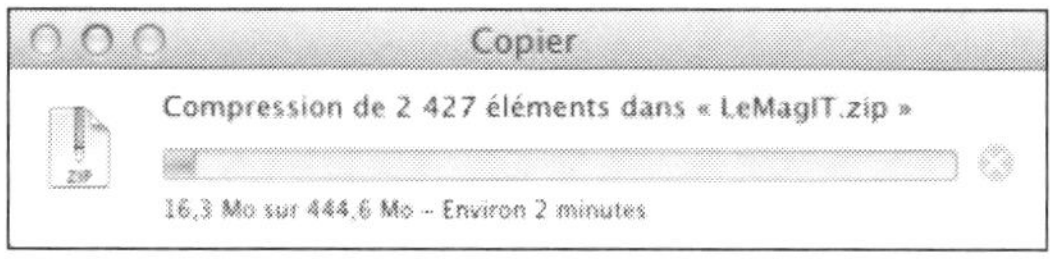

Figure 61-1 Compression d'un fichier ou d'un dossier.

Astuce Contrairement à des apparences trompeuses, le comportement de Mac OS X pour la création d'archives peut être paramétré. Sélectionnez l'application **Utilitaire d'archive** dans le dossier **/Système/Bibliothèque/CoreServices/** puis faites un clic droit sur son icône : sélectionnez **Afficher le contenu du paquet**. Là, double-cliquez sur **Contents** puis sur **Resources** et, enfin, sur **Archives.prefPane** : Mac OS X vous demande si vous préférez installer ce panneau de préférences pour vous seul ou pour tous les utilisateurs de votre Mac ; sélectionnez l'option voulue puis cliquez sur **Installer** et indiquez votre mot de passe administrateur lorsqu'il vous sera demandé. Voilà : vous avez accès aux options de l'Utilitaire d'archive (figure 61-2).

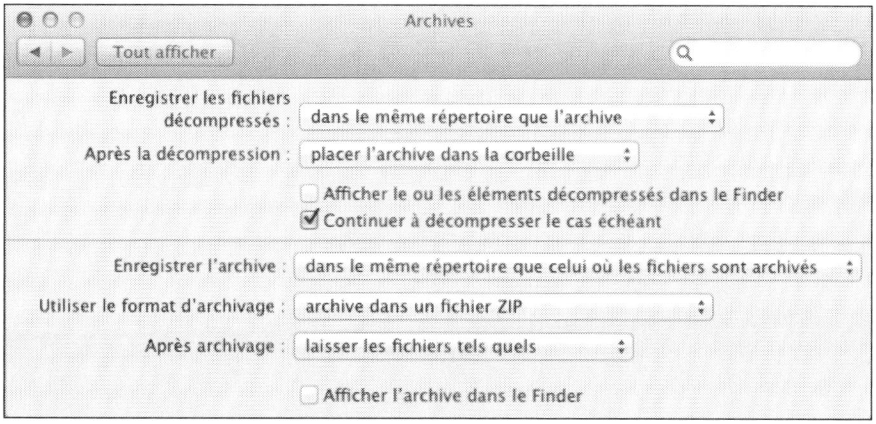

Figure 61-2 Les options de l'Utilitaire d'archive.

Effacer et partitionner un disque

Effacer un disque dur n'est pas l'une des opérations les plus courantes que l'on ait à réaliser avec son Mac. Pourtant, elle s'avère souvent indispensable lorsque l'on achète un nouveau disque dur, interne ou externe : ces disques durs ne sont généralement pas formatés, c'est-à-dire qu'ils n'ont pas été préparés pour pouvoir recevoir des fichiers et des dossiers. Rassurez-vous : l'opération est simple et rapide.

1. Lancez l'**Utilitaire de disque**, à partir du dossier /**Applications**/**Utilitaires**/.
2. Sélectionnez le disque ou le volume à effacer dans la colonne de gauche.
3. Activez l'onglet **Effacer**.
4. Déroulez la liste **Format du volume**.
5. Sélectionnez **Mac OS étendu (journalisé)** pour un disque destiné exclusivement à des Mac.
6. Sélectionnez **MS-DOS (FAT)** pour un disque destiné à être utilisé à la fois par des Mac et par des PC sous Windows.
7. Baptisez votre disque dans le champ **Nom**.
8. Cliquez sur le bouton **Effacer**.
9. Cliquez à nouveau sur **Effacer** pour confirmer.

Le formatage ne prend que quelques secondes.

Astuce Si vous souhaitez effacer un disque dur et vous assurer que les données qu'il contenait ne pourront pas être récupérées par des indélicats, cliquez sur le bouton **Options de sécurité** et sélectionnez l'une des options d'effacement sécurisé proposées.

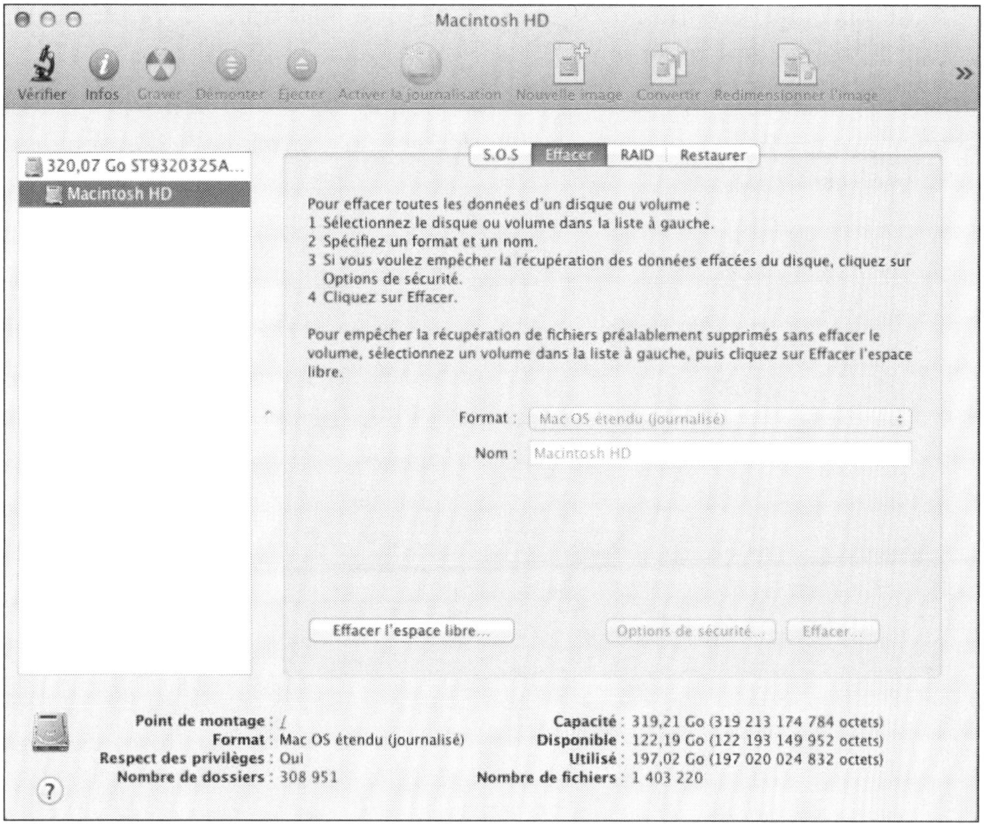

Figure 61-3 Effacer un disque ou une partition.

Partitionner un disque dur

Diviser un disque dur en plusieurs partitions répond généralement à un objectif principal : produire, à partir d'un seul disque, des espaces de stockage dédiés et séparés les uns des autres. Sur un même disque, les partitions peuvent avoir chacune leur propre système de fichiers (ou format). C'est particulièrement pratique lorsque le disque dur concerné doit être utilisé en environnement « hétérogène », à savoir à la fois avec des Mac et des PC, par exemple.

1. Lancez l'**Utilitaire de disque**, à partir du dossier /**Applications**/**Utilitaires**/.
2. Sélectionnez le disque à partitionner dans la colonne de gauche.
3. Activez l'onglet **Partition**.
4. Déroulez la liste **Schéma de partition** et sélectionnez le nombre de partitions que vous voulez créer.

5. Ajustez la taille des différentes partitions les unes par rapport aux autres en déplaçant les barres de séparation.

6. Sélectionnez l'une après l'autre chaque partition et profitez-en pour leur donner un nom dans le champ *ad hoc* et leur attribuer un système de fichiers en déroulant la liste **Format**.

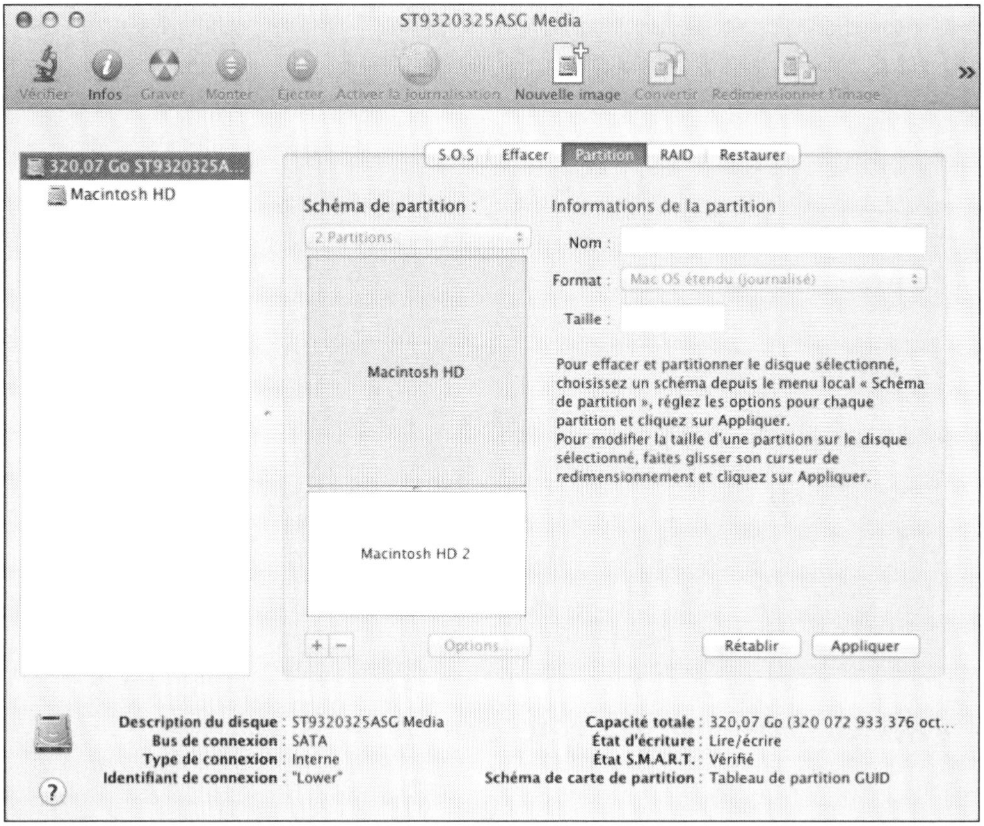

Figure 61-4 Partitionner un disque.

7. Cliquez sur le bouton **Options** (figure 61-5).

8. Sélectionnez le schéma de partition qui correspond à l'usage que vous prévoyez d'avoir pour votre disque dur.

9. Cliquez sur **OK**.

10. Lorsque vous êtes prêt, cliquez sur **Appliquer**.

La création des partitions et leur formatage ne durent que quelques secondes.

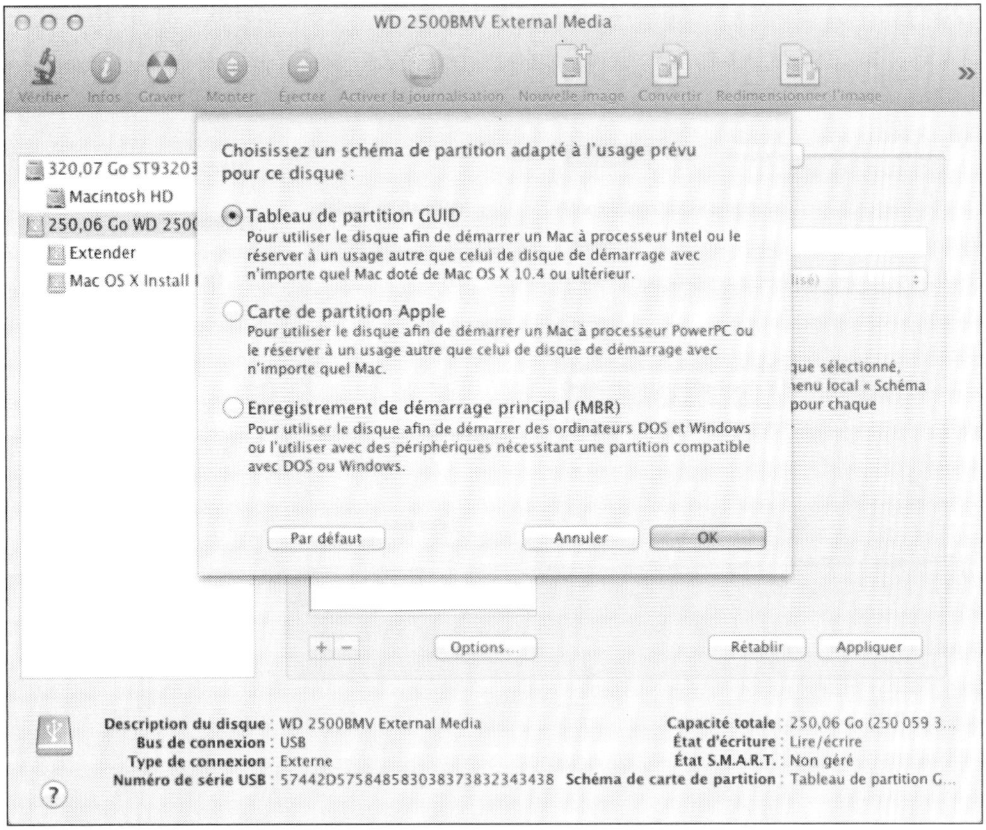

Figure 61-5 Définir le schéma de partition.

Attention Depuis Mac OS X Leopard, il est possible de créer des partitions dans l'espace vide d'un disque ou encore de modifier la taille de partitions existantes sans détruire leurs données. Cela fonctionne aussi pour le disque de démarrage… sans redémarrer ! Et cela s'applique aussi aux données de partitions autres que celle que l'on peut vouloir supprimer. En revanche, si l'on change la configuration complète d'un disque, *via* le menu local **Schéma de partition**, les données de toutes les partitions seront détruites.

Ajuster les partitions d'un disque dur

Segmenter un disque dur en plusieurs partitions présente tout de même un défaut : si l'une des partitions est pleine, il n'est pas possible d'aller « grignoter » l'espace libre d'une autre. Du moins, pas de manière automatique ni spontanée. Car l'Utilitaire de disque permet bel et bien d'ajuster la taille des partitions sans en modifier le contenu ou même d'effacer l'une des partitions d'un disque sans toucher aux autres. Et ça, c'est bien pratique.

1. Lancez l'**Utilitaire de disque**, à partir du dossier /**Applications**/**Utilitaires**/.
2. Sélectionnez le disque dont vous voulez modifier les partitions, dans la colonne de gauche.
3. Activez l'onglet **Partition**.
4. Ajustez la taille des partitions en déplaçant le coin inférieur droit des rectangles les représentant (figure 61-6).
5. Si vous souhaitez supprimer une partition, sélectionnez-la et cliquez sur le bouton – en bas de la liste des partitions.
6. Lorsque vous avez fini, cliquez sur **Appliquer**.

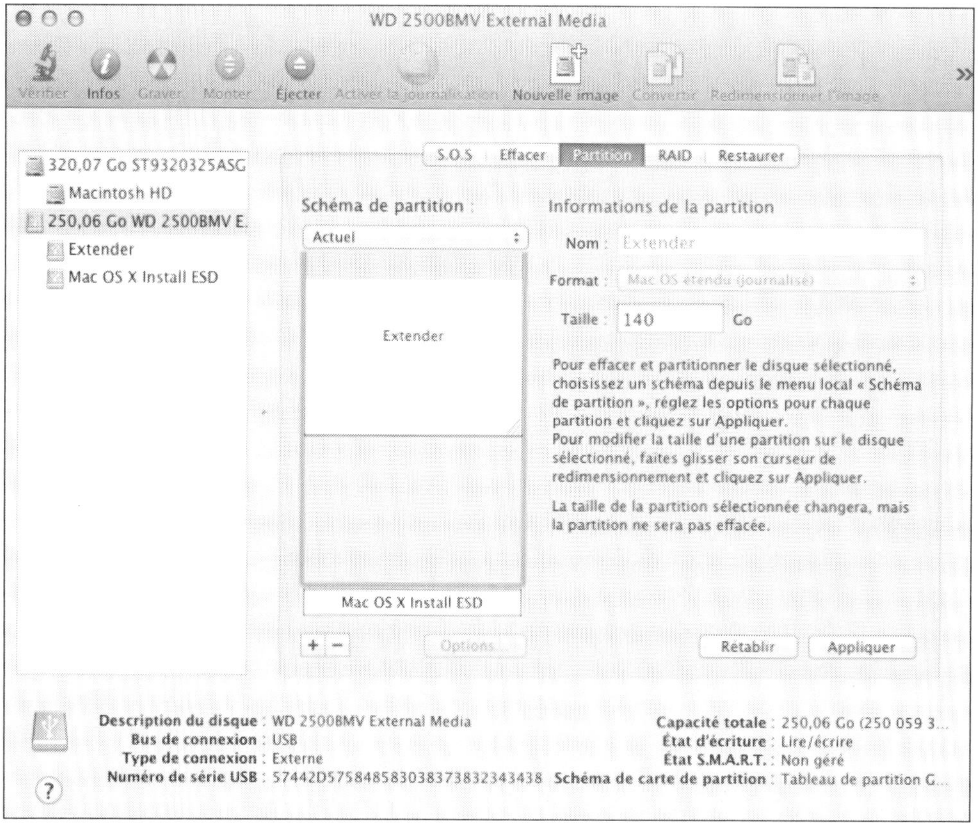

Figure 61-6 Ajuster la taille des partitions.

Créer une image disque

Les images disque sont des volumes virtuels : présentés sous la forme de fichiers, ils s'installent sur le Bureau d'un double clic et s'utilisent alors comme n'importe quel disque dur ou partition. Les images disque peuvent être créées à partir d'un disque dur, d'une partition, d'un simple dossier ou *ex nihilo*. Elles constituent un moyen pratique d'échange de fichiers par Internet mais aussi de sauvegarde : l'image disque du disque de démarrage d'un Mac, par exemple, en est sa copie exacte ; cette copie peut être restaurée à l'aide de l'Utilitaire de disque.

1. Pour créer une image disque, lancez l'**Utilitaire de disque** à partir du dossier /**Applications**/**Utilitaires**/.
2. Déroulez le menu **Fichier → Nouvelle**.

   Sélectionnez **Image disque vide** pour créer une nouvelle image disque *ex nihilo*.

   Sélectionnez **Image disque du dossier** pour créer une image disque à partir d'un dossier.

   Sélectionnez **Image disque de** pour créer une image disque à partir du disque (ou de la partition) sélectionné dans la fenêtre de l'Utilitaire de disque.
3. Suivez les indications à l'écran.

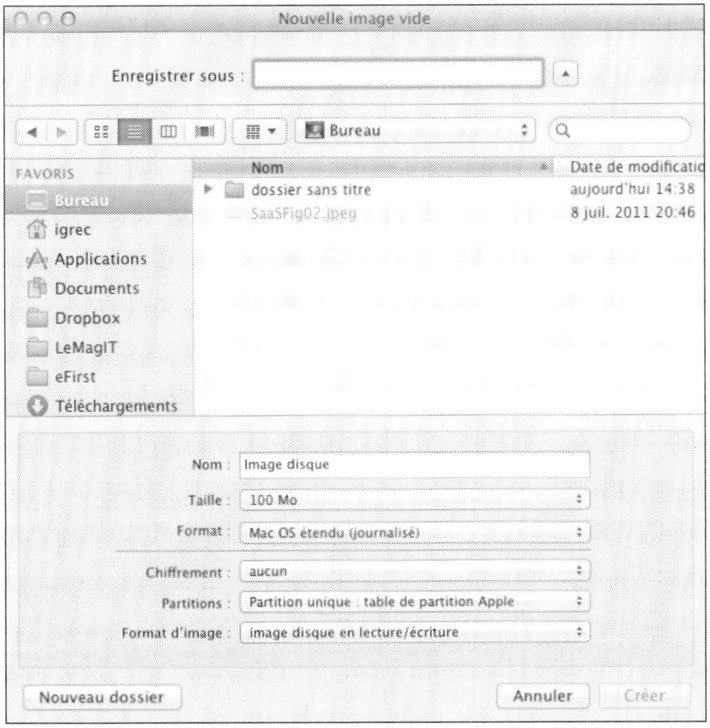

Figure 61-7 Création d'une image disque.

Bon à savoir À la création d'une image disque, la liste **Chiffrement** vous permet de choisir de protéger ou non cette dernière par un mot de passe.

Astuce Dans la liste **Format d'image**, sélectionnez de préférence **image disque SparseBundle** : à sa création, l'image disque n'occupera pas plus de place que son contenu. Mais sa taille ne sera pas limitée pour autant : l'image disque pourra « grossir » à mesure que vous l'emplirez de nouveaux fichiers. Apple utilise ce format d'image disque pour les sauvegardes Time Machine.

Restaurer un disque à partir d'une image

Les images disque permettent de réaliser des copies parfaites de disques entiers : elles permettent aussi de restaurer des disques. L'opération n'a rien de compliqué :

1. Lancez l'**Utilitaire de disque** à partir du dossier /**Applications**/**Utilitaires**/.
2. Sélectionnez un disque et activez l'onglet **Restaurer**.
3. Depuis le Finder ou la partie inférieure de la colonne gauche de l'Utilitaire de disque, glissez-déposez l'image à restaurer sur le champ **Source**.
4. Depuis la partie supérieure de la colonne gauche de l'Utilitaire de disque, glissez-déposez le disque ou la partition à utiliser pour la restauration sur le champ **Destination**.
5. Cliquez sur le bouton **Restaurer**.
6. Confirmez en cliquant sur **OK.**

   L'opération se lance aussitôt. Elle dure quelques minutes.

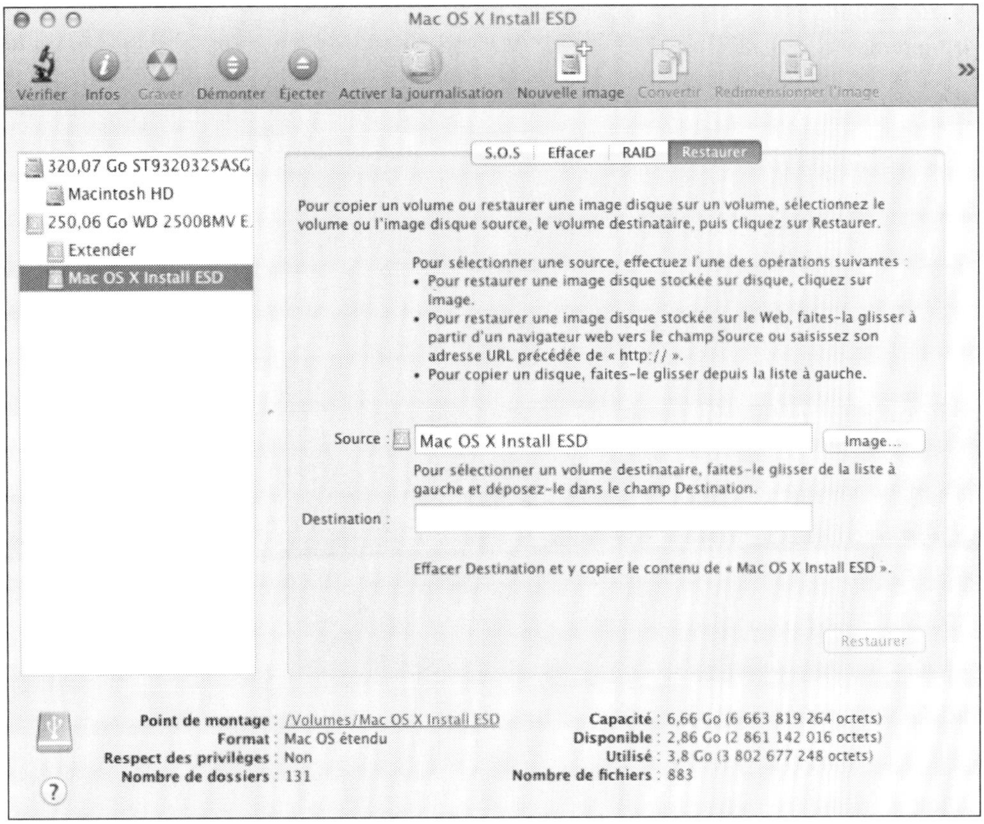

Figure 61-8 Restauration depuis une image disque.

Associer plusieurs disques en RAID

Un ensemble RAID consiste en plusieurs disques ou volumes assemblés de sorte à ne constituer qu'un seul volume. Mac OS X gère deux types d'ensembles RAID principaux : les ensembles entrelacés (RAID 0) et les ensembles en miroir (RAID 1).

Dans un ensemble entrelacé, les fichiers sont enregistrés par segments répartis sur tous les disques de l'ensemble : les performances d'accès disque en sont significativement améliorées. La capacité totale de tous les disques de l'ensemble est effectivement disponible. Mais en cas de panne, toutes les données de l'ensemble RAID sont perdues.

Dans un ensemble en miroir, les fichiers sont dupliqués sur chacun des disques de l'ensemble. La capacité de stockage effectivement disponible se limite à celle de l'un des disques de l'ensemble. Mais en cas de panne de l'un des disques, les données ne sont pas perdues et l'ensemble RAID continue de fonctionner.

L'Utilitaire de disque permet enfin de combiner plusieurs ensembles RAID de type différent. Par exemple, il est possible d'associer deux ensembles RAID entrelacés au sein d'un même et unique ensemble RAID en miroir. On parle alors de RAID 0+1 et l'on profite des avantages des deux types de RAID sans pour autant supporter les limites de chacun. Notamment, en cas de panne de l'un des deux ensembles RAID entrelacés, le second reste disponible dans le cadre de l'ensemble RAID en miroir.

1. Pour créer un ensemble RAID, lancez l'**Utilitaire de disque** depuis le dossier /**Applications/Utilitaires/**.
2. Sélectionnez un disque dans la colonne de gauche et activez l'onglet **RAID**.
3. Glissez-déposez les disques destinés à l'ensemble RAID depuis la colonne de gauche vers le cadre principal de la fenêtre.
4. Indiquez le nom de votre nouvel ensemble RAID dans le champ *ad hoc*.
5. Déroulez la liste **Format** et sélectionnez **Mac OS étendu (journalisé)**.
6. Déroulez la liste **Type RAID** et sélectionnez le type de RAID que vous voulez mettre en œuvre.
7. Lorsque vous êtes prêt, cliquez sur **Créer**.

La création de l'ensemble RAID ne prend que quelques minutes.

Forcer la suppression d'éléments

La Corbeille se montre récalcitrante ? Cela peut survenir, ponctuellement, notamment avec des fichiers dont Mac OS X pense qu'ils sont encore utilisés. Si vous êtes confronté à cette situation, ne vous démontez pas :

1. Maintenez enfoncées les touches **Majuscule** et **Option**.
2. Déroulez le menu Finder ➜ Vider la Corbeille.

Généralement, cette manœuvre fonctionne. Mais il se peut qu'elle ne suffise pas ! Dans ce cas :

1. Lancez l'utilitaire **Terminal**.
2. Tapez `sudo rm -rf ~/.Trash/`.
3. Validez par **Entrée**.
4. Tapez votre mot de passe d'utilisateur Mac OS X, puis validez par **Entrée**.
5. Tapez `exit` et validez par **Entrée**.

6. Quittez le Terminal : la Corbeille est vide.

Astuce Pour obtenir le caractère ~ (tilde), maintenez la touche **Option** enfoncée tout en appuyant sur **N**.

Chapitre 62

La gestion des mots de passe

Au menu de ce chapitre

- Prise en main
- Retrouver un mot de passe
- Réparer le trousseau

C'est une chose à laquelle tout le monde est habitué : l'enregistrement des mots de passe de sites Web par le son navigateur, celui des mots de passe de serveurs par le système d'exploitation, *etc.* Mais Mac OS X gère ces enregistrements d'une manière différente de celle employée par les autres systèmes d'exploitation : la gestion des mots de passe est, dans Lion, centralisée dans une unique base de données. Cette base de données, que l'on appelle le trousseau (*keychain* en anglais), enregistre également les certificats délivrés par certains sites Web sécurisés, comme celui des impôts en France.

L'accès à cette base de données peut se faire à tout moment par l'utilitaire Trousseau d'accès. L'opération ne manque pas d'un certain intérêt : la consultation de la base de données du trousseau permet d'y faire du ménage et, par exemple, de supprimer ou corriger des mots de passe enregistrés.

Mieux, l'utilitaire Trousseau d'accès permet de retrouver, en clair, des mots de passe que l'on aurait oubliés et ce, simplement, à l'aide du mot de passe de son compte d'utilisateur de Mac OS X.

Enfin, l'utilitaire Trousseau d'accès permet de réparer le trousseau lorsque, par exemple, une application ou Mac OS X n'arrive plus à retrouver des mots de passe enregistrés.

Figure 62-1 L'icône du Trousseau d'accès.

Prise en main

La fenêtre principale du Trousseau d'accès (figure 62-2) se compose de trois parties :

- la liste des trousseaux, en haut de la colonne de gauche ;
- la liste des catégories de classement des données du trousseau sélectionné, en bas de la colonne de gauche ;
- la liste des données de la catégorie sélectionnée, dans le cadre principal.

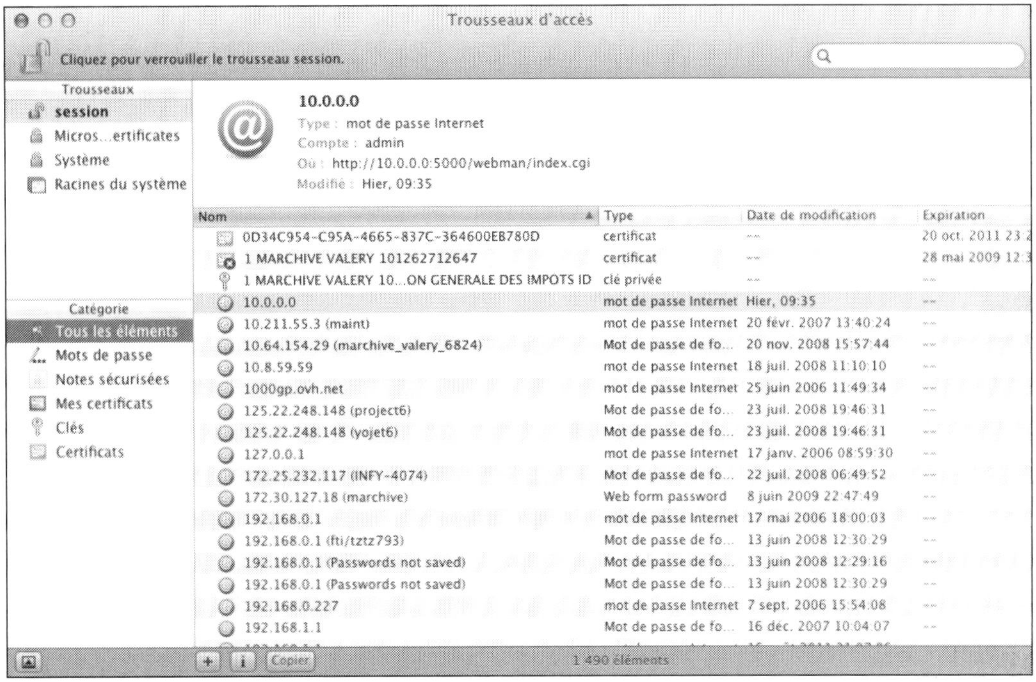

Figure 62-2 La fenêtre principale du Trousseau d'accès.

Bon à savoir L'utilitaire Trousseau d'accès recense par défaut trois trousseaux : le trousseau de session, le trousseau Système et le trousseau Racines du système. Seul le premier doit retenir votre attention : c'est lui qui correspond à tous les mots de passe et certificats générés et enregistrés dans le cadre de votre utilisation personnelle de Mac OS X.

La liste du cadre principal est elle-même surmontée d'un résumé de l'élément sélectionné dans la liste. Les éléments de la liste peuvent être triés selon les différentes colonnes affichées : nom, type, date de modification, expiration (pour les certificats) et trousseau ; il suffit de cliquer sur le titre d'une colonne pour forcer le tri selon ce critère.

Enregistrer un mot de passe

Les mots de passe des sites Web, des serveurs et des applications sont enregistrés automatiquement dans le trousseau, à condition que vous ayez pris la peine de cocher la case *ad hoc* dans la fenêtre dédiée à la saisie du mot de passe. Mais il est possible d'enrichir manuellement le trousseau :

1. Sélectionnez la catégorie dans laquelle vous voulez ajouter un nouvel élément.
2. Cliquez sur le bouton + en bas de la liste des éléments de la catégorie sélectionnée.
3. Remplissez le formulaire en suivant les indications à l'écran (figure 62-3).

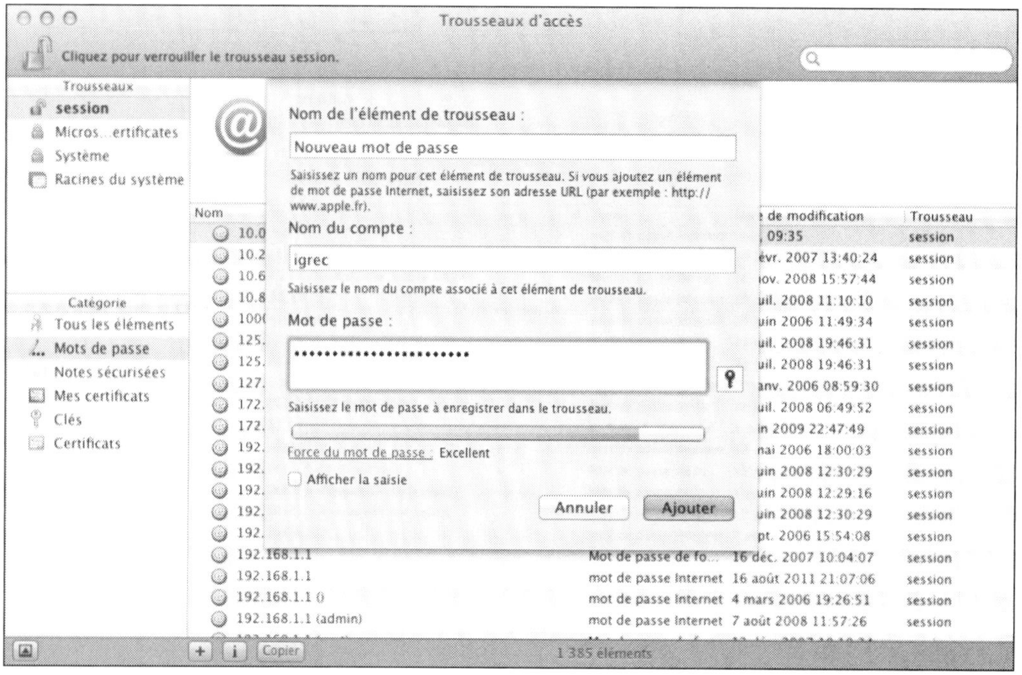

Figure 62-3 Ajout d'un mot de passe dans le trousseau.

Si nécessaire, cliquez sur le bouton illustré d'une clé pour vous faire assister dans la création de votre mot de passe.

Pour plus de confort, n'hésitez pas à cocher la case **Afficher la saisie** pour pouvoir lire votre mot de passe à mesure que vous le saisissez.

4. Cliquez sur **Ajouter** lorsque vous avez fini.

Astuce La dernière catégorie d'éléments du trousseau, les notes sécurisées, correspond à des mémos dont le contenu est protégé par votre mot de passe d'utilisateur de Mac OS X. Pourquoi ne pas l'utiliser pour enregistrer des codes, des numéros de série, *etc.* ?

Élargir l'accès à un mot de passe

Les mots de passe enregistrés automatiquement dans le trousseau ne sont accessibles qu'à l'application à l'origine de l'enregistrement. Mais il est possible d'élargir l'accès d'un mot de passe à d'autres applications sans avoir à l'enregistrer de nouveau dans chaque application concernée :

1. Double cliquez sur l'élément voulu dans la liste des données du trousseau.
2. Activez l'onglet **Contrôle d'accès**.
3. Cochez l'option **Autoriser l'accès à cet élément par toutes les applications** si vous souhaitez élargir l'accès au mot de passe concerné sans restriction.
4. Cliquez sur le bouton + en bas de la liste et sélectionnez l'application que vous voulez autoriser à utiliser cet enregistrement du trousseau.
5. Cliquez sur le bouton **Enregistrer les modifications**.

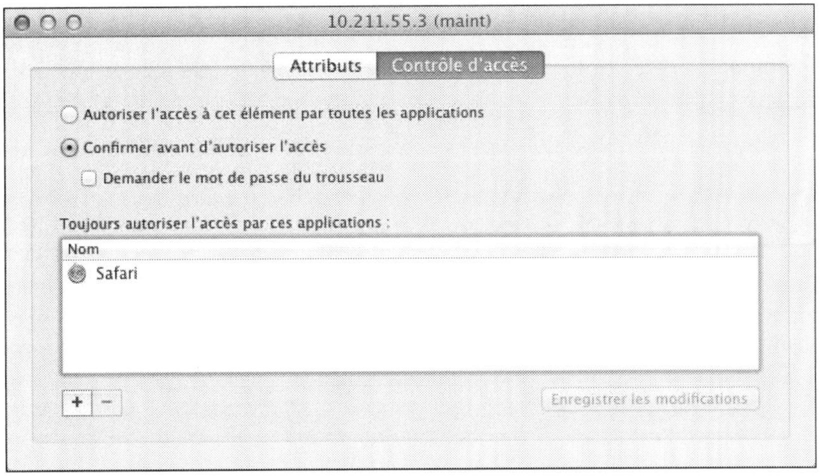

Figure 62-4 Gestion de l'accès à un mot de passe du trousseau.

Supprimer un enregistrement

De la même manière que l'utilitaire Trousseau d'accès permet d'enrichir le trousseau, il est possible de le « nettoyer » :

1. Sélectionnez dans la liste l'élément que vous voulez supprimer du trousseau.
2. Faites un clic droit dessus et sélectionnez **Supprimer**.
3. Confirmez en cliquant sur le bouton **Supprimer**.

La suppression prend effet immédiatement. Il n'est pas possible de l'annuler pour rétablir l'élément supprimé.

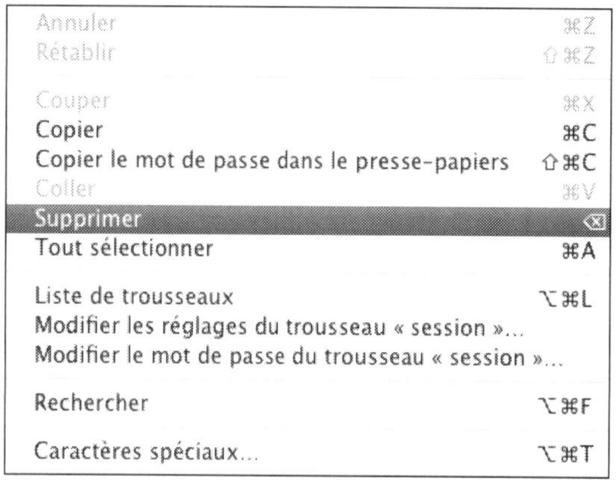

Figure 62-5 Suppression d'un élément du trousseau.

Bon à savoir Avez-vous remarqué la commande **Aller** du menu **Fichier** ? Sélectionnez-la pour accéder directement à l'élément – site Web ou serveur, par exemple – correspondant à l'entrée du trousseau sélectionnée.

Retrouver un mot de passe

L'utilitaire Trousseau d'accès permet de retrouver rapidement et facilement un mot de passe oublié, par exemple lorsque l'on installe un nouveau logiciel, en remplacement d'un premier mais que l'on a oublié de récupérer les mots de passe des services associés.

Voilà comment s'y prendre :

1. Double-cliquez sur l'élément voulu dans la liste des données du trousseau.
2. Cochez la case **Afficher le mot de passe** (figure 62-6).
3. Indiquez votre mot de passe d'utilisateur de Mac OS X dans le champ *ad hoc*.
4. Cliquez sur **Autoriser**.

Votre mot de passe apparaît aussitôt !

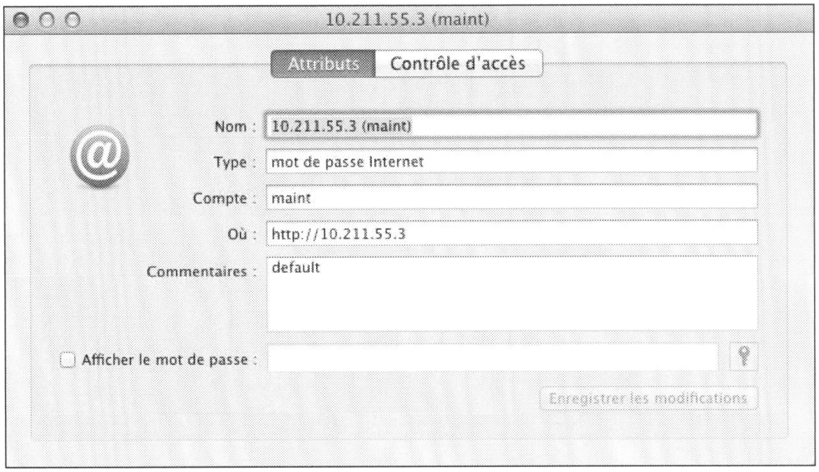

Figure 62-6 Retrouver un mot de passe enregistré dans le trousseau.

Astuce Pour retrouver rapidement un mot de passe enregistré pour un service donné, pensez à utiliser le champ de recherche de la barre d'outils de la fenêtre de l'utilitaire Trousseau d'accès.

Réparer le trousseau

Si des applications n'arrivent plus à retrouver les mots de passe enregistrés, c'est le symptôme d'une défaillance du trousseau. Mieux vaut alors intervenir sans tarder et lancer une vérification, voire, si nécessaire, une réparation du trousseau.

Voici comment procéder :

1. Déroulez le menu **Trousseau d'accès**.
2. Sélectionnez **S.O.S. Trousseau**.
3. Indiquez votre mot de passe d'utilisateur de Mac OS X dans le champ *ad hoc* (figure 62-7).
4. Cliquez sur le bouton **Démarrer**.

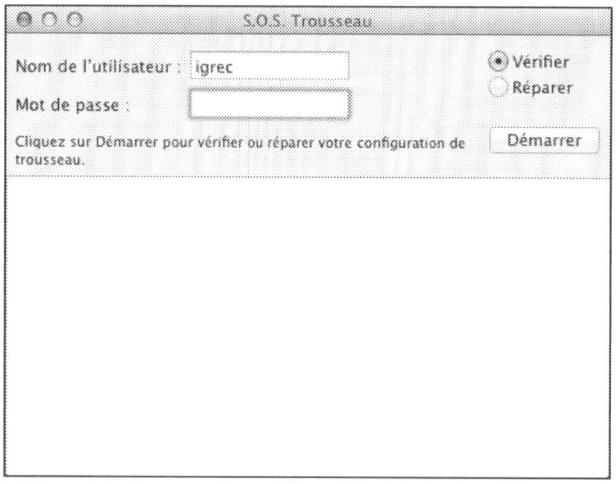

Figure 62-7 La fonction S.O.S. Trousseau de l'utilitaire Trousseau d'accès.

La vérification commence aussitôt. Elle ne prend généralement que quelques secondes. En cas de problème, le diagnostic est sans appel (figure 62-8) : « échec de la vérification ». Il faut alors procéder à une réparation du trousseau :

1. Validez l'option **Réparer**.
2. Cliquez sur le bouton **Démarrer**.

La réparation commence aussitôt. Dans la plupart des cas, elle ne dure que quelques secondes et est couronnée de succès. Si la réparation échoue, c'est probablement le disque dur de démarrage complet de votre Mac qu'il faut vérifier, voire réparer (chapitre 58).

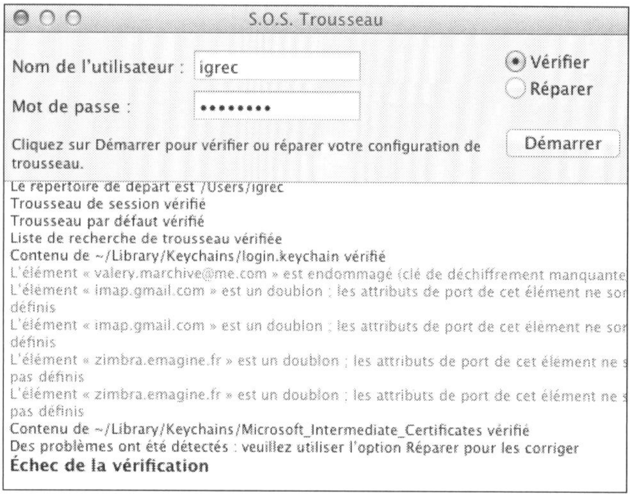

Figure 62-8 Échec de la vérification d'un trousseau endommagé.

ANNEXES

Annexe

A

Raccourcis clavier

À la mise sous tension

Raccourci	Effet
X	Forcer le démarrage sous Mac OS X.
C	Forcer le démarrage sur un disque optique.
T	Forcer le démarrage en mode cible.
Majuscule	Forcer le démarrage en mode sûr (certaines extensions non essentielles au système sont désactivées).
alt	Choisir le disque de démarrage.
cmd+R	Démarrer en mode restauration.

Dans le Finder

Raccourci	Effet
⌘+N	Ouvrir une nouvelle fenêtre.
⌘ +Majuscule+N	Créer un nouveau dossier.
⌘+alt+N	Créer un nouveau dossier intelligent.
⌘ +O	Ouvrir l'élément sélectionné.
⌘+W	Fermer la fenêtre active.
⌘+alt+W	Fermer toutes les fenêtres.
⌘+I	Afficher les informations sur l'élément sélectionné.
⌘+D	Dupliquer l'élément sélectionné.
⌘+L	Créer un alias de l'élément sélectionné.
⌘+R	Afficher l'original de l'alias sélectionné.
⌘+T	Ajouter à la barre latérale.
⌘+Majuscule+T	Ajouter au Dock.
Entrée	Renommer l'élément sélectionné.
⌘+Effacement arrière	Placer dans la Corbeille.
⌘+alt+Effacement arrière	Effacer.
⌘+E	Éjecter le disque.
⌘+F	Rechercher.

Raccourci	Effet
⌘+Majuscule+ Effacement arrière	Vider la Corbeille.
⌘+alt+Majuscule+ Effacement arrière	Vider la Corbeille sans confirmation.

Depuis le menu d'application

Raccourci	Effet
⌘+,	Accéder aux préférences.
⌘+H	Masquer l'application et ses fenêtres.
⌘+alt+H	Masquer les autres applications et leurs fenêtres.
⌘+Q	Quitter l'application.

Depuis le menu Fichier

Raccourci	Effet
⌘+O	Ouvrir un fichier.
⌘+W	Fermer le fichier actif.
⌘+S	Enregistrer le fichier actif.
⌘+Majuscule+S	Enregistrer une copie du fichier actif.
⌘+P	Imprimer le fichier actif.
⌘+Majuscule+P	Définir le format d'impression.

Depuis le menu Édition

Raccourci	Effet
⌘+A	Tout sélectionner.
⌘+C	Copier la sélection dans le presse-papiers.
⌘+V	Coller le contenu du presse-papiers.

Raccourci	Effet
⌘+X	Couper, à savoir supprimer la sélection et la copier dans le presse-papiers.
⌘+Z	Annuler la dernière action.
⌘+Majuscule+Z	Rétablir l'action annulée.
⌘+F	Rechercher.
⌘+G	Aller à l'occurrence suivante.

Depuis le menu Format

Raccourci	Effet
⌘+B	Mettre la sélection en gras.
⌘+I	Mettre la sélection en italique.
⌘+U	Souligner la sélection.
⌘++	Augmenter la taille.
⌘+-	Réduire la taille.
⌘+T	Afficher les polices.
⌘+Majuscule+C	Afficher la palette de couleurs.

Depuis le menu Fenêtre

Raccourci	Effet
⌘+M	Réduire dans le Dock.

Depuis le menu Aide

Raccourci	Effet
⌘+ ?	Afficher l'aide.

Système

Raccourci	Effet
⌘+Majuscule+3	Réaliser une capture d'écran.
⌘+Majuscule+4	Réaliser une capture d'écran limitée à la zone ou à la fenêtre sélectionnée.
⌘+alt+esc	Forcer à quitter.
⌘+Éjection	Afficher les commandes d'extinction/redémarrage.
ctrl+ ⌘ +Éjection	Fermer toutes les applications et redémarrer.

Annexe B

À voir, à lire, sur Internet

Actualités

Adresse	Sujet
www.macgeneration.com	Toute l'actualité du monde Mac.
www.mac4ever.com	L'actualité (un peu décalée) du monde Mac.
www.macadsl.com	Les offres Internet haut débit et le Mac.
www.apple.fr	L'actualité officielle d'Apple.
www.appleinsider.com	Des rumeurs et des infos exclusives sur Apple et ses produits.
www.macrumors.com	Encore des rumeurs et des infos non officielles.
www.macobserver.com	De l'info, mais aussi des dossiers détaillés et un podcast.
www.macnews.com	Toute l'actualité « produits » du monde Mac.
www.macnn.com	L'aggrégateur d'infos Mac.
www.macslash.com	L'actualité Mac sur le mode collaboratif.
www.macworld.com	Le site Web du magazine de référence outre-Atlantique.
www.tuaw.com	L'actu Apple, vue par des blogueurs professionnels.
www.igeneration.com	Toute l'ébullition de la galaxie iPod.

Jeux vidéo

Adresse	Sujet
www.macgamezone.com	L'actualité française du jeu vidéo sur Mac.
www.insidemacgames.com	Toute l'actualité du jeu vidéo sur Mac.
www.macmame.org	Pour les adeptes d'anciennes plates-formes de jeux vidéo.

Logiciels

Adresse	Sujet
www.versiontracker.com	L'incontournable ancêtre de l'actu du logiciel sur Mac.
www.macupdate.com	Le nouveau référenceur des nouveaux logiciels pour Mac.

Bricolage et dépannage

Adresse	Sujet
`www.macbidouille.com`	LE site des amateurs du tournevis qui en veulent aux entrailles de leur Mac.
`www.macfixit.com`	Pour les dépanneurs en herbe.
`www.macintouch.com`	Pour toutes les pannes logicielles.
`www.ifixit.com`	Pour les amateurs du démontage assisté.
`www.macosxhints.com`	Des astuces, des trucs, encore et encore.
`www.macdevcenter.com`	Des tutoriels, des pas-à-pas.
`www.macwindows.com`	Tout sur la cohabitation Mac-PC.

Groupes de discussion

Ces groupes de discussion sont aussi appelés newsgroups. Ils utilisent le protocole Internet NNTP et sont accessibles avec des logiciels spécialisés tels que Unison (`http://www.panic.com/`) ou le service Google Groupes (`http://groups.google.fr/`), notamment.

Newsgroup	Thème
`Fr.comp.sys.mac`	Le monde Mac.
`Fr.comp.sys.mac-os.x`	Mac OS X.
`Fr.comp.sys.mac.materiel`	Les Mac et leurs périphériques.
`Fr.comp.sys.mac.communication`	Les communications électroniques avec les Mac.
`Microsoft.public.fr.mac`	Les produits Microsoft pour Mac.
`Microsoft.public.mac.office`	Microsoft Office pour Mac.
`Microsoft.public.mac.office.word`	Microsoft Word pour Mac.
`Microsoft.public.mac.office.entourage`	Microsoft Entourage pour Mac.
`Microsoft.public.mac.office.excel`	Microsoft Excel pour Mac.

→

Newsgroup	Thème
`Microsoft.public.mac.office.powerpoint`	Microsoft PowerPoint pour Mac.
`Microsoft.public.mac.messenger`	Microsoft Messenger pour Mac.
`Comp.sys.mac.system`	Mac OS.
`Comp.sys.mac.apps`	Les applications pour Mac OS.
`Comp.sys.mac.hardware`	Les Mac et leurs périphériques.
`Comp.sys.mac.hardware.storage`	Les Mac et le stockage.
`Comp.sys.mac.printing`	Les Mac et l'impression.
`Comp.sys.mac.hardware.video`	Les Mac et la vidéo.

Annexe C

Le Terminal, c'est quoi ?

Souvenez-vous : Mac OS X n'est pas qu'une jolie interface graphique. C'est aussi, voire avant tout – pour certains –, un puissant système d'exploitation de la grande famille des Unix. Le Terminal est là pour vous permettre d'entrevoir cet héritage.

De prime abord, c'est sûr, il n'est pas très folichon : le Terminal, c'est d'abord et avant tout des commandes lignes de texte ; au clavier. Un truc à l'apparence sérieuse et austère pour gens sérieux et très forts en technique. Et ce n'est pas complètement faux. De fait, le Terminal est un outil à la fois puissant et dangereux.

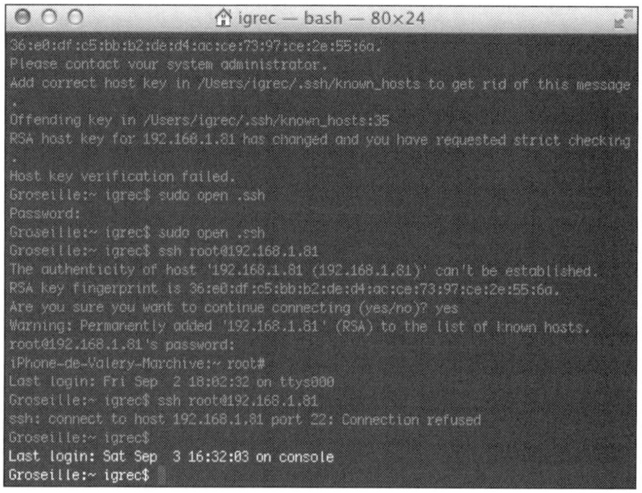

Figure C-1 Une fenêtre du Terminal.

Tenez, prenez un exemple. Lancez le Terminal (vous le trouverez dans le dossier **Applications ➜ Utilitaires**) et tapez `shutdown -r now`.

Stop ! Ne validez pas en appuyant sur la touche **Entrée** du clavier : cette commande provoque le redémarrage immédiat de votre Mac !

Mauvais exemple ? Très bien. Nous allons en prendre quelques autres pour vous aider à vous familiariser brièvement avec le Terminal. Et il pourrait bien vous être utile, un jour ou l'autre. Mais ne forcez pas votre chance et restez modeste et prudent face à cet outil qui peut littéralement mettre hors service votre Mac en une seule ligne de texte malencontreusement validée par la touche **Entrée** du clavier.

Vous noterez toutefois que plusieurs astuces de cet ouvrage font appel au Terminal et à l'exécution de lignes de commande. C'est pourquoi nous avons jugé utile de préparer cette petite annexe. Petite, car le Terminal mériterait clairement un livre complet à lui tout seul. Mais le liriez-vous ?

Premiers contacts

La première fonction du Terminal est de vous permettre de manipuler des fichiers. C'est en fait la fonction première d'un ordinateur : manipuler des données se trouvant dans des fichiers.

Imaginons donc que vous arriviez dans une pièce obscure sans repère visuel. Que chercheriez-vous à faire ? À savoir où vous vous trouvez ! Adoptons la même démarche avec le Terminal. Tapez donc `ls -la` et validez par **Entrée**.

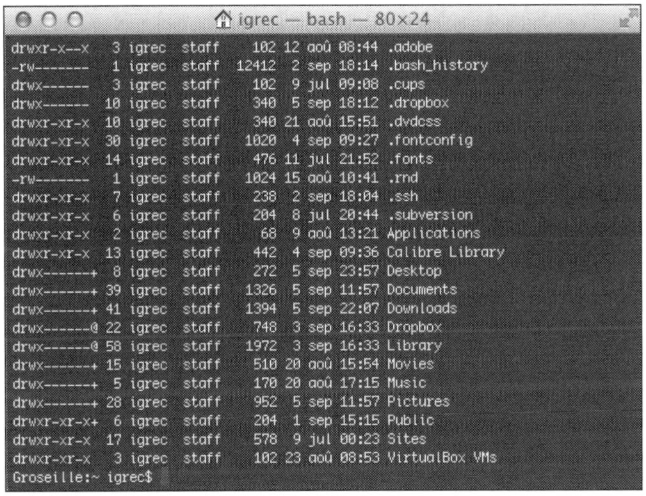

Figure C-2 Le contenu d'un dossier personnel.

Bienvenue chez vous ! Vous venez de demander l'affichage développé du contenu du dossier courant. Et lorsque vous lancez le Terminal, le dossier courant n'est autre que votre dossier personnel, aussi appelé dossier de départ. Regardez : là, certains dossiers ont des noms plus ou moins familiers comme **Desktop** pour Bureau, **Documents**, **Library** pour Bibliothèque, **Movies** pour Vidéos, *etc.* C'est bien le contenu de votre dossier personnel.

Astuce Vous voulez connaître rapidement le chemin complet du dossier courant ? Tapez `pwd` et validez : le résultat indique le chemin du dossier courant.

La commande `ls` permet de demander la liste des éléments d'un dossier. Les options `-la` ajoutées induisent une présentation spécifique, un affichage détaillé, avec les droits d'accès, le nom court de l'utilisateur propriétaire des éléments, le groupe dont il fait partie, la date de dernière modification puis le nom du dossier.

Vous voulez voir le contenu d'un dossier en particulier ? Faites-vous plaisir : `ls Movies`. Et voici qu'apparaît le contenu de votre dossier **Vidéos**. Vous voulez voir ce qui se trouve à la racine du disque dur de votre Mac ? Tapez donc `ls /` et validez : tout est là… sauf les fichiers cachés. Les options `-la` utilisées plus haut forcent l'affichage des éléments cachés – et notamment de ceux dont le nom commence par un point. Tapez donc `ls -la /` : voilà un listing bien plus complet.

L'autre façon d'afficher le contenu de votre dossier personnel, c'est de taper `ls /Users/`*`moi`* en remplaçant ***moi*** par votre nom d'utilisateur abrégé. Pourquoi ? Parce que, utilisé seul, le symbole `/` fait référence à la racine du disque dur. Mais il sert aussi de séparateur entre chaque dossier du disque dur. Une façon de décrire, sur une ligne, un cheminement dans une arborescence.

Astuce Vous souhaitez rapidement revenir au dossier parent du dossier courant ? Tapez donc `cd ..` et validez : les deux points signifient que l'on veut remonter d'un cran dans l'arborescence du disque dur.

Mais la commande `ls`, utilisée sans indication de dossier à détailler, se concentre juste sur le dossier courant. Alors, comment changer de dossier courant ? Avec la commande `cd`. Par exemple, tapez `cd /` et validez : le dossier courant n'est autre que la racine de votre disque dur.

Voilà pour les bases : jouez donc un peu avec les commandes `cd` et `ls` pour parcourir de manière exotique et monochrome le disque dur de votre Mac. C'est un point de départ incontournable.

Manipuler les fichiers et dossiers

Maintenant que vous savez vous déplacer dans les dossiers de votre disque dur, il est temps de savoir comment jouer avec. Avant tout, notez bien qu'à partir d'ici, certaines manipulations peuvent être dangereuses. Aussi, nous allons travailler, pour l'exemple, sur un répertoire expérimental. Pour le créer, tapez `mkdir Experience` et validez. Tapez ensuite `ls` puis validez pour observer le résultat : vous venez de créer un dossier intitulé **Experience** dans le dossier courant. C'est un bon point de départ.

Essayons maintenant autre chose : `touch Test` et validez. Tapez `ls` pour constater le fruit de l'opération : vous venez de créer, toujours dans le répertoire courant, un fichier intitulé **Test**. C'est un autre bon début.

Passons à la suite : tâchons de déplacer le fichier Test dans le répertoire Experience créé précédemment. Pour cela, tapez `mv Test Experience/` puis validez. Tapez maintenant `ls` et validez : surprise ! Le fichier Test n'est plus là. Tapez donc `cd Experience` puis validez. Tapez encore `ls` et validez : le fichier Test est là, dans le répertoire Experience. Avec la commande `mv`, vous venez de déplacer un fichier ailleurs, dans un dossier, ou plutôt dans un répertoire autre que celui dans lequel il se trouvait initialement – sa position de départ, le répertoire courant, étant définie de manière implicite par la formulation de la commande.

Essayons autre chose : `cp Test Test2` et validez. Tapez `ls` et validez. Que constatez-vous ? Il n'y a plus un fichier dans le dossier Experience mais deux : Test et Test2. Avec la commande `cp`, vous venez de procéder à une copie. Mais cela peut fonctionner en changeant d'emplacement : tapez `cp Test ../` et validez. Tapez `ls ../` pour afficher le contenu du répertoire parent d'Experience : le fichier Test s'y trouve. En fait, il s'y trouve *aussi*. Vous venez d'en créer une copie dans un second emplacement, le dossier parent du répertoire Experience.

Astuce L'apparence des fenêtres du Terminal ne vous convient pas ? C'est vrai que, par défaut, ce n'est pas très relevé. Heureusement, vous pouvez personnaliser cela *via* le menu **Préférences → Réglages**.

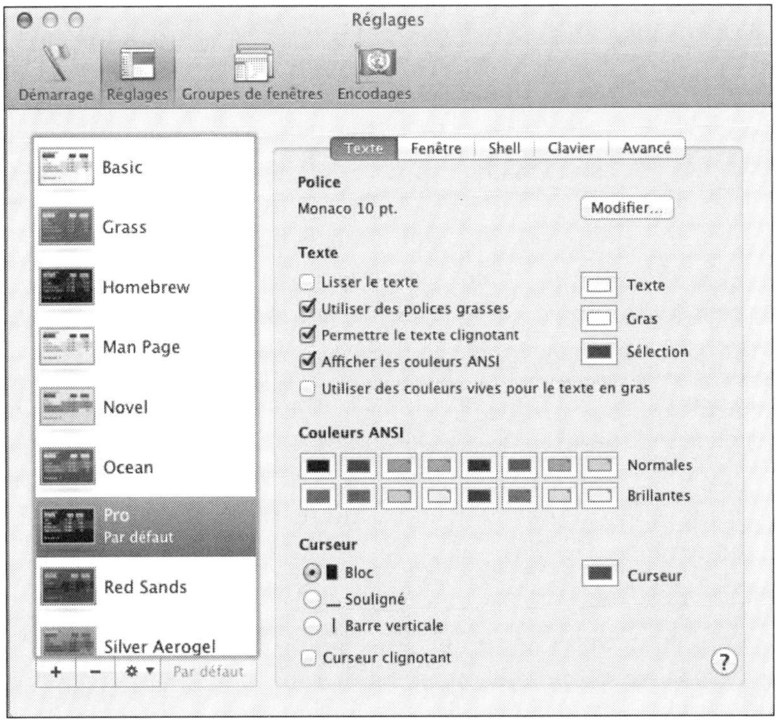

Figure C-3 Personnaliser l'apparence des fenêtres du Terminal.

Que diriez-vous de nettoyer un peu notre terrain de jeu ? Remontons d'un niveau à l'aide de la commande `cd ..` et supprimons notre copie du fichier Test. Tapez, pour cela, `rm Test` et validez. Tapez `ls` et validez : le fichier Test n'est plus là ; vous l'avez supprimé. Mais le dossier Experience, lui, l'est toujours. De même que son contenu : tapez `ls Experience` et validez, pour vérifier, si vous ne me croyez pas.

Supprimons donc le dossier Experience : tapez `rm Experience`. Ah. Ça ne fonctionne pas : un message d'erreur, en anglais, vous indique qu'il s'agit d'un répertoire. De fait, il faut en supprimer tout le contenu, avant de le supprimer. Il faut procéder à ce que l'on appelle un effacement *récursif*. Pour cela, tapez la commande suivante puis validez : `rm -r Experience`.

Cette fois-ci, l'effacement se déroule comme prévu. Voilà, vous avez acquis quelques connaissances de base du Terminal : la création de fichiers et de dossiers, leur déplacement, leur copie, leur suppression. C'est un bon début.

Astuce Le Terminal peut vous donner accès à des outils permettant de modifier des fichiers : vi et nano, par exemple, deux éditeurs de texte en ligne de commande. Je vous conseille de chercher sur Internet des aides d'utilisation avant de vous lancer : ce n'est pas trivial. D'ici là, vous pouvez toujours demander au Finder, depuis le Terminal, de trouver une application adaptée à un fichier et de l'ouvrir pour vous : tapez simplement `open` suivi du chemin ou du nom du fichier à ouvrir. Lion fera le reste.

Commander à distance

L'un des principaux intérêts du Terminal réside dans sa capacité à permettre la commande à distance de nombreux équipements. Des Mac, bien sûr, mais aussi des équipements doté d'une distribution embarquée de Linux, à l'instar de nombreux systèmes de stockage en réseau, les NAS.

La commande à distance passe par SSH. Et son utilisation est finalement très simple : tapez `ssh root@adresse.ip.demon.nas` et validez. Si vous avez activé l'accès distant SSH sur votre équipement, la connexion s'établit en l'espace de quelques secondes et vous n'avez plus qu'à indiquer le mot de passe administrateur de votre équipement pour en prendre le contrôle *via* le Terminal. Un contrôle qui s'exercera en ligne de commande comme vous avez pu le voir dans les pages précédentes.

Eh non, ce n'est pas un truc de technophile. Le système de fichiers d'un NAS n'est pas le même que celui de votre Mac. Et, bugs logiciels aidant, cela peut induire des difficultés. Par exemple, votre NAS vient de finir de télécharger un fichier pour vous ; vous l'avez copié sur le disque dur de votre Mac et voudriez le supprimer du NAS. Mais rien à faire : le Finder ne veut pas. C'est un problème de gestion des permissions (voir plus loin) relativement classique. Dans la plupart des cas, un redémarrage du NAS et une reconnexion *via* le Finder suffisent à régler le différend. Mais pas toujours. Là, une connexion SSH, quelques lignes de commandes et hop ! Le fichier récalcitrant est supprimé. Faites toutefois attention à ne pas vous tromper…

Vous pouvez même, parfois, lancer directement la connexion distante depuis le menu **Fichier ➜ Nouvelle connexion distante** du Terminal : il saura trouver, sur le réseau, les serveurs qui exhibent leur connectivité SSH.

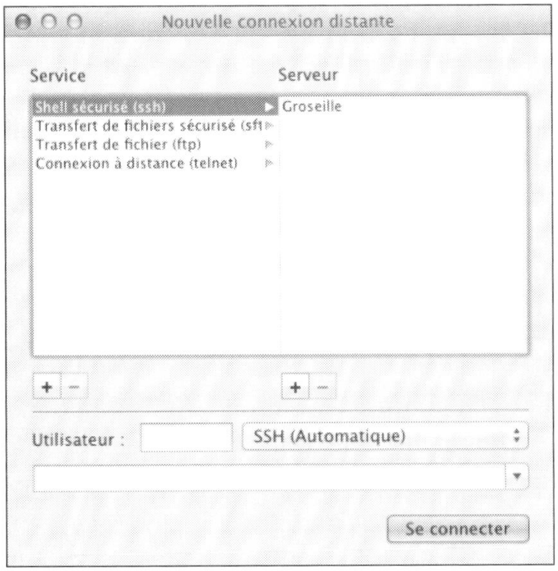

Figure C-4 Nouvelle connexion distante.

Mais la connexion SSH peut aussi vous permettre de redémarrer un serveur bloqué à distance, de manière propre et logicielle, sans avoir à recourir à un sauvage débranchement-rebranchement. Ce qui n'est jamais bénéfique à l'électronique interne.

Examiner des permissions

Relancez le Terminal et reprenez notre premier exemple de commande : `ls -la`. Le début de chaque ligne est constitué d'une série de lettres. Le *d* initial marque un répertoire. Les lettres suivantes décrivent les permissions. Viennent ensuite le propriétaire et son groupe.

Ces permissions fonctionnent globalement selon le même principe que celles que vous pouvez avoir l'habitude de manipuler dans le Finder. Elles sont la pierre angulaire du fonctionnement de Mac OS X (chapitre 58). Mais que faire, par exemple, si vous venez de copier un fichier ou un dossier sur votre disque dur et que le Finder vous indique que vous ne disposez pas des autorisations nécessaires pour le consulter ? Pensez au Terminal ! Quelques commandes sont là pour aider.

`chown`, pour commencer, vous permet de modifier le propriétaire officiel d'un dossier ou d'un fichier. Associé à l'option `-r`, elle permet de propager la modification au contenu complet d'un dossier. Simple, rapide et efficace. `chgrp` permet peu ou prou la même chose pour changer le groupe d'utilisateurs propriétaire de l'élément visé.

Les droits en eux-mêmes sont scindés en trois parties : le premier bloc de trois lettres indique les permissions du propriétaire ; le deuxième, celles du groupe et, enfin, le troisième, celles de tous les autres. `r` indique des droits en lecture, `w` en écriture et `x` en exécution.

La commande permettant de modifier les permissions est `chmod`. Elle s'écrit en commençant par indiquer les permissions à modifier puis le nom du fichier ou du dossier visé. Par exemple, `chmod u+r Test` permet d'accorder au propriétaire du fichier Test le droit de le lire. `chmod o-r Test` permet d'interdire aux autres le droit de lire le fichier Test. `U` représente le propriétaire ; `g`, le groupe et `o`… les autres. Les signes plus et moins permettent d'indiquer que l'on veut ajouter ou supprimer une permission – lecture, écriture ou exécution.

Mais tout le monde n'a pas le droit de toucher aux autorisations, au propriétaire ou au groupe d'un fichier ou d'un répertoire. Il faut être chef pour cela. Et le chef d'un ordinateur, c'est son administrateur, le super utilisateur. Vous devez donc disposer d'un mot de passe administrateur pour intervenir sur ces éléments – sauf si vous êtes propriétaire du fichier ou du dossier concerné. Pour tous les autres, vous devez demander temporairement les droits de super utilisateur en précédant la commande voulue de la commande `sudo` – sur la même ligne de commande. Votre mot de passe administrateur vous sera alors demandé.

Par exemple, pour accorder à tout le monde le droit de lire un fichier Test dont vous n'êtes pas propriétaire, vous taperez `sudo chmod o+r Test` et validerez. Vous indiquerez alors votre mot de passe et validerez. La modification sera immédiate.

Aller plus loin

Ceci n'est qu'une introduction et n'a pas d'autre prétention que de vous aider à vous défaire des quelques craintes bien naturelles qui pourraient vous habiter face au Terminal. Pour en savoir plus, commencez par vous chercher, sur Internet, des listes des commandes Unix disponibles dans Mac OS X. Et, surtout, pensez à vous faire aider par Mac OS X avec la commande `man` : celle-ci vous permet d'accéder au fichier d'aide du Terminal et de ses commandes Unix. Seul bémol, c'est en anglais.

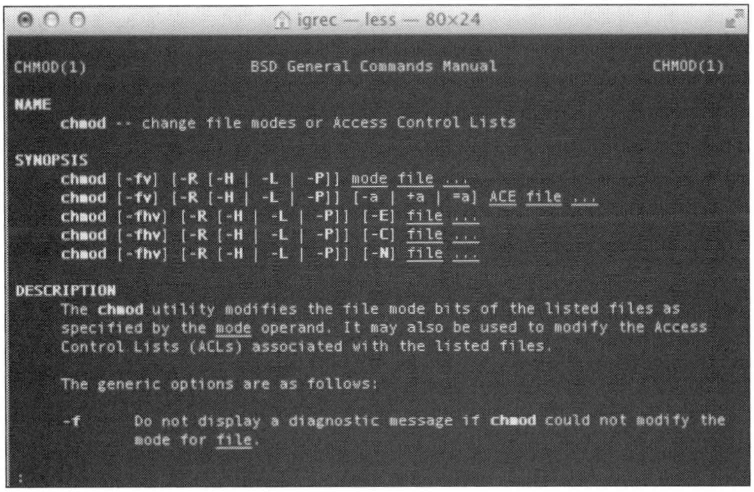

```
igrec — less — 80×24

CHMOD(1)                  BSD General Commands Manual                  CHMOD(1)

NAME
     chmod -- change file modes or Access Control Lists

SYNOPSIS
     chmod [-fv] [-R [-H | -L | -P]] mode file ...
     chmod [-fv] [-R [-H | -L | -P]] [-a | +a | =a] ACE file ...
     chmod [-fhv] [-R [-H | -L | -P]] [-E] file ...
     chmod [-fhv] [-R [-H | -L | -P]] [-C] file ...
     chmod [-fhv] [-R [-H | -L | -P]] [-N] file ...

DESCRIPTION
     The chmod utility modifies the file mode bits of the listed files as
     specified by the mode operand. It may also be used to modify the Access
     Control Lists (ACLs) associated with the listed files.

     The generic options are as follows:

     -f      Do not display a diagnostic message if chmod could not modify the
             mode for file.

:
```

Figure C-5 L'aide de la commande ***chmod***.

Annexe

D

Réinstaller ou réparer Mac OS X

Votre Mac a beau être plutôt robuste, il n'en est pas pour autant totalement à l'abri d'une panne. Pour les cas les plus simples et les moins graves – ceux qui n'impliquent pas le changement d'un disque dur –, Apple a prévu une solution : une partition (chapitre 61) cachée du disque dur dédiée à la récupération, à la maintenance exceptionnelle. Cette partition vous permet d'accéder à l'Utilitaire de disque pour procéder à quelques réparations comme celles des permissions (chapitre 58). Mais, surtout, elle vous permet de demander une réinstallation complète de Mac OS X ! Et cela sans CD ni DVD d'installation, mais *via* Internet.

Attention Ne procédez à la réinstallation de Mac OS X Lion sur le disque dur interne de votre Mac que si vous êtes sûr de disposer d'une sauvegarde du contenu de votre disque dur. Sinon, passez d'abord par l'Utilitaire de disque afin de sauvegarder le contenu de votre disque dur interne sur un disque externe. Vous n'avez pas envie de prendre le risque de perdre des données ?

Démarrer sur la partition de récupération

Si le démarrage normal de votre Mac ne vous permet pas d'accéder à Mac OS X Lion et de l'utiliser, c'est qu'il faut probablement envisager quelques opérations de maintenance. Et, pour cela, commencez par essayer de démarrer sur la partition de récupération : encore une fois, elle est cachée et n'apparaît pas dans l'Utilitaire de disque mais elle a été installée sur votre disque dur lors de l'installation de Lion.

Attention Si vous avez activé le chiffrement de disque FileVault (chapitre 38), la partition de récupération n'existe pas ! Prévoyez donc de préparer une clé USB de récupération ou d'installation de Lion (voir plus loin).

1. Mettez votre Mac sous tension et appuyez sur la touche **alt** du clavier – et maintenez-la enfoncée.
2. À l'aide des touches fléchées du clavier, sélectionnez le disque **Recovery HD** : c'est la partition de récupération. Puis validez votre choix par la touche **Entrée** du clavier.

Astuce Vous pouvez également démarrer directement sur la partition de récupération en maintenant les touches **cmd** et **D** du clavier enfoncées lors de la mise sous tension de votre Mac.

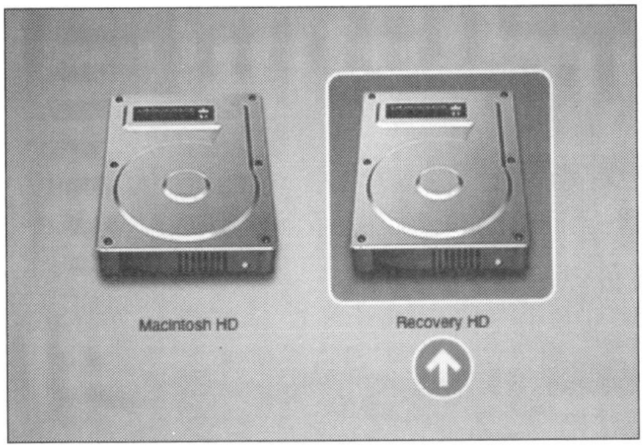

Figure D-1 Choix du disque de démarrage.

3. Patientez quelques minutes que votre Mac finisse son démarrage sur la partition de récupération. Celui-ci achevé, vous découvrez un écran gris et une fenêtre intitulée **Utilitaires Mac OS X**.

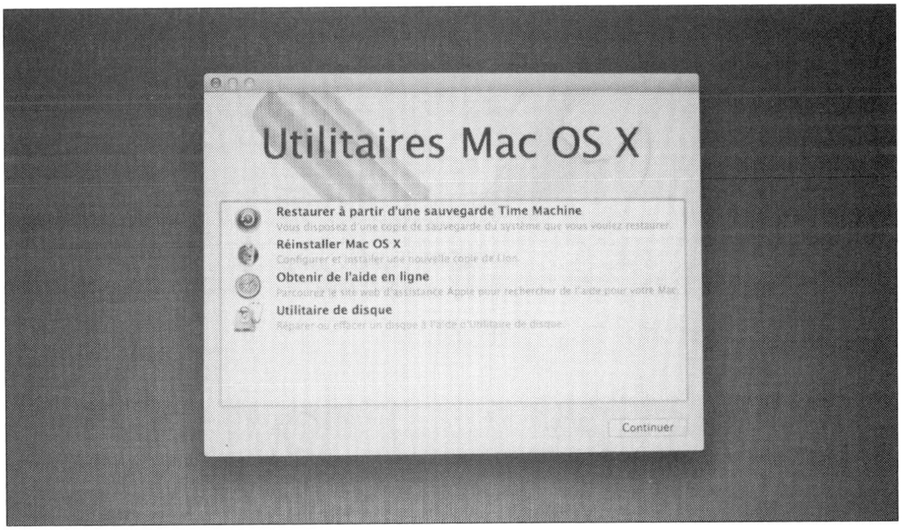

Figure D-2 Les principaux utilitaires de la partition de récupération.

4. D'ici, vous pouvez cliquer sur **Utilitaire de disque** pour le lancer et procéder à quelques opérations de maintenance décrites au chapitre 58 de ce livre. C'est probablement la première chose : laisser l'Utilitaire de disque procéder à la vérification et la réparation de votre disque de démarrage et des permissions de ses fichiers et dossiers. Une fois l'opération terminée, déroulez le menu **Pomme @@> Redémarrer** et voyez si votre Mac retrouve un fonctionnement normal. Si ce n'est pas le cas, vous devez… envisager de réinstaller Lion. Encore une fois, pensez bien à vous assurer de disposer d'une sauvegarde de vos données – ou réalisez-en une rapidement avec l'Utilitaire de disque. Dans le doute…

5. Si nécessaire, redémarrez donc votre Mac sur la partition de récupération. Et, arrivé à la fenêtre des Utilitaires Mac OS X, cliquez sur **Réinstaller Mac OS X** puis cliquez sur **Continuer**.

6. Pour la suite, votre Mac doit être connecté à Internet, en Wi-Fi ou *via* une connexion Ethernet. Il va d'ailleurs vous l'expliquer en vous indiquant qu'Apple doit vérifier l'admissibilité de votre Mac au téléchargement et à l'installation de Lion. La procédure de contrôle ne dure que quelques secondes.

Figure D-3 Vérification de l'admissibilité du Mac.

Astuce Peu d'informations ont à ce jour filtré sur les données effectivement échangées par Internet lors de ce contrôle. Certains supposent qu'Apple en profite pour vérifier que votre Mac n'a pas été verrouillé à distance, *via* son service iCloud. D'ailleurs, plus loin, votre identifiant Apple vous sera demandé. Cette demande permet de vérifier que vous avez bien acheté Lion. Mais, qui sait, peut-être permet-elle aussi de vérifier que celui qui veut réinstaller Lion est bien celui qui a ordonné un verrouillage à distance. Ce serait en tout cas assez dissuasif pour les voleurs : la valeur commerciale d'une machine volée sous Lion serait alors nulle…

7. Le reste de l'opération est classique : vous choisissez le disque dur d'installation de Mac OS X puis cliquez sur **Installer**.

8. Indiquez alors votre identifiant Apple et votre mot de passe, puis validez : le téléchargement de Lion commence aussitôt, de même que l'installation. Attention : il faut compter plusieurs heures, y compris avec une bonne connexion ADSL2.

Une fois le téléchargement et l'installation terminés, vous retrouvez votre Mac. En principe, vos fichiers, paramètres et applications sont toujours là.

Préparer une clé USB de dépannage

Les MacBook Air et les nouveaux Mac Mini ne sont pas équipés de lecteur de disques optiques. Et Apple a supprimé la fonction d'installation à distance, à travers le réseau, de Mac OS X avec Lion. Dès lors, la clé USB apparaît comme une solution indispensable pour réinstaller Mac OS X en cas de remplacement de disque dur. Un support qui a toutefois le mérite d'être plus rapide que le traditionnel lecteur de disques optiques… Mais encore faut-il disposer d'une telle clé USB.

Deux options sont possibles : acheter une clé USB de Lion après d'Apple, moyennant près de 60 euros, ou la préparer soi-même, à partir de son Mac déjà équipé de Mac OS X 10.7. Cette solution apparaît clairement comme la moins onéreuse. Et, là encore, pour préparer une clé USB de dépannage, deux solutions s'offrent à vous.

L'assistant disque de récupération

La première solution consiste à travailler *a minima*, avec une clé disposant d'une capacité de stockage minimale de 1 Go. Apple propose un logiciel gratuit permettant de créer rapidement un disque de récupération pour ces clés-là :

1. Téléchargez l'Assistant disque de récupération à l'adresse `http://support.apple.com/kb/DL1433`.
2. Double-cliquez sur le fichier image disque obtenu, **RecoveryDiskAssistant.dmg**.
3. Double-cliquez sur **Assistant disque de récupération** dans la fenêtre qui apparaît.
4. Cliquez sur **Oui** pour accepter le lancement de l'application.
5. Cliquez sur **Accepter**.

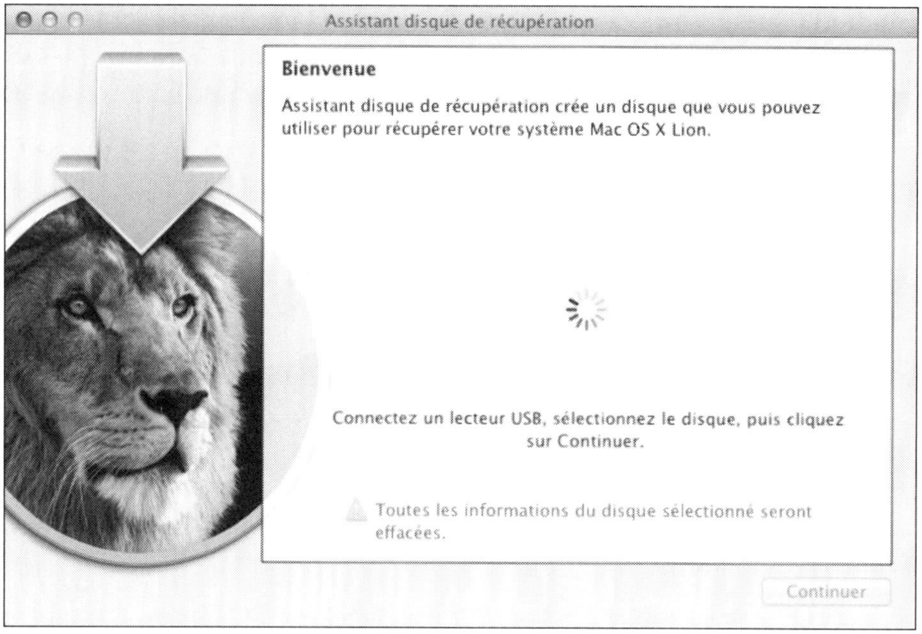

Figure D-4 Lancement de l'Assistant disque de récupération.

6. Insérez une clé USB disposant de 1 Go de capacité de stockage, au moins.
7. Dans la fenêtre de l'assistant, cliquez sur l'icône de votre clé USB.

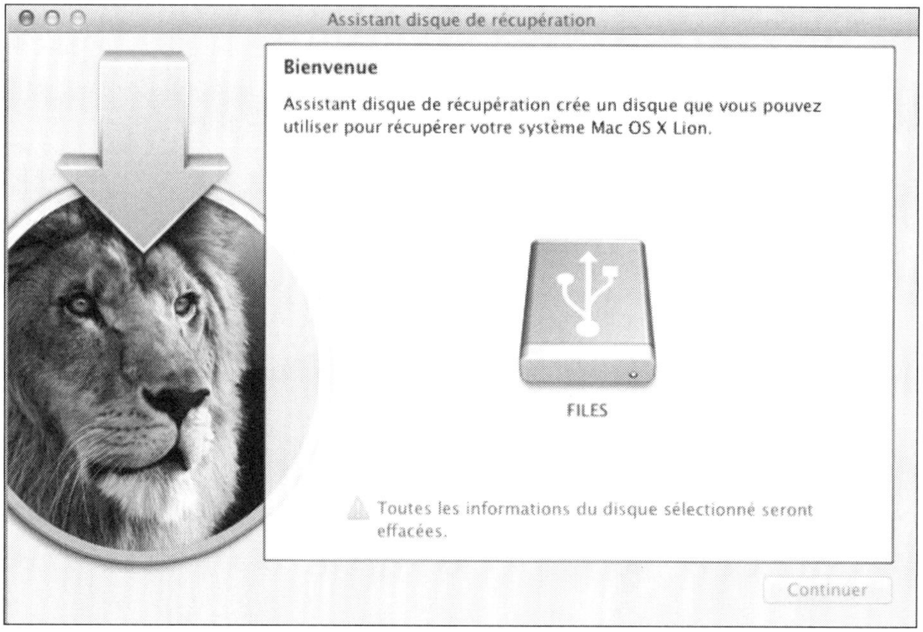

Figure D-5 Sélection de la clé USB.

Astuce Vous n'avez pas de clé USB sous la main ? Cela fonctionne aussi avec une carte mémoire d'appareil photo numérique. Mais prévoyez de la consacrer uniquement à la préparation d'un disque de restauration : elle ne vous servira plus à prendre des photos...

8. Cliquez sur **Continuer**.
9. Indiquez votre mot de passe administrateur et validez par **OK**. Laissez l'assistant préparer votre disque de secours ; cela ne prendra que quelques instants.
10. Cliquez sur le bouton **Quitter**. Déconnectez votre clé USB de votre Mac et conservez-la précieusement : elle vous servira en cas de pépin.

Voilà. Vous disposez désormais d'une clé de démarrage et de récupération de secours. Concrètement, celle-ci ne vous permet pas directement de réinstaller Mac OS X Lion sur votre Mac. Mais elle vous donne accès aux principaux utilitaires de dépannage de Mac OS X, comme l'Utilitaire de disque qui vous sera indispensable pour un premier niveau de dépannage comme la réparation des permissions alors que votre Mac refuse de démarrer.

Votre clé de récupération vous permettra aussi, comme la partition de récupération du disque dur, de demander la réinstallation de Mac OS X ou la restauration à partir d'une sauvegarde Time Machine. Mais attention : comme avec la partition de récupération, la réinstallation de Mac OS X Lion se fera *via* Internet, avec un téléchargement qui peut être très long avec une connexion de mauvaise qualité. Alors, pour vous prémunir contre un tel désagrément, peut-être préférerez-vous préparer une clé USB contenant l'installation complète de Mac OS X Lion ?

Créer une clé USB d'installation de Mac OS X Lion

Cette seconde solution vous permet de démarrer votre Mac à partir d'une clé USB, en cas de souci. Elle vous donne accès aux mêmes outils que la clé de récupération que l'Assistant disque de récupération vous permet de créer. Mais une clé USB d'installation offre une plus grande autonomie : elle vous permet de réinstaller Lion sur un Mac sans avoir besoin d'une connexion à Internet. C'est peut-être plus pratique. Notez toutefois que cela ne vous épargnera pas quelques téléchargements : à l'issue d'un premier démarrage, Lion voudra télécharger des mises à jour et les installer ; avec la réinstallation par Internet, c'est un Lion au faîte des toutes dernières mises à jour que vous installez directement !

Voici toutefois comment créer une clé USB d'installation de Mac OS X Lion :

1. Téléchargez puis lancez le logiciel Lion DiskMaker à l'adresse `http://blog.gete.net/lion-diskmaker/`. Il s'agit d'un petit automate logiciel développé par Guillaume Gete, consultant Mac auprès d'entreprises.

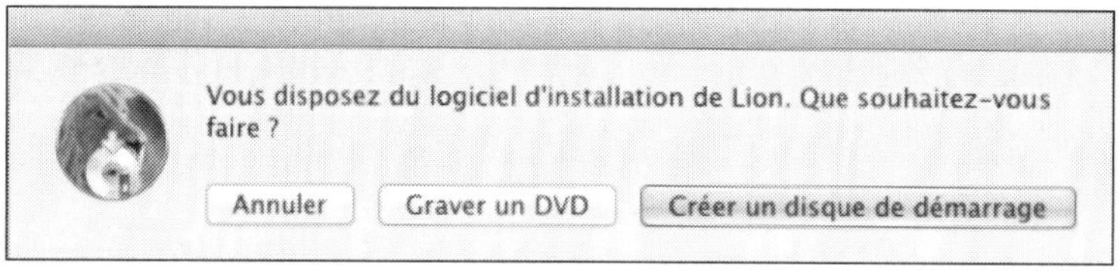

Figure D-6 Lancement de Lion DiskMaker.

2. Cliquez sur le bouton **Créer un disque de démarrage**.
3. Branchez sur votre Mac une clé USB ou insérez une carte SD d'au moins 4 Go. Son contenu sera totalement effacé pour faire place à l'installateur de Lion.
4. Cliquez sur le bouton **Sélectionner le disque** et indiquez votre support USB.
5. Cliquez sur **Effacer puis créer le disque**.
6. Patientez… Une fenêtre du Finder va s'ouvrir avec un fichier intitulé « Copie en cours, veuillez patienter ». L'opération dure plusieurs minutes mais, une fois qu'elle sera terminée, vous disposerez d'un disque de démarrage et d'installation de Lion.
7. Lorsque le processus est terminé, cliquez sur le bouton **Quitter**. Éjectez alors votre clé USB et débranchez-la de votre Mac.

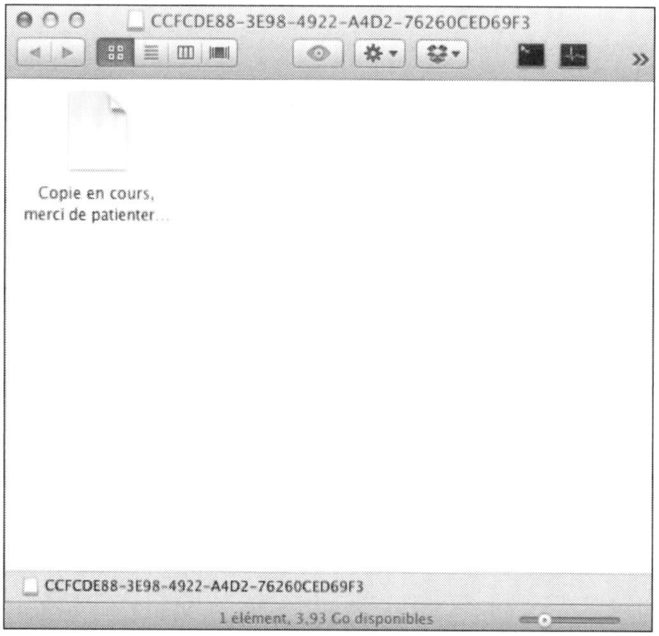

Figure D-7 Préparation de la clé d'installation de Lion.

Une fois l'opération terminée, vous disposez de votre clé d'installation de Mac OS X Lion. Conservez-la précieusement et… passez à autre chose !

Annexe E

Configuration audio avancée

La plupart des utilisateurs de Mac se contentent généralement des réglages audio disponibles *via* les Préférences Système (chapitre 34). Mais ceux qui utilisent leur Mac à des fins de création musicale ne peuvent pas faire l'économie d'un détour par l'utilitaire **Configuration audio et MIDI** (*Musical Instrument Digital Interface*).

Cet utilitaire permet en effet de configurer les périphériques d'entrée/sortie audio connectés au Mac avec une très grande précision, mais également les équipements MIDI, qu'ils soient connectés directement au Mac ou *via* une interface, et ainsi de spécifier la connexion entre ces périphériques.

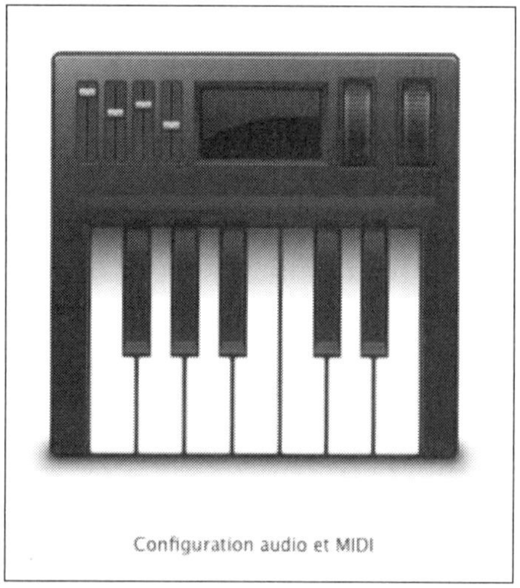

Figure E-1 L'icône de l'utilitaire Configuration audio et MIDI.

Configuration des entrées et sorties audio

L'utilitaire Configuration audio et MIDI permet, dans ses fonctions de base, de régler finement la configuration des entrées et sorties audio : volume, fréquence d'échantillonnage, résolution d'échantillonnage, mais aussi mise en silence ou *pass-through*. Tout se passe dans la fenêtre **Périphériques audio** de l'utilitaire Configuration audio et MIDI.

Entrées audio

Chaque périphérique d'entrée audio dispose de propriétés qui lui sont propres. L'utilitaire Configuration audio et MIDI permet de configurer individuellement chaque périphérique d'entrée audio en fonction de ses capacités techniques :

1. Dans la colonne de gauche de la fenêtre **Périphériques audio**, sélectionnez le périphérique d'entrée audio que vous souhaitez configurer.
2. Déroulez la liste **Source** et sélectionnez la source à configurer pour le périphérique sélectionné.
3. Déroulez la première liste **Format** et sélectionnez la fréquence d'échantillonnage voulue.
4. Déroulez la seconde liste **Format** et sélectionnez la résolution d'échantillonnage voulue.
5. Ajustez le niveau d'amplification à l'aide des glissières **Volume**.
6. Le cas échéant, cochez les cases **Silence** et **Thru** pour couper une entrée ou activer le mode *pass-through*.

Les modifications sont appliquées immédiatement.

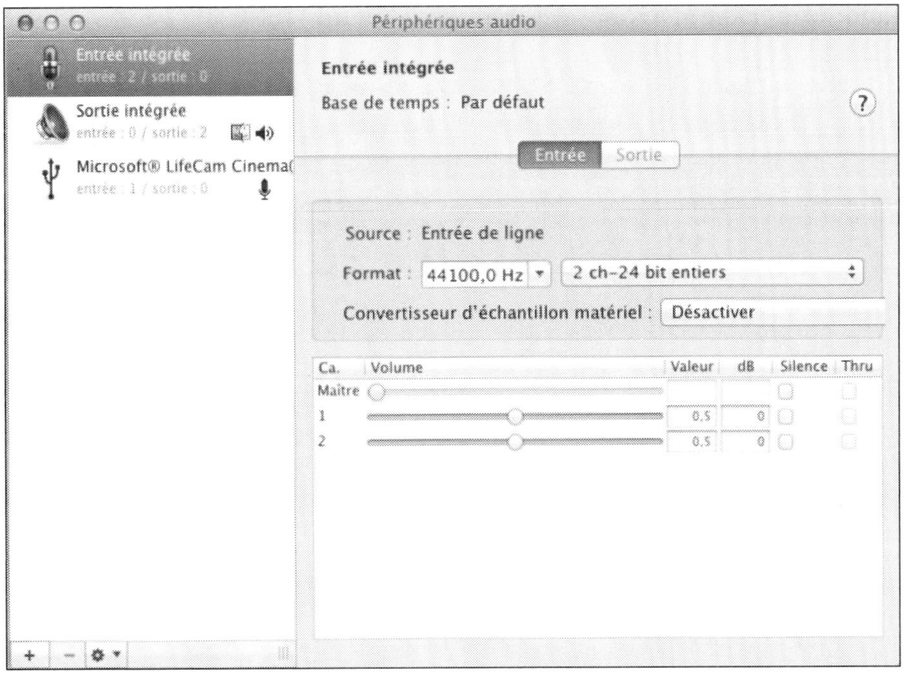

Figure E-2 Configuration d'une entrée audio.

Sorties audio

Chaque périphérique de sortie audio dispose de propriétés qui lui sont propres, à l'instar des périphériques d'entrée audio. L'utilitaire Configuration audio et MIDI permet de configurer individuellement chaque périphérique de sortie audio en fonction de ses capacités techniques. Il permet en outre de configurer la gestion des haut-parleurs :

1. Dans la colonne de gauche de la fenêtre **Périphériques audio**, sélectionnez le périphérique de sortie audio que vous souhaitez configurer.
2. Déroulez la liste **Source** et sélectionnez la source à configurer pour le périphérique sélectionné.
3. Déroulez la première liste **Format** et sélectionnez la fréquence d'échantillonnage voulue.
4. Déroulez la seconde liste **Format** et sélectionnez la résolution d'échantillonnage voulue.
5. Ajustez le niveau d'amplification à l'aide des glissières **Volume.**
6. Le cas échéant, cochez la case **Silence** pour couper une sortie.

   Les modifications sont appliquées immédiatement.

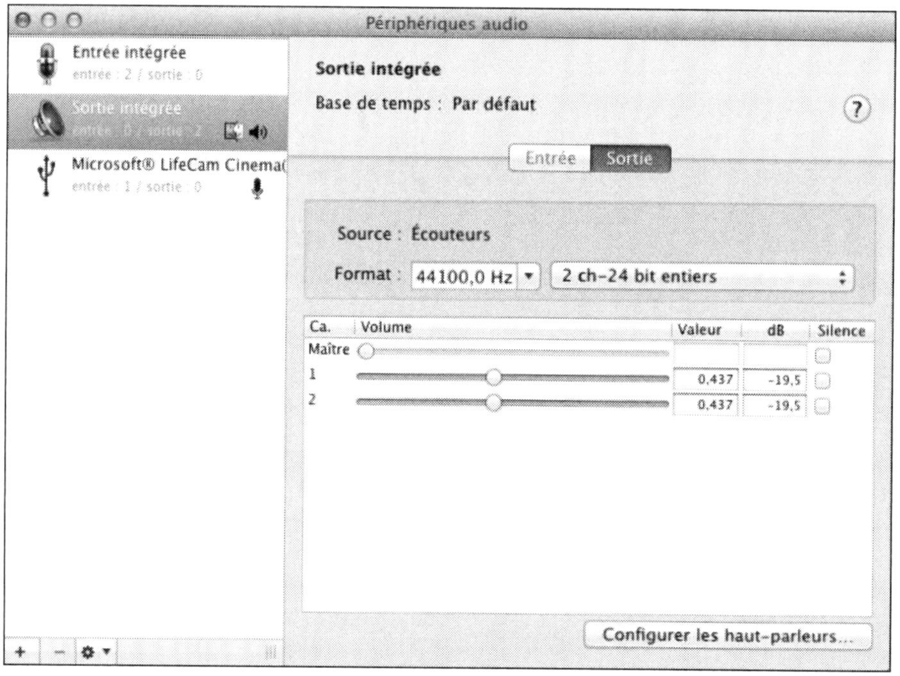

Figure E-3 Configuration d'une sortie audio.

7. Cliquez sur le bouton **Configurer les haut-parleurs**.
8. Cliquez sur le bouton **Stéréo**.

9. Déroulez la liste sous chaque rectangle figurant un haut-parleur pour déterminer le canal de sortie correspondant.
10. Cliquez sur le bouton **Multicanal** et déroulez la liste correspondante pour sélectionner le mode de restitution du son multicanal.
11. Déroulez la liste sous chaque rectangle figurant un haut-parleur pour déterminer le canal de sortie correspondant.
12. Cliquez sur le bouton **Appliquer**.
13. Cliquez sur le bouton **Terminé**.

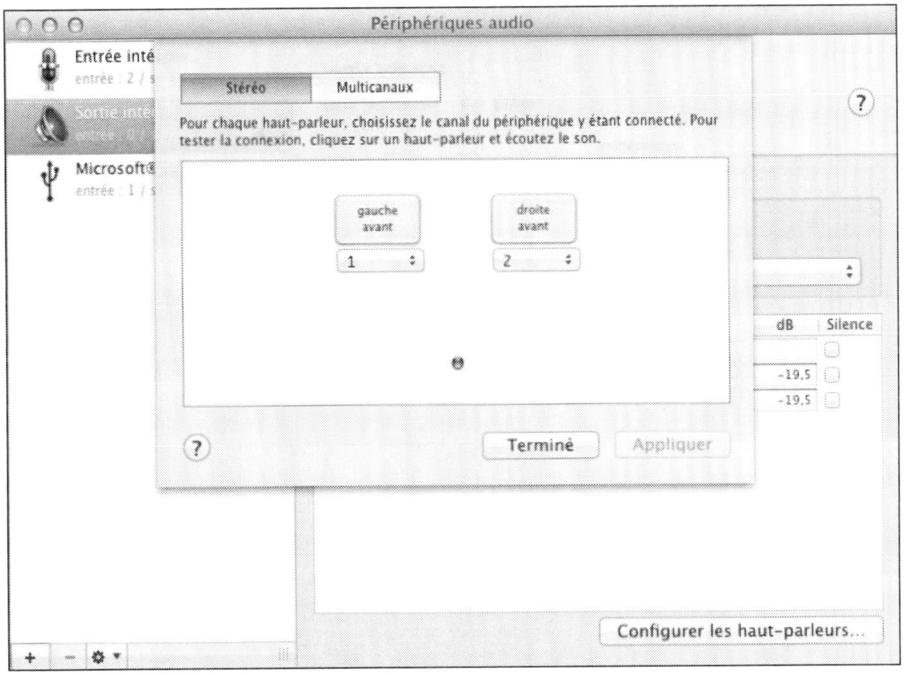

Figure E-4 Configuration des haut-parleurs.

Agréger des périphériques audio

Mac OS X Lion permet d'utiliser conjointement plusieurs périphériques audio pour augmenter le nombre de canaux en entrée ou en sortie. Pour que l'agrégation soit possible, les périphériques visés doivent être configurés avec les mêmes fréquences d'échantillonnage et résolution.

1. Pour agréger plusieurs périphériques, cliquez sur le bouton + en bas de la colonne de gauche de la fenêtre **Périphériques audio**.
2. Cliquez sur le bouton + pour définir un nouveau périphérique agrégé.

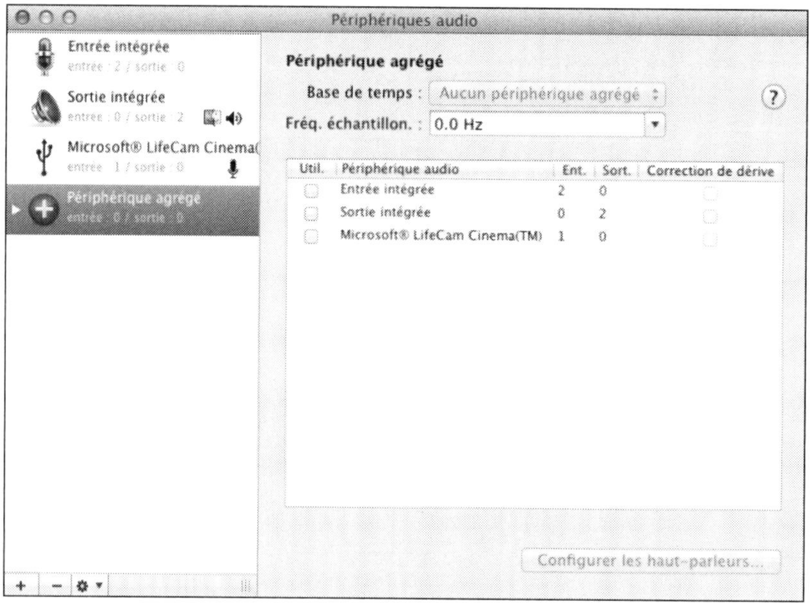

Figure E-5 Agrégation de périphériques audio.

3. Cliquez sur le triangle à gauche du nom du périphérique agrégé pour en afficher la structure, puis cochez les cases correspondant aux périphériques à associer au sein du périphérique agrégé.
4. Cliquez sur **Terminer**.

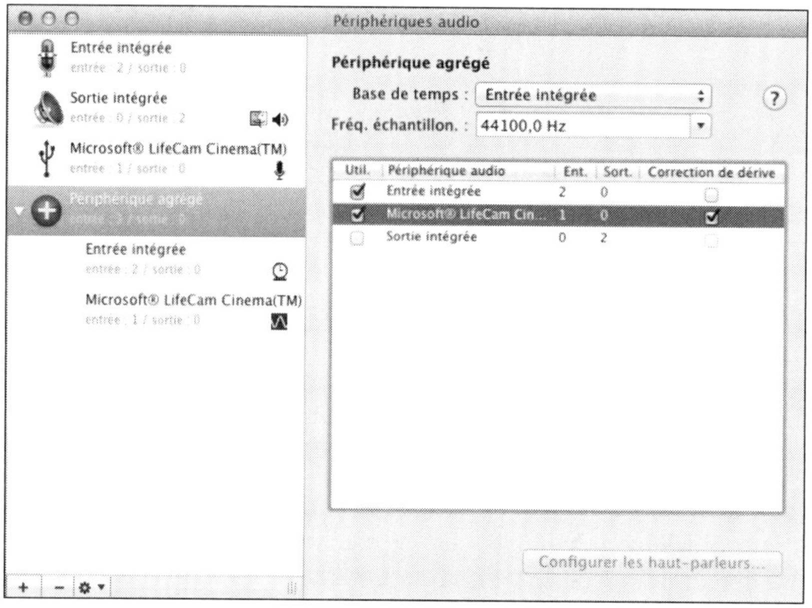

Figure E-6 Structure d'un périphérique audio agrégé.

Configuration des équipements MIDI

L'utilitaire Configuration audio et MIDI propose un environnement graphique simple pour la configuration des périphériques MIDI. Les interfaces MIDI connectées au Mac sont reconnues automatiquement et apparaissent spontanément dans le cadre de configuration affiché lorsque vous déroulez le menu **Fenêtre@@>Afficher la fenêtre MIDI** : la fenêtre **Studio MIDI** apparaît aussitôt. Les équipements connectés aux interfaces doivent être déclarés manuellement :

1. Cliquez sur le bouton **Ajouter périph.**.
2. Double-cliquez sur la nouvelle icône apparue (figure E-7) pour déclarer la configuration physique de l'équipement ajouté.

Figure E-7 Ajout d'un périphérique MIDI.

3. Déclarez les caractéristiques techniques réelles du périphérique dans la fenêtre des propriétés (figure E-8).
4. Si vous le souhaitez, cliquez sur son icône pour accéder à la bibliothèque d'icônes génériques et attribuer au périphérique une icône plus proche de la réalité.
5. Lorsque vous avez fini, cliquez sur **Appliquer** et refermez la fenêtre.

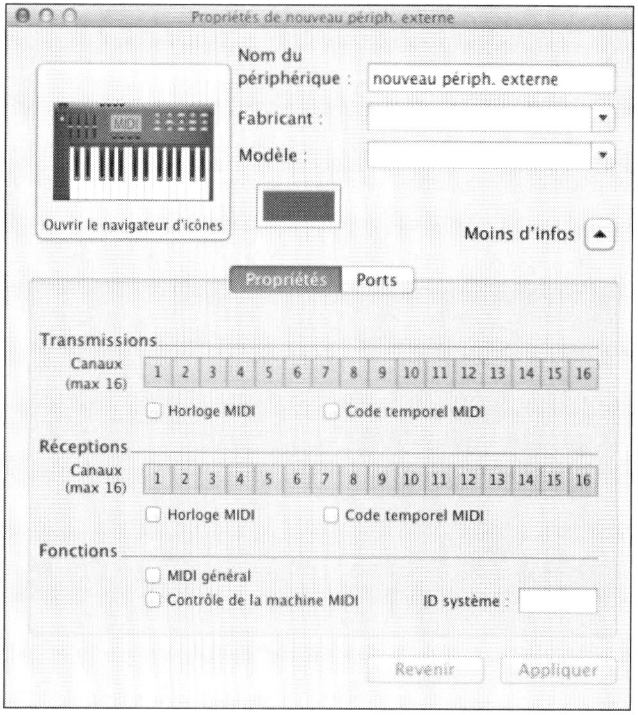

Figure E-8 Configuration d'un périphérique MIDI.

6. Définissez enfin à la souris les liens entre les différentes entrées et sorties de vos périphériques MIDI, en reliant entre elles entrées et sorties.

Voilà, tout est prêt !

Index

A

B

C

D

G

H

I

J

K

L

M

N

O

P

Q

R

S

T

U

V

W

Y

Z